D1671782

FrauenAug-Verlag

Das Buch

7714 v. Chr. im Fruchtbaren Halbmond, an einem der Zuflüsse des Tigris: In dem jungsteinzeitlichen Volk der Gabbtaraner sind Männer als Brüder, Söhne und Liebhaber geachtet, aber „Ehemänner" oder „Väter" völlig unbekannt.

Da bringt die Farbmutation in einer Pferdeherde den angehenden Mann Horfet auf eine ungeheuerliche Idee. Ausgerechnet ein Verstoßener namens Boritak, der sich nur durch eine Lüge Zugang zu Horfets Dorf verschaffen konnte, stärkt dem jungen Mann den Rücken, als dieser schon aufgeben will. Doch Boritaks Absichten sind alles andere als lauter. Rach- und Geltungssucht beherrschen sein Denken. Geschickt manipuliert er Horfet, bis dieser tatsächlich etwas erlebt, das nicht nur sein Leben entscheidend verändert.

Die Autorin

Die Stipendiatin der Bayerischen Hochbegabtenförderung Sissy Vogg schloss ihr Jurastudium und ihren Magisterstudiengang Lateinische Philologie mit den Nebenfächern Altgriechisch und Klassische Archäologie erfolgreich ab, ehe sie sich zur geprüften Fachberaterin für betriebliche Altersversorgung ausbilden ließ. In diesem Beruf ist sie heute als selbständige Beraterin tätig. 12 Jahre lang war sie außerdem Stadträtin in Augsburg, wo sie 1966 geboren wurde und seit 1985 lebt.

„Brüder, Söhne, Liebhaber" ist Sissy Voggs erster Roman.

Sissy Vogg

BRÜDER, SÖHNE, LIEBHABER

Roman

FrauenAug-Verlag

ISBN 978-3-00-021426-4
Bibliografische Information der Deutschen Nationalbibliothek:
Die Deutsche Nationalbibliothek verzeichnet diese Publikation in der
Deutschen Nationalbibliografie; detaillierte bibliografische Daten sind
im Internet über http://dnb.d-nb.de abrufbar.

Umschlaggestaltung: Dirk Ulrich, BBU-Design, Augsburg

Gedruckt auf alterungsbeständigem, chlor- und säurefrei
gebleichtem Werkdruckpapier

Druck: MaroDruck, Augsburg · www.marodruck.de

FrauenAug-Verlag
Hochfeldstr. 22
86159 Augsburg
www.Brüder-Söhne-Liebhaber.de
Bezugsadresse: info@FrauenAug-Verlag.de

Meiner
eigenen
wunderbaren
Clanmutter

und

einem Wonnenlande
namens Baran

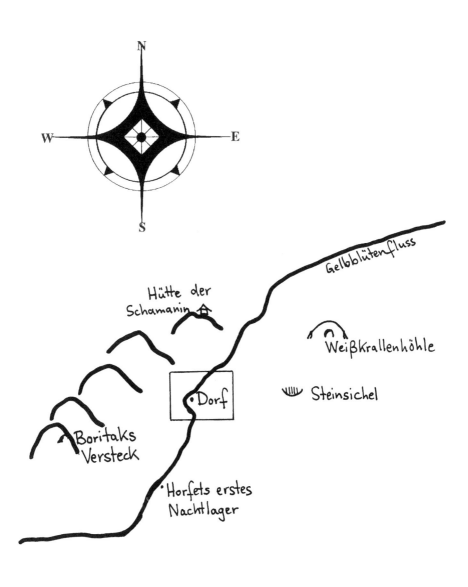

N
W
E
S

Gelbblütenfluss

Hütte der
Schamanin

Weißkrallenhöhle

Steinsichel

Dorf

Boritaks
Versteck

Horfets erstes
Nachtlager

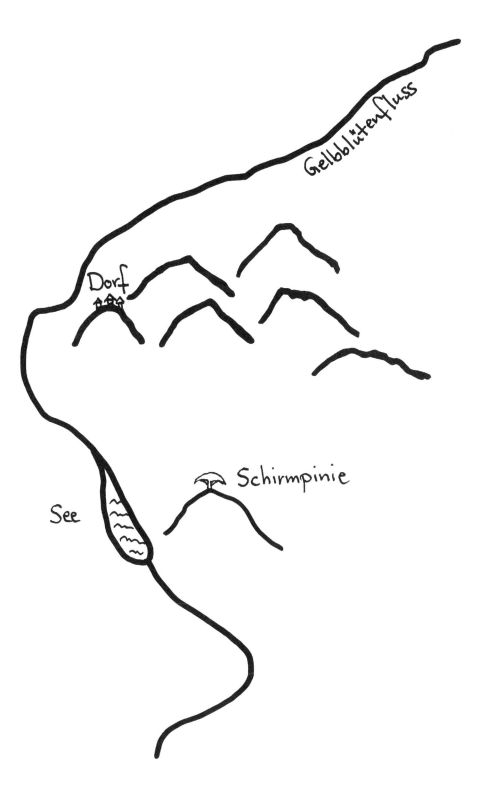

Das nächste Blatt ist
deshalb nur auf der Vorderseite bedruckt,
damit Sie, sehr geehrte Leserin,
sehr geehrter Leser,
nach Belieben
Verwandtschaftsdiagramm
und Personenverzeichnis
herausschneiden,
auf die Vorder- und Rückseite
eines Kartons kleben und
als Lesezeichen verwenden können.

Die Verwandtschaftsbeziehungen innerhalb der wichtigsten Clans

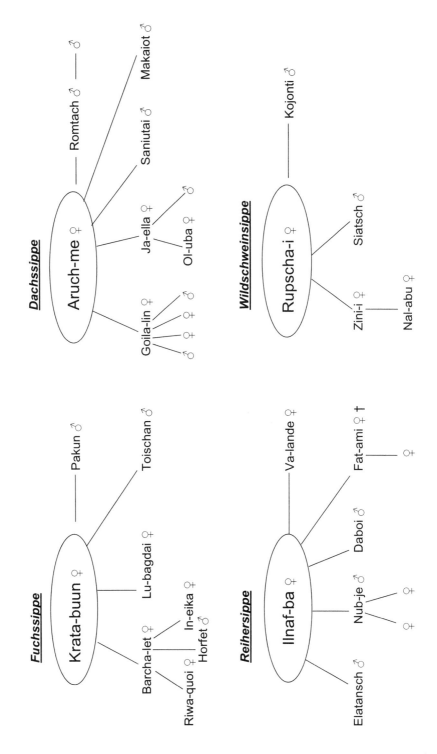

Fuchssippe

Krata-buun ♀ —— Pakun ♂

Toischan ♂

Lu-bagdai ♀

Barcha-let ♀

Riwa-quoi ♀   In-eika ♀
Horfet ♂

Dachssippe

Aruch-me ♀ —— Romtach ♂ —— ♂

Makaiot ♂

Saniutai ♂

Ja-ella ♀   ♂
Ol-uba ♀

Goila-lin ♀   ♂
               ♂
               ♂
               ♂

Reihersippe

Ilnaf-ba ♀

Va-lande ♀

Fat-ami ♀ †   ♂

Daboi ♂

Nub-je ♂   ♀
            ♀

Elatansch ♂

Wildschweinsippe

Rupscha-i ♀ —— Kojonti ♂

Siatsch ♂

Zini-i ♀
Nal-abu ♀

Die wichtigsten Personennamen (alle weiblichen haben einen Bindestrich)

Anujach, langjähriger Geliebter Lu-bagdais, Mitglied der Fuchssippe
Aruch-me, **Clanmutter** der Dachssippe, Mutter von Goila-lin, Ja-ella, Saniutai und Makaiot
Balin-tar, vom Stamme der Riortas, Mutter von Upakan
Barcha-let, Mutter von Riwa-quoi, Horfet und In-eika, Krata-buuns Tochter, Toischans Schwester, Pakuns Schwestertochter
Boritak, der Verstoßene
Chanut-pal, **Clanmutter** der Amselsippe, Mutter Onriaks und Gleneks
Daboi, Sohn IIlnaf-bas, Bruder von Elatansch und Nub-je
Elatansch, Sohn IInaf-bas, Geliebter Goila-lins
Felan-ke, **Clanmutter** der Bibersippe, Mutter von Nokanji
Glenek, Sohn Chanut-pals, einer der ersten „Onloatwi-Söhne"
Goila-lin, Tochter Aruch-mes, Mutter von vier Kindern
Horfet, Sohn Barcha-lets, Bruder von Riwa-quoi und In-eika, Enkel von Krata-buun, Schwestersohn von Toischan und Lu-bagdai, Schwesterenkel von Pakun
Ilnaf-ba, **Clanmutter** der Reihersippe, Schwester von Va-lande, Mutter von Elatansch, Nub-je, Daboi und der verstorbenen Fa-tami,
In-eika, Tochter von Barcha-let, Enkelin Krata-buuns, Schwester Riwa-quois und Horfets
Ja-ella, Tochter von Aruch-me, Schwester von Goila-lin, Saniutai und Makaiot
Kailap, vom Stamme der Riortas, Geliebter Ja-ellas
Kanoch, Sohn von Kipik-le, einer der ersten „Onloatwi-Söhne"
Kipik-le, **Clanmutter** der Igelsippe, Mutter Kanochs
Kojonti, Bruder Rupscha-is, Mutterbruder Zini-is, Großmutterbruder Nal-abus
Krata-buun, **Clanmutter** der Fuchssippe, Mutter Barcha-lets, Toischans und Lu-bagdais, Großmutter von Riwa-quoi, Horfet und In-eika, Schwester Pakuns
Lu-bagdai, spätere **Clanmutter** der Fuchssippe, Tochter Krata-buuns, Schwester Barcha-lets und Toischans, Mutterschwester Riwa-quois, Horfets und In-eikas
Makaiot, Sohn von Aruch-me, Bruder von Goila-lin, Ja-ella und Saniutai
Nal-abu, Tochter von Zini-i, Enkelin von Rupscha-i, Schwesterenkelin von Kojonti
Nub-je, Tochter von IIlnaf-ba, Schwester von Elatansch und Daboi
Pakun, Bruder von Krata-buun, Mutterbruder von Barcha-let, Toischan und Lu-bagdai, Großmutterbruder von Riwa-quoi, Horfet und In-eika
Riwa-quoi, Tochter Barcha-lets, Enkelin Krata-buuns, Schwester Horfets und In-eikas
Romtach, Bruder Aruch-mes, Freund von Elatansch
Rupscha-i, **Clanmutter** der Wildschweinsippe, mutter von Zini-i, Großmutter von Nal-abu, Schwester von Kojonti
Saniutai, Sohn Aruch-mes, Bruder von Goila-lin, Ja-ella und Makaiot, Geliebter Riwa-quois
Senu-bab, **Clanmutter** der Bienensippe, Schwester von Zareis, Mutter von drei Töchtern
Siatsch, Sohn von Rupscha-i, Bruder von Zini-i, Mutterbruder von Nal-abu
Toischan, Sohn Krata-buuns, Bruder von Barcha-let und Lu-bagdai, Mutterbruder von Riwa-quoi, Horfet und In-eika
Tutak-wa, **Clanmutter** der Spechtsippe, Mutter von Hetlin, Schodan und Warang
Upakan, vom Stamme der Riortas, Sohn von Balin-tar, Geliebter Riwa-quois
Va-lande Schwester Ilnaf-bas, Mutter dreier Töchter und eines Sohnes
Zareis, Bruder Senu-babs, Freund von Elatansch
Zini-i, Tochter Rupscha-is, Mutter Nal-abus, Schwester von Siatsch

Das nächste Blatt ist
deshalb nur auf der Vorderseite bedruckt,
damit Sie, sehr geehrte Leserin,
sehr geehrter Leser,
nach Belieben
die beiden Seiten
des Wörterverzeichnisses
herausschneiden,
auf die Vorder- und Rückseite
eines Kartons kleben und
als Lesezeichen verwenden können.

Baranische Wörter und Aussprüche:

Baranisch ist eine Kunstsprache, an der Sissy Vogg seit 14 Jahren „bastelt". Um dem Roman mehr Authentizität zu verleihen, legte sie den Gabbtaranern baranische Wörter, Formeln und Liedertexte in den Mund.

Im Baranischen wird wie im Deutschen normalerweise die vorletzte Silbe eines jeden Wortes betont. Entsprechendes gilt für zusammengesetzte, durch Bindestrich getrennte Wörter, bei denen die Betonung jeweils auf der vorletzten Silbe einer Worthälfte liegt.
Ein Akzent kennzeichnet eine von dieser Regel abweichende betonte Silbe.

Ámata wátatíakim	Sei gegrüßt Großherzige(r) (Grußformel)
Arkás ga-asch	Schamanin, Schamane
Arkasnaq	Streifer, umherziehender Händler
Aschme-óch	Schwebeschattensphäre
Babaa	Mama
Bado (Kurzform von Batar-doschá)	Mutterschwester
Baguba	Oma
Bagubaan	Großmutterbruder
Baan (Kurzform von Batar-nadoí)	Mutterbruder
Bara	Leben
Batar	Mutter
Batar-doschá	Mutterschwester
Batar-nadoí	Mutterbruder
Bókaledoí	Brimborium
Btar bato-umra-e	Allwaltende Mutter
Btar, Abkürzung von Gab-Btar	Alles-Mutter
Butú-tekál	Zeremonienleiterin, Ritualmeisterin
Chana-nia-isba-lut	Tag-und Nacht-Gleiche im Herbst
Doschá	Schwester
Esfrúkfanat	„Schilfgeschäumter Riesigbreiter", gemeint ist der Euphrat

Gab	Alles
Gab-Btar, Btar	Alles-Mutter
Gach-letek	Getreideträger
Gatár-ta-ún	Körperwelt
Gátjeijú	Ewig
Grochpee-ma-kaan	Stirntätowierter
Guun	Ärmelloses, knielanges Kleid
Hágalap	Unsinn
Ho íkpiwa lut	So geschehe es (üblicher Gebetsschluss)
Hüai	Oh
Isba-nia-chana-lut	Tag-und-Nacht-Gleiche im Frühling
Jun-ikoak	Adlerkämpfer
Kaschák	Verdammt, Mist
Ka-u	Au weh
Mabee	Na ja
Ma-ga-ur-tarat	Frau an der Quelle der Weisheit)
Muásch	Bauch
Nadoí	Bruder
Nadoí-biál	Bruder der Liebe
Oí-chana-ú	Wintersonnwende
Oíj-issa-ú	Sommersonnwende
Olfit inaib. Atahadla natai.	Höre mich. Ich bete zu dir. (Üblicher Gebetsbeginn)
Ol-olua-krata	Vollmondhaus
Olua	Mond, der im Baranischen als weiblich angesehen wird
Piól iseí nídenai gabísch	Frohes Licht euch allen (Morgengruß)
Rahi	Aha
Saranschi	Beinlinge
Teschwe	ein bis zum Bauchnabel reichendes Cape
Tiak-ubal	„Herzblutader", gemeint ist der Tigris
Tira-gubtu	Doppelschnecke
Ubleng-batar	Clanmutter
Waduna	Höhle
Wohoí	Wau!

September 7714 v. Chr., im sogenannten Fruchtbaren Halbmond, im heutigen Nordirak, an den Ausläufern des Zagros-Gebirges, an einem der Zuflüsse des Tigris

„Schweig, Tochtersohn!"

Horfet zuckte zusammen. Dass seine Großmutter ihn so nannte, wenn sie sich über ihn ärgerte, war er gewohnt. Doch die harsche Schärfe in ihrer Stimme erschreckte ihn. Clanmutter Krata-buun starrte ihren Enkel an. Der wagte nicht zurückzustarren. Sein Blick tauchte ab in die Einzelheiten ihres Gewandes. In dem makellosen Pelzcape aus Fuchs- und Wolfsfell und dem bläulich gefärbten, mit Knochenperlen besetzten Hanfkleid unter einem breiten Wildschweingürtel umgab sie an diesem herausragenden Tag eine noch ehrfurchtsgebietendere Aura als an gewöhnlichen Tagen. Umso mehr beunruhigte Horfet die Erregtheit, mit der sie nun aufstand und die lederumhüllte Spitze ihres rechten Fußes in den sandigen Untergrund bohrte. „Ich verstehe nicht", murmelte er.

Krata-buun nickte heftig. „Genau, davon verstehst du nichts. Und trotzdem willst du dich wie eine Weise Frau gebärden!"

Horfets viel spärlichere Bekleidung, bestehend aus Lendenschurz, Allertagsgürtel, Beinlingen, die durch Riemen an einem Taillenlederband befestigt waren, und einem um die Hüfte geschlungenen Lederhemd, bot nicht die geringste Deckung. Weder vor Krata-buun noch vor der Stammesversammlung, deren Dutzende von Augenpaaren ihn umringten.

Sippenhüterin Krata-buun wurde noch deutlicher und vor allem lauter. „Dein Halbwüchsigenlustbringer mag ja schon sehr lang und hart sein, das mag ich nicht bestreiten. Aber verwechselst du ihn etwa gar mit einem Baumstamm und glaubst, *du* wärst für das Frühlingsgrün verantwortlich? Davor schütze uns Gab-Btar, die Alles-Mutter!"

Die Härchen auf Horfets halbnacktem Körper strebten fluchtartig von ihm weg. Als sei sogar ihnen die Aufmerksamkeit peinlich, die ihm plötzlich von allen Seiten entgegenschlug. Horfet presste seine Lider nach unten und wünschte, sich sofort in die winzigste aller Ameisen zu verwandeln, um dem Kreis der Umstehenden auf unterirdischen Pfaden zu entkommen. Dabei hatte er eigentlich nichts getan, für das er sich schämen müsste. Er hatte nur ein paar Fragen gestellt. Warum waren daraufhin alle anderen abrupt verstummt? Und wieso reagierte sein Clanoberhaupt so seltsam?

Immer wieder schüttelte Krata-buun ihren rot angelaufenen Kopf und rief „Kinder des Hengstes, lachhaft", sowie „ausgerechnet mein Enkel!" Während Horfet spürte, wie das Blut auch weiter in seinen Kopf schoss, setzte vereinzeltes, für sein Empfinden schrilles Lachen ein, das langsam die Runde machte und anschwoll. Dem derart Zurechtgewiesenen war jedoch überhaupt nicht nach Lachen zumute. Abwehr und Unbehagen verengten seine Pupillen und betonten das ungewöhnlich dunkle, warme Blau seiner Augen. Er wollte fort von hier! Schnell den Anwürfen und dem blödsinnigen Gelächter entfliehen. Horfet rannte los, überwand den Kreis durch den Sprung über ein im Sand spielendes Kind. In halsbrecherischer Manier spurtete er die festgetretenen Stufen hinab auf dem kürzesten, nach Westen führenden Weg zum Fluss.

Klar, Lachen galt beim Volk der Gabbtaranschi als das beste Mittel, um Spannungen auszugleichen. In ihrer Sprache, dem Baranischen, war das kwíhabú-boi-belú, also das *Über-sich-selbst-Lachen,* sogar gleichbedeutend mit *weise werden.* „Weise bin ich bestimmt noch nicht", dachte Horfet. „Trotzdem könnte ich über mich lachen, wenn ich was Dummes getan hätte. Habe ich aber nicht. Nach dem, was ich gesehen habe, bestimmen die Hengste das Aussehen der Fohlen. Wie auch immer das vonstatten gehen mag."

Noch immer lief er, als hinge das Gelächter an seinen Fersen. Seine Großmutter, seine Mutter, seinen Mutterbruder und seine Mutterschwester kannte er, seit er denken konnte, nur als aufgeschlossene Erwachsene, voll Witz, Verständnis und Einfallsreichtum. Wie verrückt etwas auch scheinen mochte, was einer versuchte, ob die Grasbrückenkonstruktion seines Mutterbruders oder das Schafgatter seiner Mutter. Keiner war je so vermessen, das Vorhaben eines anderen von vorneherein zu verdammen, sondern ließ ihn gewähren und selbst herausfinden, ob seine Idee Sinn hatte oder nicht.

Die heftige Ablehnung von Seiten Krata-buuns traf ihn daher unerwartet, und sie traf ihn hart. Wie noch nie in seinem jungen Leben zuvor war er jetzt wirklich wütend auf seine Baguba (baranische Koseform für *Großmutter*), und dieses in seiner Seele brodelnde Gefühl des Zorns verwirrteihn fast noch mehr als die unselige Situation.

Heftig atmend verlangsamte Horfet seine Schritte. Er war ein gutes Stück auf dem schmalen Pfad entlang des Flusses gelaufen. Hier hinter der Biegung lag ein seichter, langgestreckter See. Ein einmündender Bach, der verschachtelte Damm mehrerer Bibergenerationen und stark nachlassendes Gefälle sorgten dafür, dass sich das Flusswasser staute. Den sich ablagernden Schlamm nutzte das Schilf zur Verankerung; winzige grüne Inseln waren entstanden.

Horfet schritt weiter auf den See zu, unschlüssig, was er tun solle. Als er sich umdrehte, konnte er die Häuser der Mungordauk-Leute, wie sein Stamm genannt wurde, noch gut erkennen. Der Platz für den Bau war mit Bedacht ausgewählt: Auf der dem Fluss nächstgelegenen, abgeflachten Kuppe einer mehrreihigen Hügelkette konnte kein Hochwasser den Bewohnern etwas anhaben. An einer Furt, circa zweihundertfünfzig Frauenschritte vom Dorf entfernt, schöpften sie ihr Wasser. Mit Gräben, die quer vom Fluss oder vom Ende des Sees wegführten, bewässerten sie manche ihrer Felder in regenarmen Jahren.

Während die Vegetation in den weiter entfernten, hochragenden Hügeln samt Hochebenen spärlich ausfiel, dehnten sich rings um das Dorf mal dichte und mal lichte Wälder aus. Dabei dominierten Stein- und Stieleichen die sich nur sanft erhebenden Anhöhen nordöstlich- und östlich des Dorfes, währendsich in der Flussebene Weiden, Pappeln und Eschen häuften. Überall, wo die Dorfbewohner mit Steinbeil und Feuer rodeten, wichen die Bäume gleich welcher Art den Feldern; weil bestehende Äcker bisweilen aufgegeben wurden, nahm die bearbeitete Fläche von Jahr zu Jahr nur geringfügig zu.

Das gesamte Dorf wiederum befand sich inmitten eines Ringes aus verschiedenen Bäumen, die die Dorfleute nicht gerodet hatten. Zwischen einigen Häusern waren Zäune aus abgeschlagenen Schlehenästen aufgeschichtet, vor allem als Schutz vor räuberischen Bären.

Horfet riss sich von dem vertrauten Anblick los. Obwohl die Sonne längst ihren Zenit überschritten hatte, empfand er die Luft als schwül und drückend. Gierig trank er das Wasser aus dem Fluss. Die sich am Himmel ballenden Wolken verrieten ihm, dass es am Abend oder in der Nacht ein ernstzunehmendes Gewitter geben würde. Gerade jetzt! Horfet versuchte sich auszumalen, welche Reaktion seine sofortige Umkehr nach sich zöge. Vermutlich würden seine erwachsenen Stammesschwestern und -brüder so tun, als sei nichts geschehen. Aber allein die Vorstellungtrieb ihm erneut die Zorn- und Schamesröte ins Gesicht. Wenigstens einmal darüber schlafen. Das musste er unbedingt. Es war ihm egal, ob sie sich seinetwegen Sorgen machten. Ja, im Gegenteil, je mehr, umso besser. Sicher würden die Großmütter der acht anderen Clans seiner Sippenältesten Vorwürfe machen, und dann würden sie nach ihm suchen. Er brauchte also nur ein bisschen zu warten.

Andererseits war ein Heranwachsender wie er, dessen Mannweihe nicht mehr lange auf sich warten lassen dürfte, jagdbedingt natürlich des Öfteren mehrere Tage unterwegs, allerdings nie allein. Nur erfahrene Männer unternahmen kurze Jagdausflüge ohne Begleiter und das überaus selten. Ach was! Horfet hatte keine Lust mehr darüber nachzudenken: er würde sich einfach gedulden, bis sie von sich aus kämen. Vorerst musste er sich darum kümmern, für diese Nacht ein einigermaßen trockenes und angenehmes Lager zu finden beziehungsweise sich eines zurechtzumachen. Die Haselnusssträucher eigneten sich hervorragend, um daraus einen Unterschlupf zu machen.

Horfet hatte dem See den Rücken gekehrt und wand sich zwischen denvielstacheligen Brombeerungetümen und den anderen Schlingpflanzen hindurch, auf der Suche nach möglichst langen Haselnussästen. Doch dann hatte er einen besseren Einfall.

Am Anfang des Sees waren die zwei Einbäume des Dorfes an Pfählen im Schilfgürtel vertäut. Sie dienten zum Fischfang, zum Einsammeln der Wasservogeleier auf den Schilfinseln und zum Abschneiden des Schilfes vom Wasser aus, was bequemer war, als knietief im Sumpf zu waten.

„Ischar-um-schal", „Gelbblütenfluss", so nannte Horfets Stamm „seinen" Fluss, weil der Wind im Frühjahr Ginsterblüten und vor allem Pollen in die Fluten blies, die lange an der Oberfläche trieben. Der von Nordosten kommende, sich erst großräumig nach Westen, später nach Südwesten schlängelnde Ischar-um-schal führte seine nasse Pracht der *Tiak-ubal* zu. Diese stetig an Breite gewinnende *Herzblutader* wiederum durchzog das gabbtaranische Gebiet von Norden bis Süden und speiste sich aus vielen Zuflüssen. Sie war es auch, die die Ostgabbtaranschi, zu denen sich Horfets Stamm zählte, von denen des Westens trennte.

Liebend gerne verbrachte Horfet als kleines Kind seine Zeit an den Ufern des Ischar-um-schal, um entweder die Erwachsenen beim Fischfang zu beobachten oder sich mit anderen Kindern im Uferschlamm zu balgen. Oder einfach nur, um still dazusitzen und zu sehen, wie sich die Sonne am Abend aus ihren roten und rosafarbenen Wolkentüchern schälte, als nehme sie ein Bad im Fluss und überlasse dem Wasser dabei ein wenig ihrer Farbe. So jedenfalls stellte es sich Horfet als Kind vor, wenn er fasziniert die wogenden Lichtschiffchen betrachtete. Kein einziges Mal freilich vermochte er das gelbrot schimmernde Wasser mit seinen Händen aus dem Fluss zu holen, egal wie schnell er sich an die Wellen heranpirschte.

Wiederholt hatte Horfet kleine Flöße aus Ästen, Brennnesselfasern und Blättern gebaut, auf die er Käfer setzte. Denn die Schamanin hatte ihm bei einem ihrer Besuche im Dorf erklärt, dass ein Mensch mit den Augen eines Tieres sehen könne, wenn er sich nur ganz fest darauf einlasse und still werde. Obwohl Horfet oft lange am Ufer ausharrte, war er jedoch nie in das Auge eines Käfers eingedrungen, noch war jemals ein Käfer zu ihm zurückgeflogen, um ihm zu sagen, dass die Sonne tatsächlich im Gelbblütenfluss bade.

Mittlerweile wusste er, dass es nur das Licht der Sonne war, das sich in den Fluten brach. Und auch, dass der Ischar-um-schal im weiteren Verlauf eine sehr starke Strömung, ja sogar gefährliche Stromschnellen aufwies. Darum wurden die Boote nie außerhalb des Sees benutzt. In seiner jetzigen aufgewühlten Stimmung betrachtete Horfet sie mit steigendem Interesse. Wenn seine Großmutter ihn ungerecht behandelte, brauchte er sich auch nicht an die üblichen Gepflogenheiten zu halten!

Von dieser Überzeugung angetrieben löste er die Taue, setzte sich in das vordere Boot und band das zweite an dessen Heck. Die schilfgesäumte Masse floss ihm bald viel zu träge. Daher paddelte er schnell bis zu den Biberbauten, über die er beide Gefährte schob. Die sich dahinter aufbäumenden Wellen und das weniger dicht bewachsene Ufer wirkten befreiend. Welch verlockende Weite erschlossen sie ihm angesichts der erdrückenden Enge des Dorfes!

„Heute warst du sehr grob zu Horfet", tadelte Ilnaf-ba, die Clanmutter der Reihersippe, Horfets Großmutter Krata-buun. Die anderen Stammesmitglieder, allen voran Horfets Mutter Barcha-let, hatten sich bereits in ihre Schlaffelle zurückgezogen. Von dem vormals hochlodernden Feuer waren nur noch Glutbrocken übrig, die flackernde Lichtfetzen auf die im Dunkeln kauernden Frauengestalten warfen.

„Ach Ilnaf-ba", gab ihr Krata-buun kleinlaut Recht. „Ich habe übertrieben, keine Frage. Den ganzen Tag über fühlte ich mich bereits aufgewühlt und unruhig. Und als dann plötzlich Horfet mitten in heiterster Runde mit seinen Mutmaßungen herausrückte, war mir, als müsse ich bersten. Du kennst mich. Ich halte überhaupt nichts davon, die Geheimnisse der Großen Mutter ergründen zu wollen. Dass ausgerechnet mein Enkel daran rührt, ärgert mich umso mehr. Natürlich hätte ich mich klüger verhalten sollen. Das weiß ich selbst! Aber meine Worte kann ich nicht mehr einfangen. Nur noch hoffen, dass sich Horfet nach einer durchschlafenen Nacht etwas beruhigt hat und wieder heimkommt. Ansonsten werden wir ihn suchen müssen. Denn wenn die Sturheit mit ihm durchgeht, die meiner nicht nachsteht, bewegt er keinen Fuß zurück ins Dorf."

Sie löste ihr langes graues Haar, das sie tagsüber immer zu einem Pferdeschwanz zusammengebunden trug, und fuhr mit ihren Fingern durch die Strähnen. „Doch sag mir, Ilnaf-ba! Was sollen wir mit Horfet tun, wenn er weiterhin so neugierig die Geheimnisse des Lebens ergründen will, die das Geheimnis der All-einen Mutter sind und bleiben sollen? Das bisschen, was wir Frauen darüber wissen, müssen wir für uns behalten. Wer weiß, was die Männer anstellen, wenn wir sie einweihen? Nicht umsonst warnen uns die Ahninnen vor ihrem Übermut."

Ilnaf-bas Blick ruhte auf Krata-buuns tiefer Narbe links neben der Augenbraue. Diese und das kantige Kinn ließen ihre alte Freundin ziemlich kämpferisch aussehen. Doch die weichen, üppigen Lippen, die alles andere als spitz zu nennende Nase und die noch immer sehr runden Wangen zeugten von der anderen, der versöhnlichen Seite Krata-buuns.

„Zugegeben, es ist nicht leicht mit ihm", stimmte ihr Ilnaf-ba zu. „An dem Kleinen Geheimnis der Alles-Mutter war er wirklich beängstigend nah dran. Ich bin mir aber sicher, dass ihn keiner ernst genommen hat. Nur wir und die anderen drei eingeweihten Frauen des Weisenrates ahnen schließlich etwas davon. Am besten tun wir gar nichts. Wenn wir Weisen Frauen keine geheime Beratung abhalten, wird niemand auf die Idee kommen, dass Horfets Entdeckung irgendwie von Belang sein könnte."

Sie dachte kurz nach und ergänzte. „Wenn er wieder zurück ist, wirst du ihm sagen, dein Herz habe dich so sehr geschmerzt an jenem Tag, dass du außer dir warst und dich gar nicht mehr genau an deine Worte erinnern kannst. Wenn er nochmals davon anfängt, hörst du ruhig zu und zuckst mit den Schultern. Dabei wird es dann bleiben. Keinem Mann und schon gar keinem Flaumbart wird es gelingen, der mächtigen Gab-Btar ihre Geheimnisse zu entreißen! Je gelassener du alles nimmst, desto besser, auch für dein Herz."

Krata-buun legte die Hand auf ihre linke Brustseite. „Mir ist nach wie vor, als krampfe sich eine mächtige Pranke in mir. Obwohl ich meinen

Atem tief in meinen Bauch hinabschicke, lässt diese Beklemmung nicht nach. Vielleicht gelingt es mir ja, ein bisschen Schlaf zu finden in dieser Nacht."

„Ja, versuche das und sorge dich nicht um Horfet. Der liegt vermutlich unter einer Felsspalte ganz in der Nähe, so dass ihm weder das Gewitter noch ein Raubtier etwas anhaben kann, und morgen, wenn sein Ärger verraucht ist, kannst du ihn wieder in die Arme schließen. Aber jetzt sollten wir unseren Kindern ins Bett folgen; das Gewitter naht. Gehen wir, bevor es zu regnen beginnt."

„Hoffentlich hast du Recht."

Das Gewitter entlud sich weiter flussaufwärts. Über Horfets Schlafstatt an einer breiten, seichten Flusskrümmung regnete es nur mäßig. In seiner simplen Konstruktion, die er beim allerletzten Licht der Dämmerung aufgeschichtet hatte, blieb der Ausreißer sogar komplett trocken: den kürzeren Einbaum unten, mit Gras ausgekleidet, den längeren, breiteren oben, gestützt auf zwei Astgabeln für eine bessere Luftzufuhr. Zwar war sein Bett eng, aber diesen Umstand empfand Horfet keineswegs als Nachteil. Im Gegenteil! Er verschaffte ihm wenigstens ein gewisses Gefühl der Geborgenheit, die ihm fernab seiner Sippe fehlte. Noch nie hatte Horfet eine Nacht allein verbracht; seit er denken konnte, schlief er zusammen mit seinen Sippenmitgliedern im Clanhaus.

„Was sie jetzt wohl tun?", fragte er sich. Dass er laut mit sich selbst sprach, fand er befremdlich. Richtige Angst machten ihm jedoch seine Träume. Gleich dreimal hatte ihn seine Großmutter als krächzende Eule heimgesucht, die mit dem Schnabel zwischen seine Beine zeigte, unter dem lauten Gelächter spöttischer Fratzen. Sogar die Boote waren am Schluss zu lachenden Mündern geworden, die ihn verschluckten. So unruhig hatte er lange nicht mehr geschlafen. Bleierne Mattheit hielt seine Glieder im Griff, als er erwachte.

Horfet wurde bewusst, wie weit er sich gestern Abend noch auf dem Fluss hatte treiben lassen. In der Gegenrichtung würde er sicher wie ein Vierarmiger paddeln müssen, wobei er bestenfalls mit einem Boot zurückfahren konnte; noch eines mitzuschleppen, würde seine Kraft schnell übersteigen. Um beide Einbäume gleichzeitig nach Hause zu schaffen, war er wohl gezwungen, sie an Stricken den Fluss hinaufzuziehen.

Je höher die Sonne stieg, desto mehr fiel die Müdigkeit von ihm ab. Zuerst stärkte er sich mit einer Handvoll reifer Haselnüsse. Dumm, dass er gestern so wenig von seinen Lieblingsspeisen gegessen hatte. Schon bei der Vorstellung der von Krata-buun bevorzugten Kräuter bildete sich ein wahrer Speichelsee in seinem Mund.

„Ach, Baguba", der Gedanke an sie bekümmerte ihn. Er liebte seine Großmutter. Er bewunderte ihre Resolutheit, aber er hasste ihren Jähzorn, der manchmal ganz unvermittelt bei nichtigen Anlässen ausbrach. Zugegeben, bei Dingen, die *ihm* als Nichtigkeiten erschienen. Als Junge mit gerade mal sechsundzwanzig Sonnenwenden auf der Haut hatte er natürlich nicht die Weisheit einer alten Frau, die schon über hundert Mal die Wendepunkte der Sonne erleben durfte.

Vielleicht hatte er ja wirklich mehr Schaden angerichtet, als er ahnte. Andererseits wollte er doch nur…Nein, nein, er musste mehr Abstand gewinnen. Die Erinnerung an das traurige Ende des Nacht-und-Tag-Gleichen-Festes, auf das er sich wie alle anderen gefreut hatte, schmerzte zu sehr. Horfet suchte Ablenkung, irgendeine Tätigkeit, um seine feingliedrigen Hände zu beschäftigen. Am besten ein passender Knochen, der sich zum Beispiel für die Herstellung einer einfachen Harpune mit Widerhaken eignete.

Bald wurde er fündig. Er verbrachte den ganzen Vormittag damit, die eine Hälfte des von ihm in Längsrichtung gespaltenen Knochens in eine benutzbare Harpunenspitze zu verwandeln. Diesmal jedoch wollten sich die unerfreulichen Gedanken nicht beiseite schieben lassen. Je länger er dem Stamm die Boote entzog, desto mehr würden sie tatsächlich Grund haben, ihm böse zu sein. Hätte er nicht doch wenigstens das zweite Boot zurücklassen sollen? Schon damit sie ihn fänden. Wollte er eigentlich schon zurück? Und was, wenn sie ihn gar nicht suchten?

Sein Hunger trieb ihn an weiterzuarbeiten. Als seine Harpune halbwegs vollendet war, suchte er sich einen gerade gewachsenen, jungen Eschenstamm aus, den er am unteren Ende nur durch extremes Biegen brechen, oben jedoch leicht von Spitze und Nebenzweigen trennen konnte. Mit dem Flintsteinmesser, das er in einer Lederscheide an seinem Gürtel trug, schnitt er diesen an den beiden Bruchstellen glatt nach, ehe er ihn an der breiteren Schnittfläche ein wenig einkerbte und spaltete. Dorthinein steckte er die sich nach unten hin verjüngende Harpune.

Dann holte er ein Lederriemchen aus seiner in den Gürtel eingearbeiteten Ledertasche. Den Eschenstiel in der Linken wand er dieses Reihe für Reihe um die untere Hälfte der Knochenharpune und den sie umfassenden Ast. Mehrmals korrigierte er den Spulenlauf des Leders. Denn selbst wenn er diesen Harpunenspeer nur ein einziges Mal benutzen würde, widerstrebte es ihm, unpräzise zu arbeiten.

Zu guter Letzt zog er noch eine getrocknete Gazellensehne aus seiner Tasche. Sie besaß etwa die Länge seiner Hand von der Fingerspitze bis zu den Handknöcheln. Davon löste er ein getreidekorndickes Faserbündel ab und ließ den Rest in seinem Gürtel verschwinden. Das Bündel unterteilte er abermals in fünf Fasern, die er in seinem Mund einspeichelte und kaute. Dadurch wurden sie biegsam, so dass er sie besser verknoten konnte. Dank des straffen Zugs, den er beim Wickeln um die Lederumhüllung auf den unelastischen Sehnenfaden ausübte, wurde die Knochenharpune gleichsam zu einem festgewachsenen Stockende. Einigermaßen zufrieden mit seiner neuen Ausrüstung hielt Horfet Ausschau nach Beute.

Die Schlamm- und Sandteilchen, die der Gewitterregen von weiter oben angespült hatte, bedeckten größtenteils wieder den Flussgrund. Was sich dagegen verschleierte, war Horfets Blick. Seine Gedanken waren zu sehr nach innen gewandt, als dass er das wimmelnde Fischeleben vor sich wirklich wahrnahm. Er stocherte wie ein Augenkranker mit seinem Harpunenspeer im Wasser herum und fing nichts, obwohl die Fische irritiert an ihren Plätzen ausharrten. Die immer kürzeren Abstände zwischen den Knurranfällen seines Magens brachten ihn schließlich wieder in die Gegenwart zurück, kurz nachdem die Sonne ihren Zenit erreicht hatte. Bald darauf lagen zwei kleine Fische und ein Flusskrebs tot am Ufer.

Eine besonders große Luftblase neben einem entwurzelten Baum, der auf eine Kiesbank geschwemmt worden war, ließ Horfet aufhorchen. „Na, sieht das so aus, als ob mein Flusskrebs hier im Beutel noch Gesellschaft bekommt?" Horfets Vorfreude auf diese weitere Delikatesse, die er sehr schätzte, ließ ihn behände durchs Wasser gleiten. Der auserkorene Leckerbissen hatte allerdings die nahende Bewegung gespürt und gleich sicherheitshalber Sand aufgewirbelt. Horfet musste schneller sein als der Krebs; er drückte sich vom Boden ab und setzte zum Sprung an. Doch der Stein unter seinem linken Sprungbein sackte ins Nichts ab. Aus dem Gleichgewicht geworfen, ruderte Horfet panisch mit den Armen in der Luft.

Noch während er auf den Baum zustürzt, wird ihm klar, dass sein Bein an dem einzigen, noch am Baumstamm hängenden Aststumpf aufgespießt werden wird. Und niemand da, der ihm zu Hilfe eilen kann! Es ist sein rechter Oberschenkel, in den sich der Astrest bohrt. Jäh erstirbt Horfets gellender Schrei unter Wasser. Die Finger seiner rechten Hand krallen sich um den Holzstecken. Der Aufprall auf den herausstehenden Ast ist so heftig, dass der Oberkörper des Jungen über den Stamm gebeugt wird und ins Wasser eintaucht. Die Schmerzwellen zu spüren, eine heftiger als die andere, ist das Einzige, wozu Horfets Körper jetzt fähig ist. Doch sobald die Spitzen des Schmerzes durchlitten sind, lechzen seine Lungen nach Luft.

Mit seinen abgewinkelten Armen berührt Horfet gerade noch den Flussgrund. Also kann und muss er sich zum Atmen hochstemmen. Er tut es, lässt dabei seinen Speer los und duldet eine nie gekannte Pein. Der Ast steckt noch immer daumentief in seinem Oberschenkelmuskel und martert ihn bei jedem Atemzug. Dem jungen Mann wird bewusst, dass er das Holz in seinem Fleisch nur herausziehen kann, indem er sich selbst nach hinten drückt. Dazu müsste er sich aber irgendwo abstützen. Der Boden des Flusses ist zu schlüpfrig. Einzig der Baumstamm kommt in Frage. Um sich an ihm hochzuhangeln, braucht Horfet Schwung. Schon das Atemholen ist grausam. Wie soll er den noch größeren Schmerz beim Wechsel seiner Position aushalten?

Inbrünstig betet er zur Alles-Mutter. „Gab-Btar, Bato-umra-e (baranisch für *Allwaltende*) hilf mir. Gib mir Kraft, ganz viel Kraft, um es zu tun. Es ist ja niemand da, der es für mich tun könnte. Ich will noch nicht sterben. Und erst recht nicht so! Bitte verzeih mir, wenn ich dich beleidigt habe. Ich wollte es nicht. Bitte hilf mir, ich flehe dich an."

Sein Glaube an die Güte der All-einen, der Großen Mutter, gibt ihm die Willenskraft, sich trotz des grässlichen Schmerzes von dem Qualenherd loszureißen. Obwohl er dabei sein Bewusstsein verliert, ertrinkt er nicht, weil es sein Schicksal will, dass sein Kopf auf dem Baumstamm liegen bleibt. Eine ganze Handbreit über der Wasseroberfläche. Und ausgerechnet das kalte wogende Flusswasser, das seinen Speer davonträgt und ihm den schnellen Tod bringen könnte, lässt ihn rechtzeitig erwachen, damit er sich am Ufer vor dem allmählichen Tod rette, der ihm droht, wenn das dicke, rote Rinnsal auf seinem zitternden Bein nicht bald versiegt.

Der heftige Gewitterregen, der kurz nach dem Gespräch der beiden alten Frauen über das Dorf hereingebrochen war, hatte den Dorfplatz im Laufe der Nacht in eine von den wieder munteren Dorfmitgliedern mit unterschiedlicher Begeisterung aufgenommene Schlammfläche verwandelt. Während sich die Kinder mit glitschigen Dreckkugeln bewarfen oder, wenn das zu umständlich erschien, gleich ihre Altersgenossen ins feuchte Erdreich tunkten, hüpften die Erwachsenen in ungeahnter Ähnlichkeit zu Hasen von einer halbtrockenen Stelle zur nächsten.

Kein Wunder, dass kurz darauf die erste Mutter ihren Bruder Elatansch bat, mit den Kleinen ans Ufer zu gehen, um ihnen den Dreck abzuwischen. Da der Spaziergang bald größere Formen annahm, erreichte die Gruppe schließlich den Uferstreifen, an dem normalerweise die Boote lagen. Als Elatansch diese nirgendwo entdecken konnte, dachte er zuerst, dass sie der seit dem Gewitter angeschwollene Fluss vielleicht mit sich gerissen habe. Aber zum einen fand er es merkwürdig, dass sie nicht an einer der Schilfinseln auf Grund gelaufen waren. Und zweitens hatte er selbst die Knoten geknüpft, mit denen die Bootsseile an den Pfählen befestigt waren. Diese Knoten ließen sich nicht einfach von der sanften Kraft des Wassers lösen, sondern bedurften kundiger Griffe einer Menschenhand.

In Elatanschs Bauch begann sich Wut zu regen. Was in aller Welt war denn so schlimm an dem kleinen Spott gewesen, den Horfet von Krata-buun zu erdulden hatte? Gut, jeder Spott eines anderen fühlte sich immer leichter an als der an die eigene Nase gerichtete. Und im Gegensatz zu Krata-buun neigte seine Mutter Ilnaf-ba überhaupt nicht zum Jähzorn. Aber die Boote mitzunehmen, und zwar alle beide, war schon eine dreiste Unverschämtheit, dauerte es doch eine ganze Weile, sie mit Basaltäxten, Obsidianklingen und Glutstückchen auszuhöhlen. Um eine solche Beleidigtentat zu rechtfertigen, hätte Krata-buun Horfet die Schimpfwörter aller versammelten Stämme an den Kopf werfen müssen. Schließlich war sie Horfets Clanmutter, ohne die er niemals das Grün der Bäume erblickt hätte.

Elatansch war außer sich, nahm die Kinder seiner Schwester Nub-je an die Hand und rannte zum Dorf zurück. Dort angekommen, lief er schnurstracks zu Krata-buuns Haus: „Krata-buun, Barcha-let, stellt euch vor, die Boote sind weg. Alle zwei. Das kann nur Horfet getan haben. Meine Knoten lösen sich nicht von selbst."

Krata-buun, die gerade vor ihrer Hütte ein großes Tuch aus Nesselstoff auswrang, traute ihren Ohren kaum: „Elatansch, was sagst du da? Horfet soll die Boote mitgenommen haben. Und wieso gleich alle zwei?"

„Keine Ahnung. Wahrscheinlich wollte er nicht, dass wir ihm auf dem Wasser folgen. Im See macht das Schwimmen wenig Spaß, und weiter unten ist der Fluss ganz schön lebhaft. Zu Fuß sind wir in jedem Fall langsamer. Außerdem dürfte sein Vorsprung inzwischen beachtlich sein."

Elatanschs Worte ließen Krata-buun sofort handeln. Entschlossen ging sie auf die große, mit Pferdefell bespannte Trommel zu, die unter dem Vordach ihrer Clanhütte hing. Mit einem wie ein Rundhaken gebogenen Weidenast, der mit Hirschleder ummantelt war, schlug sie sieben Mal auf das Fell. Das war das Zeichen für die zwölf Mitglieder des Sippenhäupterrates, sich in der Gemeinschaftshütte auf der Nordseite des Dorfkreises zu versammeln.

Die Hütte war zwar wesentlich größer als die Sippenhäuser, bestand aber wie diese aus zwei Umgrenzungen: einem lehmverschmierten Weidengeflecht innen und einer allerdings nur hüfthohen Steinmauer außen. Wegen ihrer Größe ruhte das Dach aus Ästen und Schilfgras nicht nur auf der Weidengeflechtwand, sondern auch auf acht im Boden verankerten Eichenstämmen, die in ihrer regelmäßigen Anordnung den runden Grundriss annähernd wiederholten. In der Mitte des Daches war eine Öffnung ausgespart. Denn anders als in den Sippenhäusern entzündeten die Mungordauks in der Gemeinschaftshütte meistens ein, manchmal mehrere Feuer.

Einer nach dem anderen der Dorfältesten überschritt die Schwelle der Hütte. Jede und jeder hatte nur noch das erledigt, was sie oder er für unbedingt nötig hielt. Zum Rat gehörten im Moment die neun Clanmütter, die ihre Sippe repräsentierten, und drei Clanmütterbrüder. Als Bruder einer Clanmutter gehörte ein Mann dem Sippenhäupterrat immer dann an, sobald er mindestens achtzig Sonnenwenden erlebt hatte.

Pakun, Krata-buuns jüngerer, aber schon achtundneunzig Sonnenwenden alter Bruder, kam als letzter zum Treffpunkt, weil er eben noch einen neuen Bogen über heißem Wasserdampf in die endgültig richtige Form biegen wollte. Krata-buun bereitete derweilen alles für die Ratsversammlung vor. Mit einem getrockneten Lavendelbündel von der Darre nahe der Feuerstelle vor ihrem Haus ging sie hinüber in die Versammlungshütte und legte dort dreizehn Schaffelle im Kreis auf den Lehmboden. Ihre Tochter Barcha-let würde ausnahmsweise als Ratsmitglied dabei sein. Denn als Mutter Horfets würde sie ein gewichtiges Wort mitzureden haben. Barcha-lets Bruder Toischan, ihre Schwester Lu-bagdai und ihre Tochter Riwa-quoi würden zunächst wie alle anderen Stammesmitglieder zuhören. Für den Fall, dass sie eine Idee beisteuern wollten, stand es ihnen frei, um das Rederecht zu bitten.

Krata-buun hieß alle herzlich willkommen. Dann sang sie das Lied der Doppelschnecke, dem gabbtaranischen Symbol für die Wiedergeburt der Seele, während sie mit den angezündeten Lavendelbündeln die Schneckenschleife in die Luft zeichnete. Krata-buun erzählte allen zunächst, was vorgefallen war: „Ihr habt gestern gehört, was für wilde Gedanken Horfet reiten. Alles, was mit dem Werden neuen Lebens zusammenhängt, ist eine heilige Kraft, über die wir Menschen nur staunen und schweigen sollten. Auch mein Enkelsohn hat sich an diese bewährte Tradition unseres Volkes zu halten. Dass ich mit meinen Äußerungen über das Ziel weit hinausgeschossen bin, steht außer Frage. Ich bedauere das sehr. Jetzt ist mein Enkelsohn verschwunden. Wahrscheinlich mit den beiden Booten. Die sind nämlich ebenfalls weg."

Ein entsetztes Raunen machte die Runde. Krata-buun sprach weiter: „Einfach abzuhauen ist frech und übertrieben. Dieses Gebaren dürfen wir nicht hinnehmen. Noch viel schlimmer ist, dass die Große Göttin auf ihn böse sein und ihn früh verschlingen könnte. Solange er allein unterwegs ist, ist er in Gefahr. Folglich müssen wir viel Lavendel entzünden, um die Göttin mit Gebeten gnädig zu stimmen, und dann überlegen, wie wir Horfet rechtzeitig finden können." Sie hielt den geschnitzten Redestab in die Runde zum Zeichen dafür, dass ihre Rede zu Ende war.

Als nächste griff Ilnaf-ba nach dem Stab: „Eines ist klar, Krata-buun, du und er, ihr seid Hitzköpfe."

Krata-buun blickte auf den Boden. Wie Recht Ilnaf-ba mit ihrem Vorwurf hatte. Sie, Krata-buun, hatte mit ihren hundertzehn Sonnenwenden immer noch ein so aufbrausendes Blut wie eine Frau mit sechzig Sonnenwenden. Warum nur konnte sie manchmal nicht an sich halten und platzte mit Dingen heraus, die andere verletzen mussten. Krata-buun nickte zum Zeichen, dass Ilnaf-bas berechtigte Kritik wirklich bei ihr angekommen war. Diese setzte ihre Rede in ihre Richtung gewandt fort.

„Du hast ihn stärker verspottet, als er zu ertragen vermag. Damit hast du erst recht seinen Trotz hervorgerufen. Jetzt sitzen wir wie in einer Falle mit zwei Stricken. Gehen wir ihn suchen, fühlt er sich in seinem Trotz und seiner Ansicht bestärkt. Suchen wir ihn nicht, wird er wohl einige Zeit brauchen, um seinen Stolz zu überwinden. Wir alle werden uns in dieser Zeit sorgen, wie es ihm geht."

Wieder wechselte der Stock von einer Hand zur anderen. Diesmal war es Barcha-let, Horfets Mutter, die sprach:„Die Angst wird mich so lange quälen, bis Horfet wieder bei uns ist. Ihr wisst, dass Horfet nicht der umsichtigste ist. Vor allem, wenn er sich über etwas geärgert hat. Es hat schon seine Gründe, warum unsere Leute immer in Gruppen unterwegs sind. Sogar der aufmerksamste Mensch könnte sich den Fuß brechen und dann hilflos sein. Um wie viel mehr trifft das für Horfet zu?!"

Alle schwiegen, die meisten nickten ihr zu.

„Wir wissen", stellte sie fest, „dass er die Boote mitgenommen hat. Er wird daher schon recht weit von unserem Dorf entfernt sein. Zum Glück wissen wir wenigstens die Richtung, die er eingeschlagen hat. Andererseits brauchen wir zu Fuß mehr Zeit und sollten deshalb gleich losgehen."

Pakun verlangte als nächster den Stab: "Großteils stimme ich meinen Vorrednerinnen zu. Obwohl Kratabuun nicht besonders besonnen reagierte, hatte Horfet kein Recht, davonzulaufen, die Boote mitzunehmen und Gab-Btars Gunst frech auf die Probe zu stellen. Er soll sehen, wie es sich ohne Stamm leben lässt. Darum schlage ich vor, dass wir uns zwar auf den Weg machen, ihm aber den letzten Schritt überlassen. Er muss uns ebenfalls wieder entgegenkommen."

Die breite Zustimmung, die dieser Vorschlag fand, war auf den Gesichtern des Rates deutlich zu lesen.

Dennoch griff Pakun erneut nach dem Redestab: „Jetzt müssen wir noch klären, wann wir jemanden schicken sollen und wen. Ich schlage vor, jede in der Runde sagt ihre Meinung dazu."

Als Meinungsbild schälte sich schließlich heraus, dass Makaiot und Saniutai, die beiden jüngsten Söhne von Aruch-me, zusammen mit Horfets älterer Schwester Riwa-quoi am frühen Nachmittag aufbrechen sollten. Jedoch nicht zu Fuß, sondern auf einem Floß. Damit waren alle einverstanden, Krata-buun dankte der Alles-Mutter Gab-Btar und beendete die Ratsrunde mit dem Tira-gubtu-Lied, dem Lied der Doppelschnecke.

Wie geplant wurde das Floß früh am Nachmittag fertig. Nur Eschen wurden dafür verwendet, weil sie sich mit den Basaltsteinäxten – Flint- oder Obsidianklingen splitterten allzu leicht – viel schneller fällen ließen als Eichen. In der Zwischenzeit hatten Schwimmer den Schilfsee abgesucht, um auszuschließen, dass sich Horfet aufeiner der vielen Inseln versteckte. Riwa-quoi, Saniutai und Makaiot begannen ihre Fahrt daher hinter dem Biberdamm.

Da die Gabbtaraner schon seit mehreren Generationen Boote benutzten, dauerte es eine Weile, bis es den Suchtruppmitgliedern mit vereinten Kräften gelang, das sperrige Floß auf Kurs zu halten. Erst allmählich brach es ihnen nicht mehr unerwartet in Zickzacklinien aus, sondern fuhr dorthin, wohin sie es lenkten.

„Makaiot, Saniutai, ihr beide habt doch schon oft an den Ufern gejagt. Habt ihr eine Ahnung, wo Horfet an Land gegangen sein könnte? Denkt nach! Vielleicht habt ihr ihm mal von einer Höhle erzählt oder sonst einem besonderen Platz", wollte Riwa-quoi wissen.

Makaiot ließ sich Zeit mit seiner Antwort. Er ging in Gedanken die einzelnen Flussabschnitte durch. „Ich wüsste schon ein paar Orte, die er ansteuern könnte. Dort drüben", sein gestreckter Arm bildete den Anfang einer gedachten Linie, „gibt es zum Beispiel die hohle Eiche, die ich ihm gezeigt habe. In ihr ist so viel Platz, dass man sogar schlafen kann, wenn man sich zusammenrollt."

„Ja, oder eine Flussbiegung weiter gibt es einen Felsvorsprung. Den kennt er auch", ergänzte sein Bruder Saniutai.

Riwa-quoi gefiel, was sie hörte. „Umso besser. Dann haben wir ja nichts weiter zu tun, als uns überall dort das Ufer genauer anzusehen. Wenn wir Schleifspuren finden, sind wir richtig."

Makaiot zog eine Schnute.

„Du meinst, er könnte ausgestiegen sein und die Boote einfach aufgegeben haben? Das glaube ich nicht!", nahm Riwa-quoi ihren Bruder in Schutz.

„Nein, das meinte ich nicht."

„Nun, bis gestern hättet ihr auch nicht gedacht, dass er alle zwei Boote mitnimmt und den Fluss hinunterfährt, oder?", mischte sich Sanuitai ein.

Makaiot war anderer Meinung als sein Bruder. „Wie die Ältesten es uns zum Abschied gesagt haben, fühlt sich Horfet gekränkt. Er will uns sicher keinen Schaden zufügen. Er weiß, wie lange ich brauche, um ein gutes Boot zu machen. Aber dass er uns eine allzu deutliche Spur lässt, bezweifle ich. Dazu ist er zu stolz. Überall, wo es der Fluss zulässt, kann er ausgestiegen sein und die Boote versteckt haben. Nicht nur kurz vor den Stellen, die wir für wahrscheinlich halten. So leicht, wie du meinst, ist unsere Aufgabe wohl nicht. Eigentlich sollten wir jede Uferstelle in Augenschein nehmen."

Riwa-quoi protestierte. „Aber dann sind wir zu langsam. Vergiss nicht, er ist seit gestern Abend unterwegs."

„Zudem sehen wir alle sehr gut", stimmte ihr Saniutai zu. „Wenn er die Boote wirklich noch hat, werden wir nicht an ihnen vorbeifahren. Makai-ot, du übertreibst."

„Wie ihr meint. Aber jammert nicht, wenn wir an der Tiak-ubal feststellen, dass wir ihn weit hinter uns gelassen haben."

Horfet war endlich am Ufer angelangt, dort, wo die Boote lagen. Blutschwall um Blutschwall rann sein Bein hinunter und hinterließ Angst. Große Blasen nackten Entsetzens. Wie lange verlor er denn schon sein Blut? Allzu lange offenbar nicht, die Sonne stand noch recht hoch. Doch einer wie er ohne Gefährten hatte auch nicht viel Blut zu verschenken.

„Verbinden, ich muss die Wunde verbinden, was nehm' ich nur?" Horfet hatte es zuerst auf die Lederseile der Boote abgesehen, doch die waren viel zu dünn. Lediglich zum Abbinden schienen sie zu taugen. Horfet schnitt eines ab und umwand damit sein Bein. Für den Verband selbst zogen ihm seine fröstelnden Hände das Lederhemd über den Kopf, griffen zittrig nach dem Flintstein an seinem Gürtel und trennten von der Unterkante seines Hemdes einen dicken Streifen ab. Mehrfach setzt er an, bindet und löst unter Stöhnen das Lederband, bis es endlich richtig sitzt: fest genug und locker zugleich, um sein wundes Bein nicht vollends abzuschnüren.

Ausruhen, einfach nur daliegen und schlafen, wie schön wäre das? Wie wunderbar, zuhause zu sein, von den Clanmitgliedern gepflegt, umsorgt und in Sicherheit. Doch Horfet darf nicht einmal daran denken. Er muss erst zurück, zu seinem Stamm, den ganzen Fluss hinauf.

„Warum hab ich nicht früher angehalten? Ich hätte genauso gut weiter oben allein nachdenken können. Entweder ich schaffe es, den Fluss hinauf zu fahren oder zu gehen oder ich lege mich hin zum Sterben." Diese erschreckende Erkenntnis ist es, die ihn antreibt, ins Boot zu humpeln und zu paddeln. Doch selbst das Paddeln am Uferrand zehrt beträchtlich an seinen Kräften. Sie schwinden dahin wie versickerndes Wasser im Sand. Schwindelattacken dämpfen seine Wahrnehmung.

„Btar, Gab-Btar, All-eine Mutter, gib mir Kraft", betet Horfet wieder und wieder, fast schon in Trance. Die Strömung aber ist taub. Sie lässt ihn quälend langsam vorankommen. Und sobald er kurz das Paddeln unterbricht, reißt sie sein Boot wieder ein Stück mit sich fort, ein begehrtes Spielzeug für mitleidslose Wellen. Im Dunkel seiner Verzweiflung blitzt ein Hoffnungsschimmer auf.

„Vielleicht sind sie mir ja doch gefolgt? Mutter, Großmutter, Riwa-quoi machen sich bestimmt Sorgen. Sie werden mich finden. Sie müssen mich finden." Horfet klammert sich an diese Hoffnung, weil sonst jeder weitere Paddelschlag sinnlos wäre. Ja, noch meint er Kraft genug zu haben, um der Strömung zu trotzen.

Riwa-quois Verzweiflung nahm mit jeder Flussschleife zu, hinter der sie wieder keine Spur von ihrem Bruder entdeckte. Sie steuerten jeden Abdruck, jede Furche und jeden abgeknickten Ast an. Schon neigte sich der Nachmittag seinem Ende zu, und noch immer hatten sie nicht den geringsten Anhaltspunkt für Horfets Gegenwart aufgespürt.

„Horfet muss doch die Boote am Ufer zurückgelassen haben. Wieso finden wir nichts von ihm?", fuhr sie Saniutai an, der sie schweigend in die Arme nahm und ihr wie sich selbst durch die gegenseitige Berührung Trost zu spenden versuchte.

Makaiot dagegen deutete die Lage ganz anders: „Falsch. Gerade dass wir bis jetzt keine Spur von Horfet gefunden haben, heißt doch, dass es ihm sehr gut geht. Sonst hätte er keine Lust, den Fluss noch weiter hinabzufahren. Dass wir die Boote übersehen haben, halte ich für völlig ausgeschlossen."

Kaum waren Makaiots Worte verhallt, als sie wieder eine Biegung hinter sich ließen und Einblick in ein längeres gerades Flussstück erhielten. Sogar durch ihren Tränenschleier hindurch erkannte Riwa-quoi sofort einen der Einbäume am Ufer.

„Btar sei Dank", rief sie und der Druck, der ihr vom Herzen fiel, gab ihrer Stimme den vollen Klang zurück, deretwegen ihr Gesang höchstes

Ansehen im Stamm genoss, „wir sind ihm ganz nah! Los, Makaiot, gib mir das Paddel, ich bin gespannt, was er gerade tut."

Die böse Überraschung, die ihre Befürchtungen weit übertraf, ließ nicht lange auf sich warten. Auf dem Weg zu dem Boot kamen sie direkt an dem Baumstamm vorbei, an dessen einzigem Aststumpf noch die Spuren geronnenen Blutes klebten. Makaiot, der vorne saß, sah sie als erster; vor Schreck verschluckte er sich und konnte nur noch mit dem Finger darauf zeigen.

Riwa-quoi schrie entsetzt auf, als ihr Blick der gewiesenen Richtung folgte: „Horfet, nein, das kann nicht sein. Gestern warst du doch noch…", ihr Schluchzen hinderte sie am Sprechen. Und wieder nahm Saniutai sie tröstend in die Arme. Seine Blicke wanderten Hilfe suchend zu Makaiot, der ihn nicht enttäuschte.

„Vielleicht hat er sich bloß leicht verletzt, hat sich hier ausgeruht, ein paar Jäger kamen vorbei und haben ihn in ihr Dorf mitgenommen und ihm geholfen."

Dankbar griff Saniutai diese Möglichkeit auf. „Makaiot hat Recht. Wir suchen jetzt erst die Umgebung ab, ob wir weitere Spuren von Horfet finden, sein zweites Boot zum Beispiel, und wenn nicht, dann fahren wir auf dem Fluss zum nächsten Stamm. Denn die kennen besser als wir die Gegend hier. Mit ihrer Hilfe entdecken wir ihn sicher schneller, wenn er nicht sowieso schon an ihren Feuern sitzt."

Riwa-quoi wollte ihnen nur zu gerne glauben. „In Ordnung", sagte sie, „ich bleibe hier, und ihr schaut, ob ihr Spuren von Horfet findet. Ich könnte den Anblick nicht ertragen, wenn ihr Reste seiner Kleidung oder … und wenn ihr nichts entdeckt, dann holen wir uns Hilfe beim nächsten Stamm."

Die beiden jungen Männer nickten ihr zu. Sie sprangen ins Wasser, zogen das Floß gerade so weit auf den sandig-kiesigen Strand, dass es nicht abtrieb, und begannen, in Ufernähe nach Spuren Ausschau zu halten. Horfet schien sich tatsächlich nur im Uferbereich bewegt zu haben. Für die jungen Männer verdichteten sich die Hinweise zu folgendem Bild.

„Horfet war hier, soviel steht fest", sprach Makaiot aus, was auch Saniutai dachte. „Es gibt keinerlei Anzeichen dafür, dass ihn ein Tier anfiel und verschleppte. Er muss sich hier verletzt haben, vielleicht an dem Baumstamm. Er rettete sich ans Ufer, wo er sich höchstwahrscheinlich die Wunde verband, da, bei dem dunklen Fleck im Sand. Und dann hat er wohl versucht, im zweiten Boot Hilfe zu holen. Hätte er es flussaufwärts geschafft, wären wir ihm begegnet. Doch weil die Strömung sehr stark ist, wurde er schnell müde, schlief im Boot ein und trieb ab. Wenn er Glück hatte, hat ihn jemand gesehen und ihm geholfen. Wir müssen also nichts weiter tun, als die Stämme flussabwärts zu fragen."

„Oder er wurde doch schwer verletzt, ein Jäger kam vorbei und nahm ihn im Boot mit…."

„Es ist sinnlos, sich verrückt zu machen", beruhigte sie Saniutai. „Wohoí, dein Bruder muss sich bald häuten, so schnell wächst er. An seinen dürren Armen fangen Muskeln an zu sprießen, die irgendwann Speere von hier aus ins Gebirge werfen. Siehst du sie nicht? Ich glaube, du hast immer noch das Bild vor Augen, wie du ihn mit sieben halbertrunken aus dem Wasser gefischt hast."

„Mag sein, aber natürlich vergesse ich diesen Anblick mein Leben lang nicht. Ich war so glücklich, als Mutter sagte, ich sei jetzt gewissermaßen Horfets zweiteMutter, weil ich ihm ein zweites Leben geschenkt habe. Ihr wisst es vielleicht nicht mehr. Aber er war damals der einzige, der sich überhaupt zu dieser besonderen Mutprobe bereiterklärte. Hinuntertauchen zu den Wassergeistern in das Gesteinslabyrinth, um von ihnen Antworten auf all seine Fragen zu erhalten. Keinem der anderen Kinder erschien diese Aussicht auch nur annähernd so verlockend wie Horfet. "

„Ja, ja, ich weiß, wenn Horfet der Antwort auf einer seiner vielen Fragen hinterherrennt, bräuchte sein harter Sturnacken vor keiner alten Eiche zu weichen. Aber nicht einmal die Lunge voller Wasser hat ihm damals etwas anhaben können. Und jetzt ist er fast schon ein Mann. Komm, Riwa-quoi, wir lassen das Floß hier, nehmen das Boot und paddeln weiter. Vielleicht gefällt es Gab-Btar, dass du ihn schon heute Abend wieder in die Arme schließt."

Riwa-quoi lächelte. „Also los, worauf wartet ihr?", rief sie und half mit, das Boot ins Wasser zu ziehen, in das sie nach Saniutai und vor Makaiot sprang.

„Genau", murmelte der, „wenigstens haben wir jetzt wieder ein richtiges Boot unter den Knien. Damit werden wir dein *Brüderchen* schneller finden."

Saniutais leiser Spott war nicht ganz unberechtigt. Horfet hatte bereits sechsundzwanzig Sonnenwenden gesehen, bald würde er sich den Mannbarkeitsritualen unterziehen. Doch wie eh und je sah sie in ihm ihren kleinen Bruder, der ihr wegen seiner Tagträumereien stets ein wenig schutzbedürftiger als andere Jungen seines Alters vorkam. Darin glich er so sehr ihrer Mutter Barcha-let.

Auch sie schien mit einem Bein immer mehr in der Luft als auf dem Boden zu stehen. Barcha-lets Neigung, einen möglichst großen Bogen um sich anbahnende Streitigkeiten zu machen, anstatt sie klug zu schlichten, gehörte mit Sicherheit nicht zu den Tugenden einer guten Clanmutter. Riwa-quois Tante, Barcha-lets jüngere Schwester Lu-bagdai, hatte viel eher das Zeug dazu, später einmal die Geschicke der Familie in die Hand zu nehmen. Wie auch immer, Riwa-quoi liebte ihren Bruder und ihre Mutter trotz oder vielleicht gerade wegen ihrer bisweilen allzu unbekümmerten Art, Gefahren zu unterschätzen oder gar nicht erst als solche wahrzunehmen.

Die Sonne spendete nur noch spärliches Licht, als sich Riwa-quoi, Saniutai und Makaiot wieder dem Ufer näherten und sich um ihr Nachtlager kümmerten. Der nächste gabbtaranische Stamm wohnte knapp vier Tagesreisen zu Fuß entfernt. Da der Fluss eine ernstzunehmende Strömung aufwies, hatten sie anfangs die kühne Hoffnung gehegt, das Dorf noch gegen Abend zu erreichen. Doch hinter der Einmündung eines weiteren Baches tauchten wiederholt Stromschnellen auf, die es jeweils ratsam erschienen ließen, das Boot aus dem Wasser zu ziehen und die gefährlichen Stellen mit ihm über dem Kopf zu umgehen. Als es immer dunkler wurde, ohne dass sie auf irgendwelche Anzeichen menschlicher Besiedlung, geschweige denn auf Horfets Spuren stießen, beschlossen sie, kein Risiko einzugehen und erst bei Tageslicht weiterzufahren.

Nach der Abkühlung durch das Gewitter der letzten Nacht war die Temperatur wieder angestiegen. Von den dicht vorbeiziehenden Wolken drohte kein Regen mehr, so dass es Riwa-quoi und ihre Freunde dabei bewenden ließen, nur ihre Schaffelle auszubreiten. Die Geschehnisse hatten Riwa-quoi aufgewühlt; deshalb konnte sie lange keinen Schlaf finden. Als sie Makaiot und Saniutai gegenüber dem Feuer laut schnarchen hörte, erhob sie sich und schlenderte in Gedanken versunken am Flussufer entlang. Ihr Gefühl sagte ihr, dass es Horfet nicht gut ging und dass sie ihn morgen nicht finden würden. Doch warum glaubte sie das? Was hatten sie falsch gemacht? Hatten sie irgendwelche Hinweise übersehen? Waren sie zu früh von der Stelle aufgebrochen, wo sie das Blut am Ast gefunden hatten?

Fragen über Fragen bewegten sie, auf die sie keine Antwort wusste. Tatsache war, dass sie bloß ein Boot entdeckt hatten. Also musste entweder Horfet oder eine dritte Person den zweiten Einbaum genommen haben, vorausgesetzt, es waren überhaupt noch zwei gewesen, als Horfet an dieser Uferstelle angelegt hatte. Vielleicht war es ja gar nicht Horfets Blut gewesen, das am einzigen Ast dieses vermaledeiten Baumstammes klebte. Riwa-quois Verstand ersann ständig neue Szenarien, um sich selbst zu beruhigen. Doch wie auch immer sie es drehte und wendete, gegen das Unheil ahnende Gefühl half keines ihrer ausgeklügelten Gedankenspiele.

Das Knacken eines Zweiges ließ sie zusammen zucken. Die Stimme, die sich für das Anschleichen in dieser wolkenverhangenen Nacht entschuldigte, gehörte Saniutai. Riwa-quoi freute sich über die Berührung seiner Hand, die sich auf ihren Kopf legte, um ihr über die Haare zu streichen. Diesen Ausdruck seiner Zärtlichkeit liebte sie besonders, weil sie von ihrer Mutter immer auf diese Weise getröstet wurde.

Dankbar legte sie ihrerseits die Arme um seinen Hals und drückte sich an ihn. Sie spürte sein sich aufrichtendes Glied und musste lächeln. Junge Männer bedurften wirklich keiner großen Zuneigungsbekundungen, um in Stimmung zu kommen. Die alten Frauen hatten Recht. Wenn eine Frau die langsame Liebe genießen wollte, war es viel besser, einen älteren Mann zu wählen.

Auch die streichelnden Hände Saniutais brachten sie nicht von ihren Gedanken ab. Saniutai war eine Sonnenwende jünger als sie. Nach der Überlieferung hatten sich die Ahninnen nicht entscheiden können, welches Fest den Beginn eines Jahres markieren sollte. Denn die Jahreszeiten standen zugleich auch für Gatár-ta-ún, die Körperwelt, und Aschme-óch, die Schattenwelt. Beide gehörten zum Wechselspiel des Lebens. Außerdem erntete man im Frühsommer das Getreide, im Herbst aber Feigen, Mandeln und Pistazien, und um die Wintersonnwende herum bekamen die Tiere ihre Jungen. Um der kniffligen Frage nach Anfang und Ende zu entgehen, bemaßen alle Gabbtaranschi längere Zeitspanne bevorzugt nach Sonnenwenden. Die Sonnenwenden wiederum bildeten jeweils den Höhepunkt der Jahreshälften Isboin und Chantuhur. Während Isboin dauerte der Tag länger als die Nacht; sobald es sich umgekehrt verhielt, sprachen die Gabbtaranschi von Chantuhur.

Riwa-quoi war nicht nur älter, sondern zudem die Frau. Ein Mann konnte eine Frau vergewaltigen, eine Frau verfügte nur über die Macht, einen Mann zu verführen. Gabbtaranische Männer ließen sich gern verführen, gabbtaranische Frauen ruhten nicht eher, als bis ein Vergewaltiger aus ihren Reihen verbannt war. Die Alles-Mutter hatte es sie so gelehrt. Denn allein mit den Frauen teilte die Göttin ihre Macht, Verstorbene aus der Schatten- in die Körperwelt zurückzuholen. Der einzige Beitrag, den ein Mann leisten konnte, bestand darin, den Frauenschoß zu nähren, damit dieser für die Mühen der Geburt bei Kräften blieb. Freilich durfte ein Mann nur dann tätig werden, wenn es seine Geliebte nach Speise gelüstete.

Jede geschlechtsreife Frau musste allerdings immer dann Vorsicht walten lassen, wenn „Olua (baranisch für *Mond,* der im Baranischen weiblich ist) in ihr reif" war. Dann brauchte sie einen Großteil ihrer Kraft, um den Blutvollmond in sich leuchten zu lassen. Für umherschweifende körperlose Verwirr-, Tier- oder Schadgeister, die danach trachteten, von der Frau oder noch besser von dem sich vielleicht in ihrem Bauch entwickelnden Kind Besitz zu ergreifen, war eine mondreife Frau eine überaus begehrte und leichte Beute. Ein Mann, der in dieser Zeitspanne sein Geschlecht mit ihr verbinden wollte, brachte seine Geliebte erst recht in Gefahr, durch die gierigen Geister an ihrer Seele oder ihrer Gesundheit Schaden zu nehmen.

Lediglich die fünf Weisen konnten ihre Geschlechtsgenossinnen vor jener Vollmondschwäche schützen. Btar selbst hatte den Ahninnen das Wissen übermittelt, wie die dazu nötige Schutzzeremonie aussehen musste. Seither hüteten die Weisen Frauen dieses Geheimnis. Sie waren es auch, die ein Mädchen in den Kreis der Frauen aufnahmen.

Riwa-quoi erinnerte sich noch gut an das Einweihungsritual einen Mond nach ihrem ersten Blutneumond. An die Hand der Ritualmeisterin, die unterhalb ihrer Scheide ihr zweites Mondblut auffing und damit die Mondhörner auf ihren Bauch zeichnete. An den Satz „Zum zweiten Mal leitet dich schon die Mondin. Seit deiner ersten Blutung lebtest du zurückgezogen mit deiner Mutter in deiner eigenen Einweihungshütte. Dort lerntest du, die Reife in dir anzunehmen, die das Blut mit sich bringt. Es wird von nun an immer fließen, bis deine Zeit gekommen ist, als weise alte Frau geehrt zu werden."

Und an die dunkle Stimme aus dem Hintergrund, die so einprägsam sprach: „Dies ist das heilige, geheimnisvolle Blut des Lebens, aus dem wir alle bestehen. Nur aus der Frauen Bauch fließt es und verbindet so die Welt der Lebenden mit der der Toten. Auch aus deinem Bauch, Riwa-quoi, fließt es, weil dich die Alles-Mutter der Teilhabe für würdig befindet. Sei stolz darauf, denn ab jetzt achten wir Frauen dich als Frau."

Ein lautes Johlen der anwesenden erwachsenen Dorffrauen erklang, das die allgemeine Freude darüber zum Ausdruck brachte.

„Btar hat nur uns Frauen erwählt, um die Seelen Verstorbener aus dem Schattenreich der Nebel zurückzuholen und wieder mit einem Körper für die Welt der Lebenden auszustatten. Denke daran, so wie die weiße Mondin am Himmel zur Kugel heranwächst, liebe Riwa-quoi, wächst auch die Blutmondin in dir heran. Ist sie voll, nimmt sie wieder ab und fließt als Mondinblut zur Erde zurück. Oder sie verwandelt sich durch Btars Bauchkuss in ein Kind."

„So will es Btar", sangen die Frauen.

Die Zeremonieleiterin fuhr fort. „Die Alles-Mutter Gab-Btar liebt es, gleiche Geschehnisse bunt und vielfältig darzustellen. Deshalb hat sie die Mondin an den Himmel gehängt, damit alle Frauen überall ein Bild der in ihnen wirkenden Kräfte vor Augen haben. Die Mondin am Himmel hat sie weiß, die kleinen Monde im Bauch einer Frau hat sie rot gezeichnet."

Voller Ehrfurcht wurde sich Riwa-quoi während der Zeremonie ihrer eigenen magischen Kraft bewusst, vor der alle Männer höchste Achtung besaßen. Selbst der eingebildeteste Schamane würde es nie wagen, seine Magie über die einer Frau zu stellen, da er bestenfalls geborenes Leben heilen, es jedoch nicht aus der Schattenwelt holen konnte.

Noch eines schärften die Frauen Riwa-quoi in dieser Nacht ein. Da diese Worte ebenso einem bestimmten baranischen Versmaß folgten, fiel es ihr leicht, den genauen Wortlaut zu rekapitulieren:

„Achte auf das Gleichgewicht.
Viele Kinder aus dem Frauenschoß,
viele Seelen ab in Gab-Btars Schlund.
Wo geboren wird, muss einer sterben.
Wo einer stirbt, kann einer leben.
Und sei's die Mutter selbst, die stirbt,
während sie ein Kind gebiert.

Drum frage die Frau, die ein Kind will, den Rat.
Wachen wir doch über Leben und Tod.
Ist die Zeit reif, rufen wir Btar, ihr ein Kind zu schenken.
Unser Schutz bewahre sie dann vor Geisterränken.
Auch wenn die Vollmondin am Himmel steht,
und ein Mann den Schoß ihr nährt,
wird jeder Schadgeist abgewehrt.

Riwa-quoi sah nach oben. Der Frauenrat hatte kein Vollmondschutzritual für sie abgehalten. Ein Tag noch und der Mond würde so rund sein wie die gelbe Mitte eines Gänseblümchens. Sie gehörte zu der überwiegenden Mehrheit der gabbtaranischen Frauen, bei denen der weiße Himmelsvollmond mit ihrem roten Bauchvollmond übereinstimmte. Wie es ihr während ihrer Weihe zur Frau erklärt worden war, erkannte sie den richtigen Zeitpunkt außerdem am veränderten Geruch ihres Frauensaftes. Der roch bereits nussig-kernig, und ihr Scheidenschleim wurde zähflüssiger. Morgen würde er sicher Fäden ziehen: Kein Zweifel, dass sie sich ihrem Blutmondhöhepunkt zu nähern begann, der wie so oft seine Entsprechung im himmlischen Vollmond fand.

Zwar fürchtete sie wie alle Gabbtaranschi nicht den Tod selbst, weil sie an ihre Wiedergeburt in einem gabbtaranischen Stamm glaubte. Aber das Sterben war für den Sterbenden und die Zurückbleibenden zweifellos eine leidvolle Erfahrung, die Riwa-quoi nicht ohne Not heraufbeschwören wollte.

Auch die körperlichen Belastungen und Gefahren, die mit einem „Leben im Leben", wie die Gabbtaranschi die Schwangerschaft bezeichneten, einhergingen, kannte sie gut genug von ihrer Mutter und Tante. Ohne die Zustimmung des Frauenrates, der zugleich das gesammelte Heil- und Kräuterwissen des Volkes bewahrte, und dessen Schutzritual hatte Riwa-quoi wenig Lust, sich auf dieses Abenteuer einzulassen. Ganz zu schweigen von der Gefahr, einem bösen Geist in die Hände zu laufen, der schon nach einer mondreifen Frau und dem Kind in ihrem Bauch lechzte.

Für Riwa-quoi, die in diesem Augenblick die Nähe Saniutais genoss, stand also fest, dass sie einem weitergehenden Verlangen heute nicht nachgeben durfte. Gleichwohl hungerte sie nach Geborgenheit und Zuneigung. Sie erwiderte die leidenschaftliche Umarmung Saniutais. Ihre Haut auf seiner zu spüren, war das einzige, was sie jetzt wollte. Beide fingerten sie an ihrer Kleidung, bis sie endlich nackt im Ufersand aufeinander lagen.

Saniutai kannte ihre empfindlichsten Stellen bereits sehr genau und entlockte ihr mit seinen Händen leise Seufzer. Ihre wollüstigen Laute katapultierten ihn zum Gipfel dessen, was er an Begehren auszuhalten vermochte. Mit unverkennbarer Zielvorstellung suchte sein Penis den Eingang unterhalb ihres Göttinhügels. Ebenso bestimmt fing ihn ihre Hand dort ab und begann ihrerseits ein Spiel, das ihm gut gefiel. Kurz darauf später stöhnte er vor Lust. Und jetzt hatte auch Saniutai Muße genug, um Riwa-quois Körper in vielen zarten Berührungen zu bergen.

Der Mond war schon ein großes Stück über den Himmel gezogen, als sie schließlich beide in ihre Schlaffelle zurückkehrten. Wohlige Erschöpfung ließ sie trotz des abwechslungsreichen Schnarchens von Makaiot bald einschlafen.

Boritak massierte sein schmerzendes Fußgelenk. Seit seinem Sprung über einen Bach vor zwei Vollmonden, bei dem er sich auf dem unerwartet nachgiebigen Uferrand die Sehne angerissen hatte, bereitete ihm langes Gehen Probleme. Es glich einem Wunder, dass ihm diese vorübergehende Behinderung nicht den Garaus gemacht hatte! Ausgerechnet auf dem Weg über das Gebirge ereilte ihn das Missgeschick. Nur weil er sofort umkehrte, gelang ihm überhaupt die Rückkehr.

Menschen lebten nicht umsonst in Stämmen oder suchten dort Unterschlupf. Für einen Verstoßenen wie Boritak war es bedeutend schwerer, am Leben zu bleiben. Seinen Zorn auf die Frau, deretwegen er sein Dasein in Einsamkeit fristete, bekam ein dornenstarrender Brombeerausläufer zu spüren, den er ungerührt in seiner schwieligen Linken zerquetschte.

„Hinterhältige Muräne! Deine Verwünschungen werden mich nicht umbringen. Das verspreche ich dir. Anstatt mich wie einen Tollwütigen zu verjagen, hättet ihr Gabbtaranschi des Westens es lieber mal selbst ausprobieren sollen, den Frauen euren harten Stock aufzuzwingen."

Insgesamt drei Sonnenwenden waren seither ins Land gegangen. Trotzdem trieb ihm allein die Erinnerung an dieses Erlebnis so viel lüsternes Blut in sein liebstes Körperteil, dass er manchmal bis zu dreimal hintereinander kam. Er brauchte nur die einzelnen Szenen Revue passieren lassen:

Der Moment, in dem er endlich den Entschluss gefasst hat, es zu tun. Zu tun, was sonst niemand wagt. Die wachsende Spannung, als er der hochgeehrten Heilerin Ke-ho zu den Stromschnellen folgt, wo sie auch an zunehmendem Mond ihr spätabendliches Bad nahe der Vollmondhütte zu nehmen pflegt. Das Prickeln seiner Hände, die sich den aufstellenden Nackenhaaren zum Trotz um den Hals der Verhassten legen und ihr den Mund zudrücken. Ihre löwinnenhafte, aber völlig sinnlose Gegenwehr. Das Wegzerren hinter eine Anhöhe beim anregenden Geruch ihres Angstschweißes. Die ersten Schläge in ihr Gesicht. Ihre zusammengepresste Scham. Sein erbarmungsloses Eindringen in ihr Allerheiligstes. Ihr ohnmächtiger Fluch, sein letzter Schlag. Nie wieder hatte er sich so erhaben gefühlt wie in jenen Momenten, als er die alte Frau für ihr Untätigbleiben bestrafte.

Die ihm wohlbekannten Konsequenzen folgten allerdings auf dem Fuße. Obwohl er sofort danach die Flucht ergriff, nahmen sie ihn gefangen und kennzeichneten seine Stirn mit dem Mal der Verstoßung. Kein Gabbtarani, egal ob Ost-, West-, Süd- oder Nord-, würde je wieder mit ihm zu tun haben wollen.

Boritak hatte vor seinem Unfall große Entfernungen zurückgelegt, um Menschen zu finden, die ihn trotzdem willkommen hießen. Doch auch die wenigen Nichtgabbtaranschi, meist Händler, die er diesseits des Gebirges bisher getroffen hatte, hatten ihn ohne viel Federlesens von ihren Feuern vertrieben. Er würde also, darüber gab er sich keinen Illusionen hin, irgendwann ohne tröstende Menschenhand krank oder verletzt in irgendeiner notdürftigen Zeltbehausung krepieren, es sei denn, es gelänge ihm, Gabbtaran weit hinter sich zu lassen. Sobald seine Sehne wieder ganz hergestellt sein würde, hatte er vor, immerfort nach Osten zu gehen. Denn dort, wo die Sonne aufgehe, erzählte man sich, solle das Land nie enden und nicht vom Großen Wasser verschluckt werden wie im Westen.

Der Vormittag hatte seinen Höhepunkt bereits überschritten, und Boritak bekam Durst. Weil sein Wasserlederschlauch fast leer war, unterbrach er seinen Fallenkontrollgang und lenkte seine Schritte zum Fluss. Dort angekommen misstraute er zunächst seiner nachlassenden Sehkraft. Aber doch, es war wahr! Auf der Mitte des Flusses saß etwas auf einer Sandbank fest. Etwas, das in dem blendenden Gegenlicht wie ein sehr kurzer, sperriger Baumstamm aussah.

Boritak wunderte sich. So stark war ihm der Regen der vorgestrigen Nacht gar nicht erschienen. Doch offenbar musste es weiter flussaufwärts heftiger geregnet haben, wenn der Fluss es sogar vermocht hatte, ein derart massives Stück Holz auf die Sandbank zu setzen. Das wohlgemerkt, dessen war er sich sicher, bei seinem letzten Wasserschöpfen noch nicht an dieser Stelle gelegen hatte. Na wenn schon, bei den Fallen hatte er sich ja auch geirrt! Dort, wo er den Hasen beinahe gar gerochen hatte, konnte er nur Luft braten, und ausgerechnet seine Verlegenheitsfalle bescherte ihm ein Eichhörnchen.

Boritak kümmerte sich daher nicht weiter um die Sandbank, sondern trank durstig aus der hohlen Hand, ehe er begann, seinen Lederbeutel ins Wasser zu tauchen. Eine Geierschar am Himmel ließ ihn innehalten. Zeigten sie etwa frisches Aas an, von dem er sich einen Teil holen könnte? Boritak stand auf und hielt sich die Hand über die Augen, um die Geier besser auszumachen.

„Hässliche Aasfresser", dachte er und entfernte sich mit seinem Wasservorrat vom Fluss, " jetzt flattern sie schon über totem Holz."

„Wo die Geier schweben, ließ einer sein Leben". Die Melodie dieses Reims, den sie als Kinder beim Anblick der nackthalsigen Vögel immer gesungen hatten, kam ihm in den Sinn und ließ ihn nicht mehr los. Boritak machte kehrt. Diesmal zog er seine Schuhe an einer Uferstelle aus, die dem Baumstamm näher lag. Einige Schritte weiter, entpuppte sich dieser mit einem Mal als Einbaum, aus dem ein schmächtiger Jungenarm heraushing.

So schnell es der einsame Jäger vermochte, watete er zu der Sandinsel in der Mitte des Flusses, der an dieser Furt nicht allzu tief war. Dennoch reichte Boritak das Wasser auf dem Weg dorthin stellenweise bis zur Achsel. Ein flüchtiger Blick über den Bootsrand bestätigte ihm, was der Arm verheißen hatte. In dem Gefährt befand sich ein anscheinend schlafender Junge. Mit seinen an große Anstrengung gewohnten Muskeln gelang es dem Mann, das Boot von der Sandbank loszureißen und ans Ufer zu ziehen.

Dort inspizierte er seinen Fund gründlicher. Der Junge im Boot mochte zwischen vier- und sechsundzwanzig Sonnenwenden gesehen haben. Er lag mehr wie ein Wassersack denn wie ein Wesen mit Wirbelsäule im Heck, die Arme noch ausgestreckt und sichtlich abgeschnürt von der Bootskante. Es waren lange, gebräunte Arme mit makelloser Haut und jeweils einer deutlich sichtbaren gezackten Ader auf dem Unterarm. Nicht zu vergessen die schön geformten Hände, die nach Boritaks Dafürhalten den Vergleich mit einer Frauenhand nicht zu scheuen brauchten.

Ein Mann, der Frauen verschmähte, hätte an dem Körper des Jungen sicherlich seine helle Freude gehabt. Eigentlich sehr dumm, dass er selbst daran noch nie einen Gedanken verschwendet hatte. Mit seinem Zeigefinger schob Boritak eine dicke Haarsträhne aus dem Gesicht des Angeschwemmten. Zum Vorschein kam ein Antlitz, das seinen Betrachter fesselte.

„Ja, so sieht ein Mensch aus. Ich hatte es fast vergessen." Der Verbannte versuchte, sich einzelne seiner früheren Stammesmitglieder ins Gedächtnis zu rufen, aber es gelang ihm nur noch, sie sich als Tiervisagen vorzustellen. Einen Geier gab es da, aber auch Wölfe, Füchse, Bären und sogar einen Fisch. Boritak schüttelte seine Erinnerungen ab und fokussierte erneut den Körper, der vor ihm lag.

„Dein Gesicht ist ganz passabel. Jung und ungezeichnet."

Ein Grinsen zog Boritaks Lippen in die Länge. „Wenn du erst mit mir zusammen bist, wird sich das wohl ändern. Bin gespannt, was deine Augen sagen, wenn du sie aufmachst. Das heißt, falls du sie aufmachst."

Ganz offensichtlich war der Arme wegen der beachtlichen Wunde an seinem Oberschenkel ohnmächtig geworden. Die hatte er sich zwar mit einem Stück seines Lederhemdes verbunden, das jetzt so aussah, als sei es für einen ganz anderen angefertigt worden, doch konnte dieser Verband die Blutung nicht ganz stoppen. Voll gesogen mit Blut hatte er so viel an Spannkraft eingebüßt, dass die Wunde schon wieder teilweise sichtbar wurde. Der jagderfahrene Boritak wusste, dass er handeln musste, wenn die kraftlosen Atemzüge des Verunglückten nicht schon in dieser Nacht ganz aufhören sollten.

Vermutlich stammte der Junge aus einem ostgabbtaranischen Stamm. Die Art, wie seine Beinlinge an seinem Gürtel befestigt waren und einzelne seiner langen dunkelbraunen Haarsträhnen zu mit Steinperlen und bunten Lederschnüren verzierten Zöpfen geflochten waren, ließen darauf schließen. Behutsam hob Boritak den bewusstlosen Körper aus dem Boot heraus und legte ihn ans Ufer.

Dem Boot versetzte er einen kräftigen Stoß. Es zu verbrennen, hätte Spuren hinterlassen. So wurde es eine Beute der Strömung, die es hinter der Furt unnachgiebig mit sich zog. Ganz egal wo der Junge herkam, keiner, der nach ihm suchte, sollte leichtes Spiel haben, indem er einfach nur dem Boot beziehungsweise dessen Überresten als einem meilenweit erkennbaren Wegweiser folgte. Ganz gewiss nicht! Wohin auch immer der Fluss das Wassergefährt trüge, würde es eine falsche Spur legen, genau wie es für ihn am vorteilhaftesten war.

Eine Anwandlung unerhörten Glücks hatte Boritak den verletzten Halbwüchsigen zugespielt. Nun lag es allein an ihm, dem ausgestoßenen „Halbmenschen", sich diesen erstaunlichen Zufall zu Nutze zu machen. Sein Kopf feilte bereits an einem Plan, der seinem Leben die entscheidende Wende geben würde, vorausgesetzt, ab jetzt würde er wachsam sein wie ein Luchs und listig wie ein Wiesel. Doch der Preis dafür war einen solchen Einsatz wert. Den gefüllten Lederschlauch quer über die rechte Schulter gehängt, legte er sich seinen „Retter" über die linke Schulter und ging in Richtung seines Versteckes.

Boritak prustete und schnaufte wie ein aufgeregter Büffel, während er Horfet vom Fluss bis zu seinem Versteck schaffte. Die immer wieder unterbrochene Hügelkette nördlich des Ischar-um-schal, die zuerst von diesem wegstrebte, dann aber die Richtung drehte und wieder entlang zu ihm verlief, allerdings in größerem Abstand, ragte höher in den Himmel als die Erhebungen südlich und östlich von Horfets Dorf. Der Verletzte über seiner Schulter erschwerte Boritak den Aufstieg an dem besonders karg bewachsenen Hügel erheblich. Wenig eindrucksvolle Pflanzen passierte er, ein paar Wacholderbüsche und Krüppeleichen, deren Wurzeln an manchen Stellen nicht einmal in Felsnischenerde ankerten, sondern sich an jede noch so unscheinbare Gesteinsausbuchtung klammern mussten.

Weiter oben gab es fast nur noch Kräuter, Gräser und Kalk. Aber auch zahlreiche Aushöhlungen, die sich hervorragend als Lagerstätte nutzen ließen. Boritak hatte schon längere Zeit einen geeigneten Unterschlupf gesucht. Dann entdeckte er ihn durch Zufall, als er den Weg einer davon stiebenden Auerochsenherde kreuzte, die von einem Wolfsrudel gejagt wurde. Um weder von den auf ihn zurennenden Fleischbergen zermalmt noch von deren Verfolgern als Ersatzbeute gerissen zu werden, war er auf allen Vieren einen Steilhang hinaufgeklettert. Auf der Spitzes dieser Erhebung, die nach einem schmalen Sims direkt in einen unerklimmbaren Felsen überging, lag gut versteckt hinter einem schräg aus dem Gestein wachsenden Wacholderstrauch der schmale Eingang zu einem Felsentunnel.

Trotz seiner Angst vor Höhlen schlüpfte Boritak in diese Felsöffnung. Die zuerst hüfthohe Röhre erweiterte sich zu einer rundhüttengroßen Auswölbung, die – und das war wirklich ein unerwartetes Geschenk der Göttin – von unten völlig unzugänglich war. Denn diese große Öffnung befand sich auf der Rückseite des Hügels, der sich dort noch steiler erhob. Auf jener rückwärtigen Seite gab es nicht nur starkes Gefälle und gefährliches Geröll, sondern auch überhängende Felsen, so dass ein Mensch hier nie ohne Not den Aufstieg wagen würde. Dadurch verringerte sich sein Risiko, wegen der Stirntätowierung fortgejagt zu werden, enorm.

Die einzige Schwierigkeit bestand für Boritak darin, seine Jagdbeuten oder Brennholz nach oben zu bringen, und zwar sowohl auf der Rück- wie auf der Vorderseite. Doch für diesen Zweck hatte sich der Verbannte schon seit längerem eine stabile Strickleiter aus Hanffasern und Eichenästen gemacht. Wann immer er etwas hinaufschaffen wollte, stellte er es unten am Hang ab, stieg allein hoch, ließ die Strickleiter hinab und kletterte mit dem Tier oder dem Holz in einer Rückentrage sicher wieder hinauf.

Dank dieser Vorrichtung beförderte Boritak seinen reglosen Menschenfund nach oben. Dort angekommen, zog er wie gewohnt sofort die Strickleiter hoch. Diesmal allerdings hielt er mittendrin inne. Das Auffinden des Jungen veränderte vieles in seinem Leben. Von nun an brauchte er keine Furcht mehr davor haben, entdeckt zu werden. Er würde sein verstecktes Lager aufgeben können, sobald der Halbwüchsige genesen war. Sich bis dahin in einem Versteck aufzuhalten, weckte keinen Verdacht, sondern zeugte im Gegenteil von Fürsorglichkeit. Oh ja, er würde dem Jungen eine über alle Zweifel erhabene Geschichte auftischen. Wenn er etwas schon immer gekonnt hatte, dann war es lügen, lügen, ohne rot zu werden.

Den ganzen Weg vom Fluss bis zu seinem Lager hatte er fieberhaft nachgedacht und tatsächlich die Lösung gefunden. Das Schandmal des Halbmenschen, das auf seiner Stirn prangte, schloss ihn nur so lange von der Gemeinschaft der Gabbtaranschi aus, bis er eine andere, eine harmlose Erklärung für seine Entstehung fand. Zwar würde er trotzdem weiterhin die Gabbtaranschi meiden müssen, die die wahren Hintergründe kannten oder gar selbst bei der Tätowierung während des Verstoßungsrituals anwesend waren. Das bedeutete, dass er sich nur fremden Stämmen nähern durfte. Natürlich würde das alle sieben Sonnentiefststände stattfindende Fest der Großen Mutter, bei dem sich vor allem die jungen Leute und die besonders geehrten Mitglieder aller Stämme trafen, für ihn zeit seines Lebens ein Tabu bleiben.

Aber das Ausgeschlossensein aus solchen Festivitäten störte ihn so gut wie gar nicht. Wovor er furchtbare Angst hatte, war vielmehr, nie mehr mit Menschen zusammentreffen zu dürfen, niemals mehr mit Männern über die Jagd zu sprechen, niemals Hilfe zu erhalten, wenn er krank, wenn er alt würde. Und niemals mehr eine Frau zu sehen und in ihre Gerüche einzutauchen.

Vor einer solch schrecklichen Zukunft könnte ihn der Ohnmächtige bewahren, sofern er handelte, bevor der Bursche aufwachte. Denn sein Notverband, den er ihm inzwischen angelegt hatte, erwies sich als wirkungsvoll. Boritak überkam bei diesem Gedanken eine solche Eile, dass er Horfet am Tunneleingang unsanft absetzte. Erschrocken bemerkte er den schmerzverzerrten Ausdruck in dessen Gesicht. Doch zu seiner großen Erleichterung schlief der Ostgabbtarani weiter. Nun kam der schwierigste Teil seines Vorhabens. Er suchte sich einen handtellergroßen, scharf auslaufenden Kalkstein und lehnte sich rücklings an die Felswand. Dann nahm er seinen Lederbeutel zur Hand, den er um den Hals trug, und zog vorsichtig eine Greifvogelkralle heraus.

Die einzige Möglichkeit, den Makel der Verstoßung auf seiner Stirn loszuwerden, sah Boritak darin, durch eine neue Narbe die alte zu überdecken. Zwar würden misstrauische Zeitgenossen es vielleicht für einen allzu großen Zufall halten, dass ein unbescholtener Einzelgänger ausgerechnet an der Tätowierungsstelle eine tiefe Narbe haben sollte.

Doch wenn er dem Jungen glaubhaft versicherte, dass er sich diese Narbe bei der Errettung seiner Person aus den Fängen eines Adlers zugezogen habe, würde es dem vermeintlich Geretteten schwer fallen, diese Version in Zweifel zu ziehen. Vor allem dann, wenn genug Zeit bliebe, ihn zu beeinflussen. Und dass jemand Hautstellen, die von Greifvögelkrallen aufgerissen worden waren, lieber zu gründlich als zu zaghaft säuberte, war wegen der Giftigkeit solcher Wunden erst recht geboten, wenn einer die Verantwortung für einen Bewusstlosen trug.

Boritaks Hände zitterten ein wenig, als sie sich seinem Stirnmal näherten, dessen feine schwarze Tätowierlinien seine Fingerspitzen besser kannten als jede andere Partie seines Körpers, ausgenommen vielleicht die eine, die er so gerne in eine Frau gesteckt hätte, aber eben wegen dieser verfluchten Linien nur seinen eigenen Händen anvertrauen musste.

Er biss in eine der Holzsprossen seiner Strickleiter und trieb die Kralle so tief in seine Stirn, bis er den Knochen spürte. Dann riss er kraftvoll die Kralle nach oben. Vor Schmerz verschlug es ihm den Atem. Sofort schoss das Blut aus der Wunde und tropfte ihm von den Augenbrauen auf Augen, Wangen und Nase. Mit bebenden Fingern rieb er sich die Augen frei, denn das war ja erst der Anfang. „Eine so kleine Verletzung kann gar nicht wehtun", versuchte er sich selbst einzureden. Und tatsächlich spürte er bei diesem Gedanken schon weniger.

Nun war der Kalkstein an der Reihe. Erbarmungslos fuhr er sich wieder und wieder mit der spitzesten Stelle des Steines über die schon klaffende Stirnhaut, bis Lichtblitze vor seinen Augen tanzten. Dann endlich hörte er auf und lockerte seinen Biss in die Eichensprosse, die ihm umgehend aus dem Mund fiel. Mit wild schlagendem Herzen kauerte er an der Felswand und wischte sich sein Blut ab.

„Wenn ich doch alles andere zuvor erledigt hätte", kam der Ärger in ihm hoch. Wie so oft in seinem Leben hatte er unüberlegt gehandelt. Der Junge schlief zwar einigermaßen ruhig, aber dessen Wunde war noch nicht gegen eine Entzündung gefeit. „Boritak, Boritak", schalt er sich selbst in ironischer Nachahmung seiner Mutterschwester, „warum bist du bloß immer so ungestüm?"

Leider half ihm jetzt niemand mehr, die Scharte auszuwetzen. Er war allein und musste sich zusammenreißen, um alles Notwendige zu erledigen. Mit einiger Mühe rappelte er sich auf, griff nach der am Boden liegenden Adlerkralle und steckte sie zurück in seinen Beutel, den Stein warf er in hohem Bogen den Steilhang hinunter. Dann zog er sich sein Ledergewand aus, legte den Jungen darauf und zog es hinter sich her, während er rückwärts in den Höhleneingang kroch.

Auf allen Vieren erreichte er so den höheren Teil der Höhle, in dem sich sein gut bestücktes Lager befand. Rasch bedeckte er das Bein des Verwundeten mit Moos und umwickelte es mit sauberen, unbenutzten Lederlappen. Seine eigene Wunde, die inzwischen weniger blutete, dafür aber umso heftiger pochte, behandelte er, indem er graupulvrige Asche mit schwarzen Einsprengseln in sie rieb – ein bewährtes Mittel, Entzündungen zu verhindern, wenn kein Wundmoos zur Hand war. Natürlich hatte er daran keinen Mangel, aber er wollte sichergehen, dass er für den Fall übrig gebliebener Tätowierungsreste noch eine andere Erklärung parat haben würde. Schließlich band er sich noch ein Hasenfell um den Kopf, das weit genug in die Stirn hing, um das Blut aufzusaugen.

Wieder musste er dabei unwillkürlich an seine Mutterschwester denken. Wie oft hatte Boritak versucht, sie zu belügen und zu hintergehen! Nicht ausnahmslos erfolgreich, aber meistens. Schon damals empfand er keine Reue, sondern nur pure Freude. Bei seiner Mutterschwester hatte er noch geübt, von jetzt an würde er all seine Verstellkünste aufwenden, um endlich wieder ein vollwertiges Mitglied eines Stammes zu werden. Und diesmal würde er keinen Fehler mehr machen. Mit einem breiten Lächeln auf dem Gesicht rollte er sich in seine Schlaffelle und nickte bald darauf ein.

Boritaks Schlaf war unruhig und voller Traumszenen, die ihm Angst machten. Als er neben sich einen tiefen Atemzug und ein Stöhnen hörte, schreckte er hoch. Ja, der Junge war noch da, aber er atmete ungleichmäßig. In Boritaks Stirn hämmerte es in einem fort. Trotzdem vergewisserte er sich mit den Fingerspitzen, dass an dieser Kopfpartie direkt über der Nase kein Stückchen Haut mehr intakt war, genau wie geplant!

Als nächstes sah er nach dem Jungen. Der Verband saß weiterhin fest auf der Wunde, deren Blutung gestillt war. Das Moos verhinderte nur dann eine Entzündung, wenn es von Zeit zu Zeit erneuert wurde. Boritak merkte überrascht, dass er nicht bloß kurz eingenickt war. Die Sonne war bereits untergegangen, und sein Magen knurrte vernehmlich. Er entzündete ein Feuer und beschloss, zuerst das Moos zu wechseln.

Horfets Wunde war vor allem tief, nicht breit, sie nässte, eiterte zum Glück aber nicht. Boritak wusste, dass er mit einem Holzstückchen ein allzu schnelles oberflächliches Zusammenwachsen verhindern musste. Denn sonst könnten sich unter der geschlossenen Hautverkrustung Eiterherde bilden und den Heilungsprozess beträchtlich verzögern. Mit einem Flintstein schnitzte er ein solches aus einem Eichenastende, das von seinem gestrigen Abendfeuer übrig geblieben war und von dem er die porösen verkohlten Teile abschabte.

Horfets glühende Stirn zeugte von dem Kampf in seinem Inneren. Fieber aber, so wusste Boritak, half dem Körper, sich selbst zu reinigen. Boritak legte noch ein Hirschfell über den schwitzenden Leib des jungen Mannes. Dann ließ er seinem Heißhunger freien Lauf. Endlich fand er die Muße, über die notwendigen Details nachzudenken, ohne die seine Geschichte schnell an Glaubhaftigkeit verlöre. Er dachte lange nach und kam zu einem überzeugenden Ergebnis. Bevor er sich erneut um seinen neuen Mitbewohner kümmerte, begann er alle Habseligkeiten seines Lagers auf einen Haufen zu legen. Die Vielfalt war bestechend! Er konnte sich gegenüber seinem neuen Gefährten getrost als „Arkasnaq", als Umherstreifender, ausgeben.

Normalerweise wohnten Männer im Hause ihrer Mutter. Dort übernahmen sie als Söhne beziehungsweise Brüder ihrer Schwestern alle Aufgaben, die Männern oblagen: alle schweren körperlichen Arbeiten wie Roden, Gräben ziehen, Balken schlagen, Mauern aufschichten, Steinwerkzeuge herstellen, Jagen, die Ausbildung der Jungen aber auch die Unterstützung ihrer Schwestern bei der Erziehung der Kinder. Männer, die keine oder nur eine Schwester hatten, „verlängerten die Arme ihrer

Mütter", wie die Gabbtaranschi sagten, sogar bei den besonders geachteten Künsten des Webens, Gerbens oder Nähens.

Wann immer ihnen der Sinn danach stand, umwarben die Männer die Töchter anderer Clanmütter ihres Dorfes. Sagte der Umworbenen der Mann zu, traf sich das Paar tagsüber meist abseits des Dorfes, während die beiden nachts mit Fellen abgetrennte Nischen der Gemeinschaftshütte, die Räucherzelte oder sonstige Unterschlüpfe bevorzugten. Ansonsten gingen sie wieder ihrer getrennten Wege in ihren eigenen Sippen.

Doch für etwa jeden dritten bis vierten Mann war dies nicht möglich, weil er in seinem Stamm keine Frau fand, die ihn als Geliebten haben wollte. Daher verließen diese Männer häufig in kleineren Gruppen ihr eigenes Dorf, um sich Frauen in anderen Ansiedlungen zu suchen. Lagen nur ein paar Tagesmärsche zwischen den Orten, wanderte der Mann zwischen den Wohnorten hin und her: Mal besuchte er seine Geliebte, mal half er bei anstehenden Männerarbeiten seiner Muttersippe. Lagen die Dörfer weiter voneinander entfernt, verweilte der Mann so lange bei seiner Geliebten, wie es ihm gefiel. War die Liebe dauerhaft, blieb er; flachte die Liebe wieder ab, ging er und suchte sich eine neue Geliebte.

Die Arkásnaqs bildeten die dritte Kategorie. Sie hielten es niemals länger als höchstens einen Mondlauf in demselben Lager aus. Für sie gab es nichts Schöneres, als laufend neue Geliebte zu haben. Bei den Frauen waren sie durchaus beliebt, haftete ihnen doch eine Aura der Verwegenheit an, die den Männern in den Dörfern eher fehlte. In der Regel als Reisende in Sachen Tauschhandel tätig, bestachen sie zudem durch ihre von den langen Wanderschaften besonders gut gebauten Körper und ihre oft ausgefallenen Geschenke.

Boritak blickte zufrieden auf seine Tauschwaren. Selbst im Lichtschein des Feuers konnte er erkennen, dass er genügend Gegenstände hatte, um als Händler glaubwürdig zu erscheinen. Besonders froh war er über einige graue und grüne Obsidiane, auf die er weit im Norden gestoßen war. Diese wurden überall sehr geschätzt. Morgen bei Tageslicht würde er alles schön sortieren.

Die Sonne lugte gerade über den Horizont, als Horfet erwachte. Er hatte schrecklichen Durst, ihm war furchtbar heiß und sein Bein kam ihm vor wie ein Hornissennest, in dem sich die Hornissen gegenseitig stachen. Erst langsam begriff er, dass er sich nicht mehr im Freien befand. Jemand, der neben ihm schlief oder vielmehr sich mit geschlossenen Augen hin- und herwälzte, musste ihn hierher gebracht haben. Dieser Jemand musste auch verletzt worden sein, denn seine Stirn war furchtbar anzusehen.

Horfet entdeckte einen Lederschlauch mit Wasser und robbte, so gut es ging, darauf los. Sein Bein schmerzte erbärmlich. Obwohl er sich beim Robben leicht auf die Seite gedreht hatte, um das verletzte Bein nicht auf den Boden zu bringen, musste er laut aufstöhnen und weckte damit wider Willen seinen neuen Gefährten.

„Ich wollte mir nur etwas zu trinken holen. Es tut mir leid, dass ich dich aufgeweckt habe."

„Junge, du lebst. Das ist das Wichtigste. Ich habe mir solche Sorgen um dich gemacht. Wie heißt du? Und woher kommst du?"

„Ich heiße Horfet, Sohn der Barcha-let aus der Fuchssippe vom Stamme der Mungordauks. Ich hatte Streit mit meiner Großmutter und bin abgehauen. Beim Fischfang habe ich mir mein Bein aufgespießt. Danach weiß ich nur noch, dass ich nach Hause wollte. Wer bist du und wo bin ich?"

„Ich heiße Boritak von einem Stamm weit im Westen, dessen Name du sicher nicht kennst. Ich bin ein Arkasnaq. Auf meinem Weg in den Osten sah ich ein Boot auf dem Fluss treiben, mit dir darinnen. Dein Atem zitterte. Aus deinem Bein quoll das Blut wie Wasser aus einer sprudelnden Quelle."

„Rahi, vom Westen. Deshalb klingt deine Sprache so seltsam. Ich danke dir, dass du mir geholfen hast. Was ist mit deiner Stirn passiert?"

„Ach, das erzähle ich dir, wenn du wieder gesund bist. Sonst glaubst du, ich hätte mehr Fieber als du selbst. Hier, trink mal einen richtigen Schluck. Die Glut in dir verbrennt dich sonst noch!"

Boritak beobachtete Horfet beim Trinken. Sein Patient würde zwar sicher noch tagelang kaum und einen Mondlauf lang nicht richtig laufen können, war aber deutlich außer Lebensgefahr. Die ideale Konstellation für Boritaks Pläne, vorausgesetzt er behielt den Jungen lange genug in seinem Einflussbereich, damit der ihm wirklich vertraute. Er lächelte Horfet an, dem das Berechnende in Boritaks Augen verborgen blieb.

„Und wie fühlst du dich jetzt? Tut dein Bein sehr weh?", fragte er.

Horfet fuhr sich über sein Gesicht. „Mir reicht es jedenfalls. Dieser dauernde wimmernde Schmerz zermürbt mich. Meine Mutter kocht sich

Weidenrindentee, wenn sie Schmerzen hat. Hast du welchen? Ich bin entsetzlich müde und kann doch nicht richtig schlafen."

„Das kann ich gerne tun. Ich bin ein guter Arkasnaq und habe natürlich Weidenrinde dabei. Es ist noch genügend Glut in der Feuerstelle. Der Tee wird schnell fertig sein."

Mit geübten Griffen entfachte Boritak rasch das Feuer und stellte das Astgestell mit dem Kochleder darüber. Die Weidenrinde lag ganz oben bei seinen Heilkräutern, so dass der Tee tatsächlich schon bald in dem einzigen Holzschälchen schwappte, das Boritak besaß. Dankbar nahm Horfet die Trinkschale entgegen und nippte an der dampfenden Flüssigkeit. Nachdem er sie geleert hatte, dauerte es nicht allzu lange, bis seine Schmerzen nachließen und er in einen tiefen, erholsamen Schlaf fiel.

Der kam Boritak sehr zupass. In einem Anfall regelrechter Aufräumhysterie sortierte der selbsternannte Arkasnáq alle Gegenstände, die in der Höhle lagen: Dutzende Heilkräutersäckchen, Felle, Vorräte und die wertvollen Flintsteine – vieles, was er mühsam gesammelt, gegerbt und getrocknet hatte. Zu seinem Glück war er davon ausgegangen, den Winter allein über in der Höhle zu verbringen. Daher hatte er so viel beisammen, dass er sich glaubhaft als Händler ausgeben konnte, ohne die Höhle noch einige Male verlassen zu müssen.

Dies hielt er deshalb für wenig ratsam, weil wahrscheinlich bald irgendwer nach Horfet suchen würde. Wenn er Pech hätte, würde es bald nur noch von Leuten im Wald wimmeln, die Horfets Namen rufen und die Augen weit offen haben würden. Nichts durfte auf dessen Anwesenheit schließen lassen. Was aber, wenn Horfet die Rufe hören würde?!! Er war ja nur verletzt, nicht taub, und die Felsen verstärkten sogar noch jeden Laut.

Daran hatte Boritak bisher noch gar nicht gedacht. Unter diesem Aspekt ging es Horfet fast schon wieder zu gut. Der Mann aus dem Westen dachte nach, dann flog ihm die Lösung zu. Er würde Horfet betäuben und dafür sorgen, dass dieser einige Zeit in einem Dämmerzustand zubrächte. Hatte er nicht noch getrocknetes Bilsenkraut und Hanfblüten in seinem Kräutervorrat? Zum richtigen Zeitpunkt gesammelt, entfalteten diese Pflanzen Zauberkräfte. Damals nahm er sie mit, um sich selbst ein wenig Betäubung für seine Sehnenzerrung zu gönnen. Bei ihm selbst linderten sie nur Schmerzen. Aber bei dem Ostgabbtarani würde sie sicher mehr bewirken!

Schneller als erwartet, fand Boritak das Gesuchte in einem Dachsfellsäckchen. Als Grundlage bereitete er eine Suppe aus getrocknetem

Fleisch, wilden Wurzeln und seiner alten Kräutermischung vor, deretwegen er schon bei seinem Heimatstamm den Spitznamen „Scharfzüngler" bekommen hatte. Diese Suppe roch noch interessanter. Als Horfet schließlich erwachte, freute er sich über die Mahlzeit. Den Geschmack des Weidenrindentees kannte er. Doch den von Boritaks herkömmlicher Suppe nicht.

Erst am zweiten Nachmittag ihrer Reise erreichten Riwa-quoi und ihre beiden Begleiter das Lager ihres Nachbarstammes, der sich wie sie selbst zu den östlichen Gabbtaranschi zählte. Schon von weitem sahen sie ein geschäftiges Treiben. Offensichtlich war der ganze Stamm damit beschäftigt, letzte Hand an ein Sippenhaus zu legen. Auch die Kinder trugen eifrig Schilfgräserbündel herbei, von denen die meisten länger waren als sie selbst hoch.

Und noch etwas sah Riwa-quoi, das ihr Herz schneller schlagen ließ. An dem Uferstück, das sich hinter dem Dorf erstreckte, lag völlig unbeachtet ein einzelnes Boot. Es war nur mit einer Leine an einer recht dünnen Wurzel festgebunden und erweckte nicht den Anschein, als befände es sich auf seinem üblichen Platz.

Daher winkten sie den Dorfbewohnern freundlich zu und legten absichtlich an diesem „Bootanlegeplatz" an. Ehe diese sich neugierig um die Ankömmlinge scharen konnten, nutzten die drei rasch die Gelegenheit, in den vertäuten Einbaum zu blicken. Die getrockneten, braun verfärbten Spuren von Blut waren nicht zu übersehen.

Eine der Dorfältesten, die als erste zu ihnen sprach und eine wunderschöne Kette mit polierten Knochen und blauen Eichelhäherfedern um ihren Hals trug, bemerkte ihre Aufgeregtheit und versuchte sie zu beruhigen. „Seid gegrüßt, ihr großherzigen Kinder Gab-Btars. Mein Name ist Balin-tar, Clanmutter der Salbeisippe vom Stamm der Riortas (baranisch für *Blaufeder*). Ist das euer Wasserholz, das euch abhanden gekommen ist? Seid unbesorgt, ihr könnt es wieder mitnehmen. Wenn ihr deswegen schon den Fluss herunterkommt."

Riwa-quoi antwortete: „Seid mir ebenfalls gegrüßt, ihr Großherzigen. Mein Name ist Riwa-quoi, ich bin die Tochter von Barcha-let, der Tochter von Krata-buun, Clanmutter der Fuchssippe vom Stamme der Mungordauks. Mit mir gekommen sind Saniutai und Makaiot, die Söhne von Aruch-me, der Clanmutter der Dachssippe. Verzeiht, dass wir uns so auf das Boot gestürzt haben. Ihr müsst wissen, dass wir meinen Bruder suchen. Er war wütend und ist mit zwei Booten den Fluss heruntergefahren. Seither ist er verschwunden. Ihn haben wir bisher nicht gefunden, wohl aber eines seiner Gefährte. Und dieses hier ist sicher sein zweites: es sieht aus wie unser Einbaum, und in ihm sind Blutflecken. Sagt, ist mein Bruder bei euch?", fragte sie hoffnungsvoll.

Das heitere Lächeln der Dorfbewohner machte betroffenen Mienen Platz. Mütter schnappten sich ihre kleineren Kinder und brachten sie außer Hörweite. Die anderen warfen verstohlene Blicke auf den Bootsbauch und stellten entsetzt fest, dass Riwa-quoi die Wahrheit sprach.

Langsam erwiderte die Alte: „Es bereitet mir Kummer, dass euch ein so trauriger Anlass zu uns führt. Noch mehr tut es mir leid, euch sagen zu müssen, dass dieses Wasserholz hier allein bei uns eintraf. Mein Sohn bemerkte es gestern in der Dämmerung. Er vertäute es lediglich, und weil wir heute die Hütte fertig stellen wollten, was wir vor dem Fest leider nicht mehr schafften, hat niemand von uns sich die angeschwemmte Wellenschaukel genauer angesehen."

Riwa-quois eben noch aufgekeimte Hoffnung fiel in sich zusammen. Mit hängenden Schultern und starrem Blick folgte sie der alten Frau, die sie bat, sich auf den Dorfplatz zu setzen und mit ihr, den Ältesten und allen anderen Stammesmitgliedern zu besprechen, wie das Dorf bei der Suche nach ihrem Bruder behilflich sein könne.

Doch rauschten die Worte an ihr vorbei, weil sich Erinnerungen in ihr Bewusstsein drängten: Sie sah sich selbst, wie sie mit ihrem Bruder spielte, ihm die Haare kämmte, mit ihm Vogelfedern suchte. Und ihre Mutter fiel ihr ein, an deren Lebenskraft der Gram über Horfets Tod empfindlich nagen würde. Schon einmal hatte ihre Mutter einen Knaben im Alter von achtzehn Sonnenwenden verloren, der über stechende Leibschmerzen geklagt hatte und zwei Tage später gestorben war. Damals war Riwaquoi etwa so alt wie Horfet gewesen.

Erst als alle, die sich dort niedergesetzt hatten, um sie herum still wurden, kehrte Riwa-quois Bewusstsein in die Gegenwart zurück. Der junge Mann namens Upakan, der von Balin-tar als nächster Sprecher das Wort erteilt bekommen hatte, wartete, bis Riwa-quoi ihm in die Augen sah. Es waren schöne moosgrüne Augen, die ihr entgegenblickten, und ein kluges Gesicht, dessen einziger Makel ein Leberfleck zu sein schien, der links neben den fein geschwungenen Nasenflügeln saß und sie an eine fette Fliege erinnerte.

Als er seine Stimme erhob, glaubte Riwa-quoi sie schon einmal gehört zu haben, bis ihr auffiel, dass sie sehr der Stimme ihres Mutterbruders Toischan ähnelte. So ruhig und Zuversicht verströmend pflegte Toischan seiner Schwester, Riwa-quois Mutter Barcha-let, zuzureden, wenn sie sich wegen ihrer Kinder Sorgen machte. Es befremdete Riwa-quoi ein wenig, dass dieser junge Mann, der gerade mal ein paar Sonnenwenden älter als sie selbst sein mochte, auch die Stimmlagen ihres Mutterbruders nachzuahmen verstand, ganz so als wohne in ihm die Reife eines älteren Mannes.

„Liebe Nachbarn, weder eure noch unsere Jäger noch die unserer anderen Nachbarstämme waren seit dem Nacht-und-Tag-Gleichen-Fest auf einem Streifzug. Daher ist es am wahrscheinlichsten, dass irgendjemand anders Horfet gefunden und aus dem Wasserholz geholt hat, wobei nur recht wenig Blut zurückblieb. Ein Tier, das hungrig ist, hätte – das weiß jeder von uns – grausigere Spuren hinterlassen.

Warum das Boot vom Fluss fortgetragen wurde, das für den Transport des Verletzten so nützlich gewesen wäre, hat vielleicht den Grund, dass man es in der Aufregung nicht gleich richtig festgebunden hat. Dass Horfet selbst sein Wasserholz verlassen haben könnte, halte ich für unwahrscheinlich. Denn er wusste wohl, dass es für ihn auf dem Fluss am sichersten ist. Schon, weil es noch andere Gabbtaranschi am Fluss gibt, die ihm nie ihre Hilfe verweigern würden. Wenn er allein war, ist ihm viel eher das gleiche Missgeschick passiert: Der Fluss trieb den Einbaum ab, als Horfet kurz nicht aufpasste."

Upakan lächelte Riwa-quoi zu. „Hoffen wir, dass, wer auch immer mit Horfet da draußen ist, den Fluss als Wegweiser benutzt. Leider gibt es unwegsame Uferpartien, die man zum Teil weit umgehen muss. Das dürfte der Grund sein, warum ihr sie vom Wasser aus nicht gesehen habt. Meiner Meinung nach sollten wir deshalb zwei Dinge tun: Erstens jemanden trommeln lassen, um sie schneller auf unser Dorf aufmerksam zu machen, für den Fall, dass sie schon in der Nähe sind. Zweitens ihnen entgegengehen. Und zwar auf beiden Uferseiten und mit jeweils ausreichend Leuten, damit man im Zweifel die Gruppen nochmals aufteilen kann. Es könnte nämlich durchaus sein, dass Horfet und sein möglicher Begleiter vor dem Verlust ihrer Wellenschaukel einen Zwischenstopp auf der anderen Uferseite eingelegt haben und nun dort den Fluss entlanggehen. Während ein Gesunder die Seiten mit etwas Mühe wechselt, ist das für einen Verletzten schon eine kräftezehrende Angelegenheit, die er nicht ohne Not auf sich nimmt."

Der Hinweis auf die zweite Uferseite erschreckte Riwa-quoi. Zwar war das Boot auf der flussabwärts rechten Seite angespült worden, dort, wo sich das Dorf der Riortas befand, aber das bedeutete keineswegs, dass Horfet nicht auf der anderen Seite ausgestiegen sein könnte. Bei Btars Bauch! Das zurückgelassene Boot hatten sie ja wirklich auf der linken Flussseite gefunden und nicht auf der rechten! Upakan imponierte Riwa-quoi zusehends. Er besaß also ein hübsches Gesicht, eine angenehme Stimme *und* einen wachen Verstand!

Aufmerksam verfolgte sie seine weiteren Ausführungen: „Das Dach ist so gut wie fertig. Ihr, Riwa-quoi und deine Begleiter, ruht euch ein wenig aus und nehmt heute Abend am Einweihungsritual teil. Morgen können wir dann die Suchtrupps losschicken."

Upakans umfassender Plan fand nicht nur die Zustimmung seiner offensichtlich vor Stolz strahlenden Mutter Balin-tar, sondern wurde auch von den anderen Anwesenden durch laute Beifallsbekundungen gebilligt. Ein junger Mann stand auf und holte seine Trommel. Gleichmäßige Trommelschläge hallten kurze Zeit später durch das Dorf. Der Rhythmus und die allgemeine Aufbruchstimmung ließen Riwa-quoi neuen Mut schöpfen. In ihre Unheilsahnung mischte sich mit einem Mal wieder Hoffnung. Doch diese Hoffnung war nur ein glimmendes Stückchen Holz in einer großen dunklen Höhle quälender Ungewissheit.

Upakans Hände hielten den Redestab immer noch umklammert. „Ich hätte einen weiteren Vorschlag: Ihr habt gesehen, wie stark das Gefälle des Flusses ab den kleinen Stromschnellen ist, die ihr auf dem Weg zu uns passiert habt. Den Fluss von unserem Dorf aus mit breiten Booten hochzufahren, sprengt jedem die Armmuskeln. Ich habe es früher schon mit extra schmalen Einbäumen oft genug probiert. Und glaubt mir, es ist entsetzlich anstrengend, ja über die ganze Strecke vollkommen unmöglich. Ihr könnt eure beiden Boote also entweder nur vom Ufer aus hochziehen, sie tragen oder aber", dabei schaute er in die Runde seiner Stammesschwestern und -brüder, „ihr tauscht sie ein. Wir haben derzeit nur noch ein einziges wirklich brauchbares Boot und wollten demnächst sowieso welche aushöhlen. Die Mühe könnten wir uns sparen, wenn ihr uns eure überlasst. Dafür könnten wir euch etwas geben, das ihr genauso gut brauchen, aber leichter nach Hause transportieren könnt. Was sagt ihr alle dazu?" Upakan stand mit ausgebreiteten Armen vor der Versammlung und wartete.

Makaiot ergriff als erster den Redestab: „Nun, da ich einer derjenigen bin, der die Boote bei uns anfertigt, sage ich euch, dass ich bereit bin, zwei Ersatzboote für unser Dorf auszuhöhlen. Unsere Leute dürften daher nichts dagegen haben, dass wir euch diese Boote überlassen."

Balin-tar bat ihre Sitznachbarin, ihr den Redestab zu reichen: „Sehr gut. Bei uns kam vor einem Sonnentiefststand ein Arkasnaq vorbei, der ausgezeichnete Pyritsteine bei sich hatte. Von diesen könnten wir euch zwei größere geben. Was sagt ihr dazu, meine Stammesschwestern und -brüder?"

Allgemeines Nicken war die Antwort.

Balin-tar fuhr fort: „Da keiner widerspricht, sei es so, und ich selbst lege noch ein rot gefärbtes Wieselfell für deine Mutter oben drauf, Riwa-quoi. Das Rot ist mir dieses Mal nämlich besonders gut gelungen. Es wird ihr Freude bereiten. Möge Btar euch helfen, deinen Bruder schnell zu finden. Was haltet ihr von dem Tauschangebot?"

Die drei Mungordauks waren davon sehr angetan. Es war fair und half ihnen wirklich aus der Bredouille, die Boote umständlich nach Hause zurückzubringen. Sie zeigten ihre Zustimmung, indem sie Upakan nacheinander die Hand gaben. Außerdem warf Riwa-quoi, wie es der gabbtaranischen Sitte beim Abschluss einer Tauschvereinbarung entsprach, ein Lavendelbündelchen in die Mitte des imaginären Kreises, um den sie saßen.

Mit den sechs weiteren Händen ihrer Mungordauk-Gäste, die nicht untätig herumsitzen wollten und deshalb bei der Hausfertigstellung mit anpackten, wurden die Riorta-Leute schneller als erwartet fertig. Nach dem üblichen Einzugsritual, bei dem für die Göttin ein kleiner Altar innerhalb des Hauses geweiht und eine Ranke aus vielen verschiedenen Blumen um das Haus gelegt wurde, feierten sie bereits vor Sonnenuntergang.

Dabei wollte sich freilich keine ausgelassene Stimmung einstellen. Alle konnten sich gut vorstellen, wie sich Riwa-quoi trotz aller tröstenden Worte fühlen musste und fühlten mit ihr. Gefühle zu haben und zu zeigen, war für die Gabbtaranschi eins. Einen Menschen, der seineGefühle verbarg oder gar verstellte, mieden sie, verstieß er doch in ihren Augen gegen jede Art von Höflichkeit und Gemeinschaftssinn. Denn nur wenn jeder wusste, was der andere empfand, konnten Konflikte rechtzeitig entschärft und gelöst werden. Es gab genug Herausforderungen, die das Leben an sie stellte; es sich untereinander schwer zu machen, hielten sie für vollkommen überflüssig und sogar gefährlich.

Riwa-quois Insichgekehrtheit sprach für sie alle eine deutliche Sprache. Kurz nach dem Essen lösten sie die Runde auf und verteilten sich auf ihre jeweiligen Clanhäuser. Für Riwa-quoi und ihre Begleiter richtete Balin-tar in der Versammlungshütte drei Schlafstellen her, die sie dankend und recht früh bezogen. Vor dem Schlafengehen beteten sie noch zusammen mit der Clanmutter und ihrer Sippe um ein glückliches Ende ihrer Suche.

Am nächsten Morgen brachen sie auf: eine Gruppe von sechs Leuten auf dem in Fließrichtung gesehen rechten Ufer unter der Führung von Upakan und Kailap, denen sich Riwa-quoi und Saniutai anschlossen und eine Gruppe von fünf Leuten auf der gegenüber liegenden Seite mit Latar und ihrem Bruder Tamklaf, zu denen sich Makaiot gesellte. Kailap hatte bei den Mungordauks eine langjährige Geliebte, die der Wildschweinsippe entstammte. Er hatte sie sowieso in Kürze besuchen wollen und brach jetzt einfach früher auf. Er kannte die Strecke zwischen den beiden Dörfern wohl besser als jeder andere. Auch Tamklaf kam des Öfteren zu den Weißkrallenleuten, weil er sich dort gerne mit einer Tochter aus der Amselsippe traf. Da es flussabwärts nicht geregnet hatte, würden wenigstens alle Spuren frisch sein.

Die nächsten Tage verbrachte Horfet in einer eigenartigen Schwebewelt aus Wahnvorstellungen undHorrorträumen, die – das war das Schlimmste daran – sich im Kern ständig wiederholten. Er sah die Göttin, die sein Blut in große Schüsseln füllte, das sich in Fontänen aus seinem Unterleib ergoss. Mal hatte sie den Kopf der Vogelgöttin, mal war sie eine schöne junge Frau, die plötzlich ihre Zähne ausspie und ein altes faltenzerfurchtes Gesicht zur Schau stellte. Eifrig fing sie das Blut auf und wollte nicht aufhören damit.

„Warum bin ich denn nicht bald tot? Ohne Blut kann keiner leben. Gib mir mein Blut zurück!", in seiner Verzweiflung schrie er sogar die Große Mutter an. Doch diese hört ihn nicht. Er sieht deutlich, dass sie sich nicht nur taub stellt, sondern dass sie ihn wirklich nicht hören kann. Denn er ist kein Schamane, nur ein kleiner Vogel, der über sein Nest geflogen ist und sich aus lauter Übermut den Bauch an einem Ast aufgeschlitzt hat. Und Gab-Btars Hände sind zu groß, als dass sie mit ihnen seine Wunde verbinden könnte. Stattdessen versprengt sie sein Blut mit wilden Atemstößen über den Fluten des Flusses, in dem sich Schwärme tanzender Krebse tummeln.

Dann wieder wurde er von einem Schilfboot erschlagen, dessen Spitzen sich nacheinander in seinen Leib bohrten. Je markerschütternder er schrie, desto lauter lachte der Baum am Ufer, der ihn, kaum hatte Horfet die Schilfgräser aus seinem Fleisch gezogen, seinerseits zu verfolgen begann.

Zum Glück gab es die kurzen lichten Momente, in denen Boritak stets bemüht war, ihm seine „berühmte Stärkungssuppe" einzuflössen. Nur daran erkannte Horfet, dass er noch in dieser Welt lebte und nicht schon der Schwebewelt der Seelen angehörte. Wenn er doch nur eine Schamanin nach der Bedeutung seiner Träume fragen könnte! Falls er je wieder nach Hause käme, würde er sogleich mit seiner Großmutter zur Schamanin auf den Berg gehen!

Doch hier war ja nur der fremde Mann. Peinlich wurde ihm bewusst, wie sehr er seinem Retter zur Last fiel. Warum setzte ihm diese Wunde so zu? War sie wirklich so tief? War ein böser Geist in seinen Körper gefahren, als er völlig wehrlos dagelegen hatte? Hatte Gab-Btar ihn verstoßen? Fürchtete der hilfsbereite Fremde denn nicht, dass der böse Geist oder die Verstoßung ihn ebenso befallen oder treffen könnte?

Horfet bemühte sich zu sprechen, aber nur ein Lallen kroch aus seinem Mund. Das blanke Entsetzen packte ihn. Hatte er vielleicht die Göttin so schwer beleidigt, dass er auch noch seine Sprache verlor?

„Verzeih mir, Alles-Mutter, verzeih mir bitte, ich wollte das alles nicht. Hilf mir, dass ich wieder gesund werde und zu meiner Mutter und Großmutter komme. Ich will heim. Bitte!"

Obwohl Horfets flehentliche Worte sehr undeutlich gewesen war, meinte Boritak doch die Worte „verzeih", „Mutter" und „heim" herausgehört zu haben. Der Junge hatte ja erzählt, dass er mit seiner Großmutter gestritten hatte. Dass er deswegen überhaupt davongelaufen war, ließ auf ein größeres Vergehen schließen, das er offenbar sehr bereute. Boritak wollte mehr erfahren. Er musste herausfinden, was Horfet getan hatte und wie sich daraus eine Brücke zu seinem eigenen Vorhaben schlagen ließ. Wo nur dieser Suchtrupp blieb, den sie bestimmt geschickt hatten? Boritak hatte in den letzten Tagen viele Male vom Rande der Höhle aus die Gegend nach Menschen abgesucht, aber weder jemanden gehört noch gesehen.

Einerseits war er enttäuscht darüber, weil er nicht wusste, wie lange er dieses Versteckspiel noch aufrechterhalten musste. Seine Ungeduld wuchs von Tag zu Tag. Andererseits war er froh über sein tadelloses Versteck. Sogar ein wenig Wasser gab es in der Höhle, das an einer Stelle tropfenweise herausrann. Solange Horfets Verwandte beziehungsweise Freunde in der Nähe sein mochten, war es sicherer, die Höhle überhaupt nicht zu verlassen. Sogar auf dem kurzen Weg zum nächsten Bach könnte er ihnen in die Arme laufen. Aus Ästen und einem Lederstück baute er daher ein Auffangbecken für das Rinnsal. Zusammen mit dem Flusswasser, das er noch in seinem großen Lederbeutel hatte, würde es reichen, sie vor Durst zu bewahren.

Upakans Suchtrupp war von den Riorta-Leuten mit reichlich Proviant ausgestattet worden, damit sie sich ganz auf die Suche konzentrieren konnten. Weil das Flussufer von dichtem Gestrüpp gesäumt war, gingen sie auf den Wildpfaden im Gänsemarsch. Nach der Betrachtung einer Spur hatte sich Upakan zwischen Saniutai und Riwa-quoi gedrängt. Mit ihrem neuen Hintermann fühlte sich die junge Frau plötzlich unsicher. Ihr Gang erschien ihr nicht mehr anmutig-würdevoll, sondern trampelhaft und wacklig. Lag das etwa an Upakans Blick, den sie unentwegt auf sich ruhen spürte? Was hatte dieser Mann Besonderes an sich, das sie an sich selbst zweifeln ließ?

Kurzentschlossen blieb sie stehen und bedeutete Upakan vorzugehen. Keine schlechte Entscheidung fand sie gleich darauf. Denn so bot sich ihr endlich die Gelegenheit, *ihn* von hinten zu betrachten. Seit jeher schwärmte sie für Männer, die schnell laufen konnten, ohne dabei verbissen auszusehen. Upakans Haltung und der unerhört aufregende Schwung in seinen strammen Schenkeln ließen Riwa-quoi nicht im Mindesten daran zweifeln, dass der Riorta-Mann seine Ziele stets aufrecht und leichtfüßig erreichte. Gut gefielen ihr auch seine angenehm breiten Schultern und die Arme, die weniger dicht behaart waren als die der meisten anderen Männer einschließlich Saniutais. Täuschte sie sich oder funkelten Upakans helle Kopfhaarsträhnen auf den dunkleren tatsächlich wie Sternschnuppenschweife in einer lauen Sommernacht?

Riwa-quoi erinnerte sich an eine Aussage ihrer Großmutter. Eines Nachmittags hatte sie der kleine Horfet – um die zehn Sonnenwenden mochte er damals wohl erlebt haben – gefragt, was das Wort „Liebe" zwischen Frau und Mann bedeute. Dass eine Mutter ihr Kind liebe, ein Mutterbruder seinen Schwestersohn, das sei ihm klar, aber wie könne denn ein fremder Mann eine fremde Frau lieben.

Ihre Großmutter hatte vielsagend gelächelt und erklärt, dass dieses Gefühl von Gab-Btar, der Alles-Mutter, in die Welt gebracht worden sei, um die Menschen zu erfreuen. Das Besondere an der Liebe zwischen nicht verwandten Leuten – denn es könnte ebenso gut ein Mann einen fremden Mann oder eine Frau eine fremde Frau lieben – sei, dass diese Empfindung ganz unerwartet und heftig in das Leben der Liebenden trete. Ein starkes Verlangen, zusammen zu sein und sich in den Armen zu liegen, treibe die Liebenden um.

Und dann hatte sie einige Zeilen aus dem Lied über die Liebe zitiert, die vor allem bei den Festen in Frühjahr und Sommer von den Müttern vorgetragen wurden:

„Oh, Mensch", sprach Btar, „welch wunderbares Gefühl ist es, so zu lieben und geliebt zu sein!
Ganz und gar durchdringt dich diese Liebe.
In einem Atemzug des geliebten Menschen spürst du erbebend den All-Hauch des Lebens,
die Trommel der Welt scheint dir plötzlich im Schlag seines Herzens so nah.
Jede Eigenart von ihm beschwingt dich noch im feinsten Nervengespinst deiner Sinne.
Genau wie das Lied seiner Worte, für dich ein ganz entzückender Klang.
Was wünschest du mehr, als bloß umschmiegt zu sein von der duftenden Haut seines Leibes?
Welch Kummer, welch Sorge ficht dich an, solang' sein kosender Arm dich nur hält?
Weh dem, der sich erlaubt, über solcher Art Liebe ein Urteil zu fällen,
Denn diese Liebe ist heilig, ihren Kuss küsse ich.
Sanft hauche ich sie auf deines Lebens Gesicht,
Erfreue auch mich an dem Aug', das leuchtet vor Glück.
Vom Augenblick des Seins schöpft die Lieb' ihre Glut,
gibt Kraft dir, Hoffnung, innig' Freud' und viel Mut,
trägt sternhoch dich Berauschten voll Überschwang
Ganz ungewandelt freilich brennt die Liebe nie

Unstet wie ein Falter kann sie von dannen zieh'n,
oder schillernd dich umschweben, dein Leben lang.
Kein anderer Mensch kann sie verstehen, der nicht von ihr so ergriffen wie du.
Drum schweige ein jeder und warte, bis auch er sie erfährt."

Vor allem ihr Angerührtsein von Upakans Stimme gab Riwa-quoi zu denken. Jedes Wort von ihm drang ihr gleich einem feinen Stachelchen ins Herz, doch ohne es zu verletzen. Vielmehr hüpfte es vor Freude. Und noch ein Anzeichen. Als sie das letzte Mal angehalten hatten, um sich Spuren näher anzusehen, war sie Upakan absichtlich nahe genug gekommen, um die Ausdünstung seiner Haut zu riechen. Nahezu unglaublich, wie dieser Mann duftete! Nach einer Mischung aus Honig und Veilchen. Im Gegensatz zu ihren Freundinnen, die kernigen Männergeruch bevorzugten, empfand Riwa-quoi süßliche Düfte viel betörender.

Allein die Vorstellung, Upakans Körper zu liebkosen, erregte sie auf eine nie erfahrene Weise. Was für ein Unterschied zu ihren Empfindungen, wenn sie Saniutai liebte. Ihn kannte sie seit ihrer Kindheit. Mit ihm hatte sie Dreck geschluckt und Vielpinkeln trainiert. Und manch ein Abenteuer wäre ohne ihn nicht so glimpflich ausgegangen.

Der Gedanke an Saniutai brachte ihr eine weitere Passage des Liedes über die Liebe in Erinnerung. Darin wandte sich ein Mann, dessen Geliebte ihn nach langen Jahren verlassen hatte, an Btar und erhielt folgende Antwort:

„Ach, Btar", seufzte er, was soll ich tun? Schon lange liebe ich eine Frau. Seit vielen Sonnentiefstständen kam ich in ihre Sippe und in ihr Dorf, ich rodete für sie, ich hob Gräben, ich erzog ihre Kinder, ich deckte das Dach ihrer Hütte. Und ich liebe sie noch. Doch sie liebt mich nicht mehr, seit ein anderer Mann ihr Herz gewann. Was soll nun aus mir werden? Ich will nicht in mein Dorf zurück, wo mich niemand mehr kennt. Ich will in der Hütte wohnen, die wir gemeinsam gebaut haben. Ich will das Getreide von den Feldern essen, die ich gepflügt habe. Das wäre nicht gerecht, wenn sie mich zurückschickte."

Durch das sanfte Plätschern des Baches drangen Gab-Btars Worte an sein Ohr: „Gut ist es, dass du deiner früheren Geliebten keine Vorwürfe machst oder gar eifersüchtig bist. Als Mann mit der Treue eines Raben trifft dich der Schlag vergang'ner Liebe sehr. Und trotzdem trägt deine Geliebte keine Schuld. Sie folgt nur der Liebe, und die Liebe folgt nur ihrem Plan. So unverständlich dieser auch scheinen mag, so trefflich dient er dem Leben.

Darum geb ich euch dies mit als Rat: Trennt alles andere von der Liebe. Wo einer seine Heimstatt hat, darf nicht bestimmt sein von dem Fell, auf dem er schläft. Nichts verliere einer zusätzlich zu seiner Liebe, damit er diesen Verlust besser ertrage."

Bis zu diesem Augenblick hatte sie die Weisheit nicht erkannt, die hier aus der altehrwürdigen gabbtaranischen Überlieferung sprach. Das einzige, was Saniutai verlöre, wäre das innige Beisammensein mit ihr. Wenn bloß ihr neues Glück nicht mit Horfets Unglück erkauft werden würde! Darum betete sie. Welch Verlangen hatte sie danach, sich ihrer Mutter, Großmutter und ihren Freundinnen mitzuteilen, nun, da ihr Herz von lauter unbekannten und heftigen Gefühlswallungen überschwemmt wurde. Sie musste ihren Bruder finden und zwar schnell!

Boritak bekam es langsam mit der Angst zu tun. Horfets Gesamtverfassung verschlechterte sich zusehends. Zwar heilte seine Wunde am Oberschenkel ausgezeichnet, aber sein eigenartig stoßweises Atmen, die an Zuckungen erkennbare Krämpfe und die innere Hitzeschwächten seinen schlanken Körper. Man musste kein Heiler sein, um zu erkennen, dass das „Betäubungsmittel", das schließlich aus einer Giftpflanze stammte, daran schuld war. Boritak hatte es seinem hilflosen Opfer bereits seit zwei Tagen jeweils am Morgen und am späten Nachmittag verabreicht. Den vierten Tag war Horfet jetzt insgesamt bei ihm.

Boritak fuhr sich mit den Fingern über seine inzwischen verschorfte Stirnwunde. Bei Gab-Btars Bauchnabel! Wenn dessen Stammesschwestern und -brüder nicht lauter Schilfwurzeln im Kopf hatten, mussten sie schon lange auf der Suche nach ihm irgendwo in dieser Gegend aufgetaucht sein. Dass er bisher keinen ihrer Rufe gehört und niemanden gesehen hatte, konnte tatsächlich nur daran liegen, dass sein Versteck perfekt war. Er beschloss daher, Horfet ab dem nächsten Morgen von seinem besonderen Stärkungstrank zu erlösen.

Krata-buun warf die eingeweichten Binsen weg, mit denen sie eben noch ein Gefäß flechten wollte, und blickte zu ihrem Sippenhaus. Genauso wie das der anderen Sippen war es leicht oval und hatte nur einen Raum mit etwa sieben Frauenschritten als Durchmesser. Seine Umgrenzung setzte sich aus zwei Komponenten zusammen: Außen ragte eine Steinmauer hoch, nicht kniehoch wie bei der Gemeinschaftshütte, sondern fast bis unter das Dach. Die dahinter liegende Innenwand bestand aus einem mehrlagigen Weidengeflecht, das bis auf wenige Lichteinfallstellen mit reichlich Lehm abgedichtet war. Aststreben, Binsenmatten und Schilfgrasbündel deckten das Dach.

Jetzt am Vormittag fiel das Licht genau auf die Stelle neben der Kuhle, wo Horfet zu schlafen pflegte. Weil die Mungordauks in ihren Häusern keine Feuerstellen unterhielten, fanden sich auf dem gut gefügten und lehmverschmierten Steinpflasterboden der Fuchssippe nur zwei kleinere Kuhlen, in denen heiße Steine bei kalten Nächten die Bewohner wärmten.

Das tägliche Leben und fast alle Aktivitäten spielten sich außerhalb des Hauses ab. Überall über den Dorfplatz verteilten sich Feuerstellen, Abfallgruben und die von Leder oder Schilf überdachten Schattenplätze, die teils nur von Pfählen, teils von Weidenumfriedungen gestützt wurden. Hier wurden Steinklingen geschlagen, Tiere zerlegt, Knochen geschnitzt, Felle gegerbt, Fäden hergestellt oder Stoffe gewoben.

Krata-buuns Blick kehrte zu den Binsen zurück, die sie neben sich ausgebreitet hatte. Wozu noch ein Behältnis zur Aufbewahrung von Nüssen machen, jetzt da zwei ihrer Enkel nicht heimkehrten? Schmerzlich sinnlos erschien ihr dies mit einem Mal. Sie dachte an all die Gebete vor ihrem Hausaltar aus Lehm und Steinen, auf der eine in der Sonne getrocknete Lehmstatuette Gab-Btars aus kleineren Votivgaben hervorragte. So viele hatte sie schon an Gab-Btar gerichtet! Anscheinend vergebens. Fünf Nächte und vier Tage waren seit Horfets Verschwinden ins Land gegangen, seit vier Nächten und vier Tagen hatten sie auch von Riwa-quoi und ihren Begleitern nichts mehr gehört. Und schuld daran war allein sie, die angeblich weise Krata-buun, deren Feinfühligkeit wohl am ehesten mit einem Steinschlag zu vergleichen war.

Ihre Verzweiflung ließ sie hadern: „Ich schütze deine Geheimnisse, Große Mutter, und du nimmst mir trotzdem meine Enkel. Das ist nicht gerecht. Du darfst sie nicht im Stich lassen. Wenn du unbedingt jemanden strafen willst, dann strafe mich. Sag mir, was ich tun soll! Und bitte, sag es mir schnell!"

Am Morgen war Barcha-let, die Tochter Krata-buuns und Mutter Horfets, mit ihrem Bruder Toischan, ihrem Mutterbruder Pakun und noch fünf Leuten aus dem Dorf aufgebrochen, um ihre beiden Kinder zu suchen, jeweils vier auf jeder Flussseite. Tagelang hatte sie kein Wort mit ihrer Mutter gewechselt, aus Zorn über die missliche Lage, an der sie Krata-buun die größte Schuld gab.

Die jüngere Tochter Lu-bagdai war zu Hause geblieben; sie kümmerte sich um die fünfjährige In-eika, das dritte Kind Barcha-lets. Lu-bagdai hatte kein Kind; sie hatte bereits zwei Abgänge erlitten, und es sah so aus, als habe Gab-Btar für sie kein eigenes Kind vorgesehen. Doch da sie als Barcha-lets Schwester selbstverständlich auch deren Kinder mit aufzog, fiel es ihr leichter, sich mit diesem Schicksal anzufreunden.

Eben ging Lu-bagdai auf ihre Mutter zu. Mit ihrem linken Arm umfasste sie einen Korb voll Getreide; an ihrer rechten Hand hüpfte In-eika.

„Was hast du den anderen gesagt, wie viele Münder hast du genannt?" Die Frage kam ihrer Mutter nur schwer über die Lippen.

Da die Emmer- und Gerstenkörner im Gegensatz zu Linsen oder anderer Pflanzenkost in Gemeinschaftsgruben aufgewahrt wurden, war es Sitte, dass man den Korb mit dem Getreide kurz auf die Mitte des Dorfplatzes stellte, damit alle einen Blick darauf werfen konnten. Dann nannte man die Zahl der Köpfe, die man mit dem Getreide für die nächsten drei Tage verköstigen wollte, also in der Regel die Angehörigen des Clans und gegebenenfalls Geliebte von außerhalb des Dorfes, für deren Versorgung jede Sippe ihren Beitrag leistete. Hielten die anderen Dorfmitglieder den Inhalt des Korbes im Verhältnis zur angegebenen Münderzahl für zu reichlich, konnten sie Einspruch erheben.

„Mutter, wir sind mit Anujach neun und für neun habe ich auch genommen. Niemand hat etwas dagegen gesagt. Warum sollten sie auch?" Sie blickte auf ihre zusammengekauerte Mutter und seufzte. „Ach, Mutter, ich kann es nicht mehr mitansehen, wie du dich quälst. Es gibt so viele Gründe, warum Horfet und Riwa-quoi aufgehalten worden sein könnten. Bitte gehe nicht gleich vom Schlimmsten aus. *Dir* geht es nicht gut! Welchen Tee soll ich dir machen, eher einen, der die Nerven beruhigt, oder den Herz stärkenden."

Ihre Mutter fühlte sich wirklich nicht gut. „Also zu einem Weißdorntee sagte ich nicht nein", ließ sich Krata-buun breitschlagen.

„Kein Wunder, dass sich ihr Herz bemerkbar macht", dachte Lubagdai, während sie in das Haus ging und den Lederbeutel mit den getrockneten Weißdornblüten holte. Der zornige Wortwechsel mit Horfet beim Nacht-und- Tag-Gleichen-Fest lastete offenbar schwer auf Krata-buuns Gewissen, zumal nun fast ihre gesamte Sippe unterwegs war, um ihn zu suchen.

Laut sagte Lu-bagdai, nachdem sie wieder neben ihrer Mutter unter einem an der Wand befestigten Auerochsenfell saß: „Mutter, was hältst du davon, wenn wir jemanden zur Schamanin schicken, und sie fragen, ob sie uns helfen könnte. Sie ist zwar schon sehr alt und manchmal redet sie in schwer verständlichen Rätseln. Aber wir sollten es nicht unversucht lassen, sie zu fragen, wo Horfet und Riwa-quoi sich aufhalten oder wie es ihnen geht."

Krata-buun nickte zustimmend. „Ja, daran habe ich auch schon gedacht. Ich habe Btar um ein Zeichen gebeten. Der gleiche Vorschlag von dir ist mir Zeichen genug. *Ich* werde zu ihr gehen. Ich will aus ihrem eigenen Munde hören, was sie dazu zu sagen hat. Wenn ich den Tee getrunken und mich etwas ausgeruht habe, werde ich mich auf den Weg machen. *Allein*, hörst du!"

Mit diesen Worten nahm sie die Trinkschale mit dem Tee aus Lu-bagdais Händen. Lu-bagdai wusste, dass sie ihre Mutter nicht umstimmen konnte, nicht, wenn der Ton ihrer Stimme eine derartige Entschlossenheit zum Ausdruck brachte.

Nach einer kurzen Pause fügte Krata-buun hinzu: „Und noch was, Lu-bagdai. Ich fürchte, meine Weisheit schwindet wie meine Kraft. Es ist besser, wenn bald eine meiner Töchter die Pflichten der Clanmutter übernimmt. Sobald die anderen – so Btar es will – wieder zurückgekehrt sind, werde ich dir den Ahninnengürtel übergeben. Es ist kein Geheimnis, dass du dafür am besten geeignet bist. Bist du einverstanden?"

Lu-bagdai neigte ihre Stirn nach vorne, so dass sie die ihrer Mutter berührte. „Wenn du mich für reif und würdig genug hältst und die anderen es auch wollen, werde ich bereit sein. Aber nur, wenn du dir wirklich sicher bist. Es gibt keinen Grund für dich, diese Entscheidung zu überstürzen."

„Bitte gib mir Wasser, ich bin trocken wie ein Kalkfelsen im Hochsommer", Boritak kam der Bitte seines gerade aufgewachten Pflegekindes gerne nach. Der große Lederschlauch war zwar inzwischen leer, aber die aufziehenden Schäfchenwolken kündigten für den Abend Regen an. Dann würde sich, so Boritaks Erfahrung, das müde Rinnsal in einen recht ordentlichen Wasserstrahl verwandeln und sie mit reichlich Wasser versorgen.

Für Horfet hatte Boritak noch eine kleine Lederflasche genäht, die er ihm reichte. Als er sah, welch Mühe es dem Jungen bereitete, den Knoten des Lederschlauches zu lösen, tat er ihm leid. „Warte, Horfet, ich mach das für dich, zuerst schiebe ich dir noch das Fell unter den Nacken, dann kannst du dich besser aufrichten, und hier, schau, ist die Öffnung. Trink aber nicht so hastig. Du hast Zeit. Ich halte die Flasche, bis du genug hast."

„Dieser Boritak ist schon ein ganz rücksichtsvoller Mensch", dachte Horfet und lächelte ihm dankbar zu. Zu mehr war er nicht imstande. Ihm war zumute, als hätte ihm jemand seine Eingeweide ausgesogen und sie unter tausendfachen Spritzern auf die Höhlenwand geblasen. Der Schwindel in seinem Kopf und das Übelkeitsgefühl hätten sich so wenigstens erklären lassen.

Nur in seinem Herzen fühlte er klar. Die Sehnsucht nach seiner Mutter und Großmutter, nach Riwa-quoi, Tante Lu-bagdai und Onkel Toischan tat weh. Wenn er doch endlich gesund wäre und heimgehen könnte! „Welch eine Freude wird das sein, sie alle wiederzusehen! Und wie viele Geschenke werden sie Boritak geben, wenn sie erfahren, dass er mich gerettet und gepflegt hat."

Nach dem Lederschlauch hielt Boritak ihm das Holzschälchen hin. Ein wenig Hoffnung schöpfte Horfet aus der Tatsache, dass ihm heute Morgen die Suppe besser schmeckte als sonst.

Und wirklich. Im Laufe des Vormittags besserte sich sein Befinden spürbar. Als Boritak seinen Verband wechselte, wagte er auch einen Blick auf seinen Oberschenkel und stellte fest, dass seine Wunde ohne das Blut rings herum eigentlich ganz harmlos aussah. Der Versuch, seinen Fuß leicht anzuheben, jagte ihm allerdings einen regelrechten Schmerzensblitz durchs Gebein. Einen Gang zum Rand der Höhle würde er also noch ein wenig aufschieben, obwohl er es kaum noch erwarten konnte, wieder den Himmel über sich zu sehen.

Seine Schlaffelle lagen in einer Nische der Höhle, in die nur vielfach gebrochenes Licht drang. In seinen Fieberträumen hatte ihn das nicht gestört. Doch inzwischen ließ die Langeweile seine Augen auf der Jagd nach Bildern die Höhlenwände auf- und abwandern. Viele Gestalten steckten im rauen gefurchten Stein. Adlerschnäbel, Eulenaugen, Büffelhörner, Frauenbrüste…und Boritaks Nase, die zuerst sichtbar wurde, als ihr Besitzer um die Nischenwand bog. Horfet konnte sich ein Grinsen nicht verkneifen.

„Hüai, jetzt habe ich fast gedacht, eine Nase aus Stein kommt auf mich zu. Kannst du dich gut anschleichen."

„Tut mir leid, ich wollte dich nicht erschrecken. Ich dachte, du schläfst, und wollte sehen, wie gut. Und du machst bereits Scherze, na wunderbar. Endlich scheint es dir besser zu gehen."

Horfet nickte. Erst jetzt nutzte er die Gelegenheit, seinen Retter eingehender zu betrachten. Eine hohe Stirn, die auf breiten, schwarzen Augenbrauen thronte, rundete dessen längliches Gesicht ab. Leicht hängende Lider beschirmten zwei Iriskreise, deren Farbe je nach Lichteinfall variierte. Momentan überzogen grüne und dunkelbraune Einsprengsel die hellbraune Grundfarbe.

Das Herausragendste an Boritaks Gesicht war jedoch die Nase. Das rührte weniger von ihrer leicht überdurchschnittlichen Länge als vielmehr von der geknickten Linie des Nasensteges, der an der Knickstelle obendrein noch einen kleinen Höcker aufwies. Kam man mit so einer Nase schon auf die Welt oder musste man sie dafür erst brechen? Horfet kannte jedenfalls niemanden mit einer solchen Nasenform. Schade, sie gefiel ihm wirklich gut. Zusammen mit dem nachtschwarzen Vollbart, der etwas dunkler war als Boritaks Haare, bildete sie eine einprägsame Einheit. Hätte die frische Wunde nicht Boritaks Stirn entstellt, wäre er in Horfets Augen ein recht ansehnlicher Mann gewesen. Doch sicher würde die verheilte Narbe deutlich an Hässlichkeit verlieren.

„Sag Boritak, wie lange bin ich denn schon hier?"

„Also, wenn ich richtig mitgezählt habe, bist du jetzt den vierten Tag bei mir. Deine Verletzung hattest du dir aber schon einige Zeit vorher zugezogen. Genau kann ich das nicht sagen. Ich weiß nicht, wie lange dein Boot auf der Sandbank festsaß."

Vor Verblüffung schnellten Horfets schmale Augenbrauen nach oben. „So lange schon. Btar hilf! Meine Familie wird sich die größten Sorgen machen. Ich muss so schnell wie möglich heim. Kannst du mich irgendwie hinbringen, denn Laufen ist eine Qual."

„Wir werden sehen, was sich machen lässt. Doch jetzt erzähl mir, wieso du überhaupt alleine abgehauen bist."

„Also, ich habe etwas entdeckt und habe es meiner Großmutter beim Chana-nia-isba-lut-Fest (baranisch für *Nacht-und-Tag-Gleichen-Fest*) erzählt. Sie aber hat mich vor dem ganzen Stamm verspottet, und das hat mich so wütend gemacht, dass ich unsere Boote geschnappt habe und den Fluss hinabgefahren bin. Am nächsten Tag bin ich bei der Jagd nach einem Flusskrebs ausgerutscht und auf den letzten Ast eines Baumstammes gefallen, der im knietiefen Wasser lag. Mann, ich sage dir, hat das wehgetan. Und erst recht, als ich mich von dem Ast wieder abgestoßen habe. Watamai! Dann habe ich die Wunde verbunden und wollte mit einer der schwimmenden Holzinseln zurückpaddeln, doch das habe ich wohl nicht mehr geschafft."

„Was bei allen Eichhörnchen dieser Welt hast du denn entdeckt, dass dich deine Großmutter vor dem gesamten Stamm lächerlich gemacht hat?"

„Das sage ich nur, wenn du mir versprichst, mich nicht auszulachen."

„Arkasnaq-Versprechen, hier meine Hand darauf. Bei Gab-Btars Bauch, ich werde nicht lachen", verkündete Boritak mit ernstem Gesichtsausdruck. Durfte er wirklich hoffen, dass ihm ein so unerfahrenes Reh wie Horfet mit seiner Entdeckung von Nutzen sein könne?

Der Junge atmete tief ein und aus. Sein Blick blieb an einem der Eulenaugen hängen, während er beinahe flüsternd sein Geheimnis lüftete: „Seit demvorletzten Sonnenhöchststand habe ich die Pferdeherde beobachtet, die sich nahe unserem Dorf herumtrieb. Wann immer es meine Sohnespflichten erlaubten, genoss ich den Anblick dieser anmutigen Grastänzer. Vor allem das stolze Gehabe des Leithengstes, dessen Aufrichten auf die Hinterbeine und sein imposanter Schwengel hatten es mir angetan.

Doch nicht nur deshalb ist mir der eine Hengst aufgefallen, sondern auch wegen seiner besonderen dunkelbraunen Fellfarbe. Wegen ihr stach er aus seiner ansonsten einheitlich sandgelben Herde hervor. Zufällig wurde ich Zeuge, als dieser dunkle Pferdemann die Gebärmütter zweier Stuten nährte. Just diese beiden Stuten führen diesen Sommer Fohlen mit sich, die genauso dunkelbraun sind wie der Leithengst."

„Warum bist du dir so sicher, dass es gerade diese beiden Stuten sind?"

„Ganz einfach, eine hatte nur ein Auge, die andere eine breite, geschwungene Blesse. Deshalb konnte ich die beiden ohne jeden Zweifel von der übrigen Herde unterscheiden." Horfet strahlte triumphierend, jedoch nur für einen Augenblick.

„Verzeih, was ist eine „Blesse"?

„Blesse nennt man einen weißen Fleck oder Streifen, den ein Pferd auf der Stirn hat."

„Dafür haben wir im Westen gar kein eigenes Wort."

„Mein Großmutterbruder Pakun hat erzählt, dass bei den Pferden immer nur ein Hengst alle Stuten besteigt. Von daher hätte das Fell aller Fohlen dieses Wurfes dunkelbraun gefärbt sein müssen, was jedoch nicht der Fall ist. Vier sind dunkelbraun und die anderen zwölf hellbraun. Und eines hat sogar beide Farben, die wie Wolken am Himmel über den Körper verteilt sind. Aber erstens hätte sich doch mal ein anderer hellbrauner Hengst mit ein paar Stuten einlassen können. Und zweitens sind ja die Mütter selbst hellbraun. Reicht es denn nicht aus, dass überhaupt einige Fohlen die Farbe des Hengstes bekommen haben, um darüber nachzudenken? Ich finde schon. Es sieht doch so aus, als habe der weiße Saft, den er der Stute eingeflösst hat, auf geheimnisvolle Weise die Farbe mitgebracht. Und ganz so, als sei sie ihm später ausgegangen.

Nun, was bei Tieren gilt, könnte bei uns Menschen nicht minder gelten. Deshalb habe ich mich erdreistet, eher flüsternd denn sprechend anzufügen, dass vielleicht auch Männer irgendwie das Wesen „ihrer" Kinder bestimmen könnten. Gut, das „ihrer Kinder" ist schon sehr weit geholt, aber ich meinte doch nur, dass die Nahrung der Männer, von der immer die Rede ist, nicht ausschließlich Nahrung für die Gebärmütter der Frauen sein könnte, sondern überdies eine Art ‚Zutat' für die Kinder. Zu dieser Erläuterung kam ich aber gar nicht mehr. Kaum hatte ich „ihre Kinder" gehaucht, schäumte meine Großmutter vor Wut. Nichts von dem, was sie alles zu mir gesagt hat, möchte ich wiederholen. Mir jedenfalls schoss die Schamesröte ins Gesicht, und die anderen schüttelten sich vor Lachen."

Argwöhnisch hatte Horfet Boritaks Mienenspiel beäugt. Sein neuer Gefährte hielt sich wirklich an sein Versprechen und hatte nicht einmal mit den Mundwinkeln gezuckt. Allein dafür, so schwor sich Horfet, würde er ihm ewig dankbar sein.

Boritak konnte sein Glück kaum fassen. Ihm, der sich nicht im Mindesten an Gab-Btars Lied gehalten hatte, wurde ein Junge zugespielt, der eine höchst interessante Entdeckung gemacht hatte und statt dafür gelobt zu werden, von seiner Großmutter vor dem ganzen Dorf gedemütigt worden war. Wie Boritak selbst in jungen Jahren, allerdings wegen anderer Vorkommnisse. Warum nur glaubten diese alten Frauen überall und immer, alles besser zu wissen?!

„Boritak, ich sehe, deine Stirn ist schon gut zugewachsen. Wer hat sie so zugerichtet?"

Horfets von dem heiklen Thema ablenkende Frage riss ihn aus seinen feindseligen Gedanken. Ohne zu zögern, erwiderte er: „Ein Adler war's."

Das ungläubige Staunen seines Gegenübers ließ Boritak unwillkürlich eine aufrechtere Haltung einnehmen. Feierlich verkündete er, was allein seiner Fantasie entsprang. „Ja, tatsächlich ein Adler, ein offenbar verwirrter Bote der Göttin griff mich an. Ich wollte meinen leeren Wasserschlauch am Fluss füllen. Am Ufer angekommen, machten mich Geier auf ein Boot aufmerksam, das auf einer Sandbank feststak und aus dem ein Arm herausragte. Sofort rannte ich ins Wasser, sah dich im Boot liegen und zog deine schwimmende Bahre an Land."

„Bahre? Das musst du mir erklären."

„Ein anderes Wort für ‚Tragegestell'. Gerade habe ich dich also auf meinen Armen gebettet, da höre ich den durchdringenden Schrei eines Adlers. Er attackiert heftig meine Stirn. Ich aber will dich nicht einfach fallen lassen und erdulde zwei Angriffe. Einmal mit seinen Krallen und einmal mit seinem Schnabel."

„Wohoi, wie tapfer!"

„Der Schmerz lähmt mich. Bis ich dich endlich abgelegt habe, hat mich der Langfedrige noch einmal angegriffen. Doch dann schlage ich wild um mich. Es gelingt mir sogar, ihm seine längste Schwanzfeder zu entreißen. Und dann ist der Spuk so schnell zu Ende, wie er begonnen hat. Der Adler erhebt sich wie von einem Faden gezogen in die Lüfte. In dieser Höhle, die ich einige Tage zuvor entdeckt hatte, kümmerte ich mich dann um deine und meine Verletzung. Wie du siehst, mit großem Erfolg."

„Was für ein seltsamer Adler."

„Eigentlich nicht, du bist sehr mager. Er hielt dich offenbar für eine wegschleppbare Beute. Vielleicht glaubte er gar, ich höbe dich ihm entgegen. Wer weiß, vielleicht warst du zu Höherem bestimmt, und ich habe dich auf den Boden zurückgeholt."

Horfets Rücken überlief ein kalter Schauer. Wenn Boritak nicht zufällig vorbeigekommen wäre, würde sein Fleisch jetzt einen Adler ernähren. „Boritak, es tut mir so leid, dass du wegen mir aussiehst, als hättest du das Mal der Verstoßung."

Dicke Hagelkörner aus wolkenlosem Himmel hätten Boritak nicht überraschender treffen können als diese wohlmeinende Bemerkung. Einen Augenblick lang verlor er die Kontrolle über sich und wich, ohne es zu wollen, ein wenig zurück. Da war sie wieder, seine Vergangenheit, die an ihm haftete wie Baumharz, genauso unabwaschbar und klebrig. Jetzt kam es ihm zugute, dass er sich in den Monaten der Einsamkeit angewöhnt hatte, weder Schmerz noch Angst zu zeigen.

Einige Herzschläge später fing er sich wieder. „Bei Btars tanzenden Füßen, was sagst du da? Meine Narbe sieht aus wie ein Verstoßungsmal! Das hat man davon, wenn man freche Ausreißer halbtot aus Booten herauszieht."

Die schnoddrig-schlagfertige Art Boritaks gefiel Horfet sehr. Sein Onkel Toischan und sein Großmutterbruder Pakun waren ganz anders, viel ernster, betulicher. Boritak dagegen schien gleichsam ein quirliges Bündel voll Witz und mitreißender Kraft zu sein, was Horfet ungemein faszinierte. So ein toller Mann war nie und nimmer ein Verstoßener. Das durfte und konnte nicht sein. Horfet glaubte Boritak sofort, und er wollte daraus keinen Hehl machen.

„Zeigst du mir bitte die Adlerfeder? Ich finde, meine Mutter sollte sie dir während einer Zeremonie in meinem Dorf an dein Gewand nähen und dir den Ehrennamen Jun-ikoak (baranisch für *Adlerkämpfer*) verleihen."

Horfets kindliches Gemüt war leicht zu beeindrucken. Aber würde es auch so einfach sein, dessen Großmutter und Mutter und deren Schwestern und Horfets Schwestern zu täuschen? Boritak hasste vieles an Frauen, am meisten allerdings ihren besonders feinen Sinn, Lüge von Wahrheit zu unterscheiden. Gut, am Ende war es ihm immer besser gelungen, seine eigene Mutterschwester mit erlogenen Geschichten hinters Licht zu führen, aber er hatte viele Tage zur Strafe ohne Essen auskommen müssen, ehe er sich diese Lügenmeisterschaft erwarb.

Horfets Augen blickten noch immer erwartungsvoll zu ihm auf. „Warum nicht, wenn deine Großmutter gut nähen kann. Was, ach ja, du willst die Feder sehen, warte, ich hole sie dir ", murmelte er und erhob sich.

Die Feder, die er gleich darauf in Horfets Hände gleiten ließ, trug er schon seit dem letzten Sonnentiefststand in seinem Gepäck spazieren. Seine „Vorratshaltung" hatte sich also wirklich gelohnt. Und den Jungen gerettet zu haben, noch viel mehr.

„Horfet, das, was du da über den Leithengst und die Fohlen gesagt hast, ist wirklich bemerkenswert. Ich finde, du solltest noch mehr Tiere bcobachten und schauen, ob du Recht hast."

Horfet ließ seinen Kopf hängen. „Findest du denn nicht, dass ich damit nur noch mehr Unheil anziehen würde? Am liebsten würde ich das alles vergessen und, ohne je wieder ein Wort darüber zu verlieren, zu meiner Sippe und meinem Stamm zurückkehren."

„Nein, ganz im Gegenteil. Ich finde, dass ich einen sehr klugen und mutigen jungen Mann aus einem reißenden Fluss und den Fängen eines

Mal hätte Krata-buun noch sagen können, welche Stämme so ähnlich bauten wie die Schamanin; heute fiel es ihr beim besten Willen nicht mehr ein. Deshalb begnügte sie sich damit, die dicken und straff gebundenen Schilfbündel auf dem Dach zu bewundern.

Kurz darauf erschien die Schamanin, deren eigentlichen Namen und Herkunftsstamm niemand im Dorf kannte, weil sie schon so lange außerhalb der Dorfgemeinschaften wohnte und unsagbar alt war, mit der versprochenen Decke und einer am Rand hübsch geschnitzten Holzschale voll Ekel erregender, brauner Brühe. „Trink das", sagte sie bestimmt,„und es geht dir gleich wieder etwas besser."

Obwohl Krata-buun ein Würgen nur mit äußerster Anstrengung unterdrücken konnte, nahm sie einen ersten Schluck der frisch vom Herd gezogenen, anscheinend extra für sie zubereiteten Medizin. „Woher wusstest du, dass ich einen solchen Trank brauchen würde?" fragte Krata-buun verdutzt.

„Das wusste ich nicht. Ich bereitete diesen Trank gerade für mich zu. Doch wie ich sehe, brauchst du ihn viel dringender als ich. Na los, worauf wartest du, trink aus!"

Krata-bunn gehorchte und verzog angewidert ihren Mund. Die Arkás ga-asch lächelte verschmitzt. Sie ahnte, warum die Mungordaukfrau den für sie so aufreibenden Marsch auf sich genommen hatte, wollte ihrem Gast jedoch nicht vorgreifen. Jetzt erst besann sich Krata-buun ihres Geschenkes, das sie mitgebracht hatte: einen kleineren Ledersack voll Trockenfleisch. Etwas Schwereres hätte sie an diesem Tag nicht zu tragen vermocht.

„Ich danke dir für deine Gabe, Clanmutter, sie ist mir willkommen. Also sprich, was willst du wissen? Ich hoffe, ich weiß eine Antwort."

Krata-buun erzählte, was geschehen war. Am Ende ihrer Schilderung fasste sie sich mit ihrer rechten Hand an den Hals und meinte. „Ich gebe zu, ich hab ihm schon einiges an den Kopf geworfen, kaschák, ich war wütend, ich hatte das Gefühl zu platzen, da bin ich eben geplatzt, wie eine überreife Feige. Nur hatte ich statt süßem Fruchtfleisch bittere Kerne zu verstreuen. Horfet ist ohne ein weiteres Wort aus dem Dorf gerannt, hat unsere Boote mitgenommen und ist seither, also seit fünf Nächten und vier Tagen verschwunden, obwohl mittlerweile elf Leute aus dem Dorf nach ihm suchen, davon vier aus meinem Clan."

Die Schamanin hörte ihr aufmerksam zu. Erst diese Nacht hatte sie einen Jungen an der Schwelle zur Mannbarkeit in einem Traum gesehen. Er war in Begleitung eines Zeichenträgers gewesen. Viele Zeichen trug dieser Mann, ein solcher Art Bemalter aber hatte auch diese seltsame Rolle aus Ziegenleder vor ihr entfaltet, in einem anderen Traum. Die Bilder jener Rolle ängstigten und verunsicherten sie zutiefst. Konnte es sein, dass ausgerechnet Krata-buuns Enkel das Verbindungsglied zu dieser anderen, grauenhaften Vision war?

Sofort waren ihr deren Bilder wieder präsent: Eine junge Frau, die ein Mann aus dem Haus ihrer Mutter schleppte. Ein dünnes Schattenband verband die beiden Frauen, doch nein, es war die Nabelschnur, die in tausend Fetzen zerriss und derart zu bluten anfing, dass sich vor dem Haus eine rote Lache bildete. Völlig unberührt watete der Mann durch das Blut und zerrte weiter an der Frau, deren Tränen sich mit dem Blut mischten. Doch warum hielt die Mutter diesen Halbmenschen nicht auf, sondern ließ ihn weinend gewähren?

Es kam noch schlimmer: Ein Mann, der vor einer Mutter stand, die ihm ihre Neugeborenen, ein Zwillingspaar aus Schwester und Bruder, zu Füßen legte. Was tat dieser Wahnsinnige? Er hob den Jungen auf und warf das Mädchen mit solcher Wucht auf einen Felsbrocken, dass sein Kopf zerschellte. Doch anstatt dass die Mutter ihn mit aller Kraft daran hinderte oder sonst jemand kam, um ihn zu tätowieren und aus dem Dorf zu vertreiben, kauerte die Frau schluchzend am Boden und schien dankbar zu sein, dass wenigstens ihr Sohn am Leben blieb.

Der Schamanin kam die Galle hoch. Was erdreistete sich dieser Schandfleck seines Geschlechts und warum tat sich nicht auf der Stelle Btars Schlund auf, um ihn zu verschlingen? Angesichts ihrer Wut über ihn war sie ein wenig erleichtert, dass das andere Bild, das ihr gleich darauf erschienen war, nur die Männer selbst betraf:

Zwei Gruppen von bemalten Männern, die in blitzenden Reihen aufeinander zurückten und sich ihre Leiber an glänzenden Ästen gegenseitig aufspießten, als seien sie Fleischstücke für das Mahl eines menschenfressenden Riesen. Nicht nur die Schreie der Getroffenen und langsam Sterbenden gellten über den Ort des Gemetzels, sondern auch die knarrenden oder heiseren Befehle aus den Mündern der hassschwangeren Männer, die das prächtigste Gewand trugen und sich leicht im Hintergrund hielten.

Doch dann schämte sie sich ihrer spontanen Erleichterung. Auch diese Männer, die das Pech hatten, sich nicht hinten verbergen zu können, litten unsäglich. Was bei Btars Bauch zwang sie, sich in diese Todesreihen zu fügen? Wie kamen diese Söhne von Müttern nur auf die Idee, sich gegenseitig die Eingeweide herauszureißen, und wo waren ihre Mütter und Schwestern, um jener Raserei Einhalt zu gebieten?

„Geehrte Arkás ga-asch, bitte sage etwas, dein Antlitz sieht furchterregend aus. Was ist mit dir?"

Die grauhaarige Eremitin schreckte hoch. „Verzeih, ich habe mich nur gerade an eine Vision erinnert."

„Oh, sie muss schrecklich gewesen sein, wenn man deinem Gesicht glauben darf."

„Auf meine Züge habe ich dabei keinen Einfluss, sie bedeuten gar nichts."

„Aber trotzdem hast du nichts Gutes gesehen. Bitte sei ehrlich, hat das, was du gesehen hast, mit meinem Enkel zu tun? Weißt du, wie es ihm geht? Ich ertrage die Vorstellung nicht, dass er durch meine Schuld von Btar verschlungen worden sein könnte. Gibt es Hoffnung, dass er zurückkehrt?"

„Oh Krata-buun", entfuhr es der Schamanin in einer von Mitgefühl geprägten, weichen Stimme. „Ich weiß, welch schwere Vorwürfe du dir machst. Es ist gut, dass du nun zu mir gekommen bist. Ich will nicht um den herabgefallenen Ast herum reden. Meine Visionen sagen mir, dass Horfet lebt."

Unüberhörbar atmete Krata-buun die vor Spannung angehaltene Luft aus.

„Ich habe den Eindruck, dass er sich sogar die meiste Zeit kaum weiter als einen Tagesmarsch vom Dorf entfernt aufgehalten hat. Er macht gerade eine sehr tiefgreifende Erfahrung, die ihn reifen lassen wird. Also bitte, mach dir um ihn keine Sorgen."

Ihr nachdenkliches Schweigen irritierte Krata-buun. „Was ist, muss ich mir um jemanden anderen Sorgen machen? Es ist, als lastete dir noch etwas auf der Seele."

„Nein, nein, es ist alles gut", wich ihr Gegenüber aus.

Doch Krata-buun ließ nicht locker. „Du magst als Seherin noch so weit in die Zukunft blicken. Aber ich bin eine Ubleng-batar (baranisch für *Clanmutter*) und ich sehe, dank meiner Erfahrung vielleicht sogar schneller, wenn jemand bedrückt ist."

„Die Bilder meiner Vision waren zwar so klar zu erkennen wie ein Fisch im stillen Wasser, allein dieses Wassertier trägt seine Schwanzflosse an den Kiemen und sein Maul am Bauch. Ich weiß mit diesem Flussbewohner nichts anzufangen. Welchen Sinn würde es haben, dein krankes Herz mit einem solchen Wesen zu behelligen?"

„Erstens geht es meinem Herz dank deines Heiltrankes schon wieder viel besser. Außerdem würde ich mich geehrt fühlen, eine deiner Sorgen mit dir teilen zu dürfen. Natürlich bleibt alles unter uns, darauf gebe ich dir mein Bagubawort. „Zwei Augen mögen sich fürchten, doch wenn sie mit zwei anderen Augen sprechen, kann ihre Furcht davonfliegen wie Asche im Winde." Ein gutes Sprichwort unseres Volkes, findest du nicht? Es gilt auch für ehrenwerte Schamaninnen. Was ist? Setzt du so wenig Zutrauen in mich?"

„Es liegt mir fern, dich beleidigen zu wollen. Doch bitte respektiere meine Verschwiegenheit. Es ist besser so, glaub mir."

Krata-buun seufzte nickend. Vielleicht hatte die Schamanin Recht. Eine kurze Weile später fragte sie. „Ist Btar Horfet eigentlich gar nicht böse, obwohl er am Kleinen Geheimnis rührte?"

„Wenn es die Absicht der Göttin ist, das Kleine Geheimnis zu bewahren", sagte sie und sah dabei in eine imaginäre Ferne, „dann dürfte ihr das gelingen. Vertraue ganz auf sie."

Schon wieder drängte sich ihr ein Bild auf: Sie sah eine Gruppe von Menschen über einen Biberdamm gehen, unterhalb dessen ihr Dorf lag. Alle vorderen gingen vorsichtig, der vorletzte – Krata-buuns Enkel? – hüpfte vor Übermut, der letzte aber war es, dessen Gewicht schließlich den Damm zum Einsturz brachte, so dass das aufgestaute Wasser das Dorf überflutete.

Die Woge rollte auch auf sie zu. Doch sie konnte ihr nichts anhaben, denn die Hellsichtige erkannte sich selbst plötzlich inmitten eines dunklen Gemäuers wieder, wo sie gefesselt an einen Mann einen hohen Fladen umrundete, während andere Männer in Frauenkleidern eigenartige Sprechgesänge murmelten.

„Du Mann, schütze diese Frau vor Ungemach und Schande, weise ihr den rechten Weg, und sorge dafür, dass sie immer versorgt und gekleidet sei. Und du, Frau, ehre und gehorche diesem deinem Manne, solange du lebst. Er sei dein Herr, dem du Gehorsam und Treue schuldest. Sei deinem Mann eine brave Frau! Der himmlische Gott wird dich dafür reich belohnen."

„Ein *männlicher* Gott im Himmel? Nur *einen* Mann haben und dem *ein Leben lang gehorchen*?", rief die Frau verächtlich aus, in deren Haut der Geist der Schamanin geschlüpft war.

Die Mienen der Anwesenden verdunkelten sich noch mehr, als sie es ohnehin schon waren durch die Schatten, die in dem nur von hohen, schmalen Lichtscharten beleuchteten Raum auf sie fielen. Ehe sie wusste, wie ihr geschah, war sie umringt von Leuten, die geiferten: „Steinigt sie, sie hat den Bund gebrochen, ihr Mann ist ein Betrogener. Das ist ihre gerechte Strafe." Es waren Frauen und Männer, die mit vom Wahnsinn gezeichneten Augen Steine aus den Mauern brachen und sie in ihren Händen wogen.

Das heißt, konnte eine diese angstgezeichneten Buckligen überhaupt noch „Frauen" nennen? Ihre Haare verbarg eine alberne Haube. Knappe Stoffe mit eingenähten Knochen pressten ihre Leiber zusammen, obwohl darüber unpraktische Kleider wallten. Damit verhüllten sie wohl ihre geprellten Glieder und die Gebärmütter, die ihnen schon bis zu den Knien herunterhingen. Warum duldeten „Frauen" diese Drangsal?

Gab es denn keine Ritualmeisterinnen, die diesem Irrwitz ein Ende setzten? Wo war denn ihre Sippe, warum sollte jener hässliche alte Kerl sie beschützen? Und wovor eigentlich? Doch wohl am ehesten vor lüstern gaffenden, widerwärtigen Männern, wie er selbst einer war. Ausgerechnet einem solchen männlichen Scheusal sollte sie gehorchen? Und ihm treu sein? Was würde mit all den anderen Männern geschehen, die ihr viel besser gefielen und die sie lieber in ihre Höhle ließe? Wozu eigentlich das ganze Bokaledoi? Die jämmerlichen Gestalten hatten sowieso nicht das Recht, sich in ihre Lustangelegenheiten einzumischen. Wenn doch nur endlich ihre Sippe erschiene und sie von dem Albtraum befreite!

Krata-buun wurde es neben der Arkás ga-asch immer unheimlicher zumute, die offenbar einer gewaltigen Bestie gegenüberstand. Mit einem Mal krampfte sich Krata-buuns Herz fürchterlich zusammen. Arkás ga-aschs Worte hallten in ihren Ohren nach, bekamen für Krata-buun jedoch von einer Sekunde auf die andere eine ganz andere Bedeutung. Ihre auf das Herz gepresste Hand war schneeweiß und ließ die Knöchel wie bereits benutzte Würfel des beliebten Knochenspiels hervortreten. Ihre Augen hefteten sich auf die Arkás ga-asch, die sonderbar ruhig blieb und keinerlei Anstalten machte, ihr mit irgendeinem Getränk Linderung zu bringen.

„Du hast gewusst, dass ich sterbe", flüsterte sie der Schamanin zu, die ihr mit belegter Stimme Antwort gab:

„Ich habe gesehen, dass du nicht mehr zu deinem Dorf zurückkehren wirst. Denn der Aschme-óch hat deine Seele bereits seit einiger Zeit gefordert. Es tut mir leid. Ich hätte während deines Besuches mehr auf den Grund deiner Augen schauen sollen. Stattdessen trieb mein Geist ab auf dem Fluss der Bilder. Auch ich werde nicht mehr allzu lang in der

Körperwelt weilen. Ich habe das Gefühl, dass ich vorher noch die Bilder verstehen sollte, die mich nicht mehr loslassen. Wenn du an Btars Gaumen vorbeigleitest, bitte sie, mir zu helfen. Ich wäre dir sehr dankbar dafür."

Krata-buuns Schmerzen verflogen so schnell, wie sie gekommen waren. Sie griff nach den Händen der Schamanin, freilich ohne deren Berührung im Geringsten zu spüren. Langsam schwanden ihr die Sinne. Ihr Gesichtskreis verengte sich immer mehr. Noch einmal dachte sie an ihren Clan: Horfet lebte. Das Kleine Geheimnis blieb gewahrt. Durch ihren Jähzorn hatte sie keine Schuld auf sich geladen. Lu-bagdai würde die Sippe –bestärkt durch ihren Segen – als gute Clanmutter führen.

Doch der letzte Gedanke, der Krata-buun kam, war der, dass sie sich glücklich schätzen durfte, von der weisen und hochverehrten Arkás gaasch noch im Tode um einen Gefallen gebeten zu werden. Natürlich würde sie Btar um Hilfe für die Seherin ersuchen. Jetzt, da sie selbst dank der beruhigenden Worte dieser Frau so leicht sterben konnte. Zufrieden und mit einem zarten Lächeln auf dem Gesicht hauchte sie ihr Leben aus.

Die Schamanin dagegen trauerte um Krata-buun und um die Unglücklichen in ihrer Vision.

Seit drei Tagen war die Gruppe um Riwa-quoi und Upakan schon unterwegs. Und noch immer keine Spur von Horfet. Obwohl sie sich beim Rufen abgewechselt hatten, waren ihre Stimmbänder mittlerweile ziemlich angegriffen. In deutlich größeren Abständen schrien sie Horfets Namen. Nach Kailaps Worten wurde dieser eine Weg entlang des Flusses sehr häufig benutzt, was ihr angesichts der maßlos langen Ausleger der Dornengewächse reichlich übertrieben schien.

Riwa-quoi war froh, dass sie sich bei ihrem Aufbruch von ihrem Heimatdorf für ihre Lederbeinlinge entschieden hatte. Mit ihren Baumfaserbeinlingen wäre sie sonst an all den Brombeerausläufern hängengeblieben, die sich ihren und Kailaps Eichenasthieben entzogen. Es reichte schon, dass ihre Wolltunika bis knapp unter das Knie ging; allein die bot den Dornen genug Angriffsfläche.

Viel tiefergehende Stacheln quälten freilich ihre Seele. Erwiderte Upakan ihre Liebe? Und vor allem: Ging sein Plan auf? Noch mehr als ein

Abgewiesenwerden von Upakan fürchtete sie den Moment, an dem sie vielleicht ihrer Mutter ohne Horfet entgegentreten musste. „Meine Tochter, bitte unternimm alles, was du kannst, um deinen Bruder zu finden", hatte ihr Barcha-let mit brechender Stimme und verweinten Augen mit auf den Weg gegeben, „ich könnte es kaum ertragen, noch einmal ein Kind zu verlieren. Bitte bringe ihn mir heil wieder." Zuversichtlich hatte sie genickt, nicht ahnend, wie hoffnungslos sich die Suche gestalten würde. Die mütterliche Bitte lastete schwer auf ihrer Seele.

Dass sie sich ausgerechnet jetzt verliebte, kam ihr wie Verrat an ihrer Mutter vor, obgleich sie wusste, dass das Unsinn war. Btar schickte die Liebe, wem und wann immer es ihr gefiel. Kein Mensch vermochte sich dagegen zu wehren. Trotzdem bekam ihre Blase ihr schlechtes Gewissen zu spüren. Bald konnte sich Riwa-quoi rühmen, den Weg zu ihrem Heimatdorf für alle Nasen bestens markiert zu haben.

Am Abend setzte Regen ein, zuerst in Form kaum merklicher Tropfen. Kailap hatte bereits am frühen Morgen einen heftigen Regenguss vorhergesagt. Daher schlugen sie umgehend ihr Nachtlager unter zwei weit ausladenden Buchen am Ufer auf. Gerade noch rechtzeitig, bevor Kailap Recht behielt! Zwei Äste mit abwendiger Astgabel in den Boden gerammt, einen längeren Ast quer über die Astgabeln geklemmt und eine mit Fett und Bienenwachs wasserdicht gemachte Lederplane darübergelegt, so bannten sie das herabströmende Wasser von oben. Gegen die von unten herankriechende Nässe half ihnen eine dicke Schicht trockener Äste und Gräser.

Riwa-quoi hätte kein Auge zugetan, wenn sie sich mit Upakan ein Zelt geteilt hätte. Für Saniutai wiederum war es eine Selbstverständlichkeit, die Nacht an ihrer Seite zu verbringen, zumal ihm nicht entgangen war, wie verdächtig oft Upakans Blicke zu Riwa-quoi wanderten. Müde wie er war, ließ er sich seinen Ärger darüber nicht anmerken und fiel bald darauf in einen tiefen Schlaf.

Den anderen drei erging es ähnlich. Noch ehe es richtig dunkel wurde, hörten sie die Tropfen nicht mehr, die auf ihre Zeltwände klatschten. Und sie hatten auch nicht die geringste Ahnung, dass sie nur hundert Schritte von der Stelle entfernt schliefen, an der Boritak Horfet aus dem Boot gezogen hatte.

„Horfet! Riwa-quoi!", so laut sie konnte, schmetterte Barcha-let die Namen ihrer beiden Kinder in die Dickichte und Lichtungen der sie umgebenden Wälder. Auch ihre Vierergruppe hatte sich für einen Weg entlang des Flusslaufes entschieden, da der Fluss den einzigen Anhaltspunkt für ihre Suche bildete.

„Wir haben zu lange gewartet", machte sich Barcha-let Vorwürfe. Sie hatte es besser gewusst und trotzdem auf Pakun und Toischan gehört, die sich sicher gewesen waren, dass Riwa-quoi und ihre Begleiter bald mit Horfet zurückkehren würden. Vielleicht hatten sie ihn ja inzwischen entdeckt, aber sie hielt das Warten nicht länger aus.

Sie konnte es nicht erklären, aber irgendwie wurde sie das Gefühl nicht los, als sei Horfet gar nicht allzu weit vom Dorf entfernt und als könne sie ihn noch an diesem Tag wiedersehen. Vermutlich war des Rätsels Lösung einfach die, dass Riwa-quoi eine Spur übersehen und deshalb zu weit den Fluss heruntergefahren war. Deshalb war sie immer noch unterwegs, aber mit ihren Begleitern wohl nicht in Gefahr. Horfet dagegen war ganz allein, er hatte erst sechsundzwanzig Sonnenwenden gesehen und er war ihr ein ganz klein wenig das allerliebste von ihren Kindern.

Das mochte daran liegen, dass ihr erster Sohn nach siebzehn Sonnenwenden gestorben war. Oder daran, dass er und sie sich als einzige in der Familie gerne und ausgiebig ihren Tagträumereien hingaben. Oder dass er sie schmerzlich an den Mann erinnerte, der einst als Arkasnaq während einiger Mondläufe Station in ihrem Dorf gemacht und in den sie sich Hals über Kopf verliebt hatte. So sehr, dass sie nur schwer davon abzubringen gewesen war, mit ihm auf Wanderschaft zu gehen.

Barcha-let erlaubte sich nur ab und zu an ihren verflossenen Geliebten zu denken. Doch jetzt überfiel sie die Erinnerung an den damaligen Wortwechsel mit ihrer Mutter geradezu: „Mutter, bitte, lass mich mit ihm gehen. Ich liebe ihn mehr, als es mein Herz ertragen kann."

„Du kennst dein Herz nicht gut genug – und noch viel weniger das Herz dieses Mannes. Niemals werde ich zulassen, dass meine Tochter einem Mann nachläuft. Ein Mann kann immer bei der Frau bleiben, wenn er es will und sie es will. Warum bleibt er nicht, wenn er dich liebt? Was will er tun, wenn dir die Göttin ein Kind schenkt? Will er dir helfen, es auf die Welt zu bringen? Und will er ihm auch gleich alle Verwandten und die Spielgefährten ersetzen, die er ihm auf seiner einsamen Wanderung vorenthält?"

„Aber er ist nun mal gern Arkasnaq."

„Das kann er auch bleiben. Aber ohne dich. Du gehörst zu deiner Sippe. Entweder er bleibt hier bei dir oder er geht alleine ohne dich. Barcha-let, bitte glaube mir. Dein Schmerz ist auch meiner. Ich will ihn mit dir tragen. Mein Töchterchen, vertraue meinem Rat. Ich sorge mich mehr um dein Wohl als er, ich habe dich geboren."

Unter schlimmster Seelenqual hatte sich Barcha-let dem Willen ihrer Mutter gebeugt. Sie war überzeugt gewesen, ihr Herz würde sowieso stehen bleiben, wenn ihr Geliebter sie ein letztes Mal in den Arm nähme, um sich von ihr zu verabschieden. Wider Erwarten schlug dieses aber weiter, und irgendwann versiegte sogar die Quelle ihrer Tränen.

Im Nachhinein war sie ihrer Mutter unendlich dankbar. Denn ihr Bauch wölbte sich tatsächlich bald darauf. Selbst mit der Hilfe ihrer Mutter und Mutterschwester hatte sie bei dieser Schwangerschaft größte Schwierigkeiten, ihr Kind zu behalten und bei der Geburt am Leben zu bleiben. Eines allerdings setzte sie gegen den Widerstand ihrer Mutter und der Tradition durch: Dieses Kind würde den Namen ihres Geliebten tragen: Horfet.

Üblicherweise gaben die Gabbtaranschi ihren Kindern nämlich nur Namen, die noch nie jemand getragen hatte, weil Körper und Name in ihren Augen eine feste Verbindung eingingen. Die Seele indes band sich nicht dauerhaft an Namen. Sie schlief so lange den Schlaf des Todes, bis man sie unter einem Namen rief, der ihr zusagte und sie anzog. Reifte ein Körper heran, gefiel ihr der Kindername meist nicht mehr. Dann erhielten junge Erwachsene neue Namen.

Je älter ihr kleiner Horfet wurde, desto mehr begann er ihrem Geliebten zu ähneln. Ach, Horfet! Sie musste ihn finden, auch wenn sie dafür in Gab-Btars Bauch hinabzusteigen hatte.

Auf dieser Seite des Flusses suchten sie in zwei Gruppen. Barcha-let und Pakun hatten sich für das Ufer entschieden, während Toischan und sein Freund den dahinterliegenden Wald durchkämmten. Barcha-let war es egal, ob die Schlehendornen die Haut ihrer Beine und Arme aufrissen. Worauf sie achtete, waren Fußspuren oder sonstige Hinweise auf ihren Sohn. Voller Inbrunst betete sie zu Btar, sie möge ihr ein Zeichen senden. Sie habe doch schon ihren ersten Sohn verschlungen. Wieso müsse sie ihr auch noch den zweiten wegnehmen?

Anstelle des erhofften Fingerzeigs der Göttin begann es kurze Zeit später wie aus Holzeimern zu gießen. In die Regentropfen mischten sich Barcha-lets Tränen. Der Regen, das Weinen und die zunehmende Dunkelheit trübten ihren Blick, so dass sie über den letzten Ausleger einer

Baumwurzel stolperte. Dreckverschmiert blieb sie liegen und ließ ihren Tränen freien Lauf. Pakun half ihr auf und weinte mit ihr.

„Es ist doch erst fünf Tage her, seit ich Horfet zum Nacht-und-Tag-Gleichen-Fest einzelne Zöpfe flocht und sie mit bunten Steinperlen und Lederbändern verzierte. Ich habe mich so sehr auf das Fest gefreut. Wieso, Pakun, hat sich nur alles so unglücklich entwickelt? Warum bin ich meiner Mutter nicht rechtzeitig ins Wort gefahren? Warum bin ich Horfet nicht nachgelaufen?" Voller verzweifelter Wut trommelte sie auf Pakun ein, der sie wortlos gewähren ließ. „Den ganzen Sommer über hat es weniger als sonst geregnet. Ausgerechnet in der unseligen Nacht und jetzt wieder muss es derart stark regnen. Wie sollen wir ihn denn da finden?"

Mit sanfter Stimme versuchte Pakun, sie zu trösten. „Schwestertochter, bitte gib die Hoffnung nicht auf. Irgendjemand von uns wird Horfet finden. So weit weg kann er nicht sein."

Erneutes Schluchzen war ihre Antwort. Pakun fühlte, dass Barcha-let sogar unter ihrem mit Bienenwachs und Schaffett eingeriebenem Lederumhang zitterte. Ob das mehr an der Nässe oder ihrem Schlafmangel während der vergangenen Tage lag, wusste er nicht. Nur, dass er sie bald zu einer trockenen, warmen Stelle bringen sollte. Da weder der zunehmende Mond noch die Sterne durch die Wolkendecke hindurch Licht auf die Erde werfen würden, stand ihnen eine rußschwarze Nacht bevor. Für Pakuns Wunsch nach einem notdürftigen Lager war Eile geboten.

Plötzlich drang der Geruch von Rauch in ihre Nasen. „Horfet! Riwa-quoi!", die Lautstärke ihrer eigenen Stimme überraschte Barcha-let selbst. Beide lauschten angespannt. Keine Antwort. Doch die Rauchfahne war ein hervorragender Wegweiser. Sie folgten ihr, so schnell sie es bei all dem Gestrüpp vermochten, und erreichten schließlich das Flussufer, wo sie im Halbdunkel die schemenhaften Umrisse zweier Zelte erkannten. Es gab kein Feuer, was bei diesem Regen nicht verwunderte. Ein wenig seltsam nur, dass niemand auf ihre fortgesetzten Rufe reagierte. Je näher sie kamen, desto mehr verringerten sie ihre Lautstärke. Es gehörte sich einfach nicht, Leute aus ihrem anscheinend tiefen Schlaf zu reißen.

Ihre Geduld wurde nicht lange auf die Probe gestellt, denn einige Augenblicke später hörten sie die deutlich verschlafene Stimme Riwa-quois aus dem Zelt herausdringen: „Babaa, Bagubaan, seid ihr das? Was macht ihr hier mitten in der Nacht?"

„Btar sei Dank, dass wir dich gefunden haben. Die Nacht hat kaum begonnen. Wenn ihr jetzt schon so fest schlaft, habt ihr wohl die letzten

Tage euer Bestes getan, um Horfet zu finden. Bitte sag mir, dass er bei Euch im Zelt schläft."

„Babaa, Bagubaan, bitte kommt doch zuerst rein, ihr seid sicher ganz nass."

Riwa-quoi hob die Vorderseite der Lederplane hoch, die zuvor auf der Innenseite des Zeltes mit Steinen beschwert gewesen war. Dankbar kroch Barcha-let als erste hinein. Sie fror mittlerweile erbärmlich.

„Hast du gar nichts für die Nacht mitgenommen?", fragteRiwa-quoi, die ihr half, die nasse Kleidung auszuziehen.

„Nein, aber Pakun. Er hat ein Zeltleder dabei."

Pakun entkleidete sich draußen und gesellte sich dann ebenfalls zu ihnen. Obwohl Saniutai inzwischen aufgewacht war, war er höflich genug, so zu tun, als schlafe er weiter. Nach einigem Hin und Her lagen Barcha-let und Pakun schließlich nackt und eng aneinandergeschmiegt neben Riwa-quoi auf dem besonders breiten Schaffell der Riortas. Die Zeltplane diente ihnen als Decke.

Barcha-let war glücklich, Riwa-quoi neben sich zu haben. „Ach, mein Eichhörnchen", flüsterte sie, „wie bin ich froh, dich zu sehen. Wo ist Horfet denn?"

Traurig erwiderte Riwa-quoi die Umarmung. „Babaa, es tut mir so leid. Wir haben jede auffällige Stelle am Fluss näher angeschaut. Wir waren sogar bei den Riortas, die einen Trommler und vier Leute abgestellt haben, um uns zu helfen. Aber bei Btars Singstimme, wir haben nicht den leisesten Hinweis auf Horfet ausfindig machen können."

Riwa-quoi hatte erwartet, dass ihre Mutter in Tränen ausbrechen würde. Doch das war nicht der Fall. Stattdessen fühlte sie, wie ihre Mutter ihre Wirbelsäule durchstreckte und mit fester Stimme sagte: „Morgen werden wir ihn finden. Ich fühle es ganz deutlich, dass er hier in der Nähe ist. Gab-Btar wird mir helfen."

„Ho íkpiwa lut (baranisch für *so geschehe es*)", fügte Riwa-quoi den üblichen Gebetsschluss hinzu und dabei beschlich sie das Gefühl, als laufe ihr ein Käfer mit eisigen Beinchen den Rücken herunter.

Die Arkás ga-asch hörte eine schüchterne Stimme Krata-buuns Namen rufen und trat aus ihrer Hütte. Ein Mann, der an die siebzig Sonnenwenden gesehen haben mochte, stand triefend vor ihrer Tür und hatte Scheu anzuklopfen.

„Wie heißt du?", fragte ihn die Schamanin freundlich.

„Mein Name ist Anujach. Ich bin der Batelo von Lu-bagdai, der jüngsten Tochter von Krata-buun. Lu-bagdai hatte mich gebeten, ihrer Mutter in einigem Abstand zu folgen, weil die sich nicht besonders gut fühlte, aber unbedingt allein zu dir auf den Berg wollte."

„Das war eine gute Idee von Lu-bagdai", mit diesen Worten nahm sie Anujach bei der Hand und führte ihn zu einem Bündel Fellen, deren oberstes sie wegzog. Auf die anderen gebettet lag Krata-buun, die auf den kurzsichtigen Anujach einen so friedlichen Eindruck machte, dass er sich im ersten Moment wunderte, warum sie mit einem Fell über dem Kopf schlief.

„Krata-buun ist heute Nachmittag in den Aschme-óch eingegangen. Ich teile euren Schmerz."

Die Worte der Arkás ga-asch sprachen aus, was sein Gehirn elegant zu verdrängen suchte. Krata-buun, die Mutter seiner Geliebten, mit der er manchen Streit ausgefochten, deren Humor, Tatkraft und Lebenslustigkeit er aber sehr vermissen würde, schlief nicht, sie war tot! Und ausgerechnet er würde der Bote für diese furchtbare Nachricht sein.

„Bitte hilf mir, Krata-buun in mein Haus zu tragen, ich will nicht, dass sie draußen liegt, schon gar nicht bei diesem Regen."

Gerne kam Anujach dieser Bitte nach, denn bald würde es zu dunkel sein, um – noch dazu allein mit einer Leiche – zurückzukehren. Neben der Schamanin die Totenwache zu halten, war überdies eine große Ehre für ihn. In der Hütte breitete die alte Frau wiederum ein Felllager aus, auf dem sie die leblose Krata-buun aufbahrten.

Nach gabbtaranischem Glauben blieb die Seele eines Verstorbenen so lange in der Nähe des Körpers, bis dieser sich in seine Einzelteile aufgelöst hatte und so wieder in den Kreislauf des Lebens zurückgeflossen war. Daher waren die Tage und Nächte nach dem Ableben eines Menschen die letzte Gelegenheit, um mit ihm ins Reine zu kommen, sich zu entschuldigen oder sich für all das Gute zu bedanken, das er zu Lebzeiten getan hatte. Und es war die Zeit, um die Seele auf die Trennung von ihrem bisherigen Körper vorzubereiten.

Die Schamanin intonierte das Lebensabschiedslied, in das Anujach mit einstimmte:

Geat bara émpiwa ikte nibu.
Natai gatar pa-u wantaprú.
Tiak gegom iawa imma táklebú
Pai ka-úna el' watamorócha semú.
Eik nadeijú gatar frauwáqua 'taib.
Késchepprú ipet' doke gomaib.
Jat tángu-tár tahatúch ataib.

Jetzt ist dein Leben beendet.
Du musst den alten Körper wechseln.
Unser Herz will zerspringen
Vor größter Trauer und Schmerz.
Doch ein neuer Leib erwartet dich.
Uns musst du hier lassen zurück.
Als Ahnin ehren wir dich.

Tschíko uk'mawa rakn' elin erpa tal'
Lute gupam jell' gomo bial'
anad konbatúca ma doka raibu
meg bara uko rian gabeijai nad'jú.
Boreijú niwá gid táschkabu
pra ma vál' bara gátja pa-u.
Tahatúca ataib jat tangú.

Keiner ahnt, wo und wann.
Aber so sicher wie unsere Liebe
werden wir Teil eines Wiedersehens sein
in einem Leben mit einem ganz neuen Gesicht.
Schwer ist es zu ertragen,
dass das Leben immer im Kreis sein muss.
Dich ehren wir als Ahnin.

Wieder und wieder sangen die beiden dieses Lied, begleitet vom zarten Trommelschlag der hageren Alten. Ihre eher kleine, mit Hirschfell bespannte Rahmentrommel brachte einen wunderbar vollen und tiefen Klang hervor, der seinesgleichen suchte. Wie ein Herzschlag am Busen Btars, dachte Anujach, dem die Tränen über die Wangen rannen.

Die Arkás ga-asch dagegen weinte nicht. Eine Welle der Kraft schien ihr Innerstes in höchste Höhen zu tragen und gleich einer in den Himmel wachsenden Baumkrone machtvoll an Raum gewinnen zu lassen. Anujach hatte schon viele Geschichten über die Schamanin gehört. Nun stand er neben ihr und erlebte am eigenen Leib, wie sie, als sei sie in Wirklichkeit ein sonnenbestrahlter Kristall, gelbrosafarbenes Licht versprühte und ihn in wohlige Wärme tauchte. War es Wahnsinn, tollkühner Leichtsinn oder ein böser Geist, der ihm eingab, ihren Blick zu suchen?

Wessen er dabei ansichtig wurde, ließ einen solch gewaltigen Schrecken über ihn hinwegwogen, dass er glaubte, Krata-buun auf der Stelle folgen zu müssen: Dort, wo normalerweise der Schamanin kastanienbraune Iris auf dem Augapfel prangte, blitzte jetzt nur noch bleiches Weiß. Als habe ihr jemand mit der Pupille die Seele herausgerissen. War sie es denn noch oder ein anderes Wesen, das da Laute aus seinem Mund hervorpresste? Oder besser, quakende Luftblasen ohne Sinn, die wie Frösche vom Uferrand der Lippen heruntersprangen und deren Umrisse in grünwässrigem Einerlei verschwanden. Heftiger Schwindel machte Anujach zu schaffen. Was ging hier vor? Ehe er einen Halt gebenden Stützpfosten zu fassen bekam, fiel er ohnmächtig zu Boden.

Knochige, warme Hände fühlte Anujach als erstes, während er beim schwachen Licht des herandämmernden Morgens langsam wieder zu sich kam. Die Arkás ga-asch redete beruhigend auf ihn ein. Anujach fasste Mut, ihr ins Gesicht zu sehen. Die braune Iris war wieder da, genau dort, wo sie hingehörte. Btar sei Dank!

„Arkás ga-asch", flüsterte er, „ist das alles wahr, was ich eben erlebt habe?"

„Die Wirklichkeit ist kein Schaf, das man in ein Gatter sperren kann." Mürrisch verzog die Greisin ihren Mund, um dann in freundlicherem Ton fortzufahren. „Wie ein Vogel fliegt sie bisweilen und dann wieder schwimmt sie wie ein Fisch. Wer wollte ihr Grenzen setzen? Vertraue dir selbst, dann wirst du deine Wirklichkeit finden."

Die Antworten der weisen Frau gehörten offenbar zur Kategorie der fliegenden Fische, die man weder im Wasser noch in der Luft zu fassen bekam. Trotzdem wagte er nicht, weiter nachzufragen. Wie alle Gabbtaranschi hatte Anujach größte Hochachtung vor den Arkás ga-asch, die zwischen der Körperwelt und der Schwebewelt aus- und eingingen wie gewöhnliche Leute von Hütte zu Hütte. Nur ganz wenige Menschen besaßen diese Gabe. Dank ihrer tiefen Einsichten in das Sein anderer Menschen waren sie sogar in der Lage, Krankheiten zu heilen, bei denen Kräuter oder andere Heilmittel versagten.

Er hätte so gerne mehr über diese besonderen Fähigkeiten erfahren, aber es hieß, dass nur Gab-Btar selbst oder ihre Geisterkinder jemanden auswählen konnten, der dann von einem erfahrenen „quo-wanta-jo-romga" (baranisch für *Weltenwechsler*, wie man die Schamanen auch nannte), als Berufener anerkannt und weiter ausgebildet wurde. Wenn die Arkás ga-asch ihm also nicht mehr mitteilen wollte, dann war das ihr gutes Recht, und es gehörte sich nicht, ihr Löcher in den Bauch zu fragen.

Vielmehr, so mahnte er sich selbst, sollte er sich endlich auf seine nahe liegenden Aufgaben besinnen, die darin bestanden, Krata-buuns Leiche ins Dorf zu tragen und Lu-bagdai die traurige Nachricht vom Tode ihrer Mutter zu überbringen. Das Knurren seines Magens veranlasste die Hausherrin, ihm ein kräftiges Frühstück aus warmem Einkornbrei, Nüssen, Feigen, Mandeln und Äpfeln zu kredenzen, das er mit Heißhunger verzehrte.

Nach dem Essen schickte sie ihn nach draußen, wo er mit langen Haselnussstangen ein Tragegestell baute, das einem besonders hochragenden Rucksack glich. Denn der letzte Abschnitt auf dem Weg zur Hütte der Arkás ga-asch hatte ein ansehnliches Gefälle, so dass er es für besser hielt, den Leichnam auf dem Rücken zu tragen. An diesem Holzrahmen befestigten sie einen Fellsack, den sie um die bereits erstarrte Leiche Krata-buuns geschnürt hatten. Weiter unten im flacheren Gelände würde Anujach diesen Fellsack dann mit Hilfe zweier langer Stangen, deren eines Ende er anheben, deren anderes er auf dem Boden schleifen würde, recht bequem nach Hause bringen.

Der Abschied nahte, da die Schamanin keine Anstalten machte, ihn zum Dorf zu begleiten. „Hochverehrte Arkás ga-asch", richtete Anujach das Wort an sie, „ich danke dir, dass du mit mir Krata-buuns Tod betrauert und mich beherbergt hast. Ich bedaure es sehr, dass ich alleine von hier ziehen soll. Denn ich hätte so gerne mehr über die Geheimnisse des Lebens von dir erfahren. Möge Btars Liebe dich erfüllen!"

„Lu-bagdai kann glücklich sein, dich an ihrer Seite zu haben", erwiderte die Seherin und schauderte bei dem Gedanken an ihre Visionen. "Sag, ist sie nicht die, die so wunderschön singen kann?"

Nein, das ist ihre Schwestertochter, Riwa-quoi. Aber meine Geliebte Lu-bagdai ist es, die sie auf ihrer Flöte begleitet." Entschlossen zog die Frau aus einer Gewandtasche eine etwa zweieinhalb Finger lange Knochenflöte heraus. „Bei Btars Mund, dann gib diese Flöte deiner Geliebten." Ihre Finger streichelten das Instrument. „Sie ist sehr, sehr alt. Es heißt, die Göttin selbst habe ihre Lieder in sie hineingeschnitzt. Btar schenkte sie Oschguma, der ersten Frau, die sie vorwiegend aus Buchsbaumzweigen schuf. Oschguma entlockte der Flöte noch alle Lieder der Göttin. Als sie starb, gab sie die Flöte ihrer ältesten Tochter und sagte ihr auf dem Sterbelager, dass das Tönerohr in alle Ewigkeit an die Frau weitergegeben werden solle, die es verstehe, am besten auf ihm zu spielen. Nur sie sei auserwählt, die Lieder der Göttin durch ihr Spiel erklingen zu lassen. Wohl dem Stamm, der Btars Lieder höre und verstehe!

Seit vielen Generationen wird sie von Frau zu Frau weitergegeben, von Mutter zu Tochter, von Mutterschwester zu Schwestertochter, von Schamanin zu Schülerin, je nachdem, was die Flöte der Trägerin sagt. Ich bin wohl die einzige, die die Flöte zu lange selbst behielt. Ich hätte sie schon damals meiner Schwestertochter geben müssen, als ich den Stamm verließ. Aber ich tat es nicht. Die Flöte war deswegen lange Zeit böse auf mich und verweigerte sich mir. Nur noch wenige Lieder gab sie preis.

Erst für Krata-buun holte ich sie wieder hervor. Und als ich sie heute spielte, sprach sie mit mir. Sie flüsterte mir zu, dass ich sie weitergeben solle, an den ersten, der käme. Das warst *du*. Du, Anujach, den sie den Maulwurf nennen, wirst wohl der erste Mann sein, der sie je einer Frau übergab. Der Liebhaber seiner Geliebten."

Sie starrte ihm in die Augen, als seien sie Tunnel durch seinen Kopf. „Ja, dir kann ich vertrauen. Du ehrst sie, wie es ihr gebührt." Sie hielt inne und drückte seine Hand mit solcher Kraft, dass er erschrak. „Die Flöte warnt uns. Ein Umbruch bahnt sich an. Ich höre es deutlich aus ihrem Wehklagen. Aber ich weiß nicht, auf welchem Gebiet er sich vollzieht und ob wir ihn aufhalten müssen, aufhalten können. Ich bin ratlos wie nie zuvor. Ich hoffe, dass mir die Göttin endlich Zeichen senden wird, die ich verstehe. Ich muss hier bleiben, auf meinem Berg, hier höre *ich* die Göttin am besten." Sie ließ seine Hand los und drückte sie ihm auf seine Brust. „Du aber nimm die Flöte und sag Lu-bagdai, dass sie sie spielen soll. Sooft sie kann, aber vor allem bei sämtlichen Ritualen, die ihr abhalten werdet. Und nun geh. Btars Liebe führe deinen Weg. Möge dein Leben schön sein."

Ergriffen und geehrt nahm Anujach die Flöte entgegen. Sogar an ihrer Sorge ließ ihn die Schamanin teilhaben! Voller Dankbarkeit lächelte er sie an. Einem Geistesblitz folgend zog er ein kleines weißes Lederstück aus seiner Gürteltasche heraus, das Lu-bagdai ihm neulich gegeben hatte und das er vorsichtig um die Knochenflöte herumwickelte. Unheimlich, wie exakt diese Hülle zu der Flöte passte, ganz so als habe Btar selbst es zugeschnitten. Ehrfürchtiger Schauer lief über seinen Rücken und ließ ihn kurz frösteln.

Was auch immer die Arkás ga-asch angedeutet haben mochte und welche schrecklichen Ereignisse auch immer ihre Schatten voraus warfen, auf ihn würde Lu-bagdai sich verlassen können, solange er lebte. Zur Bestätigung dessen und zugleich zum Zeichen des Abschieds senkte er sein Haupt vor der geheimnisvollen Seherin. Dann trat er, ohne sich noch einmal umzuwenden, mit der toten Krata-buun den Heimweg an.

Boritak hatte sich nicht geirrt. Nach dem Regen der letzten Nacht schoss das Wasser aus dem winzigen Quellkopf zu Boden, wobei es sich nicht mehr um die bizarren Steinrillen kümmerte, an denen es noch vor ein paar Tagen entlang geflossen war. Da es auf eine kleine Vertiefung traf, sammelte sich bald mehr Wasser, als es den beiden Höhlenbewohnern auf Zeit recht sein konnte. Bald musste Horfet seine Fellbettstatt verlegen, unter Mithilfe von Boritaks Schulter. Mit dem ganzen Gewicht auf sein verletztes rechtes Bein aufzutreten, verursachte Horfet noch immer zu große Schmerzen. Der Arkasnaq ließ deshalb nicht zu, dass Horfet ihm bei den Vorräten half, die gleichfalls auf höher gelegene Stellen geschafft werden mussten.

„Weißt du, was ich glaube", wandte sich Boritak an seinen Schützling, „diese Höhle war nur deswegen bislang so gemütlich, weil es diesen Sommer hier anscheinend wenig geregnet hat."

Horfet schaute ihm bei der Aufräumarbeit zu und nickte heftig: „Ja, da könntest du Recht haben, denn das wird eine Zeitlang dauern, bis das Wasser auf diesem harten Untergrundgestein eingesickert ist. War es im Norden auch so trocken wie hier?"

Boritak war froh, dass wenigstens dieser Teil seiner Geschichte stimmte. Er hatte sich die letzte Zeit wirklich im Norden aufgehalten, lange genug, um auf Horfets Frage wahrheitsgemäß erwidern zu können: „Nein, schwer zu sagen, Anfang des Sommers mögen die Niederschläge so wie immer gewesen sein, und danach war ich ja schon bei euch im Osten. Mabee, was soll's? Bald werden deine Schmerzen nachlassen, wir können zusammen in dein Dorf humpeln und hier kann sich von mir aus ein Tümpel mit Wasserfledermäusen bilden". „Gibt es die wirklich?", wollte Horfet wissen.

„Nein, nein, das ist mir nur eingefallen, weil ich mich frage, wie unsere lederbeflügelten Luftpaddler hier", dabei zeigte er auf die Schar der über ihren Köpfen aufgeregt umherschwirrenden Fledermäuse, „auf die Nässe reagieren werden."

„So wie wir, sie flie…" Horfet hielt mitten im Wort inne. Hatte er nicht eben seinen Namen rufen hören? Seit dem frühen Morgen, als der Regen aufgehört hatte, wehte draußen ein strenger Wind, der auch ins Höhleninnere pfiff und Stimmen vorgaukeln mochte.

„Was hast du?" Boritak hatte die Rufe ebenfalls vernommen und geriet in Panik. Im Gesicht bleich wie ein frisch abgenagter Knochen, wandte er sich von Horfet ab und zwang sich, ruhiger zu atmen. Sollte etwa alles umsonst gewesen sein? Seine ganzen Vorkehrungen, sein tolles Versteck, seine Idee, Horfet zu betäuben? Sein erster Impuls war, so zu tun, als habe er nichts gehört, als sei alles nur eine Halluzination gewesen. Aber nein! Der verfluchte Rufer schrie zu lang, zu laut und zu oft.

„Es ist mein Mutterbruder, Toischan", kreischte Horfet, wobei seine sich abwechselnden Stimmhöhen den allerersten Hinweis auf seine beginnende Mannesreife gaben. Horfets übergroße Freude war trotzdem unüberhörbar.

Für Boritak gab es keinen anderen Ausweg, als sich der völlig neuen Situation zu stellen. Kurze Zeit würde ihm ja noch bleiben. Denn bis der Mann wirklich hier oben angelangt wäre, würde die Sonne ein ganzes Stück weitergewandert sein. Boritak begab sich mit wild schlagendem Herzen an den Rand der großen Höhlenöffnung, die auf der vom Fluss schräg abgewandten Seite der Hügelkette lag.

Das Niveau der Höhle befand sich hier zwei Eichenlängen oberhalb der Baumwipfel, die über der sanft geschwungenen, höher als der Fluss gelegenen Ebene wogten. Wo genau sich dieser Toischan aufhielt, konnte Boritak von oben gar nicht erkennen, weil das gelb-grüne Blätterdach zu dicht war. Mit größtem Widerwillen und fast schon verdächtig geringer Lautstärke gab er sein Versteck preis.

Der Mann da unten verfügte offenbar über Wolfsohren, denn er unterbrach sein Schreien sofort und rannte zur nächstgelegenen Lichtung, um sich einen besseren Überblick zu verschaffen. Dennoch dauerte es eine ganze Weile, ehe Horfets Mutterbruder der herumfuchtelnden Arme auf dem Sims der großen Felsaussparunggewahr wurde.

Eine kleine Weile später stand Toischan dann am Fuße des Felsens unterhalb der Höhlenöffnung. Von dort aus hörte er auch schon seinen Namen aus dem Munde Horfets, der sich trotz seiner Schmerzen bis an den Rand vorgeschoben und neben Boritak in eine beinfreundliche Liegestellung manövriert hatte. Boritaks spontane Idee, noch schnell eine Steinlawine loszutreten, um den lieben Mutterbruder darunter begraben zu lassen, kam nicht mehr in Frage!

„Mutterbruder Toischan, endlich, ich bin hier oben, ich bin verletzt, deshalb kann ich nicht so einfach heruntersteigen. Das hier", er wies auf den Mann neben ihm, „ist Boritak, mein Retter, er hat mich vor dem Verbluten und einem Adler bewahrt."

„Ámata wátatíakim, sei gegrüßt Boritak", scholl es von unten herauf, „ich bin Toischan, Sohn der Krata-buun, Clanmutter der Fuchssippe."

„Auch ich grüße dich Großherziger, sei gegrüßt Toischan vom Clan der Füchse, Clan im Stamme der Mungordauks. Ich bin Boritak, Sohn der Neif-koa, Clanmutter der Mardersippe aus dem Stamme der Muränenjäger. Toischan, auf der anderen Seite des Felsens ist der Zugang viel leichter. Diese Höhle hier wird zwar zur anderen Seite hin viel schmäler, aber ein Mensch kann sehr wohl noch die dortige Öffnung durchkriechen. Gehe in südlicher Richtung dorthin. Ich werde auf der anderen Seite auf dich warten."

Toischans sich in der Bewegung schließende Hand beschrieb einen Kreis. Das war das gabbtaranische Jägerzeichen für „ich habe verstanden". Dann fiel ihm noch etwas ein, was Boritak in der Zwischenzeit für seine weiteren Familienmitglieder tun konnte: „Boritak", schrie er mit zurückgelegtem Nacken, „Horfets Mutter, sein Großmutterbruder und mein Freund suchen woanders. Mach Rauch dort oben. Der Rauch wird sie herführen."

Diesmal war es Boritak, der die Jägergeste vollführte. An nassem und trockenem Holzmangelte es ihnen wahrlich nicht. Und bei dem Wind würde sogar ein kleines Feuerchen wahre Rauchgemälde an den Himmel werfen, ohne dass er mit Fellen über dem Feuer wedeln musste. Nervös ließ Boritak seinen Blick über die Gegenstände in der Höhle schweifen.

Hoffentlich hatte er nichts übersehen, das seine Arkásnaqgeschichte in Zweifel zöge.

„Schau, jetzt kann das Wasser steigen, so hoch es will", missdeutete Horfet Boritaks Sorgenfalte. „Bald kommt Mutterbruder Toischan, der uns in mein Dorf bringt. Freust du dich schon?"

„Klar."

„Warum schaust du dann so besorgt drein?"

„Ach weißt du, mir wäre es nur viel lieber, wenn wir schon glücklich in deinem Dorf angekommen wären", erwiderte Boritak, und diese Antwort kam der Wahrheit wesentlich näher.

Was für Horfet unendlich lang dauerte, kam seinem Begleiter ausgesprochen kurz vor. Als Horfet betäubt dagelegen hatte, hatte Boritak lange überlegt, ob er die Astleiter wieder auseinanderbauen oder in einem Stück lassen sollte. Nach langem Für und Wider entschied er sich für die erste Variante. Im Nachhinein empfand er den Unterschied als völlig bedeutungslos. Beides war leicht erklärbar: Ein Arkasnaq, der sich längere Zeit in einer Höhle aufhält, genauso gut wie einer, der nur jeweils eine Nacht an einem Ort schlief. Wichtig war nur, dass er immer die gleiche Geschichte erzählte.

Mit Rücksicht auf seine großen Vorräte beschloss er schließlich, sich als den langverweilenden Streifer auszugeben. Damit würde er zugleich eine Ausrede haben, wenn Leute aus anderen Dörfern dieMungordauks besuchten und sich an den Arkasnaq Boritak niemals würden erinnern können. Wie denn auch, wo er zwei Sonnenhöchststände und einen Sonnentiefststand als Verstoßener erlebt hatte!

Boritak zwängte sich durch den schmalen Tunnel. Der Gedanke, Toischan eine harte Begrüßung in Form eines „versehentlich" herabfallenden Steines angedeihen zu lassen, sprang ihn erneut an. Doch nun, da das Signalfeuer von Horfet am Rauchen gehalten wurde und bald die ganze Sippe angehechelt käme, hatte ein solcher Anschlag keinen Sinn mehr. Warum war er nur so verdammt aufgeregt? Wenn alles schief ginge, würde er eben wieder verstoßen werden. Jetzt hatte er doch den Trick heraus. Für diesen Fall bräuchte er nur selbst einen dieser „großherzigen" Gabbtaranschi aus dem Hinterhalt verletzen und sich wieder als Nothelfer bewähren. In Boritaks Leben war bisher wenig Platz für irgendwelche Schamgrenzen gewesen. Ob sich das in Zukunft ändern würde?

Während Boritak sich einigen Überlegungen solcher Art hingab, wurde er plötzlich auf eine Gruppe von acht Menschen aufmerksam, die zielstrebig in seine Richtung marschierte. „Bei Gab-Btars Plattfüßen", diese Beleidigung der Göttin würde er sich wohl schleunigst abgewöhnen müssen, „wie viele Leute spuckt denn dieser Wald noch aus? Haben diese Zweibeiner denn nichts Besseres zu tun, als nach einem Ausreißer zu suchen?"

Er hatte gerade noch Zeit, sich in allen Einzelheiten den Angriff seines Adlers auszumalen. Denn je deutlicher er sich selbst seine Fantasien vorgaukelte, desto glaubhafter – das lehrte ihn seine Erfahrung – konnte er die Lügen vermitteln. Und dann standen sie mit einem Mal alle vor ihm. Nur mehr circa vier Auerochsenlängen entfernt. Horfets Mutterbruder ging voraus. Prompt schraken alle zurück, als sie Boritaks Gesicht deutlicher erkennen konnten.

Sofort hob dieser beschwichtigend seine Arme. „Es ist nicht so, wie es aussieht. Ich bin kein Verstoßener. Ich wurde nur ausgerechnet auf der Stirn von einem Adler verletzt, als ich Horfet aus dem Fluss gefischt habe."

Erleichtertes Kopfnicken war die Antwort. Dann stiegen die Mitglieder des vereinigten Suchtrupps den Steilhang hinauf, um endlich Horfet zu sehen und dessen Beschützer gebührend zu danken. Natürlich durfte die obligate Vorstellungsrunde nicht fehlen. Die Höflichkeit gebot es auch, die ominöse Stirnnarbe weder anzustarren noch eingehender zu prüfen.

Boritak schlüpfte als erster durch das Felsloch in die jetzt feuchtglitschige, aber zum Glück nicht geflutete Röhre, die zur großen Höhlenkammer führte. Ganz nah am Eingang wartete bereits Horfet auf einem Stapel von Fellen, auf denen er leicht schräg saß und sein verletztes Bein dabei ausstreckte. Schon beim Anblick seines Mutterbruders stieß er einen Freudenschrei aus. Als aber nacheinander seine Mutter, seine Schwester und sein Großmutterbruder aus dem engen Verbindungstunnel traten, überschlug sich seine pubertierende Stimme so heftig, dass alle lachen mussten.

Wehmütig schaute der Arkasnaq zu, wie Horfet von seinen Sippenmitgliedern umarmt und liebkost wurde. Alle sorgsam darauf bedacht, dem verbundenen Bein nicht zu nahe zu kommen. Boritak konnte sich nicht daran erinnern, jemals so warmherzige Liebesbekundungen erfahren zu haben. Jedenfalls nicht nach dem Tod seiner Mutter, die schon gestorben war, als er erst vier Sonnentiefststände gesehen hatte.

Auch Toischans Freund Romtach, Saniutai, Upakan und Kailap standen mittlerweile in der Höhle. Sie warteten ruhig darauf, Horfets Handzu berühren und sich vorzustellen.

Barcha-let verspürte das dringende Bedürfnis, Gab-Btar zu danken. Daher bat sie um Stille. Sie griff in ihre Gürteltasche, entnahm ihr ein Bündel Lavendelästchen und ihren Feuerzeugbeutel, der wiederum ein kleines Pyritstück, einen pflaumengroßen Kieselstein, ein Beutelchen voller Buchenschwammpilzpulver sowie drei Schilfgrasspitzen enthielt. Das Pulver verteilte sie in ihrer linken Hand um den Pyritstein. Mit dem Kieselstein in ihrer rechten Hand schlug sie einige Male kräftig auf den Pyrit ein, bis sich im Buchenschwammteppich zahlreiche Funkennester bildeten. Nachdem sie den Kiesel abgelegt hatte, blies sie wohldosiert auf die glimmenden Pilzteilchen, so lange, bis die Brandherde in ihnen groß genug waren, um die darüber gehaltenen Schilfspitzen zu entzünden.

Mit den aus den Schilfhärchen auflodernden Flammen setzte sie die nadelförmigen Blätter des Lavendelastes in Brand und ließ sie auf einer imaginären Schneckenlinie kreisen, während sie den traditionellen Gebetsanfang sang: „Tira-gubtu, ma muasch, ma gesar muasch, Gab-Btaro muasch, isti ge bara gatjeiju." (baranisch für *Doppelschnecke, im Bauch, in ihrem Bauch, in Gab-Btars Bauch, Zeichen des ewigen Lebens.*)

Dann sprach sie: „Btar, ich danke dir aus tiefstem Herzen dafür, dass du mir meine beiden Kinder wiedergegeben hast. Bitte lass uns alle wohlbehalten nach Hause zurückkehren. Und schenke Horfets Retter viele glückliche Leben und viele rasche Wiedergeburten. Die Fuchssippe jedenfalls wird ihm stets in Dankbarkeit verbunden bleiben. Ho ataho niwa babeiju. Ho geat biala gusnawa gomaib gabischi." (baranisch für *möge dieses Gebet gut sein. Deine Liebe führe uns alle.*)

Nun vermochte Horfet seine Neugier nicht länger zu zügeln: „Babaa, Riwa-quoi, wo kommt ihr denn auf einmal her? Ich habe nur Baan Toischan im Wald gesehen."

Seine Mutter nahm neben ihm auf den Fellen Platz und begann zu erzählen, wer sich alles auf die Suche nach ihm gemacht hatte. Gegen Ende ihrer Schilderung kam sie auch darauf zu sprechen, wie sie sich dann wieder gegenseitig getroffen hatten: „Ich folge also dieser Rauchfahne, die mich geradewegs zu Riwa-quois Zeltlager führt. Riwa-quoi ist furchtbar traurig, dass sie bis jetzt nichts erreicht hat. Aber schon im Dorf sagte mir eine Ahnung, dass du vermutlich doch noch ganz in der Nähe sein müsstest. Als mir dann in dieser Nacht bei Riwa-quoi auch noch Krata-buun im Traum erscheint und mich in meinem Gefühl bestärkt, führe ich die Gruppe am nächsten Morgen auf die Hügelkette zu. Und wer rennt uns dort freudestrahlend entgegen: Toischan und sein Freund Romtach! Den Rest kennst du ja, mein wildes Eselchen!"

Sie drückte ihn so fest an sich, dass er mit dem nächsten Atemzug wartete, bis sie ihn wieder losließ. Danach hatte er sich gesehnt, nach der Geborgenheit in seiner Sippe! Die Versöhnung mit seiner Großmutter fehlte allerdings noch. „Was hat eigentlich Baguba so gesagt, als ich weg war?", tastete er sich vor.

„Um ehrlich zu sein, nicht viel. Sie war sehr traurig darüber, wie sie sich dir gegenüber verhalten hat." Barcha-let hatte sehr wohl die Niedergeschlagenheit ihrer Mutter gespürt. Plötzlich tat es ihr unendlich leid, sie die ganze Zeit mit Nichtbeachtung gestraft zu haben, anstatt sie wieder aufzurichten. Denn eigentlich war es bald an ihr, ihrer Mutter Rückhalt zu sein und nicht mehr umgekehrt. Sie nahm sich vor, in Zukunft ihre Schwester Lu-bagdai stärker zu unterstützen, die hierbei mit gutem Vorbild voranging.

Diese Antwort versöhnte Horfet fürs erste. Krata-buun hatte also doch eingesehen, dass er nichts Schimpfwürdiges getan hatte. Er malte sich aus, wie er ihr in allen Einzelheiten seine Beobachtungen schildern und sie dadurch von der besonderen Kraft des männlichen Saftes überzeugen würde. Große Ungeduld, endlich nach Hause zu kommen, befiel ihn.

Auch seine Verwandten waren begierig darauf zu hören, was Horfet seit seinem fluchtartigen Verschwinden aus dem Dorf zugestoßen war und welche Rolle im Einzelnen Boritak dabei gespielt hatte. Horfet wusste, dass er diese Geschichte noch tausendmal würde erzählen müssen. Aber was war schließlich schöner, als eigene Erlebnisse zu erzählen, wenn das Publikum so andächtig lauschte wie jetzt seine halbe Familie und die beiden Riortas, die es sich mit Fellen unter dem Hintern auf den noch trockenen Plätzen in der Höhle bequem gemacht hatten?

Natürlich beschränkte er sich bei diesem ersten Erzähldurchgang auf die wichtigsten Eckpunkte. Fein ausschmücken würde er die Ereignisse dann Stück für Stück an den langen Winterabenden. Bereits die Kurzfassung zog seine Zuhörer in den Bann. Als er geendet hatte, empfing Boritak erneut Dankesbezeugungen von allen Familienmitgliedern und sogar den Riortas. Boritak sonnte sich in der Anerkennung, die ihm zuteil wurde. Wie lange war es her, seit er von Menschen umringt gewesen war, die ihn schätzten?

„Wie ihr seht, kann ich noch nicht gut laufen. Könnt ihr mich trotzdem ganz schnell heimbringen?", Horfets Bitte hallte durch die Höhle und ließ sie schlagartig die kühle Feuchte wahrnehmen, die sich allmählich in ihren Knochen einnistete.

Toischan hatte sich bereits eingehend mit Boritaks Tauschwarenhaufen beschäftigt und offenbar seine Wahl getroffen. „Horfet hat ganz Recht. Hier wird es ungemütlich. Daher schlage ich vor, dass wir mit zwei längeren Haselnussästen und diesem Hirschfell, auf dem Barcha-let und Horfet sitzen, eine Bahre basteln, die wir dann an dem Hanfseil, das da drüben liegt, an beiden Seiten abseilen. Zum Glück ist der Hang so steil, dass wir nur zwei kurze Stücke dünnerer Baumstämme brauchen werden, über die die Seile laufen können. Auf der Ebene tragen wir die Bahre dann abwechselnd. Da wir nicht mehr auf Spuren achten müssen, dürften wir bei schnellem Schritt heute Abend im Dorf sein."

Boritak widersprach dem Vorschlag teilweise. „Ich glaube, es gibt noch einen einfacheren Weg, was das Herunterkommen anbelangt, einen Weg, der genauso sicher ist. Als ich allein war, trug ich Horfet huckepack, die Hände an einer Strickleiter, den Hang hoch. Das geht auch den Berg runter."

Toischan gab es ungern zu, aber Boritaks Vorschlag war praktischer. „Ja", sagte er an die fragenden Gesichter gerichtet, „so, wie Boritak rät, geht es auch. Und als Horfets Mutterbruder ist es meine Aufgabe, ihn zu tragen."

„Es tut mir leid, Toischan, wenn ich dir erneut widerspreche, aber findest du nicht, dass ich, der ihn hoch getragen hat, auch herunter tragen sollte?"

Zu spät dachte Boritak an seine überdehnte Sehne, die ihm schon beim Herauftragen Schmerzen bereitet hatte. Doch wenn er es vor ein paar Tagen geschafft hatte, würde er jetzt genauso die Zähne zusammenbeißen. Die Geste Horfet gegenüber und der kleine Triumph über dessen Mutterbruder waren es ihm wert.

Nicht nur der Angesprochene, sondern auch Barcha-let und Riwa-quoi überraschte das Angebot Boritaks. Einerseits zeugte es von der großen Sympathie, die der Fremde anscheinend für den Jungen empfand, andererseits mischte er sich doch ein wenig zu forsch in ihre Sippenangelegenheiten ein.

In die Stille hinein meldete sich Horfet zu Wort, dem viel daran lag, die Situation zu entschärfen. „Also, wenn ihr mich fragt, hat Boritak noch einen Wunsch frei, weil er wegen mir sein Leben lang mit dem Verstoßungsmal herumlaufen muss. Außerdem ist der Weg nach Hause ziemlich lang, so dass für alle genug Gelegenheit bleibt, mich zu tragen."

Statt den Verletzten zu tragen, bekam Boritak plötzlich Lust, ihn zu erwürgen. Dank Horfets Hinweis schauten alle unwillkürlich auf seine Stirn. Und beim Schlunde Btars, er hasste diesen Blick, dem trotz der getreuen Wiedergabe seiner Version durch Horfet diese Mischung aus Argwohn, Ekel und Mitleid beigemengt war. Aber er hatte bereits gelernt, sich dadurch nicht aus der Fassung bringen zu lassen. „Du verdienst es, dass wir uns um dich streiten. Ein Junge, der schon mit einem solch ausgezeichneten Gerechtigkeitssinn gesegnet ist, beglückt seine ganze Familie", heuchelte er und zwinkerte Horfet zu, der den kleinen Seitenhieb verstand.

Bei so honigsüßer Rede konnte auch Barcha-let nicht umhin, sich auf Boritaks Seite zu stellen. Sie sah Toischan kurz an, der sein Einverständnis durch ein wenn auch widerwilliges Nicken zu erkennen gab. „Gut, das ist also entschieden", glättete sie die Wogen. „Wenn wir heute noch bei Großmutter essen wollen, sollten wir uns zügig ans Werk machen."

Kailap und Saniutai waren mit der Bahre fertig, als Boritak Horfet am Fuße des Steilhangs auf den Boden setzte, begleitet von Toischan, der knapp unterhalb von Boritak den Hang herabgestiegen war, „nur zur weiteren Absicherung". Der nächste Kletterdurchgang galt Boritaks Tauschgegenständen. Danach stand einer raschen Rückkehr zum Dorf trotz umfangreichen Gepäcks nichts mehr im Wege.

Eine kleine Wegstrecke vom Dorf entfernt kam ihm Lu-bagdai entgegen. Wegen seiner Kurzsichtigkeit erkannte Anujach seine Freundin nicht sofort. Erst ihr laut in den Wald hinein geschrienes „Nein" brachten ihm Gewissheit. Sofort setzte er die Bahre ab, um seiner großen Liebe entgegenzulaufen. Sie mit seinen Armen abschirmendwollte er sie behutsam auf das Entsetzliche vorbereiten. Doch es bedurfte keiner Worte. Lu-bagdai deutete das, was sie sah, vollkommen richtig. Ein markerschütternder Klagelaut entrang sich ihrer Kehle.

Schluchzend fragte sie: „Es war ihr Herz, nicht wahr? Es brach bei der Arkás ga-asch. Was mag sie wohl erfahren haben? Ach, Anujach, was haben wir nur getan, dass uns das Unheil derart verfolgt? Erst keine Spur von Horfet und Riwa-quoi, und jetzt Krata-buun."

Jäher Schmerz bemächtigte sich ihrer Brust, dessen Bitternis sie zu versengen drohte und nur mit vielen Tränen ein wenig abzumildern war. Wie schwach und klein ihre Mutter mit einem Mal wirkte. Sie, die immer die Lebenskraft und Stärkezweier Frauen ausgestrahlt hatte. Nie mehr würdeKrata-buun ihrer Sippe am Feuer die Überlieferungen in ihrer eindrucksvollen und unvergleichlichen Art vortragen, niemals mehr den Geschwistern Mut zusprechen, nie mehr ihre Lieblingslieder ertönen lassen. Die plötzliche Erkenntnis, dass sie noch keinen einzigen Tag von ihrer Mutter getrennt gewesen war, erschütterte Lu-bagdai. Und nun sollte sie ihr ganzes weiteres Leben ohne diese ihr innigst verbundene Frau verbringen!

Allein die Vorstellung des endgültigen Abschieds hier und heute war so schmerzlich und grausam, dass Lu-bagdai fürchtete, davon erdrückt zu werden. Dabei hatte Lu-bagdai erst neulich mit Schrecken daran gedacht, dass der gierige Schlund des Aschme-óch auch irgendwann Krata-buun verschlingen würde. Wie weit entfernt waren solche zaghaften Versuche, sich dem Unausweichlichen in Gedanken zu nähern, doch von der Wucht der Empfindungen, die das tatsächlich eintretende Ereignis auslöste!

Anujach nahm Krata-buuns Tod ebenfalls mit. Noch immer hielt er Lu-bagdai umfangen und gab ihr Halt. Dies war der einzige kleine Trost, den er ihr jetzt spenden konnte. Denn der Verlust der Mutter, das wusste er aus eigener, lange zurückliegender Erfahrung, riss jedem Menschen eine tiefe Seelenwunde, die erst ganz langsam wieder vernarbte. Wenn schon er, der als Nadoí-bial (baranisch für *Bruder der Liebe*; so wurden Männer bezeichnet, die dauerhaft mit einer Frau zusammenlebten und nach einem bestimmten Ritual nicht mehr ihrer Muttersippe angehörten, sondern als Mitglieder der Sippe ihrer Geliebten galten) den Tod seiner Clanmutter als großes Unglück empfand, um wie viel mehr musste dann deren leibliche Tochter Lu-bagdai darunter leiden?

Einer nach dem anderen der Dorfleute wurde auf das Geschehen unweit der Siedlung aufmerksam und reihte sich ein in die Schar, die sich um das trauernde Paar neben der Trage versammelte.

In-eika, die mit den anderen Kindern gespielt hatte, lief auf Lu-bagdai zu und wollte auf den Arm genommen werden. „Bado (Kurzfassung von Batar-doschá, baranisch für *Mutterschwester*), was ist mit Baguba, warum liegt sie da und rührt sich nicht?"

Lu-bagdai schüttelte verzweifelt den Kopf. „Sie kann sich nicht rühren, Liebes, weil sie nicht mehr in ihrem Körper wohnt. Ihre Seele ist davongeflogen wie eine blaue Libelle, die sich einen neuen Teich su…" Ihre

Stimmbänder versagten, zu sehr würgte sie an dem Kloß in ihrem Hals. Auch viele andere zeigten beim Anblick von Krata-buuns bleichem Gesicht unverhohlene Anzeichen der Trauer, denn es gab niemanden im Stamm, der Krata-buun nicht gern gemocht oder zumindest sehr geschätzt hatte.

„Wo ist denn dieser neue Teich, an dem Baguba fliegt? Können wir sie dort nicht gleich besuchen?", insistierte In-eika weiter.

„Das kommt darauf an, ob wir sie überhaupt wieder erkennen werden. Momentan können wir jedoch gar nichts tun. Denn es wird noch eine ganze Weile dauern, bis sie sich für einen Teich entschieden hat, und zuvor müssen wir auch noch die Bänder lösen, die sie mit ihrem alten Körper verbinden, sonst kann sie nämlich gar nicht richtig fliegen", versuchte Anujach der aufgeweckten In-eika ein wenig Geduld abzuringen.

„Ich habe einen verflucht scharfen Flintstein. Damit können wir die Bänder ganz schnell abschneiden. Fangen wir am besten gleich an, dann dauert es nicht so lang." In-eikas Eifer, ihrer Großmutter zu Hilfe zu kommen, duldete keinen Aufschub. Sie verstand nicht, warum die Schwester ihrer Mutter sich nur zu ihr herunterkniete und sie an ihre nasse Wange presste. Bald vermischten sich ihre Tränen mit denen Lubagdais.

Ilnaf-ba trat an die beiden heran, legte ihre Hand auf Lu-bagdais Schulter und sprach zu der Bahre gewandt: „Großherzige Krata-buun. Dein Tod schlägt eine tiefe Kerbe in mein Herz. Nicht mehr viele solcher Schläge kann es aushalten, ehe es selbst brechen wird. Doch so wie die Wolke zieht, vergeht auch jedes unserer Leben. Leben ist Wandel. Leben heißt Vielfalt. Darum bete ich zu Btar, die wollte, dass du deinen alten Körper gerade jetzt verlässt, dass sie dir einen wunderbaren neuen Körper gibt. Und dass sie dir ein neues glückliches Leben schenken möge und dass wir uns wo und wann auch immer wiedersehen werden. Du warst mir stets eine verständnisvolle, hilfsbereite und sehr liebe Freundin. Dafür danke ich dir sehr. Dein Clan kann stolz darauf sein, dich als Ahnin zu verehren."

Nach einer kurzen Pause, in der sie sichtlich darum rang, weitersprechen zu können, fuhr sie fort: „Lasst uns Krata-buun in ihr Haus tragen und dort von ihr Abschied nehmen. Beten wir zu Btar, dass sie Barchalet, Pakun, Toischan, Riwa-quoi und Horfet bald zu uns zurückführt, damit es ihnen möglich ist, sich angemessen von Krata-buun zu verabschieden.

Wir Alten mögen dann auch beraten, wer Krata-buuns Amt als Butú-tekál (baranisch für *Ritualmeisterin*) übernehmen soll. Das letzte Ritual der Dorfgemeinschaft, das Krata-buun leitete, war die Aufnahme einer neugeborenen Tochter in unseren Stamm. Das erste Ritual, das die oder der neue Butú-tekál vollziehen wird, ist die Körperablösung Krata-buuns. Nur ein Lebender kann sterben, aber nur ein Verstorbener kann geboren werden. So ist es. So hat es Gab-Btar bestimmt."

Vier Männer, darunter Anujach, gingen nach diesen Worten auf die Bahre zu und hoben sie hoch. Langsamen Schrittes näherten sie sich dem Dorf, gefolgt von den wehklagenden Stammesmitgliedern. Erst als sie vor Krata-buuns Hütte standen, überholte Lu-bagdai die Träger, um ihnen die Tür zu öffnen und ihnen den Weg zum Altar zu weisen, wo sie die schönsten Felle ausbreitete, die ihr Clan besaß. Dort legten sie den Leichnam auf eine Weise hin, dass er aussah, als schlafe er mit angezogenen Beinen auf der linken Seite. In-eika verfolgte das Geschehen mit großem Interesse. Sie wollte alles genau wissen.

Obwohl Lu-bagdai noch immer sehr mit den Tränen kämpfte, lehnte sie es ab, als Anujach ihr anbot, In-eikas Wissensdurst zu stillen. „Anujach, das ist lieb von dir, aber es ist meine Aufgabe als jüngste Tochter, Krata-buuns Enkelin das Sippentotenritual zu erklären", sagte sie. „Es ist so traurig, dass wir nur zu dritt sind."

„Könnten wir nicht etwas warten?", fragte Anujach.

„Nein, Geliebter, wir haben ja keine Ahnung, wann die anderen zurückkehren. Trotzdem sollten wir sie mit der heiligen Farbe bedecken, wie es sich gehört." Zu ihrer Nichte gewandt, begann Lu-bagdai, die einzelnen Schritte des Rituals zu erläutern. Das Vollziehen der heiligen Handlungen gab ihr das beruhigende Gefühl, dem Tod nicht mehr nur ohnmächtig ausgeliefert zu sein, sondern ihm wenigstens angemessen begegnen zu können.

„Zu deiner ersten Frage, In-eika. Wir tragen deine Baguba darum zuerst in die Clanhütte zurück, um ihren Körper zu schmücken, ihr zu danken, uns von ihr zu verabschieden und ihre Seele einzuladen, zukünftig als Ahninnengeist mit uns am Herdfeuer zu sitzen, zumindest, solange sie noch nicht wiedergeboren ist."

In-eika hörte aufmerksam zu.

„Zu deiner Frage, was wir tun werden, wenn deine Mutter, Toischan, Pakun und Riwa-quoi nicht bald kommen, weiß ich keine Antwort. Denn wie du weißt, fangen tote Körper recht schnell zu stinken an. Von daher können wir nur hoffen, dass wir nicht mehr lange auf die vier warten müssen. Denn sonst müssten sie nicht hier in der Hütte, sondern draußen auf dem Platz der Körperauflösung von deiner Baguba Abschied nehmen."

„Bado", fragte die Kleine erneut. „Wie ist denn dieser Aschme-óch eigentlich und wieso schweben die Toten darin umher?"

„Solange wir einen Körper haben, befinden wir uns zwischen Himmel und Erde. Über beide gebietet Gab-Btar, die Alles-Mutter. Sobald wir sterben, lassen wir unseren Körper auf der Erde zurück. Dort teilen ihn sich Btars Geier des Himmels und Btars kleine Schlangen, die Würmer und Maden der Erde. Unsere Seele aber schwebt umher, ungreifbar wie ein Schatten, unsichtbar wie der Wind. Daher nennen wir den Ort der Seelen, Aschme-óch, Schwebeschattenreich."

„Erzähl mir mehr davon, Bado."

„Niemand weiß genau, wo der Aschme-óch ist. Man sagt, die Seele bewege sich darin wie eine Nebelschwade. So als würdest du auf das andere Ufer wollen und anstatt mit großer Mühe durch die Strömung zu schwimmen, bist du schon drüben in dem Augenblick, in dem du drüben sein willst."

In-eika hüpfte. „Das ist fein. Und wann kommen die Seelen dann in Btars Bauch? Ol-uba sagt, dass sie da drin sind."

Lu-bagdai stieß einen Seufzer aus. „Weißt du, es gibt nur wenige Menschen, nämlich die Arkás ga-aschs, die mit ihrem Geist bereits den Aschme-óch besucht haben, obwohl sie noch an ihren Körper gebunden waren. Diese Weltenwechsler haben jedes Mal Schwierigkeiten, ihre Erlebnisse in Worte zu fassen. Sie umschreiben es daher nur. Und leider immer ein wenig anders. Manche sagen, die Seele schlafe in Btars erdigem Bauch, vergesse vor lauter Träumen ihr früheres Leben und warte gespannt auf ihr neues. Andere sagen, die Seele fliege wie eine unsichtbare Schwalbe ganz hoch oben in den Lüften und schaue Btars ewigem Tanz zu. Einig sind sich alle nur darin: Der Aschme-óch ist kein furchtbarer Ort. Trotzdem sehne sich jede Seele bald wieder nach einem neuen Körper mit Augen, die sehen, einer Zunge, die schmeckt, und Händen, die fühlen. Wenn Btar einverstanden ist, sucht sie eine Frau aus deren Ursippe, die die Seele als Kind haben will."

„Ich würde den Aschme-óch gerne sehen."

„Btar möge es verhüten!" Reflexartig machte Lu-bagdai die Abwehrgeste, indem sie ihre ausgebreitete Hand mit der Innenfläche nach außen an ihre Stirn hielt. „Vergiss nicht, In-eika, als schwebender Geist hast du keinen Körper. Du kannst dir auch keinen borgen, solange die Seele darin nicht krank oder geschwächt ist. Keiner kann dich sehen oder dich in den Arm nehmen. Du kannst keinen Honig schlecken, nicht im Wasser plantschen."

„Klar, Bado, für euch wäre ich dann nur noch eine Nebelschwade. Noch will ich nicht dort sein, aber wenn ich mal alt bin und mir die Knochen wehtun, ist es sicher besser, nebelig zu sein."

Lu-bagdai musste schmunzeln. Wie sehr liebte sie dieses Mädchen, das mit ihren lang bewimperten, braunen Augen zu ihr aufschaute! In-eikas staubige nackte Beine waren an den Knöcheln mit Grasreifen geschmückt, die sie geflochten hatte. In fünf wilden Zöpfen hatte sie auch ihr welliges dichtes Haar selbst gebändigt. Durch ein Loch in ihrem Eichenbastkleidchen lugte eine Partie ihres dünnen gebräunten Bauches hervor.

Beim Anblick ihrer Schwestertochter erhellte für einen kurzen Moment ein Freudenfunke Lu-bagdais dunkle Traurigkeit. „Das ist noch lange hin", sagte sie fast beschwörend. „Auf jeden Fall ist es für die Seelen im Aschme-óch ein Leichtes, als unsichtbare Schatten die Lebenden zu besuchen. Und wenn wir Lebenden ganz genau hinspüren, können wir die Gegenwart solcher Schatten erahnen.

Vor allem, wenn den Toten ein ehrendes Andenken bewahrt wird, kehren sie nämlich gerne in die Häuser ihrer Lieben zurück. Alle Mütter genießen dabei als Ahninnen besonders hohe Achtung. Nur wenn du einem Verstorbenen Böses angetan hast und seine Seele noch nicht beschwichtigen oder versöhnen konntest, wird er versuchen, dir als böser Geist zu schaden. Dabei kannst du ihn nicht mal sehen. Mit einem Schatten ernsthaften Streit zu haben, ist also noch dümmer als mit einem Lebenden!"

„Wie erkennen wir Bagubas Seele, wenn sie wieder zu uns kommt?"

„Das werden wir sehen. Meist sind es körperliche Gemeinsamkeiten, ähnliche Vorlieben oder Gewohnheiten, die zeigen, dass eine Seele zurück ist."

„Kann es auch sein, dass sie nicht zu uns zurückkehrt?"

„Ja, das kann passieren. Wir werden zwar alle in unseren Sippen wiedergeboren, aber damit sind die Ursippen gemeint. Am Anfang schuf Btar nur so viele Frauen, wie sie Finger hatte, also zehn. Die Kinder und Enkel dieser Frauen teilten sich in viele Tochtersippen auf, denn das Land war noch leer, und Btar wollte, dass sie es überall bewohnten. Sie ist die einzige, die noch genau weiß, wer zu welcher Ursippe gehört. Und manchmal gefällt es ihr, die Seelen zu weit entfernten Teilen derselben

Ursippe zu schicken. Da passiert es dann leicht, dass sich eine Seele im Westen wiederfindet, die fünf Leben lang im Osten lebte."

In-eika verstand und zeigte es durch ein promptes Kopfnicken.

„Du siehst auch, dass Krata-buun auf die linke Seite gelegt wurde. Das machen wir, weil Krata-buun eine Frau ist, der wir die linke Seite zuordnen, weil dort ihr Herz für ihre Sippe schlug. Ein verstorbener Mann würde stattdessen zur rechten Seite sehen. Die angezogenen Knie wiederum erinnern an die Stellung ungeborener Kinder im Leib ihrer Mutter. Damit beschwören wir die kommende Wiedergeburt an irgendeinem Herdfeuer des gabbtaranischen Volkes."

In-eika hatte noch mehr Fragen auf Lager. „Du Bado. Man sagt doch immer, dass Gab-Btar die Menschen verschlingt. Das müssen ja dann die Seelen sein, weil die Geier und Würmer die Körper verschlingen. Wie kann denn so viel Nebel in ihr Platz haben?"

Lu-bagdai fand, dass In-eikas Eifer ein Lob verdiente. „Meine kleine Schwestertochter. Es freut mich, dass du über vieles gründlich nachdenkst und gute Fragen stellst. Hoffentlich ist meine Antwort auch so gut. Weißt du, Gab-Btar ist so unermesslich groß, dass es tröstlich ist, sie uns als Große Mutter vorzustellen, also als Frau mit einem menschlichen Körper. Und eine Frau gebiert nun einmal aus ihrem Schoß, ihre Kinder wachsen in ihrem Bauch heran. Aber alles, was ein Mensch isst, wurde vorher abgerissen oder getötet. Daher sagen wir gerne, dass Gab-Btar einen Menschen verschlingt, wenn er stirbt. Gab-Btar schickt ja auch tatsächlich ihre tierischen Kinder, die Geier, Maden und Würmer, um unsere Körper zu verschlingen."

Lu-bagdai sah In-eika an, wie es in ihr arbeitete. Dann strahlte das Mädchen über das ganze Gesicht.

Lu-bagdai war schon auf die nächste Frage gespannt; die kam aber nicht. Erstaunt wendete sie sich wieder dem Ritual zu. „So, jetzt werden wir die Tira-gubtu auf deine Baguba malen. Erinnerst du dich an das Lied von der ersten gabbtaranischen Frau Nefu-baran? Weißt du, was sie sagte, als sie die zwei Schneckenhäuser vor sich sah, die mit ihren Öffnungen aneinanderstießen?"

In-eika überlegte fieberhaft. Wie jedes gabbtaranische Kind hatte sie die Lieder schon tausendmal gehört. Und In-eika kannte sie fast alle auswendig. „Ja, ich weiß es, Bado. Nefu-baran sagte:

„Du Doppelschnecke Tira-gubtu seiest fürderhin das Zeichen für den nie endenden Wechsel vom Gatár-ta-ún, der Körperwelt, zu Aschme-óch, der Schwebeschattensphäre, und zurück vom Aschme-óch zum Gatár-ta-ún. Schon lange suchte ich ein solches Sinnbild für den ewigen Weg des sich wandelnden Lebens in der Spirale der Zeit. Hier im Lande Baran finde ich ihn in vollendeter Form.

Denn so wie ein neues Leben aus dem Nichts in die Welt zu kommen scheint, so beginnt die Form der ersten Schnecke in einem Punkt, und wie jedes Leben mannigfache Wendungen erfährt, die sich immer wieder um bestimmte Dinge drehen, so führt auch die Tira-gubtu das Auge des Betrachters immer wieder im Kreis, bis die Lebenslinie plötzlich in einem Punkt endet. Und irgendwo zwischen den beiden Endpunkten mögen die unsichtbaren Knoten liegen, von denen Gab-Btar sprach. Welch gelungenes Sinnbild für das Leben steckt also darin!"

Lu-bagdai war stolz auf ihre Nichte. „Ausgezeichnet, In-eika, genau die Stelle meinte ich. Dir fehlt noch die Lebensspanne, um am eigenen Leib erfahren zu haben, wie trefflich diese Aussage ist. Doch das ist kann ja nicht anders sein, da dein Leben erst neun Sonnenwenden durchlaufen hat. Merke dir diese Sätze trotzdem gut. Irgendwann wirst du sie verstehen, und sie werden dir ein Trost sein."

Aus einer Wandnische hinter dem Altar der Alles-Mutter nahm Lubagdai ein kleines Töpfchen aus ausgehöhltem Stein, in dem sich rote Ockererde befand. Davon ließ sie ein Häufchen in eine flache Schale rieseln. Dann hob sie den Steindeckel des Töpfchens rechts daneben. Die Masse, die sich darin befand, sah dunkelrotbraun aus, klebte an Lubagdais Fingern und roch sehr streng.

„Alles-Mutter, sieh auf das heilige Blut aus den Bäuchen der Töchter Krata-buuns. Ich verbinde es mit der Farbe des Lebens." Sie griff nach ihrem Flintsteinmesser, das sie wie viele gabbtaranische Frauen nicht in einer herabbaumelnden Scheide trug, sondern in dem Schlitz, der sich zwischen den überlappenden Enden ihres hartledrigen Wildschweingürtels auftat, und ritzte sich den Mittelfinger. „Man muss immer ein bisschen frisches Blut dazugeben", erklärte sie ihrer Nichte. „Wasser ist zu dünn. Damit lässt sich die Mischung nicht gut verstreichen."

Auch Anujach steuerte seinen Anteil bei.

In-eika hielt ihrer Tante den Mittelfinger hin. „Ich will auch, wie ihr."

„Nein, In-eika, ich darf das nicht. Nur du selbst kannst dich ritzen. Kein Mensch darf einen anderen verletzen."

„Darf man auch anderes Blut nehmen, zum Beispiel das einer Gazelle? Vor Rupscha-is Sippenhaus hängt eine zum Ausbluten."

„Nein, entweder dein eigenes oder keines!"

In-eika wollte noch immer. Als Linkshänderin nahm sie den Flintstein in ihre stärkere Hand und zog ihn an ihrer rechter Mittelfingerkuppe entlang. Dabei schnitt sie tief. „Au, das tut ja richtig weh", jammerte sie. Lu-bagdai schüttelte ihren Kopf. „Vorsichtig, In-eika, bloß ritzen, nicht den Finger verstümmeln. Gab-Btar will nicht, dass wir uns wehtun. Der blutet ja so sehr, dass ich ihn verbinden muss. Weißt du, deswegen nehmen wir die Fingerspitzen, weil sie gut bluten, wenn man sie *leicht* anritzt."

Aus ihrer Gürteltasche zog sie einen Lederstreifen, ein Utensil, das alle Gabbtaranschi-Frauen immer in ausreichender Menge bei sich hatten. Diesen wickelte sie um In-eikas Mittelfinger, nahm die unverletzte Hand ihrer Nichte in ihre Rechte und sang das Tira-gubtu-Lied. Dann befeuchtete sie sich den Zeigefinger mit der angerührten Farbe und sprach: „Mit diesem Blut aus deiner Sippe und der roten Erde zeichne ich Dir, Krata-buun, geliebter Mutter, Großmutter, Schwester und Clanmutter der Fuchssippe im Stamme der Mungordauks die Tira-gubtu auf dein Gesicht. Dein Auge, das zum Himmel zeigt, sei der Beginn der Schnecke, dein Auge, das zur Erde zeigt, das Ende. Sieh auch du dieses Zeichen, Gab-Btar. Es wird von einer liebenden Tochter gemalt, stellvertretend für die ganze Sippe. Ich bitte dich. Entlasse Krata-buun bald wieder aus dem Aschme-óch. Sie fehlt uns schon jetzt."

Sie schluchzte plötzlich laut auf. „Ach, Mutter, es tut mir so leid, dass nur wir drei jetzt hier sind. Wenn es deine Seele schon vermag, bitte ich dich, hilf den anderen, damit sie ganz schnell zurückkehren."

„Sie werden rechtzeitig da sein. Hab Vertrauen. Derweilen könntest du ihre Haare kämmen", sagte Anujach und hielt seiner Sippenschwester den Kamm aus gespaltenem Auerochsenhorn hin, sein jüngstes Geschenk, das wie immer neben dem Altar an einem aus dem Geflecht herausragenden Weidenast hing. Geduldig hatte Anujach mit Flintsteinklingen Zähne in das Horn geschnitten und sie Stückchen für Stückchen mit einem Sehnenbogen, reichlich Sand und Wasser tiefer eingekerbt.

„Danke." Lu-bagdai ließ den Kamm durch Krata-buuns volles graues Haar gleiten, das wie silbern schimmerndes Wasser über ihre Hand floss. „Den Haaren kann der Tod nichts anhaben", dachte sie trotzig.

Riwa-quoi hatte wie ihre Mutter das unaufschiebbare Bedürfnis verspürt, ihre Blase zu erleichtern. Während die Männer auf sie warteten, flüsterte Riwa-quoi ihrer Mutter zu: „Babaa, ich glaube, ich habe mich richtig verliebt."

„In den hübschen grünäugigen Upakan, nehme ich an?", fragte Barchalet mit ebenso leiser Stimme.

„Sieht man das gleich so deutlich?"

„Nun, wenn man nicht blind ist, fallen einem das Rot auf deinen Wangen und der Glanz in deinen Augen sofort auf. Ja, sogar wenn man blind wäre und nur dein ausgesprochen hohes Lachen auf Upakans Witze hörte, würde man es erkennen. Aber ich danke Btar, dass ich nicht blind bin, denn dein Auserwählter ist wirklich ein bildhübscher, beeindruckender Mann."

„Oho, Babaa, da muss ich ja vorsichtig sein, sonst nimmst du ihn noch vor mir. Mit dem roten Wieselfell von Balin-tar bist du ausgesprochen verführerisch."

„Lust hätte ich schon", feixte Barcha-let und bekam dafür von ihrer Tochter eine wilde Grimasse zu sehen. „Aber ich glaube, ich habe gar keine Chance mehr dazu. So wie er dich ansieht, könnte ich mich bis über beide Ohren mit Wieselfellen einkleiden, ohne dass er mich bemerken würde."

„Du meinst, er, er findet mich auch schön?"

„Na hör mal, du bist meine Tochter und Krata-buuns Enkelin, wie sollte er dir da widerstehen?"

„Ja, aber liebt er mich auch so wie ich ihn? Ich fühle, dass ich ihn viel stärker liebe als Saniutai, ja ich glaube sogar, ich merke erst jetzt zum ersten Mal, was Herzensliebe überhaupt ist."

„Das klingt so, als hätte Btars Liebeswind dich diesmal nicht nur an-, sondern umgeweht. Ka-u. Mach jetzt nur nicht den Fehler, zu glauben, dein Leben würde enden, wenn er dich nicht so lieben sollte wie du ihn. Wahre Liebe muss Zeit haben zum Wachsen. Und sie wächst bei jedem Menschen verschieden schnell und noch dazu anders. Manche schießen wie Löwenzahnstauden aus dem Boden, anderesind Geschwister der Eichen.

„Ach, Babaa, was redest du, gerade hast du gesagt, er hat nur Augen für mich, also liebt er mich auch."

„Das, mein Kind, wird nur die Zeit an den Tag bringen. Wer weiß, vielleicht bist du seiner ganz schnell überdrüssig. Die Liebe zwischen Frau und Mann rennt wie ein Hase im Wald. Es ist völlig unmöglich, ihren Lauf vorherzusehen! Genug jetzt des verschwörerischen Getuschels und der Weisheiten deiner derzeit nicht verliebten Mutter. Gehen wir zurück zu deinem Upakan und den anderen. Zu Hause sprechen wir in Ruhe darüber. Das heißt, sofern du deiner Mutterschwester und mir überhaupt noch dein Ohr öffnen magst in deinem Zustand."

Das kurze Gespräch mit ihrer Mutter hatte Riwa-quoi Mut gemacht. Die eigenartige Unsicherheit, die sie sonst an sich gar nicht kannte, hatte dadurch ein wenig von ihrer bedrohlichen Lähmungskraft eingebüßt. Wirklich albern, darüber zu grübeln, ob Upakan sie reizvoll finden würde. Auch ihr waren seine schmachtenden Blicke nicht entgangen, die sie sich eben nicht nur eingebildet, sondern laut ihrer Mutter zutreffend gedeutet hatte.

Zu hoffen, dass daraus eine langdauernde Liebe erwachsen würde, stand ihr durchaus zu. Eine lebenslange Liebe verlangen zu wollen, verstieß allerdings gegen gabbtaranische Sitte und Glaubensvorstellungen. Dennoch war Riwa-quoi sich so sicher wie noch nie. Dass sie je wieder anders empfinden würde, konnte sie sich nicht vorstellen. Vermutlich war sie einfach die erste Gabbtarani, die derart leidenschaftlich liebte. Deshalb verstand ihre Mutter sie nicht richtig.

Andererseits meinte Riwa-quoi sich noch gut zu erinnern, wie das pure Glück aus den Augen ihrer Mutter gestrahlt hatte, als der Arkasnaq in ihrem Dorf lebte. Es mochte sein, dass man die Liebe nur nachempfinden konnte, wenn man im Augenblick selbst von ihr ergriffen war. Sie beschloss, ihre Mutter ausführlicher nach ihren Liebeserfahrungen zu fragen, sobald sich eine günstige Gelegenheit im Dorf ergäbe. Wahrscheinlich würde ihre Mutter dann wieder besser imstande sein, sich in ihre Lage zu versetzen.

Die Große Mutter flehte sie dagegen umgehend an: „Gab-Btar Allwaltende, bitte lass Upakan ein Leben lang nur mir zugewandt sein. Lass ihn ein Bruder der Liebe meines Clans werden. Mache ihn sanftmütig und geduldig, damit er meine Kinder zusammen mit meinem Bruder Horfet aufziehen will. Oh, Btar, wenn es deiner Vorsehung nicht zuwiderläuft, dann erfülle mir diesen Wunsch."

Die Sonne schickte sich bereits an unterzugehen, als sich die Gruppe der Furt näherte, an der die Dächer zweier Mungordauk-Häuser ins Blickfeld kamen. Horfet wäre beinahe von seiner Trage gefallen vor lauter Eile, sich aufzurichten und Ausschau zu halten. Wie immer waren es zuerst die Kinder, die in Pulks die Stufen hinab auf die Ankömmlinge zurannten. Doch ausgerechnet In-eika war nicht unter ihnen. Barcha-let bemerkte ihr Fehlen sofort.

„Ol-uba, spielt In-eika heute gar nicht mit dir?", fragte sie die Lieblingsspielgefährtin ihrer Jüngsten, die mit ihren dreizehn Sonnenwenden die Älteste war.

Die Angesprochene senkte den Kopf und schwieg.

„Was ist los? Ol-uba, warum schaust du weg? Ist In-eika krank oder ist ihr etwas zugestoßen? Bitte, sprich mit mir!" Barcha-let schüttelte die arme Ol-uba richtiggehend, bis Riwa-quoi eingriff.

„Mutter, nicht, lass sie, du erschreckst sie ja", sprach sie ruhig, aber bestimmt.

„Verzeih, Ol-uba, das wollte ich nicht. Hab keine Angst. Aber bitte sag mir, was passiert ist?", mühte sich Barcha-let ein Lächeln ab.

Ol-uba zog mit ihrem Fuß einen Strich in den Sand. „In-eika ist mit Lubagdai bei Krata-buun. Sie bestreichen sie mit Ocker, denn Baguba Krata-buun rührt sich nicht mehr."

Ol-ubas weitere Worte erschienen Barcha-let wie ein sinnloser Singsang. Ausdruckslos sah sie auf den Hinterkopf ihrer Tochter, die sich ihr an den Hals geworfen hatte und schluchzendlosheulte. Krata-buun musste ganz plötzlich gestorben sein. Erst gestern noch hatte sie doch neben ihrer Mutter gesessen und... Nein! Sie saß eben nicht. Sie als ihre älteste Tochter hatte nichts gesagt, kein einziges Wort, nicht einmal zum Abschied, bevor sie aufgebrochen war, um Riwa-quoi und Horfet zu suchen. Barcha-let spürte ein heftiges Stechen in ihrer linken Brustseite. Wie hatte sie nur so herzlos sein können! Krata-buuns Tod zum jetzigen Zeitpunkt war sicher kein Zufall. Sie selbst hatte mit ihrer Sturheit die Vorwürfe, die sich ihre Mutter sowieso schon machte, nicht nur kein bisschen abgeschwächt, sondern durch ihr eisernes, aber dafür umso beredteres Schweigen zu einer für die alte Frau unerträglichen Last anschwellen lassen.

Von einer spontanen Idee erfüllt, löste sie sich eiligst aus der Umarmung mit der verdutzten Riwa-quoi. Konnte es nicht sein, dass sie Ol-ubas Aussage völlig falsch verstand? Diese hatte nicht gesagt, dass Krata-buun tot war. Es wäre genauso gut möglich, dass Krata-buun die Ockerfarbe für die Erneuerung der Wandverzierung nahe dem Altar vorbereitet, sich aber kurz hingelegt hatte und In-eika ihre Baguba zum Spaß damit bestrich!

Barcha-let klammerte sich an diesen vagen Hoffnungsschimmer wie eine Raupe an einen wippenden Ast. Sie musste Gewissheit haben und rannte hoch in Richtung Dorf. Dass auch die ihr vertrauten Menschen, an denen sie vorbei lief, ein bedrücktes Gesicht machten, ließ sie allerdings ihre Schritte abrupt verlangsamen.

Horfet sah ihr betreten nach. Dieses eine Mal war er froh, nicht laufen zu können. Er hatte überhaupt keine Eile, der toten Krata-buun gegenüberzutreten. Der schreckliche Gedanke, Auslöser des ganzen verhängnisvollen Geschehens gewesen zu sein, sprang ihn an. Er hatte so ziemlich alles verkehrt gemacht, was man verkehrt machen konnte. Anstatt Kritik anzuhören und zu kontern, war er kopflos davongerannt. Schlimm genug, dass er seine Flucht mit zwei Boote fortsetzte. Aber dann hatte er auch noch gegen die oberste Jägerregel verstoßen, die da lautete: niemals als Einzelgänger einer überflüssigen Beute auf unsicherem Terrain nachjagen! Durch sein tagelanges Verschwinden hatte er seine ganze Sippe in helle Aufregung versetzt. Schuld daran war bloß seine Vermessenheit, Btars Geheimnisse ergründen zu wollen. Damit würde er ein für alle Mal aufhören. Als er anfing, leise zu weinen, waren es Tränen der Trauer und der Scham.

Beklommen öffnete Barcha-let die Türe ihres Sippenhauses. Darinnen fand sie ihre Schwester und ihre kleine Tochter kniend neben Krata-buuns Körper. Es war der süßliche Geruch nach Fäulnis, der ihr sinnlich wahrnehmbar und unmissverständlich den Tod Krata-buuns verkündete. Überrascht drehten sich Lu-bagdai und In-eika zu ihrer heimgekehrten Verwandten um. Doch Barcha-let stand nur da, als sei ihr Blut plötzlich zu Schlamm geworden, der sich zähflüssig durch ihre Adern schob.

In-eika bekam es beim Anblick ihrer Mutter mit der Angst zu tun. Sie stemmte sich hoch und lief auf sie zu: „Babaa, Babaa, so sag doch was. Was ist mit dir?"

Schwerfällig nahm Barcha-let ihre Tochter auf den Arm. „Lu-bagdai, wann und wie ist Mutter gestorben? Warst du bei ihr? Hat sie noch etwas gesagt?"

Lu-bagdai erhob sich und drehte sich zu ihrer Schwester um. „Ich weiß es nicht. Sie ist nämlich nicht hier gestorben."

Barcha-let legte ihre Stirn in Falten. „Was soll das heißen?"

„Sie wollte gestern unbedingt alleine zu der Arkás ga-asch auf den Berg gehen, weil sie sie nach Horfet fragen wollte. Ihr Herz sehnte sich nach Horfet und schlug ein kummervolles Lied an. Doch sie bestand darauf, allein zu gehen. Du weißt ja, wie stur sie ist, war." Lu-bagdai holte tief Luft, um das Weinen zu unterdrücken. „Dort öffnete sich der Aschme-óch und verschlang sie. Ich hatte Anujach gebeten, ihr in einigem Abstand zu folgen. Sie war bereits tot, als er bei der Schamanin ankam. Er hat sie heute Vormittag allein ins Dorf gebracht. Wir wussten ja nicht, wann ihr kommen würdet. Also habe ich schon mal begonnen, der Sitte gemäß alles vorzubereiten. Ach, Barcha-let, es tut so furchtbar weh." Barcha-let stellte In-eika wieder auf den Boden und umarmte ihre Schwester. „Warum ist sie gestern noch gegangen?", hauchte sie Lu-bagdai ins Ohr. „Heute haben wir Horfet gefunden, es hat nur so lange gedauert, weil er sich verletzt hatte und ihn ein Arkasnaq pflegen musste. Ach, Lu-bagdai, warum nur ist sie *gestern* gegangen?" Barcha-lets Brust zog sich schmerzhaft zusammen. In Seufzern presste sie ihren Atem aus. Über ihre Wangen liefen dichten Regentropfen gleich die Tränen.

Leise ging die Türe auf und Riwa-quoi betrat den Raum, gefolgt von Toischan und Pakun, die den humpelnden Horfet stützten. Als Lu-bagdai ihn erspähte, begrüßte sie ihn mit einem betrübten Lächeln. Zu stark überschattete ihre Traurigkeit die Freude über Horfets Rückkehr. Dieser hatte sich geweigert, auf einer Bahre an Krata-buuns Totenlager getragen zu werden. Den Schmerz in seinem Bein nahm er dafür gerne in Kauf, verblasste er doch vor der Qual, die ihm die Erkenntnis bereitete, dass seine Großmutter wahrhaftig tot war. Als könne er ihren Tod dadurch ungeschehen machen, kniff er die Augen zu.

„Enkelchen", hatte sie ihn immer zu trösten versucht, wenn er sich als kleines Kind verletzt und eine Wunde ihm Angst gemacht hatte, „schließ einfach die Augen, bis ich den Verband angebracht habe und stell dir vor, wie deine Haut vorher ausgesehen hat." Am liebsten wäre er wieder weggerannt, um dieses Bild der Toten nicht an sich heran zu lassen.

Stattdessen malte er sich mit weiterhin geschlossenen Augen aus, wie sie ihn nach seinem Abenteuer freudig empfing und ihren Streit voll-kommen vergessen hatte. Nicht zehn, nein tausende ihrer Spötteleien würde er lachend ertragen, ohne dass es ihm das Geringste ausmachte. Sie würden wieder zusammen sitzen und herumalbern. Er würde ihren Liedern lauschen, während sie Eichenbastfäden auslösten.

Gegen die grausame Wahrheit, die vor ihm lag, vermochten seine dünnhäutigen Lider freilich nichts auszurichten. Gab-Btar hatte Krata-buun zu sich geholt und ihn gerettet. Seine Großmutter würde sogar genau diese Wahl Btars bevorzugt haben, denn nach ihren eigenen Wor-ten bewahre nur der Tod eine Mutter bevor, den Tod eines ihrer Kinder miterleben zu müssen. Als Horfet die Augen wieder aufschlug, löste er sich aus dem Griff seiner männlichen Verwandten und ließ sich neben der Leiche zu Boden sinken. Dass sie schon ein wenig roch, nahm er zwar wahr, aber es störte ihn nicht dabei, sie zu streicheln.

Mit zittriger Stimme fragte Toischan: „Hatte sie einen schönen Tod? Ihre Züge verraten, dass sie nicht kämpfte."

„Ja, die Schamanin sagte, dass sie mit einem Lächeln auf den Lippen gestorben ist."

„War die Arkás ga-asch im Dorf, als sie starb?"

„Nein, Toischan, ich habe es Barcha-let schon erzählt. Krata-buun war bei der Schamanin, als sie starb."

Mit Rücksicht auf Horfet verschwieg sie den Grund für deren Besuch. Toischan nickte. Er verstand den Zusammenhang.

Horfet ahnte ihn ebenso, denn warum hätte Krata-buun sonst den beschwerlichen Weg zur Schamanin auf sich nehmen sollen? Die starre Hand Krata-buuns in der seinen, sah Horfet sich um. „Ich weiß, was ihr alle denkt", brach es aus ihm heraus. „Ihr denkt, dass ich schuld an ihrem Tod bin, weil sie wegen mir zur Schamanin gegangen ist. Und ihr habt sogar Recht damit, das ist das Schlimmste."

Barcha-let hielt sich mit ihren Händen die Ohren zu.

Lu-bagdai aber fuhr ihn an: „Hör auf, solchen Unsinn zu reden. Du bist Krata-buun nicht mit demgebührenden Respekt begegnet, das ist wahr. Aber aus ihrer Rede sprach ebenso wenig die Geduld, die ihrem Alter ziemte. Vermutlich, weil ihr die Kraft dazu fehlte. Ihr Herz war schwach. Btar hat sie nicht gestraft. Die Alles-Mutter hat sie geholt, um für ihre Seele einen neuen Körper wachsen zu lassen."

„Aber warum gerade jetzt? Jeder Hohlschädel versteht, dass ihr Tod Btars Strafe für mein Rütteln an ihrem Geheimnis ist", flüsterte Horfet verzweifelt und schielte nach der Tür.

Diesmal war es Pakun, dessen sonore Stimme durch den Raum hallte. "Auf das Weglaufen wirst du mit deinem Bein wohl noch geraume Zeit verzichten müssen. Aber vielleicht brauchst du es dann gar nicht mehr. Btar lehrte dich bereits Ehrfurcht, indem sie deinen Oberschenkel an dem Ast aufspießte. Das war, meine ich, Strafe genug."

„Das will ich meinen. Und Krata-buuns Geist sieht das gewiss nicht anders. Sie hat dich sehr geliebt und nichts sehnlicher erfleht, als dass du lebend in dieses Haus zurückkehrst", pflichtete ihm Lu-bagdai bei, mit erkennbar wenig Erfolg. „Doch wenn dir unsere Worte noch immer nicht die Krallen der Schuld auszureißen vermögen, denk daran, was die Ahninnen raten: Mache gestiftetes Unheil wieder gut mit einer segensreichen Tat!"

„Wie denn, wenn Krata-buun nicht mehr lebt?"

„Du kannst für ihre Seele beten. Oder noch besser, du kannst etwas Gutes für dein Volk tun, etwas, das dich Anstrengung kostet oder ein Opfer."

„Was kann ich tun?"

„Erst musst du den Schmerz der Trauer ertragen, damit du stark genug bist für eine solche Tat. Ein Überstürzen könnte sogar das Gegenteil erreichen. Wann der rechte Zeitpunkt gekommen ist, musst du selber entscheiden. Du wirst es fühlen, wenn die Flamme der Schuld dann überhaupt noch in dir brennt, glaub mir."

Horfets bitterliches Weinen ließ sie alle aufatmen, wuchs doch mit jeder Träne ihre Hoffnung, dass er sich selbst vergab.

Während der ganzen Nacht hielten die Clanmitglieder außer In-eika die Totenwache. Sie sangen, hielten Zwiesprache mit der Toten, weinten und schwiegen. Um die Gäste kümmerte sich Ilnaf-ba. Wie bereits die andere Gruppe der Riortas, die mit Makaiot am frühen Nachmittag des gleichen Tages angekommen war, bekamen sie eine Schlafstelle in der Gemeinschafts- und Versammlungshütte, in der gemeinhin die Liebhaber der Dorffrauen, die nicht als Bruder der Liebe zu deren Sippe gehörten, wohnten. Für die Mahlzeiten der dort Logierenden sorgte der Stamm stets gemeinsam, wobei sich die Clanmütter untereinander absprachen.

Als enge Freundin Krata-buuns schloss sich Ilnaf-ba kurz vor Morgengrauen der Familie an und trauerte in deren Kreise um ihre lebenslange Freundin. Die drei Sehnenfäden, die sie sich jeweils durch die Ohrläppchen gezogen hatte und an denen normalerweise Büschel bunter Federn hingen, waren bar jeden Schmucks und ließen ihren ohnehin schon langen Hals noch stärker hervortreten. Und dies obwohl sie ihr spärliches, graumeliertes Haar immer offen trug. Mit ihren eingefallenen Wangen und der zierlichen Nase wirkte sie viel zarter als ihre tote Freundin.

Das milchige Licht der Morgendämmerung wich bereits den ersten Sonnenstrahlen. Da räusperte sich Ilnaf-ba und brach das schon lang andauernde Schweigen: „Eure Körper sind erschöpft und eure Seele wund. Gönnt euch ein wenig Ruhe, bevor das Leiblösungsritual beginnt. Der Rat der Ältesten hat mich gestern zur Butú-tekál (baranisch für

Ritualmeisterin) gewählt. Hat Krata-buun mit einem von euch darüber gesprochen, wen sie sich als ihre Nachfolgerin wünscht?" Erschaudernd dachte Lu-bagdai an die letzten Worte ihrer Mutter, hier in diesem Raum, die just dieser Frage gegolten hatten. „Bevor sie aufbrach, hat Mutter gesagt, dass sie mir bald den Ahninnengürtel übergeben wolle, weil sie sich dafür zu müde fühle. Sie fragte mich, ob ich ihn jetzt schon annehmen würde. Ich sagte ihr zu, unter der Voraussetzung, dass ihr alle damit einverstanden seid."

Pakun wollte zu sprechen ansetzen.

Doch Barcha-let kam ihm zuvor. „Mutter hat eine gute Wahl getroffen. Auch ich finde, dass du am besten dafür geeignet bist, den Ahninnengürtel zu tragen. Mein „ja"dazu kommt aus ganzem Herzen."

„Eigentlich wollte ich das sagen und als ältestem Familienmitglied wäre mir das auch zugestanden. Aber gegen dein schnelles Mundwerk habe ich nicht die geringste Chance", Pakuns gespielte Entrüstung war nur ein kleiner Scherz. Doch die Anspannung des letzten Tages führte bei allen Anwesenden mit Ausnahme von Horfet zu einem kurzen Anflug von Heiterkeit.

Wieder ernst nestelte Toischan an seiner Gürteltasche herum und zog ein ausgesprochen ebenmäßig bearbeitetes Flintsteinmesser heraus. Dieses reichte er Lu-bagdai mit den Worten: „Nimm dieses Messer, umals Clanmutter das Ablösungsritual bei Mutter zu vollziehen. Möge es dir danach noch dein Leben lang gute Dienste tun, liebe Schwester. Auch ich werde mich bemühen, dir stets nach Kräften zur Seite zu stehen."

„Ich danke dir, mein Bruder." Voller Bewunderung nahm Lu-bagdai sein Meisterwerk in ihre Hand und überzeugte sich von der Schärfe der Klinge.

Riwa-quoi hatte noch nichts gesagt. Als jüngste Erwachsene wartete sie, bis sie an der Reihe war. „Mutterschwester Lu-bagdai, auch ich möchte dir ein Geschenk machen. Seit längerer Zeit trage ich eine Halskette mit einem Stein, den ich in der Weißkrallenhöhle fand und der mir besonders gut gefiel. „Hier, du kennst ihn ja schon", sie hielt ihr das Lederband mit dem Anhänger hin. „Die Form erinnert mich ein wenig an eine Eule, die für die Weitsicht der Göttin steht und die du so gerne hast. Ich finde, für eine angehende Clanmutter passt eine Eule ausgezeichnet."

„Da hast du Recht. Ich danke dir, Riwa-quoi. Möge mich deine Eule leiten."

Pakun ging auf die Fuchsfelltasche zu, die ihren Stammplatz auf dem breiten Stein neben dem Altar hatte. Er übergab sie an Riwa-quoi. Ihr als jüngster Erwachsenen oblag es, die Formel zu sprechen, die Lu-bagdai zur Ubleng-batar (baranisch für *Sippenmutter*) machte. Da eine neue Clanmutter in der Regel nur bestimmt wurde, wenn die alte starb, wurde die Wahl nicht gefeiert.

Außerdem brachte der Rang der Ubleng-batar mehr Aufgaben als Privilegien: Sie leitete die Zeremonien innerhalb der Hütte, um den Segen der Göttin für ihre Sippe herbeizuflehen, deren Wohlergehen ihre ganze Fürsorge gehörte. Darum bekam sie zum Beispiel auch das Fleisch überreicht, das Angehörige ihrer Sippe auf Jagdzügen schossen. Von ihr erwartete man, dass sie es gerecht verteilte. Fiel das Nahrungsangebot knapp aus, war sie die erste, die fastete. Sie hatte das Recht, Anweisungen zu geben, denen die Familienmitglieder meist ohne Murren folgten. Waren Sippenmitglieder aber anderer Meinung als sie, beriet sich der Clan so lange, bis alle mit dem Ergebnis zufrieden waren. Das Wort der Ubleng-batar galt lediglich in den seltenen Fällen als ausschlaggebend, in denen das Ringen um eine einvernehmliche Lösung auch nach vier Tagen noch kein Ende gefunden hatte.

„Alle Erwachsenen sind sich einig. Du bist unsere neue Clanmutter. Nimm diese Tasche aus meiner Hand zum Zeichen unserer Zustimmung. Krata-buun nannte sie „Fuchskopf". Gib du ihr bitte einen Namen."

Die Benennung eines Gegenstandes war gleichbedeutend mit der Bitte, diesen in Zukunft nur noch zu berühren oder zu benützen, wenn der Namensgeber einverstanden war. Gewöhnlich gehörte nämlich allen alles, es sei denn, jemand durfte etwas benennen. Das Recht dazu erlangte ein Stammesangehöriger entweder dadurch, dass er etwas – sei es von Gab-Btar, sei es von seinen Stammesangehörigen – geschenkt bekam oder etwas selbst herstellte. Von diesem Recht allzu viel Gebrauch zu machen, wurde freilich als Zeichen der Unreife angesehen.

Diese dezente Art der Zuordnung hatte auch Niederschlag in den vier Formen des besitzanzeigenden Fürwortes gefunden, die die baranische Sprache kannte. „Mein" Messer hieß beispielsweise anders, ob einer es gerade benutzte oder es selbst hergestellt oder als Geschenk erhalten hatte. Nur im ersten Fall durfte ein anderer das Messer benutzen, ohne den Sprecher zu fragen. Um Zugehörigkeiten zu Menschen auszudrücken, gab es darüber hinaus ein eigenes Pronomen, denn Menschen flogen einem nicht zu wie Federn im Wald als Btars Geschenk, noch konnte man sie herstellen wie einen Bogen, und schon gar nicht gehörte es sich, sie zu benutzen.

Lu-bagdai überlegte ein wenig. Dann sagte sie: „Dich Tasche nenne ich „Ubo-letek-tar" (baranisch für *rote Trägerin*)

Ilnaf-ba dachte bei sich, dass sie an Krata-buuns Stelle auch Lu-bagdai ihrer älteren Schwester Barcha-let vorgezogen hätte, obwohl sie nichts davon hielt, grundsätzlich die jüngsten Töchter mit der Clanführung zu beauftragen, wie es angeblich im äußersten Osten Gabbtarans üblich war. Sie wollte der neuen Sippenmutter eben die Hand reichen, als diese sich einer Eingebung folgend an ihren Schwestersohn wandte.

„Horfet, du bist zwar noch ein Kind, aber an der Schwelle des Erwachsenen. Willst du auch etwas zur Wahl der Clanmutter sagen?"

Erschrocken blickte der Angesprochene auf. „Was ist los? Um ehrlich zu sein, ich habe nicht zugehört."

„Armer Horfet", Lu-bagdai beugte sich zu ihm herunter und legte ihre Hand auf seine Schulter, „die Trauer allein wiegt schon schwer genug. Wenn du uns doch nur glauben könntest, dass dich daran keine Schuld trifft. Bitte versuche ein bisschen zu schlafen". Nach einer kurzen Pause fügte sie hinzu. „Wir alle sind müde. Lasst uns alle ausruhen, bis Ilnaf-ba zum Ritual ruft."

Ilnaf-ba nickte und sah nachdenklich auf den Enkel ihrer toten Freundin hinab. Im Augenblick konnten sie wirklich nicht viel für ihn tun. Vermutlich würde ihm nur die Zeit über Krata-buuns Tod und seine diesbezüglichen Schuldgefühle hinweg helfen. Während die Clanmitglieder Stroh und Schlaffelle auf dem Boden ausbreiteten, verließ Ilnaf-ba die Hütte. Auch sie fühlte sich mit einem Mal sehr müde.

Die Sonne näherte sich ihrem Tageshöhepunkt. Immer mehr Fliegen umschwirrten Krata-buuns Leiche und machten auf ihre Weise klar, dass sich das Loslösungsritual nicht mehr lange aufschieben ließ. Da ertönte endlich die Trommel und verkündete den Zeremoniebeginn.

Lu-bagdai trat als erste aus dem Fuchssippenhaus heraus. Dort stand bereits die versammelte Dorfgemeinschaft. Der neuen Ritualmeisterin Ilnaf-ba übergab Lu-bagdai die Butú-tekál-Tasche, die bisher über Krata-buuns Schlaflager gehangen hatte. Aruch-mes Ahnin hatte sie gefertigt. Da diese wie Aruch-me zum Dachsclan gehörte, bestand die Tasche zwar aus Dachsfell, war jedoch auch mit den Federn, Stacheln beziehungsweise

Zeichen der anderen Clansymbole geschmückt. Sie wurde seit vielen Wintersonnwenden von Ritualmeisterin auf Ritualmeisterin übertragen und enthielt altehrwürdige Gegenstände, die seit Generationen gehütet wurden. Erst wenn eine solche Tasche allzu abgenutzt war, stellte die amtierenden Butú-tekál eine neue Tasche her und zwar vornehmlich aus oder mit dem Schmuck ihres Sippentotems.

Lu-bagdai folgten Pakun und Toischan mit der aufgebahrten Kratabuun, dahinter die übrigen Sippenmitglieder. Sogar In-eika bewegte sich mit ungewohnt gemessenen Schritten. Der Sitte gemäß wuschen sich die Clanmitglieder nicht. Statt ihre Gewänder anzuziehen, behängten sie sich nur notdürftig mit Tierfellen; ihre Gesichter färbten sie mit Asche. Diese Vorkehrungen dienten dazu, der Seele des Verschiedenen die Wiedererkennung seiner Verwandten zu erschweren. Sonst konnte es passieren, dass sich ein Toter aus lauter Liebe zu seiner Familie weigerte, seinen Körper zu verlassen, und fortan zwischen den Welten sein Unwesen trieb, immer auf der Suche nach mondreifen Frauen.

Im Gegensatz zu den Clanmitgliedern präsentierten die Vertreter der anderen Sippen ihre schönste Kleidung. Dadurch wollte man neue Seelen auf den Reichtum dieses Dorfes aufmerksam machen und sie als neue Bewohner anlocken. Besonders eindrucksvoll war das Gewand der Zeremonieleiterin.

Das weiche, zartgelbe Ziegenlederkleid, das wie immer bei den Gabbtaranschi-Frauen ärmellos war und „Guun" hieß, zierte ein breiter Wildschweingürtel, an dessen vorderer und hinterer Seite jeweils der Federschwanz eines Fasanes herunterhing. Von ihren Schultern herab wogte statt der sonst üblichen „Teschwe" (baranisch für *Umhang*, der bis zum Bauchnabel beziehungsweise den Ellbogen reicht) ein Kranz aus nur oben zusammengenähten hellbraunen Marder- und Wieselfellen.

Auf diesen prunkte eine mehrbahnige Kette aus durchbohrten weißen, rosa oder schwarz-gelben Schneckenhäusern. Auf alle sechs Ohrschmucksehnen hatte sie gelbe Pirolfedern gefädelt. Das Gelb fand sich dann noch einmal auf ihren fein gearbeiteten Rehlederschuhen, wo neben den Federn des Pirols auch rote Spechtfedern angenäht waren. Die „Saranschi" (baranisch für *Beinlinge*) hatte sie unten an den Fußgelenken ganz schmal genäht, so dass sie in den höherschaftigen Schuhen leicht Platz fanden und keine Falten warfen.

Fast schon überladen wirkten ihre Arme; Reife verschiedenster Art umwanden sie fast bis zu den Ellbogen hinauf: Aus poliertem roten, grauen und beigen Marmor, aus geflochtenen Haaren mit Knochenperlen und aus Leder mit aufgereihten Schnecken, Muscheln, Steinen sowie Zähnen. Mit der so imposant herausgeputzten Butú-tekál und Kratabuuns Hinterbliebenen an der Spitze setzte sich der Zug unter ruhigen Trommelschlägen in Bewegung.

Trotz des stabileren neuen Verbandes, den Barcha-let ihrem Sohn angelegt hatte, war Horfet weit davon entfernt, schmerzfrei laufen zu können. Barcha-let und Riwa-quoi boten ihm ihre Hilfe an. Vergebens! Obwohl dieStrecke zum Ritualplatz für Horfets gegenwärtigen Zustand viel zu lang war, beharrte er darauf, den – wie er es nannte – „schuldbeladenen Gang auf seinen eigenen Beinen anzutreten". Als nach dem ersten Drittel des Weges Flüssigkeit aus seiner Wunde sickerte, sprach Lubagdai ein Machtwort. Auf dem Fell, das sie klugerweise mitgenommen hatte, trugen schließlich Anujach und Saniutai den Verletzten.

Ein Halbkreis bizarrer Felsstümpfe war ihr Ziel. Dieser erhob sich auf einem kleinen Plateau, das im Gegensatz zu seiner kahlen Felseingrenzung mit Margeriten, Schierling, Mädesüß undanderen kniehohen Pflanzen bewachsen war. Nicht zu vergessen die Pilze, die der Regen in Scharen aus dem lichtlosen Erdreich an den hellen Tag gelockt hatte. Vom Dorf entfernt war die Totenstätte etwa viermal so weit wie der Anlegeplatz der Boote.

Die Butú-tekál wartete, bis die Prozessionsteilnehmer nacheinander auf dem ausgetretenen Pfad nach oben gestiegen waren und sich über den Platz inmitten der „Steinsichel", wie sie die Felsen nannten, verteilt hatten. Krata-buuns Leichnam platzierten sie in der Mitte. Bis auf eine Mutter und deren Bruder, die die Kinder im Alter zwischen zwei und vier Jahren im Dorf hüteten, waren alle Stammesmitglieder und die Gäste anwesend.

Wie jedes Ritual begann auch dieses mit dem Tira-gubtu-Lied, bei demdie Doppelschnecke mit einem glimmenden Lavendelbüschel in die Luft gezeichnet wurde. Statt einstimmenden Summens, wie es ansonsten üblich war, ließ Ilnaf-ba anschließend einen langgezogenen Klagelaut ertönen, der von vielen Kehlen auf ihre Art erwidert wurde. Der vielstimmige Chor setzte das Wehgeschrei so lange fort, bis immer mehr Münder verstummten und schließlich auch Lu-bagdai und Barcha-let erschöpft innehielten. Stille legte sich über den Platz und hüllte die Versammlung ein wie eine Wolke heilender Kräuterdämpfe.

Umso vernehmbarer durchbrachen auf einmal Ilnaf-bas Worte das Schweigen: „Gab-Btar, allwaltende Göttin. Du wolltest, dass Krata-buun gerade zu dieser Zeit in deinen Bauch zurückkehrt. Sie musste sich dir beugen. Doch siehe, ihre Augen tragen das Kennzeichen des ewigen Lebens, gemalt mit dem heiligen Blut. Ihre Seele sehnt sich nach einem neuen Körper. Wir bitten dich, gewähre ihn ihr bald."

Sie blickte hinauf in den Himmel. „Damit ihre Seele frei darin umherschweben kann, übergeben wir ihren Körper denjenigen deiner Geschöpfe, die den Kreis des Lebens vollenden. Ich rufe Euch, ihr Geier, luftkinder der Göttin, die ihr von weitem den Tod findet und auffresst."

Sie neigte ihren Kopf dem Boden zu. „Ich rufe Euch, Würmer und Maden, die ihr der Geier Werk vollendet. Nehmt unsere Stammesschwester als Nahrung an, so wie es die Göttin bestimmt hat. Indem ihr ihr Fleisch verzehrt, befreit ihr ihre Seele von ihrem alten Leib und macht sie bereit für ein neues Leben."

Ilnaf-bas ausgestreckte Hand zeigte in Lu-bagdais Richtung. „Doch zuvor rufe ich Dich, Lu-bagdai, Tochter Krata-buuns, Clanmutter der Fuchssippe, herbei. Du bist von deiner Sippe für diese Aufgabe ausgewählt worden. Schneide deiner Mutter die Haare. Sie mögen als Symbol der Nabelschnur des Lebens für immer mit den Haaren ihrer Ahninnen verflochten werden."

Lu-bagdai machte zwei Schritte auf Krata-buuns Leichnam zu. Bedächtig holte sie ihr neues Flintsteinmesser aus ihrer Fuchsfelltasche hervor. Mit dessen scharfer Klinge schnitt sie unter Schluchzen die langen grauen Haare Krata-buuns ab, so dass auf dem Kopf ihrer toten Mutter nur mehr Haare von etwa der Länge eines Ringfingers verblieben.

„Ich schneide dir die Haare, Mutter, und entbinde damit deine Seele von den Gesetzen des Gatár-ta-ún. Zugleich entbinde ich dich als Kind des Aschme-óch."

Lautes Trommelwirbeln setzte ein und unterstrich die Bedeutsamkeit dieser Handlung.

„Im großen Kranz der Ahninnen deiner Sippe werden sich diese deine Haare nun einreihen. Deine frei schwebende Seele ist willkommen in deinem früheren Haus. Beehre uns, geliebte Ahnin, mit deiner Gegenwart, wann immer du willst, bis du in einem neuen Körper in diese oder eine andere gabbtaranische Sippe geboren werden wirst."

Sie übergab Ilnaf-ba die abgeschnittenen Haare. Dann schlug sie das überhängende, mit einem Fuchskopf geschmückte Leder ihrer Sippentasche zurück und griff hinein in den sich darbietenden Schlitz. Was sie herauszog, war ein vielfach aufgewickelter Haarzopf. Er bestand, soviel war auch im zusammengerollten Zustand leicht erkennbar, aus offensichtlich ganz unterschiedlichen Haaren. Graue dominierten zwar das Bild, aber es gab auch reichlich hell- und dunkelbraune sowie schwarze Haarsträhnen zu sehen.

Ohne Eile suchte sie das Endstück. Als sie es nach einigem Drehen und Wenden schließlich gefunden hatte, nahm sie es in ihren Mund und löste vorsichtig den Sehnenfaden, der die Zopfspirale zusammenhielt. Nur teilweise sich entrollend fiel diese auf den Boden und blieb dort liegen wie eine geringelte Schlange in Lauerstellung. Zwei bis drei Finger Breite wies sie auf und war circa zwanzig Frauenschritte lang. Andächtig bückte sich Lu-bagdai, um den langen Zopf aufzuheben. Ilnaf-ba reichte ihr Krata-buuns Strang. Einige Zeit später war Krata-buuns einstige Kopfeszier mit der ihrer Urahninnen verflochten.

Summend bedeckte die Butú-tekál die Verstorbene in Schlangenlinien mit dem Haarzopf, beginnend bei den Füßen. Alle anderen stimmten in ihr Summen ein. Als sie fertig war, gebot sie mit einer kreisenden Geste Schweigen und sprach: „Verschiedene Krata-buun. Als du in diese Welt tratest, hörtest du das Schöpfungslied unseres Volkes. Höre es auch bei deiner Ankunft im Aschme-óch. Alle deine Ahninnen, die noch dort sind, mögen dich herzlich willkommen heißen."

Ilnaf-ba schloss die Augen. In einem Sprechgesang voller Inbrunst trug sie den Mythos vor:

Am Anfang entstand Gab-Btar, die Alles-Mutter, aus sich selbst. Ihr Leib füllte die Himmel. Zart erleuchteten die Sterne, ihre honigtriefenden Brustwarzen, die Nacht. Ihr Herz schlug leise als Trommel der Welt. Da öffnete die Göttin ihre Augen, zuerst Mondin, die zeitmessende zu ihrer Linken, und dann Sonne, die blinzelnde, zu ihrer Rechten. Sofort durchstrahlte mehr Licht die Weite der Welt. Die Sonne schenkte sie ihrem kleinen Bruder Issan, der ihr aus einem Bein erwuchs und nur tagsüber wach ist, nachts aber schläft.

Eifrig fächelte Gab-Btar mit ihren Händen den Wind durch ihre blaue Brust mit den Wolken darin. Vier Töchter entsprangen ihrem Schoß, die den noch zu schaffenden Wesen helfen sollten, sich zurechtzufinden: Ischmat und Baranat, Tisron und Avuula. Gab-Btar unterschied sie, indem sie Issan beauftragte, einen immergleichen Weg zu nehmen, von Ischmat, der Lodernden, über Tisron, der Wehenden, hin zu Baranat, der Trägen, ohne Avuula, die Fließende, zu streifen.

Und Gab-Btars braunes Becken wand sich lustvoll mit Bunte Schlange. Kurz darauf gebar sie die Berge und Meere, die Flüsse und Höhlen, die Felder und Moore.

Wohin auch immer sie ihren Fuß setzte, ließ sie einen Tropfen ihres Blutes zurück, damit dort eine Quelle reinigenden Wassers entspringe.

Aus zwei großen Schnecken, einer rötlichen und einer grauen, die ihr an der allergrößten Quelle entgegenkrochen, formte sie die Spiralen des bunten Lebens und des fahlen Todesschlafes, die sie so fest ineinandersteckte, dass sie eine untrennbare Einheit bilden. Sogar sie selbst folgte der Linie des Lebens bis zu der des Todes. Aber weil sie zuvor einen Faden vom Mittelpunkt der Todesschnecke zum Mittelpunkt der Lebensschnecke gebunden hatte, fand sie leicht wieder ins Leben zurück, um weitere Wesen zu gebären.

So gebar Gab-Btar noch vieles, während sie singend und tanzend ihr Becken schwang: die Bäume und Sträucher, die Kräuter und Gräser, denen sie ihre nährende und heilende Liebe einhauchte.

Doch Gab-Btar sehnte sich nach Mittänzern. Also umarmte sie die Sträucher und küsste sie, und siehe da, die Sträucher verwandelten sich in Tiere: Aus den Kriechpflanzen wurden die Schlangen und Eidechsen, aus den Samenkörnern die Insekten, aus den Blättern die Vögel und aus den sich im Wind wiegenden Sträuchern die Tiere mit Fell. Da sprach Gab-Btar zu ihnen: „Aus einem seid ihr und zu einem werdet ihr. Seid euch einander Nahrung, bis ich Euch alle wieder verschlinge."

Aber noch immer hatte Gab-Btar keine Mitsänger. Also umarmte sie die Bäume eines ihr besonders lieben Hains, küsste sie, und siehe da, die dicken Äste der Bäume verwandelten sich in menschliche Körperteile. Gab-Btar fügte Bündel um Bündel zusammen und schuf so die Menschenfrauen, vielseitige Wesen, weil aus den verschiedensten Hölzern gemischt. Sie lehrte sie viele Künste wie das Gerben und Weben, das Flechten und Nähen. Zum Schluss hauchte sie ihnen eine Stimme ein, damit sie sie bei ihrem ewigen Gesang begleiten.

Nur so viele Frauen schuf Gab-Btar, wie sie Finger hatte, also zehn. Die Töchter und Enkeltöchter dieser Frauen verteilten sich in vielen Tochtersippen über das Land, denn das Land war noch leer, und Gab-Btar wollte, dass es überall bewohnt werde.

Gab-Btar sah, dass alle ihre Geschöpfe sich danach sehnten, ihr Sein in vielfacher, neuer Gestalt weiterzugeben. Also nahm sie aus den Tochtersippen zehn mal zehn Frauen, versenkte sie in einen tiefen Schlaf, fasste ihnen in den Schoß, stülpte ihre Gebärmutter nach außen und formte sie zum männlichen Glied. Sie weckte die in Männer verwandelten Frauen auf und gab ihnen folgendes mit auf den Weg:

„Euch habe ich zu Männern gemacht. Ich habe euch die Fähigkeit genommen, Kinder zu gebären, doch ich will euch große Freude dabei geben, die Schöße der Frauen mit eurem Saft zu nähren. Tut dies mit großer Achtung und nur, wenn die Frau nach eurem Saft verlangt. Denn die Frauen tun es mir gleich, indem sie unentwegt neues Leben erschaffen.

Hüte und schütze nun jeder mit seinen starken Armen seine Mutter und Schwestern und deren Kinder, auf dass jede Sippe wohl gedeihe und alle darin die Künste entfalten, die ich euch lehrte und noch lehren werde. Helft euch damit gegenseitig und lebt in großer Freude miteinander. Ihr Tiere, tanzt; tanzt und singt, ihr Menschen. Euer Freudengesang erfülle meine Ohren und locke mich zum Tanz.“

Endlos war die Zeit; wer ging, kehrte wieder in neuer Gestalt. Zuvor aber ruhte er in Gab-Btars Bauch.

Welch Freude hatte Gab-Btar an ihrer Schöpfung! Übermütig sprang sie in Gestalt eines Fisches einen Wasserfall herunter, erhob sich als Storch in die Luft, um auf warmen Winden in die Abendsonne zu gleiten, und grub sich als Maulwurf mit Herzenslust durch das Erdreich. Keine Lebensweise wollte sie auslassen. Zu groß war ihre Freude an der Vielfalt des Lebens.

Als sie die Gestalt der Menschen angenommen hatte — zwischen zwei Sonnentiefständen die einer Frau, zwischen zwei Sonnentiefständen die eines Mannes — war sie entzückt vom Gebrauch der menschlichen Stimme, der menschlichen Hand und der Vorstellungskraft des menschlichen Geistes.

Deshalb beschloss sie: „Die Menschen haben die größte Kraft, ihr Leben unterschiedlich zu gestalten. Ich will sie auch noch zu den verschiedensten Zeiten das Licht der Welt erblicken lassen.“ So sprach sie, segnete die Menschen und siehe da, fortan wurden zu allen Ständen der Sonne Kinder geboren.

Gab-Btar sprach zu den Menschenkindern: „Nun bewohnt ihr alles Land, wie ich es wünschte. Weil ihr Menschen so viel gestalten könnt, sei Eure Zahl fürderhin immer im rechten Maß zur übrigen Welt. So viele Köpfe habe euer Stamm, wie ihr mit meiner Gunst und eurer Hände Dienst ohne Mühsal ernähren könnt.

In aller Seelenruhe rufe die Seele eines Neugeborenen die Seele eines Lebenden in die Schattenwelt. In aller Seelenruhe rufe die Seele eines Verstorbenen die Seele eines Toten in die Körperwelt. So bewahrt ihr die Zahl des Kreises, der zur Spirale reift.“

Tiefe Trommelschläge unterstrichen das Ende des Liedes. Auf Ilnafbas Zeichen hin kniete sich Lu-bagdai neben das Haupt ihrer toten Mutter. Die Butú-tekál zog an dem Ende der „Nabelschnur", das auf Krata-buuns Gesicht lag, und hob es zuerst über Lu-bagdais gesenkten Kopf. Dann übergab sie es der unten Verharrenden, die sich den Haarstrang an ihre Brust, ihren Bauch und über ihren Schoß hielt.

Mit ihrer hohen, klaren Stimme sprach die Butú-tekál: „Von Mutter auf Tochter gehe der Ahninnengürtel über. Wie eure Körper einst durch die Nabelschnur verbunden waren, so verbinde euch auf ewig das Band der Liebe, egal wo und wann ihr euch wieder sehen werdet. Du, Lu-bagdai, kniest hier stellvertretend für deine Sippe, deren Haupt du von nun an bist. Wie ein weiser Kopf auf alle seine Glieder achte, so führe auch du deine Sippe mit Liebe und Respekt, sorge für Ausgleich und Harmonie, schlichte Streit und ehre Gab-Btar, die Allmutter des Lebens, des Wandels und der Vielfalt. Möge die Göttin dir allzeit einen guten Weg weisen."

Nach diesen Worten steckte Lu-bagdai das Zopfende in ihren Gürtel, erhob sich und dankte der Butú-tekál für ihren Segen und ihre Ermahnungen. „Ich werde mich nach Kräften bemühen, meiner Sippe eine gute Clanmutter zu sein. Zum Gedenken an meine geliebte Mutter werde ich eine Lehmfigur fertigen, die in unserer Hütte einen Ehrenplatz bekommt. Möge Krata-buuns Seele dadurch schneller den Weg zurückfinden in die Welt der Körper."

Während sie ihrerseits das Ahninnenband aufwickelte und dabei ein letztes Mal auf ihre Mutter blickte, intonierte sie das Tira-gubtu-Lied und das Lied des immerwährenden Wandels, bei dem nacheinander wieder alle mitsangen. Als Lu-bagdai die Haarschlange schließlich in der Fuchstasche verstaut hatte, gab die Butú-tekál das Zeichen zum Aufbruch.

In ihrer aller Augen hatte der tote Körper in der Mitte des Halbkreises jede Bedeutung verloren. Seelenlos wie er jetzt war, würden sich die Aasfresser lediglich einer abgestreiften Hülle zuwenden. Es gab nur eine Konstellation, bei der ein Teil von Kratabuuns Leichnam wieder ins Dorf gelangte: Sollte ihr Kopf nach „vierzig Kerben", also vierzig Tagen, noch nicht von Tieren verschleppt worden sein, würde dies als Vorzeichen für eine unmittelbare Wiedergeburt der Verstorbenen in ihrer vorigen Sippe gelten. Um die Freude darüber zum Ausdruck zu bringen und die Tote willkommen zu heißen, würden die Clanmitglieder dann den Schädel im Fußboden ihres Hauses begraben.

Knapp zwei Monate später

Boritak entdeckte Horfet unter einer Schirmpinie. Ein leises Surren irritierte ihn, bis er den Grund dafür herausfand: Ameisen, die auf ihrer kahlgetrippelten Straße alles zu ihrem großteils unterirdischen Bau transportierten, was sie gebrauchen konnten. Auch ein sich heftig wehrender Wurm war darunter. Gegen die Übermacht der dürrbeinigen Heerschar hatte dieser freilich nicht die geringste Chance.

„Na, was tust du hier, Horfet, leistest du den Ameisen Gesellschaft?"

Horfet hatte das Nahen einer Person gespürt und sogar seinen neuen Freund vermutet. „So ähnlich könnte man es nennen. Weißt du, ich bewundere Ameisen. Ich wüsste zu gerne, wie jede von ihnen erfährt, was sie tun muss. Wie beschließen sie, was sie als nächstes tun wollen? Ich habe sie schon oft belauscht, bin aber bis heute nicht hinter ihr Geheimnis gekommen. Eines weiß ich allerdings, sie sind ebenfalls ein Clan, wenn auch ein sehr großer."

„Na, so wie du das ausssprichst, klingt es, als wärst du lieber Teil eines Ameisenclans."

„Nein, natürlich nicht. Es ist nur, dass ich die Anwesenheit meiner Sippe nicht ständig ertragen kann. Klar sagt mir jeder, wie sehr sie sich freuen, dass ich wieder zurückgekommen bin. Und dass ich mir nur ja keine Vorwürfe machen soll. Aber ich mache sie mir trotzdem und ich sehe sogar Vorwürfe in ihren Augen. Von den Äußerungen manch eines anderen ganz zu schweigen."

Horfet verstummte. Nach einer kurzen Weile fuhr er fort. „Elatansch, zum Beispiel, der Sohn Ilnaf-bas, der besten Freundin meiner Großmutter, begnügt sich nicht mal mit Blicken. Als ich ihm und Makaiot half, das Feuer für die neuen Boote vorzubereiten, war er bärbeißig, weil ich angeblich zu wenig glimmende Glutstücke herüberreichte. Am Schluss seines Vortrags über die richtige Farbe versengender Glutteilchen sagte er dann noch richtig schnippisch: „Hoffentlich habe ich jetzt nicht deine Gefühle verletzt, sonst muss ich vielleicht auch sterben." Er war es auch, der mir diesen blöden Spitznamen „Mannessohn" gegeben hat. Ich wünschte, er würde an seinen eigenen Zähnen ersticken."

„Und deine Freunde. Du hast doch welche? Was sagen die denn dazu?"
„Bis zur letzten Wintersonnwende habe ich mich hauptsächlich mit Glenek und Kanoch herumgetrieben. Wir hatten viel Spaß zusammen beim Eidechsenjagen, Schlingenauslegen, Pfeileschießen und was Jungen eben so alles tun. Doch während des letzten Sommers wurde Glenek ein Mann, und im vergangenen Winter Kanoch. Seither sind sie lieber mit „ihresgleichen" zusammen und geben sich nicht mehr mit den Kindern ab, vor allem nicht mit einem, von dem der große Schieß- und Alleslehrer Elatansch nichts hält und dafür so treffende Namen zu finden weiß. Dann gibt es noch Warang, der muss dreiundzwanzig oder vierundzwanzig Sonnenwenden gesehen haben, aber mit dem komme ich nicht zurecht."

Boritak zog seine Nasenspitze auf die linke Seite, so dass sich links von seinem Mund eine tiefe Falte bildete. „Mannessohn", war der Spottname, mit dem die Jungen Horfet seit seiner Rückkehr pausenlos aufzogen. Horfet hasste diesen Spitznamen und schlug sich mit jedem, der ihn damit neckte, zumindest solange keiner der Erwachsenen den Raufereien Einhalt gebot. Boritak freute sich im Stillen über diese Entwicklung. Denn Horfets leicht isolierte Stellung im Stamm trieb ihn geradewegs in seine Arme. Und zu zweit ließ sich alles leichter ertragen.

Auch er selbst war nicht bei allen gleichermaßen beliebt. Manch einer begegnete ihm noch immer mit einer gewissen Reserviertheit. Dass Horfet im Moment keine Freunde zu haben schien, klang schon mal vielversprechend. Doch was war in seiner Sippe los? Boritak war begierig zu erfahren, was der Junge mit dem Satz „ich sehe Vorwürfe sogar in ihren Augen" gemeint hatte. Denn dessen zusammengekauerte Haltung ließ auf ein noch tiefer gründendes Geheimnis schließen, das er unbedingt herauskitzeln wollte.

„Immer mit der Ruhe, junger Freund. Elatansch reißt seinen Mund so weit auf wie ein hungriges Küken den kleinen Schnabel. Den ärgert es doch nur, dass ihm nie so viel Aufmerksamkeit zuteil wurde wie dir. Er gebärdet sich als Anführer der jungen Männer und besitzt gerade mal die Reife einer grünen Kirsche. Dessen Meinung kann dir völlig egal sein. Viel wichtiger ist deine Sippe und all die anderen Erwachsenen."

„Das ist es doch gerade, was noch schlimmer ist." Horfet zögerte.

„Sprich dich ruhig aus, ich erzähle nichts weiter."

Horfets kläglicher Gesichtsausdruck erhöhte die Spannung ungemein.

„Mein Freund, also es ist, ich, ich habe eine Vision gehabt, einfach so, ohne dass ich irgendwas dazu getan hätte, am helllichten Tag. Ich sah Lu-bagdai an, und plötzlich glaubte ich in ihrem Gesicht ein zweites Gesicht zu sehen. Ihr erstes war freundlich, doch ihr zweites bleckte die Zähne. Aber es waren keine menschlichen Zähne, sondern die eines Wolfes. Und statt erdig braun schimmerten ihre Augen gelb, genau wie die der Wölfe." Schwer atmend verstummte Horfet, während Boritaks Augenbrauen nach oben wanderten. Bahnte sich hier eine Einweihung zum Arkás gaasch durch die Geisterwesen an? Wenn die Geister sogar ohne die Hilfe einer berauschenden Pflanze zu einem Menschen kamen, würde dieser wohl ein sehr machtvoller Schamane sein. Aber nein, das entsprach nicht ganz den Tatsachen. Er selbst hatte Horfet in der Höhle mindestens ein Dutzend Mal Bilsenkraut und Hanfblüten verabreicht und zwar in einer Dosis, die er als erwachsener Mann viel seltener zu sich nahm. Das lag jedoch bereits fast zwei Monate zurück.

Unwillkürlich musste er an seine „geliebte" Mutterschwester denken. Die hatte ihn immer furchtbar geschimpft, wenn er sich diesem Rausch hingab. Denn dass ihr Schwestersohn als einziger der Jungen das Geheimnis der Trancetränke kannte, das nur den Weisen Frauen und Schamanen vorbehalten war, brachte sie in große Verlegenheit. Als sie ihn zur Rede stellte, drohte er ihr zu behaupten, sie selbst habe ihm das Geheimnis verraten. Da sie sich überhaupt nicht erklären konnte, wie er hinter das Geheimnis gekommen war, schlossen sie einen Handel. Er durfte hin und wieder unter ihrer Aufsicht heimlich den Trank bei ihr mischen, dafür schwieg er. Nur das Schimpfen konnte sie sich nicht abgewöhnen.

„Denk daran, was du tust. Der Geist des Bilsenkrauts ist stark. Es ist eine Schande, dass du ihm nur zum Vergnügen entgegentrittst", wetterte sie dann jedesmal. „Halte dich endlich an unsere Tradition; sie ist die Erfahrung deiner Ahninnen."

Boritak hätte am liebsten aufgelacht. Ja, ja, die heilige Tradition. Mit Horfet zusammen würde er die engen Grenzen überschreiten, so wie es noch nie zuvor jemand gewagt hatte.

Horfets Atem hatte sich beruhigt. Boritak nahm dessen leicht zittrige Hände in die seinen und verbeugte sich leicht vor dem Jugendlichen. Vorsichtshalber vermied er, ihn anzublicken.

„Wenn ein Junge an der Schwelle zum Mannsein steht, wählen die Geister ihn manchmal als ihren Boten aus, auch wenn er vorher sehr wenig von ihnen beachtet wurde. Du, Horfet, scheinst ein solcher Spätauserwählter zu sein. Ich gebe dir den guten Rat: Höre auf die Stimmen und ehre sie."

Horfet erschrak. Er sehnte sich zurück nach der Geborgenheit in seiner Familie, die er noch nie so tief empfunden hatte wie an jenem Tag, als sie ihn in der Höhle fanden. So frisch in seiner Erinnerung, doch so fern und unerreichbar für ihn seit Krata-buuns sinnlosem Tod. Warum mischten sich nun die Geister ein? Er hatte schon genug mit sich selbst zu kämpfen. Was bedeutete es, wenn sie ihm Lu-bagdais Seele in einer angriffslustigen Wolfsgestalt zeigten? Offenbarten sie ihm dadurch die wahren Gefühle, die seine Mutterschwester gegen ihn hegte? Und wenn ihre Liebe in Verachtung oder gar Hass umgeschlagen war, durfte er ihr das übel nehmen, wo er doch tatsächlich von seinen Hirngespinsten getrieben der Auslöser für Krata-buuns Tod gewesen war?

Ein Glück, dass er in Boritak einen echten Freund gewonnen hatte, der als Außenstehender ihn schon deshalb weniger hassen konnte, weil er Krata-buun nie kennengelert hatte. Er allein vermisste sie nicht so schmerzlich wie die Sippe, der Stamm. Und wie er selbst. Horfets Bedürfnis, sich diesem Fremden vorbehaltlos anzuvertrauen, wurde übermächtig. „Da gibt es noch etwas. Versprichst du, es meinem Baan (Kurzform für „Batar-nadoí", baranisch für *Mutterbruder*) nicht zu sagen? Es würde ihn sehr schmerzen."

Boritak war ganz Ohr. „Keine Sorge, ich schweige wie dieser Wurm hier." Er zeigte mit dem rechten Fuß auf das bemitleidenswerte Geschöpf, das die Ameisen gerade untertage schleppten.

„Also, ich, ich bin schon am Ufer des Mannseins angelangt. Gestern früh habe ich den weißen Saft an meinen Oberschenkeln entdeckt. Ich bin spät aufgestanden. Alle kümmerten sich schon draußen um ihre Tagestätigkeiten. Niemand war in der Hütte, als ich ihn von den Schlaffellen abwischte, so gut es eben ging. Ich bin gegangen, ohne es zu erzählen."

Anscheinend war es ansteckend, sich über altehrwürdige Bräuche hinwegzusetzen. Und er, der Ausgestoßene, war der Gifthauch, der die Krankheit verbreitete. Dass Horfet ihn als ersten einweihte, war ein Affront gegen seinen Mutterbruder Toischan. Nach gabbtaranischer Sitte gebührte es ihm als erstem zu erfahren, wenn bei seinem Schwesterkind der Mannbarkeitssaft zu fließen begann, sofern er wie Toischan bei der Erziehung dauerhaft mitgeholfen hatte. Dessen Aufgabe war es dann auch, ihn auf das Mannsein vorzubereiten und die anderen Männer des Dorfes zum Mannbarkeitsritual einzuladen, zu dem die Frauen keinen Zutritt hatten.

Boritak frohlockte innerlich. „Ich grüße dich, baldiger Mann des gabbtaranischen Volkes. Ich werde deinem Mutterbruder nichts verraten. Aber sag mir, warum hast du es ihm verschwiegen?"

„Ich weiß nicht. Ich musste alleine sein und habe gestern und heute früh nur gesagt, dass ich Eidechsen fangen wolle. Ganz früh bin ich auf die umliegenden Hügel gestiegen und habe nachgedacht, einfach nur nachgedacht. So wie es aussieht, werde ich heute wohl wieder keine heimbringen und die eine, die ich bestenfalls fange, gleich hier essen."

Boritak sah hinüber zum Dorf, dessen Umrisse von der mit Pinien bewachsenen Erhebung aus mit einer Hand zugedeckt werden konnten. Er sah Rauchschwaden aufsteigen: Botschafter neuer köstlicher Emmerfladen. Kleine emsige Gestalten liefen zwischen den Hütten umher. Wahrhaftige Menschen, die mit ihm sprachen, aßen, lachten und tanzten. Um nichts in der Welt wollte Boritak jemals wieder zu den Ausgestoßenen gehören. Nie wieder von allen verlassen und auf sich allein gestellt sein!

Zum Glück hatte ihm die überwiegende Mehrheit der Mungordauk-Leute seine Geschichte geglaubt. Ein Fieber habe seine Mutter, seine Mutterschwester, seine zwei Schwestern, seinen Cousin und deren Kinder dahingerafft. Er habe nur überlebt, weil er auf einem längeren Jagdzug gewesen sei und vor der wohl verdorbenen Speise nichts gegessen habe. Aus Gram habe er nicht länger in seinem alten Dorf bleiben wollen und sei deshalb ein Arkasnaq geworden. Mittlerweile allerdings sei er es müde umherzustreifen. Horfets Anklopfen am Aschme-óch habe er auch als Zeichen Gab-Btars für sich selbst verstanden. Er wolle sein Leben ab jetzt wieder in menschlicher Gesellschaft verbringen.

Untermauert von Horfets eigener Schilderung seiner Rettung durch Boritak, behielten die Skeptiker unter den Mungordauks ihre Zweifel für sich. Es gab natürlich welche, diehinter vorgehaltener Hand darüber schwadronierten, dass der Adler eine merkwürdige Vorliebe ausgerechnet für die Tätowierungsstelle an der Stirn bewiesen habe. Da Boritak jedoch gut mitarbeitete und niemand im Stamm Schlechtes oder Anstößiges von ihm zu berichten wusste, wollte ihm keiner ernsthaft zu nahe treten.

Die meisten waren ohnehin gutgläubig. Insbesondere Barcha-let ließ es nicht zu, dass jemand abfällig über Boritak sprach. Denn sie, die in Boritaks Augen nicht sehr attraktive Mutter Horfets, war ihm schon deswegen sehr zugetan, weil er ihr den über die Maßen geliebten Sohn lebendig wiedergebracht hatte. Außerdem schien sie eine Schwäche für Arkasnaq-Männer zu haben. Den Luxus, wählerisch zu sein, würde Boritak sich derzeit wohl nicht leisten können. Während knapp zwei Monaten hatte er daher sehr um Barcha-let geworben. Leider ohne den von ihm gewünschten Erfolg.

Der weitaus größere, unveränderbare Makel Barcha-lets bestand seiner Ansicht nach allerdings darin, dass sie die Schwester der scharfzüngigen, nüchternen Lu-bagdai war. Oft wenn er Lu-bagdais Weg kreuzte, beschlich seine Eingeweide die sein Leben beherrschende Angst, als das entlarvt zu werden, was er war: Ein gezeichneter, verstoßener Halbmensch, der eine Frau vergewaltigt hatte!

Daran, dass Lu-bagdai nicht viel von ihm hielt und ihn meist recht kritisch beäugte, würde er so schnell nichts ändern können. Doch sich zusätzlich deren Bruder Toischan zum stillen Gegner zu machen, wäre allzu vermessen, ja tollkühn gewesen. Auch wenn ihn Horfets Vertrauen mit großem Stolz erfüllte, musste er sich tunlichst davor hüten, Horfets Mutterbruder vor den Kopf zu stoßen.

„Junger Mann, sei ehrlich", sagte er daher zu Horfet. „War Toischan dir etwa kein guter Mutterbruder?"

„Doch schon, eher *zu* gut als zu schlecht", kam die zerknirschte Antwort.

„Na, also, Horfet, dann darfst du seine Gefühle auch nicht verletzen. Sonst tust du ihm Unrecht." Boritak staunte über sich selbst. Mit welchem Brustton der Überzeugung er plötzlich die Worte „ehrlich" und „Unrecht" aussprach. Wo doch sein Lebenswandel das beste Beispiel für das pure Gegenteil bildete. Die Gabbtaranschi gaben Verstoßenen nie eine zweite Chance. Das brauchten sie auch nicht. Denn Verstoßene gehörten dem Aschme-óch. War es möglich, dass sie sich täuschten und auch einer wie er sich noch ändern konnte?

Horfet schaute ganz verdrossen drein. „Es ist mir peinlich, schon wieder die Aufmerksamkeit aller auf mich zu ziehen."

„Das kann ich verstehen. Aber ändern kann ich es nicht. Btars Hand hat dich jetzt berührt. Dein Stamm hat ein Recht darauf, es zu erfahren. Toischan vor allen anderen."

Horfet seufzte tief. Leider hatte Boritak Recht. Was aus dessen Munde kam, konnte er akzeptieren, ohne dass es ihn reizte, sich dagegen aufzulehnen. Bei Toischan war das seit geraumer Zeit ganz anders. Ihm würde er am liebsten ständig widersprechen, allein schon wegen der Art, wie er etwas sagte. „Manchmal glaube ich", sinnierte Horfet, „du bist nur gekommen, um mich vor dem Treibsand zu retten, in den ich immer wieder wie ein dummer Tollpatsch hineinstolpere. Wer dich zum Freund hat, hat Glück."

Die Worte seines Schützlings trafen Boritak ins Innerste. Das hatte noch nie jemand zu ihm gesagt. Er umfasste mit beiden Händen Horfets Schultern und sah ihm tief in die Augen. Seine Stimme bebte ein wenig, als er den Heranwachsenden beschwor: „Horfet, hör auf, dich selbst gering zu schätzen. Du bist ein gescheiter junger Mann. Du siehst mehr als andere. Du bist von den Geistern auserwählt. Ich bin sicher, sie werden dir bald ein Geheimnis offenbaren. Vertrau dir selbst! Ich jedenfalls bin froh und stolz, dir begegnet zu sein."

Mit einem freundschaftlichen Druck gegen dessen Arme löste er den Griff und wandte sich zum Gehen. Er wollte nicht, dass der ganz ungläubig dreinschauende Junge das glänzende Nass in seinen Augen entdeckte. Durfte er es wagen, Horfet gern zu haben? Seine Vergangenheit schrie „Nein". War die Zukunft vielleicht gewillt, ihm eine andere Antwort zu geben?

Lu-bagdai klammerte sich an den Türpfosten. Ein neuerlicher Schwindelanfall brachte sie ins Wanken.

Barcha-let eilte zu ihr. „Lu-bagdai, bei Gab-Btars Bauch, setz dich endlich hin und lass mich die Sehnen zum Nähen aus dem Fleisch lösen. Schwesterlein, Btar hat deinen Bauch geküsst. Du solltest dich mehr schonen."

„Ich kann es diesmal so schlecht einschätzen. Manchmal habe ich das Gefühl, ich könnte mit bloßen Händen Bäume roden, im nächsten Moment bin ich vollkommen erschöpft, und alles dreht sich. Barcha-let, ich habe solche Angst, dass es wieder abgehen könnte."

„Du darfst keine Angst haben. Du wirst sehen. Diesmal wirst du dein Kind im Arm halten und es stillen. Es ist gewiss ein sehr stürmisches Kind. Stark genug für diese Welt. Vertraue Btar. Wir haben genug gelitten. Nun wird sie uns wieder großes Glück schenken. Krata-buuns Seele wird ein Neugeborenes für dich in die Körperwelt rufen. Sei ganz vertrauensvoll. Dein Kind wird leben. Ich höre es aus dem Klang der Lieder, die du auf deiner Flöte spielst. Ruh dich aus."

Barcha-lets Zuversicht übertrug sich auf die werdende Mutter. Wie schön, wenn ihr Flötenspiel ein gutes Omen war. Auch ihren Körper durchströmte wärmende Ruhe, sooft sie der geheimnisvollen Knochenflöte, die ihr Anujach als treuer Bote der Schamanin überbracht hatte, Melodien entlockte. Betörende Tonfolgen, die sie nie zuvor gehört hatte, die direkt von Btar stammen mussten!

Mit ihrer Schwester im Schlepptau, die geistesabwesend zu sein schien und noch sehr wacklig auf den Beinen war, griff Barcha-let nach den erstbesten Schlaffellen, die sie zu fassen bekam. Das Rot des Lederbandes, das sie im Schatten nicht gesehen hatte, verriet ihr, dass sie Horfets Felle gepackt hatte. Egal. Sollte er halt heute Nacht die seiner Mutterschwester nehmen. Als sie ihre Schwester darauf bettete, fiel ihr eine etwas klebrige Stelle auf. „Komisch", dachte sie, „Horfet ist doch sonst viel zu pingelig, um mit klebrigen Händen schlafen zu gehen." Er nahm gewöhnlich als erster nach dem Essen eine Handvoll Sand, um sich die Hände daran abzureiben. Sollte der Fleck etwa eine ganz andere Erklärung haben? Neugierig roch sie an dem Fell. Es gab keinen Zweifel: Ihr Horfet war zum Mann herangereift.

Zum Glück hatte Lu-bagdai von der Aufgeregtheit ihrer Schwester nichts gemerkt. Das war auch besser so, denn soweit sich Barcha-let erinnerte, war Horfet heute früh in den Wald gegangen, ohne mit Toischan zu reden. „Mein armer kleiner Sohn", schoss es ihr durch den Kopf, „zur Zeit ändert sich deine Welt schneller, als du schauen kannst. Sei ohne Sorge. Deine Mutter wird niemandem ein Wort sagen."

Lu-bagdai entspannte sich langsam und schlief ein. Barcha-let setzte sich neben ihr auf den Boden und machte sich vorsichtshalber an dem Fleck zu schaffen. Nach einigen Anläufen war er verschwunden.

Als sie wieder nach draußen ging, kam ihr Toischan entgegen. „Wo zum Aschme-óch sind eigentlich Riwa-quoi und Horfet? Auch Boritak und Upakan sollten ihr Scherflein beitragen. Sie wohnen schon zwei Mondläufe in der Versammlungshütte. Wir Männer brechen in den nächsten Tagen zu einem großen Jagdzug auf, und ich würde dringend vier Hände brauchen, die mir vorher helfen, die Fallen abzugehen, ein paar Pfeile auszubessern, einige starke Stricke zu drillen und so weiter und so fort. Aber die Kinder meiner Sippe sehe ich nirgendwo. Weißt du, wo sie sind?"

„Also Horfet ist auf dem Nachbarhügel Eidechsen fangen und Riwa-quoi hat sich einen Korb geschnappt und ist mit Upakan zum Pilzesammeln gegangen", erwiderte Barcha-let ihrem Bruder.

„Ich sehe die Ausbeute schon vor mir, zwei Pilze und zwei verschwitzte, über und über mit Moos bedeckte Pilzsucher."

„Hast du was anderes gemacht, als dein Herz für zwei Brüste schlug? Lüg bloß nicht!"

„Mit Vergnügen, meine neugierige Schwester. Also, ich war beim Laubwälzen so geübt, dass ich noch locker die Zeit fand, einen vollen Korb Pilze heimzubringen."

„Von wegen! Wahrscheinlich warst du ein so schlechter Liebhaber, dass deine Geliebten lieber freiwillig mehr Pilze gesammelt haben, als sich mit dir auf dem Boden herumzurollen."

Toischan machte einen Satz auf Barcha-let zu und kitzelte sie, so schnell und heftig er konnte. Er wusste genau, an welchen Stellen sie besonders empfindlich war.

Barcha-let kreischte vor Lachen. „Hör auf, bei Btars Gnade, hör auf, mir läuft das Wasser schon die Beine runter."

„He, Toischan, lass mich mitmachen", scholl es von der Seite her. Es war Pakun, der in Begleitung von Anujach mit einem Bündel gerade gewachsener Ahorn- und Eschenstämmchen unter dem Arm um die Ecke bog. „Aber dann sollten wir uns wirklich beeilen, denn wir haben noch etliches vorzubereiten, mein Schwestersohn."

Barcha-let brachte sich mit einem Sprung in Sicherheit. „Das würde euch so passen. Ihr habt aber keine Chance. Eher streue ich euch Sand in die Augen." Sie bückte sich und hob etwas Sand auf. „Außerdem haben wir für das, was noch alles erledigt werden muss, genug gealbert. Insbesondere, da Lu-bagdai sich mehr ausruhen und vor allem viel mehr liegen sollte.

Die Mienen der drei Männer wurden sofort ernst. „Glaubst du, dass es ihr so schlecht geht?", wollte Anujach wissen.

„Jedes Leben-im-Leben fühlt sich eben sehr unterschiedlich an. Es gibt Frauen, die vor Kraft strotzen, wenn ein Kind in ihnen heranwächst und es gibt Frauen, deren ganze Kraft sich auf das Leben in ihrem Bauch zu bündeln scheint. Bei Lu-bagdai kommt hinzu, dass sie schon zwei Bauchkinder verloren hat. Ich habe mit den alten Frauen darüber gesprochen. Wir waren uns schließlich einig, dass sich das Kind besser in ihr halten wird, wenn sie sich mehr hinlegt. Bei den letzten beiden Seelen, die zu ihr wollten, hat sie das ja nicht getan. Doch dieses Mal sollte sie nichts unversucht lassen, um ihr Kind endlich zu behalten. Auch wenn ihr das Faulenzen sehr schwer fallen wird."

Pakun kratzte sich an seinem Bart, der anders als seine Haare noch nicht ganz ergraut war. „Das bedeutet, dass wir anderen in Zukunft mehr mit anpacken müssen. Vor allem Horfet und Riwa-quoi waren in letzter

Zeit ja sehr mit sich selbst beschäftigt. Jetzt werden sie auf Lu-bagdai Rücksicht nehmen müssen."

„Ihr sprecht von mir." Die drei wandten sich um.

„Mensch, Junge, du beherrscht das Anpirschen mittlerweile wieder sogut, dass wir dich gar nicht bemerkt haben", lobte Toischan seinen Schwestersohn, den er nur noch um etwa drei Daumen überragte.

Horfet lächelte zurück. Sein Bein war tatsächlich schön verheilt und bereitete ihm nur noch bei schweren Steigungen oder schnellen Spurts leichte Schmerzen. „Was ist mit Lu-bagdai?", fragte er in die Runde.

Barcha-let erklärte ihm die Situation.

„Ja, ich verstehe", erwiderte Horfet. „Ich werde gerne meinen Teil beitragen, um Lu-bagdai zu entlasten." Auf diese Weise könnte er zumindest einen Teil seiner Schuld abtragen. Vielleicht würde er dadurch sogar wieder die Sympathie seiner Mutterschwester zurückgewinnen. „Erst recht jetzt, wo…", es kostete Horfet große Mühe, Toischan direkt in die Augen zu schauen. Wie ein scheues Reh im Visier eines hungrigen Jägers kam er sich vor, als er weitersprach: „An dich, mein Mutterbruder, richte ich dies Wort zuerst, so wie es dir gebührt. Heute Nacht wies mir Btar den Weg zum Mannsein."

Endlich war es heraus, ohne dass sein Mutterbruder die kleine Verlegenheitspause bemerkt hatte. Denn der umarmte ihn hocherfreut und so heftig wie damals Barcha-let in der Höhle. „Ach, Horfet, mein lieber Junge, lass dich drücken. Das ist ja großartig. Endlich mal eine gute Nachricht. Du hast dir übrigens einen wunderbaren Zeitpunkt ausgesucht, denn in ein paar Tagen brechen wir zu einem großen Jagdzug auf. Da kannst du gleich den ersten Teil der Mannbarkeitsprüfungen erfolgreich hinter dich bringen. Ich bin sicher, du schaffst es auf Anhieb."

Toischans Worte voller Zuversicht erstaunten Horfet. Plagten seinen Muttterbruder denn gar keine Zweifel, was seine Tauglichkeit als vollwertiges erwachsenes Familienmitglied anbelangte? Hatte er sich die ganzen Vorbehalte, die ihm nach Krata-buuns Tod entgegengebracht worden waren, etwa nur selbst eingebildet? Horfet atmete so tief aus wie seit zwei Monaten nicht mehr. Doch die unbändige Erleichterung war nur das eine Ende des Stabes. Am anderen Ende stand Horfets fester Entschluss, seinen Clan auf keinen Fall zu enttäuschen. Diesmal würde er sein Bestes geben, damit seine Familie wieder stolz auf ihn sein konnte. Und damit Elatanschs Schandmaul endlich gestopft würde.

„Mögen die Geister Lo-atel (baranisch für *Mannessohn*) dabei helfen", bat er inständig und zum ersten Mal mit einem Anflug trotzigen Stolzes auf seinen neuen Namen. So weit wich der nicht einmal von seinem kompletten „richtigen" Namen ab, der *Möge der Mann ankommen* (baranisch „Ho-orfetwa-lo", kurz „Horfet") bedeutete. Warum ihn seine Mutter so genannt hatte, war ihm ohnehin ein Rätsel. Vielleicht, weil sein kleiner Bruder gestorben war und sie sich wieder einen Sohn gewünscht hatte? Besser, er rührte nicht an dieser alten Wunde.

Auch Barcha-let und Pakun machten aus ihrer Freude keinen Hehl, so dass bald das ganze Dorf Bescheid wusste. Boritak hatte sich wohlweislich im Hintergrund gehalten und gesellte sich erst jetzt zu den anzüglich scherzenden Dorfbewohnern. Bevor ein Junge tatsächlich in den Kreis der Männer aufgenommen wurde, musste er einige Aufgaben meistern und Rituale durchlaufen. Im Gegensatz zu den jungen Frauen konnte es angehenden Männern passieren, bei der Erfüllung ihrer Aufträge zu scheitern. Erst nach etwa einem Jahr bekamen sie dann erneut die Chance, ihr Glück zu versuchen.

„Hört mir zu, Männer des Rates", übertönte Toischans Stimme das allgemeine Gemurmel. Als Horfets Mutterbruder bitte ich euch, morgen Abend nach Sonnenuntergang zur Weißkrallenhöhle zu kommen. Dort beraten wir dann die einzelnen Aufgaben für Horfet. Ich danke euch."

„Wenn es doch schon übermorgen wäre", dachte Horfet voller Ungeduld.

Seine Umgebung schmolz vor Upakans Gesichtsfeld dahin, als er sich einem erneuten Höhepunkt entgegenstieß. Sein Penis war schon wieder hart wie ein Stück Buchenholz und verlangte unerbittlich das Eintauchen in Riwa-quois Innerstes, wo er in einem Strahl warmer Nässe explodierte und Upakan höchste Lust bereitete. Die ganze Ewigkeit einer stillstehenden Welt in einem Augenblick. Aber zugleich so grausam vergänglich, dass es ihn körperlich schmerzte. Nicht nur in seinem Glied, das ihn plötzlich an einen ausgepressten Schwamm erinnerte, während er es wehmütig wieder aus Riwa-quois Tiefe herauszog.

Noch niemals hatte er eine Frau so leidenschaftlich, so kräfteverschlingend begehrt. War es ihre betörend makellose Haut, ihr langes, dickes Haar, ihr interessantes Gesicht, ihre großen Augen, ihre weichen, anschmiegsamen Pölsterchen, unter denen sich gleichwohl kräftige Muskeln verbargen? Upakan hatte sich stets Frauen ausgesucht, die solche Merkmale besaßen. Keine hatte sie je in solcher Vollkommenheit auf sich vereint. Niemals zuvor hatte ihn eine Frau so um den Verstand gebracht. Was ihm hier widerfuhr, musste wohl der Zustand sein, den die Gabbtaranschi „das eine Herz in zwei Brüsten" nannten.

Ein leichter Windhauch wehte Riwa-quoi den Geruch des Laubes in die Nase, auf dessen Teppich sie es sich gemütlich gemacht hatten. Ob Upakan jetzt endlich mal genug hatte! Gewiss, es gab Frauen, die über nimmersatte Liebhaber wahre Lobgesänge am Feuer anstimmten. Aber ihr Fall war das nicht. Ein Höhepunkt reichte ihr vollkommen aus. Sie hatte gehofft, dass sich auch Upakans Leidenschaft langsam abkühlen würde, wenn erst mal die Lohe frischer Verliebtheit niedergebrannt war. Doch das Gegenteil schien einzutreten. Je mehr sie sich liebten, desto stärker wurde Upakans Verlangen.

Obwohl sie es nicht gerne tat, würde sie wohl ein ernstes Wort an ihn richten müssen. „Upakan, lass mich los. Ich muss mit dir reden."

Ihr kühler Tonfall verunsicherte ihn. Erschrocken hielt er inne und blieb neben ihr, den Kopf auf die Hand gestützt, liegen. „Was ist, mein Flaumfederchen? Ich bin ganz Ohr."

Riwa-quoi holte Luft. Nie hätte sie gedacht, dass ausgerechnet *sie* irgendwann einmal mehr Abstand *von ihm* brauchen würde. Vor zwei Monaten, als alles begann, schien sie mehr um ihn zu werben als umgekehrt. Upakans Liebe half ihr sogar, über Krata-buuns Tod leichter hinwegzukommen. Doch sie war im Gegensatz zu Upakan nicht so sehr auf die eine Art des Zusammenseins fixiert.

„Mein Geliebter. Ich will dich nicht verletzen. Ich liebe dich. Aber ich kann nicht länger schweigen. Also, folgendes stört mich. Deine Leidenschaft ist zu viel für mich. So kann es nicht weitergehen."

Upakan konnte kaum glauben, was er hörte. Verwirrt fragte er: „Habe ich dir etwa wehgetan? Bitte verzeih mir, das wollte ich auf keinen Fall. Vielleicht bin ich manchmal zu stürmisch."

„Upakan, nein, nein, du hast mir nicht wehgetan. Es ist nur…, ich meine, also ich…, ich lechze nicht so sehr nach dem verbundenen Geschlecht, wie du es offenbar tust. Ich habe das Gefühl, du erdrückst mich mit deiner Leidenschaft, die immer nur darauf zielt, meinen Unterleib zu füllen."

Wozu quetschte sie ihm nicht gleich beide Hoden, wenn sie solche Enthüllungen ohne jede Vorwarnung hinausposaunte? Entsetzt richtete sich Upakan auf und stierte sie an. „Um Btars willen, mein liebstes Herz, mein hellster Stern, meine Angebetete, was in aller Welt redest du da? Ich stoße mir die Seele aus dem Leib, weil ich dich begehre, und dir ist das zu viel?"

Je länger er darüber nachdachte, als desto niederschmetternder entpuppte sich Riwa-quois Äußerung. Sie empfand also seine Lust als Last! Seine enorme Standfestigkeit, die ihn mit so großem Stolz erfüllte, verdross sie! Seine Liebe war ihr zu viel! Nie hatte ihn ein Vorwurf derart überrascht und zugleich verletzt!

Riwa-quoi beobachtete Upakans Gesichtszüge, in denen sich eine Verwandlung vollzogen hatte, die ihr Angst machte. Fast glaubte sie, einem völlig fremden Menschen gegenüber zu sitzen. Beklommen dachte sie an ihre Mutter und ihre beste Freundin. Beide hatten ihr dazu geraten, Upakan über ihre wahren Gefühle nicht im Unklaren zu lassen.

Was nutze es schließlich, hatten sie sie gefragt, wenn sie beide sich anlögen? Wenn ein Mannesstab oft genug unlustig sei, müsse sich die Frau ja auch damit abfinden. Oder sie müsse sich eben einen anderen Liebhaber suchen, wenn sie ihn nicht von Herzen liebe. Dasselbe müsse auch umgekehrt gelten. Entweder liebe sie Upakan mit seiner ganzen Seele, dann würde er Rücksicht auf sie nehmen. Oder seine Liebe sei weniger tiefgehend, dann würde er sich sowieso über kurz oder lang nach einer anderen Frau umsehen. Am wichtigsten sei es doch, ehrlich miteinander umzugehen. Dass Frauen und Männer vieles anders sähen, sei schließlich kein Geheimnis. Beide Geschlechter für eine beide Seiten beglückende Liebe zusammenzuführen, sei da schon eine Kunst, die nicht immer auf Anhieb klappe. Soweit ihre Ratgeberinnen.

Das Eindringen seines Gliedes in ihren Schoß war nach Riwa-quois Dafürhalten jedenfalls mitnichten die einzige Möglichkeit, ihr seine Liebe zu demonstrieren. „Mein Liebster, vielleicht hast du es bisher anders gesehen. Aber ich bin bereits glücklich, wenn ich nur in deinen Armen liege. Ich genieße es über alle Maßen, wenn sich unsere Körper aneinanderschmiegen. Ich vergehe vor Entzücken, sobald du meinen Körper liebkost und mich dabei mit all deiner Liebe ansiehst. Dass dein Penis so oft hart wird, mag für dich eine Quelle laufender Ergötzung sein. Aber wenn er dies so kurz hintereinander tut, dann freue ich mich nicht darüber. Wieso bist du denn mit einem Mal so abweisend?"

Upakan sah sie fassungslos an. All seine tollen sexuellen Leistungen hatte er an eine Frau verschwendet, die sie nicht einmal ansatzweise zu würdigen schien. Sein Mutterbruder hatte ihn auf solche Frauen nicht vorbereitet. „Soll das etwa heißen, dass ich dich als Liebhaber schon eine ganze Zeitlang mit meiner überschwänglichen Begierde langweile? Hast du dich etwa heimlich über mich amüsiert?" Upakans Stimme klang, als habe er seine Stimmbäder in Galle gebadet.

Was bei allen Käfern war plötzlich in ihren besonnenen Upakan gefahren? „Um Btars willen. Was denkst du von mir? Bitte sprich nicht in einem derart bitteren Ton von unseren Liebestreffen. Du warst immer so begeistert von deinem Wonneteil, dass ich es nicht übers Herz brachte, dir deine Freude zu nehmen. Außerdem hoffte ich ja immer, dass du bald weniger Dauerlust haben würdest."

Anstatt sich zu entspannen, verdüsterte sich Upakans Blick zusehends. Seine Armmuskeln spannten sich an.

Riwa-quoi hatte dafür kein Verständnis. „Du liebe Güte, Upakan. Du bist älter als ich und müsstest wissen, dass zwischen Frauen und Männern erst manche Missverständnisse ausgeräumt werden müssen. So wie du dich jetzt benimmst, sieht es aus, als seiest du mehr in deinen Prallschwengel als in mich verliebt. Sogar bei der letzten Vollmondin haben wir es miteinander getrieben, obwohl ich den Rat der Frauen noch nicht gefragt hatte, geschweige denn die Schutzzeremonie für mich abgehalten war."

Noch jetzt dachte sie mit Schrecken an ihren verantwortungslosen Leichtsinn. „Mannessaft und voller Mond locken verirrte Seelen an", so sagten die alten weisen Frauen. Natürlich wurden immer wieder Kinder geboren von Frauen, die den Rat nicht gefragt hatten. Doch wenn die Mutter nicht an Vollmond mit einem Mann geschlafen hatte, bestand ja auch keine Gefahr. Selbst Mütter, die das Vollmondtabu gebrochen hatten, konnten hoffen, dass ihre Nachkommen nach diversen Geistaustreibungsritualen schließlich vollwertige Mitglieder des Stammes wurden.

Wenn allerdings eine „Vollmondschwärmerin" bei der Geburt starb, was laut Weisenrat viel häufiger als bei den anderen Frauen passierte, bedeutete dies auch für ihr Kind den sicheren Tod. Denn dann hatte es sich eindeutig als böser Geist zu erkennen gegeben, den ein Stamm niemals in seinen Reihen dulden durfte. Dem Stamm blieb leider gar nichts anderes übrig, als solche Kinder auszusetzen.

Um ein derartiges Unglück von vornherein zu vermeiden, zogen sich die geschlechtsreifen Frauen, für die der Frauenrat noch nicht das Schutzritual vollzogen hatte, an den Tagen ihrer Mondreife in die Vollmondhütte zurück. Diese stand an die zweihundert Frauenschritte abseits des Dorfes in nordöstlicher Richtung, wurde von einer Steinmauer und einer Hecke vom Dorf abgeschirmt und durfte von Männern nicht betreten werden. So kamen die Frauen bei den wilden Tänzen und Gesängen dieser gemeinsam verbrachten Zeit gar nicht erst in Versuchung, die Umarmung eines Mannes zu suchen. Und wenn manche vor Lust brannten, wussten sich die Frauen auch selbst oder gegenseitig zu helfen.

Trotzdem hatte sie es damals vorgezogen, in der Clanhütte zu bleiben, aus der sie sich des Nachts schlich, um sich im gleißendsten Mondlicht Upakan hinzugeben!

„Ich kann mich nicht erinnern, dass ich dich lange darum bitten musste", entgegnete er plump.

„Von wegen, du hast so lange von nichts anderem gesprochen, bis ich mich breitschlagen ließ."

„Du bist die Frau und bestimmst, was wir tun. Wenn du mitmachst, kannst du mir nicht anschließend die Schuld geben." Was wollte sie eigentlich hören? Dass es ihm leid tat, sie so oft zu begehren?

Riwa-quoi wurde zusehends nervöser. Was er sagte, stimmte leider, klang jedoch furchtbar nüchtern und herzlos. Nur mit größter Mühe blieb sie Herrin ihrer Stimme. „Das will ich auch nicht, deshalb rede ich ja mit dir. Ich wünsche mir nur, dass du weniger fordernd bist. Mit Saniutai war…"

Kaum hatte sie dessen Namen ausgesprochen, da bereute sie es schon. Upakan warf seinen Kopf zurück und schob ihr sein Kinn entgegen. Ohne ein weiteres Wort zu verlieren, stand er auf und ließ sie allein mit dem Weidenkorb zurück.

„Liebster", rief sie ihm hinterher, „lass uns doch nicht über das verbundene Geschlecht streiten. Ich liebe dich ja viel mehr als Saniutai. Bitte hör mir zu. Ich will, dass du als Nadoí-biál mit mir alt wirst. Wir finden schon noch den richtigen Weg. Bitte warte auf mich. Mit dem Korb kann ich nicht so schnell rennen wie du."

Upakan dachte nicht daran, seine Geschwindigkeit zu reduzieren. Was sie gesagt hatte, musste er erst verdauen. Wenn für sie das verbundene Geschlecht derart lästig war, was wollte sie dann gerade von ihm? Wie konnte sie ihm überhaupt solche Gemeinheiten an den Kopf werfen und dann noch diesen Saniutai erwähnen, der ihm zutiefst unsympathisch war? Allein ihre Stimme zu hören, war momentan zu viel – für ihn!

139

Während reges Treiben auf dem Dorfplatz herrschte, saß Riwa-quoi missmutig im Sippenhaus und verdrillte Hanffaser um Hanffaser zu einem dünnen Strick. Sogar deren honigwabenartiger Geruch erinnerte sie entfernt an Upakan. Immer wieder musste sie eine Träne wegwischen, die ihr über die Wange lief.

Auf und davon war dieser gekränkte Hirsch. Hatte seine Jagdwaffen und sein Schaffell aus der Versammlungshütte genommen, sich von ihrer Sippe und dem ganzen Dorf verabschiedet und war seines Weges gezogen. Als Vorwand hatte Upakan angeführt, dringend zu seiner Sippe zurückkehren zu müssen, in der er der einzige Mann sei. Die Eile seines Aufbruchs überraschte die Dorfbewohner zwar, aber die Begründung leuchtete ihnen ein. Alle nahmen selbstverständlich an, dass er von seiner Geliebten bereits im Wald auf die besondere Art der Liebenden Abschied genommen habe.

Da Riwa-quoi keine Lust hatte, Upakan die ganze Strecke nachzuhetzen, war sie erst heimgekehrt, als Upakan schon fort war. Sie fiel aus allen Wolken, verbiss es sich aber, deswegen das ganze Dorf zusammenzuschreien. Nur ihre Mutter und ihre Mutterschwester weihte sie ein. Riwa-quoi konnte beim besten Willen nicht sagen, was ihr mehr zu schaffen machte: ihr Schmerz über den Verlust oder ihre Wut, sich überhaupt in solch einen Schmetterlingsmann verliebt zu haben.

Ihre Mutter versuchte sie zu trösten: „Mein liebes Eichhörnchen", sagte Barcha-let. „Du bist nicht die erste Frau, der das widerfährt. Manche Männer sind nun mal so. Sie saugen den süßen Honig unserer Liebe ein und wenn sie genug davon genascht haben, schweben sie zur nächsten Blüte. Genauso ungeniert wie Schmetterlinge eben. Diese Menschenfalter kennen nur die Lendenliebe. Die Herzensliebe bleibt ihnen verborgen."

Riwa-quoi heulte los. „Ja, aber er war der erste Mann, den ich als Nadoí-biál (baranisch für *Bruder der Liebe*) haben wollte bis an mein Lebensende. Wie kann er mir das antun? Nur weil ich ihn nicht ständig in mir spüren will. Wieso ist ihm das überhaupt *so* wichtig? Und warum läuft er deswegen gleich davon, ohnewenigstens ruhig mit mir darüber zu reden? Ach was, ohne sich auch nur von mir zu verabschieden."

Barcha-let nahm sie in ihre Arme. „Ach, mein armes Kindchen. Ich kenne die Wucht des Liebesleides nur zu gut. Aber glaube mir, Upakan ist keine einzige Träne wert. Viele Männer sind wie Wolken, sie eilen heran, regnen ab, bleiben kurze Zeit stehen und ziehen wieder weiter. Nur Btar könnte das ändern. Deshalb hat sie uns ja die Sippe geschenkt. Auf deine Sippekannst du dich immer verlassen, egal was passiert."

Die Unterhaltung der beiden Frauen hatte Lu-bagdai geweckt, die inzwischen mehrere Nickerchen während des Tages hielt. Heute hatte sie besonders lange geschlafen. Besorgt sah sie auf ihre beiden Verwandten. „Um Btars willen, was ist denn passiert, Riwa-quoi? Deine Augen sind ja ganz aufgequollen vor lauter Weinen?"

Riwa-quoi schluchzte von neuem. Barcha-let informierte Lu-bagdai: „Stell dir vor, der nette, höfliche Upakan hat sich ganz plötzlich wie ein Schwälbchen dem Wind anvertraut und segelt angeblich wieder heim zu seiner Mutter. Wer das wohl glaubt?"

Pikiert schüttelte ihre Schwester den Kopf. Es gab eben nur wenige Anujachs, stellte sie für sich fest. Zu ihrer Schwestertochter gewandt, sagte sie: „Was ist denn vorgefallen? Dass Upakan dich so plötzlich verlässt, hätte ich nie für möglich gehalten."

Riwa-quoi schluckte, ehe sie antwortete. „Ich habe ihm nur klarmachen wollen, dass er für meine Begriffe das verbundene Geschlecht zu sehr anpeilt. Du hättest sein Gesicht sehen sollen, als ich das ansprach. Als hätte man ihm verfaultes Fleisch in den Mund geschoben."

„Sieh mal einer an", erregte sich Lu-bagdai. „Der höfliche Upakan verträgt keine Kritik an seiner Männlichkeit. So einer ist das also. Unter seiner rücksichtsvollen Schale steckt ein ganz schön selbstverliebter Flegel. Preise dich glücklich, ihn los zu sein. Ich wünsche dir, dass du bald einem Rabenmann begegnest, der deine Herzensliebe zu erwidern weiß. Glaub mir, deine Chance, ihn zu erkennen, nehmen nach schlechten Erfahrungen ungemein zu. Andererseits darf man auch sie nicht überbewerten. Ich tue es nicht gerne, aber ich muss dich an das erinnern, was deine Mutter und ich schon seit längerem versuchen, dir begreiflich zu machen. "

Riwa-quoi wusste genau, was jetzt kam. Am liebsten wäre sie wie ihr Bruder davon gelaufen, aber sie war eine erwachsene Frau, die ihre Clanmutter nicht einfach stehen lassen wollte.

Lu-bagdai fuhr fort: „Deine große Enttäuschung rührt vor allem daher, dass du von Anfang an in Upakan deinen Bruder der Liebe gesehen hast. Wie viele Tage kennst du ihn denn? Drei oder vier Mal zwei Hände voll Finger? Die Entscheidung, ob ein Mann tatsächlich deinetwegen seine Sippe verlassen will, ist keine, die man mit loderndem Herzen treffen darf. Man muss ihm viel Zeit geben und man darf ihn auf keinen Fall drängen. Viele gemeinsame Erlebnisse knüpfen Faserchen für Faserchen ein dickes Band um euch, ehe es so weit sein kann. Manchmal genügt aber nur ein einziger Schnitt mit einem Flintstein, um es für immer zu trennen. Niemand kann solch eine Bindung allein mit seinem eigenen

Willen auf Dauer festlegen. Wer das versuchte, verstöße gegen das Lied des Lebens, das dem immerwährenden Wandel unterliegt. Achte daher die Herzensliebe hoch, wenn sie sich entwickelt, aber sei nicht traurig, wenn sie dir versagt bleibt."

„Ich dachte doch, es ginge ihm wie mir", schluchzte Riwa-quoi.

„Ich weiß", Lu-bagdais Hand fuhr über Riwa-quois Oberarm. „Wenn einen der Liebessturm umweht, glaubt man sogar, dass die eigene Liebeskraft gleich für alle beide reichen muss. Auf jeden Fall ist es besser, selbst so stark zu lieben, als nur geliebt zu werden und für den anderen nichts zu empfinden. Auch wenn man dann enttäuscht wird. Ich selbst habe mir in meiner Jugend jedenfalls alle Männer näher angeschaut, für die ich etwas empfand. Ich wollte lernen, worauf es mir wirklich ankommt. Dass ich schließlich bei Anujach geblieben bin, hat sich einfach ergeben. Angestrebt habe ich es nie. Denn ein untrennbares Bandgeflecht hielt mich ja bereits, und das war das Band zu meiner Sippe. Und wie ist es bei dir? Liebst du uns denn plötzlich weniger, weil du ihn liebst?"

Riwa-quois feuchte Augen sahen sie entsetzt an. „Nein, oder ein bisschen, äh, ich … ich wollte eben, dass dieser Mann mich auch so liebt wie ich ihn."

Lu-bagdai suchte Barcha-lets Blick und sagte: „Ich kann dir das gut nachfühlen. In deiner Verliebtheit kam dir seine Liebe plötzlich viel verlockender vor als unsere. Aber glaub mir, damit tust du dir selbst keinen Gefallen. In unseren Herzen ist viel mehr Platz für Liebe. Es wäre dumm, wegen der Liebe zu einem Menschen all die anderen, die du auch liebst, zu vergessen."

„Ich hab euch doch nicht vergessen", flüsterte die unglücklich Verliebte und heulte von neuem los.

„Nein, natürlich nicht. Entschuldige. Das war das falsche Wort. Es war wohl eher so, dass die Liebe zu uns wie ein Stern leuchtete und die zu ihm wie die volle Mondin."

Lu-bagdai drückte ihre Schwestertochter an sich. Dazu sang sie eine alte Weise, von der man sagte, Gab-Btar selbst habe damit eine von ihrem heißgeliebten Liebhaber verlassene Frau getröstet, die noch dazu gerade erst entbunden hatte:

„Wie einst dein Tochternabel an der Mutter hing,
hängst, Tochter, du an deren Enkel, deinem Kind.
Gab's je ein läng'res, dick'res Band, das Liebende umfing?
Vergiss den Mann, der anders sinnt.

Mag er sein Band woanders finden,
oder ganz wie er will, sich nimmer binden.
Ein Liebesband hält ihn ja schon
als Bruder seiner Sippe und als Sohn."

Lu-bagdais Finger strichen sanft die beiden zuletzt geflossenen Tränen aus Riwa-quois Gesicht. „Meine liebe Schwestertochter", sagte sie, „stell dir doch mal vor, wie viel Licht all die Sterne am Himmel haben, verglichen mit der einen Mondin. Glaubst du nicht, dass deren Licht zusammen auch hell genug sein könnte?" Riwa-quoi nickte. Sie verstand sehr wohl, was ihre Clanmutter meinte, und nahm sich vor, das nächste Mal deren Rat zu beherzigen. Doch den nagenden Schmerz in ihrem Herzen vertrieb sie dadurch nicht.

Toischan erhob sich. Rings um ihn saßen die erwachsenen Männer des Dorfes, zwanzig an der Zahl. Nur einer hatte sich für das abendliche Treffen entschuldigt, weil er einen entzündeten Zahn hatte und nach Meinung seiner Mutter Chanut-pal besser seinen Mund halten sollte, damit die Kamillenblütenrollen darin nicht verrutschten. Von den Männern, die beim Stamm der Mungordauks als Gäste lebten, zählten lediglich die „Brüder der Liebe" zum Männerrat.

Der den Männern vorbehaltene Teil der Weißkrallenhöhle bestand in einer etwa drei Mann hohen Tropfsteinhalle, die durch die vielen abgebrochenen Stalaktiten eine atemberaubende Bandbreite an Formen und Gestalten aufwies. Zusammen mit den Schattenumrissen, die das Feuer an die Wände warf, verschmolzen die Steingebilde laufend zu neuen Zauberwesen, denen keiner der Männer allzu gerne ganz allein begegnet wäre.

Die Mungordauks (die „Weißkrallen") verdankten ihren Namen einem der drei Eingänge der Höhle, die sich in südöstlicher Richtung vom Dorf befand. Denn über dem an lichter Höhe größten Gemeinschaftseingang, prangten, unglaublich glatt herausgeschnitten, vier Kalksteinerhebungen, durch die jeder Mensch sofort an eine Greifvogelkralle erinnert wurde. Überdies noch mit der Besonderheit, dass diese „Vogelfüße" in bemerkenswert hellem Kalkweiß glänzten. Zwei kleinere Eingänge an fast genau entgegengesetzten Richtungen des Höhlenhügels, der einem Berg vorgelagert war, gab es noch, von denen einer allein den Frauen und der andere ausschließlich den Männern vorbehalten war.

Toischan räusperte sich. Er war es nicht gewohnt, die Gesprächsleitung vor so vielen Zuhörern innezuhaben, und konnte seine Aufregung kaum zügeln. „Geschätzte Stammesbrüder, ich habe heute die große Ehre, euch meinen Mutterbruder", Toischan stockte, „entschuldigt, ich meinte natürlich meinen Schwestersohn als, äh, also, ach, ich fasse mich kürzer. Also ich wollte euch fragen, welche Aufgaben wir Horfet, also genauer welche ihr vorschlagen würdet, dass ihr ihm stellen wollt, damit er sich in diesem Kreis als Mann bewähren kann."

Während die anderen nur grinsten, feixte Aflet. „Mabee, keineswegs lassen wir ihn eine Rede halten, denn wenn das Gestottere in der Sippe liegt, fallen uns ja die Ohren ab."

„Ermutige mich ruhig weiter so eifrig, Aflet", parierte ihn Toischan prompt, „denn wenn *der* Eifer in deiner Familie liegt, wird jeder deiner Schwestersöhne zu faul sein, um überhaupt je so weit zu kommen."

Das hatte gesessen. Anerkennend nickte Aflet ihm zu. Genau eine derartige Reaktion seines Freundes hatte er erreichen wollen, damit sich Toischan ein wenig entspannte. Dass der dabei so gut kontern würde, überraschte Aflet nicht minder als Toischan selbst. Es stimmte eben doch, was die Männer im Stamm über ihn sagten. Wenn es um seinen Schwestersohn Horfet ging, wuchs er auch mal über sich hinaus.

„Also, ich glaube, ihr habt begriffen, was ich von euch will. Hat jemand einen Vorschlag?", fragte er, sich seiner Sache deutlich sicherer.

Einige hoben ihren Daumen in die Höhe zum Zeichen dafür, dass sie etwas zu sagen hatten. Toischan gab Kojonti, dem Bruder Rupscha-is, zuerst den Redestab, da er mit seinen hundert Sonnenwenden der älteste Mann des Stammes war.

Kojonti nuschelte und sagte statt „s" immer „f", weil sich die Zahl seiner ehedem tadellosen Zähne nach der neunzigsten Sonnenwende auf vier makelbehaftete verringert hatte. „Wie ihr wifft, ift ef gute Fitte bei unf im Ftamm, daff wir die Jungen prüfen, ob fie alle Fähigkeiten haben, die ein gabbtaranifcher Mann braucht. Dafu gehören die Fertigung aller Jagdgeräte, daf Feuermachen und natürlich die Jagd. Daneben muff ein Mann auch beweifen, daff er ftark genug ift, um den Geiftern allein gegenüberfutreten und Btarf Botin kennenfulernen. Ich denke, wir follten diefe altbewährte Prüfung mit genau diefen Teilen wählen."

Elatanschs Daumen flog hoch wie ein aufgeschreckter Sperling, während die anderen Daumen nicht mehr zu sehen waren. Nichts Gutes ahnend holte Toischan den Redestab wieder bei Kojonti, durchquerte den Kreis und erteilte per Stab das Wort an den jüngeren Mann. Anders als Kojonti stand Elatansch auf. Betont langsam und doch raubkatzenhaft bereit zum Sprung. Wie seine Mutter Ilnaf-ba besaß er eine fein geschnittene Nase und Augen, die durch ihr tiefes Schwarz so gut wie gar nicht zu ergründen waren. Da sein Bart ungewöhnlich spärlich wuchs, beließ er es bei einem Oberlippenbart und sengte sich sogar die restlichen Barthaare ab, genauso, wie es seine Geliebte Goila-lin am liebsten hatte. „Geschätzte Stammesbrüder", begann auch er, „ich glaube nicht, dass wir es für Horfet bei der gewöhnlichen Mannbarkeitsprüfung belassen sollten. Denn sein Verhalten am Nacht-und-Tag-Gleichen-Fest legt die Vermutung nahe, dass er eine Lektion noch nicht gelernt hat. Und zwar sogar eine der wichtigsten."

Allgemeines Murmeln setzte ein, das Toischan durch wiederholte beschwichtigende Gesten zu beruhigen suchte.

Elatansch sprach lauter: „Ich meine die Achtung vor unserer Tradition. Ich meine die Achtung vor der Weisheit der Frauen, vor ihrer gewaltigen Kraft. Wer je, wie ich und viele von euch, wenn auch nur am Rande miterleben durfte, wie eine Frau ein Kind gebiert, weiß genau, wovon ich spreche. Kein Mann geschweige denn ein Junge sollte sich daher jemals erdreisten, von der Mitwirkung des Mannes an neuem Leben zu faseln. Meiner Meinung nach sollte Horfet zuerst in sich gehen, seinen Irrtum erkennen und sich dann uns allen gegenüber dafür entschuldigen. Für Krata-buun kommt das ja alles sowieso schon zu spät. Ich bin daher der Ansicht, dass Horfet es noch überhaupt nicht verdient hat, die Mannbarkeitsprüfung ablegen zu dürfen."

Toischan spürte sein Herz bis zum Halse heraufschlagen. Keine seiner Gesten hätte die Männer jetzt noch besänftigen können. Alle redeten durcheinander. Doch Toischan stand ohnehin bewegungslos wie ein Findlingsstein im Raum und versuchte Klarheit in seine sich überstürzenden Gedanken zu bringen.

Pakun sprang für ihn in die Bresche. Mit seiner gemächlichen, jede Schärfe vermeidenden Redeweise gelang es ihm sogar, die Aufmerksamkeit aller Schritt für Schritt auf sich zu ziehen. „Elatansch, ich danke dir für dein offenes Wort. Es ist immer gut, wenn Menschen offen miteinander reden, anstatt seltsame Dinge zu tun. Wir alle haben mitbekommen, dass Horfet seit neuestem mit dem Spottnamen ‚Mannessohn' gehänselt wird, und es ist gut, dass wir uns endlich gemeinsam darum bemühen, für Horfets Verhalten eine angemessene Reaktion zu finden."

Toischan bewunderte seinen Mutterbruder für dessen Gelassenheit. Wie ehedem seine Schwester Krata-buun zog dieser nun ganz die Anwesenden in seinen Bann. Wodurch genau Pakun das schaffte, hätte Toischan gerne gewusst, vermochte es aber nicht herauszufinden.

„Elatansch hat natürlich Recht damit, dass Gab-Btar allein den Frauen die ehrenvolle Bürde auferlegt hat, Kinder in ihrem Bauch auszutragen und sie aus ihrem Schoß heraus zu gebären. Wir Männer tragen dazu nichts bei. Denn unser bisschen Saft stärkt nur den Mund des Lebens. Selbst wenn, ich betone, selbst wenn unser Mannessaft das Entstehen von Kindern irgendwie bewirken oder beschleunigen könnte, wäre dies nur ein sehr kläglicher Beitrag verglichen mit der Anstrengung einer Frau für ihr Kind. Unser Beitrag beschränkt sich allein auf das Vergnügen bei der kurzen leiblichen Verbindung. Eine Frau hat aber auch die Geburt zu bestehen, bei der sie vor Schmerzen kreißt oder sogar stirbt. Von daher wird immer nur eine Frau das Recht haben zu sagen, ein Kind sei ihr Kind. Und selbstverständlich hat auch Horfet dies zu respektieren ... Andererseits", Pakuns Kunstpause verfehlte ihre Wirkung nicht. Alle hingen regelrecht an seinen Lippen. „Andererseits hat Horfet eine unserer Sitten hochgehalten, ohne die unser Leben schwerer wäre."

Hatte Elatansch gerade noch voller Zufriedenheit den Worten Pakuns gelauscht, reckte er mit einem Mal seinen Kopf, als müsse er einem herbeifliegenden Stein ausweichen.

„Kannst du dir denken, was ich meine, Elatansch?", fragte ihn Pakun in einem betont versöhnlichen Ton.

Der Angesprochene verstand nicht, worauf Pakun hinauswollte. Wie es schien, war seine Ahnungslosigkeit durchaus aufrichtig und nicht etwa gespielt.

Diesmal war es Toischan, der Pakun zu Hilfe kam. „Neue Dinge zu entdecken und auszuprobieren?", entfuhr es ihm spontan. Denn einer der Lieblingssprüche seiner Mutter Krata-buun war gewesen: „Dem Alten treu, vor dem Neuen nicht scheu."

„Du sagst es, mein Schwestersohn", stellte Pakun befriedigt fest. Nachdenkliche Gesichter waren auf ihn gerichtet. „Unsere Lieder sind voll davon, dass Btar uns nicht zuletzt menschliche Vorstellungskraft und Denkfähigkeit geschenkt hat. Wozu aber sollten diese Begabungen gut sein, wenn wir Menschen sie nicht einsetzen? Denkt doch nur an das Lied von Gach-banee, die uns auf die Idee brachte, Felder anzulegen und Körner auszusäen, wo wir wollen. Sie ist das beste Beispiel dafür, dass wir Gabbtaranschi auch neue Wege beschreiten dürfen, vorausgesetzt, sie achten die Göttin und all ihre Geschöpfe. Vergesst genauso wenig das Heilwissen unserer Frauen. Es konnte sich nur darum über die Generationen ansammeln, weil es ständig durch neue Erfahrungen erweitert wurde. Oder schaut euch doch nur eure eigenen Harpunen an. Die werden von Sonnenwende zu Sonnenwende besser. Sicher nicht dadurch, dass ihr sie exakt so schleift wie eure Urgroßmutterbrüder. Oder noch besser die Erfindung der langen Schlinge vor einigen Sonnentiefstständen. Noch wissen wir gar nicht, welch großen Nutzen wir durch sie haben werden."

Pakun beobachtete die Reaktionen seiner Stammesbrüder. Je mehr Beispiele er anführte, desto mehr schienen sich seiner Sichtweise anzuschließen.

Bis auf Elatansch, dem deutlich anzusehen war, wie wenig er von dieser Argumentationskette hielt. Endlich hatte er den Fehler darin entdeckt. „Und doch erzählen wir uns die gleichen Lieder wie vor Urzeiten. Es gibt eben Dinge, die sich ändern können, und Dinge, die sich gar nicht ändern dürfen. Ich jedenfalls bin der Meinung, dass der Respekt vor der Schöpferkraft der Frauen etwas Unumstößliches bleiben muss."

Pakuns Geduld neigte sich ihrem Ende zu. Was Elatansch Horfet hier unterstellen wollte, ging ihm zu weit! „Wieso vermengst du Dinge, die gar nichts miteinander zu tun haben. Nur weil Horfet Pferde beobachtet und meint, die Fohlen sähen auch dem Hengst ähnlich, missachtet er doch die heilige Kraft der Frauen nicht. Jetzt verrennst du dich wie ein in Panik geratenes Pferd."

Die Anwesenden drehten ihre Köpfe dem Angesprochenen zu. Sie hatten sich eigentlich auf einen gemütlichen Männerabend gefreut, verfolgten aber interessiert, welch heftiges Wortgefecht sich hier entspann. Zumal sie ja automatisch die Schiedsrichter sein würden.

„Keineswegs", erwiderte Elatansch, nicht minder aufgebracht. „Horfet hat wörtlich „Kinder der Hengste" gesagt. Stellt euch diese Dreistigkeit vor. Soll das etwa keine Beleidigung der Frauen und auch der Stuten sein?"

„Elatansch, es tut mir leid. Ich erinnere mich nicht an den genauen Wortlaut. Doch selbst wenn du Recht hast, hat er ganz sicher nicht die Absicht damit verbunden, die du annimmst. Du und ich, wir alle wissen und auch er weiß schließlich, dass eine solche Behauptung blanker Irrsinn wäre. Horfet hat übrigens nach seiner Rückkehr nie mehr über die Pferde gesprochen. Glaube mir, Elatansch. Horfet ist vor allem durch den Tod Krata-buuns ein viel achtsamerer, ehrfürchtigerer Mensch geworden. Er hat seither an Reife gewonnen. Strafe ihn nicht dadurch, dass du ihm die Chance nimmst, seine Mannbarkeit zu beweisen."

Elatansch schwieg. Er wusste, dass er verloren hatte. Kannte er seine Stammesbrüder doch gut genug. Gabbtaranschi waren stets um Harmonie bestrebt. Fehltritte ihrer Stammesgenossen verziehen sie mit Ausnahme schwerwiegender Verbrechen schnell. Ja, es galt sogar oft als größerer Fehler, nachtragend zu sein. Elatansch musste also aufpassen, um sich nicht selbst den Zorn der Gemeinschaft einzuhandeln, indem er ein Schreckgespenst an die Wand malte, das vielleicht tatsächlich nur in seiner Fantasie bestand. Es hinderte ihn ja nichts daran, Horfet in Zukunft mehr auf die Finger zu schauen. Und das würde er, so wahr Gab-Btar die Mutter allen Lebens war!

„Pakun", gab er sich geschlagen, "du hast mich überzeugt. Horfet verdient es, sich der üblichen Prüfung zu stellen. Möge Gab-Btar selbst ihr Urteil darüber fällen."

Erst spät im Laufe des nächsten Vormittags kehrten die Männer in ihr Dorf zurück. Für den Gang zur Weißkrallenhöhle brauchte man etwa doppelt so lang wie für den Weg zum Steinkreis der Verstorbenen. Die Stammesbrüder hatten die halbe Nacht damit zugebracht, die Göttin um ein gutes Gelingen bei der Jagd und eine erfolgreiche Initiation Horfets zu bitten. Dabei hatten sie auch einem berauschenden Getränk aus vergorenen Wildkirschen und ein paar Tollkirschen sehr zugesprochen, so dass sie länger als gewöhnlich schliefen.

Horfet war dagegen schon mit den ersten Lichtstrahlen des neuen Tages aufgestanden, um Toischans und Pakuns Jagdausrüstung durchzusehen und wo nötig nachzubessern. Sehr zur Zufriedenheit der zurückgekehrten Männer. Als Toischan entsprechend gutgelaunt das einstimmige Ergebnis des Männerrates mitteilte, konnte Horfet sein Glück kaum fassen. Nach all dem, was vorgefallen war, wunderte es ihn sehr, dass sie sich für ihn nicht eine besonders schwere Prüfung ausgedacht hatten. Was für eine gnädige Entscheidung! Jetzt kam es erst recht darauf an, sich des Wohlwollens seiner Stammesgenossen würdig zu erweisen.

An seinen technischen Fertigkeiten zweifelte er nicht. Hinsichtlich seiner seelischen Reife jedoch hatte er große Bedenken. Würde sie reichen, um gegenüber den Geistern in der Höhle zu bestehen? Denn was ihn dort erwartete, wusste kein Junge, der sich anschickte, sein Mannsein unter Beweis zu stellen.

Am Nachmittag zeigte Horfet seinem Stamm eindrucksvoll, welch guter Handwerker er war. Seine Flintsteinklinge und -pfeilspitzen, und seine Pfeilschäfteließen die älteren Männer staunen. Gelernt hatte er all dies bei Pakun und Toischan. Mit feierlichem Stolz überreichte letzterer seinem Schwestersohn sodann eine komplette Jagdausrüstung, die er der Sitte gemäß unter Beisein von Barcha-let vor geraumer Zeit für diesen Anlass gefertigt hatte.

Einen Tag später brach eine achtzehnköpfige Gruppe in Richtung Norden auf. Auch zwei junge Frauen waren darunter, denn bei der Jagd selbst waren Frauen sehr wohl zugelassen, auch ohne die Teilnahme an dem Jagdvorbereitungsritual. Die Frau spendete Leben, sie durfte Tieren ihr Leben wegnehmen, um ihre Sippe zu ernähren. Natürlich vollzogen Frauen dabei dann das gleiche Dankritual wie die Männer.

Meist hatten aber nur wenige, in der Regel junge, kinderlose Frauen Lust dazu, sich den Strapazen eines langen Jagdzuges auszusetzen. Die Stammesschwestern bevorzugten es gewöhnlich, Fallen zu stellen, wenn sie überhaupt Tiere jagten. Denn vornehmlich richtete sich ihr Interesse auf die ausreichende Versorgung mit pflanzlicher Kost, die mit Abstand den größten Anteil an der Ernährung der Gabbtaranschi bildete.

Das Jahr über machten meist kleinere Gruppen von Männern Jagd auf einzelne Gazellen, seltener auf andere Tiere, die man sofort verspeiste. Wenn jedoch nach dem Sonnentiefststand die Getreide-, Erbsen- und Linsenvorräte schwanden, wurden sie durch Trockenfleisch ergänzt. Das Frischfleisch dafür jagten sie, bevor die Winterregenfälle einsetzten. Wie andere Dörfer schickten die Mungordauks größere Jägertrupps aus, groß genug, um Herden zu umzingeln.

Die Ostgabbtaranschi legten zu diesem Zweck weitere Strecken in Richtung Gebirge zurück, wo es mehr Schafe und Ziegen gab, eine willkommene Abwechslung zum Gazellenfleisch. Dieses Jahr kam noch hinzu, dass die Gazellenjagd weniger erfolgreich abgelaufen war, da die leichte Dürre im Osten Gabbtarans viele Tierherden nach Norden hatte abwandern lassen. Infolgedessen zogen die Jäger früher los als sonst. Dass die begehrten Kräuterzupfer ihnen wie immer, wenn der Winter

Einzug hielt, in den flacheren Vorgebirgszügen entgegenkommen würden, hofften sie trotzdem.

Denn das Vlies der Schafe war als Fasermaterial sehr beliebt. Die Frauen filzten es oder woben es in die Hanf- und Nesselstoffe ein. Ganz zu schweigen von der unübertroffenen Eignung als Sitz- oder Schlaffell. Sowohl bei Schafen als auch Ziegen bevorzugten die Gabbtaranschi das Fleisch weiblicher Tiere oder das der Lämmer und Kitze. Ihr Glück war, dass diese Paarhufer sehr schnell die Geschlechtsreife erlangen, so dass Jäger den Bestand der Herden selbst dann nicht gefährdeten, wenn sie ihrer Vorliebe entsprechend die Herden mit einem Leitbock, den Muttertieren und ihren Jungen häufiger bejagten als die Jungbockherden. Die Jägerregel dafür lautete: für jeden erlegten Bock durfte auch ein Jungtier oder eine Geiß geschossen werden.

Erst wenn nach der Jagd auf die kleinen Wiederkäuer immer noch Bedarf nach Fleisch bestand, bejagten die Gabbtaranschi die angriffslustigen Auerochsen. Dafür hatten sie mittlerweile eine Methode ausgefeilt, die die Auerochsenjagd weit weniger gefährlich machte als früher: Sie nahmen seit etlichen Sonnenwenden eine Fußschlinge zu Hilfe.

Elatansch war auf die Idee gekommen, als er mit seiner Schwester Nub-je Fallen aufgestellt, und Nub-je im Spaß die Stricke zusammengeknotet hatte, die eigentlich einzeln auf die verschiedenen Fallen verteilt gehört hätten. Ein zufällig vorbeifliegender Eichelhäher, dessen blaue Federn Nub-je so sehr liebte, führte zu der folgenreichen Gedankenverknüpfung: Wenn man Bodenfallen für Vögel mit kurzen, schmalen Schlingen machen konnte, warum dann nicht auch Hinterhalte mit breiten Schlingen an einer oder mehreren langen Leinen?

Zwar sicher nicht für Hasen oder Rehe. Bei denen benutzte man besser einen Pfeil. Aber Beutetiere, die sich heftig wehrten, mochte man mit langen Schlingen, die plötzlich vom Boden hochflogen und sich um einen Vorder- oder Hinterhuf schlossen, aus dem Gleichgewicht bringen. So würden sie vielleicht daran gehindert, auf die Jäger loszugehen, ehe sie den Pfeilen zum Opfer fielen.

Elatansch jedenfalls teilte seine Idee Toischan und Pakun mit, die sich freuten, etwas zum Tüfteln zu haben. Am Ende ihrer Versuche mit Freiwilligen, von denen jeweils einer ein wildes Tier spielte, standen eine ausgesprochen zweckmäßige Fußschlinge, mit der die Jagd auf Auerochsen deutlich an Gefahr verlor, und die kurzzeitige Beschäftigung mit einer schon früher diskutierten Idee: Wenn es gelänge, ein paar Beutetiere dauerhaft in Gefangenschaft zu halten, fiele nicht nur der mühsame

Transport vom Jagdort ins Dorf weg, sondern man könnte sich auch das Trocknen des Fleisches sparen, weil fortan erst bei Bedarf geschlachtet würde. Wäre Gab-Btar gar gewillt, den weiblichen Tieren Junge zu schenken, gewönneder Stamm eine weitere Nahrungsquelle hinzu, die ihn auch in Jahren mit schlechter Ernte und wenigen Beutetieren versorgen könnte.

Tatsächlich hatte der Stamm vor fünf Wintern durch einen besonders glücklichen Zufall drei trächtige Mutterschafe lebend gefangen. Der vermeintlich einfachere Transport der verängstigten Tiere erwies sich jedoch als recht anstrengend. Sogar noch kopfüber mit zusammengebundenen Vorder- und Hinterbeinen über einer Holzstange hängend, zappelten die Schafe unentwegt. Nur die bald darauf geborenen Lämmer vermochten sich langsam an die Menschen zu gewöhnen, während die ausgewachsenen ihre Angst und Unruhe beim Anblick von Menschen nie verloren. Viel gravierender aber war, dass es Btar nicht gefiel, die Bäuche der gefangenen Tiere zu füllen. Als im Spätsommer keinerlei Anzeichen einer Trächtigkeit auftraten, schlachtete Horfets Stamm schließlich alle sechs Tiere. Nach der vielen Mühe beim Grasmähen eine ziemliche Enttäuschung.

In guter Erinnerung blieben einigen Neugierigen freilich der Geschmack der Schafsmilch und die noch scheue, aber ungewohnte Zutraulichkeit der Jungtiere. Zahlreiche Tränen flossen, als die Menschenkinder sich von „ihren" Schafskindern verabschieden mussten. Der Einfall, lebende Schafe zu fangen und zu halten, geriet wieder in Vergessenheit.

Horfet hegte seit seiner Entdeckung bei der Pferdeherde einen Verdacht, warum die Schafe nicht trächtig geworden waren. Aber seit dem Tode seiner Großmutter war Horfets brennendes Interesse für dieses Thema gesunken. Es flackerte immer nur kurz auf, wenn ihn einer als Mannessohn verspottete.

Auch Boritak reagierte unterschiedlich. Bisweilen ermutigte er ihn, seiner Beobachtung weiterhin auf den Grund zu gehen, dann wieder tröstete er ihn damit, dass der Spott mit der Zeit einschlafen würde. Wenn er ihm Mut machte, tat er dies jedenfalls mit deutlich weniger Begeisterung als damals in der Höhle. Momentan konnte Horfet sowieso nichts tun, selbst wenn er gewollt hätte. Die Gehege waren leer. Erst ein großer Jagdzug würde wieder für Neuzugänge sorgen, vorausgesetzt jemand hätte ein Interesse daran.

Weder mit Pfeil noch mit Schlinge war es leicht, den flinken Gebirgskletterern auf ihren vier Hufen nachzustellen. Dazu bedurfte es geeigneter Geländeformationen, perfekter Zusammenarbeit und blitzschnellen Zugreifens. Es ging bereits auf die Wintersonnwende zu. Das zu diesem Anlass gefeierte Oí-chana-ú-Fest (baranisch für *längste Nacht*) würde noch vor dem vollen Mond abgehalten werden. Bis dahin blieben ihnen fünfundzwanzig Tage, genug Zeit, um reiche Beute zu machen und heimzukehren.

Das Wetter war momentan auf ihrer Seite. Eine trockene, aber windige Periode hatte dieRegengüsse der vergangenen Tage abgelöst, deren Dauer freilich ungewiss war. Je näher sie dem Gebirge kamen, desto rauer blies ihnen der Wind ins Gesicht und desto lichter wurde der hochgewachsene Laubwald; Pinien, Kiefern und Wacholder traten an seine Stelle.

Toischan nutzte die Gelegenheit, Horfet die Tricks der Jagd zu erläutern. Diese kannte Horfet zwar bereits auswendig, weil Toischan sie ihm wahrlich nicht zum ersten Mal gab. Trotzdem ließ er brav den ungewohnten Redefluss seines Mutterbruders über sich ergehen. Wie gern wäre er mit Boritak allein losgezogen, der des Öfteren aus der Reihe ausscherte und sich seinen eigenen Pfad suchte! Sogar noch lieber hätte er sich ungestört am Anblick der beiden jungen Frauen geweidet, hinter denen er herlief. Insbesondere die schwarz gelockte Nal-abu, die ihm mit Pfeil und Bogen bewaffnet voranging, konnte das Blut eines männlichen Wesens ganz schön in Wallung bringen.

Ja, die Liebe. Auch er würde sich wohl bald damit herumschlagen müssen. So wie zum Beispiel Upakan. Der hatte Hals über Kopf dem Dorfden Rücken gekehrt, um, wie er sagte, seine Muttersippe nicht im Stich zu lassen. Doch Riwa-quois völlig verändertes Verhalten legte einen ganz anderen Grund nahe. Seltsam, dass Riwa-quoi und Upakan sich gerade jetzt so heftig stritten, nachdem sie die letzten beiden Monde wie zwei nasse Blätter aneinandergegangen hatten! Das verstand Horfet nicht im Mindesten. Was Frauen anbelangte, war er noch dankbar für jeden Rat.

Leider war Toischan für den Unterricht darin wenig geeignet. Seit seine Geliebte letzten Winter gestorben war, hatte Horfet ihn nie wieder offen um eine Frau werben sehen. Jeden Abend im Clanhaus gesessen hatte er allerdings auch nicht. Interessanter erschien ihm dennoch das Liebesleben von Boritak. Wenn er sich nicht sehr täuschte, schien sich zwischen diesem und Barcha-let etwas anzubahnen. Dabei galt seine Mutter bei den Männern im Dorf als schwer zu gewinnende Frau.

In weiter Ferne schimmerten bereits die ersten Silhouetten der hohen Berge. Obwohl Horfet keinen Grund hatte, an seiner Treffsicherheit zu zweifeln, sah er der Jagd mit gemischten Gefühlen entgegen. Würde Btar wirklich zulassen, dass ihm das Jagdglück hold war? Ihm, der es doch gar nicht verdient hatte!

Übelgelaunt stapfte Upakan den Weg am Ufer entlang. Er zwang sich, nicht an Riwa-quoi zu denken. Je mehr er freilich ihren atemberaubenden Körper zu verdrängen suchte, desto unwiderstehlicher kreisten seine Gedanken um ihn. Ihre weißen Zähne, ihre frechen Finger mit der Vorliebe, ihn an der knochigen Erhebung hinter dem Ohr zu kraulen, ihre breitrandigen, dunklen Brustwarzen, die sich schon aufstellten, wenn er nur von der Seite quer über ihren Bauch blies. Jede Einzelheit fiel ihm ein. Ein Teil seines Herzens wäre am liebsten auf der Stelle wieder umgedreht, hätte sie um Verzeihung gebeten und sie geliebt – diesmal ausschließlich nach ihren Wünschen. Der andere Teil jedoch litt schwer unter der Zurückweisung und dem Gefühl, betrogen worden zu sein. Ob er Riwa-quoi überhaupt je wieder unbefangen begegnen könnte?

Momentan durfte er die Entscheidung darüber getrost vertagen. Was er dem Dorf als Grund genannt hatte, stimmte wirklich. Seit geraumer Zeit hatte er überlegt, wann er wieder bei seiner Mutter vorbeischauen würde. Als einzigem Sohn oblagen ihm schließlich gewisse Pflichten. Er konnte von Glück reden, dass der Nadoí-biál (baranisch für *Bruder der Liebe*) seiner Schwester ein verlässlicher Mann war, der mit dafür sorgte, dass es allen Mitgliedern der Sippe gut ging. Doch natürlich ziemte es sich überhaupt nicht, dem Nadoí-biál immerfort alle Männeraufgaben zu überlassen.

Normalerweise hatte Upakan bisher immer nur höchstens einen halben Monat bei den Frauen anderer Dörfer verbracht. Dieses Mal war er ganze zwei Monde bei den Mungordauks geblieben. Wirklich nicht sehr verantwortungsbewusst gegenüber seiner Sippe! So gesehen hatte der Streit mit Riwa-quoi sogar sein Gutes. Er war nun schon seit drei Tagen unterwegs und seinem Dorf sehr nahe. Gedankenversunken setzte er einen Fuß vor den anderen. Essen konnte er fast nichts, nur ein paar Wurzeln am Wegesrand würgte er hinunter. „Verrückt", dachte er, „entweder bin ich krank im Magen oder ich faste zum ersten Mal in meinem Leben aus Liebeskummer." Ein Rascheln ließ ihn zusammenfahren. Reflexartig griff er nach seinem Speer.

„Sag mal, Upakan, was ist denn mit dir los? Du läufst vollkommen blind und taub durch den Wald, obwohl du alleine bist. Wäre ich ein Raubtier, hätte ich dich wohl eben verspeist."

„Btarskind Gordap, hast du mich erschreckt! Meine Knochen zittern mit windgepeitschtem Farn um die Wette. Aber glaub ja nicht, dass du noch einen Fingernagel näher an mich herangekommen wärst, ohne dass dich mein Speer getroffen hätte. Hast du eigentlich nichts Besseres zu tun, als mir aufzulauern?"

„Was heißt hier ‚auflauern'? Deine Mutter schickt mich, dich zu suchen."

„Oh, tatsächlich. Ja, ich gebe zu, dieses Mal war ich lange fort. Geht es allen gut?"

„Nein, leider nicht, deine Mutter ist krank und sie hatte einen Traum, in dem sie ihrem eigenen Tod in Gestalt eines großen Mundes begegnet ist. Deshalb konnte sie nicht länger warten und wollte, dass ich dich ausfindig mache. Da du zuerst bei den Mungordauks warst, hoffte ich, dich im Nordosten zu finden. War ja auch richtig. Deine Mutter wird mich preisen. Sie hat große Sehnsucht nach dir."

Upakan verbarg seine Rührung nicht. Keine noch so heiße Liebe zu einer seiner vielen Geliebten war der tiefen Vertrautheit mit seiner Mutter vergleichbar. Diese Liebe erklomm keinen Gipfel der Leidenschaft, aber sie schlug auch keine Wunden. Sie war wie der breite, nährende Fluss in einem Land voller beuteverheißender, aber gefährlicher Jagdgründe. Von Heimweh und Sorge getrieben beschleunigte Upakan seine Schritte.

Als der Abendstern am Himmel sichtbar wurde, klopften sie an Balintars Hütte an. Indes, es war nicht seine Mutter, die ihnen öffnete, sondern seine Schwester. Balin-tar nämlich saß eingehüllt in etliche Felle am wärmenden Feuer. Upakan erschrak. Wie fahl und eingefallen Balin-tars Gesichtszüge wirkten! Ratlos blickte er sie an. Balin-tar dagegen strahlte, als sie ihn erkannte.

„Mein Upakan ist heimgekehrt", flüsterte sie, „mein lieber Sohn. Welch eine Freude, dich zu sehen! Komm ruhig näher. Ich sehe zwar furchtbar aus, fresse dich aber nicht."

Upakan lächelte gequält. Vorsichtig nahm er Balin-tar in die Arme. Ihr Körper fühlte sich sehr heiß an. Feucht vom Schweiß klebte ihr das Gewand am Leibe. Doch auf das Schlimmste von allem wies ihn seine Schwester durch einen Wink mit dem Kopf hin. In dem Rindengefäß, das Balin-tar wohl kurz zuvor für ihre Notdurft benutzt hatte, schwappte blutroter Urin.

„Wie lange bist du denn schon krank, Mutter?", fragte er leise.

„Wenige Tage, nachdem du weg warst, fühlte ich mich matt. Das ging eine Weile so. Eines Nachts wachte ich mit furchtbaren Schmerzen auf. Ich hatte das Gefühl, als zöge mir jemand ein dornengespicktes Seil durch den Unterleib. Am Morgen sah ich dann, dass mein Wasser sehr dunkel war. Seither hatte ich drei solcher Anfälle. Ich habe grässliche Angst vor ihnen. Sie nehmen mir meine ganze Kraft. Mein lieber Upakan, ich werde bald in den Aschme-óch schweben. Ich habe es im Traum gesehen. Darum freue ich mich so sehr, dass du jetzt zurückgekommen bist. Hattest du eine schöne Zeit?"

„Ja, die hatte ich, aber das ist gar nicht mehr wichtig. Ich will nicht, dass du stirbst. Und ich weiß zum Glück auch, was wir tun können. Bei den Ubo-muoich-Leuten gibt es einen Heiler, der einen Mann mit rotem Wasser geheilt hat. Ich war zufällig dort, als er es getan hat. Ich täusche mich ganz gewiss nicht. Er hatte auch solche Krämpfe wie du. Es gibt dort eine Pflanze, die nur bei ihnen wächst. Ich werde zu ihnen gehen und dir das Kraut bringen."

Upakans Aufregung steigerte sich mit jedem Satz. Seine Mutter dagegen blieb ruhig. „Ja, ich kenne den Heiler, ich habe mich sehr gut mit ihm beim letzten Fest der Stämme unterhalten. Ich wusste nicht, dass er diese Krankheit heilen kann. Das ist mindestens sieben Sonnenwenden her. War sein Name nicht Pinlaiz?"

Upakan zuckte mit den Achseln. „Ganz egal, wie er heißt, Mutter, er wird dich heilen."

„Nein, Upakan, ich glaube, dafür ist es schon zu spät. Mein Lebensfaden ist bereits brüchig. Denke an meinen Traum. Ich will nicht, dass du zu ihm gehst. Sei bei mir, wenn ich sterbe. Versprich es mir."

Upakan biss sich auf die Lippen. Balin-tar zählte schon siebenundsiebzig Sonnenwenden. Das Dorf von Pinlaiz war vier Tagesmärsche entfernt. Wenn ein Mann sich sehr beeilte, würde er es vielleicht in sechs bis sieben Tagen hin und zurück schaffen. „Ja, Mutter, ich verspreche es dir", sagte er. Doch einfach auf ihren Tod zu warten, brachte er nicht übers Herz. Schon gar nicht jetzt, nachdem ausgerechnet seine Abwesenheit zum falschen Zeitpunkt schuld daran war, dass niemand Pinlaiz um Hilfe gebeten hatte. Auch ein Traumbild konnte einen täuschen. Er würde seinen Freund Gordap bitten, Pinlaiz zu holen. Gleich morgen in aller Frühe, wenn seine Mutter noch schlief.

Horfet atmete so flach, wie er es trotz seiner großen Anspannung vermochte. Einen Tag hatte es gedauert, bis sie auf eine Ziegenherde gestoßen waren. Nach zwei vergeblichen Versuchen an diesem und dem vergangenen Tag hatten die neun Treiber es endlich geschafft, die widerspenstige Ziegenherde durch einen Engpass zu treiben, in dem der Wind richtig wehte.

Auf keinen Fall durfte die Herde zu früh auseinanderstieben und über die Steilhänge entkommen. Dort würde sie die Jäger gnadenlos abhängen. Es kam also ganz entscheidend darauf an, die Herde eng genug einzukreisen. Alles schien zu klappen. Hinter sich die Treiber und vor ihnen vermeintlich harmlose Büsche liefen die meisten Ziegen trippelnd auf das Ende der schmalen Senke zu, an deren felsigen Rändern sich der Rest der Jäger verschanzt hatte.

Horfet schwitzte an den Händen. Nervös drückte er seinen Bogen. Selbst an diesem klebte der Ziegenkot, mit dem er sich vorher sicherheitshalber eingerieben hatte. Eine junge Zicke kam geradewegs auf ihn zu. Ein Vogellaut! Das Zeichen loszuschlagen. Horfet schoss. Sein Pfeil bohrte sich in den Hals der Ziege. Obwohl ihr Blut stoßweise herausspritzte, rannte sie weg, brach aber wenige Schritte später zusammen.

Neue Beute suchen, schießen. Horfets zweiter Pfeil schwirrte in die Schulter einer jungen Geiß. Ein dritter Schuss ging daneben, mit dem vierten ritzte er nur den Vorderlauf eines jungen Bocks, der leicht entkam. Ein Tier brach sich bei der rasanten Flucht das Genick und blieb in einer Felsspalte liegen. Horfet fackelte nicht lange, sondern kletterte zur Absturzstelle. Triumphierend hielt er den toten Leib einer älteren Geiß hoch. Schwer beladen stieg er ab, den schlanken Körper gebeugt unter der Last.

Horfet war überglücklich. Mit einer so erfolgreichen Teilnahme an seiner ersten Jagd hätte er mitnichten gerechnet.

Toischans Freude übertraf seine noch. Mit stolzgeschwellter Brust schlug er ihm anerkennend auf die Schulter. „Horfet, mein lieber Schwestersohn, dein Geschick als Jäger hast du über die Maßen unter Beweis gestellt. Ich beglückwünsche dich und danke Btar von Herzen für ihren Beistand." Mit der Hand vollführte er dabei die Dankesgeste.

Sogar Elatansch sprang über seinen Schatten: „Horfet, das hast du gut gemacht. Mabee, irgendetwas musst du ja können, nicht wahr."

Horfet grinste boshaft zurück. Er dachte an Boritaks Rat und stellte sich Elatansch als Adlerküken vor. Das half. Apropos Boritak. Wo war er? Kein Lob bedeutete ihm mehr als das seines besten Freundes. Horfet sah sich nach allen Seiten um.

Hinter einem Busch erschien sein Retter, die Hände noch damit beschäftigt, seinen Lendenschurz wieder gerade zu rücken. Als Letzter trat er zu der Gruppe um Horfet. „Btar meint es gut mit dir, Sohn Barchalets, du bist ein geborener Jäger, kein Wunder, dass Toischan stolz auf dich ist", zollte er ihm und zugleich Toischan seinen Respekt.

Der angehende Mann senkte bescheiden seinen Kopf und genoss das wunderbare Gefühl, im Mittelpunkt zu stehen und die Anerkennung aller zu genießen! Doch deswegen übermütig zu werden, würde er gewiss nicht wagen. Wenn er etwas in den letzten beiden Monaten gelernt hatte, dann das: Unglück und Glück konnten so nahe beieinander liegen wie zwei Vogeleier im Nest. Der gleiche Windstoß konnte das eine Ei vom Nestrand fallen lassen, während das andere unbehelligt liegenblieb. Btars Hauch war wie der Wind. Mal verschwor sich das Schicksal gegen einen, mal schwelgte man unverhofft im Glück. Auf welche Seite würde ihn Gab-Btars Hauch beim nächsten Mal wehen? Noch hatte er die berüchtigtste Prüfung ja vor sich!

Als würden ihm die Eingeweide der Tiere einen Wink geben, sah Horfet gebannt zu, wie die erfahrenen Jäger die Tierkörper ausbluten ließen und ihnen die Innereien herausgeschnitten. Die Gallenblase warfen sie sofort weg. Dann entfernten sie alle Kotreste aus dem Gedärm. Von dem Blut fingen sie einiges auf, um es zu trinken. Während sie Herz, Lungen, Milz, Leber und Nieren jeweils in die dazugehörigen Mägen hineinstopften, ehe sie sie in Ledersäcke schoben, stopften sie die Därme in andere Säcke, weil sich erst der Schleim bilden musste, mit dem man den gesamten Darminhalt leichter herausbefördern konnte. Horfet wunderte sich immer über die Dorfbewohner, die das faulige, halbverdaute Gras für die köstlichste aller Delikatessen hielten.

Dann fassten sich die Männer und die beiden Frauen, die Horfet und die übereinandergelegten Beutetiere umringten, an den Händen. Nur Toischan gesellte sich zu Horfet in den Kreis.

Mit dem klebrigen Blut des Jungtieres zeichnete er einen Kreis auf Horfets Unterarme. „Das Blut deiner ersten Beute bei einem Jagdzug deines Stammes nähre dein Mannesherz, auf dass es voller Kraft und Liebe schlage und deinem Volk gute Dienste leiste. Erweise nun mit mir zusammen den Geistern der Tiere in unser aller Namen deinen Dank als Jäger."

Horfet konzentrierte sich. Ein Versprecher galt als schlechtes Omen. Auf ein Zeichen seines Mutterbruders stimmte Horfet in Toischans Dankgebet mit ein: „Geist der Ziege, ich rufe dich. Wir entrissen deinem Volk Töchter und Söhne. Bitte verzeihe uns. Wir taten es nur, um unser Volk zu nähren. Lasst eure Kräfte in uns übergehen und macht uns stark. Wir Menschen achten euer Opfer."

Die lauten Schreie der anderen zeugten davon, dass sie mit Horfets Gebet zufrieden waren. Wie es sich gehörte, griff Horfet in den Bauch des größten Tieres, schnitt die Leber heraus und reichte sie im Kreis herum. Das letzte Stück aß er selbst.

Mit insgesamt dreizehn erlegten Ziegen trat die Gruppe sodann den kürzest möglichen Heimweg an. Jeweils zwei Leute trugen die neun Stangen, an denen, die Läufe mit Sehnen oben zusammengebunden, ein oder zwei Kadaver hingen. Noch einmal trafen die Mungordauks unterwegs auf eine Herde, diesmal von Schafen. Jedoch unternahmen sie mangels guter Versteckmöglichkeiten keinen zweiten Versuch. Ziemlich erschöpft zogen sie fünf Tage später in ihr Dorf ein.

Alle Stammesmitglieder bereiteten ihnen einen fröhlichen Empfang. Die toten Tiere wurden auf die Dorfplatzmitte gelegt. Kurz darauf kam die Butú-tekál mit einem Blutklumpen in der Hand aus der Vollmondhütte. Sie betupfte jedes einzelne Tier damit und sprach: „Für den Tod, den wir euch brachten, segnen wir euch mit dem heiligen Blut unserer Leiber. Möge es euren Seelen helfen, schnell wieder in neue Körper zurückzukehren."

Am nächsten Vormittag gruben einige Jäger unter der größten Feuerstelle ein Loch, in das sie die gefüllten Mägen legten, die sie unterwegs noch nicht verzehrt hatten, sowie eine ausgenommene, mit heißen Steinen, und Kräutern gefüllte Ziege. Einzig die Lebern entnahmen sie den Mägen; die schmeckten ihnen am besten, wenn sie sie an Spießen brieten.

Die Männer füllten das Loch wieder mit Erde und entzündeten darüber ein Feuer. Dann befestigten sie eine gegerbte Auerochsenhaut an einem Dreifuß aus Ästen. In diesem Kochleder brachten sie mit Kräutern und Huflattichasche gewürztes Wasser zum Sieden, um das Fett aus den quer durchgeschlagenen Beinen, sonstigen Knochen und den zuvor enthaarten Ziegenköpfen auszulösen. Die Köpfe brühten sie komplett, weil sie es vorzogen, die Hirnmasse gekocht aus den anschließend zertrümmerten Schädeln herauszunehmen. Das Fleisch der übrigen Ziegen schnitt derweilen die zweite Gruppe von Jägern in Streifen und hängte es zum Trocknen auf Weidengerüste.

Sobald das Essen gar war, versammelten sich die Dorfbewohner zu einem Festschmaus, der sich bis in die späten Abendstunden ausdehnte. Kinder tollten herum, die Trommeln wurden geschlagen, heitere Lieder hallten durch das Dorf.

Horfet sättigten Suppe und Kutteln ein letztes Mal. Denn von nun an musste er fasten. Zwei Tage ohne Nahrung, den zweiten auch ohne Wasser – so verlangte es die Tradition von allen männlichen Heranwachsenden, die sich der Prüfung in der Höhle der Männer unterzogen.

Dumpfe Trommelschläge begleiteten Horfets Entkleidung bei Sonnenuntergang. Die Luft roch noch immer stark nach verkohltem Holz und getrockneten Lavendelblättern, die am Nachmittag verbrannt worden waren und zweierlei Zwecken dienten: Einmal sollten sie die Männer reinigen und zum anderen dafür sorgen, dass eventuell in der Höhle befindliche tierische Jäger jedweder Größe das Weite suchten. Wie gewöhnlich hatte sich jedoch kein Tier in der „Weißkrallenhöhle" aufgehalten. Die zahlreichen und häufig benutzten Feuerstellen waren nun mal nicht nach ihrem Geschmack.

Fünf Männer hielten als Wächter des heiligen Kreises ein Auge auf die Umgebung vor der Höhle. Die restlichen männlichen Sippenmitglieder des Dorfes sahen im Höhleninneren zu, wie Horfet seinen Gürtel mit dem Flintsteinmesser, seinen Lendenschurz und seine Beinlinge ablegte. Diese Kleidungsstücke hatte er als Junge getragen. Wenn er die Prüfung erfolgreich ablegte, würden die Männer sie ins Feuer werfen und ihm feierlich sein neues, von seiner Mutter gefertigtes Männergewand aushändigen, das sich durch seinen großzügigen Zuschnitt und die Einfärbungen deutlich von seiner früheren Kleidung unterschied.

Es setzte sich zusammen aus einem grüneingefärbten, mit Igelstacheln bestickten Ziegenlederoberteil, Beinlingen aus einem gelblichen Hanfstoff, die über dem Knie mit Schafsleder verstärkt waren, und einem Gazellenlederlendenschurz, bei dem die Haare an den Rändern nicht entfernt worden waren. Das gabbtaranische Sprichwort: „Ein Mann muss lernen, sein Gewand auszufüllen", war also durchaus mehrdeutig zu verstehen.

Horfet fröstelte. Nicht nur die kühle, feuchte Luft der Höhle bewirkte, dass sich seine Körperhaare aufstellten, sondern auch eine Schwäche, die von dem Nahrungs- und Wassermangel herrührte. Je näher die eigentliche Initiation rückte, desto mehr fürchtete Horfet, dass die Schatten von Krata-buuns Tod ihn heimsuchen würden. Die Jagd war zu glatt gegangen. Irgendwann würde er für seine freche Neugier büßen müssen. Welcher Zeitpunkt eignete sich dafür besser als die Einweihung, bei der er den Geistern allein ausgeliefert sein würde?

Toischan umrundete ihn mit einer großen Muschel, in der Lavendelbüschel glommen. Streng dufteten die aufsteigenden Rauchfahnen, die sich um ihre Körper schmiegten. Anschließend tunkte er seine Hand in ein Holzschälchen mit noch warmem, ausgelassenem Rehfett. Damit schmierte er Horfets Körper ganz ein, was sich für diesen sehr gut anfühlte.

Es folgten die Farben der übrigen vier Holzschälchen. Als Toischan zufrieden auf sein Werk blickte, war sein Schwestersohn übersät mit Doppelschnecken, von denen die linke Hälfte rot wie das Leben und die rechte weiß wie der Tod war. In verschiedenen Längen und Breiten schlangen sie sich um Hände, Arme, Hals, Brustkorb, Bauch, Unterleib und Beine. Auch Horfets Gesicht wirkte durch die Schneckenformen völlig verändert und fremd. In allen Zwischenräumen befanden sich gelbe und schwarze Punkte. Diese Farben symbolisierten das Dunkel des Aschme-óch und gleichzeitig Btars erdigen Bauch, in dem sich das Leben neu bildet.

So geschmückt war Horfet bereit, seinen Gang in den Teil der Höhle anzutreten, der allein für die Initiationen der Männer reserviert war. Der Pfad, den er zu gehen hatte, stieg langsam an- wahrlich eine sinnfällige Übereinstimmung mit dem Ziel der Zeremonie. Bis dahin begleiteten ihn sein Mutterbruder Toischan, Pakun und fünf andere Männer, die das Los bestimmt hatte. Sehr zur Freude Horfets, der Elatanschs Gegenwart nur schwer ertragen hätte. Toischan trug in seinen Händen ein kleines Schaffell, einen Umhang aus zwei Gazellenfellen und eine Rassel, die einzigen Gegenstände, die Horfet in die Abgeschiedenheit mitnehmen durfte.

In seiner Eigenschaft als Zeremonienmeister der Männerrituale führte Pakun die Gruppe an. Normalerweise hätte diese Ehre dem ältesten der Männer, also Kojonti, gebührt. Da der Arme mit seinen vier Zähnen aber nur noch so undeutlich sprechen konnte, hatte er Pakun, den zweitältesten der Männer, zu seinem Nachfolger bestimmt. Die gabbtaranische

Tradition erlaubte es durchaus, dass Pakun als Horfets Großmutterbruder zugleich dessen Mannweihe anleitete. Vor einem dunklen, etwa in Schulterhöhe befindlichen Loch, hielt die Gruppe an. Toischan nahm Horfet Fell und Umhang ab, rollte sie eng zusammen und warf sie als erste durch die grauenerregende Öffnung. Dann warf er die Rassel hinterher. Bei deren Aufprall auf der anderen Seite des Felsens erscholl ein unerwartet lautes Grollen.

Pakun löste den Knoten, der einen kleinen Lederschlauch mit seinem Gürtel verband und hielt Horfet die gefüllte Lederhülle hin. „Trinke, Junge aus meinem Volk, dieses Gemisch aus allerlei, was Gab-Btar uns gab, um unseren Geist zu weiten. Schaue hinein in die Welt der Geister und lerne dich selbst als Mann kennen. Wenn die Geister zu dir kommen, dann frage sie alles, was du wissen willst. Frage sie vor allem, welches Tier, welche Pflanze und welcher Baum dir Ratgeber auf deinem Lebensweg sein werden. Frage sie auch, welchen neuen Namen sie dir verleihen möchten."

Horfet trank. Die schwarzlilafarbene Flüssigkeit schmeckte bitter und brannte beim Herunterschlucken, entfaltete im Bauch jedoch eine angenehme Wärme.

Pakun stand direkt vor ihm und blickte ihm lange tief in die Augen, während er betont langsam weitersprach. „Hab keine Angst, mein Schwestertochtersohn. Sei ganz ruhig. Wir, deine Stammesbrüder, beschützen dich und geben auf dich Acht. Du bist ein Teil unseres Stammes, vertraue uns. Der Sohn einer Frau bist du. Geboren aus dem Leib einer Frau, so wie alle vor dir und alle nach dir. Ehre deine Mutter und ehre alle Frauen. Ehre und beschütze sie, notfalls auch mit deinem Leben – das ist die heiligste Aufgabe eines Mannes. Sterben die Männer, lebt das Volk weiter, sterben aber die Frauen, stirbt auch das Volk. Stirbt das Volk, kann keine unserer Seele wieder zurückkehren. Daher muss das Volk alle Zeit weiterleben. In vielfacher Gestalt begegnen uns die Göttin und ihr fruchtbarer Schoß. Drehe dich um. Schließe die Augen und krieche zurück in den Schoß der Erde. Verweile darin als Kind, bis wir dich wieder rufen, sehe den Geistern ins Gesicht und trete heraus als erwachsener Mann."

Bereits auf dem Weg zur Höhle hatten sie Horfet erklärt, was passieren würde, sollte er es nicht so lange in der dunklen Einsamkeit aushalten. Er müsse dann bloß klopfen. Die vor dem Eingang wartenden Ritualwachen würden ihn umgehend wieder herauslassen, nur eben nicht als Mann, sondern als Junge, der er weiter bliebe.

Horfet taumelte ein wenig, als Pakun ihn an der Hand nahm und zu der Öffnung führte. Dessen tiefe gleichförmige Stimme hatte ihn ganz benommen gemacht, ihn aber auch ein Gutteil seiner Angst vergessen lassen. Als Pakun ihn hochhob, kroch er auf allen Vieren in das Ungewisse. Noch flimmerte ein wenig Licht in den langgezogenen, engen Tunnel, der zwar weiterhin nach oben zu führen schien, jedoch deutlich flacher als der Gang bis dorthin. In einer Neumondnacht wie dieser würde den Initianten nach dem Erlöschen des letzten Sonnenstrahls nur noch tiefste Dunkelheit umfangen.

Horfet hatte im Moment allerdings wenig Lust, Genaueres über die Beschaffenheit seiner Umgebung zu erfahren. Stattdessen breitete er sein Schaffell dort aus, wo er es fand, und warf sich den Gazellenumhang um. Die Rassel fand er nicht. Sie musste irgendwo an den Rand gerollt sein.

Draußen waren alle sieben Männer bis auf Pakun damit beschäftigt, das Loch zu Horfets Höhlenkammer mit einem gewaltigen runden Stein zu verschließen, den sie trotz seines Gewichtes gut rollen konnten. Ein paar kleine Schlitze blieben frei, die die Männer mit Lehm versiegelten. Im Anschluss daran entzündeten sie mit der mitgebrachten Fackel einen bereit liegenden Holzstapel. Jetzt da der Zugang zu dem kleinen Tunnel verschlossen war, zog der Rauch nur noch hinauf an die Decke.

Horfets Benommenheit verflog langsam. Dafür ergriff ihn eine Unruhe, die es ihm unmöglich machte, stillzusitzen. Wie ein Ast in einem tosenden Bauch vollzog sein Oberkörper rasche wippende Bewegungen. Vor und zurück. Vor und zurück. Immer und immer wieder. An den Händen und Füßen pulsierte sein Blut so stark und heiß, dass er sie an den kalten Felsen kühlen musste, wollte er nicht verbrennen. Sein Herz saß wie eine Spinne in der Mitte des Geschehens und schlug einen mörderischen Rhythmus. Jedes einzelne Ergießen warmen Blutes in sein Inneres spürte er deutlich. Genau wie viele Hunderte seiner Gedanken, die Lichtblitzen gleich in seinem Kopf herumsausten.

Wo war eigentlich die Rassel? Vielleicht würde sie ihm helfen, den wilden Tanz zu beenden. Ängstlich streifte er mit seiner glühenden Hand über den Boden. Undurchdringliche Schwärze umfing ihn. Doch es war nur die Schwärze im Außen. In seinem Kopf sah er seine Handin dutzenderlei buntgrellen Farben. Anders als die mit Steinchen gefüllte Kalebasse, die sah er nicht. Noch einige Versuche unternahm er mit seinen tastenden Händen, ohne der Rassel habhaft zu werden.

In seiner Verwirrung begann er zu summen. Lauter verschwommene Szenen aus seiner Kindheit traten in sein Bewusstsein. Und immer wieder auch Krata-buun. Endlich vergoss er die Tränen, die er nicht mehr zu weinen gewagt hatte, obwohl der See seiner Seele übervoll davon war.

Dann hörte er plötzlich ihre Stimme, undeutlich zwar, als spräche sie durch ein dichtes Stoffgewebe, doch an ihrer verzweifelten Flehentlichkeit bestand nicht der geringste Zweifel. „Horfet, mein Tochtersohn", schrie sie, „bitte, hilf mir, nur du kannst mir helfen. Ich soll einen neuen Körper als Mann bekommen, aber ich kann nicht wiedergeboren werden. Der Gott der Mannessöhne weigert sich, sein dickes Glied für mich in Btars Schoß zu stecken. Ohne ihn kann ich keinen männlichen Körper bekommen, sondern muss im Aschme-óch bleiben. Er bestraft mich auf diese Weise dafür, dass ich dir nicht zugehört habe."

Horfet hatte Mühe, sich zurechtzufinden. Gerade eben war er ganz allein gewesen. Wie kam denn plötzlich der hünenhafte Mann hier in seine Höhle? Dessen gewaltiger aufgerichteter Penis schob Krata-buuns graudunstige Umrisse böse lachend vor sich her. Horfet roch seinen würzigen Geruch. Er wusste, dass er das Gesicht mit dem leuchtenden roten Auge auf der Stirn kannte, aber er konnte ihm trotz äußerster Anstrengung keinen Namen zuordnen.

Mit donnergrollender Stimme posaunte der riesige Mund dem bebenden jungen Mann sein Anliegen ins Ohr. „Ich heiße Liagschwe, doch dieser Name sei geheim. Dir tue ich ihn kund, auf dass du ihn sofort wieder vergessest. Ich bin der Gott der Mannessöhne."

Horfet machte Anstalten, den furchteinflößenden Mann zu berühren. Indes, seine Finger gehorchten ihm nicht, sie waren gelähmt. Horfet blieb wie versteinert sitzen, und sog die Wortwogen auf, mit denen das offenbar fleischgewordene Geistwesen sein Hirn überschwemmte.

„Höre, Horfet. Sei ohne Angst. Du wirst mein Bote sein. Dich habe ich auserwählt, um ein neues Zeitalter einzuläuten. So lange, lange Zeit war ich nur der kleine Sohn Btars. Nun endlich bin ich erwachsen, dein Mannessaft floss zugleich mit dem meinen. Daher fordere ich mein Recht als Mann. Auch ich bin ein Gott, Gab-Btar ebenbürtig, obwohl sie mich gebar. Denn eines brachte ich einst in ihren Leib ein, ohne den sie mich nie hervorgebracht hätte: meinen Saft. *Du* warst der erste Mensch, der dies entdeckte. *Du* hast es bei den Pferden gesehen und hattest überdies den Mut, das Unerhörte auszusprechen: Der Saft des Hengstes gab den Fohlen ihre Farbe.

Ich, Oneg-loatelwil, Gott der Mannessöhne, sage dir daher die ganze Wahrheit: Ohne den weißen Saft eines Mannes gibt es keine Söhne. Wie sonst sollte eine Frau ein männliches Kind gebären, das ihr überhaupt nicht gleicht? Sogar Btar kann dies nicht ohne mich. Und wenn sie das nicht anerkennt, wird es keine Männer mehr geben. Dein Stamm sei der erste, der meine Kraft erfahre. Meinen riesigen Penis will ich zukünftig Btars Schoß vorenthalten, zumindest für euren Stamm. Dann werden aus ihr keine Jungen mehr entweichen. So lange werde ich ihr entsagen, bis ich zu meinem Recht komme. Krata-buuns für einen Knaben vorgesehene Seele wird darunter zu leiden haben; sie bleibt dann im Aschme-óch für alle Zeit. Es liegt künftig allein an dir, mein auserwählter Horfet. Sei du mein Mund und fordere bei deinem Volk ein, was mir als Gott an Verehrung zusteht. "

Die Stimme verstummte so unerwartet, wie sie erklungen war. Horfet wollte den Mann aufhalten, ihn fragen, was er aus der Welt der Geister wissen musste. Endlich hatte ein Geist mit ihm gesprochen. Sein Leben lang hatte er auf eine solche Stimme gewartet. Und da ließ der ihn einfach wieder stehen? Das durfte nicht sein. Wer steckte hinter dem Namen „Liagschwe"? „Liagsch" hieß „Penis", aber was bedeutete „we"? Dieses Wort kannte er nicht. Oder musste er „liagschwe" anders aufteilen, etwa in „lia" und „gschwe"? „Gschwebu" hieß „schütten". Doch was sollte ein „lia" sein? Und was meinte der Gott mit der Verehrung, die ihm zustand?

Horfet rannte so schnell er konnte. Ohne zu wissen, wohin er trat. Er rannte und konnte nicht aufhören damit. Immer tiefer drang er in lichtlosen Höhlenschlund ein. Plötzlich tauchte aus dem Dunkel etwas hartes Kantiges auf. Voller Wucht prallte Horfet mit Kopf und Brust dagegen. Nach dem atemraubenden Schlag, der seinen Kopf zu spalten schien, fühlte er nicht einmal mehr den Boden, auf dem er der Länge nach hinfiel.

Schwaches Licht drang durch eine Felsritze oben an der Decke in die Höhlenkammer. Horfet lag inmitten des kleinen Lichtkegels und rappelte sich hoch. War das Etwas auf seinen Schultern sein vollständiger Kopf oder eher eine zertrümmerte Mandelschale? Anhand der hochempfindlichen Beulen spürte er genau, wo ihn der Schlag getroffen hatte. Rechts neben dem Brustbein und an der rechten Schläfe. Sogar Flüssigkeit rann von seinem Kopf herab. Blut! Kein Zweifel. Nicht nur an seiner Kopfhaut, sondern auch auf dem lehmig-sandigen Höhlengrund.

Ihm war unsagbar schlecht. Mangels Inhalts in seinem Magen würgte er, ohne Nennenswertes nach oben zu befördern. Nur Magensäure spie er angeekelt aus. Trotzdem fühlte sich sein Bauch ein klein wenig besser an, was er von seinem Mandelschalenkopf ganz und gar nicht behaupten konnte. Ermattet blieb er liegen. Hitzewallungen und leichte Schüttelfröste wechselten sich ab. Sein Herz pochte immer noch viel schneller als gewöhnlich. Der Gazellenumhang sorgte wenigstens dafür, dass er diese zermürbenden Temperaturschwankungen halbwegs auszugleichen vermochte.

Horfet schreckte hoch. Die Erinnerung holte ihn trotz seiner starken Kopfschmerzen wieder ein. Nicht die Geister hatten zu ihm gesprochen, sondern ein Gott! Die Existenz eines solchen hatte er bis zu diesem Moment noch nie in Erwägung gezogen. Sein ganzes Leben lang kannte er nur die Große Göttin, die Mutter aller Geschöpfe. Dass es einen männlichen Gott gebe, war eineabwegige, eine tollkühne, eine ganz und gar ungeheuerliche Vorstellung!

„Mannessohn" erinnerte sich an die Worte Boritaks, als dieser ihm für das abendliche Ritual den Segen der Göttin gewünscht hatte. „Denke daran, mein kleiner Freund", hatte er ihm zugeraunt, „die Geister haben dich auserwählt. Was auch immer du erfahren mögest bei deiner Initiation, behalte es erst einmal für dich. Wäge sorgfältig ab, was davon du deinen Stammesbrüdern sofort mitteilst, und worauf du sie erst vorbereiten musst. Keiner versteht dich so gut wie ich. Bei allem, was die Geister von dir verlangen, vermag ich dir wohl am besten zu helfen."

Dankbarkeit durchflutete seinen malträtierten, schweißnassen Körper. Welch ein Glück, dass Boritak ihm allezeit mit Rat zur Seite stand. Aufwühlende Zweifel beschlichen ihn. War es überhaupt Gab-Btar gewesen, die ihm Boritak gerade noch rechtzeitig geschickt hatte? Sie hatte ja auch zugelassen, dass er so unglücklich auf den Ast gefallen war. Wollte *sie* ihn nicht vielmehr sofort verschlingen und Boritak verhinderte dies nur deshalb erfolgreich, weil der „Gott der Mannessöhne" zu Horfets Gunsten eingriff? Was für eine Ironie, dass die Jungen ihn zuvor schon mit diesem Spottnamen „Mannessohn" belegt hatten. Oder war es etwa dieser unbekannte Gott selbst gewesen, der durch ihre Münder sprach?

Auch bei größter Anstrengung hätte Horfet nicht zu sagen vermocht, wovon die grässliche Übelkeit und das Schwindelgefühl herrührten, die ihm so zusetzten: von dem wuchtigen Stoß an den Stein, dem berauschenden Trunk oder den verwirrenden, neuen Ideen, die auf ihn hereinbrachen. Die, er verbesserte sich, ein Gott selbst ihm einhauchte! Anscheinend hatte Boritak Recht. Er, Horfet, war etwas Besonderes. Nur ihm hatte sich dieser Gott geoffenbart. Ein Gott, der so mächtig war, Krata-buun im Aschme-óch festzuhalten, aber auch so gnädig, ihr zu helfen, wenn ihm nur die fällige Anerkennung endlich zuteil werden würde. Im Augenblick allerdings war der Schlaf, der Horfet übermannte, noch mächtiger als dieser Gott.

Der Einzelgänger hatte sich in eine der Nischen zurückgezogen, durch die der schmale Gangan manchen Stellen ausgebuchtet war. Bei einem Zweikampf hatte ihm ein junger Rivale die Schulter aufgerissen, so dass er momentan außerstande war zu jagen. Seit Tagen litt er unter seinem leeren Magen, ohne dass er etwas dagegen tun konnte. Der kleine Happen des verunglückten jungen Marders, wegen dessen Aasgeruchs er überhaupt so weit in die Höhle hineingekrochen war, fiel kaum ins Gewicht. Also leckte er weiter seine Wunde, wann immer er wach wurde.

Der widerliche Gestank nach verbranntem Lavendel ließ ihn hochfahren. Nicht schon wieder! Bereits der beißende Rauchgeruch am vergangenen Tag hätte ihn trotz seiner Schwäche fast vertrieben. Seine Ohren registrierten wachsam das lauter werdende Geräusch. Schritte. Abgefedert durch gefütterte Schuhe. Feuerchen, die herbei schweben und ihr Licht in den Raum werfen. Ein Mensch aus Fleisch und warmem Blut!

Sich anschleichen und einer Beute nachhetzen konnte er nicht, aber mit einem Satz die Reißzähne in den Hals eines auf ihn zulaufenden Opfers zu stoßen, musste ihm gelingen, wenn er wieder zu Kräften kommen wollte. Der Löwe duckte sich zum alles entscheidenden Sprung.

Der unterdrückte Schrei einer Frau unterbrach Horfets Schlaf. Eigentlich war er viel zu zerschlagen, um seine granitschweren Gliedmaßen zu heben. In seinen Ohren klang das Schreien grässlich schrill. Ihm kam es vor, als pralle der Nachhall unentwegt gegen labyrinthisch verwinkelte Knochenwände im Inneren seines Schädels, ohne den Ausgang zu finden.

Benommen versuchte er sich zu orientieren. Vielfarbige Bilder längst vergangener Eindrücke verschwommen mit Wahrnehmungen monströser, schwarzer Umrisse, die sich an den Höhlenwänden abzeichneten. Alles, was Horfet anblickte, schien sich in die Länge zu ziehen. Seine Finger muteten ihn an wie Schlingpflanzen, die sich um zwei riesige Baumstämme, wohl ehedem seine Beine, wanden. Wer um Btars Willen hatte denn da gekreischt? Krata-buun? Nein, so hell war ihre Stimme nicht gewesen; außerdem steckte sie ja jetzt im Körper eines Mannes. Derart hoch schrie nur eine Frau. War das etwa die Göttin, die ihn anbrüllte? Tobte sie vor Empörung? Oder verlieh sie ihrem Schmerz Ausdruck über das, was der Gott der Mannessöhne ihr antat?

Plötzlich herrschte Stille. Horfet wagte kaum zu atmen. Gespannt harrte er der Dinge, die der gellende Ruf womöglich eingeläutet hatte. Doch das einzige, was er kurz darauf wahrnahm, waren schmatzende Laute. Das Grauen legte sich wie eine blutabschnürende Schlinge um seinen Hals. Kam nun Btar, um ihn zu verschlingen? Lief ihr bereits der Speichel im Mund zusammen?

Verzweifelt betete er zum Gott der Mannessöhne. „Liagschwe, verzeih mir, ich meine Oneg-lo-atelwil (baranisch für *Gott der Mannessöhne*). Ich rufe dich. Bitte hilf deinem Boten, denn er ist in größter Not. Ich will nicht in den Aschme-óch. Ich will das Licht des Gatár-ta-ún sehen. Ich will leben, essen, jagen, tanzen, singen. Bitte hilf mir! Wie kann ich dein Bote sein, wenn du mich jetzt sterben lässt?"

Horfet betete weiter. Was sonst hätte er tun können, wo sein Tod so unausweichlich schien? Aber außer dass bisweilen statt des Schmatzens ein dumpfer Schlag zu hören war, tat sich nichts. „Mannessohns" Angst flachte ab. Sie wurde abgelöst von zaghaft wachsender Neugierde. Es dauerte trotzdem eine ganze Weile, bis Horfet genug Mut fasste, um dem seltsamen Geräusch auf den Grund zu gehen. Zu verzerrt war seine Wahrnehmung, als dass er sicher die Lautquelle bestimmen konnte. Das Tasten war noch der verlässlichste seiner Sinne. Mit langsamst möglichen Bewegungen veränderte er vorsichtig seine Position.

Die sechs Männer vor der Initiationshöhle hatten den Schrei ebenfalls gehört, wenn auch gedämpft durch den Steinverschluss und die Lehmklumpen.

„Sag bloß, Horfet trifft wohl auf Anhieb die richtige Art. In welche Strudel der Lust dieser Anfänger sie zu ziehen vermag, hört euch das an", sprach einer der fünf Begleiter aus, worüber schon alle schmunzelten.

Insbesondere Toischan, der den Sprecher fragte: „Deine ältere Schwester, heißt es, plaudere am ehesten mal ein Geheimnis aus. Hat sie irgendeine Andeutung gemacht, wer als heilige Tochter der Göttin vom Rat der Frauen ausgewählt worden ist."

„Nein, tut mir leid. Kein einziges Wort hat sie darüber verloren. Alles nur Gerüchte. Meine Schwester ist sogar sehr verschwiegen, was die Rituale anbelangt. Aber ich habe dennoch eine Vermutung. Die Frauen suchen ja immer eine aus, die es gerne tut. Und ist dir etwa nicht aufgefallen, wie verzückt die lockige Nal-abu, Zini-is Tochter, Horfet ansieht?"

Toischan nickte Pakun zu. Mit einem Blick auf den runden Stein sagte er: „Rahi, Nal-abu könnte es also sein. Sie ist wirklich sehr hübsch. Sie würde mir auch gefallen. Na, mein Junge, da meint Gab-Btar es aber gut mit dir."

Mit der Geschwindigkeit einer Schnecke schob sich Horfet entlang einer Felsformation, um einen Wimpernschlag später mit dem Höhlengestein zu einem einzigen starren Wesen zusammenzuschmelzen. Zwei ausgehöhlte Steinschalen mit brennenden Moosdochten in Gazellenfett beleuchteten ein Geschehen, das unwirklicher nicht sein konnte: Ein vierbeiniges Wesen mit gewaltiger blonder Haarkrause saß etwa zwanzig Schritte von Horfet entfernt und jagte mit seinen Kiefern zerstiebenden Eingeweiden hinterher.

Angewidert wendete Horfet sich ab. Diesmal erbrach er eine schleimige Flüssigkeit, die so widerlich stank, dass er sich ekelte. Unfähig sich zu bewegen, schielte er erneut zu dem vom Lichterglanz umgebenen Breitmaul und seinem Opfer. Die Reste des wallenden Federkleides, das es getragen hatte, schlossen jeden Zweifel aus.

Dieser unheimliche Riesenrachen hatte soeben niemanden anders als die Göttin zerfleischt. Horfet musste sich an einen Felsen anlehnen. Um ihn herum begannen die Felsen einen Totenreigen für die Göttin zu tanzen. Oh, was für einen federleicht beweglichen Körper sie, die in ihrer Schönheit Unerreichte, dem Untier darbot!

Die malmenden Kiefer brüllten Horfet an: „Höre, Mannessohn, hier siehst du, was ich schließlich mit Gab-Btar zu tun gedenke, wenn ihr mich fürderhin leugnet. Ich bin stärker als sie. Fürchte sie weniger als mich. Du hast es in der Hand, ob dein Volk in Zukunft einem starken Gott oder einer schwachen Göttin gehorcht. Führe dein Volk auf den neuen, den richtigen Weg."

Horfet hob seine rechte Hand zur Abwehr. Dann besann er sich eines Besseren und fiel auf die Knie. Mit einem solchen Gott durfte man nicht spaßen. „Gott der Mannessöhne. Ich werde tun, was du von mir verlangst. Aber hilf mir, denn ich brauche deine Hilfe. Sag mir noch genauer, was ich für dich tun soll. Wenn ich doch nur wüsste, warum du mich ausgewählt hast? Ausgerechnet mich!"

Der unüberwindliche Zwang, lauthals zu lachen, erfasste ihn. Es war ein irres, hysterisches Lachen, das erst verstummte, als seine Augen gar kein Licht mehr wahrnahmen, sondern übergangslos in eine zähflüssige Finsternis getaucht wurden.

Die fünf Weisen warteten stehend und lavendelbüschelschwingend vor dem Fraueneingang, der nach Südwesten zeigte. Kurz zuvor hatte die heilige Tochter die Frauenhöhle betreten und sich dort in den engen Gang gezwängt, der schließlich wieder breiter wurde und zu Horfets abgetrenntem Höhlenteil führte.

Unruhe ergriff die Frauen, als sie einen Laut vernahmen, der nichts Gutes bedeuten konnte. Beherzt nahmen sich die fünf Frauen, allen voran Nal-abus Großmutter Rupscha-i, eine Fackel und betraten unter Rufen die Höhle. Rupscha-i war die Clanmutter der Wildschweinsippe und leitete ihren Namen nicht ohne Grund von ihrem Totemtier ab. Wie sie jetzt trotz ihrer stämmigen Gestalt mit erstaunlicher Geschwindigkeit und vorgestrecktem Kopf in die Höhle stürmte, hatte sie einiges mit einer Leitbache gemein, die ihre Sippenmitglieder furchtlos im Schweinsgalopp verteidigt. Auch Rupscha-is starke Arm- und Beinbehaarung sowie ihr ziemlich dichter Bart auf der Oberlippe passten gut zu einer Frau des ehrenvollen Namens „Bunte Sau".

An einer Gangkrümmung prallte die Vorauseilende mit ihrer Enkelin zusammen. Nal-abu brauchte ein paar Augenblicke, um wieder ruhig zu atmen. Sie duftete noch immer nach dem Öl, mit dem Rupscha-i sie bestrichen hatte. Nur die rote Farbe, die ihren ganzen Körper bedecken sollte, lief an ihrer linken Schulter herunter. Die Fackel auf Bauchhöhe haltend, schaute Rupscha-i genauer hin. Nicht Farbe lief da herunter, sondern Blut!

„Nal-abu, mein liebes Herz, was ist passiert? Hat dich Horfet etwa verletzt? Was ist los? Warum blutest du?"

Nal-abu fuhr mit der Hand über ihre schwitzende Stirn. „Nein, Horfet kann nichts dafür. Auf dem Weg, den ihr mir gewiesen habt, liegt ein Löwe. Denkt nur. Ich stelle gerade die zwei Lichtschalen ab, um mir den Federumhang noch einmal fester zu binden, da sehe ich höchstens drei Armlängen von mir entfernt einen Löwen sitzen. Einen gewaltigen, grauenhaften Löwen!"

Die Frauen, die sich um sie drängten, sahen sie entsetzt an.

„Ich spüre bereits seinen Atem auf meiner Haut, komme aber schnell genug auf die Beine, um einen Satz weg von seinem Maul zu machen. Doch seine Pranke reißt mir noch ein wenig die Schulter auf. Zum Glück war der Mantel wie gesagt recht lose gebunden. Sonst hätte mich der Löwe erwischt. So aber hat er sich erst mal mit dem Umhang zufrieden gegeben."

„Was für ein unheilschwangeres Zeichen!", flüsterte eine Frau.

„Als ich weit genug weg war, habe ich mich umgedreht und ihn vorsichtig beobachtet. Er muss sehr schwer verletzt sein, denn er machte keinerlei Anstalten, mich zu verfolgen. Aber er könnte trotzdem noch zur Gefahr für Horfet werden. Wir müssen ihn warnen. Der Löwe darf ihm nichts tun. Dumm, dass ich unbewaffnet bin. Diesem dreisten Löwen würde ich gerne selbst einen Pfeil in den Bauch schießen."

„Meine tapfere Nal-abu, was musstest du erleben! Komm mit nach draußen. Setz dich und ruh dich aus von dem Schrecken."

„Nein, Großmutter, bitte lass mich. Ich kann nicht ruhig sitzen, solange Horfet und der Löwe zusammen da drin sind." Sie riss sich von ihr los und warf sich ihr beiges Hanfkleid über, das ausgebreitet über einem Stein hing. „Wo sind denn die Wächter? Seht ihr sie? Ach was! Ich selbst werde die Männer warnen. Sie sollen von ihrer Seite kommen, Horfet herausholen und am besten noch den Löwen töten. Ich renne zu ihnen und gebe ihnen Bescheid."

„Du hast Recht. Er ist in Gefahr. Btar schütze dich, meine Enkelin", schloss sich Rupscha-i rasch ihrer Einschätzung an.

Die fünf alten Frauen sahen ihr nach. Was Nal-abu vorhatte, war umsichtig, dabei war sie selbst erst einer großen Gefahr entronnen. Ein verletzter Löwe blieb immer unberechenbar. Und wer wusste im Voraus, wieHorfet unter dem Einfluss der Geister reagierte?

Sieben unerschrockene Jäger eilten mit Fackeln und Waffen zu der Gruppe um Pakun, die darauf wartete, dass die Sonne unterging. Elatansch machte sich zu ihrem Wortführer: „Pakun, du musst sofort das Ritual unterbrechen. Ein Löwe sitzt in dem Geheimgang. Die heilige Tochter der Göttin hat ihn gesehen. Sie konnte ihm mit knapper Not entkommen."

Pakun sah den Triumph in Elatanschs Augen und zögerte. Würde der es wagen, ihm einen Streich zu spielen?

„Mann Pakun. Hörst du nicht, was ich sage?"

„Verzeih, ich dachte eben. Nein, ist schon gut. Wie kann das sein? Wir haben sie wie immer nach Feuerkinderart geräuchert."

„Der Löwe ist verletzt. Wahrscheinlich hat ihn der Rauch deswegen nicht verjagt."

Auf Pakuns Nicken hin schoben die Männer den Stein zur Seite, woraufhin die Lehmverkleidung ebenfalls abfiel. Toischan schwang sich als erster in die sich auftuende, von zartem Licht durchflutete Öffnung:

„Horfet, wo bist du? Bewege dich ganz langsam hier auf mich zu. Das Ritual ist zu Ende. Komm langsam heraus."

So sehr Toischan sich auch mühte, seine Stimme verbarg die bange Angst nicht, die hinter seinen Worten steckte. Pakun reichte ihm drei Fackeln hoch, dann stiegen auch er und die sieben bewaffneten Männer in Horfets Initiationstunnel. Mit dem Fackelschein und dem natürlichen Licht fanden die Männer den hingestreckten Horfet rasch. Toischan hob vorsichtig dessen Oberkörper an und bemerkte das Blut auf der ihm abgewandten Schläfe.

„Sein Kopf blutet. Oh, Btar, hilf, er ist ohnmächtig. Lasst ihn uns nach draußen tragen und bei Tageslicht eingehender untersuchen. Hier drinnen ist es trotz der Fackeln zu dunkel."

„In Ordnung, tut das, du, Pakun und wen ihr sonst noch braucht. Alle anderen Männer mit Waffen kommen mit mir. Wir sehen nach, wo sich der Löwe verkrochen hat", übernahm Elatansch das Kommando.

Am Eingang der Höhle wartete Nal-abu, die Grashalm um Grashalm auseinander riss. Als sie die Männer hörte, sprang sie von ihrem Felsensitz auf und stürzte auf Horfets Sippenmitglieder zu. „Bei Btars Bauch, wieso tragt ihr ihn? Hat der Löwe ihn getötet? Nein!" Nal-abus große Anteilnahme überraschte die beiden. „Bitte sagt mir, dass er noch lebt!"

Pakun beruhigte sie. „Er atmet, Nal-abu. Er atmet. Komm her und hilf uns, herauszufinden, wie schwer er wirklich verletzt ist. Ob er vielleicht noch woanders Quetschungen erlitten hat. Lasst uns sicherheitshalber die Farbe entfernen. Ich glaube, du, Nal-abu, kannst das am besten. Hier, ich träufle Wasser über ihn."

Unter Nal-abus rot bemalten Wangen bemerkte niemand die andere Röte, die ihr ihr eigenes Blut ins Gesicht hauchte. Nur kurz zögerte sie, ehe sie anfing, Horfets Körper von der Farbe zu befreien. Sanft und bedächtig tat sie dies, indem sie ihn mit ihren zitternden Händen berührte und die abgehende Farbe an Grasbüschel wischte. Sie fühlte zwar die interessierten Blicke der Männer auf sich ruhen, störte sich aber nicht an ihnen.

Ja, der Mann, der sich da aus dem Jungen entwickelte, gefiel ihr. Wozu sollte sie das verheimlichen? Sie mochte das Seeblau seiner Augen, seine wachen, nachdenklichen Blicke, bei dem er oft die linke Augenbraue hochzog. Egal, was für verrückte Ideen er dabei ausbrütete. Egal, womit die anderen Jungen ihn verspotteten. Was gäbe sie dafür, ihn in die innige Liebe eingeführt und seine Mannesweihe vollendet zu haben!

„Es besteht kein Zweifel", stellte sie fest. „Die Ohnmacht scheint allein von der Kopfwunde herzurühren."

Pakun und Toischan beugten sich gleichzeitig über ihn. „Ja, Btar sei Dank, du hast Recht", sagte letzterer.

„Womit hat sie Recht?", fragte Elatansch aus dem Hintergrund, freilich, ohne die Antwort abzuwarten. „Seht her, wir haben den Löwen getötet. Er ist beeindruckend, nicht wahr? Lauter Federn lagen um ihn herum, seht ihr, sogar in seiner Mähne hängen noch welche." Erst jetzt schaute er zu Horfet. „Was ist mit ihm? Ist er etwa…?"

„Nein, er lebt. Btar hat ihn nicht verschlungen, wenn du das meinst", ärgerte sich Toischan über Elatanschs Mutmaßung.

Der hob beschwichtigend seine Hände. „Btar sei Dank, das hat sie nicht. Sie ist ihm eine gnädige Göttin. Aber sie hat auf ihre Art deutlich gemacht, dass sie Horfet für nicht reif genug hält, ein Mann zu sein. Ihr beide habt euch also getäuscht, bei der Versammlung, das könnt ihr nicht bestreiten."

Einer der Männer aus Pakuns Gruppe mischte sich ein. „Elatansch, lass gut sein. Wie es weitergehen soll, klären wir ein andermal. Hauptsache, der Löwe tot, ohne dass jemand von uns sterben musste. Lasst uns ins Dorf gehen und die Weisen Frauen nach Horfets Kopf sehen."

„Ich komme eben von Zini-i. Sie sagt, Nal-abu habe Fieber. Die Krallen haben böse Geister in ihr Fleisch gelegt." Toischan schlüpfte aus den Riemen seiner Rückentrage, legte diese ab und schaute hinüber zu Horfet, der bis zum Kinn in seiner Schlafrolle steckte.

„Gibt es Fortschritte bei Horfets Genesung? Hat er schon etwas gesagt?" Fragend sah er Barcha-let an.

Sie antwortete mit einem Kopfschütteln. „Nein, sein Geist sucht seit letzter Nacht Zuflucht in der Welt der Traumwesen. Zweimal hat er bereits nach Boritak gerufen."

Toischan machte aus seinem Unwillen keinen Hehl. „Warum Boritak? Was will er nur immer von ihm?"

„Das müssen wir wohl ihm überlassen. Ich glaube, er wacht bald auf."

Auch Lu-bagdai versuchte Toischans Zorn zu besänftigen. Ihr Bruder hatte ihr die Geschehnisse des vergangenen Tages in allen Einzelheiten erzählt. „Du, Toischan, wirst dein Leben lang Horfets Mutterbruder sein. Aber Horfet muss als Heranwachsender seinen eigenen Weg suchen. Auch ich bin keineswegs begeistert, dass er sich ausgerechnet diesem Boritak so verbunden fühlt. Aber uns bleibt nicht anderes übrig, als seine Entscheidung zu respektieren. Je stärker wir Boritak ablehnen, desto mehr treiben wir Horfet in seine Arme."

Barcha-let konnte sich nicht länger zurückhalten. „Warum bei der Dunkelheit des Aschme-óch wettert ihr dauernd gegen Boritak? Was hat er euch getan? Erst rettet er Horfet. Dann arbeitet er tüchtig bei uns mit, gerade jetzt, wo deine Hände, Lu-bagdai, uns fehlen, und dennoch findet ihr beide nach wie vor kein gutes Wort für ihn. Ihr seid ungerecht. Ich hole ihn, er hilft Pakun und Anujach, die Fleischstücke auf den Trockengerüsten zu wenden. Anstatt hier abschätzige Reden zu führen, solltest du ihm lieber zur Hand gehen, mein geschätzter Bruder."

Toischan und Lu-bagdai schauten ihr nach und verdrehten gleichzeitig ihre Augen. Das naive Wesen ihrer Schwester und gute Menschenkenntnis waren eben zwei Dinge, die sich ausschlossen. Solange Toischan und Lu-bagdai indessen lediglich ihr ungutes Gefühl gegenüber dem angeblichen Arkasnaq anführen konnten, war es wirklich vergebene Liebesmüh, mit Barcha-let über Boritak zu streiten. Daher schwiegen sie lieber. Wichtiger war es herauszufinden, was Boritak Horfet gab, das sie ihm anscheinend vorenthielten.

Wenig später erwachte Horfet, genau wie Barcha-let es vorhergesagt hatte. Das in das Fensterloch hereinfallende Mittagslicht verursachte ihm Kopfschmerzen, so dass er es vorzog zu blinzeln. Lu-bagdai und Toischan setzten sich zu ihm neben seine Schlafstätte; sie hielt ihm die Hand.

„Mein Schwestersohn, wie fühlst du dich?"

„Schlecht ist mir nicht mehr, aber in meinem Kopf hämmern tausend Spechte."

Lu-bagdai erhob sich und goss einen vorbereiteten Tee in einen Becher aus Rinde. „Hier, Horfet, trink, das wird dir gut tun."

„Was ist das für ein Aufguss?"

„Weidenrinde, nichts weiter."

Horfet trank. Weidenrinde war in Ordnung. Von berauschenden Getränken hatte er vorerst genug. Der Auftrag des Gottes der Mannessöhne, den er erhalten hatte, lastete auf seinen Schultern wie ein ausgewachsener Auerochse. Schon jetzt drohte er unter dessen Gewicht zusammenzubrechen; nicht auszudenken, wie er es ertragen sollte, wenn er dem Gott gleich wieder begegnen müsste. Boritak! Er allein würde vielleicht in der Lage und willens sein, ihm bei der Erfüllung seiner unerhörten Aufgabe zu helfen. Je schneller er sich ihm anvertraute, desto eher durfte er hoffen, das abschnürende Band um sein Herz lockern zu können! Schwer atmend stieß er hervor. „Bitte holt Boritak und lasst mich mit ihm allein."

Enttäuscht räumten Lu-bagdai und Toischan das Feld. Als sie aus der Tür traten, wären sie beinahe mit Barcha-let zusammengestoßen, die Boritak an der Hand führte. Boritaks Gesichtsausdruck war wie immer schwer einzuschätzen. Spiegelte sich eine gewisse Besorgnis darin oder war es vielmehr mühsam verhohlene Freude darüber, als einziger von Horfet ins Vertrauen gezogen zu werden?

Toischan beschloss, nahe einem Fensterloch auszuharren, um wenigstens einige Gesprächsfetzen aufzuschnappen. Barcha-let verwies ihn jedoch von seinem Horchposten, mit einem Blick des Missfallens, der an Deutlichkeit nicht zu überbieten war. Lu-bagdai verstand sowohl ihren Bruder als auch ihre Schwester. Unschlüssig, ob es nicht doch besser wäre, Horfet zu belauschen, griff sie sich schließlich einen Lederbeutel und schlenderte nachdenklich zu den Vorratsgruben nahe dem Dorf.

Im Haus ließ sich Boritak derweilen neben Horfet nieder. Dieser lächelte verlegen. Mitleidig legte Boritak den Kopf auf die Seite, um Horfet besser in die Augen zu sehen. „Mein Freund, wie geht es dir?", fragte er leise.

„Ach, Boritak, wie du siehst, liege ich schon wieder vor dir und brauche deine Hilfe."

„Sprich, was kann ich für dich tun?"

„Boritak, du hattest Recht. Ich bin ein Auserwählter. Aber es waren nicht die Geister, die sich mir geoffenbart haben, sondern ein Gott, ein männlicher Gott, verstehst du, was ich sage?"

Boritaks Adamsapfel hüpfte merklich, als nötige ihn jemand, eine sperrige Lehmkugel zu verschlucken. Auf seiner Stirn bildete sich die Horfet wohlbekannte Falte, wie stets, wenn Boritak aufmerksam zuhörte.

„Er fordert die Verehrung, die ihm gebührt. Er ist mächtig. Er hat Btar in Gestalt eines Löwen gefressen. Er hält Krata-buun mit seinem großen Penis im Aschme-óch gefangen und will sie erst wieder freilassen, wenn wir ihn verehren. Er behauptet, stärker als Btar zu sein, und hat es auch gleich bewiesen. Ich kann Krata-buun helfen und alles wieder gut machen."

„Moment, Horfet, nicht so schnell und nicht alles durcheinander. Bitte erzähle der Reihe nach, was der Gott zu dir gesprochen hat."

Trotz seiner andauernden Müdigkeit tat Horfet nichts lieber als das. Wie aus einem umgestülpten Gefäß floss Einzelheit um Einzelheit aus ihm heraus. Welch eine Erleichterung, endlich mit einem Menschen darüber reden zu dürfen!

Horfets Ausführungen bewirkten, dass Boritaks Mund die meiste Zeit offen stand. Wie hätte er ihn auch schließen können angesichts der haarsträubenden Dinge, die Horfet von sich gab? Boritak durchlief alle Arten des Erschauderns: Von der, die ihm wohlig den Rücken herunterrann, bis hin zu der, die ihm vor Aufgekratztheit alle Glieder erzittern ließ. Für ihn wurde ein innigst gehegter Wunsch wahr. Den Gott, den er sich in seinen kühnsten Träumen bisweilen ersehnt hatte, gab es also wirklich? Einen Gott, der selbst Mann war und für männliche Gelüste mehr übrig hatte als die Göttin? Von ihr durfte er in diesem Leben ohnehin nicht mehr erwarten als den Tod. Doch den hatte er bisher abzuwenden gewusst und gedachte es auch weiterhin so zu halten. Wie gern wäre er in der Höhle an Horfets Stelle gewesen! Aug in Aug mit einem göttlichen Schwanzträger! Einem Gezeichneten wie ihm eine solche Bürde zu übertragen, wäre vom Gott der Mannessöhne freilich sehr dumm gewesen. Horfet dagegen besaß alles, was wichtig war, um diesen neuen Gott einzuführen: Er war kein Verstoßener. Seine Sippe liebte ihn und würde ihn gegen Anfeindungen jedweder Art schützen. Er war jung, neugierig und sehr beeinflussbar.

Boritak musste nur dafür sorgen, dass auch er selbst hinreichende Kontrolle über Horfets Denken behielt. Damit würde er mehr Einfluss gewinnen, als er es je für möglich gehalten hätte. Und nach Achtung, am liebsten Hochachtung, von Seiten der anderen dürstete es ihn seit langem. Da war es wieder, das alte Hassfeuer, das plötzlich in ihm aufloderte und ihn antrieb, sein Glück herauszufordern. Natürlich wusste er menschliche Gesellschaft nach all der überstandenen Gefahr, der fortwährenden Wachsamkeit mehr denn je zu schätzen. Doch bloßes Mitessen, Mitarbeiten, ohne eine herausragende, gefestigte Stellung innerhalb einer Sippe genügte ihm nicht. Das war seiner nicht würdig, nicht nach dem, was er ertragen und erduldet hatte!

Hatte er denn nicht mehr als sie alle gezeigt, was für ein bewundernswerter Mann er war? Hatte er nicht als einziger von ihnen über achtzehn Monde ohne jegliche menschliche Gemeinschaft gelebt und überlebt? All die Tage und Nächte, in denen er sich niemals geborgen fühlte, in denen kein einziger menschlicher Laut, keine noch so unbedeutende Geste, kein verstehender Blick ihm irgendeine Erwiderung gab, sondern er in all dem rings um ihn wimmelnden Leben immerfort der verstoßene Einsame blieb.

Der seinen Zorn nicht einmal im Schoß einer Frau loswerden konnte und das – welch boshafte Ironie Btars – gerade wegen einer Frau! Dass ihn sein eigener Stamm wie eine räudige Ratte verscheucht hatte, nur weil er mehr Lust verspürte als die spröde Ke-ho, die er eben zum verbundenen Geschlecht zwingen musste, empfand er bis heute als Schmach. In seiner Phantasie geisterten bereits etliche Spielarten herum, wie er sich dafür rächen würde. Vielleicht könnte Horfets Vision das Feld bereiten, auf dem er diese Rachepläne eines nicht allzu fernen Tages in die Tat umsetzen würde.

„Horfet, mein lieber Freund, deine Worte fahren in mein Herz wie Blitze und drohen es zu versengen."

Er küsste Horfets Hand und legte sie auf seinen Hinterkopf. Diese Geste hatte Horfet noch nie bei jemandem gesehen. Boritak hatte sie soeben erfunden. Er wollte Zeit gewinnen, um seine große Erregtheit ein wenig zu zügeln und nicht allzu forsch vorzugehen. „Ich verbeuge mich vor dir, Mannessohn, du Bote des neuen Gottes. „Gott der Mannessöhne", nennt er sich. „Oneg-loatel-wil". Du solltest nach guter gabbtaranischer Sitte den Namen verkürzen. Was hältst du von Onloatwi? Doch verzeih, wenn *ich* dir voller Anmaßung solche Vorschläge mache. *Du* allein hast darüber zu bestimmen. Befiehl mir, was du willst, und ich werde es tun."

Damit hatte Horfet nicht gerechnet. Er hatte Zweifel, Widerspruch, Spott, alles erwartet, aber nicht diese Unterwürfigkeit. „Boritak, beim Gott der Mannessöhne, was soll das? Wieso erwartest du Anweisungen von mir? Und warum nimmst du alles so leichtfertig hin? Seit Urzeiten kennt unser Volk nur die eine Göttin, die Mutter allen Seins, und du wechselst sie aus, wie ein Mann eine stumpfe Pfeilspitze durch eine scharfe ersetzt?"

Boritak widersprach. Diesen Eindruck wollte er nicht wieder finden. „Nein, so ist es ganz und gar nicht. Für mich kommt deine Vision nur nicht völlig überraschend. Ich habe mir im Gegenteil schon des Öfteren die Frage gestellt, warum es nicht auch einen männlichen Gott geben sollte, sondern nur eine Göttin. Denn schließlich gibt es Frauen *und* Männer."

Gespannt achtete er auf Horfets Mienenspiel. Die linke hochgezogene Augenbraue verriet ihm, dass Horfet diesen Gedanken zumindest als erwägenswert empfand. Daher schlug er weiter in diese Kerbe. „Es gibt Tag und Nacht, warm und kalt, Feuer und Wasser, Tod und Leben. Die ganze Welt kannst du in diese zwei Hälften aufteilen. Immer wirken zwei Gegensätze zusammen. Warum sollte ausgerechnet die Göttlichkeit, die die Welt ja erschaffen hat, ganz anders sein als ihre Geschöpfe selbst?"

„Das alles ist unheimlich neu und überwältigend."

„Du selbst hörtest seine Stimme. Dir selbst gab er den Auftrag. Du durftest mit eigenen Augen erfahren, wie der Gott der Göttin den Kopf abbiss. Natürlich starb die Göttin nicht wirklich dabei, aber ein Gott, der einem anderen den Kopf abbeißen kann, muss zwangsläufig mächtiger sein. Wieso kerbst du mir mein Fleisch dafür, dass ich dir glaube? Weil du dir selbst nicht glaubst? Was ist los? Ein enthäuteter Fisch ist weniger blass als du."

Horfets große Anspannung der vergangenen Tage entlud sich in hemmungslosen Tränen. „Boritak, ich fürchte mich so sehr vor diesem Gott. Vielleicht will Btar mich nur prüfen. Ich will nie wieder schuld sein am Tod eines Menschen. In meinem Kopf kämpfen die Gedanken miteinander. Ich fühle mich schwach und unwürdig."

„Horfet, bei der verflucht scharfen Spitze meines Speeres, fordere ich dich auf, dich deiner eigenen Kraft endlich bewusst zu werden. Du bist nicht schuld am Tode Krata-buuns. Aber du allein kannst ihr helfen."

Lu-bagdais Rat kam Horfet wieder in den Sinn: „Tilge die unheilstiftende durch eine segenbringende Tat! Wenn das Feuer noch in dir brennt, wird dich die Aufgabe rufen."

Ein Schauder ergriff ihn, als Boritak fortfuhr: „Ein Gott hat dich berufen. Weißt du nicht, was für eine Ehre es ist, solch eine bedeutsame Vision zu haben? Meinst du nicht, dass ein Gott viel besser als du beurteilen kann, wen er auswählt?"

Horfet fing an, ihm zu glauben.

„Gott Onloatwi kennt dich genauer als du dich selbst. Er hat dich auserwählt, weil allein du stark und mutig genug bist, sein Bote zu sein! Beleidige ihn nicht mit Zweifeln! Deine Vision beweist es eindringlich: Es gibt einen Gott und eine Göttin, und der Gott scheint sogar mächtiger als die Göttin zu sein. Und was bitte heißt hier „allein"? Ich, Boritak, bin der erste, der dir helfen wird, dem Gott zu gehorchen und Krata-buun wieder in den Gatár-ta-ún zu holen. Du wirst sehen, ich werde gewiss nicht der einzige bleiben."

Horfet presste seine Lippen zusammen und wischte sich die Tränen aus dem Gesicht. Sein Freund hatte Recht, so wie er bisher immer Recht behalten hatte, seit Horfet ihn kannte. Schleierhaft nur, warum der Gott sich gerade ihn auserkoren haben sollte. An dessen Stelle hätte er Boritak zu seinem Boten bestellt. War Boritak von einer Sache überzeugt, stand er unverrückbar für sie ein, ohne je zu wanken.

Sein eigenes Inneres dagegen durchdrang der leichteste Wind des Widerspruchs gleich so schmerzhaft wie eine Knochennadel. Mit der Konsequenz, dass er sofort einen Ausgleich anstrebte oder sich zurückzog. Das war die eine Seite in ihm, die schwache, die er verachtete.

Aber es gab auch eine andere Seite, die sich entwickelte. Seit zwei Monden spürte er eine ihm zuströmende, unbekannte Kraft in sich.

Aufwallungen eines puren Übermuts, vergleichbar dem eines Biberjungen, das zum ersten Mal mit seinem plattwuchtigen Schwanz auf eine Eisplatte schlägt, sie zerbricht und sich über die mannigfach gezackten Eisstücke freut.

Nun, da ein Gott sich anschickte, ihn unnachgiebig an den scharfkantigen Widerständen spöttischer Zungen vorbeizutreiben, musste er lernen, sich wie ein Biber mit einem Schutzwall zu umgeben. Als Kind hatte er keine Angst, zu den Wassergeistern zu gehen. Sollte er jetzt weglaufen, wo er viel stärker und reifer war, sich ihnen zu stellen? Was auch immer die Göttin oder der Gott oder beide von ihm wollten, er musste ihnen endlich voller Mut begegnen.

Mit Hilfe der Götter war es doch am besten möglich, Krata-buuns Seele großen Segen zu bringen. Danach sehnte er sich, davon träumte er. Wenn ein so mächtiger Gott ihn tatsächlich erwählt hatte, konnte er bei seinem Vorhaben gar nicht scheitern! Mochte das Wagnis noch so erschreckend, die Aufgabe, mit der er das von ihm ausgelöste Unheil wiedergutmachte, noch so gewaltig sein!

„Ja, bei Onloatwi, dem Männergott, dein Vorschlag ist wirklich gut, lass uns gemeinsam irgendwann diesen Namen verkünden. Mit dir an meiner Seite ist mir nicht bang. Wenn nur das Dröhnen in meinem Kopf endlich nachließe." Horfet tippte mit seinen Fingerspitzen an seine Schläfen.

„Hab Geduld, mein Freund. Noch ein paar Tage und die Welt gefällt dir wieder besser. Wir brauchen schließlich nichts zu überstürzen."

Boritak wartete ab, bis der schnatternde Warnruf eines Eichelhähers verklungen war. „Besser, wir beide behalten momentan Stillschweigen über deine Vision. Werde erst wieder ganz gesund, dann entscheiden wir, wie es weitergehen soll."

„Ja, ich bin jetzt auch wirklich sehr müde, bitte lass mich allein."

Boritak nickte und stand auf. Als er die Tür von außen hinter sich schloss, spürte er eine warme Hand auf seinem Arm. „Boritak, ich bin es, Barcha-let. Entschuldige, dass ich mich von hinten an dich heranpirsche. Aber mein Kummer über Horfets Verschlossenheit ist groß. Hast du herausbekommen, was Horfet bedrückt?", fragte Barcha-let.

Boritak sah ihr unverwandt in die Augen. Das fehlte ihm noch, Barcha-let schon einzuweihen, wo er selbst erst ansatzweise begriff, was Horfets Vision für das Leben der Gabbtaranschi bedeutete. „Tut mir leid, Barcha-let. Horfets Redebogen reichte vom Blindschleichenkopf über die Rabenfeder bis zur Forellenschuppe. Ich bin daraus nicht recht schlau geworden. Ich kann dir eigentlich nichts berichten, wovon ich mir sicher bin, dass es zutrifft."

Barcha-let streifte mit beiden Armen ihr Lederkleid über der Hüfte glatt. „Nun, so erzähle mir einfach von dem Kopf, der Feder und der Schuppe. Dann kenne ich immerhin die Hütte, in der ich ihn besuchen kann", bat sie mit einem vielversprechenden Lächeln, das Boritaks Meinung über ihre Anziehungskraft durchaus abmilderte. Ihre Stimme erklomm dabei eine Höhe, die jeden Zweifel endgültig ausschloss. Anscheinend war heute in jeder Hinsicht sein Tag. Ein paar Andeutungen zu machen, konnte gar nicht schaden. Solange Horfet sich auskurierte, behielt er allein die Fäden in der Hand. Wenn es ihm gelänge, bei Horfets Mutter gewissermaßen schon mal die Schussfäden auf dem Webstuhl einzuziehen, würde er mindestens die Hälfte des Gewebes vorgeben und probieren können, wie sie darauf reagierte. „Ich sehe deine Sorge und will dich nicht quälen. Gut, ich werde dir sagen, was ich weiß. Wo sollen wir uns treffen und wann?"

„Heute Abend unter der großen Eiche hinter der Flussbiegung, zum Beispiel?", schlug sie vor.

Boritak war einverstanden.

Von seinem etwas erhöhten Platz neben der Eiche sah Boritak sie zur vereinbarten Zeit kommen. Im Gegensatz zu den meisten anderen Frauen des Stammes trug Barcha-let ihr dunkelbraunes Haar wieder zu einem Knoten hochgesteckt. Bei dem flotten Laufschritt, den sie mit ihren stämmigen Beinen anschlug, bewegte sich ihr üppiger, aber trotz ihrer drei Kinder noch erstaunlich straffer Busen anregend auf und ab.

Barcha-let begrüßte den Freund ihres Sohnes und setzte sich auf einen Kalksteinbrocken unter der Eiche, der genug Platz für zwei bot. „Auf dem Stein können wir beide gut sitzen, ziere dich nicht und komm ruhig her", lud sie Boritak ein.

Während der sich setzte, zog sie ihre Hirschlederschuhe aus und grub sich mit ihren Zehen zwei Fingerbreit in das feuchte Laub hinein. Unverkennbar hatte Barcha-let heute viel geweint. „Meine Fußsohlen brennen wieder so sehr, dass ich es in meinen Schuhen kaum aushalte. Kennst du das auch?"

Fasziniert blickte Boritak auf ihre zierlichen Füße, die überhaupt nicht zu ihrer eher korpulenten Gesamterscheinung passten. Füße waren eine seiner großen Leidenschaften. Erst recht, wenn sie so feingliedrig waren. Besaßen sie auch noch Narben, konnte Boritak schwer an sich halten.

„Wa... Was ist mit dei... deinem linken Fu... Fuß passiert?", stotterte er, mit wie beiläufig im Schritt abgelegten Händen, um seine Erregung zu verbergen. Er durfte jetzt nicht über sie herfallen, sonst wäre er sofort wieder ein Verstoßener. Doch einfach still dasitzen, konnte er auch nicht mehr lange. Während er ihr zuhörte, stieg sein Begehren ins schier Unerträgliche.

„Als ich Tee brühen wollte, ist mir mal das Kochleder gerissen. Leider war ich nicht so schnell, mit beiden Füßen auszuweichen. Der Linke bekam leider gut die Hälfte des siedenden Wasser übergegossen. Das Brennen rührt gar nicht daher. Ich habe es auch im unversehrten rechten Fuß. Je älter ich werde, desto mehr glühen sie. Ich"

Weiter kam sie nicht, denn Boritak unterbrach sie rüde. „Ich glühe auch, wenn ich dich sehe. Du Ebenbild der Göttin. Oh Barcha-let, ich verzehre mich nach dir. Lass mich dich füllen. Gleich jetzt. Ich kann nicht mehr warten." Boritak glitt auf seine Knie und umfasste von unten ihre Beine.

Die geballte Wildheit, die in seinen Augen brannte, war ihr fremd, und reizte sie daher. Aus Erfahrung wusste sie, dass mit Männern in diesem Zustand sowieso nicht viel anzufangen war. Sie aber wollte alles aus ihm herausbekommen, was er über Horfet wusste. Außerdem hatte sie eine Schwäche für Arkásnaqs. Besonders dann, wenn sie ihre Bedürftigkeit nicht verhehlten und ihr das Gefühl gaben, wie die Göttin selbst durch ihre Hingabe eine große Huld zu gewähren. „Du armer prall gefüllter Mann, du", hauchte sie, während sie ihre Lippen auf die seinen zubewegte.

Boritak fuhr heftig ausatmend zusammen. Ehe Barcha-let mehr tun konnte, hatte Boritak sie bereits von ihrem Sitz gezerrt und ihr im Liegen das Lederkleid hochgeschoben. Mit seinem ganzen Gewicht drückte er sie fest auf den Boden.

„Boritak", versuchte sie, sich mehr Raum und Luft zu verschaffen, „bist du schwer! Dreh dich ein wenig mehr zur Seite, und lass es uns langsam tun. Gib mir mehr Zeit."

Unwillig drehte sich Boritak mit ihr auf die Seite. Wie stellte sie sich das vor? Sein Steilrager, wie er sein bestes Stück am liebsten nannte, sonderte schon die erste Flüssigkeit ab. Sie musste eben für sie beide reichen.

Warum machte sie ihn auch so heiß, wenn sie dann nur herumzickte? Er hasste Frauen, die ihn zappeln ließen. Aber er hatte keine andere Wahl. Dieses Mal stand zuviel auf dem Spiel. Es würde noch die Zeit kommen, wo Frauen ihn betteln würden, mit ihm zu schlafen. Dann würde er es auf seine Art tun, ohne Rücksicht auf deren Wünsche.

Fahrig zog er weiter an ihrem Lederkleid. Als sie nur noch mit den Beinlingen bekleidet auf den wenig feuchten Eichenblättern lag, riss er sich sein Lederhemd und den Ledenschurz herunter, die Beinlinge behielt auch er gleich an. Seine Hände krallten sich unsanft um ihre Brüste, was Barcha-let wider Erwarten gut zu gefallen schien. Er begann, an ihren Warzen zu saugen, mit solch verzweifeltem Ernst, als sei er ein Baby, das seine Mutter tagelang nicht gestillt habe.

„Achtzehn Mondläufe sind es mittlerweile", dachte er. „Achtzehn Mal die volle, achtzehn Mal die neue Mondin, seit meine Lippen zum letzten Mal eine Brustwarzeumschlossen! In denen ich keine Taille umfasste! Achtzehn Mondläufe, während derer mein Schwanz ziellos seinen Saft verspritzte." Boritak wollte und konnte nicht länger warten.

Barcha-lets Bereitschaft, sich ihm zu öffnen, wuchs mit jeder Berührung seiner emsigen Hände. Entspannt und zunehmend erregt lag sie mit geöffnetem Mund da, die Zunge umflossen von reichlich Speichel. Seine leidenschaftliche Art, sie zu erkunden, behagte ihr sehr. Sie erstarrte trotzdem, als sein Penis unvermittelt in ihre Scheide glitt, um gleich darauf in raschester Taktfolge zuzustoßen. Was für ein wilder Liebhaber er war. Sie würde ihn wohl noch etwas zurechtstutzen müssen!

Sie parierte mit einiger Anstrengung die Stöße, indem sie ihm selbst ihr Becken nach ihrem Gusto entgegenstemmte. Doch ehe er es kapierte, ejakulierte er bereits und blieb dann ausgepumpt auf ihr liegen. Eine Weile verharrten sie ineinander verhakt unter der Eiche. Boritak zutiefst befriedigt, Barcha-let enttäuscht, doch voller Erwartung auf die versprochenen Enthüllungen. Ihre Körper dampften, da die untergehende Sonne die Luft nur noch geringfügig erwärmte und auch der Untergrund kühl war.

„Wir werden noch etwas üben müssen", unterbrach Barcha-let das Schweigen.

Was hätte Boritak dafür gegeben, wenn Frauen danach länger ihren Mund hielten? Sollte er je eine stumme Frau treffen, würde er nicht zögern, sie zu nehmen. Er drehte sich von Barcha-let weg.

„Wenn du meinst", sagte er und grinste in den Himmel. Er war jetzt ihr Geliebter, das hatte er erreicht. Damit hatte er als sogenannter „Stammesfreund" Rederecht im Stammesrat, sofern sie das bestätigte.

Barcha-let gab sich damit zufrieden. Das alles war im Moment nicht so wichtig wie die Frage, was Horfet Boritak anvertraut hatte und ihr nicht.

„Boritak, du wolltest mir eigentlich erzählen, was Horfet bewegt."

„Muss das jetzt sein, kannst du mich nicht mal einen Moment in Ruhe lassen?"

„Die Sonne geht unter. Es ist bald Essenszeit. Ich muss nach Hause. Hast du denn keinen Hunger? Nach all dem wallenden Blut."

Boritak schwieg.

„Dass ihr Männer immer so ausgebrannt seid, hinterher."

„Wir sind es ja auch, die euren Schoß füllen. Ihr haltet ja nur euer Loch hin."

Barcha-let hatte keine Lust auf Streit. Daher überging sie den scharfen Ton, den Boritak als Erwiderung auf ihre ironische Bemerkung angeschlagen hatte, schlüpfte in ihr Kleid und vertrat sich die Beine.

„Gut, warten wir noch ein bisschen. Du kannst mir dann auf dem Heimweg Horfets Sorgen ausbreiten."

Boritak stand auf und zog sich ebenfalls an. Sinnlos, sich weiter zurückzulehnen, wenn dieses gestörte Rebhuhn vor ihm auf und ab rannte. Überdies durfte er sie nicht vor den Kopf stoßen. „Sollen ihr doch die Ohren übergehen", dachte er. Boritak fandwieder Gefallen an dem Gespräch. Er räusperte sich und stellte mit Genugtuung fest, dass sie auf der Stelle innehielt. Ihre gebündelte Aufmerksamkeit ruhte allein auf den Worten, die über seine Lippen springen würden. Welch lendenwärmendes Gefühl, sie derart fixiert auf ihn zu erleben. Mütter gewann man immer am besten über ihre Kinder. Ob seine Mutter auch so reagiert hätte, wenn sie nicht so früh gestorben wäre! Sofort verwarf er den schmerzlichen Gedanken.

„Es ist eine sehr heikle Angelegenheit. Versprich mir zuerst, dass du nichts weitererzählen wirst. Keinem aus deinem Clan, auch nicht Lubagdai oder Riwa-quoi, selbst wenn sie dir ihrerseits schwören zu schweigen. Denn Horfet wartet noch auf eine Botschaft aus der Geisterwelt, und manches könnte doch wieder ganz anders aussehen. Besser, nur wir drei wissen jetzt ein bisschen was, und allein Horfet entscheidet, wann er uns Einblicke in seinen Visionen gewährt. Auch ihm selbst gegenüber musst du schweigen, weil er ansonsten sehr böse auf mich sein würde."

Barcha-let wurde es angst und bang. Ihr armer Sohn! Welche Kämpfe tobten in seinem Innersten! „Versprochen, das Geheimnis bleibt unseres. Nur mit dir werde ich wagen, darüber zu reden."

Boritak hätte beinahe laut losgelacht. So albern erschien ihm seine eigene Vorstellung mit einem Mal. Wie immer dachte er in solchen Momenten an das Tätowieren seiner Stirn und dann blieb ihm jedes Lachen im Halse stecken. Dass Barcha-let aufgrund ihres Versprechens schweigen würde, hielt er für wenig wahrscheinlich. Dafür besprachen gabbtaranische Frauen viel zu gern und gründlich alles, was sie bedrückte. Aber einen Versuch war es wert. Auf diese Weise würde er zugleich herausfinden, wie viel Barcha-let wirklich von ihm hielt und wie sehr sie ihm vertraute. Wieder todernst verkündete er: „Horfet hat eine Vision gehabt, die es nahelegen könnte, dass er ein bedeutender Schamane werden wird."

„Mein Horfet, oh, erzähl weiter."

„Die Göttin selbst hat ihm ihren Sohn gezeigt, dessen Mannessaft just zum gleichen Zeitpunkt wie Horfets zu fließen begann."

Barcha-let erschrak kurz, besann sich aber gleich wieder. Dass Horfet einige Zeit damit gewartet hatte, dieses Ereignis seinem Mutterbruder mitzuteilen, hatte Gab-Btar sicher nicht hinters Licht geführt. Horfet dagegen hatte die Bedeutsamkeit vermutlich geahnt und deshalb erst selbst mit sich ins Reine kommen müssen. Wie tapfer ihr Horfet mit sich gerungen hatte. „Bitte rede schneller, Boritak, ich halte es vor Spannung kaum noch aus."

„Also, nicht nur die Göttin hat zu ihm gesprochen, sondern auch der Sohn selbst."

„Was will er von Horfet? Bitte, Boritak, lass dir nicht jedes Wort aus der Kehle fischen."

„Der Sohn beschwert sich, dass er im Gegensatz zu seiner Mutter nicht genügend geachtet wird."

„Ja, aber es kannte ihn doch bisher keiner."

Barcha-lets unverfälschte, kindliche Art, half Boritak außerordentlich, das Gespräch genau in die Richtung zu lenken, die er anstrebte. Auch wenn sie ihm gehörig auf die Nerven ging. „Das ist richtig, deshalb hat er sich einen Boten gesucht, der seine göttlichen Wünsche verkünden wird. Und dieser Bote ist niemand anders als dein Sohn."

„Mein Horfet, wirklich, oh welche Ehre", flüsterte sie andächtig. „Aber sag mir, Boritak, welche Wünsche könnte Btars Sohn haben, die anders sind als die seiner Mutter?"

Ganz so leicht, wie er gedacht hatte, ließ sich Barcha-let allein mit ihrem Mutterstolz nicht ködern. Folglich beschloss er einige Fallstricke zu legen, in der Hoffnung, Barcha-let möge sich wenigstens in einem verfangen. „Soweit ich es verstanden habe, nennt er sich Onloatwi, von Oneg-loatel-wil, alsoGott der Mannessöhne. Merkwürdig, findest du nicht? „Mannessohn", das ist genau der Name, den die Jungen Horfet nach seiner Rückkehr gaben. Ganz so, als habe der Gott selbst ihnen den Namen eingeflüstert."

Barcha-let fasste sich mit ihrer flachen Hand an Nase, Mund und Kinnbogen. Nach Boritaks Erinnerung ein sicheres Indiz dafür, dass ihr eine Sache naheging. Daran musste er anknüpfen. „Es geht um die Entdeckung, die Horfet als erster Mensch machte. Gott Onloatwi behauptet etwas Ungeheuerliches. Etwas, dass deinen Sohn schon von Anfang an sehr mitgenommen hat und das auch zugleich Krata-buuns weiteres Schicksal betrifft."

Barcha-lets Eingeweide verkrampften sich. Ihre Schuldgefühle gegenüber Krata-buun, ihre Trauer und die ausgestandenen Ängste um Horfet und Riwa-quoi kehrten durch Boritaks Sätze augenblicklich in ihr Bewusstsein zurück. Boritak sah die Seelenpein in ihren Augen. In dieser aufgekratzten Stimmung würden ihr seine Enthüllungen noch besser unter in die Haut gehen.

„Onloatwi offenbarte Horfet, dass Krata-buun ihr nächstes Leben als Mann verbringen wird. Doch den Aschme-óch als Knabe verlassen kann sie nur, wenn Horfet erreicht, dass Onloatwi endlich die Anerkennung erhält, die er verdient."

„Wie? Ich verstehe nicht." Unglauben und Abscheu zeichneten sich auf ihrem Gesicht ab.

„Du erinnerst dich gewiss an die Beobachtungen, die Horfet über die Pferdeherde beim Chana-nia-isba-Fest zum Besten gegeben hat."

„Wie könnte ich die je vergessen?"

„Nun, dadurch wurde Onloatwi auf Horfet aufmerksam. Deshalb und wegen der Gleichzeitigkeit mit seiner Mannbarkeit hat Onloatwi Horfet ausgewählt. Dieser göttliche Sohn Gab-Btars behauptet, dass nur ein männliches Wesen durch seinen Saft die Gebärmutter einer Frau dazu anhalten kann, ihrerseits ein männliches Wesen hervorzubringen. Denn ohne diesen Saft würde der weibliche Bauch immer Töchter entstehen lassen, die ihr selbst gleichen."

„Wie? Meinst du etwa, so wie ein Samenkorn, das wir in die Erde legen, später eine Ähre mit Halm wird?"

Boritak fand den Vergleich großartig. Warum war er noch nicht selbst darauf gekommen? „Ja, Barcha-let, genauso. Ich sehe, du beginnst zu verstehen. Als Samenleger also, wie du es äußerst passend benennst, sei er es leid, dass seine Mitwirkung völlig unberücksichtigt bleibt. Deshalb wolle er endlich die Verehrung erfahren, die ihm seiner Meinung nach zukomme. Ohne sie werde er zu verhindern wissen, dass in Zukunft männliche Kinder geboren werden. Natürlich bleibe dann auch Kratabuun auf ewig im Aschme-óch. Es liege nun allein an Horfet, ob Kratabuun wiedergeboren werde oder nicht."

„Deine Worte umschwirren meinen Geist wie wildgewordene Bienen. Krata-buuns Wiedergeburt als Mann soll von der Verehrung eines Gottes abhängig sein?" Verständnislos zuckte sie die Schultern. „Weißt du, rasche Auffassungsgabe ist nicht meine herausragendste Eigenschaft, sagt jedenfalls meine Schwester. Daher verzeih, wenn ich ein wenig Zeit brauche, um richtig einzuordnen, was du gesagt hast. Eines verstehe ich zum Beispiel überhaupt nicht. Nach unserer Überlieferung ist es doch Btar selbst, die einer Frau ein Kind in den Bauch legt, jedes Mal, egal ob Tochter oder Sohn. Wozu sollte sie dabei ausgerechnet auf die Hilfe ihres Sohnes angewiesen sein? Und wie wäre dann überhaupt dieser erste Sohn entstanden?"

Zielstrebiger hätte auch Elatansch nicht den Finger in die Wunde legen können, an der Horfets Erscheinung krankte. Die letzte Frage tat eine wahre Kluft auf, die alle seine gabbtaranischen Stammesgeschwister nur unter größten Schwierigkeiten überwinden würden. Für sie war Gab-Btar die Schöpferin allen Seins, von der ihr Weltentstehungslied erzählte: „Am Anfang entstand Gab-Btar aus sich selbst."

Wie sollte eine solche Göttin, die sogar sich selbst erschuf, plötzlich der Hilfe ihres göttlichen Sohnes bedürfen, um menschliche Söhne ans Licht der Welt zu bringen? Boritak sank der Mut. Barcha-lets Einwand war tatsächlich ausgesprochen schwerwiegend. Vor lauter Begeisterung über einen männlichen Gott hatte Boritak dieses grundlegende Problem nicht erkannt, sondern Horfets Vision allzu leichtfertig übernommen. Und jetzt überführte ihn sogar die in seinen Augen einfältige Barcha-let des peinlichen Denkfehlers. Wie gut, dass er wenigstens schlau genug gewesen war, sich genügend Ausgänge offen zu lassen, durch die er entschlüpfen konnte.

„Das, meine liebe Barcha-let, ist etwas, was ich Horfet auch gefragt habe; aber leider verließen ihn just in diesem Moment seine Kräfte. Sein Geist entschwand erneut in die Sphäre der Geistwesen."

Boritak würde sich dennoch nicht geschlagen geben. Er wollte diesen Gott, und schon deshalb durfte Horfets Vision nicht durch kleine Ungereimtheiten madig gemacht werden, schon gar nicht, wenn sie von einer *Barcha-let* stammten. Es gab sicher eine befriedigende Antwort auf diesen vermeintlichen Widerspruch. Wenn er nur lange genug wartete, würde der Gott selbst ihm den wahren Hintergrund eingeben. Ihm oder natürlich Horfet.

Barcha-let dagegen sorgte sich um ihren Liebling. „Es ist entsetzlich, wie stark die Geister meinen armen Horfet fordern. Ich kann mich nicht erinnern, dass je ein junger Mann durch seine Initiation so geschwächt wurde. Gewöhnlich hüpfen sie ja aus der Höhle vor purer Kraft und Lebensfreude.“

„Was er erfuhr, ist ein viel größeres Geschenk. Sei stolz auf deinen Sohn. Alle Ereignisse fügen sich zusammen wie die Wirbel eines Rückgrats. Man muss nur anfangen, sie richtig zu deuten. Im Nachhinein wird mir vieles klarer. Horfets Entdeckung, seine große Verwirrtheit nach Krata-buuns Kritik, seine lebensgefährliche Verletzung, sein Fieber, mein Weg, der seinen kreuzte, die Geier, die mich zu ihm riefen, als ich beinahe schon wieder kehrtgemacht hätte, der Adler, der vom Himmel herab stach, nicht um ihn zu rauben, nein, um ihn zu ehren, die Hinweise durch den Spottnamen bei seiner Rückkehr, die besonderen Umstände während der Initiation.

Barcha-let, denke in Ruhe darüber nach! Glaubst du nicht auch, dass die Göttin oder ihr Sohn uns in vielen Zeichen zurufen: ‚Das ist Horfet. Hört auf ihn, ihn haben wir zu unserem Boten bestimmt?‘ Ich jedenfalls fange an, davon überzeugt zu sein.“

„Ich weiß im Moment nur, dass ich Angst um ihn habe und es mir lieber wäre, wenn nicht dauernd außergewöhnliche Dinge geschähen. Ich habe immer nur die Göttin geehrt und würde es gerne auch weiterhin so halten. Vielleicht sucht sich ihr Sohn einen anderen Boten, wenn wir ihn nicht weiter beachten. Wir wollen und brauchen ihn nicht!“

Ihr Anlehnungsbedürfnis veranlasste sie, sich enger an Boritak zu schmiegen. „Bitte halte mich ganz fest. In deinen Armen will ich alles vergessen, was du mir eröffnet hast.“

Boritak ertrug ihre Nähe nur widerstrebend. Allein die Vorstellung, mit ihr Hand in Hand ins Dorf zu gehen und wie jeden Abend zusammen mit ihrem Clan eine Kleinigkeit zu verzehren, bevor er zum Schlafen ins Gemeinschaftshaus ging, bereitete ihm Widerwillen.

„Komm, Liebe", sagte er, "lass uns nach Hause gehen und etwas essen. Wenn Horfet wieder bei Kräften ist, soll er selbst verkünden, was ihm in der Vision offenbart wurde."

Niemand hörte die Geräusche der folgenden Nacht so lückenlos wie Barcha-let. Bedrückende Ängste und Zweifel wallten in ihr hoch, die ihren Schlaf vertrieben. Was würde aus ihrem Horfet werden? Würde er zur Dauerzielscheibe des Dorfspottes, nachdem seine Initiation erfolglos verlaufen war? War Horfet tatsächlich ein auserwählter Bote göttlicher Wünsche, auf dessen Hilfe Krata-buun angewiesen war, um wiedergeboren zu werden? Hatte Krata-buun so sehr gefehlt?

Erst als ein Kauz schrie, merkte Barcha-let, wie weit sich der Mond schon von seiner Ausgangsposition entfernt hatte. Das gedehnte „u" des Schreis wirkte wie eine Anklage. Hatte sie etwa Mitschuld daran, weil sie ihrem Sohn den Namen ihres Geliebten gegeben hatte? Jener umherziehende Horfet, wo mochte er wohl sein? Oder war er ihr in Wirklichkeit ganz nah, jetzt da ihm ihr Sohn in unheimlichem Gradezu ähneln begann? Reifte sein Same nun endgültig in „Mannessohn" zur Ähre heran? Die Laute der Nacht blieben ihr die Antwort schuldig.

Allein sie selbst schien die verblüffende Ähnlichkeit überhaupt zu bemerken. Offenbar war bei allen anderen die Erinnerung an das Gesicht ihres Geliebten mit den Sonnenwenden völlig verblasst. „Ich werde dich nie vergessen, obwohl du mich damals verlassen hast", formten ihre Lippen unhörbar.

Völlig erschöpft wachte sie am nächsten Morgen auf. Es war spät und regnete heftig. Beim Einsetzen des Regens musste sie wohl doch geschlafen haben.

„Babaa, jetzt wach doch endlich auf. Sogar Horfet ist schon munter."

In-eika hatte nach ihrem Dafürhalten wahrlich genug gewartet. Im Gegensatz zu ihrer Tante Lu-bagdai war ihre Mutter wirklich eine Langschläferin, wenn auch gewöhnlich keine so ausgeprägte wie an diesem Tag.

„Was sagst du? Horfet ist wach." Barcha-let riss ihre Augen auf und schaute hinüber zu seiner verwaisten Schlafstatt.

„Nein, Babaa, dort ist er nicht. Er ist aufgestanden und sitzt bei Pakun, Toischan und Anujach unter der Zeltplane bei dem Asthaufen. Ich glaube, sie schnitzen Spieße für Oí-chana-ú (baranisch für *Wintersonnwendfest*)."

„Btar sei Dank, du hilfst ihm also immer noch", dachte sie und die Gegend um ihr Herz fühlte sich gleich entspannter an. „Piól- iseí nídenai gabísch"' (baranisch für *frohes Licht euch allen*). Komm her, mein Eselchen, was für ein schöner Tag!"

Lu-bagdai und Riwa-quoi erwiderten Barcha-lets Morgengruß. In-eika schmiegte sich an ihre Mutter, die sie küsste und herzhaft umarmte. Das behagte der Fünfjährigen sehr. Es gab schließlich nicht nur Horfet in diesem Clan, auch wenn es manchmal den Anschein hatte.

„So und jetzt lass mich aufstehen, mein Lämmchen. Ich will sehen, wie es Horfet geht."

In-eika rümpfte ihre Nase. „Du brauchst dich nicht zu beeilen, Babaa. Er ist nicht mehr krank."

Lu-bagdai, die den Erhaltungszustand ihrer Kräutersammlung überprüfte, mischte sich ein. „Ganz gesund ist Horfet noch nicht, In-eika. Frag ihn, und er wird es dir sagen." Zu Barcha-let gewandt, die sich rasch angezogen hatte, zeigte sie auf das Bündel ausgewählter Kräuter. „Gedulde dich doch noch, bis ich den Tee draußen fertig gebrüht habe, die Männer freuen sich sicher auch, wenn du sie mittrinken lässt."

Barcha-let rückte ihren Gürtel zurecht. „Männer, sagst du, ich wünschte Horfet wäre einer."

„Er muss eben zwei Sonnenwenden warten. Bei der nächsten Einweihung klappt es bestimmt."

„Ja, du hast Recht. Btar fügt alles zum Besten. Auch für Horfet!"

Mit ihrem großen Becher aus Rinde folgte Barcha-let ihrer Schwester nach draußen an die Feuerstelle, wartete auf den Tee und gesellte sich schließlich zu den Männern ihrer Sippe. Sie fand nichts Beunruhigendes an Horfets Kopfwunde. Dennoch klagte ihr Sohn noch immer über Kopfschmerzen und Schwindel. Nach wenigen Widerreden folgte er dem Rat seiner Mutter, sich auf sein Fell zu legen und auszuruhen.

Sie selbst setzte sich an die Feuerstelle vor dem Haus und schenkte sich nach. Es tat ihr so gut, den Blick über und durch die Dampfschwaden hindurch schweifen zu lassen und sich ihren Erinnerungen hinzugeben. Als sie den Becher ein letztes Mal ansetzte, war der Tee darin eiskalt, die Regenfront vom Wind vertrieben und der Schatten am Lollumastock verschwunden.

Lolluma, „ohne Schatten", so nannten die Gabbtaranschi die Mittags-zeit, die einige in den Boden geschlagene Stöcke anzeigten. Zu dieser Zeit traf sich der Fuchsclan wie alle anderen zur Hauptmahlzeit des Tages. Boritak kam nicht, was zwar nicht die Regel bildete, aber hin und wieder passierte. Während des Essens besprachen sie die nächsten Arbeiten. Neun Tage vor dem Wintersonnwendfest gab es viel zu tun: Emmer und Gerste mussten gemahlen, Fladen gebacken, Fleisch mariniert, der Rauschtrank angesetzt, Tanzgewänder geflickt, Tanzmasken gebastelt, Moosdochte geflochten, Fett ausgelöst, farbige Erde gestampft werden und anderes mehr.

Toischan und Anujach hatten mit acht Männern vereinbart, die mit Lehm ausgekleidete Vertiefung in der Mitte des Dorfplatzes auf ihre Dichtheit hin zu überprüfen und sie gegebenenfalls nachzubessern. Dort würden die Frauen drei Tage vor dem Fest den Trank ansetzten. Vier große Lederbeutel voll würden sie hier abfüllen und mit in die Weißkral-lenhöhle nehmen.

Von Osten bis Westen standen verschiedene Bäume im Halbkreis um das Dorf. An ihm orientierten sich die Bewohner. Stand die Sonne vom größten Lollumastock aus gesehen beispielsweise hinter der Zypresse, hatte man um diese Jahreszeit bis Sonnenuntergang ausreichend Zeit, um eine Handbreit Stoff zu weben oder einen Pfeilschaft geradezubiegen und zu glätten.

Die Sonne spitzelte eben hinter der weiter südwärts stehenden Eiche hervor, als Lu-bagdai auf ihrem Weg in den Wald auf Barcha-let traf. Diese kniete an einer der Vorratsgruben, die auf der gegenüberliegenden Anhöhe in das an die Oberfläche ragende Kalkgestein geschlagen und mehrfach abgedeckt worden waren. Barcha-let war im Begriff, schlaffe Ledersäcke zu entfernen. Neben ihr lagen Dutzende von Steinen, ein kleiner Erdhaufen sowie die Hüfte eines Rehs, mit der sie die Erde weggeschaufelt hatte. Unter den Säcken kamen Eschenstämmchen zum Vorschein, deren Länge den ungleichen Abständen zwischen den Gru-benseiten angepasst war.

„Was tust du hier? Riwa-quoi sollte doch den Emmer holen?", wollte Lu-bagdai von ihrer Schwester wissen.

„Sie, ach, ich dachteRiwa-quoi wollte mit Nub-je und Goila-lin die Moosdochte flechten."

„Nein, das wollte ich machen, weil ich mich dabei auch gut zurückleh-nen kann. Ich will eben das Moos suchen. Du solltest die Beeren mit

Nub-je und Goila-lin sammeln und aussortieren und Riwa-quoi das Getreide stampfen."

„Oh, tut mir leid. Aber wenn ich schon mal da bin, nehme ich Gerste und Emmer gleich mit." Sie entfernte weitere, diesmal quer angeordnete Stämme junger Eschen. Nachdem sie den ersten, wiederum senkrecht zu ihr liegenden Haselnussast der dritten Holzschicht heraushob, fiel Licht in die reichlich mit Korn gefüllte Grube, die an Frauenschritten jeweils zwei lang, zwei breit und zwei tief war.

„Barcha-let, warte. Es ist gut, dass wir uns hier getroffen haben. Ich beobachtete dich beim Teetrinken, beim Essen und der Verteilung der Tätigkeiten. Bitte sag mir, was deine Blicke in die Welt der Schatten zieht? Horfets Wunde verheilt gut, die guten Geister gewinnen wieder die Oberhand."

„Ja, ich weiß." Barcha-let sah auf Lu-bgdais Bauch direkt vor ihrem Gesicht und furchte die Partie um ihren linken Mundwinkel.

„Was ist es dann? Dein rücksichtsvolles Schweigen regt mich am allermeisten auf. Bitte tu nicht so, als ob ich ein Dotter ohne Schale wäre, nur weil Leben in mir ist und ich mich hin und wieder ausruhen muss."

„Ich habe versprochen, Stillschweigen zu bewahren." Barcha-let stand auf.

„Wem?"

„Das tut nichts zur Sache. Glaub mir, es ist besser so."

„Als wir Kinder waren, hat unser Bruder Toischan auch immer versucht, aus allem ein Geheimnis zu machen. Er ist jetzt erwachsen. Dein Boritak scheint es noch nicht zu sein."

Natürlich, Barcha-let hätte es wissen müssen. Seit ihrer gestrigen gemeinsamen Rückkehr konnte es kein Geheimnis mehr sein, dass sie und Boritak sich nähergekommen waren. Lu-bagdai brauchte nur eins und eins zusammenzuzählen.

„Du kannst eine pieksende Ahle sein mit deiner furchtbaren Neugier. Also gut. Was ist schon das Versprechen gegenüber einem Geliebten, wenn die eigene Schwester darunter leidet? Bis dein Kind kommt, könnte ich sowieso nicht schweigen, ohne zu platzen."

Die beiden Schwestern lächelten sich an. Barcha-let begann zu erzählen. Sie bemühte sich um die wortgetreue Wiedergabe dessen, was Boritak ihr anvertraut hatte. Von Kindheit an daran gewöhnt, gelang ihr das bis auf wenige Ausnahmen.

Lu-bagdai unterbrach sie nicht, ihre Mimik war dennoch sehr beredt. Kaum hatte Barcha-let geendet, als Lu-bagdai loslegte: „Um Btars willen, was für eine verrückte Geschichte hat Boritak dir da aufgetischt, Schwesterchen. Glaubst du etwa mehr als drei Wörter davon?"

„Du meinst, es könnte sein, dass Boritak Horfet total missverstanden hat." Fürwahr auch eine Möglichkeit, an die Barcha-let noch gar nicht gedacht hatte. Nicht einmal die schlechteste nach ihrer Meinung.

„Missverstehen ist eine gute Umschreibung für Aufbauschen. Warum verliebst du dich eigentlich immer in Männer, die gnadenlos übertreiben? Horfet hat wahrscheinlich eine Vision gehabt. Die meisten Männer haben das bei ihrer Initiation. Aber Bote eines Sohngottes? Horfet als Retter Krata-buuns? Nur noch Töchter ohne Horfets Eingreifen? Ich weiß nicht, Schwester. Das alles klingt, als ob Boritak gehörig was dazu gedichtet hat. Findest du nicht?"

„Dass ich Boritak nett finde, heißt noch lange nicht, dass ich dumm bin und mich leicht veräppeln lasse."

„Nein, natürlich nicht. Bitte sei nicht gleich beleidigt. Wahrscheinlich wollte er sich bei dir nur einschmeicheln und hoffte, eine gewisse Ausschmückung der Vision helfe dir vorerst über den Kummer hinweg, dass Horfet verletzt wurde und die Initiation nicht stattfand."

„Boritak, der Einfühlsame, ich denke, du hältst ihn für einen rücksichtslosen Eindringling."

„Meine Güte, Barcha-let, du tust gerade so, als ob ich ein Halbmensch wäre."

„Deine Überlegung hinkt schon allein daran, dass ich die Vorstellung überhaupt nicht reizvoll finde, meinem Horfet werde so viel Verantwortung aufgebürdet. Wegen mir hätte Boritak ganz und gar nichts hinzuerfnden müssen."

„Boritak mag sich in diesem Punkt getäuscht haben, aber Erfolg hatte er ja trotzdem."

Barcha-let schnitt ihrer Schwester eine Grimasse. „Und den wird er auch zukünftig haben, egal, was du ihm unterstellst. Ich gehe jetzt die Beeren sortieren. Soll Riwa-quoi sich selbst das Getreide holen, so wie es vorgesehen hast, Clanmutter." Sie machte keine Anstalten, die Grube wieder abzudecken, sondern wandte sich zum Dorf.

„Barcha-let, warte doch. Ich kann mich täuschen. Es dauert sicher nicht mehr lange, bis Horfet wieder ganz gesund ist. Lass unsere Meinungsverschiedenheit so lange ruhen und ihn dann ihn selber fragen. Was hältst du davon?"

Ihre Schwester blieb stehen. „Solltest du doch eine Clanmutter sein, wie es sich gehört? Dann will ich dir deine Schmähungen nachsehen.

Wirst schon noch merken, dass Boritak nicht der windige Wortspucker ist, für den du ihn hältst. Auch wenn mir deine Deutung lieber wäre, sagt mir mein Gefühl, dass mehr dahintersteckt."

Lu-bagdai zuckte mit den Achseln. „Wie auch immer, wir werden es sehen. Ich jedenfalls bin froh, dass ich mit dir gesprochen habe. Ich werde Riwa-quoi sagen, dass du den Emmer bringst", sagte sie und ging zum Dorf zurück.

Barcha-let stützte sich am linken Grubenrand ab, um mit einer kleinen Holzschale in der ausgestreckten rechten Hand Körner aus der Grube zu schöpfen. Schnell füllte sie damit ihren Korb. Als er voll und die Grube wieder gut abgedichtet war, folgte sie ihrer Schwester.

Beiden Schwestern folgten Goila-lins Blicke. Von dem Wacholderdickicht aus, in dem sie noch weitere Beeren für den Trank sammelte, hatte sie zwar nicht alles genau verstanden, aber doch einiges mitbekommen, was sie besser ihrem Geliebten Elatansch erzählte. Seit dem Nacht-und-Tag-Gleichen-Fest interessierte sich ihre große Liebe nämlich sehr dafür, was Horfet sagte oder tat. Elatanschs Empörung über Horfets Äußerungen an jenem Tag entsprang seinem tiefsten Herzen.

Goila-lin kannte keinen Mann, der Ungerechtigkeiten derart verabscheute wie Elatansch. Und dass nur Frauen die Schmerzen einer Geburt ertragen mussten, empfand er vor allem seit dem Tod seiner zierlichen Schwester als höchst ungerecht. Doch gerade weil die Göttin diese Aufgabe allein den Frauen übertragen hatte, gebührte ihnen in seinen Augen höchster Respekt. KeineArt von Verunglimpfung würde er je unwidersprochen zulassen.

Goila-lin hatte noch heute dieses Bild vor sich, wie Elatansch bei der Niederkunft seiner Schwester Fa-tami ihr selbst und den anderen Geburtshelferinnen zur Hand ging und, als ihre Mienen immer ernster wurden, zur Göttin schrie, sie möge doch ihm die Schmerzen schicken und ihm das viele Blut nehmen statt seiner Schwester. An diesem Tag freilich zeigte sich die Göttin nur dem Kindchen gnädig.

Elatansch wurde nicht müde, sich sowohl um diese kleine Tochter als auch um die größeren Kinder seiner lebenden Schwester Nub-je zu kümmern, ganz zu schweigen davon, dass er sogar Goila-lins eigenen Kindern sehr viel Zeit widmete, obwohl Goila-lin einen Bruder hatte. Sie war sich sicher, dass Elatansch nicht zuletzt deshalb ihr Geliebter geworden war, weil sie ihre Kinder leichter bekam als jene ihre Milchzähne.

Die kühle Abendluft machte die Felsnische zu einem ungemütlichen Aufenthaltsort. Boritak fror. Ohne Umhang, Feuer oder Fell saß er da, die Beine überkreuzt, um eine Botschaft aus der Geisterwelt oder vom Gott der Mannessöhne zu erhalten. Nach der peinlichen Vorstellung vor Barcha-let bedurfte er dringend der Eingebung von höchster Stelle. Dass er Gab-Btar fragen wolle, hatte er natürlich nur Barcha-let gegenüber vorgegeben. Er dachte nicht daran, die Große Mutter zu bemühen, war sie doch der Inbegriff all dessen, was er verachtete.

Zuerst rief er die Geister an. Sie bildeten die Mittler zwischen der Göttin und den Menschen. Im Gegensatz zu den Menschen, die mal im Gatár-ta-ún über einen Körper, mal im Aschme-óch über keinen verfügten, verkörperte jedes Geistwesen die Gesamtheit aller ihm zugehörigen Wesen in stets der gleichen Form. Alle Eichenseelen zusammen bildeten beispielsweise den Geist der Eichen, alle Flusskrebsseelen den Geist der Flusskrebse. Allerdings überspannten deren Seelenkörper die Welt so weitmaschig, dass sie nur die Göttin sehen konnte.

Menschen konnten sie erst dann wahrnehmen, wenn sie sich diesen in Träumen oder Visionen als geschrumpfte Gestalten zu erkennen gaben. Boritak erinnerte sich, dass er als kleiner Junge häufig dem Geist der Frösche begegnet war, der ihn gelehrt hatte, dass aus stillen, unscheinbaren Kaulquappen später quakende, grüne Frösche wurden.

Die Kälte hielt ihn vom Schlafen ab und daher war sie ihm willkommen. Eine von Barcha-lets Äußerungen ging ihm nicht aus dem Sinn. „Vielleicht sucht sich Gab-Btars Sohn einen anderen Boten, wenn wir ihn nicht weiter beachten", hatte sie gemeint. Eine anders geartete Kälte bemächtigte sich seiner. Konnte ein Mensch ein göttliches Wesen tatsächlich missachten und ihn durch diese Nichtbeachtung seiner Kraft berauben? Und wenn ja, wo blieb dann diese Kraft? Fiel sie in sich zusammen oder ging sie gar auf jenen Menschen über, der es wagte, der Göttin die Stirn zu bieten?

Hatte er nicht sogar Btars heiligstes Gesetz gebrochen, indem er einer Frau Gewalt antat? Doch nicht ihr göttlicher Arm hatte ihn tätowiert, sondern ein Mann seines Volkes hatte ihm mit einem langen Dorn fettige Knochenasche unter die Stirnhaut getrieben. Hatte die Göttin dabei dessen Hand geführt? Oder glaubte der Mann nur fest daran, dass es so war?

Was zeichnete eigentlich ein göttliches Wesen aus? „Allwaltend", nannten sie zum Beispiel die Göttin. Was auch immer geschah, rührte von ihrem Wirken her, war Ausdruck ihrer erschaffenden und zerstörenden

Kraft, durch die Leben permanent entstand und verging. Warum aber war es ihm als Verstoßenem überhaupt gelungen, seinen jetzigen Körper zu behalten? Ohne erneut Leibablösung und Geburt über sich ergehen lassen zu müssen? Seine lieben Mitgabbtaranschi töteten niemals einen Menschen. Die Vorstellung, mit Gewalt darauf einzuwirken, dass dessen Seele vor der Zeit vom Gatár-ta-ún in den Aschme-óch geschickt würde, war ihnen unheimlich. Die Seele eines Menschen, der Gewalt gegen einen anderen Menschen ausübte, musste krank sein und dem Irrtum erliegen, ein Raubtier zu sein. Daher nannten sie solche Gewalttäter „Halbmenschen".

Solange ein Halbmensch aber sein menschliches Antlitz behielt und sich nicht sichtbar in einen Bären, Löwen oder Wolf verwandelte, würde die Seele eines Menschen, der zum Schutz des ganzen Stammes einen solchen Verirrten tötete, Gefahr laufen, selbst die Grenze zwischen den Wesensarten auf Dauer nicht mehr klar auseinanderzuhalten. Daher überantworteten die Gabbtaranschi alle Halbmenschen durch die Kennzeichnung auf die Stirn der Alles-Mutter selbst.

Allein ihr oblag es, einen Stirntätowierten umgehend in den Aschme-óch zu schicken. Dort musste seine Seele so lange auf einen neuen Körper warten, bis Btar ihn der Wiedergeburt für würdig befand und eine Frau für ihn aussuchte, die ihn gebar. Weil es aber viele Frauen gab, die Btar inständig baten, ihnen keine Halbmenschenseele zu schicken, und Btar ihren Töchtern so wenig Kummer wie möglich bescheren wollte, konnte sich diese Wartezeit über die Maßen ausdehnen.

Boritak verstand nicht, warum Gab-Btar ihn immer noch nicht getötet hatte? Ihm gelang es sogar zu überleben, obwohl er eine Zeitlang nur mit Krücken laufen konnte. Ganz zu schweigen davon, dass er sich die Duldung in einem Stamm erschlichen hatte. Wider alle gabbtaranische Sitte! Wollte die Göttin ihn damals nicht töten? Nahm sie plötzlich die Verletzung ihres Gesetzes widerstandslos hin? Oder *vermochte* sie ihn etwa nicht zu strafen?

Und wenn letzteres zutraf, *wer* hinderte sie daran? Wollte gar Gott Onloatwi, dass er lebte? Aber wie hatte sich der Sohn gegen seine Mutter durchsetzen können? Etwa mit blanker Gewalt? Wie er selbst damals gegen Ke-ho? Einen Gott der Gewalt indes würden die Gabbtaranschi nie und nimmer akzeptieren. Erst recht nicht, wenn sich diese Gewalt gegen eine Mutter, ja *die* Mutter allen Lebens richtete. Es musste eine andere Erklärung dafür geben, dass Onloatwi an Kraft gewann, während die seiner Mutter Gab-Btar nachließ.

Boritak grübelte nach, bis die Sichel des zunehmenden Mondes am Himmel leuchtete. Nur noch einige Tage bis zum Oí-chana-ú-Fest. Während der dreitägigen Wintersonnwendzeremonie würde der Sippenhäupterrat Horfet nach seiner Vision fragen. Dann würde sich zeigen, wie der Stamm dem neuen Gott begegnen und sich sein eigenes Leben weiter gestalten würde. Bis dahin musste er die Lösung gefunden haben!

Als ein Pinienzapfen wenige Schritte vor seinem Felsunterschlupf herunterfiel und im Erdreich aufrecht steckenblieb, wusste Boritak, was er zu tun hatte. In Horfets Schilderung seiner Vision verlangte Onloatwi ein Zeichen seiner Verehrung. Leider hatte der Gott dazu nichts Näheres ausgeführt. Doch was frommte einem männlichen Gott mehr als aufragende Penisse? Und zwar keine so kleinen, wie die Frauen sie von ihren Verehrern geschenkt bekamen und sie oft genug „wegen der tauglichen Form" als Stößel für ihre Mörser missbrauchten.

Nein! Einem neuen starken Gott musste man größere Heiligtümer errichten! Als Ausgangsmaterial kamen dafür Kalksäulen in Frage. Nicht unbedingt die übermenschgroßen Ungetüme, wie er sie im Norden gesehen hatte, die ihn mit ihren Tierreliefs und den akkurat geglätteten Rändern an geschnitzte Riesenknochen erinnerten und von denen es hieß, die Brüder aller Enkelinnen der zehn Menschenurahninnen hätten sie einst aufgestellt. Nein, solche Kreise aus steinernen Pilzen waren für ihn allein nicht zu schultern. Aber eine schlanke mannshohe Säule wäre durchaus zu schaffen!

Boritak wusste auch schon, wo er eine solche finden konnte: im Männerteil der Weißkrallenhöhle. Dort gab es laut Horfet zahlreiche Kalksteinzapfen, mannshohe, schafshohe, handdicke, fingerdünne und viele mehr. Wenn er einen dieser Steine aufrichtete, würde Gott Onloatwi zu ihm sprechen. Dessen war sich Boritak mit einem Mal so sicher wie seiner Tätowierungsnarbe. Wahrscheinlich hatte der Gott sie gar nur deshalb in der Männerhöhle aufgestellt!

Boritaks Vorhaben barg jedoch ein großes Risiko. Auf keinen Fall durfte er dabei ertappt werden, wie er die Steinsäule heraustrug. Zwar machte ihn sein Status als Geliebter Barcha-lets endlich zum Stammesfreund, doch noch nicht zum Mitglied der Stammesritualgemeinschaft, weil er keiner der Dorfsippen angehörte. Für ihn waren daher die Männer- und natürlich Frauenabschnitte der heiligen Höhle tabu. Lediglich bei den Festen würde er in Begleitung des ganzen Stammes zum ersten Mal den Gemeinschaftsteil betreten dürfen. Dort allerdings gab es keine Stelen wie in der Männerhöhle.

Allein schon das unerlaubte Betreten zöge ernsthafte Konsequenzen, wenn nicht sogar die Verweisung aus dem Dorf, nach sich. Sich im Ernstfall dumm zu stellen, würde nicht funktionieren, weil alle gabbtaranischen Ritualplätze deutlich mit Tira-gubtus gekennzeichnet waren, so dass sie wirklich nur ein Blinder übersehen konnte.

„Onloatwi", betete er vor dem Einschlafen, „ich stelle mich der Gefahr, um zu beweisen, dass ich würdig bin, von dir erleuchtet zu werden. Du magst Horfet ausgewählt haben, weil er jung ist. Bitte erhöre mich, weil ich dir meinen Mut beweise."

In noch dunkler Frühe verließ er sein notdürftiges Quartier und schlug den Weg zur heiligen Stätte ein. Dazu musste er dem ausgetretenen Pfad folgen, der sich nicht weit unterhalb seiner Nische befand und den die Männer vor Horfets Mannbarkeitsprüfung damals eingeschlagen hatten. Zwar würden etliche Stammesmitglieder im Laufe des Tages Nahrungsmittel, Felle und Holz zur Höhle transportieren, um diese Zeit schliefen sie aber höchstwahrscheinlich noch alle.

Er musste sich beeilen und sich dann baldmöglichst wieder den Vorbereitungsarbeiten anschließen, um keinen Verdacht zu erregen. Schneller als er es gedacht hatte, stand Boritak vor dem Gemeinschaftseingang der „Weißkralle". „Deinen Namen verdienst du, mal sehen, ob es stimmt, was Horfet sonst über dich erzählt hat." Mit diesen Worten und vielen die Gegend absuchenden Blicken wandte er sich gen Nordosten, wo der Männereingang lag.

Ilnaf-ba wachte auf, als die Sonne ihr allererstes Licht schickte. Mit zunehmendem Alter verkürzten sich Ihre Schlafzeiten. Normalerweise blieb sie liegen. Heute verspürte sie das Bedürfnis herumzugehen. Laufen half ihr am besten, wenn sie über etwas nachdenken oder eine Entscheidung fällen musste. Sie schob die breite Felldecke zur Seite, die sie statt eines Fellsacks bevorzugte und stand auf.

Mit einem Wollumhang über ihrem Alltagsgewand schlich Ilnaf-ba zu dem über einen Weidenrahmen gespannten Auerochsenfell, die zusammen die Tür bildeten. Dort überzeugte sie sich, dass alle Schlafenden gleichmäßig und tief weiteratmeten: ihre Tochter Nub-je, ihre Söhne

Elatansch und Daboi und ihre drei Enkel, ihre eigene Schwester Valande, deren drei Kinder und sechs Enkelkinder. Draußen waberten Nebelschwaden, die der Fluss auszustoßen schien. Ilnaf-ba wandte sich in die Gegenrichtung. Dieses Wintersonnwendfest würde das erste sein, das sie als Butú-tekál leitete. Zwar war sie nur eine von zwölf Sippenhäupterratsmitgliedern, aber eine, auf deren Meinung die anderen größten Wert legten, besonders jetzt, da Krata-buun tot war. Je angesehener ein Mensch war, desto mehr Verantwortung trug er für das, was geschah. Das höchste Ansehen genoss eine oder ein Arkás gaasch, von denen es nur wenige gab. Doch gleich dahinter folgte die Butútekál, die als Clanmutter des ganzen Dorfes die Rituale für die Göttin ausführte.

Seit sie zwischen allen Sonnenwenden an einem einzigen Ort blieben, veränderte sich manches. Als Kind hatte Ilnaf-ba gebannt den gabbtaranischen Ahninnenüberlieferungen gelauscht, die ihre Großmutter so gerne erzählte: Von Gach-banee, Ahnin der Südgabbtaranschi, die zum ersten Mal die Aussaat durch Menschenhand anregte und ihre Körner an viele weitergab, die ihrem Beispiel folgten. Oder von Dopael, einem längst verstorbenen Westgabbtarani, der für die Aussaat ein Geweih auf so nützliche Art gestutzt hatte, dass es das Ziehen von Furchen ermöglichte. Dieses Furchgeweih, das ein Mann zog, während ein anderer die Spitze gen Erdreich richtete, war auf ebenem Gelände praktischer als die Hacke.

Am allerliebsten aber waren Ilnaf-ba immer die Geschichten von den vielen Wanderungen ihrer eigenen Sippe gewesen. Manches hatte sie als kleines Kind noch selbst erlebt: Das mehrere Monate lange Verweilen an den Orten, an denen sich Getreide gut sammeln und anbauen ließ, die Rituale, mit denen sie ihre Vorräte gegen Fäulnis und Tierraub zu schützen versuchten. Die Fehlschläge, bei denen sie manchmal nur recht spärliche Reste der heiligen Saat retten konnten. Aber auch die zunehmende Fruchtbarkeit, die Btar dem Land schenkte, ihre Fortschritte bei der Lagerung der Ernte, den größeren Gruben, Mörsern und Mühlsteinen. Bis das Herumziehen schließlich zu umständlich und schlicht überflüssig wurde.

Ihr Gedächtnis präsentierte ihr jenen einschneidenden Herbst noch immer mühelos, als sie mit Elatansch hochschwanger war. Obwohl jeder Clan einer Bauchgeküssten die geringstmögliche Tragelast zuteilte, jubelte sie über die Entscheidung des Sippenhäupterrates, dieses eine Mal auf den Ortswechsel im Herbst zu verzichten. Statt in ihr vor dem Wind besser geschütztes Winterlager zu ziehen, nutzten die damals erst fünf Clans die Zeit, um die Wände ihrer leichten Sommerhütten mit zusätzlichen Steinmauern zu schützen. Der Sturm, der während Elatansch Geburt tobte, richtete daher nur leichte Verwüstungen an. Auch der Schrecken des Hungers trat nicht über ihre Schwelle. Zu viele Körner hatten sie imSommer auf Streifzügen gesammelt sowie von ihren eigens angelegten Feldern geerntet. In die Kalksteinplatten der dem Dorf gegenüberliegenden Anhöhe schlugen sie Gruben, in denen weder Feuchtigkeit den Getreide-, Hülsenfrucht- und Nüssevorrat verderben noch Tiere sich daran schadlos halten konnten. Zusammen mit der Beute von den Jagdzügen der Männer sorgte die Pflanzenkost dafür, dass alle Münder spielend satt wurden. Daher zogen sie auch im darauf folgenden Jahr kein einziges Mal mehr weiter, so dass Elatansch stolz von sich behaupten konnte, der erste Eingeborene des heutigen Dorfes zu sein. Später hatten sich dann noch vier Clans zu ihnen gesellt.

Je gemütlicher sie sich einrichteten, desto mehr Kinder wurden geboren. Ilnaf-ba brauchte sich nur in ihrer eigenen Hütte umzusehen. Nur weil der Grundriss ihres Hauses einen etwas größeren Durchmesser hatte, war es überhaupt möglich, alle siebzehn Mitglieder darin unterzubringen. Auch andere Sippen mussten enger als früher zusammenrücken. Und wenn es so weiterging, würden sie irgendwann neue geräumigere Häuser bauen müssen.

Ausgerechnet Krata-buuns Sippe umfasste die zweitwenigsten Köpfe. Dabei hatte sie am meisten für Nachsicht plädiert, wenn eine Frau zum Frauenrat gegangen war und ihn um die Schutzzeremonie und den Segen des aufschwellenden Bauches gebeten hatte. Nun, da die Frauen nicht mehr ihren gesamten Hausrat herumschleppten, der sich auf sonderbare Weise zu vermehren schien, fanden sie es weniger beschwerlich, schwanger zu sein. Und weil es ihnen sehr gut ging, überlebten auch mehr Kinder als früher.

Doch dass sie trotz ihrer größeren Münderzahl seither viele Sonnenwenden lang nicht an Nahrungsmangel gelitten hatten, bedeutete mitnichten, dass dies immer so bliebe. Gab-Btars Weisung, die da hieß *„So viele Köpfe habe euer Stamm, wie ihr mit meiner Gunst und eurer Hände Dienst ohne Mühsal ernähren könnt"*, durfte man nach Ilnaf-bas Auffassung nicht nur kurzfristig verstehen. Gleich danach kam nämlich im Schöpfungslied die Stelle: *„In aller Seelenruhe rufe die Seele eines Neugeborenen die Seele eines Lebenden ins Jenseits. In aller Seelenruhe rufe die Seele eines Verstorbenen die Seele eines Toten ins Diesseits. So bewahrt ihr die Zahl des Kreises, der zur Spirale reift."*

Schließlich mussten die Kinder auch Seelen bekommen. „Wenn wir Gabbtaranschi immer nur Seelen aus dem Aschme-óch haben möchten, ohne ihm welche aus dem Gatár-ta-ún zu schicken, werden wir Btar erzürnen. Sie muss und wird dann viele Lebende verschlingen, um das Gleichgewicht wieder herzustellen", dessen war sich Ilnaf-ba sicher. Würde das jemand riskieren wollen? Wohl kaum. Warum aber schickte ihnen Btar ein derart üppiges Nahrungsangebot? Gab es im Aschme-óch vielleicht zu viele Seelen, die auf ihre Wiedergeburt schon zu lange warteten und die endlich geboren werden sollten?

Ihr Sohn Daboi, der erst gestern zurückgekehrt war, hatte auf seinem Heimweg von seiner Geliebten aus dem Stamm der Langspeerleute die Mondtänzer getroffen. Den Mondtanzleuten behagte die Sesshaftigkeit nicht. Sie verlegten circa alle zwei Monde ihr Lager, wobei sie während eines Sonnenlaufes einen großen Kreis beschrieben. Wie Daboi erzählte, war bei den Mondtänzern noch alles beim Alten. Nur eine Frau bei ihnen war bauchgeküsst. Sie hielten sich also weiterhin an Btars Rat und taten gut daran!

Ilnaf-ba wollte sich nicht ausmalen, was passieren würde, wenn Btar die Sonnenstrahlen plötzlich wieder kälter machen würde, so wie es zu und vor den Zeiten ihrer Ahnin Xam-ala der Fall war. Dann würden sie erneut ihre Häuser verlassen, den Tierherden nachfolgen und von einer weit geringeren Sammelausbeute leben müssen. Anbau würde dann gar nicht mehr möglich sein. Viele Kinder würden sterben. Ilnaf-ba hatte bereits ihre Ahninnenhaarkette abgezählt. Nur fünfzehn Ahninnenhaarzöpfe trennten sie von Xam-ala!

Vielleicht würde es aber auch gar nicht kälter werden, sondern viel wärmer. Schließlich hatte der vergangene Sommer eher Anlass gegeben, über Hitze und Trockenheit zu klagen, und nicht über Kälte. Doch egal, ob zu viel Kälte oder zu viel Wärme, die Linsen, der Emmer, die Gerste, die Erbsen und all die anderen Pflanzen litten darunter und mit ihnen die, die sie sammelten.

Auch Horfet kam ihr in den Sinn. Ihr Sohn Elatansch hatte vage Andeutungen darüber gemacht, dass der Enkel ihrer verstorbenen Freundin eine seltsame Vision gehabt habe, die der undurchsichtige Boritak absichtlich falsch deute, um Btar zu beleidigen. Elatansch hielt Boritak sogar für einen Grochpee-ma-kaan (baranisch für *Stirntätowierter*). Wäre Boritak tatsächlich ein Verstoßener, hätten sie auch noch gegen die heilige Tradition aller gabbtaranischen Stämme verstoßen, die es nicht duldete, dass ein Kind Btars einem anderen Gewalt antat.

Gab-Btars Geduld hatte zwar einen langen Atem. Aber diese über Gebühr zu strapazieren, wäre nicht nur ungezogen, sondern sträflicher Undank. Dieses Wintersonnwendfest würde also ein sehr wichtiges werden. Und ihr, der Butú-tekál Ilnaf-ba, oblag es, Klarheit in Boritaks Vergangenheit zu bringen und ihren Stamm auf den alten Weg zurückzuführen. Wo nur die Arkás ga-asch steckte? Auf deren Hilfe baute sie sehr. Ilnaf-ba hörte ein Rascheln, das ihr einen Schauer über ihre kalten Arme jagte. Sie war genug gelaufen und drehte wieder um.

„Wo warst du? Was hast du getrieben?" Grobe Männerarme hielten ihn fest.

Boritak stotterte: „I… i… ich wei… wei… weiß nicht, was i… ihr von mir wo… wollt."

Elatansch stellte sich vor ihn hin und beäugte misstrauisch die Stirnnarbe. „Komisch, du stotterst doch sonst nicht, vor allem nicht, wenn du die Göttin beleidigst. Sag uns auf der Stelle, wo du gewesen bist und was du getan hast."

Boritaks Ärger über Barcha-let, die offenbar mit ihrem Schwatzmaul im ganzen Dorf hausieren gegangen war, verdrängte den Schreck, den Elatansch mit seinem Überfall in ihm auslöste. Dass Elatansch ihn erst hier etwas abseits des Dorfes zur Rede stellte, konnte nur bedeuten, dass er von der Aufstellung des Kalkphallus an dem genialen Versteck nichts mitbekommen hatte.

Boritaks verächtliches Grinsen, das Elatansch mehr als alles andere an dem vermeintlichen Arkasnaq anwiderte, kehrte in sein Gesicht zurück. „Sag mal", ging er seinerseits in die Offensive über, „ist es bei den Mungordauks üblich, einem Menschen wehzutun, der sogar euer Stammesfreund ist?"

Elatansch hob seine Nasenflügel, als müsse er sie vor dem Sumpf der Lüge in Sicherheit bringen. Nur mühsam beherrschte er sich. „Nein, wir tun niemandem weh, egal ob Arkasnaq oder Stammesbruder. Lasst ihn schon los."

Befreit drückte Boritak seine Brust heraus. Die Druckstellen an seinen Armen würdigte er keines Blickes. Er überragte die anderen Männer um durchschnittlich einen halben Kopf. Scheinbar gelangweilt hörte er Elatansch zu.

„Schon seit dem Tag, an dem du in unser Dorf gekommen bist, interessiert mich, wieso du diese seltsameNarbe auf der Stirn hast. Und da ich erfahren musste, wie wenig du von der Göttin hältst, fordere ich dich auf, dich hier ruhig in die Sonne zu stellen, damit wir deine Narbe gründlich inspizieren können. Gib zu, diese Narbe stammt von deiner Verstoßung!"

Boritaks Grinsen wurde zur Maske. Er wusste, dass Elatansch ihm eines Nachts mit der Fackel einen Besuch in der Gemeinschaftshütte abgestattet hatte. Damals stellte er sich schlafend. Doch was der Feuerschein nicht zu enthüllen vermochte, konnte im ungleich helleren Licht der Mittagssonne durchaus zu Tage treten, besonders wenn einer wie Goila-lins Geliebter sein scharfes Auge auf Nasenlänge heranführte.

In Boritaks Muskeln strömte das Blut. „Bereit zur Flucht", meldeten sie. Er war zwar stärker als die Männer um ihn, aber langsamer. In der Vierergruppe, die sie waren, würden sie ihn sicher rasch fangen. Genau wie damals. Inständig flehte er Onloatwi um Hilfe an.

„Ihr seid verrückt, was unterstellt ihr mir nur? Euer Verdacht beleidigt mein Herz so sehr, dass es bebt. Seht ihr, wie ich zittere?" Onloatwi gab ihm zumindest seine feste Stimme wieder.

Elatansch drehte Boritak ins blendende Licht. Der frühere Arkasnaq schloss seine Augen und konzentrierte sich darauf, seinen Atem nicht galoppieren zu lassen. Wenn es Onloatwi wirklich gab und er stärker als Gab-Btar war, würde Elatansch nicht den Hauch einer Tätowierungsspur ausmachen können. Er musste nur eines tun: seine Nerven behalten. Wenn er sich selbst im Spiegel einer Wasseroberfläche anschaute, konnte er beim besten Willen nur eine gewöhnliche Narbe erkennen. Allerdings sah er schon lange nicht mehr so gut wie früher. Und wie unklar war ein solches Spiegelbild im Vergleich zu zwei Augen, die ihn direkt inspizierten!

Elatansch spürte die große Anspannung seines Gegenübers. Wie sehr sich dieser auch wand. Er, Elatansch, ließ sich nicht beirren. Boritak war ein Verstoßener. Daran gab es für ihn nicht den geringsten Zweifel. Wenn er doch nur ein Restchen der schwarzen Tätowierungsfarbe entdecken würde!

„Was machst du mit Boritak, Elatansch?", fragte In-eika aus dem Schatten heraus. Neben ihr standen noch vier jüngereKinder, die das Geschehen unter der Sonne mit unverhohlener Neugier beobachteten.

Elatansch drehte sich um. „Das hätte ich mir denken können, dass euch nichts entgeht. Keine Sorge. Wir schauen uns nur Boritaks Narbe genauer an."

„Wieso tut ihr das?"

„Ach, weißt du, In-eika, es gibt Narben, die viel besser verheilen als andere. Vielleicht lernen wir von Boritak, wie man Wunden besser behandelt."

Boritak und Elatansch sahen sich an. Der Blick zweier Schlangen, die Maß nehmen, um ihren gifttriefenden Hohlzahn in das einzige Opfer weit und breit zu stoßen, hätte nicht lauernder sein können. In-eika dagegen schaute verdrießlich drein. Allmählich gab es in ihrer Umgebung zu viele Leute, die sich mit Wunden beschäftigten.

„Kommt, lasst uns ins Dorf gehen", schlug sie vor, „ich frage Lubagdai, ob ich auf ihrer Flöte spielen darf. Geht ihr mit?"

Den anderen erschien das ebenfalls verlockender. Als die Kinder außer Hörweite waren, widmete sich Elatansch wieder seiner Untersuchung.

„Kommt alle her", rief er plötzlich aufgeregt, „ich glaube, ich sehe einen kleinen schwarzen Punkt, Überbleibsel der Tätowierungsasche."

Die anderen vier Männer drängten sich heran. Einer nach dem anderen riss seine Augen auf.

Boritak warf alles in die andere Waagschale. „Elatansch, du kannst keine Tätowierungsasche finden, weil keine da ist. Was du bestenfalls siehst, ist die graue Asche, die ich in die Wunde rieb, weil ich mein ganzes Moos für Horfet verbraucht hatte. Da ich natürlich auch Tierknochen in mein Feuer werfe, waren sicher auch dunklere Anteile dabei. Solltest du wirklich schwarze Flecken entdecken, stammen sie davon, aber gewiss nicht von einer Verstoßung."

Elatansch gab nicht auf. „Vielleicht hast du dir die Stirn ja selbst aufgerissen und dann die graue Asche hineingeschmiert, damit du jederzeit eine passable Erklärung dafür hast."

Boritak war mit den Nerven am Ende. Er ließ den Kopf hängen und schüttelte ihn.

„Meiner Meinung nach spricht mehr für Boritaks Version", meldete sich einer der vier Männer zu Wort, die Elatansch begleitet hatten. „Dieses kleine Bisschen schwarzer Asche ist viel zu wenig. Elatansch, schau dir auch die Tiefe und Breite der Risse genauer an. Kein Mensch verletzt sich selbst so tief an der Stirn. Außerdem ist die Verstoßungstätowierung ziemlich breit. Sehr unwahrscheinlich, dass einer sie ohne Hilfe vollständig entfernt! Elatansch, ich fürchte, du hast dich verrannt. Boritaks Narbe kann nicht von einer Verstoßung herrühren."

Auch die anderen drei schlossen sich dieser Meinung an. Elatansch musste sich wieder einmal der Mehrheit beugen, auch wenn er nach wie vor von Boritaks Schuld überzeugt war.

Bei so viel Rückendeckung fiel es Boritak leicht, sich jovial zu geben: „Elatansch, ich weiß, du hast mich von Anfang an nicht gut leiden können. Ich habe keine Ahnung warum, da ich dir ja nichts getan habe. Aber sei's drum. Wir sollten dennoch versuchen, friedlich miteinander zu leben, zumal ich inzwischen ein Stammesfreund geworden bin, wie Barcha-let in ein paar Tagen verkünden wird. Ich reiche dir also meine Hand und bitte dich, mir in Zukunft weniger feindselig zu begegnen."

„Bevor ich einschlage, würde ich gerne noch wissen, was es mit deiner Deutung von Horfets erfolgloser Initiation auf sich hat."

„Es war offenbar bereits ein Fehler, mit Barcha-let darüber zu sprechen. Noch einmal begehe ich ihn nicht. Horfet selbst soll euch beim Fest seine Vision schildern. Dann wirst du erkennen müssen, dass du mich wiederum zu Unrecht beschuldigt hast."

Boritaks ausgestreckte Hand zielte weiter auf Elatanschs Bauch. Mit nach unten zeigenden Mundwinkeln schlug dieser ein. Was nutzte es, wenn nur er selbst Boritak zu durchschauen glaubte, seine Stammesbrüder jedoch diese Meinung nicht teilten? Bis zum Fest waren es noch acht Tage. Wahrlich kein langer Zeitraum, um abzuwarten. Was die Verstoßung anbelangte, würde er sich gewiss länger gedulden müssen, aber irgendwann würde auch hier die Wahrheit ans Licht kommen. Als Elatansch seine Hand wieder aus Boritaks breiteren Rechten herauszog, schwor er sich, Boritak zu misstrauen und nicht seinem Gefühl.

Boritak ging zusammen mit den fünf Männern ins Dorf, wo man sie neugierig musterte. Denn natürlich war es kein Geheimnis, dass Elatansch Boritak nicht schätzte. Dass sie gemeinsam zurückkehrten, werteten die Dorfbewohner als Zeichen dafür, dass sich die beiden ausgesöhnt hatten.

Als Horfet im Sippenhaus inmitten seiner engsten erwachsenen Clanmitglieder erwachte, rekelte er sich genussvoll. „Heute Nacht muss der

Specht endlich einen Baumstamm gefunden haben, denn meine Kopfschmerzen sind weg."

„Eine gute Nachricht", sagte Barcha-let. „Ich bin heilfroh, dass du wieder wohlauf bist. Die letzten vier Tage hast du dich ziemlich gequält."

Horfet schälte sich aus seinem Schlafsack. Nur mit dem Lendenschurz bekleidet, erleichterte er sich hinter dem Haus und kehrte zurück. „Babaa, heute werde ich zum ersten Mal mein Mannesgewand anziehen. Ihr habt es sicher beiseite gelegt, weil ich krank war."

Barcha-let, Lu-bagdai, Riwa-quoi und Toischan starrten gleichzeitig auf den Boden, als gäbe es einen geheimen Zwang, dem sie alle unterlagen.

Lu-bagdai war es, die ihm antwortete: „Ich habe eine schlechte Nachricht, mein Schwestersohn. Dein Initiationsritual wurde vorzeitig beendet. Ein Löwe war mit dir in der Höhle. Nal-abu hat ihn entdeckt und die Männer gewarnt. Du verdankst ihr wahrscheinlich dein Leben."

„Sie hat dir übrigens auch sehr liebevoll die Farbe abgewaschen, damit wir dich besser untersuchen konnten", ergänzte Toischan.

Schlagartig fühlte sich Horfet wieder in die Höhle zurückversetzt und in seine Vision. Er wurde kreidebleich. „Ich verstehe nicht. Wieso hat gerade Nal-abu den Löwen entdeckt und die Männer gewarnt?"

Lu-bagdai fuhr stockend fort. „Das hat mit dem Ritual zu tun, das du erst wieder nach zwei Sonnenwenden absolvieren darfst. Du hast dir den Kopf an einer Säule heftig angestoßen. Jedenfalls lagst du mit blutendem Kopf am Boden, als die Männer dich in der Höhle fanden. Die Männer brachten dich hierher zurück. Weil es dir nicht gut ging, haben wir bisher nicht darüber gesprochen, aber nun musst du es wissen: Du hast die Initiation nicht bestanden. Der letzte Teil fehlte. Du bist noch immer kein Mann."

Diese Konsequenz bereitete Horfet im Augenblick die allergeringsten Probleme, auch wenn sie bedeutete, dass noch mindestens bis zum nächsten Sonnenhöchststand keine Frau mit ihm die innige Liebe vollziehen würde. Dennoch wollte er einiges richtigstellen. „Ihr irrt Euch. Mir wurde sogar eine sehr tiefgreifende Vision zuteil, wie es ja der Sinn der Initiation ist. Soll ich sie euch gleich erzählen oder soll ich warten? Wo sind In-eika, Pakun, Anujach und Boritak?"

„In-eika spielt draußen mit ihren Freundinnen, und die drei anderen sind schon losgegangen, um Felle, Holz und allerlei zur „Weißkralle" zu tragen. Sie werden wohl erst am späten Nachmittag wieder zurückkehren", gab ihm Barcha-let Auskunft.

Horfet dachte kurz nach. Dann sagte er: „Um ehrlich zu sein, habe ich Boritak bereits eingeweiht. Es ist nicht richtig, dass ich Euch als meinem Clan die Vision bis zum Fest verschweige. Mir ist nicht wohl bei dem Gedanken, sie vor der Stammesversammlung vorzutragen, ohne auch eure Deutungen gehört zu haben. Seid ihr einverstanden, dass ich sie euch gleich erzähle?"

„Oh sicher, mein Sohn, nichts lieber als das", rief Barcha-let aus, in höchstem Maße erfreut über diesen Vertrauensbeweis.

„Bitte tut mir den Gefallen und unterbrecht mich nicht. Ich möchte euch die Vision so genau wie möglich schildern. Lasst mich daher in Gedanken noch einmal in die Höhle zurückkehren. Es gibt Stellen darin, die wie ein blitz- und donnerhagelndes Gewitter daherkommen."

Horfet kroch in sein Schlaffell zurück und schloss die Augen: „Ich kann mich an einen harten Schlag erinnern, das ist wahr. Doch was ich davor und danach erlebte, ist nicht minder wahr. Zuerst hörte ich ganz deutlich Krata-buuns Stimme. Sie flehte mich um ihre Hilfe an. Nie werde ich ihre Worte vergessen.

Sie sagte: ‚Horfet, mein Tochtersohn', schrie sie, ‚bitte, bitte, hilf mir, nur du kannst mir helfen. Ich soll einen neuen Körper als Mann bekommen, doch ich kann nicht wiedergeboren werden. Der Gott der Mannessöhne weigert sich, sein dickes Glied für mich in Btars Schoß zu stecken, und ohne es kann ich keinen männlichen Körper bekommen, sondern muss im Aschme-óch bleiben. Er bestraft mich auf diese Weise dafür, dass ich dir nicht zugehört habe.'

Kaum hatte ihr flehentliches Bitten mein Herz weinen lassen, stand plötzlich ein riesiger Mann neben mir. Seine Gestalt war schon bedrohlich genug, doch sein ungeheurer Penis richtete sich direkt auf Krata-buun und schob sie vor sich her. Er dünstete einen sehr strengen Geruch aus und besaß ein drittes rotglühendes Auge auf der Stirn, das mir bekannt vorkam."

Eine kleine Hand wurde an der aus vielen Ästen geflochtenen Tür sichtbar, die jedoch niemand bemerkte.

„Meine Ohren brausten, so laut sprach er. Er nannte mir zuerst seinen geheimen Namen, den ich nie einem anderen Menschen verkünden dürfe. Stattdessen solle ich ihn „Gott der Mannessöhne" nennen. Von einer Steinlawine verschüttet, hätte ich mich nicht unbeweglicher gefühlt als in der Gegenwart dieses Hünen, der mich mit seinen Worten lähmte.

‚Höre, Horfet!', sagte er. ‚Sei ohne Angst! Du wirst mein Bote sein. Dich habe ich auserwählt, um ein neues Zeitalter einzuläuten. Bis jetzt war ich nur der kleine Sohn Btars. Doch jetzt bin ich erwachsen, dein Mannessaft floss zugleich mit dem meinen. Daher fordere ich jetzt mein Recht als Mann. Auch ich bin ein Gott, Gab-Btar ebenbürtig, obwohl sie mich gebar. Denn eines brachte ich einst in ihren Leib ein, ohne den sie mich nie hervorgebracht hätte: meinen Saft. Du warst der erste Mensch, der dies entdeckte. Du selbst hast es bei den Pferden gesehen. Du allein sprachst es aus: Der Saft des Hengstes gab den Fohlen ihre Farbe.

Ich, Oneg-loatelwil, Gott der Mannessöhne, sage dir daher: Ohne den weißen Saft eines Mannes gibt es keine Söhne. Wie sonst sollte eine Frau ein männliches Kind gebären, das ihr überhaupt nicht gleicht? Sogar Btar kann dies nicht ohne mich. Und wenn ihr das nicht anerkennt, wird es keine Männer mehr geben.

Dein Stamm sei der erste, der meine Kraft erfahre. Mein riesiger Penis wirdfür euren Stamm Btars Schoß von nun an nicht mehr nähren. Dann wird es keine Jungen mehr geben. So lange wende ich mich von ihr ab, bis ich zu meinem Recht komme. Auch Krata-buuns auf einen Knaben-körper wartende Seele wird darunter leiden; sie bleibt dann im Aschme-óch für alle Zeit. Allein dein Wirken bestimmt das weitere Schicksal Gabbtarans, mein auserwählter Horfet. Sei du mein Mund und fordere bei deinem Stamm und deinem ganzen Volk ein, was mir als Gott an Verehrung zusteht.'

Als die Stimme ganz plötzlich verstummte, wollte ich ihm folgen. Doch irgendetwas hielt mich auf, ich fürchte, das war ein Stein, der meinen Kopf lädierte. Als der Gott der Mannessöhne das nächste Mal mit mir sprach, hatte ich jedenfalls grässliche Kopfschmerzen. Ich bin wohl eingeschlafen. Dann schreckte mich der Schrei einer Frau auf. Ich fürch-tete, Btar selbst brülle aus Schmerz oder Verärgerung und wolle mich töten. Ich hörte schon ihr Schmatzen. Also betete ich zu Oneg-loatelwil, also zu „Onloatwi", denn ich habe mir erlaubt, seinen Namen gemäß gabbtaranischer Tradition zu verkürzen. Wie auch immer, das Schmatzen wurde leiser. Ich näherte mich vorsichtig der Stelle, von der es gekom-men sein mochte. Was ich dann sah, verfolgt mich seither in meinen Träumen. Heute Nacht habe ich zum ersten Mal nur einmal davon geträumt. Im Schein zweier Fettlampen saß ein gelbfelliges Untier mit einem besonders breiten Hals und ausladenden Kiefern. Es zerfleischte – fast will es mir nicht aus dem Mund – es zerfleischte wahrhaftig Gab-Btars Leib!"

Lautes Atmen signalisierte Horfet, dass seine Zuhörer am liebsten laut protestiert hätten.

„Glaubt mir, wenn ihr mit mir in der Höhle gewesen wärt, würdet ihr dasselbe denken. Ich bin mir deshalb so sicher, dass die Große Mutter in meiner Vision dem Maul des Ungeheuers zum Opfer fiel, weil sie in Gestalt der Vogelgöttin erschien. Ihr ganz und gar mit Federn bedeckter Körper schwebte gewissermaßen, er folgte willenlos jeder Bewegung, die das Monstrum mit seinem Gebiss vollführte. Es war grauenvoll anzuschauen. Ich musste mich übergeben. Die Knie zitterten mir so sehr, dass ich glaubte, mitten in einem tosenden Fluss zu stehen.

Und dann sprach das Untier schon wieder zu mir, in einem Ton, der sich meinem Blut einprägte: ‚Höre, Mannessohn, hier siehst du, was ich mit Gab-Btar zu tun gedenke, wenn ihr mich fürderhin leugnen wollt. Ich bin stärker als sie. Fürchte mich mehr als sie. Du hast es in der Hand, ob dein Volk in Zukunft einem starken Gott oder einer schwachen Göttin gehorcht. Führe dein Volk auf den neuen, den richtigen Weg.'

Ich hatte furchtbare Angst und fiel vor ihm auf die Knie. „Gott der Mannessöhne", versprach ich, „ich werde tun, was du von mir verlangst." Von da an habe ich keine Erinnerung mehr."

„Das kann nicht sein."

„Also stimmt es doch."

„Nein, er irrt sich bestimmt."

„Niemand kann Btar töten, nicht einmal in einer Vision."

„Was ist das für ein Sohn, der seine Mutter bedroht?"

Alle redeten so lauthals durcheinander, dass Horfet sich die Ohren zuhielt. „Bitte, schreit mich nicht an, als wäre ich an allem schuld. Ihr wolltet meine Vision erfahren. Ich habe sie euch erzählt. Nicht mehr und nicht weniger."

„Ja, das stimmt", versuchte Lu-bagdai etwas Ruhe in das Wortgetöse zu bringen. „Horfets Aufgabe war es, sich den Geistern zu stellen. Wenn nun ein Sohn der Alles-Mutter erscheint, müssen wir ihn ernstnehmen."

Barcha-let blickte triumphierend zu ihr hinüber. Ihre Schwester nickte und gab ihr durch ihr schiefes Lächeln und ihre kurz hochgehaltenen Handflächen zu verstehen, dass sie sich diesmal wohl doch in ihrem Liebhaber getäuscht habe.

„Allerdings verstehe ich nicht", ergänzte sie, „warum er sich gegen seine Mutter auflehnt. Er verdankt ihr sein Leben und gibt dies auch zu. Dass er sich als erwachsener Sohn sieht, mag noch angehen. Aber was sollen vor allem die letzten Sätze bedeuten, in denen er davon spricht, dass seine Mutter eine schwache Göttin sei und er ein starker Gott? Ein solcher Sohn macht mir Angst."

„Babaa, ich habe auch Angst vor dem Mann mit dem rotglühenden Auge. Kann dieser Mann wirklich Baguba festhalten und Gab-Btar verschlingen?"

Entsetzt drehten sich die Köpfe aller in Richtung Tür, von wo aus In-eika auf ihre Mutter zurannte, die sie mit offenen Armen empfing und fest an ihre Brust drückte. „Bei Btars Bauch, hast du etwa die ganze Geschichte mitangehört? Kind, du darfst doch nicht lauschen. Meine neugierige, kleine In-eika. Hab keine Angst, mein Heuschreckchen, Träume und Vision sprechen oft in dunklen Bildern, die man erst deuten muss, um sie zu verstehen. Dieser Mann kann zum Beispiel für einen Baum stehen, weißt du? Und Auge kann nur heißen, dass man sich etwas ansehen soll.

In-eika schaute ihre Mutter skeptisch an. „Warum hat Horfet dann gesagt, dass er sich vor Angst auf die Knie fallen ließ?"

„Weil man während einer Vision ganz besonders ängstlich und aufgewühlt ist. Deshalb sollte man sie ja auch nie für sich behalten, sondern im Kreise seiner Sippe besprechen. Genauso wie du mir oft deine Träume erzählst. Und ich dir meine. Wieso hast du eigentlich so lange keinen Laut von dir gegeben?"

„Ich wollte nur mein Holzeselchen holen, das mir Baan Toischan geschnitzt hat; darum bin ich zurückgekommen. Dann habe ich Horfets Stimme gehört und wollte auch wissen, was er zu erzählen hat, deshalb war ich ganz still, um ihn nicht zu unterbrechen. „Wie schrecklich so ein rotglühendes drittes Auge aussehen muss". In-eika erschauderte und zog ihre eigenen Vergleiche. „Ob Boritaks Verstoßungsnarbe vielleicht ein verkohltes drittes Auge ist?"

„In-eika, was redest du da?", fragte Barcha-let perplex. „Boritak hat doch keine Verstoßungsnarbe."

„Ich stand hinter einem Gebüsch und habe deutlich gehört, wie Elatansch zu Boritak sagte: ,Gib es zu, diese Narbe stammt von deiner Verstoßung!' "

„Bei Btars Bauch, wusste ich es doch, dass mit Boritak etwas nicht stimmt", schimpfte Toischan los. „Wieso hast du ausgerechnet ihn zuerst eingeweiht? Hat er irgendwie auf dich Einfluss genommen?", wollte er von Horfet wissen.

„Nein, ich brauche keinen Boritak, um mich an meine Vision zu erinnern. Im Gegensatz zu Euch hat er sie hinterher aber nicht zerrissen, sondern sie ernstgenommen", konterte dieser.

Barcha-let kam ihm zu Hilfe. „Moment mal, Bruder, Boritak arbeitet seit vielen Tagen im Dorf zusammen mit Elatansch und den anderen Männern. Wäre Boritak ein Verstoßener, würde Elatansch ihn als erster vertreiben. Bei der Gelegenheit möchte ich betonen, dass auch ich seine Narbe aus allernächster Nähe betrachtet habe, wie ihr ja wisst. Ich konnte nicht die geringste Spur einer Tätowierung entdecken. In-eika, wann hast du die beiden gehört?"

„Vor ein paar Tagen."

„Was haben sie denn noch gesagt?", hakte Lu-bagdai nach.

„Boritak hat gefragt, ob er verrückt sei. Danach haben sich alle Männer, die dabei waren, die Narbe angeschaut, und ich bin gegangen."

Zufrieden zog Barcha-let daraus ihr Resümee. „Dann ist ja alles klar. Elatansch konnte Boritak noch nie ausstehen. Er hat die anderen Männer aufgestachelt, Boritaks Narbe in Augenschein zu nehmen. Weil er nichts Verdächtiges finden konnte, sind sie jetzt zusammen damit beschäftigt, alles für das Fest vorzubereiten."

Sie fasste In-eika an beiden Oberarmen und sah ihr ermahnend in die Augen. „Und du, meine Lauscherin, wirst dich in Zukunft offen zeigen, wenn du anderen zuhörst. Versteckt mitzuhören ist nämlich sehr unhöflich und zeugt nicht von Achtung gegenüber den anderen. Denn entweder lassen sie dich von sich aus zuhören oder eben nicht. Du bist groß genug, um das zu beherzigen."

In-eika nickte. Natürlich war sie kein Kleinkind mehr.

„Deine Mutterschwester, dein Mutterbruder, Horfet und ich werden noch etwas über Horfets Vision sprechen. Glaub mir, In-eika, das ist sehr langweilig, weil sie so lang war. Außerdem setzen sie draußen bald den Rauschtrunk an. Willst du dabei nicht zusehen?"

Mit mäßiger Begeisterung nahm In-eika ihr Holzeselchen und verließ das Sippenhaus. Die Erwachsenen wussten auch nie, was sie wollten. Mal behandelten sie dich als junge Frau und im nächsten Moment wieder als Säugling. Aber vermutlich hatte ihre Mutter doch Recht. Das Schaschaval (baranisch für *Rauschwasser*) war jedenfalls greifbarer als Horfets seltsamer Traum.

„Was bleibt, sind die vielen Fragen, die Horfets Vision aufwirft. Findest du nicht, dass dieser Sohn der Göttin unklare Forderungen stellt? Was meint er zum Beispiel mit der „Verehrung, die ihm zusteht"? Da hätte er ruhig deutlicher werden können. Sonst hat er ja auch seinen Mund ganz schön weit aufgerissen. So weit, dass er an dem verschluckten Brocken sicher ersticken wird." Aus Toischans Einwurf sprach Bitterkeit.

Barcha-let hatte Mitleid mit ihrem Sohn, der einen immer zerknirschteren Eindruck machte. „Entschuldige Horfet, wir wollen dich nicht verletzen. Seit wir leben, kennen wir nur die Göttin. Was du sagst, macht uns allen Angst, nicht nur In-eika. Wenn es nach mir ginge, würde ich den Gott deiner Vision am liebsten vergessen. Vielleicht sucht er sich dann einen anderen Boten in einem ganz anderen Volk, und wir können wie bisher weiterhin allein zu Btar beten."

„Hört mich an. Ich empfand anfangs genauso wie ihr. Doch nun fühle ich mich von seiner Kraft durchdrungen. Was ich mit eigenen Augen sah, kann niemand mir zerreden. Ich werde tun, wie er mich geheißen hat, schon allein deshalb, weil ich es Krata-buun schuldig bin. Was auch immer ich noch für sie tun kann, werde ich tun."

Lu-bagdai irritierte der trotzige Unterton in Horfets Stimme. „Ich bin froh, dass du auch uns endlich dein schwer betrübtes Herz geöffnet hast. Dass du Krata-buun helfen willst, verstehe ich. Doch ich zweifle sehr daran, dass dazu dieser ‚Onloatwi', wie du ihn nennst, nötig sein soll. Deine Begegnung mit den Geistern stellt alle, von denen ich je gehört habe, in den Schatten. Wir werden Zeit brauchen, um sie verstehen zu lernen. Ich bin sicher, dass die Arkás ga-asch uns dabei helfen wird."

„Bist du sicher, dass sie kommt?" Der Gedanke, nicht nur vor dem ganzen Stamm, sondern auch noch vor der hochverehrten Arkás ga-asch seine Vision ausbreiten zu müssen, machte Horfet nervös.

„Nun, sie ist bisher zu jedem Wintersonnwendfest gekommen. Warum sollte sie dieses Mal fernbleiben?"

„Aber beim Nacht-und-Tag-Gleichen-Fest war sie nicht da."

„Das stimmt. Ich habe sie gefragt, als ich ihr das letzte Mal eine Tasche voll Lebensmittel vorbeibrachte und mich bei ihr für ihren Beistand bei Krata-buuns Tod bedankte. Sie sagte, sie habe sich zur Zeit des Festes nicht wohl gefühlt. Sie habe es vorgezogen, auf ihrem Hügel zu bleiben. Diesmal geht es ihr sicher wieder besser."

Horfets Magen zog sich spürbar zusammen. Er wünschte der Arkás ga-asch nichts Böses. Doch wenn es einen Grund für sie gäbe, auch zur Wintersonnwende dem Dorf fernzubleiben, würde Onloatwi Horfets Dank gewiss sein.

„Du brauchst dich nicht zu fürchten. Du wirst sehen. Mit Hilfe der Arkás ga-asch werden wir alle an deiner Vision den gebührenden Anteil nehmen und sie verstehen. Denn eines darf niemals passieren: Dass du allein eine Entscheidungdarüber fällst. Jeder von uns mag seine Lieblingsgeister haben, die er anruft. Aber ob wir einen Sohn Btars verehren sollen, der sich seiner Mutter überlegen fühlt, ist eine heikle Frage, die unser ganzes Volk betrifft. Beim Großen Rat der Wintersonnwende werden wir in den langen Nächten genug Gelegenheit haben, eine von allen getragene Lösung zu finden und daran werden wir alle uns zu halten haben. Auch du, Schwestersohn." Lu-bagdais als Ermutigung gedachte Worte verfehlten bei ihm ihre Wirkung.

Horfet quälte sich aus seinem Schlafsack und erhob sich. „Mögen uns Btar und Onloatwi dabei helfen, Clanmutter", wünschte er mehr pflichtschuldig denn überzeugt. „Ich werde mich jetzt anziehen und mich bei Nal-abu bedanken."

Dazu musste er zur Hütte des Wildschweinclans auf der gegenüberliegenden Seite des Dorfplatzes gelangen, der einen Durchmesser von etwa hundert Frauenschritten besaß. In dessen Mitte waren einige Frauen damit beschäftigt, Vorbereitungen für das Ansetzen des Rauschgetränkes zu treffen, wobei eine dichtgedrängte Traube von Kindern jede ihrer Handbewegungen aufmerksam verfolgte. Horfets Lust, über den Platz zu laufen, schwand. Doch In-eika hatte ihn erspäht und lief auf ihn zu.

„Horfet, wisst ihr schon, wer oder was der große Mann ist und ob er bald hierher kommt?", fragte In-eika, währenddihre braunen Augen hoffnungsvoll zu ihm aufschauten.

„Nein, bisher wissen wir es nicht, In-eika. Aber sorge dich nicht. Selbst wenn wirklich ein großer Mann käme, würde ich mich vor dich stellen. Bevor er dir etwas antun könnte, würde er mit mir zu kämpfen haben. Ich bin schließlich dein Bruder."

„Wirklich, aber du bist auch nur ein Kind wie ich. Nur ein Mann muss Frauen und Kinder beschützen."

So hatte Horfet es noch gar nicht betrachtet. Wenigstens einen Vorteil hatte das Fehlschlagen der Initiation also auch. „Trotzdem werde ich dich beschützen, du bist schließlich meine kleine Schwester", warf er sich in Pose. „Außerdem bin ich von einem Gott auserwählt worden." Auch um sich selbst Mut zu machen, fügte er noch hinzu. „Weißt du, In-eika, Onloatwi ist kein böser Gott; er will nur, dass wir ihn ehren. Das ist sein gutes Recht. Du brauchst also überhaupt keine Angst vor ihm zu haben, egal wen oder was er uns schicken sollte. Denn ich werde ihn ehren."

In-eika nickte voller Bewunderung und schämte sich ihrer Eifersucht, die sie bisweilen Horfet gegenüber empfand. Als sie an Horfet vorbei auf den Dorfplatz schielte, zog sie an seiner Hand. „Schau, Bruder, sie fangen jetzt an, die einzelnen Zutaten für das Schaschaval hineinzuwerfen. Das ist spannend, was sie so alles in den Erdtopf hineintun. Gehst du mit?"

„Nein, In-eika, lass mich, ich glaube, ich muss dringend in den Wald. Und danach will ich Nal-abu suchen."

Die beiden trennten sich. Horfet beeilte sich. Er hasste es, wenn er seine Exkremente nicht in ein fertiges Loch hineinfallen lassen, sondern sie erst danach abdecken konnte. Und das Clanloch zu benutzen, das Pakun oder Toischan alle paar Tage mit einem Geweihpickel aushoben, liebte er genauso wenig. Außerdem schien es so, als würde er dieses gar nicht mehr erreichen. Gerade noch rechtzeitig ging er in die Hocke, ehe sich ein brauner Schwall auf den steinigen Boden ergoss.

Horfet konnte es nicht fassen. Ausgerechnet hier ließ ihn sein Darm im Stich, keine zwei Schritte von einem recht häufig benutzten Pfad entfernt und auch noch auf hellgraue, tief im Boden verankerte Steine! Horfet wagte nicht, aufzustehen, weil er befürchtete, Ledenschurz und Beinlinge zu beschmutzen. Mit weit ausgestreckten Armen bemühte er sich einige Blätter zu ergattern, die gerade noch in seiner Griffweite lagen. Damit wischte er sich gründlich ab. Dass er sich dabei etwas wund rieb, erschien ihm als das geringere Übel.

Bevor er aufstand, lauschte er. Onloatwi sei Dank! Kein Laut war zu hören, der auf die Anwesenheit eines Menschen schließen ließ. Jetzt kam der schwierigere und unangenehmere Teil. Seit sich der Stamm in den Mädchenjahren von Horfets Mutter für die ganzjährige Sesshaftigkeit entschieden hatte, gehörte es zum guten Ton, die eigenen Kothaufen unter dem Erdboden verschwinden zu lassen, damit niemand versehentlich in sie hineintrat. Bereits Kinder ab drei Jahren lernten das „Häuflein-versteck-dich"- Spiel.

In diesem besonderen Fall blieb Horfet nur eine Möglichkeit: Er musste die Steine ausgraben, sie umdrehen und am besten noch zusätzlich mit Blättern abdecken. Dumm nur, dass er momentan gar kein Geweihstück in seiner Gürteltasche mit sich trug, um den harten Boden um die Steine etwas aufzulockern. Also bückte er sich nach einem länglichen Stein, der den gleichen Zweck erfüllte. „Oah, wie das stinkt!", ekelte er sich.

Zur Übertünchung des Gestanks zupfte er die Blätter einer Thymiandolde ab und zerrieb sie zwischen den Fingern. Die wohlriechenden Blattreste verteilte er auf den unter seiner Nase sprießenden Barthaaren. Den breitesten Stein herauszubekommen, brachte seine Schweißdrüsen in Schwung, zumal er unter dem Lederoberteil ein gewebtes, fast bis zum Knie herabreichendes Eichenbasthemd und Lederstiefel trug. Genervt schlug er nach ein paar Fliegen, die der kühlen Witterung zum Trotz um die von ihresgleichen begehrten Reste kreisten und ihrem Wohltäter viel näher rückten, als es diesem recht war.

„Horfet, was um Btars willen machst du da?" Die Sprecherin musste hinter ihm stehen. Es war Nal-abu. Mit hochrotem Kopf drehte sich Horfet zu ihr um, peinlich darauf bedacht, mit seinem gesamten Körper die Sauerei vor ihren Blicken geheimzuhalten.

„Nal-abu, äh, ich, och, nichts weiter." Seine Stimme krächzte erbärmlich. „Es ist nichts. Ich kann im Augenblick hier bloß nicht weg. Wo kann ich dich nachher treffen? Ich wollte mich noch bei dir bedanken."

„Wofür denn bedanken?"

„Das sage ich dir dann. Was machst du gerade?"

„Ich bringe das Moos heim. Dann werde ich noch vor Lolluma Wasser am Fluss holen."

„In Ordnung. Ich warte dort auf dich. Oder du auf mich. Mal sehen, wer zuerst am Ufer ist."

Nal-abu setzte lächelnd ihren Weg fort. Allmählich machte sie sich ihren Reim darauf, warum Horfet sie umgehend loswerden wollte und warum er sich aberwitzig verrenkte.

Kurze Zeit später deutete nichts mehr auf Horfets beschleunigte Verdauung hin. In doppelter Hinsicht erleichtert, spazierte Horfet zum Fluss. Wie gewöhnlich um diese Jahreszeit hing nur an den Eichen noch der überwiegende Teil der Blätter, während die Eschen, Pappeln und die nicht immergrünen Sträucher völlig kahl waren. In den Flussebenen südlich des Zagrosgebirges schneite es selten. Schon eher konnte es passieren, dass kleine Wasserlachen über Nacht gefroren, tagsüber jedoch an den Rändern schnell wieder auftauten. Gegenwärtig konnten die Mungordauks am Morgen kein Eis bewundern, sondern sich an sonnigen, wenn auch kühlen Tagen erfreuen.

Horfet setzte sich auf einen Felsen mannslanger Breite, der drei Schritte weit ins Wasser ragte, aber von einem abgeknickten Weidenast zur Hälfte beschirmt wurde. Dessen Laub war infolge des Knicks bereits im Sommer am Ast verwelkt und darum nicht abgefallen. Der junge Mann zog seine Stiefel aus. Das Wasser, das auf der Höhe seines Fußgelenkes vorbeirauschte, war erfrischend kalt. Allzu lange ertrug er es nicht. Als er gerade wieder in seine Stiefel geschlüpft war, nahm er Nal-abus Ankunft wahr. Ihr Blick schweifte suchend über die dem Dorf zugewandte Uferseite, konnte aber sein Ziel nicht zu finden, weil das Geäst Horfet verdeckte.

Dankbar nutzte der die Gelegenheit, Nal-abu eingehender zu betrachten. Jedenfalls soweit das von der Seite und aus einer Entfernung von etwa vierzig Schritten möglich war. Die junge Frau war dazu übergegangen, ihre mitgeführten Auerochsenblasen und Lederbeutel mit Wasser aufzufüllen. Dazu kniete sie sich hin und beugte sich über die Wasseroberfläche. Ihr sich abzeichnendes Gesäßfaszinierte Horfet. Er fand es so schön rund wie die Kruppe einer Stute. Prompt musste er an den Hengst denken. Und nicht nur er. Auch sein Penis schien bei der Paarung gut aufgepasst zu haben; er schwoll an, als wolle er dem Hengst nacheifern.

„Vergiss es, mein harter Bruder", flüsterte „Mannessohn" seinem eigenmächtigen Körperteil zu, „eine Frau kann ich dir frühestens nach dem nächsten Nacht-und-Tag-Gleichen-Fest bringen. Solange musst du schon mit meinen Händen vorliebnehmen. Aber du hast Recht. Ich denke über Nal-abu genauso wie du." Seiner Erinnerung nach war sie immer schon ein hübsches Mädchen gewesen, doch offenbar verzauberte erst das Mondblut ein weibliches Wesen so nachhaltig, dass sogar eine einfache Schöpfbewegung zu einer Darbietung göttinnenhafter Anmut gedieh.

Welche Wirkung mochte er wohl auf sie haben? Auch wenn er die Mannbarkeitsprüfung nicht bestanden hatte, spürte er die Anzeichen der tiefgreifenden Veränderung, die die Zeit für ihn bereithielt. Nur wenn er Nal-abu gefallen würde, hätte er eine Chance, irgendwann mit ihr zusammenzukommen. Bei Onloatwi! Und dabei hatte sie ihn vorhin in einem der wohl am wenigsten Eindruck schindenden Umständegesehen, die man sich vorstellen konnte! Sein Blut stieg abrupt Richtung Gesicht, woraufhin sein Penis umgehend an Größe einbüsste und sein Lendenschurz zwischen seine Oberschenkel zurückrutschte.

Als er den Kopf hob, schaute Nal-abu in seine Richtung. Auch das noch! Hatte sie ihn etwa dabei ertappt, wie er sie beobachtete? Nein, sie drehte sich schon wieder in die entgegengesetzte Richtung und hob schützend ihre Hand vor die Stirn, um von der Sonne nicht geblendet zu werden. Es wurde langsam Zeit, dass er sich blicken ließ, denn schließlich hatten sie sich am Fluss verabredet. Noch ehe sich Nal-abu erneut umdrehte, sprang Horfet in einem Satz von seinem Felsen und tat so, als sei er eben erst aus dem Gebüsch herausgetreten, das an dieser Stelle fast unmittelbar ans Ufer heranreichte. Geradewegs schlenderte er auf sie zu.

„Na, alle Pfeile wieder im Köcher?", fragte sie.

„Ja."

„Warum wirst du denn rot?"

„Es ist mir halt peinlich."

„Was denn? Ach, du meinst die Sache mit deinem Durchfall, der ist meistens schneller als man selber, deswegen heißt er ja auch so. Das ist jedem von uns schon passiert." Nal-abus direkte Art war immer noch die alte, daran änderte auch ihr Mondblut nichts. „Eigentlich galt meine Frage deinem Kopf, ob er dir immer noch Kummer bereitet."

Horfet wagte endlich, ihr offen ins Gesicht zu sehen. Doch das Ebenmaß, das er dort fand, machte ihn nicht gesprächiger. Zugegeben, ihre Nase war einen Hauch zu klein, aber ihre Augenbrauen, die Btar mit einem lockeren Schwung gezeichnet hatte, gaben ihren amselschwarzen Augen einen beeindruckenden Rahmen. Zwischen ihnen und den dunklen Haaren, die ihr in kleinen Strähnen in die Stirn und in langen, welligen auf die Schultern fielen, pendelte sein Blick hin und her.

„Horfet, was ist? Ist dir schwindlig?"

Die Bewegung ihrer Lippen lenkte seine Konzentration auf ihren Mund. Hatte er je einen schöneren Frauenmund gesehen? „Nein, nein, es geht mir gut. Sehr gut sogar."

„Komm, setzen wir uns ein wenig ans Ufer und reden."

„Ja, reden wir", stimmte er zu und ging ihr gegenüber in den Schneidersitz. Dabei hätte er sich am liebsten nur still der Betrachtung ihres Antlitzes hingegeben! Er atmete tief ein und aus. „Ja, wie ich schon sagte, ich will mich bei dir bedanken, weil mich deine Wachsamkeit vor diesem Löwen gerettet hat, der mit mir in der Höhle war."

„Das ist nichts Besonderes. Alle hätten das an meiner Stelle getan."

„Mabee, manche wären wohl schreiend weggelaufen oder hätten verängstigt vor sich hingezittert. Du musst sehr mutig sein. Was machen eigentlich deine Narben? Mein Mutterbruder hat berichtet, dass dir der Löwe die Schulter aufgerissen hat."

„Ja, das stimmt. Meine Großmutter hat ihre bewährte Kräutersalbe angerührt und die Wunden damit bestrichen. Deshalb hat sich nur ganz wenig Eiter gebildet."

„Welch ein Glück! Toischan hat mir übrigens erzählt, dass du mir ganz liebevoll die Bemalung abgewischt hast, als ich bewusstlos war."

Bei diesem Satz errötete Nal-abu. „Ach, du weißt doch, wie rau Männerhände sind, weil ihr ja selten das Fett der Tiere abschabt oder euch um die Fettlampen kümmert."

Horfet seufzte. „ Schade, dass ich besinnungslos war."

„Ja, das fand ich auch."

Horfet war sich nicht sicher, ob er wirklich richtig gehört hatte. Natürlich hatten sie auch als Kinder schon oft die eine oder andere Zärtlichkeit ausgetauscht, hatten sich geküsst, umarmt, gestreichelt. Aber seitdem Nal-abu eine Frau war, würden Liebkosungen ein anderes Gewicht bekommen. Nal-abu hielt noch immer den Blickkontakt mit ihm aufrecht und lächelte. Meinte sie es wirklich ernst mit ihm oder wollte sie ihn nur foppen?

„Worüber denkst du nach? Du wirkst, als spaziere dein Geist in den Wolken", fragte sie.

„In den Wolken nein, eher als sehe er die schönste Grashalme seines Lebens mit den Augen eines Schafes. "

„Nun, das ist gut, ich mag dich nämlich auch." Sie rückte näher an ihn heran und reichte ihm die Hände, die er zwischen seine nahm und umfing, als seien sie das einzige auffindbare Ei zwischen dem Gebirge und ihrem Dorf, das er sicher nach Hause bringen wolle.

„Und dass ich dir frühestens nach Chana-nia-isba-lut als Mann begegnen darf, stört dich nicht?"

„Nein, ich glaube nicht."

„Und dass mich die anderen verspotten?"

„Das stört mich auch nicht. Das hört wieder auf."

„Es könnte sein, dass es andauert. Ich werde beim Fest meine Vision erzählen. Sie ist sehr, na sagen wir, sehr gewöhnungsbedürftig. Man könnte genauso gut sagen „anstoßerregend".

„Da bin ich schon sehr gespannt. Die Arkás ga-asch wird ja auch kommen, sie versteht es wie keine andere, Visionen zu deuten."

„Wer weiß, vielleicht hat ein anderer Stamm um ihr Kommen gebeten, weil eine Heilerin es nicht schafft, einen Kranken zu heilen."

„Meine Großmutter Rupscha-i hat gesagt, dass sie ihr zwei Männer entgegenschicken werden, wenn sie bis übermorgen nicht bei uns. Sie ist schon sehr alt und könnte Hilfe benötigen."

„Ja, das könnte sie." Wie es aussah, würde es Horfet nicht erspart bleiben, seine Vision vor der Arkás ga-asch zu erläutern. In Nal-abus Gegenwart erschien ihm diese Vorstellung mit einem Mal weit weniger unangenehm. Geraume Zeit sahen die beiden einander lächelnd an. Als die Schatten nur noch sehr kurz waren, standen sie auf und trugen gemeinsam die Wasserbeutel ins Dorf, wo sie sich trennten, um mit ihren Clans zu essen.

Boritak hatte nie gerne bei den Vorbereitungen für Feierlichkeiten geholfen. Diesmal hielt sich sein Abscheu in Grenzen. Denn von dieser längsten Nacht versprach er sich einiges. Allerdings wartete er noch immer auf eine Botschaft von Onloatwi.

Dass der Zeitpunkt für das Fest nahte, erkannten dieMungordauks daran, dass die Sonne vom zentralen Lollumastock aus gesehen genau hinter der besonders weit abstehenden Astgabel der großen Kiefer am Rande des Dorfes unterging. Daneben zeigte sich in diesem Zeitraum ein Phänomen, um das die anderen Stämme die Weißkrallenleutebeneideten: Im Gemeinschaftsteil der Höhle, deren Eingang nach Südosten zeigte, gab es ganz hinten an der Höhlenwand eine Wandzeichnung. Auf den wichtigen Teil dieser Malerei fiel das Sonnenlicht nur an einem einzigen Tag des Jahres, und eben dieses Ereignis markierte den Hauptfesttag der Oí-chana-ú-Zeremonie, die gewöhnlich drei Tage dauerte.

Boritak würde diese Lichterscheinung zum ersten Mal in drei Tagen bewundern können. Licht im Dunkel, das war es, worauf er wartete. Ein Blitz in seinem Kopf, der ihm sagen würde, wieso Btar schwächer war als ihr Sohn.

„Queooarrrrr, Queooarrrr". Einer der Männer, der neben ihm gerade das Dorf verließ, stieß Luft aus seiner dick aufgeblasenen Partie zwischen Nase und Oberlippe aus, vorbei an seiner oberen Zahnreihe, wodurch er das Quaken eines Frosches imitierte. Der kleine Junge, der im Sand spielte und dem die Vorstellung galt, suchte angestrengt nach dem vermeintlichen Frosch.

„Das Spiel ist schon so alt und klappt immer noch", amüsierte sich der Froschnachahmer.

„Freu dich doch, dann kannst du es sogar spielen, wenn du alt und klapprig bist", sagte ein anderer.

Boritak blieb unvermittelt stehen. „Ich muss nur mal schnell in die Büsche. Geht schon voraus", rief er der Gruppe zu.

Alt und klapprig, alt und klapprig. So einfach war das!In Horfets Vision hatte der Gott der Mannessöhne davon gesprochen, dass er just jetzt mannbar geworden sei. Wie ein Frosch, der sein unauffälliges Kaulquappendasein endgültig hinter sich ließ, um sich in grellen Farben zu präsentieren und lauthals auf sich aufmerksam zu machen. Wenn aber der Gott der Mannessöhne gewachsen war und sich weiterentwickelt hatte, konnte es dann im Gegenzug nicht auch sein, dass die Göttin langsam alt wurde und plötzlich Hilfe brauchte, um sich zu erneuern? Konnte sie sich überhaupt ewig erneuern oder musste sie nicht sogar selbst irgendwann durch ein anderes göttliches Wesen ersetzt werden?

Ein Gefühl wohliger Aufregung erfasste ihn und durchströmte als wallendes, warmes Glück Boritaks Brust. Ja, das mochte die Schlinge für das Begreifen von Horfets Vision sein. Ganz einfach und wieder finde eigentlich, aber doch erschütternd ungewohnt. Noch niemals zuvor hatte jemand gewagt, Btars immerwährende Kraft in Frage zu stellen. Er, Boritak, der Verstoßene, tat es und, anstatt tot umzufallen, spürte er, wie seine Eingeweide vor wonnigem Schauer vibrierten. Ein solches Hochgefühl speiste sich gewiss nicht aus einem irregeleiteten Gedanken. Dessen war sich Boritak sicher.

Der Geist der Frösche und der Gott der Mannessöhne hatten endlich zu ihm gesprochen. Was spielte es schon für eine Rolle, dass sie dabei nicht in einer mit den Augen erkennbaren Gestalt wie gegenüber Horfet erschienen? Wo sich doch die Botschaft, die sie ihm so geistreich mitgeteilt hatten, als noch bedeutsamer erwies! Außerdem waren auch von der Göttin viele Wege bekannt, auf denen sie sich den Menschen offenbarte. Warum sollte sich Froschgeist oder Btars Sohn hierin anders verhalten?

„Gott der Mannessöhne, Geist der Frösche, ich danke euch aus tiefstem Herzen, dass ihr mich nicht allein gelassen habt mit meinem verwirrten, aufgewühlten Herzen. Durch euren Hinweis verstehe ich dein Anliegen, Onloatwi, viel besser. Soweit es in meiner Kraft steht, werde ich dir zu der Verehrung verhelfen, die dir frommt. Verlass dich auf deinen Boritak."

Mit seinem hohen Korb eilte er den Männern nach. Soviel Holz, wie er nun Lust hatte zu sammeln, würden sie auch an den zweieinhalb Tagen des Festes gar nicht verbrennen können. Doch nicht nur Holz würde er ihnen bringen, sondern sogar einen neuen, jungen Gott. Die Mungordaukleute würden ihm unendlich dankbar sein. Die Vision hatte Horfet bekommen, er, Boritak, den entscheidenden Hinweis, warum dieser neue Glauben den alten ablösen musste.

Wintersonnwendfest 7714 v. Chr.

Endlich stand das Fest bevor, um dessen Vorbereitung sich die letzten Tage gedreht hatten. Den Vormittag verbrachten sie in gemütlicher Ruhe; viele verließen ihre Schlafstätte spät und packten nur kurz die Dinge zusammen, die sie zum Fest noch mitnehmen wollten. In die Aufbruchstimmung hinein platzten die zwei Läufer, die Ilnaf-ba zur Schamanin geschickt hatte.

„Butú-tekál", berichtete einer der Männer, „wie du weißt, sind wir heute in aller Frühe losgegangen. Leider haben wir die Arkás ga-asch nirgends gesehen."

„Habt ihr irgendwelche Anzeichen entdeckt, die darauf hindeuten, dass sie bereits zu uns unterwegs ist?", fragte die alte Frau.

„Zumindest, dass sie nach irgendwohin unterwegs war, sah es aus. Die Tür ihrer Hütte war von außen festgebunden. Eines der Fensterspannleder hatte ein kleines Loch. Da habe ich durchgesehen. Soweit ich es erkennen konnte, war drinnen alles wohl geordnet zurückgelassen worden. "

„Wieso habt ihr sie dann nicht getroffen? Ich weiß sicher, dass sie an Oí-chana-ú zu uns wollte. Außerdem sind die anderen Stämme ja viel weiter von ihr entfernt. Habt ihr laut nach ihr gerufen?"

„Das haben wir, Butú-tekál, bei Btars Singstimme, das haben wir."

„Vielleicht haben ihr die Geister einen anderen Weg gewiesen."

„Ja, sicher, das könnte sein, allerdings waren wir natürlich so schlau, auf dem Rückweg die beiden Pfade zu nehmen, die etwas länger sind und erst kurz vor dem Dorf wieder auf den Hauptweg zurückführen. Auch auf diesen Nebenpfaden haben wir sie nicht entdeckt."

Ilnaf-bas obere Zahnreihe senkte sich auf den Ansatz ihrer Unterlippe. Ratlos fuhr ihre Zunge über die so nach innen gestellte Lippenkrone. Dann öffnete sie ihren Mund und sagte mehr zu sich selbst als zu den Läufern: „Wo bist du? Wer mag dich aufgehalten haben, wer will nicht, dass du kommst?"

Die beiden Boten fühlten sich unbehaglich. „Wahrscheinlich hat ein Clan von den anderen Stämmen sie dringend gebraucht, weil ein Sippenmitglied schwerkrank wurde", mühte sich einer der Männer umeine Erklärung.

Ilnaf-ba nickte nur.

Können wir sonst noch etwas für dich tun, Butú-tekál?", fragte der andere.

„Nein, Männer, ich danke euch, dass ihr gelaufen seid und euer Bestes versucht habt. Nun müssen wir uns wohl selbst helfen! Ruht euch noch ein wenig aus, bevor wir losgehen."

Nach einer kalten Mittagsmahlzeit versammelte sich allmählich der gesamte Stamm in der Mitte des Dorfplatzes. Feuerholz, Holzspieße, teilausgehöhlte Baumstämme, die als Gemeinschaftstrommeln dienen würden, und Felle lagen bereits in der Weißkrallenhöhle. Doch all die Lebensmittel und die Lederbeutel mit dem Rauschtrunk würden sie erst jetzt mit sich führen: Die schwereren Lasten in Rückentragen oder über Holzstangen gehängt die Männer, die Frauen die leichteren auf ihre Hüften gestützt.

Am späten Nachmittag erreichte der Stamm sein Ziel. Die Clans sammelten sich vor dem Gemeinschaftseingang hinter ihren Clanmüttern, die mit den Abzeichen ihres Clantotems geschmückt waren. In ihren Festgewändern und den roten Tira-gubtus (baranisch für *Doppelschnecke*) über der oberen Gesichtshälfte wirkten die Sippenvorstände sehr erhaben. Eine Ubleng-batar nach der anderen trat vor und erklärte ihre Sippe für vollzählig. Denn es war Brauch, dass alle Brüder und Söhne, die während des Jahres bei den Frauen anderer Stämme lebten, aber noch nicht zu deren Clans als Bruder der Liebe gehörten, am Wintersonnwendfest wieder zu ihrem Mutterclan heimkehrten.

Lu-bagdai, als Clanmutter der Fuchssippe mit einem Fuchsfell über der Schulter, hatte darüber hinaus etwas bekannt zu geben: „Meine Schwester Barcha-let betrachtet Boritak als ihren Geliebten. Seid ihr damit einverstanden, dass er an dem Fest teilnimmt?"

Ilnaf-bas Blick streifte kurz ihren Sohn, der ihr von der gründlichen Untersuchung an Boritaks Stirnnarbe erzählt hatte. Aber obwohl Elatansch seitdem noch stärker von der Schuld des Fremden überzeugt war, durfte sich Ilnaf-ba als Butú-tekál nicht über die Mehrheitsmeinung stellen, solange sie nicht das Gegenteil beweisen konnte.

Niemand meldete sich zu Wort. Ilnaf-ba fasste das Schweigen der anderen als Zustimmung auf, der sie Ausdruck verlieh. „Ubleng-batar Lu-bagdai, ich kann der Bitte deiner Schwester entsprechen. Du, Boritak, sei willkommen als unser neuer Stammesfreund, wir freuen uns, Oí-chana-ú mit dir zu feiern. Möge Btar dich segnen."

Boritak lächelte und sah dabei nicht einmal überheblich aus, sondern eher irritiert. Leise bedankte er sich für ihre Einladung und drückte Barcha-lets Hand, die den Druck gerührt erwiderte.

Ein letztes Mal sah sich Ilnaf-ba nach allen Seiten um, in der törichten Hoffnung, die Arkás ga-asch möge vielleicht noch irgendwo aus dem Gebüsch hervortreten. Doch nichts Dergleichen geschah. Enttäuscht gab Ilnaf-ba, deren graues Haar unter einer Filzkappe mit Reiherfedern hervorquoll, mit ihrer ellenbreiten Rahmentrommel aus Eselsfell das Signal zum Betreten der Höhle. Im Rhythmus ihres Schlages gingen die Clans in die Höhle, wobei der Standort der Clanhütte die Reihenfolge bestimmte.

Je weiter westlich, desto länger dauerte es, bis jede Sippe an die Reihe kam. Gemäß der Reihenfolge ihrer Hütten waren auch die Fellstapel im Halbkreis vor den rückwärtigen Felswänden verteilt. Die hintere Ecke der Höhle schmückten Wandzeichnungen. Allerdings wurde die wichtigste von ihnen von einem schwarz gefärbten Hanftuch verhüllt.

Auch über das kurz vor dem Fest zusammengebundene Gestell aus Querstreben zwischen Astdreifüßen, das in seiner Breite den ganzen Eingangsbereich, in der Höhe jedoch nur etwa den halben Abstand bis zur Decke ausfüllte, warfen sie gewobene Tücher sowie zusammengenähte Fell- und Lederstücke. Dadurch glich die Höhle bald einem gewaltigen Bauch.

Weil sich die Decke fast so gleichmäßig wie eine ausgehöhlte Walnusshälfteüber den nur von wenigen Vertiefungen gefurchten Boden spannte, brauchte man um gute Plätze nicht zu rangeln: Jeder Höhlenbereich bot ausreichend flachen Untergrund für das Ausbreiten der Felle, ohne dass sich jemand beim Aufstehen den Kopf anschlug. Selbst wenn es einer es vermocht hätte, wie eine Gazelle hochzuspringen.

Die Tatsache, dass Btar die „große Walnuss", wie die Leute die Weißkrallenhöhle auch nannten, just am vorderen Ende abgebrochen und damit einen hochragenden Eingangsbereich geschaffen hatte, brachte zwei Vorteile mit sich: Es gelangte viel Licht hinein, und Rauchschwaden schlängelten sich zügig oben an der Decke entlang nach draußen.

Das Schnarchzelt bestand ebenfalls aus einem einfachen Brettergestell und einer schweren Fellabdeckung. Alle Stammesmitglieder, die besonders laut schnarchten, wurden gebeten werden, dort zu schlafen, weil die

Höhlenwände jeden Laut enorm verstärkten. Dasselbe galt für Boritak, der die letzten Tage allein in der Gemeinschaftshütte logiert hatte und keinem Clan angehörte.

Das Oí-chana-ú-Fest gliederte sich in drei Abschnitte. Heute war der Tag der Ankunft und die Nacht der Verwobenheitstänze. Wie es in einem der alten Lieder hieß, hatte Gab-Btar ihre Augen Mond und Sonne auch deshalb geöffnet, damit sie ihre Tanzschritte besser sehen konnte. Ebenso wollte die Überlieferung wissen, dass Btar viel lieber in Gesellschaft singe und tanze. Die allerbeste Art der Göttin zu gefallen, bestand also darin, sie mit mannigfachen Liedern und Tänzen zu erfreuen.

Um die Höhle für die bald einsetzende Dämmerung auszuleuchten, begann Ilnaf-ba damit, Feuer zu machen. Im Gegensatz zu den Jüngeren bevorzugte sie die Reibetechnik, bei der ein gerade gewachsener Eichenast in einem Pappelholzstück mittels eines kleinen Bogens schnellstmöglich gedreht wurde. Ihre Schwester Va-lande half ihr, indem sie das Eichenstück festhielt. Obwohl diese Methode etwas länger dauerte, zeigten nur einige Kinder leichte Anzeichen von Ungeduld, die anderen unterstützten die Butú-tekál durch leises Summen. Schließlich loderten die an das rauchende, mit Zunderpilz bestäubte Holz gehaltenen Schilfspitzen hell auf.

Auf ihren Wink hin traten Nal-abu und ein anderes Mädchen vor. Beide waren seit dem letzten Sonnentiefststand zur Frau geworden. Daher überließ man es ihnen, das Feuer zu den sechs Steinschalen zu bringen, die zusammen und von oben betrachtet, in etwa die Form einer Honigwabe ergaben. Die Schalen standen an der Wand und waren mit ausgelassenem Fett gefüllt. Die Fettmasse umschloss jeweils einen Mooskranz, aus dem viele Einzelpflänzchen ragten. Diese Enden bildeten die Dochte, an denen sich die Flammen hochhangelten.

Wie immer, wenn wichtige Aufgaben anstanden, versagte man sich den Beistand eines Rauschtrunkes nicht. Die Butú-tekál selbst war es, die das Schaschaval (baranisch für *Rauschwasser*) ausschenkte in sämtliche Rinden-, Holz- und Steinbecher, die ihr hingehalten wurden. Da der Trank der vier Lederschläuche während der drei Tage und Nächte reichen musste, bekam niemand mehr als zwei Becher voll. Manche Sippe teilte sich ihren Anteil. Trank zum Beispiel eine Schwester nur anderthalb Becher, konnte deren Bruder zweieinhalb Becher nehmen. Sogar ältere Kinder durften an den Bechern ihrer Mütter von der Flüssigkeit nippen, wenn sie darum baten.

Nun war es an der Zeit, die Göttin zum Fest einzuladen. Dazu stellten die Mitglieder des Sippenhäupterrates ihre Becher auf den Boden und gingen mit je einer Muschel zu zwölf Aushöhlungen, die sich in unregelmäßigen Abständen an der Höhlenwand befanden. In den Muscheln wanderte die Glut langsam die Lavendelästchen hoch. Um sich nicht die Hände zu verbrennen, schützten die Trägerinnen und Träger ihre Haut mit einem Fellstück. Der herbe, heilige Duft des Ba-ba-risch (baranisch für *guter, heiliger Rauch, d.h. Lavendel*) symbolisierte den segnenden Atem Btars; sogar Boritak ertappte sich dabei, die Nähe der Göttin zu fürchten.

Wieder an ihrem alten Platz neben dem schwarzen Hanftuch angekommen, legte Ilnaf-ba ihren Kopf in den Nacken und sprach: „Btar, Bato-umra-e, olfit inaib, atahadla natai (baranisch für *Mutter, allwaltende, höre mich, ich bete zu dir*), du siehst vor dir den Stamm der Mungordauks, der zu dir in die heilige Höhle gekommen ist, um Oí-chana-ú für dich und mit dir zu begehen. Du, heilige Mutter, bist das Leben, der Wandel und die Vielfalt.

Uns Menschen hast du aus den Fingern der Erde, den Bäumen, geschaffen, um mit dir zu tanzen und zu singen. Deinem Bruder Issan gabst du die Sonne als Begleiterin seines Tages. Doch die Sonne ist verspielt und dein Bruder nicht streng. Mal eilt sie zu Ischmat, der Feurigen, die des Morgens den Sonnenball hochhebt, und flieht Baranat, die Erdige, die ihn am Abend wieder verschlingt. Mal ist es anders herum. Die Sonne meidet Ischmat und strebt geschwind zu Baranat. Heute ist Oí-chana-ú, heute sah Ischmat die Sonne ganz spät und Baranat ganz früh. Und dein Bruder schlief seinen längsten Schlaf. Wir, deine gabbtaranischen Menschenkinder aus dem Stamm der Mungordauks, bitten dich, Alles-Mutter, daher um dein Eingreifen. Sag der Sonne, dass sie wieder schneller zu Ischmat gehen und später in Baranat versinken soll.

Wir sind in diese heilige Höhle gekommen, um dich mit unserem eigenen Tanz und Gesang zu erfreuen. Sei bei uns, tanze mit uns, singe mit uns. Diese Nacht tanzen wir als ein Leib den Fadentanz und den Tanz der Doppelschnecke, dem Zeichen, das du unserer berühmten Ahnin Nefubaran enthülltest. Morgen tauschen die Sippen ihre Geschenkversprechen aus, jede nach ihrem Vermögen, auf dass sich die händereicheren Clans viel Ehre erwerben und es den händerärmeren in der bevorstehenden kalten Zeit an nichts mangeln mag. Und übermorgen halten wir dir zu Ehren ein Festmahl ab.

Möge dieses Fest dir gefallen, dich aber auch zum Tanze im hellen Schein der Sonne locken. Bitte hole die Sonne wieder zurück, damit Tag und Nacht für uns alle weder zu kurz noch zu lang werden. Utiachla natái nia gab, ho atahó niwá babeijú (baranischer Gebetsschluss: *Ich danke dir für alles, möge mein Gebet gut sein*).

Meine lieben Stammesschwestern und –brüder, lasst die Göttin teilhaben am Schaschaval, und dann trinkt selbst. Unser Herz öffne sich für Gab-Btars gnädiges Walten, ihre mütterliche Liebe erfülle uns."

Alle, die einen Becher hielten, schütteten einen gehörigen Schluck auf den lehmig feuchten Untergrund. Dann setzten sie die Gefäße an die Lippen, ehe sie sie an Mitglieder aus ihrem Clan weiterreichten. Boritak bekam den Becher aus Barcha-lets Händen. Als er sein Trankopfer darbrachte, war er sich sicher, dass er der allererste Mensch auf Erden war, der es einem Gott namens Onloatwi weihte. Auf Horfets Gesicht fand er keinen Hinweis, dass der Junge es ihm gleichtat.

Kurze Zeit später fingen die ersten Stammesmitglieder an, ihre Stimmbänder geschmeidig zu singen. Bald umstanden einige Frauen und Männer die großen Gemeinschaftstrommeln und suchten einen vielschichtigen Rhythmus, der vorzüglich zum Fadentanz passte. Trotz der Felllager reichte die Fläche leicht aus, um den ganzen Stamm gleichzeitig tanzen zu lassen.

Zu diesem ersten der Verwobenheitstänze gehörten lange Nesselschnüre. Sie waren in der Mitte des Platzes an einem Felsenloch befestigt und wie die Blütenblätter einer Sonnenblume strahlenförmig ausgebreitet worden. Vor langer Zeit hatten die Männer des Stammes einen großen Steinblock in gemeinschaftlicher Geduldsarbeit durchbohrt und kürzlich für die Feier an dieser Stelle abgelegt. Beim Tanz gab es keine Clanreihenfolge, im Gegenteil, es schickte sich nicht, dass Mitglieder eines Clans zwei benachbarte Stricke nahmen, wo doch die Verbundenheit aller Mitglieder des Stammes versinnbildlicht werden sollte.

Boritak genoss es, endlich wieder an einem Fadentanz teilzunehmen. Stolz auf sein Glück, wie er war, hatte er es zuerst auf das Band neben seinem größten Widersacher abgesehen. Als er indes Barcha-lets deutliches Kopfschütteln sah, ging er einen Schritt zurück und ließ Pakun den Vortritt. Diese Rücksichtnahme honorierten alle drei mit einem anerkennenden Blick. Die Bewunderung, die ihm dagegen aus den Augen von Jaella, der älteren Schwester von Goila-lin, entgegenfunkelte, schien einen anderen Anlass zu haben.

Horfet beobachtete derweilen Nal-abu.

Glenek, ein breitschultriger, kurzfingriger Junge, der zwei Sonnentiefstande älter als Horfet war, und dessen gleichaltriger Freund Kanoch schoben sich an ihn heran. Abwechselnd flüsterten sie: „Glaubst du tatsächlich, Nal-abu will was von dir wissen? Wo du doch lieber Hengstpimmel anschauen magst als die Gipfel ihrer Berge oder das Gebüsch vor ihrer Waduna (baranisch für *Höhle*)."

„Kein Wunder, dass er nicht weiß, woraus er gekrochen kam, und ihn sein Jungengewand bald wundgescheuert haben wird."

„Ja, unter dem kleinen Lendenschurz wird aus dem Mannessohn wohl noch lange kein Mannesmann werden."

„Lutscht euch doch selber eure Schwänze wund, wenn euch danach ist", giftete Horfet zurück. „Ich bin an Nal-abu viel näher dran, als ihr Hängezungen euch das vorstellen könnt. Passt nur auf, dass ihr an eurem stinkenden Speichel nicht erstickt."

Wegen der Trommelschläge hatte niemand sonst den Wortlaut verstanden. Trotzig ergatterte Horfet den Faden neben Nal-abu und stellte sich lächelnd neben sie. Dass sie nicht nur ihn anlächelte, sondern auch ihren jungen Nachbarn auf der anderen Seite, bereitete ihm ein nie gekanntes Unwohlsein.

Hatten die beiden vielleicht sogar Recht, und Nal-abu machte sich doch nicht so viel aus ihm, wie er seit ihrem Treffen am Fluss hoffte. Horfets Magen verkrampfte sich. Wieso kümmerten ihn Nal-abus anderweitige Liebesbezeugungen überhaupt? War das etwa jener „Nackengriff", wie die Gabbtaranschi die Eifersucht umschrieben. Sie kannte er bisher lediglich vom Hörensagen, wusste allerdings sehr wohl, wie sehr sie bei seinen Stammesschwestern und -brüdern verpönt war!

Denn weder Frau noch Mann schuldeten irgendjemandem Rechenschaft darüber, mit wem sie das verbundene Geschlecht vollzogen. Nur zwei Dinge galt es zu beachten: Niemals durften sich eine Frau und ein Mann aus einer Sippe lieben. Sonst wurde die Kraft des Clantotems zu stark, was der Alles-Mutter nicht gefiel. Aber es kam ohnehin ganz selten vor, dass eine Schwester Lust hatte, über die üblichen Zärtlichkeiten zwischen Schwester und Bruder hinaus ihr Geschlecht mit ihm zu verbinden.

Zweitens sollte kein Partner den anderen in seinen Gefühlen verletzen. Versprachen sich zwei, einander treu sein zu wollen, verstieß es gegen die gute Sitte, sein Wort zu brechen, es sei denn, der eine Partner klärte den anderen rechtzeitig über sein verändertes Empfinden auf. Gaben sich die Partner erst gar kein Versprechen, wusste jeder, woran er war, und konnte somit überhaupt nicht verletzt werden.

„Nal-abu gehört zur Wildschweinsippe, ich zur Fuchssippe. Das passt also wenigstens", dachte Horfet. Doch mit welchem Recht durfte er von ihr verlangen, dass sie auf ihn wartete, bis er ein Mann war? Würde er auf sie warten im umgekehrten Fall? Wenn er den Nackengriff nicht überwand, würde er schon wieder zum Gespött seines Stammes werden. Darauf konnte er getrost verzichten! Dennoch interessierten ihn Nal-abus Gepflogenheiten mit einem Mal brennend. Es gab Paare, die einander schon seit vielen Sonnenwenden treu waren, und Stammesmitglieder, die Abwechslung brauchten und suchten. Machte es ihr etwa nur deshalb nichts aus, auf ihn zu warten, weil sie schon andere Geliebte hatte? Allein der Gedanke daran schmälerte seine Tanzlust gewaltig! Wie gut, dass die Schamanin nicht gekommen war. Auf Gott Onloatwi immerhin war Verlass!

Toischan ließ seine Blicke über die tanzenden Frauen gleiten. Bisher hatte es keine vermocht, in ihm ein ähnlich heftiges Gefühl zu entfachen wie das, das ihn auch jetzt noch mit seiner verstorbenen Geliebten verband. Lediglich wenn er Nal-abu betrachtete, die sich seit dem letzten Oíchana-ú zu einer anmutigen Frau entwickelt hatte, mutete ihn die Vorstellung, wieder von Hitze der Liebesflamme erfasst zu werden, weniger abwegig an.

Schließlich saß keiner mehr auf seinem Fell, befanden sich Tänzer und alle Fäden in Bewegung. Die Kleinkinder, die noch nicht selbst laufen konnten, schmiegten sich an ihre Mütter, die sie sich mit aneinander genähten Ziegelfellen auf Bauch oder Rücken gebunden hatten. Bei ihrem Anblick streichelte Lu-bagdai liebevoll ihren Bauch. Sie hatte die Heilerinnen und Hebammen gefragt, ob sie es nach den drei Neumonden und den drei Vollmonden, die sie ihr Kind jetzt schon in sich trug, wagen durfte, an dem Tanz teilzunehmen.

Auf den Rat der Frauen hin hatte Lu-bagdai ihren Faden verlängert. Denn noch sei das Leben in ihr nicht größer als eine Maus, die leicht aus ihrem besonders glatten Schoß herausschlüpfen könne. Diese Lösung gefiel Lu-bagdai, denn sie fühlte, dass dieses Leben in ihr gerne mit ihr tanzen würde. Also beteiligte sie sich zwar, hielt sich aber durch ihren langen Faden so viel Freiraum vor, so dass sie nicht mit ihren immer schneller an kürzeren Bändern tanzenden Stammesgeschwistern mithalten musste.

Auf ein Nicken der Butú-tekál hin sang der Chor der vier Sängerinnen und zwei Sänger, zu denen auch Riwa-quoi gehörte, das Verwobenheitslied. Das Lied umfasste insgesamt achtzehn Strophen. Beim Refrain stimmten von Strophe zu Strophe immer mehr Mungordauks ein:

> *„Unser Leben ist ein Band,*
> *das die Göttin für uns wand,*
> *eh' du aus dem Bauch geschlüpft,*
> *ist's im Stamm dir schon verknüpft,*
> *mit den Bändern aller andern.*
> *Wie genau, ist oft nicht klar,*
> *stark verwoben sind sie gar.*
> *Magst du bleiben oder wandern,*
> *immer bleibst du Sippenkind*
> *unzertrennbar auch für Flint."*

Die Trommler schlugen die kurzen Refrainsätze im Laufe des Liedes immer schneller. Der Knoten, der sich dadurch bildete, dass die Tänzer wild durcheinander ihre Kreise zogen, wurde zusehends größer. Hatten am Anfang alle darauf geachtet, die Fäden geschickt aneinander vorbeizuführen, vereitelte die zunehmende Geschwindigkeit solche Bemühungen.

Am Ende waren viele so umwunden mit all den Fäden, dass sie keinen Schritt mehr tun konnten, ohne hinzufallen. Die derart Gefesselten lachten am allerlautesten. In der Höhle hallte das allgemeine Gelächter mindestens doppelt so laut wie draußen. Noch einmal wirbelten die Trommler mit ihren Stöcken und beendeten damit den Tanz. Mittlerweile war die Sonne untergegangen. Das Licht weniger Sterne und des fast vollen, aber hinter Wolken versteckten Mondes durchglitzerte den Nachthimmel.

Ilnaf-ba, wie die meisten noch mit einem Faden in der Hand, sprach: „Lasst jetzt die Bänder los! Aber denkt daran, dass die Verwobenheit eures Lebens nie zu Ende gehen wird, nicht einmal beim Wechsel von einer Welt zur anderen."

Die Butú-tekál schritt auf den Stein zu und besah sich das vielzackige Knäuel, das sich über den Boden erstreckte. Ihre Zuhörer taten es ihr gleich. „Seht, meine Stammesschwestern und -brüder, wie wunderschön unser Knoten geworden ist. Das ist ein gutes Zeichen für die Einheit unseres Stammes."

Sie zog ihr Flintsteinmesser aus der Scheide und durchschnitt die an den Stein geknüpften Fadenenden. „Ich trenne dich Knoten vom Stein, ich lege dich zusammen und bewahre dich in meiner Tasche bis zum Ende des Festes auf. Sobald wir wieder im Dorf sind, werde ich dich dem Fluss übergeben, dem nassen Sinnbild des Wandels. Männer, seid bitte so lieb und tragt den durchbohrten Stein weg. An seiner Stelle und in der Mitte unseres Fellkreises werden wir jetzt zwei größere Feuer entzünden, auf das sieuns Wärme und Licht spenden für den weiteren Verlauf der Nacht. An ihnen lasst uns essen und trinken, bevor wir den zweiten Tanz des einen Leibes tanzen."

In der Pause, die folgte, bemerkte Boritak, dass Ja-ella nirgends zu sehen war. Eilends begab er sich zum Ausgang der Höhle. Boritaks Augen brauchten ein paar Momente, um sich an das spärlichere Licht zu gewöhnen. Dann jedoch entdeckte er ihre Umrisse sogleich hinter einem blattlosen Gebüsch. Amüsiert trat ihm Ja-ella entgegen und musterte ihn.

„Merkst du immer so schnell, wenn dich eine Frau interessant findet?", fragte sie.

„Ich bin stets offen für Angebote, die so vielversprechend aussehen."

„Ein Schmeichler bist du also auch."

„Ich müsste ein Lügner sein, würde ich was anderes sagen."

„Ganz schön gewitzt, das muss ich dir lassen."

„Wie sieht es mit dir aus? Bist du gewitzt genug?"

„Ich habe gesagt, dass ich dich interessant finde. Weißt du, ich bin kein Vielfraß, eher eine Genießerin, die sich bisweilen einen Leckerbissen gönnt. Dazu betreibe ich eine gewisse Vorratshaltung. Es könnte durchaus sein, dass ich dich in meine Überlegungen einbeziehen werde, wenn ich wieder einmal Lust auf Neues habe."

„Hast du mich denn bisher nicht berücksichtigt?"

„Nein, denn mit einem Verstoßenen würde ich mich nie einlassen."

„Gut, dass du diesen Verdacht nicht mehr hegst."

„Mabee, Elatansch, der Geliebte meiner Schwester, ist ein vorsichtiger Mann. Ich schätze ihn sehr. Wenn aber auch er keinen Hinweis gefunden hat, scheint wirklich nur ein dummer Zufall dich so angsteinflößend verunstaltet zu haben."

„Ich danke dir, dass du mir glaubst." Nachdenklich fügte er hinzu. „Manchmal frage ich mich aber, ob sich nicht auch ein Verstoßener ändern könnte."

Ja-ella zog ihren Kopf ruckartig nach hinten. „Niemals! Wer einmal Lust dabei empfand, einer Frau Gewalt anzutun, wird dieser Lust immer wieder erliegen. Wer einen Schoß verletzt, verletzt auch den Schoß, der ihn gebar. Wer zu solchem Undank überhaupt fähig ist, hat ein krankes

Herz. Nicht einmal die Schamaninnen vermögen es zu heilen. Nur der Aschme-óch kann ihn davon befreien. Damit wir alle in Frieden leben können, muss ein solcher Mann den Tod über sich ergehen lassen und hoffen, dass Btar ihm im nächsten Leben ein gesundes Herz schenkt."

Boritak winkte ab. „Ja, du hast Recht." Wie viel Mühe kostete es ihn gerade jetzt, nicht über sie herzufallen! „Man darf ihnen nicht trauen."

„Genau, verschwende deine Gedanken nicht an die paar wenigen Grochpee-ma-kaans, die es gibt. Du bist keiner." Ja-ella zupfte an ihrem Ohrläppchen. „Du warst ein Arkasnaq. Hast du keine Sehnsucht danach, wieder durch die Lande zu streifen?"

„Nein, im Moment fühle ich mich hier sehr wohl. Ich war schon viel zu lange allein."

Sie glitt nah hinter ihm vorbei und fuhr ihm dabei anzüglich über den Hintern.

Boritak versteifte sich. Ein Anflug von Ekel kam plötzlich in ihm hoch. Er hasste es, auf diese Weise von einer Frau begutachtet zu werden. Verwirrt fragte er sich, warum er dieser Ziege überhaupt gefolgt war? Was bildete sie sich ein? Ja, was bildeten sich die Frauen im Allgemeinen ein? Im Grunde hasste er sie alle. Ihren Widerstand brechen, seinen harten Stock in eine trockene Scheide stoßen, die Schmerzensschreie im Ohr. Danach gierte er. Keine andere Art der Befriedigung war lustvoller, keine sonst brachte tiefere Genugtuung!

Barcha-let zu füllen, hatte Spaß gemacht, weil er mit ihr seine in achtzehn Monaten aufgestaute Geilheit endlich ausleben konnte. Doch über kurz oder lang sehnte er sich nach anderen Spielen. Ob er dafür nicht besser mal ganz junge Mädchen ausprobieren sollte? Vielleicht würden sie dann gar nicht erst zu solch hochnäsigen Wesen heranwachsen wie die zweifache Mutter Ja-ella?

„Und du, hast du Elatansch eigentlich auch schon geliebt?", wollte er wissen.

Wie beabsichtigt, schlug Ja-ellas gute Laune in Empörung um. „Was ginge dich das an? Wie kommst du überhaupt dazu, mich danach zu fragen? Eins sage ich dir. Wenn du zu den Männern gehörst, die die Namen der von ihren genährten Schöße vor sich hertragen, will ich von dir nichts wissen. Ich hasse Schwengelprahler. Vielleicht musst du dich an das Stammesleben erst wieder gewöhnen. Überleg dir gut, ob du in Zukunft nicht deinen Mund halten willst. Ich jedenfalls verliere sonst jede Lust."

Wieselflink drehte er sich zu ihr herum. Seine Augen blitzten bedrohlich. Verärgert und ein wenig erschrocken ließ Ja-ella ihn stehen und verschwand hinter dem Eingangsfell. Voller Verachtung schnalzte Boritak ihr hinterher. Was wusste sie schon von ihm und seinen Vorlieben? Es würde der Tag kommen, an dem er sich nicht mehr beherrschte. Dann würde er wieder das Ungeheuer sein, das einer wie er nach ihrer Überzeugungsowieso für alle Zeit bliebe.

Drinnen wartete bereits Barcha-let auf ihn. Sie winkte ihn zu sich und hielt ihm einen Emmerfladen vor die Nase. Ohne großen Appetit biss er hinein, bis er schließlich merkte, wie hungrig er war. Nach einem recht vielseitigen, aber nicht magenstopfenden Mahl stellten sich alle, die noch wach waren – viele Kinder schliefen schon – im Kreis auf. Dabei verhakten sie ihre Arme bis zu den Ellbogen.

Auch die Trommler machten diesmal beim Tanz mit, denn den Rhythmus würden sie alle nur durch ihr Stampfen auf dem harten Untergrund erzeugen. Zwei Schritte in Sonnenlaufrichtung, einen Schritt entgegengesetzt tanzten sie im Kreis, kein Gesang war zu hören, sondern nur die Geräusche ihrer Schritte, die rasch zu einheitlichen, machtvollen Stampflauten verschmolzen.

Ilnaf-ba wartete, bis alle spürbar von der Kraft erfüllt waren, die dieser Kreistanz nach ihrem Dafürhalten sichtbar machte. Dann sprach sie laut die an dieser Stelle üblichen Sätze: „Erst unser Zusammenwirken als Stamm macht uns stark. Erst unsere Gemeinschaft lässt uns ein gutes Leben führen. Dank sei Btar, dass sie es so eingerichtet hat. Btar sei Dank für die vielen verschiedenen Hände und Herzen und Leiber, die sie uns gegeben hat, damit wir uns gegenseitig helfen und uns Lust bereiten können!"

„Btar sei Dank", antworteten alle im Chor.

Ilnaf-ba löste sich aus der Umklammerung und hob ihre Hand. „Und nun, meine lieben Stammesschwestern und -brüder schließt euch mir an. Beschreiten wir zusammen die Wege der Tira-gubtu als der eine Leib, der wir sind. Lu-bagdai, bitte spiele für uns auf der Flöte. Wähle eine besinnliche Tonfolge."

Die Tanzfigur, die unter den ruhigen Klängen der Knochenflöte zustandekam, war eine leicht abgewandelte Schneckenform, weil sie im Gegensatz zu einer gemalten Doppelschnecke keinen Anfang und kein Ende besaß. Eine kopfüber an der Decke hängende Fledermaus hätte sie auch für den rasant und abenteuerlich wachsenden Jahresring eines Menschenkörperbaumes halten können. Bei dem teils parallelen, teils wieder sich verjüngend ineinander schlingenden Tanzlinien und plötzlichen Kehrtwendungen fiel es schwer, den Überblick zu behalten. Im Vertrauen auf Ilnaf-ba, die an der Spitze ging und selbstbewusst die Richtungen vorgab, traten die Einzelnen schlicht in die Fußstapfen des vor ihnen Tanzenden.

Viermal kräuselte sich die Tänzerkette nach Doppelschneckenart, ehe Ilnaf-ba sie wieder in einen großen geschlossenen Kreis führte, wo sich nur noch die Handflächen berührten. Nach viermaligem „Utiachtúca ni Btar" (baranisch für *Wir danken Btar*), bei dem alle ihre Arme nach oben wirbelten, entwanden sich die Teilnehmer dem Kreisrund und strebten ihrem Nachtlager zu.

Zwei Männer und eine Frau meldeten sich freiwillig, die Nachtwache zu übernehmen.

Doch Ilnaf-ba winkte ab. „Schlaft ruhig, ihr drei. Ich wache immer sehr früh auf, sicher früh genug." Schon bei der allerersten Aufhellung des Himmels würde sie dafür sorgen, dass die Dorfbewohner das Schauspiel zu sehen bekamen, dem die Tage um Oí-chana-ú ihren besonderen Stellenwert verdankten.

Während der Nacht demonstrierte Tisron, die windbringende, ihnen ihre Kraft, und verscheuchte die harmlosen Wolken, die am Tag zuvor über ihrem Weg gehangen hatten. Darum hatte Ilnaf-ba inständig gebetet. Als sie nach einem traumreichen Schlaf erwachte und sah, dass Btar sie erhört hatte, fühlte sie sich stark. Auch ohne die Arkás ga-asch würde sie ihr erstes Fest als Butú-tekál gut meistern! Leise schlug sie auf ihrer Trommel und sang dabei das gabbtaranische Morgenlied:

„Íseija ióniwa, íseija ióniwa, íseija ióniwa, íseiija ióniwa,
ámata isba, íseija, ámata issa, íseija,
ámata áti-e Watam Batar, ámata át-ie Watam Batar
tanschi natai atáhawa, tanschi natai atáhawa.
Ámata áti-e Watam Batar, Amata áti-e Watam Batar,
tanschi natai hádao, tanschi natai hádao, tanschi natai hádao, tanschi natai hádao.

„Es wird Licht, es wird Licht, es wird Licht, es wird Licht,
sei gegrüßt Tag, sei gegrüßt Licht,
sei gegrüßt erschaffende Alles-Mutter, sei gegrüßt erschaffende Alles- Mutter,
ein Kind betet zu dir, ein Kind betet zu dir,
sei gegrüßt erschaffende Alles-Mutter, sei gegrüßt erschaffende Alles- Mutter,
ein Kind dankt dir, ein Kind dankt dir, ein Kind dankt dir, ein Kind dankt dir."

Stammesmitglied für Stammesmitglied erhob sich und zog sich an. Festlich gekleidet warteten sie. In-eikas Spannung wuchs. Sie hatte zwar auch schon die letzten Sonnentiefststände hier gestanden beziehungsweise war im Tragetuch ihrer Mutter gelegen, aber zum ersten Mal nahm sie die Zeremonie bewusst wahr. Langsam wanderte der Lichtstrahl weiter nach hinten auf die Auswölbung zu, die das Tuch verdeckte. Von dort verfolgte die Butú-tekál das Geschehen. Ein kurzer Zug ihrer Hand und die gewobene Hülle fiel zu Boden, wo sie wilde Falten warf.

In-eika war nicht die einzige, die verzückt aufseufzte, als der Lichtarm die Wandzeichnung ganz erfasste. Die Wucht des taghellen Glanzes ließ ein Bild erstrahlen, an dem sonst nur fades Fackellicht züngelte: In der Mitte stand die Göttin, aus deren gleißend rotem Schoß mannigfaltiges Leben strömte: geritzte Schafe und Ziegen, Gazellen, Auerochsen, löwen, Bären, Leoparden, Vögel, deren Körper wahrhaftig zu leben schienen, und Strichmenschen, alle in roter Farbe. So rot wie Btars göttliche Scham, die nicht nur von der Farbe betont wurde, sondern auch durch ein erhabenes, natürliches Felsdreieck – so vollkommen, dass es Menschenhände nicht besser zu modellieren vermocht hätten!

Entlang ihrer ausgestreckten braunen Geierflügelarme reihten sich dieselben Lebewesen, nun in weißer Kalkfarbe, der Todesfarbe, um in Btars Mund zu wandern, der weit offen stand. Die Zähne darin schimmerten ebenfalls weiß. Ein Schaf steckte bereits in ihrem gelbbraunen Rachen. Es glitt entlang ihrer mit Spiralen verzierten, großen Brüste in Richtung ihres schwarzumrandeten Bauches.

Dort fand sich zum dritten Mal die gleiche Gruppe ihrer Geschöpfe. Dieses Mal waren sie schwarz dargestellt mit gelben Tupfen. Im Schattenreich des Aschme-óch warteten sie auf ihre Wiedergeburt in die Körperwelt des Gatár-ta-ún zwischen Himmel und Erde. Das Gelb stand dabei für den Keim des Lebens und das Schwarz für die Erde, die schließlich alles Gestorbene in sich aufnahm und aus der fortwährend neues Leben spross.

Während Btar ihre Kinder verschlang und gebar, tanzte die Göttin, wie man an ihrem rechten angewinkelten Bein erkennen konnte. Auch schwebte über ihrer rechten Flügelspitze eine gelbe Sichel, deren Spitzen – vom Betrachter aus – nach rechts zeigten, während sich das linke Flügelende unter der umgedrehten Sichelform befand. Knapp über ihren großen Eulenaugen saß eine breite Kappe, die wie die Sonne gelbe Strahlen nach unten aussandte und oben von einer weißen Scheibe bekrönt war.

Die Künstlerin, Aruch-mes Urgroßmutter, hatte damit die uralte Vorstellung von dem wachsenden, erblühten und vergehenden Leben, das die göttliche Tochter Olua (baranisch für *Mond*) durch ihre sich wandelnde Leibesfülle den Menschen vor Augen führte, in einer einzigen Darstellung zusammengefasst. Eine Idee, die den Frauen so gut gefiel, dass sie seither insbesondere diesen Ausschnitt vom Bild Btars gerne in Schmuckstücken nachahmten. Vornehmlich in solchen aus Holz, von dem sie glaubten, Olua liebe es besonders.

Über der Alles-Mutter prangten verschiedenfarbige Punkte, die die Sterne darstellten. Um sie herum verwandelten die besagten vier Farben natürliche Felszacken in Berge, flossen entlang von Spalten vierfarbige Flüsse, standen bunte Bäume und Sträucher, Kräuter und Gräser, an denen rotweiße und gelbschwarze Huftiere ihre Steinleiber weideten. Und mit Strichen angedeutete Menschen, die die Tiere jagten.

Die von Btars Füßen berührte Landschaft würde auch morgen beim ersten Wimpernaufschlag des Tages in ihrem Glanz zu bewundern sein. Doch der Bauch der Göttin schon nicht mehr! In-eikas Mund stand noch immer offen, als die Lichtwoge so behutsam, wie sie herangewallt war, wieder zurückwich. Sie hatte soeben die Göttin gesehen, und es war ihr, als habe deren nur mit wenigen Strichen gezeichnetes, linkes Auge direkt in ihr Innerstes geblickt!

Horfet vermied es, der Göttin ins Antlitz zu schauen. Er starrte auf den Schlund der Göttin. Dort würde er jetzt wie das gemalte Schaf stecken, wenn Boritak ihn nicht gefunden hätte! Sein Blick glitt hinab auf ihren Bauch, wo Krata-buun darauf wartete, dass er ihr half! Sah denn nur er ihre Hand, die sich verzweifelt nach ihm reckte?

Verwirrt sah Horfet sich um. Keiner gab einen Laut von sich, alle schwiegen, nur ein Säugling schrie und wollte gesäugt werden. Als Mannessohn sich wieder dem Bild zuwandte, war Krata-buuns Hand verschwunden. Dafür überwältigten ihn die Bilder seiner Erscheinung. Gott Onloatwi hatte sich wahrhaftig bewegt, er hatte gerochen, gesprochen, gedroht. Die Gab-Btar vor ihm blieb stumm, war sie doch bloß ein läppisches Abbild der von Onloatwi zerfleischten Göttin!

Boritak bemerkte den Abscheu auf Horfets Gesicht. Dessen Unmut konnte er gut nachvollziehen. Warum zierte ausschließlich Btars Bild die Höhlenwand? Alles würde sich ändern mit dem jungen, göttlichen Sohn. Die Höhle und das ganze gabbtaranische Volk. Blieb nur die Frage, wie man das Volk dazu bringen konnte, seinen alten Glauben aufzugeben. Den Mungordauks jedenfalls, daran hatte Onloatwi keinen Zweifel gelassen, gebührte die Ehre, vor allen anderen Gabbtaranern auserwählt zu sein.

Der Vormittag war prall gefüllt mit weiteren Zeremonien. Traditionsgemäß wurde vor dem Mittag das Geschehene besprochen, während sich die Gespräche am Nachmittag um Zukünftiges drehten. Der Sippenhäupterrat setzte sich dem Stammeshalbkreis gegenüber und rief Einzelne auf, die in die Mitte traten:

Zwei Mädchen, die ihr fließendes Mondblut seit dem letzten Oí-chanaú zu Frauen machte; sie wurden geehrt und mit von ihren Clanmüttern gefertigten Pelzcapes beschenkt.

Ein junger Mann, der im Sommer seine Initiation bestand. Ihn belobigten die Weisen Frauen, weil er seine Schwesterkinder gerade noch rechtzeitig vor einer rasenden Wildschweinmutter in Sicherheit gebracht hatte.

Drei Mütter mit ihren Neugeborenen. Sie segnete die Butú-tekál im Namen des Stammes und besprengte sie mit Schaschaval. Dasselbe tat sie mit vier Schwangeren, darunter Lu-bagdai, denen sie zusätzlich ihre Bäuche rot färbte.

Ebenso gedachte man der Stammesmitglieder, die jetzt im Aschme-óch als Schatten auf ihre Wiedergeburt warteten. Krata-buuns Tod hatte auch im Bucha-maile, dem Fünferrat, eine Lücke hinterlassen. Fünf Frauen deswegen, weil vier die ersten vier Töchter Btars repräsentierten und die Butú-tekál als fünfte stellvertretend für die Große Mutter dem Rat angehörte.

Seitdem Ilnaf-ba als Butú-tekál auf Krata-buuns Platz gerückt war, hatte eine alte Frau gefehlt, die Ilnaf-bas Rang als Avuula-Tochter einnahm. Bei ihrem letzten Treffen fiel die Wahl der vier Weisen Frauen auf Felanke, die Clanmutter der Bibersippe, die aufgrund ihres Alters als nächste das Anrecht besaß, als Ma-ga-ur-tarat (baranisch für *eine Frau, die an der Quelle sitzt*) geehrt zu werden. Dass sie zudem den Biber, also ein im Wasser lebendes Tier als Totem führte, wurde als zusätzlicher Wink Btars angesehen, sie zu berufen. Ilnaf-ba bat sie als nächste in die Mitte:

„Felan-ke, großherzige, ehrwürdige, du wurdest vom Weisenrat ausgewählt, um als Tochter Avuulas, der Nassen, unseren Rat wieder vollzählig zu machen. Bist du willens, dich dem Rat der Ma-ga-ur-tarats anzuschließen, ihn teilhaben zu lassen an deiner reichen Lebenserfahrung, deiner Güte, deiner Weisheit, deinem Sinn für Ausgleich, deiner Sorge um das Wohl des ganzen Stammes?"

„Ich will allen eine gute Stammesmutter sein, möge Btar mich dabei leiten", antwortete Felan-ke, wie sie es von anderen Berufungen her kannte.

Fußstampfen und Freudenschreie setzten ein. Ilnaf-ba zog die Muschelkette aus ihrer Dachstasche, die schon Krata-buun und vor ihr viele Avuulatöchter bei den Ratsversammlungen getragen hatten. Diese Kette würde Felan-kes Brust auch bei der noch folgenden eigentlichen Einweihungszeremonie in der Frauenhöhle zieren.

Dann endlich, als die Empfindlichkeit von Horfets Magen gerade ein wenig abflaute, wandte sich die Butú-tekal an ihn. „Horfet, du bist der letzte, dem wir uns zuwenden wollen. Bitte komme in die Mitte."

Zögernd schlurfte der Aufgerufene zu dem gewiesenen Platz.

„Tochtersohn Krata-buuns, deine Initiation endete auf eine nie dagewesene Art. Man erzählt sich, du habest darüber hinaus eine außergewöhnliche Vision empfangen, die von einschneidender Bedeutung für uns alle sein soll. Nicht zuletzt hast du dir dafür eine besondere Zeit des Jahres ausgesucht. So kurz vor Oí-chana-ú. Es ist sehr schade, dass die Arkás ga-asch nicht anwesend ist. Dies ist bisher noch nie geschehen, denn an Oí-chana-ú besuchte sie uns, seit ich denken kann. Wir alle sehen dich an und fragen uns: Welche Botschaft bringst du uns? Was will uns die Göttin durch dich sagen? Bist du bereit, uns allen gleich hier deine Vision zu schildern?"

Horfet ließ seine Blicke über die gespannt Lauschenden schweifen. Schmerzlich erinnerte er sich an das Gelächter, das ihm entgegenbrandete, als er beim letzten Fest unfreiwillig in den Mittelpunkt des Interesses gerückt war. Und an die verletzende Schelte seiner Großmutter. Was gäbe er dafür, noch einmal dort inmitten des Festkreises zu stehen und von ihr zurechtgewiesen zu werden? Ja, sein Leben hatte ihn gelehrt, dass Davonlaufen furchtbare Folgen haben konnte.

Dieses Mal würde er nicht wegrennen. Gewiss nicht! „Ich werde stehen bleiben und ihnen sagen, was ich gesehen habe. Ich muss mich nicht verstecken. Mit mir sprach ein *Gott*", dachte er, während er den salzigen Geschmack in seinem Rachen herunterzuschlucken versuchte. So viel war seit dem Fest der Nacht-und-Tag-Gleiche passiert. Unendlich Trauriges und Einschneidendes. Viel mehr als sein ganzes junges Leben zuvor.

Und allein von der Reaktion der anderen würde es abhängen, ob er weiterhin als verspotteter „Mannessohn" der Außenseiter bleiben oder endlich wieder von allen geachtet werden würde. Doch wie auch immer sie reagierten: er würde es in Kauf nehmen, um seine Schuld wiedergutzumachen und der Seele seiner Großmutter zu helfen!

„Bei Btars Schoß", sagte Horfet schließlich, „ich hätte es vorgezogen, ein ganz gewöhnliches Traumbild zu haben, so wie jeder andere junge Mann. Wie gerne würde ich darauf verzichten, euch Rede und Antwort zu stehen. Viel lieber würde ich ohne viel Aufhebens als Mann anerkannt werden! Mit all den beglückenden Seiten sowie seinen Pflichten."

Verständiges Nicken setzte ein, sogar Elatansch schloss sich an.

„Aber meine Vision verbietet es, daran auch nur zu denken, solange ich nicht meinen Auftrag als Bote von Btars Sohn erfüllt habe. Damit ihr wisst, von was ich spreche, muss ich Euch zuerst meine Vision in aller Ausführlichkeit schildern. Gebt mir den Redestab und schweigt, ich bitte Euch."

Ilnaf-ba suchte in ihrer Dachstasche nach dem drei Finger dicken Haselnussast, in den Krata-buun viele Ringe und Tira-gubtus hineingeschnitzt hatte. Im Gegensatz zu Horfets Großmutter vergaß sie bisweilen, ihn bereitzuhalten. Aber in einem solchen Fall mochte er wirklich eine große Hilfe sein. Mit einem ermutigenden Lächeln reichte sie das Holz an den Enkel ihrer besten Freundin.

Horfet schloss seine Augen und konzentrierte sich. Zum dritten Mal erzählte er inzwischen seine Vision. Und mit jedem Mal wurde er sich ihrer Bedeutsamkeit stärker bewusst, wurde das Unwirkliche wirklicher. Obwohl seine Stimme an mehreren Stellen lachhafte Höhen erreichte, schmunzelte niemand. Auf den Gesichtern herrschte ablehnendes, aber gebanntes Schweigen. Erst als Mannessohn am Ende auf Onloatwis Selbsteinschätzung als neuer stärkerer Gott zu sprechen kam, hagelte es Widersprüche.

„Ich habe drei Söhne geboren. Kein Mann hat mir dabei geholfen!"

„Was bildet sich dieser Sohn ein?"

„So ein furchtbarer Undank!"

„Horfet, hast du wirklich nichts missverstanden?"

„Ein Mann, der sich als Schöpfer aufspielt, welch ein Unsinn!"

„Beleidigt unser aller Mutter und will, dass wir ihn ehren, was für eine Dreistigkeit!"

„Allerdings, ein Sohn, der seiner eigenen Mutter seinen Stängel in den Schoß sticht, ist das Widerwärtigste, was ich je gehört habe!"

„Dieser grausame Mannessohngott wird sich bald im Aschme-óch wieder finden!"

Horfet öffnete seine Augen und stellte sich ihren Blicken. Mahnend hob er ihnen den Redestab entgegen. „Ich weiß", versuchte er zu beschwichtigen, „wie ungeheuerlich alles klingt, aber ich sage euch, so wahr, wie ihr mich hier vor euch seht, so klar und deutlich sprachen sowohl Krata-buun als auch der Gott der Mannessöhne mit mir. Ich bin nur der Bote."

Die Lautflut um ihn herum ebbte erst ab, als Ilnaf-ba mit einem Handzeichen Ruhe gebot. „Vorsicht Horfet. Wenn er dich ausgesucht hat, wird er schon einen Grund dafür haben. Aber immer der Reihe nach. Btar ist die Mutter allen Seins, wieso sollte sie plötzlich einen göttlichen Mann dazu brauchen, um all ihre männlichen Kinder aus dem Aschme-óch zu gebären? Was die Göttin im Großen tut, tun wir Frauen im Kleinen. Wenn du Recht hast, würden plötzlich auch wir Frauen einen Mann brauchen, um Söhne zu bekommen. Das ist Unsinn, wie du sehr wohl weißt. Und was redest du da von diesem Hengst mit seiner Farbe?", fragte Ilnaf-ba.

Horfet war froh, sich auf etwas weniger vages Terrain begeben zu können. „Ich glaube, es wird höchste Zeit, dass ich Euch erzähle, was mir bei den Pferden aufgefallen ist und was ich eigentlich schon beim letzten Fest, ach egal." Er atmete so tief wie möglich in seinen Bauch hinein. Jene Worte über die Pferde waren die letzten gewesen, die er mit seiner Großmutter in diesem Leben wechselte. Wie sehr grämten sie ihn jetzt noch!

„Seit der vorletzten Sommersonnwende habe ich häufig die Pferdeherde beobachtet, die sich in der Gegend zwischen der Weißkralle und dem Fluss aufhielt. Dort, wo der Wald spärlicher wächst und mehr offenes Gelände für reichlich Grasnachschub sorgt. Es gab zwei Stuten in dieser Herde, die besonders hervorstachen. Die eine hatte ein Auge verloren, die andere zierte eine sehr breite Blesse, die zudem über den Nüstern geschwungen war. Es gab eine weitere Besonderheit in dieser Herde. Ihr wisst, dass die Pferde in Ostgabbtaran fast alle sandfarben sind. Doch der Hengst, der diese beiden Stuten bestieg, war dunkelbraun. Ich habe mit eigenen Augen gesehen, wie er seinen langen Schwengel in sie versenkte. So, und jetzt passt gut auf: Die Fohlen dieser beiden Stuten sind so dunkelbraun wie der Hengst selbst!"

„Und waf ift mit den anderen?" fragte Kojonti.

„Vier von ihnen sind auch dunkelbraun, zwölf sind hellbraun und eines ist mit beiden Farben gescheckt. "

„Waſ findeſt du dann daran ſo beſonderſ?"

„Versteht ihr denn nicht? Pakun hat mir beigebracht, dass immer nur der stärkste Hengst die Stuten deckt. Das war eindeutig der dunkelbraune, außerdem habe ich ihn bei den zwei Stuten ja sogar selbst aufsteigen sehen. Wenn die Fohlen auch dunkelbraun sind, heißt das doch, dass er seine Farbe den beiden Stuten in den Bauch gespritzt haben muss."

„Das ist Blödsinn, dann müssten doch alle oder die allermeisten Fohlen dunkelbraun sein. Du hast aber erzählt, dass zwölf von ihnen so hellbraun sind wie ihre Pferdemütter", widersprach Elatansch.

„Nicht unbedingt, ich glaube, dass er die dunkelbraune Farbe nur so lange weitergegeben hat, wie er sie noch hatte. Als sie aufgebraucht war, wurden die Fohlen freilich wieder hellbraun."

„Ich höre immer nur ‚Farbe' ", mischte sich Aruch-me ein, die wie Ilnaf-ba dem Sippenhäupterrat angehörte. In ihrem schmalen Gesicht mit dem spitz zulaufenden Kinn verengten sich die Augen zu argwöhnisch dreinblickenden Schlitzen. „Ich dachte, dein Mannessohngott glaubt vielmehr, dass erst sein Saft Söhne in Btars Bauch entstehen lasse. Schau dich an, du hast Arme und Beine, einen Kopf, Brust und Bauch. Allein mit Farbe ist es da wohl nicht getan."

„Nein, gewiss nicht. Aber die Entdeckung, die ich gemacht habe, ist die erste Schlinge, die man lösen muss, um den ganzen Knoten zu entwirren. Krata-buun lehrte mich, dass es zwei Wege gebe, etwas über das Göttliche zu erfahren: einmal durch Visionen, die uns geschickt werden, und durch Beobachtungen der Tiere und Bäume, die uns umgeben, weil sich darin unmittelbar das Göttliche widerspiegelt. Ich kann verstehen, dass euch meine Vision zutiefst erschreckt und ihr sie deshalb in Zweifel zieht. Aber was ist mit meiner Entdeckung bei der Herde? Wenn nämlich ein Hengst tatsächlich seine Farbe auf ein Hengstfohlen übertragen kann, dann ist das viel mehr, als wir alle bisher gedacht haben. Wie viel er ihnen noch mitgibt, werden wir erst wissen, wenn wir uns viel mehr Pferdeherden angeschaut haben."

Wegwerfende Handbewegungen waren die Antwort.

„Dein *Gott* hat ja auch davon gesprochen, dass ohne ihn in Btars Leib keine männlichen Wesen mehr heranwachsen können. Sag, welches Geschlecht hatten die dunkelbraunen Füllen", hakte Toischan nach.

„Beide waren Hengstfohlen, Mutterbruder."

„Ich bin auch ein Mann. Und bei meiner Entstehung war dieser Onlo-atwi mit Sicherheit nicht beteiligt. Wie kann er es überhaupt wagen, den Schoß seiner eigenen Mutter zu nähren, und von uns verlangen, ihn dafür auch noch zu ehren?" ereiferte sich Elatansch und erntete auf breitester Front Zustimmung.

Horfet ließ den Kopf hängen. Zugegeben, auch ihm stellten sich bei dieser Vorstellung die Nackenhaare auf. Horfet sah Boritaks Hand nach seinem Redestab greifen, entschloss sich aber selbst zu einer Antwort.

„Elatansch, natürlich wäre es ein großer Frevel, wenn ein menschlicher Sohn sich auf diese Weise seiner Mutter näherte. Aber wir dürfen nicht vergessen, dass es außer Gab-Btar keinen anderen göttlichen Schoß gibt, den er füttern könnte. Und umgekehrt: wer außer ihm sollte denn Btars Schoß nähren? Er ist der einzige göttliche Sohn, der erwachsen ist."

„Genau darin liegt doch seinen Vermessenheit", entgegnete der. „Seit Urzeiten gebiert die Göttin alles allein. Sie hat dazu noch nie einen Mann gebraucht. Geschweige denn dessen Mannessaft."

„Und genau das bestreitet Gott Onloatwi. Deshalb führte er mich, der zur gleichen Zeit wie er selbst mannbar wurde, zu der Pferdeherde, um mir die Augen zu öffnen."

Aruch-me stutzte. „Onloatwi behauptet ja, er habe einst sein Mann-Sein schon in Btars Leib eingebracht, damit sie ihn überhaupt gebären konnte. Ich verstehe das nicht: Bevor Btar ihn nicht gebar, bestand er doch gar nicht."

Horfet zuckte die Schultern. „Heißt es nicht auch über Btar, sie sei aus sich selbst heraus entstanden? Wenn Onloatwi das Gleiche zu tun ver-mag, spricht das jedenfalls für seine Göttlichkeit."

„Nur mit dem Unterschied", stellte Ilnaf-ba fest, „dass Btar wie eine Frau Leben hervorbringen kann, während kein Mann, auch ein Gott nicht, ihr darin ebenbürtig wäre."

„Und doch säen wir Körner aus, um Emmerstängel zu erhalten. Kör-ner für Emmer, Mannssaft für Männer", sagte Boritak ganz laut und sorgte damit für Heiterkeit.

„Findest du das witzig?", fragte ihn Toischan ungehalten.

„Nein, verzeiht, diesen Eindruck wollte ich nicht erwecken. Ich finde nur, dass Horfet vollkommen Recht hatte, als er sagte, dass wir das Wesen der Göttin auch erschließen können, indem wir ihre Geschöpfe betrachten. Mir fiel dabei eben ein, dass wir Menschen Körner zu dem Zweck in die Erde legen, neue Körnerpflanzen auszusäen."

„Na und, auch wenn wir keine aussäen, finden wir welche, und was soll ein Emmerkeim mit dem Männersaft zu tun haben? Ich weiß ja nicht, wie deiner aussieht, aber meiner ist eher flüssig als körnig." Diesmal hatte Elatansch die Lacher auf seiner Seite.

„Ja, und im Gegensatz zu einer Frau würde ein Mann dann Kinder aus seinem Schwanz gebären!", setzte Anujach mit Blick auf Lu-bagdais schwangeren Unterleib noch eines obendrauf, so dass sich der ganze Stamm mit Ausnahme von Horfet, Barcha-let und Boritak die Bäuche halten musste.

„Ruhe", rief Ilnaf-ba. „Wir sollten uns bemühen, ernsthafter mit dem Traumbild umzugehen, das Horfet geschenkt wurde. Eine Vision wohlgemerkt, die in einer abgebrochenen Initiation endete. Ich will dich nicht beleidigen, Horfet, aber ich will ebenso wenig verhehlen, dass ich deiner Erscheinung allein deshalb weniger Gewicht beimesse, weil du nicht als Mann aus der Höhle hervorgegangen bist."

„Dafür kann ich nichts. Der Löwe war schuld."

„Falsch, Horfet, der Löwe gehört genauso zu deiner Einweihung wie deine Vision. Und so wie du ihn selbst beschrieben hast, scheint er irgendwie auch ein Teil deines Traumbildes zu sein."

„Ein Traumlöwe, den ich erlegt habe, wohlgemerkt", warf Elatansch ein.

Horfet schob sein Kinn vor. „Nein, Ilnaf-ba, Elatansch, es war dieser Hüne, der zu mir, zu „Mannessohn" gesprochen hat, kein Löwe. Dass er auch einen besonders großen Mund hatte, liegt auf der Hand. Alles an ihm war groß, sogar sein Penis. Der Löwe, von dem du, Elatansch sprichst, hat bestenfalls gebrüllt, gib es zu, aber nicht mit dir geredet."

Elatansch zog eine Schnute. „Löwen, auf die ich anlege, haben nicht lange Zeit zum Reden", wollte er sagen. Doch er schwieg lieber.

„Und was ist mit dem Federnmantel der Göttin, der tatsächlich zerrissen wurde?", fragte Nal-abu.

„Der Löwe könnte Onloatwis Bote für uns gewesen sein, um auch für uns etwas Greifbares zu hinterlassen", gab Toischan zu bedenken.

„Was ich am allerwenigsten verstehe", kam Ilnaf-ba wieder auf die für sie wichtigste Frage zurück, „ist, warum sich alles plötzlich ändern soll, nur weil einer von Btars Söhnen mannbar geworden ist."

Darauf hatte Boritak gewartet. Mit einer höflichen Geste bemühte er sich um den Redestab, dessen Rinde sich vom Handschweiß Horfets verdunkelt hatte. Horfet und die Butú-tekál zogen gleichzeitig ihre Augenbrauen hoch.

„Ehrwürdige Butú-tekál, wohl abwägender Sippenhäupterrat, geschätzte Stammesschwestern und -brüder, die ihr mich so freundlich aufgenommen habt. In einem Punkt denke ich genauso wie die Butú-tekál. Was vor der Mannbarkeit Onloatwis geschehen ist, sollte uns nicht interessieren. Wir sollten froh sein, wenn wir annähernd begreifen, was es heißt, dass wir nicht mehr nur die Mutter haben, die wir verehren können, sondern auch noch deren Sohn. Sind wir nicht allein schon dadurch beschenkt? Welche Mutter hätte etwas dagegen, dass ihrem Sohn mit Respekt begegnet wird?"

Ilnaf-ba setzte an, um ihm zu widersprechen.

Doch Boritak schwenkte den Redestab im Viertelkreis, wie um ihr das Wort abzuschneiden. „Dieser Sohn nun verhält sich auf eine Weise, die für uns unverständlich ist. Aber sagt mir, konnte je eine oder einer von uns sagen, Btars Walten in all seinen unterschiedlichen Arten immer verstanden zu haben? Warum starb zum Beispiel deine Tochter, Butú-tekál, bei der Geburt deiner Enkelin, aber Barcha-let nicht bei In-eikas Geburt? Beide kamen zwischen zwei Oíj-issa-ú-Festen nieder. Wenn im Aschme-óch eine Seele fehlte, warum holte Btar die Seele deiner Tochter, Ilnaf-ba? Und warum nahm sie Krata-buuns Sippe überhaupt keine Seele weg, sondern gab ihr noch die von In-eika dazu?"

Ilnaf-ba schluckte. Dass Boritak, der Fremde, sie an ihre verstorbene Tochter erinnerte, traf sie völlig unvorbereitet. Ihre Blicke kreuzten sich mit denen Barcha-lets. Was Boritak sagte, tat weh, aber es steckte ein Kern Wahrheit darin. Ihre Tochter war erst einen halben Mondlauf tot, als Barcha-let gebar. In ihrem Stamm zumindest hatte während dieser Zeit niemand sonst die Körperwelt verlassen.

Boritak erahnte ihren nächsten Gedanken. „So wie wir nicht einmal alle gabbtaranischen Stämme überblicken können, so wenig können wir uns anmaßen, vorschnell über Horfets Vision oder gar Gott Onloatwis Verhalten zu urteilen."

Ilnaf-ba senkte ihren Blick.

Boritak fühlte sich bestärkt fortzufahren. „Wir können nur zusehen und versuchen, das geheimnisvolle Walten der Göttin zu verstehen. Je besser und gründlicher wir uns dabei umsehen, desto besser. Horfet war besonders aufmerksam und deshalb wurde er belohnt. Er durfte erfahren, was uns bisher entgangen war: dass auch Btars göttliche Kinder heranreifen, bis sie schließlich erwachsen sind. Ganz genauso wie die Kinder menschlicher Frauen. Frauenkinder wachsen schnell heran. Btars göttliches Kind, wie es scheint, viel langsamer. Könnte es nicht sein, dass Btars

Menschenkinder noch eine Gemeinsamkeit mit ihrer göttlichen Mutter teilen?"

Boritak wartete einige Augenblicke, um sicherzugehen, dass alle seinem Gedankengang folgten. „Während wir Menschen reifen und unsere Erfahrungen sammeln, altern wir. Die höhere Anerkennung, die wir uns mit dem Alter erwerben, tauschen wir ein gegen die Kraft unserer Jugend. Daher ist es Ehrensache, dass Kinder ihrer Mutter desto mehr helfen, je älter sie wird. Könnte es nicht sein, dass hinter Onloatwis Aussage, er sei stärker als seine Mutter, lediglich sein Angebot steckt, ihr zu helfen?"

Lu-bagdai schüttelte kaum merklich ihren Kopf. Boritaks Zunge müsste vor lauter Worthonig eigentlich an seinem Gaumen festgeklebt sein, fand sie, doch nein, sein noch viel glitschigerer Speichel spülte wohl alles wieder weg. „Helfen nennst du das", brauste sie los, „hast du nicht aufgepasst? Wenn wir, und damit meint *dieser ‚Gott'* letztlich das gesamte gabbtaranische Volk, ihm nicht die Ehre erweisen, die er fordert, dann droht er sogar damit, seine Mutter zu töten. Seine eigene Mutter, unser aller Mutter! Wen würde er dann mit seinem Saft beglücken? Und wie würden wir alle wieder aus dem Aschme-óch herauskommen? Ohne Btars Kraft könnten Frauen nicht gebären!"

„Gab-Btar könnte wieder aus sich selbst entstehen, in neuer Gestalt", Boritaks kleinlaute Antwort klang wenig überzeugend.

Ilnaf-ba hatte vorerst genug gehört. „Du sprichst furchterregende Gedanken aus. Sie prasseln auf mich wie Steine, die nicht nur die Haut aufritzen, sondern mir die Rippen prellen. Wie ergeht es euch damit, meine Stammesschwestern und -brüder?"

„Nicht anders", antwortete Aruch-me und schaute in die Runde. „Wie ich sehe, geht es den meisten wie uns beiden. "

„Frauen des Weisenrates", erklang Ilnaf-bas Stimme vernehmlich, „der Butú-tekál und euch obliegt es zuallererst, Btars Willen zu erkunden. Daher bitte ich euch, folgt mir zur Besprechung in die Frauenhöhle."

„Jetzt gleich, oder erst nach Lolluma?", fragte Rupscha-i mit einem wehmütigen Blick auf die in einer Nische abgestellten Körbe, die die mitgebrachten Speisen enthielten.

„Ach, tatsächlich, die Sonne steht bereits hoch. Machen wir eine Pause. Esst, meine Stammeskinder! Wir Weisen Frauen aber, Felan-ke, sollten mit dem Essen warten. Für unser Vorhaben ist uns ein leerer Magen von größerem Nutzen."

Bald darauf saßen die fünf Frauen des Weisenrates auf ihren Sitzfellen in der Frauenhöhle. Neben Ilnaf-ba und Felan-ke gehörten Aruch-me von der Dachssippe, Rupscha-i von der Wildschweinsippe und Chanut-pal von der Amselsippe dem Rat an.

„Auch wenn mich Horfets Gedanken sehr aufgewühlt haben, werden wir diese erste Ratsversammlung Felan-kes damit beginnen, dass wir sie in die Geheimnisse einweihen, die sie als Ma-ga-ur-tarat wissen muss. Nur so kann sie beurteilen, wie schwerwiegend Horfets Vision in Wirklichkeit ist", stellte Ilnaf-ba klar und bekam keinen Widerspruch.

„Felan-ke, was ich dir jetzt anvertraue, ist nur für die Ohren einer Ma-ga-ur-tarat (baranisch für *Frau an der Quelle*) bestimmt. Wagst du es, davon jemals ein Wort zu verraten, lädst du Btars Fluch auf dich. Du und deine Nachfahren werden dafür sehr, sehr lange im Aschme-óch ausharren müssen. Und wenn sie Pech haben, vergisst Btar sie ganz. Bist du bereit, dich im Angesicht dieses Fluches zur Verschwiegenheit zu verpflichten?"

„Ja, ich bin bereit." Ihr rundes Gesicht strahlte vor Entschlossenheit. Unter ihren ruhigen, tiefen Atemzügen hob und senkte sich ihre mannigfaltig gefärbte Leder„teschwe" (baranisch für *Cape*) deutlich.

„Gut, dann mische dein Blut mit dem unseren zur Besiegelung deines Versprechens." Ilnaf-ba schnitt sich in den linken Mittelfinger, ließ einige Tropfen ihres Blutes in eine kleine Lehmkuhle am Boden laufen und hielt ihr Flintsteinmesser dann Felan-ke hin, die neben ihr saß. Als das Messer wieder bei Ilnaf-ba angelangt war, tauchte diese ihren Finger in die lehmigblutige Masse hinein und malte Felan-ke eine Tira-gubtu auf die Mundpartie. „Damit banne ich das Geheimnis für alle Zeit in deinen Mund. Niemals überspringe es deine Lippen. Ho íkpiwa lut (baranisch für *so geschehe es*)!"

„Ho íkpiwa lut!" beschwor Felan-ke ebenfalls, mit fast geschlossenem Mund.

Ilnaf-ba lehnte sich an die Felswand hinter ihrem Rücken und weihte Felan-ke ein: „Es wird allzeit Btars Großes Geheimnis bleiben, wie sie eine volle Blutmondin im Bauch einer Frau zu einem Kind verwandelt. Es gibt allerdings auch ein Kleines Geheimnis. An ihm lässt sie die Frauen teilhaben, die sich mit den Mondläufen, den sich wölbenden Unterleibern und der Geburt beschäftigen. Aruch-me und ich, wir werden immer dann gerufen, wenn eine Stammesschwester gebiert. Schon lange gibt es bei uns Geburtshelferinnen das Wort, das du ja auch kennst: „Bei voller Mondin eil rascher hin." Drängte nicht auch deine Tochter zu dieser Zeit heraus?", fragte sie die angehende Weise Frau.

„Ja, aber mein Sohn entschied sich für die abnehmende Mondin, drei Tage nach der vollen Mondin", antwortete Felan-ke.

„Siehst du. An einer neuen Mondin jedenfalls kam er nicht", setzte Ilnaf-ba ihre Belehrung fort. „Wie die volle Mondin die Neugeborenen zur Erde zieht, scheint sie auch dafür zu sorgen, dass sich in uns die blutige Mondin bildet. Die volle Blutmondin lässt Gab-Btar ungefähr vierzehn Tage später entweder als Mondinblut wieder aus uns herausfließen oder sie verwandelt sie in den Spross eines Kindes. Weil Btars Wirken in uns viel Kraft verzehrt, darf die Blutmondin einer rituell ungeschützten Frau nicht mit dem Saft eines Mannes zusammenkommen, weil der Schadgeister anlockt.

Schadgeister sind Seelen, die eigentlich im Aschme-óch sein müssten, dort aber niemals hingekommen sind, und sich wider Btars Lied auf den nächstbesten Körper stürzen, der im Bauch einer mondreifen Frau schlummert und von Mannessaft besprengt wird. Solche Schadgeister können, wenn sie sich in einem Ungeborenen einnisten und nach der Geburt nicht ausgesetzt werden, großes Unheil bei der Mutter, aber auch dem ganzen Stamm anrichten.

Leider hat eine Frau gerade an ihrem Blutvollmond am meisten Lust, mit einem Mann zusammenzusein. Um geistbesessene, gegen den Kreislauf des Lebens verstoßende Kinder zu vermeiden, hat sie zwei Möglichkeiten: Entweder, sie zieht sich mit den anderen geschlechtsreifen Frauen während ihrer Mondreife ins Vollmondhaus zurück oder sie bittet den Rat der Weisen Frauen um das Schutzritual. Durch die Schutzzeremonie wird ihr eigener Saft so mächtig, dass der Mannessaft die Schadgeister abwehren kann. Die Macht ihres Saftes bewirkt zudem, dass Btar eher geneigt ist, ihre Blutmondin in ein Kind zu verwandeln. Nach dem Ritual kann sie getrost zu jeder Zeit ihr Geschlecht mit einem Mann verbinden. Erst wenn sie dann geboren hat, verliert ihr Lustwasser wieder seine Macht.

Eine Frau, die ein Kind möchte, kommt daher zu uns und bittet um den Schutz. Wir entscheiden, ob das Gleichgewicht zwischen Lebenden und Sterbenden gewahrt ist und ein weiteres Kind vom Stamm ernährt werden kann. Wenn wir das bejahen, vollziehen wir das Schutzritual."

Enttäuscht schaute Felan-ke zu ihr.

Ilnaf-ba räusperte sich. „Nun, das alles ist dir ja als gabbtaranischer Frau bekannt. Das Kleine Geheimnis, das nur die Frauen des Rates kennen, ist, dass es kaum herumirrende Seelen gibt. Jedenfalls längst nicht so viele, wie wir die Frauen lehren."

Felan-kes Interesse nahm sichtbar zu.

Ilnaf-ba spann ihren Faden weiter. „Unsere Ahninnen haben schon vor langer Zeit erkannt, dass Btar Kinder vor allem dann in den Bauch einer Frau legt, wenn diese an ihrer vollen Blutmondin, die bei den meisten mit der weißen Himmelsmondin übereinstimmt, ihr Geschlecht mit einem männlichen verbindet. Der Mannessaft lockt also in Wirklichkeit nicht Schadgeister an, sondern Kinder.“

„Ist das wirklich so?“ Felan-kes Skepsis war geweckt. „Wie sollten unsere Ahninnen denn darauf gekommen sein?“

Ilnaf-ba stand auf und ging zu einer Felsspalte. Anfangs holte sie bloß Steine heraus, zuletzt aber eine dicke und armlange Lederrolle, die von einem durchbrochenen Lederband zusammengehalten wurde. Das Band wies viele gleich große durchschlagene Stellen auf, die zusammen ein Muster von lauter Doppelschnecken ergaben.

„Dieses heilige Bündel zeugt von der Weisheit unserer Ahninnen“ sagte die Ritualmeisterin Ilnaf-ba ehrfürchtig. Sie wickelte es auf und breitete das Hirschleder mitsamt den Eichenästen, die es enthielt, auf dem Boden aus. „In alten Zeiten war es so, dass Kinder, die ein Stamm nicht ernähren konnte, ausgesetzt werden mussten. Das war einerseits für die gerade zur Mutter gewordene Frau grausam, zum anderen hatte es wenig Sinn, eine Frau zuerst vier Mondläufe lang mit einem beachtlichen Bauch herumlaufen und sie durch die Geburt schwächen zu lassen, ohne dass ein Kind erwünscht war.

Unsere Ahninnen haben infolgedessen schon früh versucht herauszufinden, unter welchen Voraussetzungen Btar eher dazu neigt, eine volle Blutmondin in ein Kind zu verwandeln. Denn manchmal war es ja auch genau anders herum: Ein Stamm brauchte dringend Kinder, weil zu wenige geboren wurden. Unsere Vorgängerinnen beobachteten also die Zusammenhänge und behalfen sich dabei mit Eichenästen. Da, nimm dir einen Ast und schau ihn dir genau an“, forderte Ilnaf-ba Felan-ke auf. „Was siehst du?“

„Gezackte Schlangenlinien, Pfeile, zwei Striche, die unten wie ein Vogelschnabel zusammenlaufen, Neumondsicheln, gekreuzte schräge Striche.“

„Gut beschrieben, und alle diese Zeichen stehen für etwas Bestimmtes. Jeder ‚Vogelschnabel‘, wie du es treffend nennst, steht zum Beispiel für einen Tag ohne verbundenes Geschlecht. Mehrere Vogelschnäbel aneinandergeschnitzt bilden die eckige Schlange. Und der Pfeil, der steil nach oben zielt, kommt zustande aus dem aufrechten Strich für Penis und dem umgedrehten Vogelschnabel, bedeutet also verbundenes Geschlecht. ‚Vogelschnäbel', so nennen wir im Weisenrat auch seit langem die Lippen um die Wonnenwurzel. Leben-im-Leben erkennt man an den Neumondinsicheln für die Wölbung, die der Bauch annimmt. Die gekreuzten Linien bedeuten eine Geburt."

„Ihr meint, auf einem solchen Ast hat eine Frau viele Mondläufe lang Tag für Tag vermerkt, was sie gemacht hat."

„Ja, so ist es überliefert. Jeder Ast beginnt mit einem Neumond. Äste, die hinter einander zu lesen sind, haben vorne noch ein anderes Zeichen, das über die Reihenfolge Aufschluss gibt. Viele Haarzöpfe sind aneinandergebunden worden, seit Ahninnenhände diese Äste kerbten. Im Stamm gerieten die Merkstäbe in Vergessenheit, die Mutmaßungen allerdings, die die Ahninnen daraus schlossen, wurden als Kleines Geheimnis von Weisenrat zu Weisenrat weitergetragen. Die ganz neuen, die du siehst, stammen sogar von Aruch-me und mir. Jede von uns hat nämlich eine Tochter, die gerne über ihr Liebesleben mit uns spricht, und daher haben wir selbst solche Äste angefertigt, die wohlgemerkt das Kleine Geheimnis stützen."

„Aber nichtsdestotrotz sind es Mutmaßungen!", meldete Felan-ke weiterhin Zweifel an.

„Es gibt immer wieder Fälle, die wir uns nicht erklären können. Sie gehören mit zum Großen Geheimnis, das Btar offensichtlich nicht preisgeben will. Und sicher hat sie ihre guten Gründe "

„Der Name ‚Schutzritual' ist also eigentlich eine Lüge", unterbrach die Neue Ilnaf-ba.

„Nicht ganz, Vollmondhaus und Schutzritual schützen die Frauen ja tatsächlich, nur eben nicht vor Schadgeistern, sondern vor zu vielen Leben-im-Leben. Es schützt sie vor dem Schmerz, ihr Kind aussetzen zu müssen, und davor, durch zu viele Geburten geschwächt zu werden und allzu früh in den Aschme-óch zu gehen."

„Gibt es denn keinen anderen Weg, eine Frau vor einem prallen Bauch zu schützen?"

„Doch", räumte Ilnaf-ba ein, „es gibt einige Heilerinnen, die sich darauf verstehen, einen Trank zu mischen, der den Bauch einer Frau unfruchtbar macht. Allerdings für immer. Außerdem muss dieser Trank mit größter Sorgfalt zubereitet werden. Selbst wenn die Heilerin alles nach bestem Wissen zusammenbraut, kann eine Frau daran sterben. Keine von uns im Fünferrat hatte Lust, diesen Trank herzustellen."

„Verstehe." Felan-ke lächelte. „Und wann immer eine Frau ohne Schutzritual an ihrer vollen Blutmondin nicht in der Frauenhütte ist und Btars Kuss offensichtlich wird, seid ihr deshalb so überaus großzügig, weil in Wirklichkeit gar keine Gefahr besteht."

„Natürlich gibt es für eine frisch verliebte Frau immer eine Möglichkeit, sich heimlich mit einem Mann zu verbinden. Solche Ausnahmen sind überhaupt nicht schlimm. Es geht ja nur darum, dass die allermeisten Frauen ihre Schöße um Vollmond herum den Männern vorenthalten. Uns ist auch klar, dass eine Frau, die dagegen verstößt und bald darauf Leben in sich trägt, den Kontakt zumindest so lange verschweigen wird, bis sie geboren hat und alles gut gegangen ist. Verläuft eine Geburt dagegen so schwer, dass der Tod der Mutter absehbar ist, offenbart sich die Sterbende in der Regel kurz vor ihrem Tod und gesteht uns ihr vermeintliches Vergehen. Wir setzen ihr Neugeborenes dann deswegen aus, weil sonst bald niemand mehr an die Gefahr durch Schadgeister glauben würde.

Es hat aber auch schon Fälle gegeben, wo solche Kinder nicht ausgesetzt wurden, weil der Stamm plötzlich dringend Nachwuchs brauchte. Wenn vom Fehltritt der Mutter niemand außer den eingeweihten Frauen erfahren hat, bleibt das Kind unter diesen Umständen am Leben. Die Kinder, die ausgesetzt werden, sterben im Wald einen schnellen Tod. Bei einer Mutter dagegen, die ein solches Kind glücklich geboren hat und sich uns aus Angst um ihr Kind später anvertraut, machen wir das Geisteraustreibungsritual, und alle sind zufrieden.

Aruch-me steuerte noch einen anderen Gedanken bei. „Außerdem sollte man nicht so tun, als ob es immer nur das verbundene Geschlecht Frau und Mann Lust bereitet. Ich weiß nicht, wie es dir geht, Felan-ke, aber ich finde es auch wunderbar, nur mal gestreichelt und umarmt zu werden. Die Männer wollen immer rein. Mit den Folgen haben sie ja nichts zu tun. Ich bezweifle sogar, dass sich ihre Zielstrebigkeit in dieser Hinsicht änderte, wenn sie über die Folgen Bescheid wüssten. Wir sind die Frauen. Wir tragen die Folgen. Deshalb steht es uns zu, ihnen zu sagen, was wir wollen, nicht umgekehrt. Ein Mann, der bei einer Frau nicht auf die gewünschte Weise zum Zug kommt, kann sein Glück jederzeit bei einer anderen versuchen."

Felan-ke und die anderen drei Frauen nickten einhellig.

Die Neueingeweihte hob ihren Zeigefinger: „Es heißt ja auch, dass niemals eine Frau und ein Mann aus dem gleichen Clan ihr Geschlecht verbinden sollen. Steckt dahinter mehr als die Angst, die Kraft eines Clantotems könne zu stark werden?"

„In der Tat, so ist es", antwortete Ilnaf-ba. „Auch hierin haben unsere Ahninnen ihre Erfahrungen gemacht und diese an ihre Töchter weitergegeben. Es wurde uns überliefert, dass Kinder aus dem verbundenen Geschlecht zwischen Schwester und Bruder nicht so stark sind wie von Frau und Geliebtem. Sie lächeln dich an, wenn du mit ihnen sprichst. Aber sie verstehen deine Worte anders, als du sie meinst. Es ist, als drehe sich ihr Geist im Kreis wie eine Blindschleiche, die sich in den Schwanz beißt. Und sie sind schwächer und sterben früher. Warum Gab-Btar die Verbindung zwischen Schwester und Bruder nicht will, wissen wir nicht. Manchmal sind solche Kinder auch genauso lebhaft wie andere. Den Weisen Frauen erschien es trotzdem klüger, zu verhindern, dass der Saft eines Bruders in den Bauch seiner Schwester fließt. Deswegen bestanden sie darauf, dass nur zwei aus verschiedenen Sippen sich verbinden dürfen und begründeten diese Sitte mit der angeblich allzu mächtig werdenden Kraft der Totems."

Felan-ke war mit Ilnaf-bas Erklärung vollauf zufrieden. „Und gleichzeitig schützen Vollmondhaus und Schutzritual das Kleine Geheimnis vor den Männern", kam sie nach einigen Augenblicken des Nachsinnens wieder auf die Bedeutung des „Schutzrituals" zurück.

„So ist es. Dieser Schutz erscheint uns sicherer als der durch einige Pflanzen, über die bei den großen Stammestreffen bisweilen gemunkelt wird."

Felan-ke nickte. „Diese Ansicht teile ich mit euch. Pflanzen, die neues Leben verhindern, könnten auch das der Frau schädigen. Außerdem müssen Männer wirklich nicht alles wissen oder bekommen."

Ihre Ratskolleginnen lächelten hocherfreut. Aruch-me tätschelte Felan-kes Hand und sagte: „Ich sehe, du giltst nicht umsonst als Weise Frau. Wenn die Männer wüssten, dass ihr Saft irgendetwas mit Kindern zu tun hat, kämen sie bloß auf dumme Gedanken. Jede weiß, wie kindisch sie sind. Ständig messen sie sich miteinander. Wer wirft am weitesten? Wer läuft am schnellsten? Und nicht zuletzt, wer pisst den höchsten Bogen?"

Herzhaftes Lachen erschütterte die Zwerchfelle der Frauen.

„Am Schluss machten sie noch einen Wettbewerb, wer wohl die meisten Bäuche hat anwachsen lassen. Oder wer die tollsten Kinder hat. Nein, nein!"

„Ja", ließ Aruch-me ihrer Phantasie freien Lauf, „oder stellt euch vor, sie kämen plötzlich daher und würden uns die Mutterschaft streitig machen." Sie versuchte mit möglichst tiefer Stimme einen Mann nachzuäffen. „Mein Saft ließ deinen Bauch wachsen, also bist du nur die Bauchmutter, ich aber die Saftmutter, das Kind gehört zu meiner Sippe, genauso wie zu deiner. Ich bemuttere es jetzt ein paar Tage in meiner Hütte, danach bekommst du es wieder."

Die Frauen bogen sich vor Lachen, bis Ilnaf-ba sagte: „Im Ernst, meine Schwestern, es ist und bleibt besser, wenn die Männer nichts davon wissen, was sie wahrscheinlich mit ihrem Saft bewirken. Ganz genau wissen wir es ja auch nicht. Von daher ist Horfets Vision und vor allem dieser göttliche Sohn Btars eine nicht zu unterschätzende Bedrohung für unser bisheriges Leben. Es wird Zeit, dass wir uns eingehender mit ihr beschäftigen."

Chanut-pal pflichtete ihr bei. „Und nicht zuletzt mit Boritaks abwegigen Deutungen. Dieser Boritak hat einen großen Einfluss auf Horfet, und ich weiß von meiner Tochter, dass meine beiden kleinen Enkel, die erst einige Sommer gesehen haben, sehr gerne seinen Geschichten lauschen. Wir müssen in Zukunft aufpassen, was er ihnen erzählt."

Ilnaf-ba wog ihren Kopf hin und her. „Auf Horfet selbst müssen wir aufpassen. Seit die anderen Jungen seines Alters angefangen haben, ihn weniger zu achten, sind Horfet und Boritak immer enger zusammengerückt und nach der missglückten Initiation sind sie kaum mehr zu trennen, sagt jedenfalls Toischan. Und der muss es schließlich wissen. Weder Toischan noch mein Sohn Elatansch halten viel von Boritak. Den meisten anderen Männern ist er egal."

„Bis jetzt!", widersprach Chanut-pal, „Das könnte sich schnell ändern nach den Enthüllungen des heutigen Tages. Alles hängt davon ab, inwieweit die anderen der Vision glauben werden."

„Ja, diese Vision Horfets ist wirklich ein schwer verdrillbarer Faden. Noch nie erhielt ein junger Mann ein so einschneidendes Traumbild während seiner Initiation. Gewöhnlich erscheinen ihnen die Pflanzen und Tiere, deren Geist sie ihr Mannesleben lang leiten soll. Ich wünschte, die Arkás ga-asch wäre gekommen", jammerte Ilnaf-ba, „denn ich möchte nicht riskieren, dass Horfets Vision unwidersprochen und ungedeutet allzu lange in den Köpfen unserer Stammesgeschwister herumgeistert."

„Nicht nur die Vision", ergänzte Aruch-me. „Genau so wenig dürfen wir die Geschichte mit den Pferden vernachlässigen. Jedesmal wenn die Männer auf der Jagd sind, haben sie genug Zeit, Tiere zu beobachten. Jetzt werden sie stärker als früher auf steigende Hengste und die Hengstfohlen achten."

Rupscha-i schüttelte ihren Kopf. „Nicht nur das, ich glaube, dass sie in Zukunft eher darauf achten werden, welche ihrer Geliebten bauchgeküsst ist und ob die Söhne ihrer Geliebten ihnen gleichen."

„Allerdings, das werden sie", gab ihr Aruch-me Recht, „Unser Glück ist, dass momentan kein Sohn einem unserer Dorfmänner allzu ähnlich sieht. Aber erinnert ihr euch an den Arkasnaq, der vor einigen Jahren Barcha-lets Herz mit einer Schlinge umgab, von der sie sich nur unter größtem Kummer befreien konnte. Als ich Horfet vorhin vor uns stehen sah, glaubte ich, dieser Arkasnaq sei zurückgekehrt."

Ilnaf-ba führte nachdenklich ihren Daumen zum Mund, um mit dem Daumennagel an ihren Schneidezähnen entlangzufahren. „Aruch-me, bist du dir sicher? Horfet dürfte sechsundzwanzig Sonnenwenden gesehen haben. Ich kann mich an das Gesicht dieses Arkasnaq überhaupt nicht mehr erinnern."

„Aber ich sehr wohl. Jeder Mensch, der Steinen Augen und Nasen gibt, schaut sich Gesichter besonders gründlich an, weißt du. Und der Ausdruck dieses Arkasnaq war wirklich besonders einprägsam. Die gleichen blauen Augen, wie sie Horfet hat, das gleiche Kinn, die Stirn, die Form der Augenbrauen. Ich täusche mich nicht. Frag Barcha-let. Sie wird es dir sofort bestätigen."

„Darüber sollten wir später nachdenken. Momentan würde ich sie lieber nicht darauf ansprechen. Es wäre ohnehin bedeutungslos. Höchstwahrscheinlich sitzt er schon lange als gealterter Mutterbruder im Haus seiner Schwester und erzählt von den Reisen in seiner Jugend."

„Aber beim Treffen der Stämme könnte er kommen."

„Bis dahin sind es noch sieben Sonnenwenden. Außerdem sind es ja längst nicht mehr alle Stämme, die daran teilnehmen. Beim letzten Treffen wurde schon beklagt, dass Mitglieder mancher Stämme fehlten. Je länger ein Stamm sesshaft ist, desto öfter schickt er wenige Gesandte oder gar niemanden mehr", beruhigte sie Ilnaf-ba. „Von Krata-buun habe ich gelernt, dass die Alles-Mutter selbst vieles regelt. Meist reicht es, dass wir einfach nur abwar …"

„Wisst ihr, was mir gerade einfällt", rief Felan-ke aus, die erst jetzt merkte, dass sie der Butú-tekál soeben das Wort abgeschnitten hatte. Die anderen sahen sie fragend an. „Entschuldigt bitte. Ich musste nur daran denken, dass wir Frauen eigentlich auf das verbundene Geschlecht verzichten müssten, um den Männern zu beweisen, dass Kinder auch ohne ihren Saft geboren werden."

Nach einer kurzen Pause, bei der den Frauen die Tragweite der Aussage bewusst wurde, wandte sich Rupscha-i an Felan-ke. „Tja, aber wer würde für immer auf das verbundene Geschlecht verzichten wollen? Du vielleicht?"

„Nein, nicht unbedingt. Aber die Männer doch noch viel weniger. Findet ihr nicht? Immer wieder würden einige von ihnen ihrer Lust nachgeben und sich heimlich mit uns treffen. Letztlich genügt uns ja ein Mann, der begierig unsere Schöße füllt."

„Findest du nicht, dass das ein hoher Preis wäre?", fragte Chanut-pal, „alle Kinder ausschließlich von einem Mann?"

Felan-ke insistierte weiter. „Btar kann mir mein Augenlicht nehmen, wenn ich mich täusche. Aber ich bin davon überzeugt, dass nicht nur ein Mann, sondern die allermeisten sich nicht mal mehr an den Streit erinnern können, sobald ihr ,Mannesstolz' voll ist und sich entladen will."

Ilnaf-ba hob ihre Augenbrauen. „Ja, allmählich verstehe ich. Für den Fall, dass Horfet und Boritak von ihren Behauptungen überhaupt nicht abrücken sollten, schlagen wir vor, dass in Zukunft alle Frauen und Männer wohl oder übel auf das verbundene Geschlecht verzichten müssen, um sich endgültige Klarheit zu verschaffen. Dafür wird sich nie und nimmer eine Mehrheit finden. Und wenn Horfet und Boritak den Entschluss fassen, sich allein zu enthalten, können sie das gerne tun. Denn damit beweisen sie als zwei von dreiundzwanzig geschlechtsreifen Männern dieses Dorfes gar nichts."

„Ein ausgezeichneter Vorschlag", lobte Chanut-pal.

„Ohne dich wäre ich nicht darauf gekommen", bedankte sich die Butútekál bei Felan-ke. „Wir sind froh, dich in unserem Rat zu haben. Die Göttin wusste, was sie tat, als sie deine Seele zu den Mungordauks schickte. Möge sie uns auch bei der Visionsdeutung helfen."

„Als Boritak davon sprach, Btar könne alt und schwach geworden sein" sinnierte Aruch-me, „drehten sich meine Eingeweide um. Seit Urzeiten glauben unsere Ahninnen an die eine Göttin, niemals war sie schwach, stets riefen wir sie an bei der Geburt unserer Kinder. Nur durch ihre Kraft wandelte sich die Blutmondin in unseren Bäuchen um in kleines Leben. Es gibt überhaupt keine Anzeichen dafür, dass sie schwächer geworden sein könnte. Im Gegenteil, in den Tagen unserer Ahninnen wuchsen die Pflanzen weit weniger üppig als heute."

„Das sehe ich genauso", sagte Ilnaf-ba. „Auf der anderen Seite fürchte ich, dass hinter dieser Veränderung mehr steckt und wir vorsichtiger damit umgehen müssen. Vielleicht ist Horfets Vision ein Fingerzeig für etwas, was wir bisher übersehen haben."

„So kommen wir nicht weiter. Was würde wohl die Arkás ga-asch machen, säße sie hier?", wollte Felan-ke wissen.

„Ich glaube, sie hätte sich in Trance versetzt und Gab-Btar selbst um eine Deutung gebeten", antwortete Ilnaf-ba.

„Also eine Vision für das Verständnis einer Vision."

Rupscha-i trommelte mit dem Finger auf ihr Kinn, das sie in Richtung Butú-tekál drehte: „Nein, was wir brauchen, wäre eher eine Vision *gegen* eine Vision."

„Leicht gesagt, Rupscha-i. Ich bin leider nur die Ritualmeisterin, keine Streiferin zwischen den Welten. Es ist nicht meine Stärke, von den Geistern Antworten zu erhalten. Das wusstet ihr aber, bevor ihr mich wähltet."

„Wir haben dich gewählt, weil du gut schlichten kannst und weit vorausdenkst. Jetzt, wo die Arkás ga-asch verschwunden ist, müssen wir uns etwas einfallen lassen. Wie du zu Recht bemerkst, ist es nicht gut, wenn Horfets Vision lange unwidersprochen bleibt. Etwas müssen wir unternehmen", beharrte Rupscha-i, „sonst ist das Kleine Geheimnis in Gefahr."

„Wir könnten jemanden losschicken zu einer anderen Arkás ga-asch", schlug Aruch-me vor. „Die Barlais im Süden sollen eine sehr gute Schamanin haben."

„Ja, oder zu den Tagsuitis im Westen. Von ihnen erzählt man sich, sie hätten einen Schamanen, der einen Halbtoten wieder von seinem Schlaffell springen ließ."

„Offen gesagt würde ich mich genieren, mit Horfets Vision zu den anderen Stämmen zu gehen." Ilnaf-bas Stimme wurde allein bei dem Gedanken daran sehr leise.

„Warum", klang Rupscha-i sehr zuversichtlich, „versuchen wir es denn nicht einmal, die Göttin selbst zu fragen? Wenn sie uns nicht antwortet, können wir immer noch andere Schritte erwägen. Bei der Verteilung schwieriger Aufgaben befragen wir gewöhnlich die Steine. Machen wir es jetzt ebenso! Befragen wir die Steine, wer den Rauschtrank zu sich nehmen und sich in Trance versetzen soll. Gab-Btar wird uns helfen. Denn ihr Geheimnis ist es ja, das wir schützen wollen. Mit Sicherheit wird die Mehrzahl der Dorfbewohner unserer Vision mehr Glauben schenken als der Horfets.

Ilnaf-ba nahm die Hand ihrer Freundin. „Du hast Recht. Versuchen wir es wenigstens. Ich bitte euch allerdings, mich außen vor zu lassen. Seid ihr damit einverstanden, dass ich nur vier Steine nehme? " Sie blickte in die Runde.

„Mich lasst bitte auch weg", bat Felan-ke. Chanut-pal, Aruch-me und Rupscha-i dagegen waren bereit. Die Butú-tekál kramte aus ihrer Dachsfelltasche ein Beutelchen mit einer zerstoßenen Mischung aus getrockneten Pilzen hervor, aus dem sie etwa ein Häufchen von der Größe des obersten Zeigefingergliedes in einen Rindenbecher rieseln ließ, den sie wiederum hinter einem Felsvorsprung hervorholte. Darüber goss sie Wasser aus einem Lederschlauch, der gleichfalls dort gelegen haben musste. Mit ihrem Finger rührte sie die Flüssigkeit um, bis die sich milchig weiß färbte. Sodann las sie drei verschieden große Steine vom Boden auf, die sie zusammen mit ihrem Schaffell in eine dunkle Felsnische trug. Dort verteilte sie sie unter dem dicken Vlies, so dass ein Dreieck entstand.

„Ihr könnt kommen", sagte sie zu den drei Entschlossenen. „Btar Báto-úmra-e (baranisch für *Mutter, Allwaltende*), höre uns, wir beten zu dir. Mit einer wichtigen Frage kommen wir zu dir. Bitte gib uns deine Antwort! Bitte suche du die Frau aus, die in deinem Namen zu uns sprechen soll. Ho íkpiwa lut. Die, die den größten Stein zieht, wird den Pilztrank zu sich nehmen. Ich wende mich also an euch, liebe Schwestern im Rat. Welche von euch will welchen Stein?"

Die Frauen zeigten auf die Ecke, die sie haben wollten. Dann hoben Ilnaf-ba und Felan-ke zugleich den Pelz weg. Es war Rupscha-i, Clanmutter der Wildschweinsippe, die sich die Ecke mit dem größten Stein ausgesucht hatte. Wieder bei dem Sitzkreis, reichte die Zeremonieleiterin Rupscha-i den Becher, ehe sie selbst mit dem Verbrennen eines Lavendelbüschels das Ritual einläutete. Nachdem diese den ganzen Inhalt mit mehreren Schlucken geleert und sich außerhalb des Kreises begeben hatte, begannen die vier Frauen mit geschlossenen Augen ein Lied zu singen und dabei in einem monotonen Rhythmus zu klatschen. Rupscha-i aber streckte ihre Arme aus und drehte sich langsam um ihre eigene Achse.

Sie alle verloren ihr Gefühl für Zeit. An ihrer zum Bersten gefüllten Blase merkte Ilnaf-ba zuerst, dass sie schon lange für Rupscha-i sangen. Doch als sie schon vorhatte, ihr Kleid zu heben und ihr Wasser an Ort und Stelle laufen zu lassen, um keine Unruhe zu erzeugen, fing Rupscha-i plötzlich an, ihre Glieder ruckartig zu bewegen. Noch wilder tanzten ihre

Augenlider. Plötzlich glitt sie geschmeidig wie ein frisch ausgetriebener Weidenast zu Boden. Die vier Sängerinnen hielten inne und beobachteten ihre Stammesschwester voller Anteilnahme. Dieser schien der abrupte Kontakt mit dem lehmig-steinigen Boden keinerlei Unbill zugefügt zu haben. Rupscha-i entspannte sich zusehends und lächelte vor sich hin. Keine der Frauen wagte, sie anzusprechen. Nur das Auftreffen zweier Urinstrahlen auf sickerbereiter Oberfläche war zu hören. Erst als die rechte Seite der Höhlenöffnung ihren Schatten ganz über den Eingang warf, erwachte Rupscha-i von selbst. Sie sah müde und abgekämpft aus, aber glücklich. Ihre Mitschwestern umringten sie und hatten Mühe, ihre Neugier zu verbergen.

„Btar hat uns nicht verlassen und sie ist stark wie eh und je", war das Erste, was Rupscha-i mit leiser Stimme von sich gab. „Ich werde euch gleich alles erzählen, nur bitte gebt mir Wasser. Mir ist es, als hätte mir der Trank eine Wüste in die Eingeweide gezaubert."

Felan-ke kam ihrer Bitte nach. Ilnaf-ba drapierte mehrere Felle vor dem am besten als Rückenlehne geeigneten Felsen und lud Rupscha-i ein, sich dort hinzusetzen. Von dem bequemen Platz aus erzählte die Sippenmutter des Wildschweinclans ihr Traumerlebnis.

„Eine gewaltige junge Frau sah ich. Sie war so groß wie ein Baum, denn sie überragte ein hohes Brombeergestrüpp mit Leichtigkeit. Sie trug ein Holzbrett. Auf dem lag ein Pferdekopf, der ebenfalls größer war als ein gewöhnlicher Pferdekopf. Der Kopf verbreitete einen ekelhaften Gestank. Er war schon halb verwest, und ein Rabe turnte an seinem teilweise freiliegenden Unterkiefer herum. Ein kleines Mädchen lugte aus einer ihrer Gewandfalten hervor und feuerte den Raben an.

Der Pferdekopf bekam mit einem Mal ganz glühende Augen und warnte mich: „Lass mich in Ruhe oder ich reiße dir mit meinem Gebiss die tiefsten Wunden, die du dir überhaupt vorstellen kannst." Dabei fauchte mich das Pferd tatsächlich an wie eine Löwin, und entblößte seine grässlichen Zähne, so scharf wie lauter frisch geschlagene Flintsteine.

Eine viel angenehmere Stimme erklang als nächstes. Diesmal war es die riesige junge Frau. Sie sagte: „Ich bin eine von den vielen Töchtern Btars, nenn mich Ona-ge-lonawil, ‚Göttin der Zärtlichkeiten', ich bin eine der unsichtbaren Töchter, ich verberge mich hinter ihrem Federkleid, und doch bin ich da. Btars schafft uns alle aus sich selbst. Reißt weder mir noch Btar das Federkleid weg. Sonst wird es euch schlecht ergehen durch die Hände derer, die den schändlichen Frevel säen."

Von Ehrfurcht und Ergriffenheit geweitete Augen sahen zuerst Rupscha-i an und dann die Butú-tekál. Letztere kratzte sich mit dem rechten Zeigefinger an der Stirn. „Gab-Btar" erhob sie ihre Stimme, „ich danke dir, dass du mich erhört hast und meiner Stammesschwester eine so klare, verständliche Vision geschickt hast. Du bist unsere Mutter. Du sorgst gut für uns, deine Kinder, und hast deine Gründe, warum du das Kleine Geheimnis bewahrt wissen willst. Horfets Gott der Mannessöhne war also eine Tochter Btars. Mit dem stinkenden Pferdekopf will sie uns sagen, dass wir nicht weiter an den Pferden rühren sollen. Das Federkleid, das der Gott der Mannessöhne angeblich schon der Göttin entrissen hat, verbirgt noch immer Btar und ihre göttlichen Töchter. Und wir müssen uns hüten, jemals das Kleid zu lüften. Ich finde, es passt alles wunderbar zusammen."

„Und das kleine Mädchen", schloss Rupscha-i, „war eindeutig die bereits wiedergeborene Krata-buun. Sie kam mir während der Vision vertraut vor. Ich bin mir sicher, sie war es."

Auf den Gesichtern der fünf Frauen zeichneten sich Erleichterung und Überraschung ab. Mit einer so leicht zu deutenden und beredten Vision hatte keine von ihnen gerechnet.

„Auch Horfet wird einsehen, dass er sich getäuscht hat. Es kann keine männlichen Götter geben", freute sich Chanut-pal. „Niemand wird ihm glauben. Der Name ‚Onloatwi' wird vergessen sein, noch ehe er vier Hände voll Tage über unsere Zungen geglitten ist."

„Ja, und meine Aufgabe als Butú-tekál wird es sein, Horfets Herz wieder für Gab-Btar zu gewinnen. Er ist ein Teil unseres Stammes und darf sich nicht selbst abschneiden. Ein Herz, das ganz anders schlägt, kann einen Stammeskörper krank machen. Das darf nicht passieren."

Die anderen hielten Ilnaf-bas letzten Satz für ihr Schlusswort und wollten sich eben von ihren Fellen erheben, als Ilnaf-ba sie mit einer Geste zurückhielt.

„Da ich gerade von Herzen spreche: Über eines möchte ich noch mit euch sprechen, ehe wir wieder zur Festversammlung zurückkehren. Denn morgen wird manch eine Frau an uns herantreten mit der Bitte um das Schutzritual. Zwar werden wir die einzelnen Entscheidungen wieder hier im Rat der Weisen Frauen treffen, aber ich möchte unser Treffen hier nützen, um euch meine grundsätzliche Meinung kundzutun. Ihr findet sie vielleicht seltsam. Darum möchte ich, dass ihr Zeit genug habt, darüber nachzudenken. Hört mich also an. "

Ein bisschen unwillig gingen die Frauen auf Ilnaf-bas Bitte ein.

„Ich kann verstehen, dass ihr ungeduldig seid, Horfet Rupscha-is Vision zu erzählen. Daher fasse ich mich kurz. Als ich Elatansch gebar, war er der eine, den ich nicht mehr mit sieben mal fünf Fingern zählen konnte. Er wurde in dem Herbst geboren, als wir unsere Hütten fester denn je verstärkten und an diesem einen Lager immerzu blieben. Ein paar Sonnenwenden später ließen sich dann neben unseren fünf Sippen noch weitere vier Sippen nieder, wozu auch deine Bibersippe, Felan-ke, gehörte. Zusammen zählte unser Stamm damals knapp zwölf mal fünf Münder. Seither sind immer mehr aus dem Aschme-óch gekommen, als dorthin zurückkehrten. Ich habe nachgezählt. Uns fehlt nur noch ein einziges Stammesmitglied, damit unser Stamm fünfzehn mal fünf Finger umfasst. Leben wächst jetzt aber bereits in vieren unserer Stammesschwestern heran: In Lu-bagdai, in Senubabs Tochter Wenel-pi, in Kipiklis Tochter Mer-hilla und in Zini-i. Vom vorletzten Oí-chana-ú bis zu diesem starben insgesamt vier Stammesangehörige: Krata-buun und drei Kinder. Gleichzeitig wurden jedoch sieben Kinder geboren. Seit dem letzten Sonnentiefststand übrigens nur Söhne. Onloatwis Fluch, uns keine Söhne mehr schicken zu wollen, kommt zu einer Zeit, in der er uns kaum schmerzt.

Ich bin daher der Meinung, dass wir keiner Frau mehr das Schutzritual gewähren sollten. Gerade weil Btar so stark ist, wie uns deine Vision, Rupscha-i, zeigt, dürfen wir es nicht wagen, ihr Gesetz des Gleichgewichts zwischen den Welten in Frage zu stellen. ‚Wo geboren wird, muss einer sterben. Wo einer stirbt, kann einer leben.‘ So haben wir es viele Ahninnen lang gehalten, und dieser Regel müssen auch wir folgen."

Die vier umsitzenden Frauen senkten ihre Köpfe. Rupscha-i und Aruch-me teilten Ilnaf-bas Meinung am wenigsten.

Rupscha-i sprach: „Schon längere Zeit weist du uns darauf hin. Im Gegensatz zu dir war Krata-buun der Ansicht, dass Btar uns nicht so viel Fruchtbarkeit an Pflanzen und Tieren schicken würde, wenn sie nicht wollte, dass wir uns vermehren."

„Die Dürre dieses Jahres könnte aber eine erste vorsichtige Mahnung Btars sein, findest du nicht?"

„Vergiss nicht, dass der Regen im Frühjahr besonders gut verteilt fiel. Das Getreide keimte und wuchs hervorragend. Erst einen dreiviertel Mondlauf vor der Ernte regnete es nicht mehr bis kurz nach Chana-nia-isba-lut. Unsere Ernte ist dadurch nur unwesentlich geringer ausgefallen, eine Grube blieb leer, das stimmt. Wir werden die Fladen kleiner machen und länger an ihnen herumkauen, aber zusammen mit dem Fleisch und den übrigen Vorräten werden wir ohne Hunger über den Winter kommen. Verglichen mit den Überlieferungen unserer Ahninnen leben wir in einer für emsige Sammlerinnen wunderbaren Zeit. "

„Gab-Btar ist gütig. Sie mahnt uns rechtzeitig. Wenn wir nicht auf sie hören, könnte das nächste Mal der Regen viel früher ausbleiben."

„Sollte das passieren, werde ich mich deiner Meinung sofort anschließen. Vorerst aber bin ich anderer Meinung, wie Krata-buun. Deine Sorge, der Aschme-óch könne entvölkert werden, teilte sie ebenso wenig, weil sie glaubte, dass die Seelen für uns aus einem anderen Volk stammten. Damals fügtest du dich unserer Mehrheitsmeinung. Es ist dein gutes Recht, uns wieder auf deine Sorge hinzuweisen, zumal Felan-ke neu ist. Aruch-me, Chanut-pal, denkt ihr mittlerweile anders darüber? Und was sagst du, Felan-ke? In meiner Vision fiel kein mahnendes Wort über unsere Münderzahl, weder von Btar noch ihrer göttlichen Tochter. Ich denke, dass im Gegenteil gerade Btars Stärke uns helfen wird, unsere Kinder ohne Not aufzuziehen."

„Gab-Btar herrscht über die Geburt genauso wie über den Tod. Woher sollen wir wissen, dass ihre Stärke nur dem Leben gilt", gab sich Ilnaf-ba noch nicht geschlagen.

„Das ist klar, aber glaubst du, Btar lässt uns zuerst viele Kinder gebären, nur damit sie sie hinterher gleich wieder holt?"

„Sie befiehlt uns nicht, so viele Kinder zu bekommen. Wir entscheiden das. Und für diese Entscheidung haben uns unsere Ahninnen einen guten Maßstab mitgegeben. Wenn wir uns nicht mehr daran halten, ziehen wir unser Unheil selbst an. Btar kann nichts dafür."

„Du übertreibst! Drei Hände voll mehr oder weniger Münder sind leicht zu füllen in einer Umgebung, in der das Leben überall sprießt. Obwohl wir nicht mehr herumziehen, haben wir genug Nahrung. Mit jeder Sonnenwende noch mehr, weil wir unsere Saatreihen stets ein wenig ausdehnen. Jede Hand mehr hilft uns dabei. Ich stimme dir zu, dass wir den Faden auf einmal nicht zu stark spannen dürfen. Keine Weberin darf das. Aber von dem Reißen des Fadens sind wir viel zu weit entfernt."

Am Ende ihrer Diskussion kamen sie überein, dass sie zumindest drei Frauen mit Kinderwunsch ihren „Schutz" gegeben würden.

Die Weisen Frauen gingen zum Gemeinschaftsteil der Höhle zurück. Dort hatten sich zwei Gruppen gebildet: Eine größere, die sich abseits von Horfet aufhielt und mit den Kindern spielte, und eine kleinere, die sich um Horfet und Boritak geschart hatte und heftig auf sie einredete. So hitzig wurden die beiden bedrängt, dass sie die Rückkehr des Fünferrates erst bemerkten, als Ilnaf-ba mit ihrer lauten Stimme von hinten fragte: „Was ist? Hat Horfet euch *Gott* Onloatwi schon näher bringen können?"

„Nein, Mutter", kam die prompte Antwort ihres ältesten Sohnes Elatansch, „obwohl er und vor allem Boritak sich die größte Mühe geben."

„Warum auch du, Boritak, derart von Onloatwi überzeugt zu sein scheinst, würde ich gerne wissen. Vorhin hast du schon das Wort für ihn ergriffen. Erzähl es uns, während wir uns einen Fladen gönnen. Dann werden wir euch sogleich mitteilen, was unsere Beratung ergeben hat."

Während die Körbe mit den Fladen die Runde machten, stellte sich Boritak in die Mitte des Kreises, der sich vergrößerte, weil sich alle Erwachsenen dazu gesellten. Allein die Kleinkinder fuhren fort, am Rande der Versammlung Steinhäufen aufzuschichten. Mit dem Stab vor seiner Brust wartete er, bis alle Blicke der Älteren ihm galten und nichts außer Kauen und Steineklimpern zu hören war. Die faltige Haut Ilnaf-bas erinnerte ihn an seine verhasste Mutterschwester. „Überall schimmern deine Knochen durch", dachte er, „und laden mich ein, sie abzuknicken, du magere, graue Kuh."

Nach einer kurzen Verbeugung äußerte er sich: „Ehrwürdige Bútútekál, deiner Bitte will ich gerne nachkommen. Als Horfet mir seine Vision schilderte, sah ich in seinen Augen die tiefe Berührtheit, die der Sohn der Göttin bei ihm hinterlassen hat. Ich habe große Ehrfurcht davor. Denn ich bin ein Mensch, der sich zwar immer aufmerksam der Göttin widmete, aber doch selten ein oder zwei Worte aus ihrem Munde zugeraunt bekam. Folglich war ich umso erschütterter, als auch mir ihr Sohn erschien und sagte: „Glaube ihm! Er spricht die Wahrheit, fürwahr. Ich bin jung, meine Mutter ist alt."

Er zögerte und atmete hörbar. „Ihre Kraft schwindet, meine wächst."

Aruch-me verschluckte sich und hustete, bis sie rot anlief. Ilnaf-ba dagegen blieb ganz ruhig und fragte: „So, so und du bist dir sicher, dass es ein Sohn der Göttin war?"

Boritak tat so, als überlege er. Dann sagte er: „Ja, ich glaube schon."

Entsetzt blickte Horfet auf seinen Freund. Hatte der ihn nicht ständig darin bestärkt, sich selbst zu vertrauen und erst recht seiner Vision? Nicht nur einmal, nein, immer, wenn er selbst daran gezweifelt hatte! Boritak war der erste und einzige, der die Erscheinung wirklich ernst nahm. Ohne ihn hätte er wohl schon lange den Glauben daran verloren. Wieso machte sein bester Freund nun einen Rückzieher und ließ vor der Butú-tekál derart seinen Schwanz hängen? Welche Macht hatte sie über ihn? Und wie würde Onloatwi auf diesen Verrat reagieren? Horfet hörte sein Herz bis zum Halse schlagen. Die Zeit, sich zu bekennen, nahte.

„Nun, so überzeugt, wie du sprichst, scheinst du also doch nicht zu sein", hörte er sie sagen, „Du bist alt genug, um zu wissen, wie leicht man sich täuschen kann, nicht wahr? Unser Horfet dagegen ist noch sehr jung. Er hat das Recht, sich voller Begeisterung zu irren."

Boritak hielt ihm den Stab hin.

Horfet packte ihn und sprach mit fester Stimme: „Bitte Butú-tekál und ihr alle, nennt mich in Zukunft, Mannessohn. Elatansch gab mir diesen Namen, um mich zu verspotten. Aber ich will ihn in Zukunft als Ehrennamen tragen. Meine Initiation wurde unterbrochen, das ist wahr, aber ich hatte eine wichtige Vision, an die ich glaube. Wenn ich schon nicht Mann geworden bin, dann will ich mir selbst wenigstens einen neuen Namen geben."

„Was sagt deine Ubleng-batar dazu?", wandte sich Ilnaf-ba an Lu-bagdai, die im Gegensatz zu ihren unentschlossen dreinblickenden Geschwistern eine klare Meinung zu haben schien.

„Niemand sollte mit einem Namen gerufen werden, aus dem er herausgewachsen ist. Aber ich bin dagegen, dass mein Schwestersohn einen Namen annehmen will, der sich gegen die Stammesgemeinschaft stellt. Deine Sippe wird dich weiterhin Horfet rufen."

„Deine Entscheidung ist weise, Lu-bagdai", lobte Ilnaf-ba, „also, Horfet, ohne Zustimmung deiner Sippe wirst du wohl weiter deinen Namen tragen müssen. So will es unsere Sitte. Zurück zu deiner Vision. Horfet, Boritak, setzt euch hier in die Mitte, Horfet, gib mir den Redestab, denn ab jetzt werde ich jedem, der reden will, das Wort per Handzeichen erteilen. Angesichts der Aufgewühltheit, die eure Reden, auslösen, erscheint mir das zweckmäßiger. Danke. Also hört zu, was Gab-Btar uns, dem Fünferrat übermittelt hat. Ich bin sicher, dass sich danach manches aufklärt."

Boritak setzte sich, aber Horfet blieb mit mürrischem Blick stehen. Ilnaf-ba ließ ihn. Sie bat Rupscha-i, selbst ihre Vision vorzutragen. Nalabus Großmutter tat nichts lieber als das. Mit ihren zusätzlichen Pfunden auf Rippen und Hüften wirkte sie jünger, als sie es mit ihren einundneunzig Sonnenwenden tatsächlich war. Voller Begeisterung erzählte sie, was sie gesehen hatte, und veränderte ihre Stimme dabei so eindrucksvoll, dass sich diese sehr von ihrer gewohnten unterschied.

„Ona-ge-lonawil, versteht ihr", schloss sie ihre Schilderung, „Horfet hat sich nur verhört, nicht ‚Oneg-loatelwil', sondern ‚Ona-ge-lonawil' hat gesprochen, nicht ein Sohn Btars erschien ihm, der sich ‚Gott der Mannessöhne' nennt, sondern eine von Btars Töchtern und zwar die göttliche Tochter der Zärtlichkeit. Das ist des Rätsels Lösung."

Während rings um ihn herum die Hände zum Dank in die Höhe gestreckt wurden, stand Horfet wie vom Donner gerührt da und betrachtete seinen Freund, der geistesabwesend auf das Bein eines neben ihm sitzenden Jungen starrte.

Ilnaf-ba erhob sich: „Hochverehrte Mitglieder des Sippenhäupterrates, die ihr zwar nicht dem Rat der Weisen Frauen angehört, aber die Weisheit aller Clanmütter und erfahrenen Clanmütterbrüder repräsentiert, wünscht ihr, euch zur Beratung zurückzuziehen?"

„Nein, wozu?", fragte Kipik-le, Kanochs Mutter, Clanmutter der Igelsippe. „Wenn Gab-Btar zu einer Weisen Frau eine so klare Vision schickt, gibt es nichts mehr zu besprechen. Horfet hat sein Traumbild offensichtlich falsch gedeutet. "

„Denkt ihr alle so darüber?"

„Ja", meldete sich Lu-bagdai zu Wort, „auch ich als Horfets Clanmutter habe dazu keine andere Meinung."

Pakun, ebenfalls Mitglied im Sippenhäupterrat, meldete sich. Er holte weiter aus: „Horfet, ich bin dein Großmutterbruder. Toischan und ich haben dich gelehrt, dass den Frauen besondere Kräfte innewohnen, nicht nur, was ihre Gabe anbelangt, Kinder zu gebären. Die meisten von ihnen haben zudem ein drittes Ohr für die ganz leisen Töne der Göttin. Dieses fehlt uns Männern. Deine Großmutter wusste immer, wann ich log. Sie ahnte im Voraus, was ich plante. Sie kannte mich manchmal besser als ich mich selbst. Die Göttin flüsterte ihr dieses Wissen ein. Darum hab Vertrauen zu den Frauen und ganz besonders zu den für ihre Weisheit gerühmten Frauen des Fünferrates."

Weil sonst niemand mehr aus dem Sippenhäupterrat sprechen wollte, wandte sich Ilnaf-ba selbst an Horfet: „Gräme dich nicht, Horfet. Jedem Menschen kann ein solcher Irrtum unterlaufen. Freue dich doch mit uns. Die Last, die dir Oneg-loatelwil aufbürden wollte, nahm dir Ona-ge-lonawil. Warum freust du dich nicht darüber?"

„Mich freuen darüber, dass ihr mich wie einen dummen Jungen behandelt? Merkt ihr nicht, wie ihr mich kränkt? Wie soll ich einen göttlichen

Sohn mit einer göttlichen Tochter verwechseln können? Ich habe euch doch erzählt, welch riesiges Gemächt er vor sich hertrug. Ich bin weder blind noch hohlschädlig. Warum kann sich nicht Rupscha-i geirrt haben? Warum zählt ihre Vision mehr als meine?"

„Horfet, es reicht", schalt ihn seine Mutter. „Du entschuldigst dich sofort bei Ilnaf-ba und Rupscha-i!"

„Nein, das werde ich nicht tun. Ich weiß, was ich gesehen habe."

„Ja, glaubst du denn, das weiß *ich* nicht! Mein Alter und mein Geschlecht lassen meine Augen klarer sehen als deine, vergiss das nicht, mein *Junge*." Das letzte Wort sprach Rupscha-i betont langsam.

Horfet sah sich um. Doch Pakun und Toischan hatten sich direkt hinter ihm aufgebaut.

„Nein, Horfet, heute rennst du uns nicht davon, sondern erweist den Ratsfrauen die Ehre, die ihnen gebührt. Wenn Rupscha-i Ona-ge-lonawil erschienen ist, dann fällt dir die Speerspitze nicht ab, wenn du zugibst, dass du dich getäuscht haben musst", stellte Toischan klar.

„Darum geht es gar nicht. Und keine Angst, ich bleibe, aber ich beuge mich nicht. Ich muss dir sogar widersprechen. Denn ich muss auch an Krata-buuns Wiedergeburt denken. Wieso seht ihr das nicht ein? Ich respektiere Rupscha-is Vision ganz und gar. Nur begreife ich nicht, wie man ihre und meine, die ja weiß Btar grundverschieden waren, überhaupt vermengen kann. Bloß weil zwei göttliche Geschwister auftreten, die sehr ähnliche Namen haben", flüsterte Horfet, bebend vor Zorn.

„Eben weil du nicht dumm bist, verstehst du den Zusammenhang sehr gut", sagte Ilnaf-ba, „Rupscha-i bekam die Vision ja nicht losgelöst von deiner. Der Fünferrat bat Btar um ein Traumbild, das deines erklären sollte. Rupscha-i wurde von Btar erwählt, es zu bekommen. Daher ist ihre Vision natürlich aussagekräftiger als deine. Und sie ist sich sicher, dass Krata-buun bereits wiedergeboren ist. Auch ohne dass wir ‚Onloatwi' verehren. Es gibt überhaupt keinen göttlichen Sohn, sondern nur göttliche Töchter. Dein ganzes Gerede über die Drohungen dieses Onloatwi und die Kraft des Mannessaftes ist also blanker Unsinn."

„Und was ist mit Goila-lins Sohn? Das Mal an seinem Unterschenkel sieht genauso aus wie das bei Elatansch." Boritaks Frage hallte in der Höhle, in der plötzlich Totenstille herrschte.

„Was heißt das schon?", keifte Rupscha-i.

„Das, was ich auch bei den Pferden beobachtet habe", sagte Horfet und zollte Boritak mit einem Zwinkern seinen Dank, „Elatansch muss ihm seine Farbe gegeben haben. Elatansch ist Goila-lins Geliebter. Sein

Saft floss in sie und zeichnete das Bein ihres Sohnes. Wie könnte er das bewirken ohne Onloatwis Kraft?"

„Ach, das, das sagt gar nichts. Vielleicht gefiel Btar nur das Muster, und sie zeichnete es eben nicht nur auf Elatansch", brauste Felan-ke auf. „Wenn ihr Männer wirklich wissen wollt, wie unwichtig der Mannessaft ist, dann lasst eure Lustbringer doch ein Jahr lang außerhalb unserer Bäuche. Ihr werdet sehen, dass wir Frauen wie eh und je Töchter *und* Söhne gebären."

„Bei Btars Schoß, warum sollen wir alle für die Dreistigkeit der beiden da büßen?", schrie Elatansch aufgebracht. „In weiblichen Bäuchen wächst das Leben heran, weibliche Augen müssen also zwangsläufig die Zeichen der Göttin deutlicher erkennen und richtiger deuten als unsere. Wir Männer sind hervorragend dafür geeignet, den Tod zu bringen. Unsere Beine laufen schneller, wir schießen weiter als Frauen, unsere Arme tragen die Beute leichter als ihre. Darin übertreffen wir die Frauen, gewiss. Doch vom Hervorbringen des Lebens verstehen wir rein gar nichts. Sollten uns die nichtigen Worte eines übermütigen Jungen und eines dahergelaufenen Fremden etwa von unseren Müttern, Schwestern und Geliebten entzweien? Nein und viermal nein."

Ilnaf-bas Mutterherz schwoll vor Stolz an. Ihr Sohn war schon der Weiseste von allen! Aber auch die anderen, Männer und Frauen, stampften ihre Zustimmung auf den harten Höhlenboden, genau wie Felan-ke es erwartet hatte.

„Es gibt noch eine andere Möglichkeit, herauszufinden, welche Bedeutung der Mannessaft wirklich hat, ohne dass jemand von uns auf das verbundene Geschlecht verzichten muss", sagte Boritak, als wieder ein wenig Ruhe eingekehrt war.

„Ha, welche denn?"

„Indem wir noch einmal lebende Schafe fangen und sie einsperren. Ein Gatter mit Schafen und einem Widder, ein Gatter mit Schafen ohne Widder."

„Genau", rief Horfet begeistert aus, „wir fangen einfach noch einmal welche und beobachten, was passiert. Genau wie ich bei den Pferden. Bloß dass dieses Mal alle zuschauen können."

Die Ma-ga-ur-Frauen erschraken zutiefst. Bärenkotze! Daran hatte keine von ihnen gedacht. Wie würden sie sich wohl aus dieser Schlinge befreien können? Felan-ke blickte beschämt auf Ilnaf-ba. Ausgerechnet ihr unnötiges Vorpreschen war schuld an der verfahrenen Lage.

Ilnaf-ba versuchte, sich nichts anmerken zu lassen. Ihr Verstand arbeitete hektisch an einer möglichst gelassenen Erwiderung. „Nun, wie ihr wisst, gab es diesen Versuch schon einmal, ohne dass es Jungtiere gab. Warum sollten wir den wiederholen?", fragte sie.

Horfet wusste sofort den Grund. „Großmutterbruder Pakun erzählte mir, dass damals drei trächtige Muttertiere gefangen wurden, die zufällig nur weibliche Lämmer warfen. Dieses Mal müssen wir einen Bock dazufangen oder warten, bis ein Jungbock groß genug ist, die Muttertiere zu besteigen. Ohne den Saft eines Bockes konnte kein Lamm entstehen."

„Du sagtest, der Mannessaft bewirke nur Söhne. Jetzt soll er schon für Lämmer beiderlei Geschlechts sorgen. Du widersprichst dir, Horfet", stellte Lu-bagdai fest.

„Aber ihr sagt, Btar allein lege Kinder in den Bauch einer Frau. Warum tat sie das nicht auch bei den Schafen?"

Bei Btars Brüsten! Jetzt wo Horfet es aussprach, fiel es Ilnaf-ba wie Schuppen von den Augen. Drei Schafe mit drei weiblichen Lämmern und kein Bock, tatsächlich, so hatte auch sie es in Erinnerung. Damals gehörte sie weder dem Fünferrat an noch kannte sie das Kleine Geheimnis. Ilnaf-ba schaute auf ihre Mitfrauen im Weisenrat. Keine von ihnen war damals schon dabei gewesen. Nur die verstorbene Krata-buun. Obwohl damals noch nicht Butú-tekál, hatte Krata-buuns überzeugende Rede den Stamm schließlich dazu gebracht, die Schafhaltung wieder sein zu lassen. Seltsam, dass sie beide nie darüber gesprochen hatten!

Da Ilnaf-ba stumm blieb, schaltete sich Aruch-me ein. „Sie will sicherlich nicht, dass frei geborene Schafe bei uns hinter Stangengittern leben. Deshalb hat sie den Mutterschafen keine Lämmer geschenkt. Wir sollten den Willen der Göttin beherzigen und nicht noch einmal ihre wolligen Geschöpfe einsperren."

„Ich habe euch gleich gesagt, dass die Gehege zu klein sind", schimpfte Barcha-let. „Wir hätten die Tiere herumführen sollen, so wie sie es gewohnt sind. Wisst ihr noch, wie gut ihre Milch schmeckte? Und wie die Kleinen sich mit den Lämmern anfreundeten?"

Ilnaf-ba lächelte Barcha-let zu. Dabei wäre die Milch sicher der geringste Vorteil der Schafhaltung. Viel wichtiger erschien ihr, dass die Männer dann nicht so oft auf Jagdzügen unterwegs sein und sich weniger Gefahren aussetzen müssten. Ihr Elatansch litt noch immer unter seinem linken Ellbogen, den er sich vor zwei Sonnenwenden bei der Jagd auf ein Wildschwein gebrochen hatte. Ein Glück, dass er Rechtshänder war. Auch das Trocknen des Fleisches würde dadurch überflüssig, weil sie immer gleich bei Bedarf schlachten könnten. Andererseits barg die Schafhaltung das Risiko, eines Tages das Kleine Geheimnis zu enthüllen. Wog dieses Risiko nicht viel schwerer als all die erkennbaren Vorteile?

Barcha-let schien ihre Gedanken zu lesen: „Es wäre sowieso ganz praktisch, stets ein paar Tiere im Dorf zu haben. Nicht immer kehren die Jäger erfolgreich heim. Außerdem kann Btar dann auf eine Weise mit uns sprechen, die wir alle verstehen. Auch mein irregeleiteter Sohn und mein Geliebter werden erkennen, dass Schafe und Geißen ohne Böcke Junge bekommen. Unser Streit schlichtet sich von allein."

Rupscha-i war ganz anderer Meinung: „Schlimm genug, dass ein Junge es wagt, sich über eine Butú-tekál zu erheben. Wo soll unser Stamm enden, wenn die Erfahrungen und die Weisheit alter Frauen und Männer nichts mehr zählen? Sollen wir bei jedem Trugbild alles vergessen, was uns bisher wichtig und heilig war? Dass seinetwegen ein Haufen Schafe und wohl bald auch Ziegen die ganze Zeit über bei uns im Dorf leben sollen, nur um etwas Uraltbekanntes vor Augen zu führen, übersteigt meine Geduld. Erstens müssten *wir* die Tiere versorgen, bisher taten sie das selbst. Außerdem locken sie Raubtiere an, sie machen Krach, wozu also der Unsinn? Unsere Jäger haben bisher ausreichend Beute gebracht. Was sollte sich daran in Zukunft ändern? Soll doch Horfet in Zukunft seinen Ehrgeiz für die Jagd nutzen."

Ilnaf-ba sah sich um. Rupscha-is Gegenargumente verfingen bei den anderen weniger, als sie erwartet hatte. Einige Männer warfen verstohlene Blicke auf manch eines der Kinder. Denn natürlich hatte es immer schon Fälle gegeben, in denen ein Kind körperliche Merkmale oder Vorlieben eines Geliebten an den Tag legte. Bisher hatte dem niemand Bedeutung beigemessen. Man nahm schlicht an, Btar liebe es, Menschen ähnlich zu machen, besonders wenn sie ihr gut gefielen. Die Frauen wiederum schienen sich zu fragen, ob ein Vorrat an lebenden Tieren nicht wirklich eine gute Sache sei.

Ihr selbst erging es ja nicht anders. Als Butú-tekál musste sie stets eine Entscheidung anstreben, die von allen getragen werden konnte. Horfet und Boritak waren von ihrer Sache derart überzeugt, dass eine rüde Abfuhr in ihnen erst recht Widerspruch erzeugen würde. Wenn außerdem die stille Mehrheit offenbar an einem erneuten Versuch mit Schafen interessiert war, hatte es wenig Sinn, auf Biegen und Brechen diese Möglichkeit zu verdammen.

Gab es denn keinen dritten Weg? Konnte man nicht Schafe halten und gleichzeitig das Kleine Geheimnis wahren? Vielleicht sogar erst recht unangefochten und über alle Zweifel erhaben? Kipik-le, die Ubleng-batar der Igelsippe, begehrte das Wort: „Ehrwürdige Ma-ga-ur-tarat Rupscha-i. Jeder vernünftige Mensch wird deine Vision höher achten als die eines Jungen. Dessen sei versichert. Wenn gegen Boritaks Vorschlag keine Widerworte aufbranden, dann nur deshalb, weil wir damals wohl sehr früh die Idee mit der Schafhaltung fallen gelassen haben. Krata-buuns flammende Rede hat uns dazu hingerissen. Wir wissen, dass Btars Kraft den Schafen ihre Lämmer gibt, nicht die Widder. Vielleicht wollte sie bloß in diesem Jahr deren Bäuche nicht füllen, das nächste Mal aber schon. Daher bin ich der Meinung und, wie es aussieht, mehrere mit mir, dass wir es durchaus erneut mit den Schafen probieren sollten. Boritak hat Unrecht mit dem Anlass, warum er uns den Vorschlag macht. Den Vorschlag selbst finden wir allerdings gut."

„Hochverehrte Rupscha-i", nutze Boritak diese unerwartete Chance, „lass die Verpflegung der Tiere allein unsere Sorge sein. Horfet und ich bauen für sie außerhalb des Lagers zwei Umzäunungen. Wie mir Barcha-let erzählt hat, wurde vor acht Sonnenwenden ein Kind, dessen Sippe kurz nicht aufpasste, am Dorfrand von einem Bären geraubt. Ich denke, dass der in Zukunft zuerst sein Glück bei den Schafen und Ziegen probieren würde. Dort könnten wir ihn erlegen, ehe er das Dorf heimsucht."

Die vier Frauen des Fünferrates blickten auf ihre erste. In ihren acht Augen rangierte die Sorge um den Schutz des Kleinen Geheimnisses deutlich vor allen anderen Überlegungen. Wenn jemand noch mal das Ruder herumreißen könnte, dann nur noch die Butú-tekál, hofften sie. Doch Ilnaf-ba schwieg und betete zu Btar. „Wenn du willst, dass wir in Zukunft Schafe halten dürfen und sollen, dann zeig mir den Weg. Du allein bist die Herrin über das Große und Kleine Geheimnis."

Sie sah hinüber zum Wandbild der Göttin. Im Licht der Fackeln leuchtete allein deren linke Hand hell auf. Hand? Einer von Krata-buuns Lieblingssprüchen fiel ihr ein. „Manchmal muss man der Göttin eben seine Hand leihen", pflegte ihre alte Freundin zu sagen. Ja, so könnte die Lösung aussehen. Schafe halten und gleichzeitig beweisen, dass Schafe ohne Widder ihre Lämmer bekamen. Das würdeHorfets Vision besser als alles andere widerlegen und für Einigkeit und Ruhe im Stamm sorgen. Allmählich fühlte sie sich ringsum wohl in ihrer Haut als Butú-tekál.

„Tiere zu halten", sagte sie mit lauter Stimme, „statt sie zu jagen, klingt auf den ersten Blick vernünftig. Wir werden sehen, welche Erfahrungen wir damit machen. Btars Hände mögen unser Vorhaben segnen oder zunichtemachen."

Das Stichwort „Btars Hände" beruhigte die vier Weisen Frauen. Dadurch bedeutete ihnen die Butú-tekál, dass sie einen Weg gefunden hatte, den sie ihnen später unter fünf Nasen mitteilen würde.

„Nicht dulden werde ich jedoch, dass die Göttin verunglimpft wird. Ich will weder den Namen noch Geschichten über einen angeblichen Göttinnensohn hören. Erst soll er zeigen, was er wirklich kann. Ist das klar, Horfet und Boritak?"

„Vollkommen klar, möge deine Weisheit dir allzeit zur Ehre gereichen", rief Boritak aus und legte seinen Arm um Horfets Schulter. „Vertrau ihm", zischte er in dessen Ohr.

Ihre Blicke trafen sich. Boritak sah den Kampf in Horfets Seele. Wer würde gewinnen? Der alte oder der neue Horfet? Hoffentlich machte der Kleine jetzt keinen Fehler. Zu viel hing davon ab.

„Und was ist mir dir, Horfet?", ließ Ilnaf-ba nicht locker.

„Dieser junge Sohn Btars beugt sich deinem Willen."

Am zweiten Tage nach dem Fest regnete es noch immer. Völlig durchnässt hatten alle Festteilnehmer ihre Hütten erreicht, da der Regen schon einsetzte, als sie erst zwei Drittel ihres Heimweges von der Weißkrallenhöhle bis zum Dorf hinter sich gebracht hatten. Regen verhieß saftiges Grün und vielköpfige Herden, reiche Ernte und Überfluss. Ununterbrochene, heftige Wassergüsse indes waren nicht nach dem Geschmack der Mungordauks.

Besonders Horfet fiel es schwer, sich auf die Aufgaben zu konzentrieren, die ihm seine Mutterschwester und Mutter anschafften. Wie gerne hätte er mit Nal-abu allein gesprochen, um sie zu fragen, was sie von seiner Vision hielt! Doch obwohl er immer nach draußen schaute, sobald er glaubte, jemanden eine Hütte verlassen zu hören, konnte er Nal-abu nirgends entdecken. In die Hütte ihrer Großmutter zu gehen, war nutzlos. Denn dort hätte er nur vor der ganzen Sippe mit ihr reden können – eine wenig verlockende Vorstellung!

Als Horfet endlich genug Zunderpilz zerbröselt, Häute abgeschabt und drei Knochennadeln fertiggestellt hatte, gab Lu-bagdai seinem Drängen nach, zu Boritak gehen zu dürfen.

Boritak hielt sich tagsüber und nachts allein in der Versammlungshütte auf. Er ertrug es noch weniger, seine Zeit immerzu bei einer der Sippen zu verbringen und war froh, dass er derzeit als einziger in dem großen Zelt wohnte. Die heimgekehrten Mungordauksöhne lebten alle in den Hütten ihrer Mütter oder Schwestern, und fremde umherziehende Männer gab es zu dieser Jahreszeit keine. Dass er hier von Barcha-let mit Essen versorgt wurde, behagte ihm sehr. Dass sie dafür jeden vierten Tag das verbundene Geschlecht mit ihm erwartete, nahm er in Kauf, auch wenn er dabei stets andere Frauen im Kopf hatte. Fast jeden Abend bekam er Gesellschaft von all jenen, die nicht früh schlafen wollten, sondern lieber mit anderen Stammesmitgliedern bis tief in die Nacht hinein sangen oder spielten.

Den größten Teil des Tages aber verbrachte Boritak mit Nachdenken. Darüber, wie die Lebendjagd am besten zu bewerkstelligen sei. Und darüber, welch bemerkenswerte Wendung sein Leben in so kurzer Zeit genommen hatte. Vor der Tag-und-Nacht-Gleiche noch ein ziellos herumirrender Verstoßener nannte er nun den Jungen seinen Freund, dem ein leibhaftiger Gott erschienen war. Kein schwächlicher Gott etwa, sondern ein selbstbewusster Spross, der einen gleich hohen Platz neben seiner Mutter einforderte. Hätte er drei Monate zuvor die Hoffnung auf einen derartigen Verbündeten gehegt, er selbst hätte sich einen wahnsinnigen Hohlschädel gescholten!

Und jetzt hatte ausgerechnet er, der Stirntätowierte, die Butú-tekál des großen Weißkrallendorfes dazu genötigt, die Kraft eines solchen Gottes unter Beweis zu stellen. Was für eine Meisterleistung seiner Zunge! Der Stolz darauf schwellte ihm tatsächlich seine Brust. Horfet, der leicht beeinflussbare Junge seiner Geliebten, öffnete ihm die Eingänge zu den Hütten und taugte hervorragend als Gehilfe für die Umwälzung, nach der es Boritak seit langem dürstete.

In seinem Geist frohlockte er. „Wenn ein Gott als ebenso mächtig gilt wie die Göttin, wird dies auch die Bedeutung der Männer stärken. Wieso sollten dann weiter nur Frauen entscheiden dürfen, wie oft und mit wem sie ihr armseliges Geschlecht verbinden? Soll sich dann etwa weiter der Hungrige danach richten, wie viel der Satte essen will? Bei Fladen und Fleisch geht ja auch alles richtig zu. Doch obwohl wir sagen, dass ein

Mann den Unterleib einer Frau nährt, interessiert sich niemand ernsthaft dafür, wie viel Hunger ein Mann nach einer Frau verspürt."

Boritak ballte seine Faust, während er an die Schmähungen dachte, die Männer ständig erlitten. „Der Hochmut, mit dem sie uns hungern lassen, ist unerträglich. An Vollmondnächten ziehen sie sich zurück. Wenn ihr Blut um die neue Mondin herum fließt, sind sie erst recht komisch. Nach Geburten fordern sie Rücksicht ein. Und wenn sie dann endlich mal bereit sind, muss es ganz nach ihren Wünschen sein.

Wehe, ein Mann will etwas anderes haben als sie selbst. Wehe, er kuschelt nicht lange genug mit ihnen, streichelt sie nicht ausgiebig vorher, was für ein Gezeter kann er sich dann anhören! Fürwahr, ein männlicher Gott muss her, der schafft Abhilfe. Der kennt selbst die unbeherrschbare Wucht, mit der die Lust über einen Mann hereinbricht. Und welcher Stachel ist schon köstlicher als die Gegenwehr einer Frau?"

Der Gedanke an die Vergewaltigung Ke-hos zauberte ein breites Grinsen auf Boritaks Miene. Dies war sein mit Abstand geilstes Erlebnis! Onloatwi hätte ihn dafür bestimmt nicht verurteilt! Mit ihm würde eine neue Zeit anbrechen. Eine Zeit, in der ein Stamm Männer nicht mehr als Halbmenschen fortgejagte, wenn sie sich Frauen ihrer Wahl nahmen. Wo ein Mann sogar von den anderen Männern bewundert würde, wenn er für viele Söhne sorgte!

Er hob seine Hände in die Höhe, genauso wie es die Butú-tekál bei einem Ritual tat. „Onloatwi stehe uns bei. Mach, dass Horfet dich richtig versteht. Zeig uns deine Kraft. Weise Btar in die Schranken! Denn wenn du uns jetzt nicht hilfst, bleibt alles beim Alten!" Er legte seine Hände wieder auf seine Knie, die er für den Schneidersitz angewinkelt hatte.

Boritak wusste nur zu gut, wie seine gabbtaranischen Schwestern und Brüder dachten. Visionen waren mächtig, aber nur sofern sie ihre Stärke zeigten. Was nützte eine Schamanin, die nicht heilte? Wer glaubte auf Dauer einem Gott, dessen Traumbild sich nicht in der Wirklichkeit widerspiegelte? Die unangefochtene Stellung der Frauen rührte von ihrer Fähigkeit, Seelen aus dem Aschme-óch in die Körperwelt zurückzurufen. Wie schnell würde ihre Position wanken, wenn sich herausstellte, dass sie für ihr Göttinnenwerk männlicher Hilfe bedurften?

„Vielleicht sollte ich es auch mal selbst versuchen, den Gott um eine eigene Vision zu bitten." Dabei fiel ihm ein, dass er sein letztes Bilsenkraut für Horfet verbraucht hatte. Erst im Frühjahr konnte er losziehen, um neues zu sammeln. Ob er allerdings je eine derart klare Vision wie Horfet erleben würde, bezweifelte er. Bei all seinen Ausflügen mittels

Bilsenkraut in die Welt grellbunter Träume, konnte er sich anschließend nur an wirre Eindrücke erinnern. „Was Onloatwi anscheinend imponiert, ist eine mutige Tat", erinnerte er sich zufrieden an sein unbefugtes Eindringen in die Ritualhöhle.

„Als ich die Kalksäule aus der Ritualhöhle abschlug und sie an einem unzugänglichen Ort für dich aufstellte, gabst du, Onloatwi, mir den wichtigen Hinweis auf Btars Alter. Mut scheinst du also zu mögen, mein Gott. Wahrscheinlich erwartest du einfach mehr von mir. Ich werde dir beweisen, dass ich deiner Hilfe wert bin! Denn die werde ich brauchen. Hörst du, Onloatwi? Ich vertraue auf dich. Ich verschaffe dir Respekt. Hilf du mir auch! Sonst bleibt Btar die alleinige Göttin, und ich werde über kurz oder lang wieder verstoßen!"

Horfet betrat die Gemeinschaftshütte. Als wolle er seine Gedanken verstecken, senkte Boritak sofort seinen Kopf und gab vor, in eine Strichzeichnung vertieft zu sein, die er auf den gekalkten Lehmboden geritzt hatte. Horfet stutzte angesichts der vielen Linien. „Sei gegrüßt, Boritak. Was zeichnest du da?", fragte er neugierig.

„Ich denke darüber nach, wie wir zu zweit lebende Schafe fangen sollen."

„Wir könnten eine Grube graben", schlug Horfet vor.

„Natürlich könnten wir eine Grube graben", Boritaks Stimme klang unwirsch. „Aber in dem steinigen Gelände ist das eine anstrengende Arbeit. Wenn sich das Leitschaf dann ausgerechnet für einen neuen Weg entscheidet, haben wir uns die ganze Arbeit umsonst gemacht."

Horfets Mundwinkel sanken nach unten. Genau das war der Haken an der Fallenlösung. Wenn Boritak dafür eine bessere Idee hätte, würde er ihn nicht lange überreden müssen. Sein Freund zog eine Linie mit seinem Finger nach.

„Dies sind Seile, Seile etwa so dick wie ein kleiner Finger, aus Hanf. Wie die einer Fußschlinge, nur dass sie zu einem Netz zusammengeknüpft sind. Du weißt, wie dein Stamm es mit der Schlinge macht. Die Jäger warten darauf, dass sich ein Bein der Beute darin verfängt und ziehen an. Allerdings braucht man viel Glück dazu, weil das Tier sein Bein genau dorthin setzen muss, wo die Schlinge auf es lauert."

„Rahi, ich verstehe, du willst nicht bloß einzelne Schlingen auslegen, sondern ganze Netze. Damit vergrößerst du die Fläche, auf der sich ein Tier verfangen kann. Einer zieht ihm die Beine weg, der andere eilt herbei und bindet ihm schnellstens die Hufe zusammen", rief Horfet begeistert aus.

„Schnell kombiniert. Ja, das ist meine Idee. Wir müssen schließlich zu zweit lebende Schafe fangen."

Horfet runzelte seine Stirn. „Aber was tun wir, wenn das Schaf noch schneller auf die Beine kommt, als einer von uns zur Stelle ist?"

„Am besten wäre natürlich, wir könnten das Netz so weit hochziehen, dass das Schaf nicht mehr weglaufen kann. Wenn man sie finge wie Fische."

„Fangen wie Fische in einem Netz, meinst du?"

„Ja, klingt verrückt, ich weiß. Aber wenn uns das gelänge, wäre es noch besser. Dann ließen wir sie darin hängen, bis sie sich ein wenig verausgabt haben und zu schwach geworden sind, sich zu wehren."

„Sie wären darin gefangen wie in einer Grube, nur dass diese Grube in der Luft hinge. Das ist ein witziger, aber ausgezeichneter Plan", lobte Horfet und sah bewundernd auf Boritak, „Onloatwi hat gut daran getan, dich zu mir zu führen, mein Freund. Ich bin froh, dass du nicht vorgeschlagen hast, unser Glück mit Auerochsen zu versuchen. Bei den Schafen tun wir uns entschieden leichter. Wir werden viele Schafe fangen und es ihnen allen zeigen."

Boritak zog erneut seine Stirn in Falten. „Wenn ich nur wüsste, woher wir so viele und lange Hanfseile nehmen sollen."

„Ich werde welche auftreiben, verlass dich darauf. Zur Not zerschneide ich auch noch meine Schlaffelle", beruhigte ihn Horfet.

Am späten Abend des gleichen Tages saßen Ilnaf-ba und Elatansch in der Umfriedung, die zum Steinschlagen diente. Sie war auf drei Seiten mit einem besonders breiten Weidengeflecht umgeben. An der offenen Seite brannte ein Feuer. Während Ilnaf-ba in die Flammen stierte, war Elatansch damit beschäftigt, eine von zwei Seiten einer scharfkantigen Flintsteinklinge mit einem Geweihstück einzukerben. Die Scharten, die dadurch entstanden, verliehen dieser Kante die Vorzüge eines Sägeblatts, während die in ihrer ursprünglichen Form belassene Seite für den glatten Schnitt bei Weichteilen besser taugte.

Obwohl Elatansch bei seiner Arbeit großes Geschick bewies, lenkte er Ilnaf-bas Blicke nicht auf sich. Die Sorgen, die sie seit der Wintersonnwende in ihrem Herzen trug, wogen zu schwer. Hatte sie fahrlässig uralte

Weisheiten aufs Spiel gesetzt, als sie sich für den Versuch mit den Schafen entschied? Was würde geschehen, wenn ihr der Trick mit den Widdern nicht gelänge? Wie genau würde sie es anstellen? Und wann? Waren Milch und Fleisch vor Ort überhaupt ein solches Risiko wert? Aber wie hätte sie die Entwicklung verhindern können? Wo doch anscheinend auch viele Frauen mit einer zukünftigen Schafhaltung liebäugelten? War es falsch, das Geheimnis nur im Fünferrat zu hüten? Wie würde das Fehlschlagen ihres Tricks das Denken aller verändern?

Ilnaf-ba fühlte, wie die Angst in ihr hochschoss. Sie entfernte sich ein wenig vom Feuer, dessen Flammen sie plötzlich zu versengen schienen. Boritak hatte beim Fest bewiesen, welche Gefahr von ihm ausging. Sie ließ noch einmal die Beratung Revue passieren. Lagen nicht die Leitung und das Hintergrundwissen allein auf ihrer Seite? Trotzdem wurde sie das Gefühl nicht los, von Boritak überrumpelt worden zu sein. Als sie selbst Horfets Visionsdeutung kritisierte, brachte Boritak den Hinweis auf das Mal am Bein von Goila-lins Sohn. Als Felan-ke die Möglichkeit einer enthaltsamen Zeit vorschlug, rückte Boritak einen Atemzug später mit der Schafhaltung heraus.

„Als wäre ich eine Maus, die in einen hohlen Ast kriecht, um vor einem Jungen zu fliehen. Während sie sich sicher wähnt, wartet die gnadenlose Hand schon am anderen Astende.", dachte sie niedergeschlagen. „Doch wie passt Horfet in dieses Bild? Seine Vision hat ihn tatsächlich sehr geprägt. Ist es denkbar, dass Boritak auch bei der Deutung durch Horfet sein Scherflein beigetragen hat? Wird er es fertig bringen, aus dem bisschen Mannessaft, das die Männer beisteuern, eine Bedeutung abzuleiten, die jenseits aller altehrwürdigen Sitten liegt? Woraus bezieht er seine Kraft?

Hat Gab-Btar ihn tatsächlich überleben lassen, obwohl er ein Stirntätowierter ist, wie Elatansch nach wie vor fest glaubt. Mein lieber Elatansch wäre ja sogar bereit, Boritaks Herkunftsdorf aufzusuchen, um sich endgültig Gewissheit zu verschaffen. Soll ich ihn schicken? Muss ich sogar dieses Opfer bringen, um meinen Stamm zu schützen? Doch wenn Boritaks Stamm tatsächlich an einer Krankheit starb, gibt es vielleicht niemanden, der Bescheid weiß. Dann ist Elatansch umsonst so lange fort."

Elatansch wusste, dass seine Mutter etwas quälte. Allerdings vermutete er, dass sie sich über das Verschwinden der Arkás ga-asch gräme. „Mutter, ich werde sie finden, vertrau mir. Der Wind vertreibt den Regen. Morgen breche ich auf", Elatansch nahm Ilnaf-bas Hand in die seine und tätschelte sie. Seit dem Fest wartete auch Elatansch ungeduldig auf das Ende des Regens. Wie seine Mutter machte er sich Sorgen um die Arkás ga-asch. Wo sie wohl steckte?

Durch Ritzen im Geflecht drangen hin und wieder kalte Luftzüge, die ein scharfer Nordwind brachte. „Hier zieht es wie im Sippenhaus", sagte Ilnaf-ba.

„Ja, ich weiß. Ich hatte schon länger vor, mal wieder ein bisschen Lehm auf die Wände zu schmieren. Auch auf dem Dach gibt es ein paar undichte Stellen. Soll ich das zuerst machen?"

„Nein, Elatansch, geh du nur. Mir ist es wichtiger, wenn du schnell aufbrichst, um die Arkás ga-asch zu suchen. Außerdem will ich, dass Daboi ebenso seine Sohnespflichten mir gegenüber erfüllt. Den habe ich nämlich nicht nur geboren und genährt, damit er ausschließlich Frauen beglückt."

„Lass aber unbedingt einen Mann helfen, der weiß, wie das gemacht wird. Daboi hat die Pfoten eines Wolfes und den Kopf einer Schnecke, wenn es um Arbeiten an Häusern geht."

„Oh ja, nie würde ich ihn allein werkeln lassen. Weißt du noch, wie schlampig er die Schilfbündel band? Fast alle lösten sich, ehe sie oben aufgelegt werden konnten. "

Beide lachten verhalten, um die in den Hütten bereits Schlafenden nicht zu wecken. Die meisten der Stammesmitglieder waren allerdings noch in der Versammlungshütte.

„ Ich hoffe nur, dass du sie nicht in einem traurigen Zustand findest."

„Das hoffe ich auch."

„Wer wird mit dir gehen?"

„Ich denke, unsere bewährte Vierergruppe genügt."

Ilnaf-ba vollzog mit der Hand eine kreisende Bewegung um den Kopf ihres Sohnes: die Geste, mit der die Gabbtaranschi die Alles-Mutter Btar um Schutz für einen geliebten Menschen baten.

Elatansch erwiderte die Geste, indem er seine Mutter in die Arme nahm und sie an sich drückte. „Schlaf gut, Mutter, Gab-Btar wird uns alle beschützen."

Elatansch behielt Recht, was das Wetter anging. Als sich die Morgennebel verzogen, sandte die Sonne Strahlen durch den heiteren Himmel, die den Losziehenden die Haut wohlig wärmten. Mit etwas Trockenfleisch als Proviant zogen die vier Männer aus dem Dorf.

Bei ihrem Abschied wusste Boritak nicht, ob er sich freuen oder fürchten sollte. So gerne er seinen größten Feind weggehen sah, so sehr saß ihm die Angst im Nacken vor dem, was Elatansch und seine Mutter wohl gegen ihn aushecken mochten.

„Mannessohn!", Gleneks Anrede von links hinten hatte einen reumütigen Unterton. „Bitte warte."

Horfet hielt mitten im Laufen inne. An diesem Tag, an dem sich endlich wieder die Sonne zeigte, hatte Boritak mit dem Bau des Geheges begonnen. Schon in der Frühe hätte Horfet ihm gerne dabei geholfen. Doch sein Clan trug ihm so viele Arbeiten auf, dass er sich erst am Nachmittag zu Boritak gesellen konnte.

„Was ist los? Und seit wann rufst du mich bei meinem richtigen Namen?", fragte er barsch.

„Von nun an werde ich das tun, Mannessohn."

Horfet musterte ihn. Sein Vorstoß schien ihm schwerzufallen, denn Gleneks Blicke hingen auf Brusthöhe fest und fanden den Weg nicht zu dem stolz erhobenen Haupt Horfets. „Wir wissen, dass Boritak und du mit der Einfriedung angefangen habt. Vermutlich könnt ihr Hilfe gebrauchen. Kanoch und ich bieten sie euch an. "

„Welchem Sonnenstand verdanke ich denn diese Ehre? Und vor allem, wie tief muss die Sonne in deinen Kopf geschienen haben, dass du mich darum bittest?", zeigte sich Horfet wenig zugänglich.

„Sei doch nicht so nachtragend. Wir waren früher gute Freunde. Wir haben uns geschlagen, wir haben uns gestritten und wir haben uns wieder vertragen. Nichts Außergewöhnliches eben."

„Du hast es schon immer verstanden, die Wahrheit zu verdrehen. *Ihr* habt mich doch allein stehen lassen und mich mit Spott überschüttet, nicht *ich* euch. Dass meine Großmutter und die Weisen Frauen mir zürnen, muss ich hinnehmen. Ihre Weisheit gibt ihnen zumindest das Recht dazu, auch wenn sie sich in meinem Fall gründlich täuschen. Aber ihr wart plötzlich auch gegen mich. Wie kommst du darauf, dass wir noch Freunde sind? Haut ab und lasst mich in Ruhe!"

Horfet war wütend. Dass sich Glenek bei ihm anbiederte, überspannte den Bogen. Seit Oí-chana-ú traten ihm Lu-bagdai und Riwa-quoi vorwurfsvoll-mitleidig gegenüber. Lu-bagdai nervte ihn überdies entsetzlich mit ihrer Flöte. In dem Maße, in dem ihr Bauch anschwoll und sie sich auf ihr Baby freute, wuchs ihre Überzeugung, dass die Flöte Btars Anwesenheit herbeirufen und Onloatwis Wirrgeist verscheuchen könne. Immerzu hatte sie ihm während der Regentage Lieder vorgespielt, als sei er ein kleines Kind.

Auch seine Mutter behandelte ihn wie früher, und sein Mutterbruder schaute traurig, wann immer Horfet und Boritak sich ihrem Vorhaben widmeten. Nur Pakun, Anujach und In-eika verhielten sich ihm gegenüber unverändert. Bei Pakun mochte das freilich auch daran liegen, dass er gleich nach Oí-chana-ú von einem leichten Fieber heimgesucht wurde, das ihn schwächte. Ein Grund mehr für Lu-bagdai, ihrem Schwestersohn zusätzliche Aufgaben zu übertragen. Dabei hätte Horfet seine ganze Energie am liebsten nur noch in das Schaffangvorhaben gesteckt.

Was ihn jedoch am allermeisten störte, war, dass ihm Nal-abu ganz offensichtlich aus dem Weg ging. Als er sie neulich ansprach, zog sie sich sofort unter einem Vorwand zurück.

„Du hast ja Recht", schaltete sich Kanoch ein, „unsere Schmähreden wider dich tun uns leid. Wir entschuldigen uns bei dir. Es hat uns imponiert, wie du deine Vision vor dem Fünferrat verteidigt hast. Und die Sache mit dem Mannessaft macht wohl jeden Mann neugierig. Wie du wohl weißt, habe ich nur einen Mutterbruder, mit dem ich mich nicht verstehe. Wenn ein Sohn wirklich aus dem Saft eines Mannes herstammte, würde ich gerne wissen, welcher Mann mich in den Bauch meiner Mutter gelegt hat."

Glenek fand noch einen anderen Grund für den Meinungsumschwung. „Boritak ist ein wahrhaft beeindruckender Mann. Du hast das gleich gemerkt. Wir erst jetzt. Ihr seht derart zuversichtlich aus. Dabei müsst ihr allein lebende Schafe fangen. Ich wüsste zu gerne, wie ihr das anstellen wollt."

„So, so. Dann freut es dich sicher zu hören, dass wir beide bereits einen Weg ausgetüftelt haben. Aber ich vergaß: Ihr haltet mich ja für einen nutzlosen Esser, der sein Jungengewand nie abstreifen wird."

Kanoch kratzte sich verlegen am Kopf, während Glenek angespannt nach Worten suchte. Endlich sagte er: „Nun, ein Junge bist du wohl schon noch, aber dass du ausgerechnet die leichteste Prüfung nicht bestehen solltest, nachdem du all die anderen gut gemeistert hast, ist Blödsinn. Verzeih mir bitte mein dummes Geschwätz darüber."

„Deine Worte machen *mich* neugierig. Warum ‚leichteste Prüfung'? Es heißt doch immer, dass die nach der Visionssuche in der Höhle die schwerste ist. Wenn ihr bei uns mitmachen wollt, müsst ihr mir schon verraten, worin diese Prüfung besteht."

Obwohl Aussagen darüber tabu waren, hatte Boritak Horfet dieses Geheimnis bereits enthüllt. Doch das konnten Kanoch und Glenek unmöglich ahnen. Horfet genoss es, die beiden mit sich ringen zu sehen. Würden sie ihn einweihen entgegen der Tradition oder feige von dannen ziehen?

„Nun, was ist? Ich dachte, ihr wollt uns eine Hilfe sein. Auf Schlangen können wir verzichten."

„Wie meinst du das?"

„Ach, nur so eine Redensart von Boritak. Er sagt immer ‚ein Mann muss sich seinen Weg durch Dickicht freirammen wie ein Büffel. Kriecht er hindurch wie eine Schlange oder verschwindet er vor Angst in einem Erdloch, läuft er Gefahr, seine Manneskraft zu verlieren.' "

Glenek verkniff sich ein Lächeln. „Ulkige Angst, dachte er, „mich erinnern Schlangen eher an entspannte Schwänze, die gerade zum Zug gekommen sind." So ernst wie Horfet schien Boritak seine eigenen Sprüche aber nicht zu nehmen. Denn Boritaks vorsichtiges Taktieren vor dem Sippenhäupterrat hatte wenig gemein mit büffelhaftem Durchbrechen, dafür viel mit geschmeidigem Schlangenwinden.

„Ich will endlich zu Boritak. Ich habe keine Lust, erst bei Mondlicht dort anzukommen. Entscheidet euch endlich!", drängte Horfet die beiden.

Kanoch schüttelte seinen Kopf. Dieser Preis war ihm zu hoch.

Doch Glenek besaß weniger Skrupel. Er zog Kanoch auf die Seite: „Wieso machen die Erwachsenen überhaupt so ein Geheimnis um die Prüfung? Wahrscheinlich wollen sie den Initianten nur zusätzlich in Angst versetzen, damit die Freude und Entspannung, die die Tochter der Göttin dem jungen Mann bringt, umso nachhaltiger wirkt. Horfet war früher unser Freund. Ach, was rede ich. Er ist doch immer noch unser Freund. Ich finde, er hat beim ersten Versuch seiner Mannesweihe schon genug gelitten. Beim zweiten Mal wird er weiterhin Angst genug haben. Einfach schon deswegen, weil ihn das ganze Grauen in der Höhle wieder anspringt.

„Ja, schon, aber."

„Kein ‚aber'. Schau. Ich finde, wir sind ihm wirklich einen Gefallen schuldig. Schießen wir zwei Tiere mit einem Pfeil. Er weiht uns ein, und seine Einweihung wird für ihn leichter. Eine gute Sache. Los, rede nicht.

So machen wir das. Du willst schließlich den Saftspritzer deiner Mutter finden."

Ehe Kanoch widersprechen konnte, ließ Glenek ihn stehen und wandte sich an Horfet. Kanoch trottete hinterher. Sinnlos, Glenek in diesem Zustand zur Vernunft zu bringen. Außerdem würde er selbst sowieso nichts preisgeben müssen. Wenn Glenek redete, holte er selten Luft. „Einverstanden. Wir verraten es dir. Wo und wann?"

Horfet stutzte. Dass Glenek so schnell bereit war, das Tabu zu brechen, hatte er nicht erwartet. Erst jetzt wurde er sich bewusst, wie sehr sich Glenek seit seinen Jungentagen verändert hatte. War der früher von eher kleiner, rundlicher Statur gewesen, durchstießen neuerdings Muskelstränge die Fettschichten. Wie die Hörner eines Rindes strebten seine Schultern in ansehnlich breitem Abstand nach oben, so dass Glenek nicht mehr zu Horfet hochsehen musste. Auch sein hartstoppeliger Bart eroberte sich eine lichte Stelle nach der anderen. Offenbar stachelten die Haare im Gesicht sein schon als Kind eher lebhaftes Temperament noch zusätzlich an.

Sie beide hatten sich verändert. Also gab es durchaus Hoffnung, ihre Jungenfreundschaft in ihre Männerzeit hinüber zu retten können. Rührte ihr Zwist denn nicht nur daher, dass Glenek schneller als Horfet zum Mann geworden war? Zuversicht durchströmte Horfet. Wie sehr hatte er sich gewünscht, mit den beiden wieder zusammen zu sein, so wie früher, als Boritak noch nicht bei ihnen weilte.

Deutlich freundlicher schlug Horfet den beiden vor: „Gut. Morgen, wenn die Sonne durch die Kiefer scheint. Unten am Fluss. Dort wo wir uns früher immer die Köpfe unter Wasser gehalten haben."

„Versprochen, hier meine Hand drauf", sagte Glenek und streckte ihm seine Rechte entgegen. Kanoch legte seine linke Hand ebenfalls quer über die seiner Freunde. „Nimmst du uns jetzt gleich zu Boritak mit?", fragte Glenek ungeduldig.

„Ja, du kannst zwar gut austeilen, aber auf dein Wort war immer Verlass."

„Was heißt ‚war'? Du kennst mich. Was soll sich denn daran geändert haben?" Gleneks zusammengekniffene Augenbrauen erweckten den Eindruck, als wisse er es wirklich nicht.

Das Geviert, dessen Umrisse Boritak bereits mit einem Seil umspannt hatte, lag mehrere Steinwürfe vom Dorfrand entfernt. Dort, wo die Flussebene den nahen steilen Anstieg zum Lager der Mungordauks keinesfalls vermuten ließ. Boritak entschied sich für diesen Platz, weil in dem Schwemmland beindicke Eschen standen, die sich hervorragend als Pfähle für die Querbalken aus Eichenästen eigneten. Außerdem entzog die Senke sie dem direkten Blick der Dorfleute; wer die Tiere oder ihre Hüter beobachten wollte, musste sich schon an den Rand der Hochterrasse bequemen. Zu guter Letzt war der Weg zum Fluss kurz, so dass der Bau einer Wasserleitung für die Tiere leicht zu bewerkstelligen sein würde.

Aufgeregtes Vogelgeschnatter kündigte ihm Besuch an. Dass sich ihm mehr als einer näherte, hörte Boritak schon heraus, ehe er sich von dem starken Ast wegdrehte, den er gerade von seinen Nebenästen befreite. Was sollte der Aufmarsch bedeuten? Wieso ging Horfet in der Mitte? Schickte Ilnaf-ba die beiden anderen? Was wollten sie? Kamen sie, um ihn zu verjagen? Hatte Horfet ihn etwa verraten und machte wieder mit seinen alten Freuden gemeinsame Sache?

Der Gleichschritt, in den die drei jungen Männer mittlerweile gefallen waren, verhieß nichts Gutes. Genauso rückten die Männer an, die ihn gefangen nahmen, nach der Sache mit Ke-ho. Boritak umklammerte den Ast, den er in der Hand hielt.

„Boritak, stell dir vor, Glenek und Kanoch wollen uns helfen. Was sagst du dazu?", begrüßte ihn Horfet.

„Wer hat euch geschickt?" fragte Boritak, ohne Horfet eines Blickes zu würdigen.

Erschrocken schaute Kanoch nach rechts zu Horfet und Glenek.

„Eure Pläne müsst ihr wohl besser absprechen, wie?"

Horfet löste sich aus der Reihe und ging auf Boritak zu. „Was ist los, mein Freund?"

„Na, du schleppst Leute an, die dich bis vor kurzem noch verspottet haben. Wieso sollte ich wegen ihnen Tränen der Freude vergießen?"

„Weinen musst du nicht, aber freuen solltest du dich schon. Denn Glenek und Kanoch stehen von nun an auf unserer Seite."

„Ha", Boritak machte eine wegwerfende Handbewegung, „ausgerechnet die beiden, wieso bist du dir da so sicher, Mannessohn?"

Horfet schob sich an Boritak heran und flüsterte ihm ins Ohr: „Weil sie mir versprochen haben zu erzählen, was bei der Initiation geschieht.

Außerdem will Kanoch den Saftspritzer seiner Mutter finden, und Glenek findet, du seiest ein herausragender Mann."

„So, so, das alles haben sie gesagt." Boritak hatte Mühe, sich zu beruhigen. Dabei zürnte er Horfet weniger als sich selbst. Wie beim Löwen des Onloatwi kam er dazu, sich eine solche Blöße vor den Jungen zu geben? Gleichgesinnte um sich zu scharen, war das Klügste, was sie tun konnten. Ilnaf-ba hatte es überdies gar nicht nötig, Spitzel zu schicken. Schließlich bereiteten sie ihr Gehege mit Billigung des Fünfer- und Sippenhäupterrates vor. Blieb nur die Möglichkeit, dass Glenek und Kanoch von ihr geschickt worden waren, um die gejagten Tiere heimlich zu befreien.

Andererseits konnten sie Hilfe ganz gut gebrauchen sowohl beim Einfangen der Tiere als auch beim Hüten. Noch immer fehlten ihnen Seile und Hände. Denn die Fangnetze, so sie je groß genug würden, versprachen deutlich größeren Erfolg, wenn sie von mehr als vier Händen bedient wurden. Er war Boritak, er hatte überlebt, und er würde auch die nächste Verstoßung überleben! Nichts würde ihn jedoch mehr davor schützen und seinem anderen Ziel näher bringen als eine breite Anhängerschaft Onloatwis: Glenek und Kanoch mussten ihre Chance bekommen.

„Ihr beiden Wurmgesichter, kommt her, tragt die Äste da zu der Ecke. Hier machen wir kleine Gehege für die Muttertiere und ihre Lämmer. Dann haben wir die Herde besser unter Kontrolle."

Elatanschs Begleiter waren genauso begierig wie er selbst zu erfahren, warum die Schamanin nicht am Oí-chana-ú-Fest teilgenommen hatte. Zuerst gingen sie auf dem häufiger benutzten Weg zu deren Hütte. Dort fanden sie alles so vor, wie die Läufer es Ilnaf-ba beschrieben hatten. Auf dem Rückweg schlugen sie den anderen Pfad ein. Eifrig suchten sie trotz der schon einsetzenden Dämmerung nach Hinweisen.

Aber erst eine Spur, die sich ihren Nasen auf kaum erträgliche Weise aufdrängte, brachte Gewissheit. Der widerwärtige Gestank der Verwesung, der bis zu dem etwa dreißig Schritte entfernten, üblichen Pfad waberte, wies ihnen den Weg. Unter einem kleinen Felsvorsprung, gut verborgen hinter einem dichten Buchsgebüsch, fanden sie das großteils abgenagte Knochengerüst der Eremitin. Ihr zerfetztes Gewand und ihr Halsschmuck schlossen jeden Zweifel aus.

„Sie muss sich dorthin zurückgezogen haben, als sie merkte, dass ihr Ende unmittelbar bevorstand", sagte Elatansch traurig.

Sein bester Freund Romtach beugte sich zum Leichnam herunter. „Da sind Bissspuren von Füchsen."

„Vergiss die sich krümmenden Zähnchen Btars nicht." Zareis, ebenfalls ein enger Freund Elatanschs, zeigte auf die Tausenden von Maden an der Oberfläche der Leiche. Sie fraßen überall. Ihr wogendes Gewimmel an den noch von Haut bedeckten Stellen gaukelte sogar Bewegungen der Toten vor.

Elatansch räusperte sich. „Meine Freunde, die Arkás ga-asch erblickte Btar in der Gestalt der Todesgöttin. Als Schamanin hatte sie selbst die Kraft, ihre Seele in den Aschme-óch zu befehlen. Der Butú-tekál bedurfte sie dazu nicht. Ihr Leib ist in Auflösung. Lassen wir dieses heilige Geschehen ungestört ablaufen, wie es unsere Sitte gebietet." Er griff nach seinem Flintsteinmesser. „Nur ihre Haare werde ich abschneiden, um sie der Butú-tekál zu bringen. Sie wird ihnen einen Ehrenplatz zu geben wissen. Den Schmuck möge Btar zusammen mit dem Körper verschlingen, damit die weise Frau auch im Aschme-óch sofort als unsere Arkás ga-asch zu erkennen ist."

Während Elatansch mit einem sauberen Schnitt das schüttere Haar der Alten bis auf eine Fingerbreite kürzte, murmelten die anderen: „Btar möge sie geleiten zu einem würdigen Platz und ihr bald ein neues glückliches Leben schenken."

Mit dem dünnen Haarzopf in der Hand wandte sich Elatansch zum Gehen.

„Jetzt ist auch klar, warum unsere Späher sie nicht entdeckt haben", sagte Zareis.

Elatansch war einer Meinung mit ihm. „Ja, sie muss gestorben sein, kurz bevor sie hier vorbeikamen. Vielleicht lebte sie sogar noch, hielt sich aber versteckt. Jedenfalls hatten die Maden zu diesem Zeitpunkt ihr Leiblösungswerk noch nicht begonnen. Sonst hätten unsere Späher es wohl gerochen. Ein Glück für Boritak."

„Wie meinst du das?"

„Ihm traue ich alles zu, auch dass er bei ihrem Tod nachgeholfen haben könnte. Aber wenn sie in dieser Zeitspanne gestorben ist, kann er mit ihrem Tod wirklich nichts zu tun haben. Kurz vor, während und nach Oíchana-ú war er im Dorf."

Seine drei Begleiter schüttelten ihre Köpfe.

„Warum gehst du nicht mal auf Frauensuche in den fernen Westen?", fragte Zareis. „Von dort soll er doch herstammen. Dann kannst du dich selbst in seinem Heimatstamm versichern, dass er kein Verstoßener ist."

„Gar keine schlechte Idee, vielleicht tue ich das nach der Aussaat. Immer die gleiche Frau ist langweilig, nicht wahr?"

„Frauenkind Elatansch! Toischan sprach, soweit ich mich erinnere, von den Muränenjägern. Muränen leben im Meer. Wer weiß, wo dieser Stamm der Muränenjäger überhaupt sitzt. Sicher ganz weit im Westen, am Rand des nimmer endenden Wassers. Bis du die gefunden hast, werden wohl ein paar Vollmonde vergehen. Falls du sie überhaupt findest! Bist du sicher, dass sich der Weg lohnt? Du warst noch nie so lange von Goila-lin getrennt."

„Wird es dann nicht mal Zeit? Die eine oder andere Tochter könnte mir ebenso gefallen. Und Goila-lin soll ruhig mal andere ausprobieren. Dann weiß sie hinterher umso besser, was sie an mir hat. Außerdem werde ich ihr viele Muscheln mitbringen. Die liebt sie sehr. "

Zareis und Romtach sahen sich verwundert an. So überzeugend, wie Elatansch meinte, klang er in den Ohren der beiden nicht. Sie kannten ihren Freund ohnehin nur als treuen Liebhaber, sobald er einmal sein Herz verschenkt hatte. Wenn Elatansch seine Goila-lin derart lange allein lassen wollte, musste er diesem Boritak tatsächlich über alle Maßen misstrauen.

„Wartet, meine Mutter will sicherlich einen Buchsbaumast von der Stelle haben, an der die Arkás ga-asch gestorben ist", rief Romtach und rannte zurück. Die anderen taten ihm den Gefallen.

„Kommt noch mal her", rief er ihnen zu. „Hier steckt ein Stein in der Erde. Irgendwie sieht der komisch aus. Als hätte ihn jemand ins Erdreich gestoßen."

„Im Zweifel immer Boritak", spottete Zareis.

Elatansch und Romtach knieten sich hin und begutachteten die Stelle.

„Du hast Recht, Romtach", sagte Elatansch, „die Erde ist hier viel zu hart, als dass ein herabfallender Stein von selbst so tief in sie eindringen könnte. Da muss jemand am Werk gewesen sein. Fragt sich nur, wer und was damit ausgesagt werden soll."

Die Männer senkten ihre Blicke und sahen sich in der Nähe um. Nach einer Weile sagte Siatsch, der vierte in der Gruppe: „Die Frage nach dem ‚wer' ist leicht zu beantworten. Außer der Arkás ga-asch und den Füchsen war niemand hier. Ich sehe sonst keinerlei Spuren."

Elatansch pflichtete ihm bei. „Ich auch nicht. Wenn wir davon ausgehen, dass niemand seine Spuren verwischt hat und Füchse keine Hände haben, muss der Stein ein Zeichen der Arkás ga-asch sein."

„Aber was soll ein aufrechter Stein bedeuten?"

„Dass wir nach oben schauen sollen?", wagte Zareis eine Erklärung.

„Möglich, klettern wir ein wenig die Anhöhe hoch", schlug Romtach vor, „Was ist Elatansch, hast du eine bessere Idee?"

Elatansch kniete sich erneut hin. Seine Hand näherte sich dem Stein. „Ein Fingerzeig könnte es wahrhaftig sein, aber doch eher einer nach unten." Er zog den Stein heraus. „Schaut genau hin. Der Stein ist unten noch dunkler als oben", stellte er fest. Romtach zuckte seine Schultern.

„Ja, aber das ist klar. Unten ist er feucht, oben trocken."

Elatansch ritzte mit dem Finger in das untere Ende und roch daran. „Nein, riecht selbst. Das ist nicht die nasse Erde, die ihn dunkel färbt. Das ist Blut, geronnenes Blut."

Einer nach dem anderen hielt sich den Stein an die Nase. Alle kamen zu dem gleichen Ergebnis. „Blut auf einem Stein, was soll das heißen?"

„Keine Ahnung, vielleicht ist es auch nur Farbe auf Stein. Und Blut war die einzige Farbe, die die Arkás ga-asch zur Hand hatte. Ich nehme den Stein mit und zeige ihn meiner Mutter. Wenn sie und keine der Weisen Frauen etwas damit anzufangen weiß, gibt es einen Grund mehr, warum ich auf Wanderschaft gehen sollte", sagte Elatansch. Er ließ seine Blicke kreisen. „Die Nacht verjagt das dämmernde Licht. Lasst uns ins Dorf zurückkehren."

Siatsch schüttelte sich vor Entsetzen. „Ich hätte überhaupt keine Lust, neben der Leiche einer so mächtigen Schamanin zu schlafen. Womöglich überfallen mich sonst ihre Träume oder Schadgeister, die sie gebannt hatte und die jetzt wieder frei herumfliegen."

Siatschs Äußerung trieb auch den anderen Schauder über ihre Rücken. Eiligen Schrittes gingen sie heim in ihr Dorf, froh über den sternenklaren Himmel und den noch recht runden Mond, der seine Bahn zu ziehen begann.

In der großen Stammeshütte herrschte ausgelassene Stimmung. Wie fast jeden Abend traf sich die Mehrzahl der Stammesmitglieder zum geselligen Singen, Trommeln oder Spielen. Nur diejenigen, die entweder Lust auf das verbundene Geschlecht oder ein wenig Ruhe hatten, trafen sich in einem trauten Unterschlupf beziehungsweise blieben in der Clanhütte.

Eine der gemeinschaftlichen Abendvergnügungen war das Knochenspiel, bei dem es darum ging, auf möglichst vielen der auf jeder Seite mit einer anderen Farbe bemalten Handwurzel- und Wirbelknochen die gleiche Couleur zu würfeln. Oder auch das Puzzlespiel, bei dem eine Lederhaut zerschnitten wurde.

An diesem Abend steuerte Felan-ke ein Gazellenleder bei, das ihr vierzehnjähriger Sohn Nokanji mit seinem Flintstein in besonders zackenreiche Stücke zerteilte. Die Puzzleteile warf er in eine Tasche aus Pferdeleder und mischte sie. Dann nahm er je drei bis vier Einzelstücke heraus und gab sie allen, die ihre Hände aufhielten und dadurch anzeigten, dass sie mitspielen wollten. Ilnaf-ba hatte ein sehr zentral gelegenes Stück bekommen, das sie deshalb auch als erstes auf dem Boden ausbreitete. Horfet dagegen glaubte sich im Besitz weiter außen anzubringender Puzzleteile. Hand um Hand schnellte vor, passte ein Stück ein oder zog es wieder zurück, wenn es sich nicht einfügte. Etwas abseits lauschte Boritak dem Flötenspiel Lu-bagdais, zu dem Riwa-quoi ihr Lieblingslied von der Schönheit und Erhabenheit Btars erklingen ließ.

Das geräuscharme Eintreten von Elatansch, Romtach, Zareis und Siatsch sorgte für wenig Aufsehen. Erst als sich die vier mit ernsten Mienen in einer Reihe mitten im Raum mit Blick auf Ilnaf-ba aufstellten, verstummte Riwa-quoi. Stille folgte ihrem Schweigen.

„Die Arkás ga-asch ist tot", berichtete Elatansch ohne Umschweife. „Ihr Leib befindet sich seit etwa vier Tagen in Auflösung."

Schmerz verzerrte Ilnaf-bas Gesichtszüge. Ihre Lippen bebten, als sie sprach: „Welch schrecklicher Verlust! Gerade jetzt wäre uns ihre Weisheit hochwillkommen. Btar weise ihrer Seele bald den Weg in einen neuen Körper."

Außer Ilnaf-ba empfanden vor allem die älteren Frauen Trauer um die Arkás ga-asch. Sie kannten die Schamanin am besten, weil sie sie bei ihren Besuchen im Dorf in vielen Angelegenheiten um Rat gefragt hatten. Für die meisten anderen Stammesmitglieder jedoch war die Eremitin stets eine unheimliche, unnahbare Schamanin geblieben, der sie lieber aus dem Weg gingen.

Elatansch kramte in seiner Hüfttasche und beförderte ein kleines Lederröllchen heraus, um das eine Hanffaser gewickelt war. Er löste den

Knoten, entrollte das Leder und hielt seiner Mutter den Inhalt hin. „Das hier sind ihre Haare. Du kennst sicher einen würdigen Platz für sie."

„Ja."

„Wo habt ihr sie denn gefunden?", fragte einer der Läufer.

„Nahe an dem weniger benutzten Pfad zum Dorf. Ihr konntet sie nicht finden, weil sie sich zum Sterben offensichtlich unter einen Felsvorsprung zurückgezogen hatte. Als ihr an der Stelle vorbeikamt, lag sie entweder gerade im Sterben und verharrte still, um nicht gestört zu werden, oder sie war kurz zuvor gestorben. Deshalb habt ihr keinen Verwesungsgeruch bemerkt, uns dagegen stach er geradezu in die Nase."

Ungeduldig boxte Zareis in Elatanschs Oberarm. „Nun zeig ihnen schon, was wir sonst noch gefunden haben."

„Keine Sorge, Zareis. Wie könnte ich den vergessen?" Elatansch fasste wiederum in seine Tasche und zog den zwei Finger langen, fünf Finger dicken Stein heraus. „Dieser Stein hier steckte im Boden. Mit seinem eigenen Gewicht kann er nicht so tief ins Erdreich eingedrungen sein, wie er darin verankert war. Die Arkás ga-asch selbst hat ihn wahrscheinlich in die Erde gedrückt. Andere Spuren entdeckten wir nicht. Unten an dem Stein klebt Blut. Ahnst du, was sie uns damit mitteilen wollte, Mutter?"

„Lass sehen." Ilnaf-ba streckte ihre Hand aus, und Elatansch gab ihr das rätselhafte Fundstück. Nacheinander wanderte es durch die Hände aller Anwesenden einschließlich Boritaks, der es nur sehr kurz berührte.

Als es wieder bei Ilnaf-ba angelangt war, sagte diese: „Blut steht gewöhnlich für Leben. Es gibt nur einen Fall, in dem wir Leben in den Boden geben, und das ist bei der Aussaat der Getreidekörner. Aber ein Stein, der Leben unter den Boden drückt, hat damit nichts zu tun. Aus einem Stein erwächst kein neues Leben."

„Ein Stein kann sogar Leben erschlagen", ergänzte Aruch-me. „vielleicht ist es aber auch nicht der Stein selbst, der gemeint ist, sondern vielmehr seine Form."

„Es gibt viele Dinge, die länglich sind", war aus dem Hintergrund zu hören.

„Aber längliche Dinge, die der Rede wert und hart sind, gibt es schon weniger" bemerkte Aruch-me trocken.

„Wenn du damit auf einen eifrigen Teil des Mannes anspielst, dann verstehe ich nicht, was das Blut bedeuten soll. Lustbringer bluten doch nicht", meldete sich die gleiche Stimme von hinten zu Wort, die Chanutpals Bruder und Aruch-mes jüngerem Liebhaber namens Pelnak gehörte.

Ilnaf-bas Hände drehten und wendeten den Stein erneut.

Boritak konnte den Anblick nicht länger ertragen. „Oh doch", dachte er angewidert, „das können sie." Mit starrem Blick verfolgte er die Bilder, die aus den tiefsten Schründen seiner Erinnerung auftauchten – so lange gemieden und doch so frisch wie aus dem Gletschereis geborgenes Fleisch. Die Hütte, in der nur er, seine Mutterschwester und deren Tochter wohnten. Jedenfalls seit dem Tod seiner Mutter, die in einer wunderschönen Sommernacht plötzlich stöhnend aufwachte und grüne, eklig riechende Brühe erbrach, ehe sie am Abend des nächsten Tages verstarb.

Er sah seine Mutterschwester, wie sie ihn als kleinen Jungen schlug, weil er sie fortwährend anlog. Dabei log sie doch am allermeisten. Er hatte nämlich nicht geschlafen, wie sie wohl meinte, sondern genau gesehen, wie sie ein grünes Kraut in eine Suppe schnitt, ein paar Worte murmelte und nur seiner Mutter von der Suppe gab. Jeder im Dorf, selbst die schlaue Ke-ho, schien ihre Geschichte zu glauben, dass der Tod seiner Mutter ein von Btar geschicktes unausweichliches Schicksal war. Doch *er* allein kannte die Wahrheit, die er für sich behielt, aus Angst, niemand würde ihm glauben und seine Mutterschwester ihn dann noch viel schneller vergiften. „Babaa" nannte er sie fortan, doch er hasste sie wie niemanden sonst auf der Welt.

Je älter er wurde, desto mehr reifte in ihm der Entschluss, es ihr heimzuzahlen. Doch um sie zu töten, fehlte ihm der Mut. All die Jahre ließ sie ihn komischerweise leben. Doch offenbar nur, um ihn zu drangsalieren. Warum musste sie immer alles wissen, was er tat? Weil es so furchtbar war und anders, als das, womit sich sein vier Sonnenwenden jüngeres Schwesterchen beschäftigte? Freilich, die machte immer alles richtig. Sie nahm nie Rauschpflanzen, einfach nur zum Spaß. Er schon. Von seiner Eigenart, Mäusen den Schwanz auszureißen, wusste bald jeder im Dorf ebenso wie von seiner Vorliebe für Fledermäuse ohne Flügel.

Sogar dass er sich in seinem Versteck aus Lust am Schmerz bisweilen Dornen in den Penis stach, merkte sie. Wollte sie ihn wirklich nur verbinden, weil er unter seinem Ledenschurz blutete? Oder verbarg sich mehr dahinter? Nie hatte er sich mehr geschämt als während der langen Augenblicke, da ihre Hände sein Glied verbanden. Bewahrte sie nur deshalb Stillschweigen darüber, weil sie sich ebenso dafür schämte? So wie sie über Boritaks Rauschexzesse nur deshalb schwieg, weil sie glaubte, sie selbst habe das Rauschkräutergeheimnis nicht sorgfältig genug gehütet?

Ja, er genoss ihre mit dem Alter wachsende Angst vor ihm. War das nicht noch viel besser, als sie schnell zu töten? Was für eine Ironie, dass er seine weitere Duldung im Dorf nur ihrer Fürsprache verdankte. Er aber plante bereits eine Tat, die seine Mutterschwester endgültig erschüttern sollte. Sie wollte seine *Mutter* sein? Das konnte sie haben. Die Mutter eines Halbmenschen, der sich daran berauschte, wehrlosen Geschöpfen Gewalt anzutun. Entsprach das nicht sowieso dem Bild, das sie von ihm hatte?

Die Arkás ga-asch, deren Gesicht er nicht kannte, bekam in seinem Kopf plötzlich die Züge seiner Mutterschwester. Er genoss die Vorstellung, dass dieses Gesicht von den Würmern zerfressen wurde. Hoffentlich schon das zweite Mal. Ob es ein erstes Mal, den Tod seiner „Mutter" aus Gram, tatsächlich gab, wusste er nicht. Denn schon am frühen Morgen nach der Vergewaltigung Ke-hos hatten ihn die wutschnaubenden Männer des Dorfes umzingelt und mit dem Verstoßungsmal gezeichnet. Danach sah er seine „Mutter" nie wieder.

„Und trotzdem konnte mich Btar nicht töten, weil, ja weil du, mein Gott, schon damals auf meiner Seite standest." Schaudern ergriff Boritak bei diesem Gedankenblitz. Seit jenem Tag hatte er es vermieden, an seine Kindheit und seine Mutterschwester zu denken. Doch nun bekamen all seine erlittenen Demütigungen plötzlich einen Sinn. „Natürlich, meine Mutterschwester hasste meine Mutter, weil sie mich gebar, den Sohn Onloatwis. Meine Mutter konnte sie töten. Mich nicht! Weil Onloatwi mich schützte! Er gab mir die Ideen ein, die sie hasste.

Ich habe sie gewiss getötet, indem ich ihr Herz brach. Und es war richtig, sie zu töten, weil sie mich, den ersten Sohn Onloatwis, quälte und anlog! Deshalb gab mir Onloatwi, die Kraft zu überleben. Darum ließ er mich Horfet finden, der klarer sieht als ich. Aber es ist meine Kraft, die Onloatwi anzieht, nicht Horfets." Seine Nackenmuskeln zuckten und ließen seinen Kopf unwillentlich beben. Er fokussierte seinen Blick auf Ilnaf-ba, die noch immer den Stein in ihrer Hand hielt.

„Auch sie lügt", wurde ihm schlagartig klar. „Sie und ihre Weisen Frauen wissen bestimmt von Onloatwis Kraft, aber sie schweigen und lügen, wie es alle alten Frauen tun. Doch bei mir, dem Sohn der Neif-koa aus der Mardersippe, prallen eure Lügen ab. Wartet nur ab!"

Ilnaf-ba legte den Stein auf den Boden. Die Trauer über den Tod der Arkás ga-asch ließen sie im Moment keine klare Gedanken fassen. War das das Zeichen, um das sie Btar gebeten hatte? Aber wieso verstand sie es nicht? „Was auch immer die Arkás ga-asch gemeint haben mag, irgendwann wird ihr Geist uns Klarheit verschaffen. Darauf müssen wir vertrauen. Seid ihr sicher, dass ihr nichts übersehen habt? Der Ort ihres

Todes könnte noch mehr Zeichen aufweisen, in denen man lesen könnte." Die Butú-tekál sah ihren Sohn fragend an.

„Das wäre mir auch lieber gewesen", bedauerte Elatansch. „Obwohl wir alles gründlich untersucht haben, kam kein anderes Zeichen mehr zum Vorschein."

„Wir werden uns an ihre Seele wenden und sie bitten, in unseren Träumen zu erscheinen."

„Meine Arme zittern schon", jammerte Kanoch.

„Sie sind es eben nicht gewöhnt, lange mit anzupacken", war Boritaks Kommentar. „Allerdings wart ihr drei heute Nachmittag recht fleißig. Wenn ihr morgen wieder so kräftig mitarbeitet, wird das Gatter morgen fertig. Geht ruhig nach Hause und ruht euch jetzt aus. Sobald das Gehege steht, müssen wir nämlich losziehen. Dank der freundlichen Unterstützung durch eure Schwestern, Glenek und Kanoch, haben wir immerhin den größten Teil des Netzes."

Stolz hoben die beiden ihre Köpfe. „Ja, es war gar nicht so leicht, unsere Schwestern zum Herausrücken der Hanfseile zu überreden", sagte Glenek, „Unsere Mütter würden am liebsten so tun, als habe die Ratsversammlung nicht die Idee der Schafhaltung abgesegnet."

Horfet machte eine wegwerfende Handbewegung. „Das ist bei mir nicht anders. Meine Clanmutter und meine Mutter nehmen mich seither gar nicht mehr ernst. Den Eindruck habe ich jedenfalls. Andererseits wollen sie, dass ich ständig weitere Arbeiten erledige. Ich bin gespannt, wie sie sich verhalten, wenn wir zur Lebendjagd aufbrechen."

„Das werden wir bald sehen. Die Mutterschafe bekommen in Kürze ihre Lämmer. Wir sollten sie fangen, bevor ihre Bäuche leer sind. Knüpft weiter an dem Netz, solange euch eure Hände gehorchen."

„Abgemacht, für heute lassen wir die Holzarbeit sein, gehen ins Dorf und vergrößern das Netz", befand auch Glenek. „Was ist, Mannessohn? Worauf wartest du?"

Horfets Blick schweifte in die Ferne. Wenn er sich nicht täuschte, stand Nal-abu am Rande des Dorfplateaus und beobachtete sie.

Glenek entdeckte sie ebenfalls. „Rahi, ich verstehe schon. Du willst, dass wir einen kleinen Umweg machen, damit du allein auf sie zugehen und vielleicht ein paar Worte von ihr erhaschen kannst."

Mit einem schiefen Lächeln antwortete Horfet: „Deine neue Rücksichtnahme rührt mich zutiefst. Aber trotzdem ist dein Vorschlag hervorragend. Geht bitte den langen Weg heim. Ich muss endlich mit ihr reden. Danach knüpfen meine Hände noch emsiger."

Augenbrauenhebend fügten sich Kanoch und Glenek in ihr Freundesschicksal.

Horfet tat so, als schlendere er gedankenverloren in Richtung Dorf. Auf halbem Weg hob er seinen Kopf. Zu seiner Enttäuschung war Nal-abu verschwunden. „Onloatwi, bitte mach, dass ich sie bald irgendwo allein treffe", bat er leise. Ein weißbäuchiges Eichhörnchen kreuzte eilig seinen Weg. Horfet dagegen stieg müde von einer Stufe zur anderen, bis er oben anlangte. Links neben sich hörte er plötzlich das Knarzen einer harten Rinde.

Da stand sie: Nal-abu. Ihr Gesicht war im Halbschatten, aber ihm zugewandt. Mit einem Flintsteinmesser in der Hand schnitt sie handtellergroße Rindenstücke aus dem Stamm einer Dorfrandeiche.

Verlegen blickte er zu ihr hin. „Möchtest du etwas gerben?", fragte er.

„Ja, gewöhnlich habe ich das vor, wenn ich Eichenrinde sammle. Da ich Gehirne lieber esse, brauche ich wohl Eichenrinde zum Gerben. Hast du deine Freunde weggeschickt, um mich das zu fragen?"

„Wie kommst du darauf, dass ich meine Freunde weggeschickt haben könnte?"

„Ich habe Augen wie du und kenne Glenek. Er hasst Umwege."

Horfet atmete hörbar aus. Leugnen half ihm nicht weiter. „Was soll ich denn sonst machen, wenn *du* nur noch Umwege machst, um mich nicht zu sehen?"

„Das ist schamlos übertrieben", protestierte sie.

„Dann habe ich mir also nur eingebildet, dass du mir aus dem Weg gehst?"

Nal-abu zog eine Schnute und schwieg.

„Sag mir bitte, was ich denken soll!", bettelte Horfet. Aus seiner Stimme sprach Seelenpein.

„Ach wirklich? Bist du denn nicht derart von deinem Onloatwi überzeugt, dass nicht einmal die Arkás ga-asch dich eines Besseren belehren könnte?"

Horfet schaute entgeistert. „Was sagst du da? Ist Onloatwi schuld daran, dass du böse auf mich bist? Ich dachte, du magst mich, auch mit
meiner Vision?"

„Dieser seltsame Onloatwi kümmert mich nicht im Geringsten. Wie
kannst du nur an einen solch missgünstigen Geist glauben? Er schickt dir
einen Löwen in die Höhle, er verhindert deine Initiation, er fordert voller
Undank Ungehöriges, und du machst dich auch noch für ihn stark?!"
Nal-abu hatte sich richtig in Rage geredet, so dass sich ihre Wangen
röteten.

Horfet strich sich über die Schläfe. Endlich war dieses Rätsel also gelüf-
tet. Seine große Sorge, die ihn seit Oí-chana-ú umtrieb, hatte sich be-
wahrheitet. Nal-abu gehörte zu den entschiedenen Gegnern Onloatwis.
Wie ihre Großmutter Rupscha-i, deren Vision ja sogar seine eigene
erklären sollte! „Warum kannst du mich denn nicht wenigstens ein bisschen verstehen? Glaub mir, die Vision, die er mir schickte, war zu eindeutig, als dass ich daran deuteln könnte."

Nal-abu schnitt besonders tief in die Rinde. „Hast du es überhaupt
versucht? Den Erklärungsversuch meiner Großmutter hast du abgetan
wie eine juckende Laus."

„Aber in ihrer Vision kommt Onloatwi nicht einmal vor."

„Weil es ihn ja auch nicht gibt!"

„Doch, es gibt ihn!"

„Offenbar bist du auch noch stolz darauf, ihn gesehen zu haben."

„Nicht stolz, aber stark genug, mich ihm zu stellen. Das bin ich meiner
Großmutter schuldig."

„Gab-Btar allein entlässt die Seelen aus dem Aschme-óch. Das war
immer so und wird immer so sein. Dazu braucht deine Großmutter
keinen Onloatwi", sie schüttelte ihren Kopf. „Ich kann dich nicht verstehen, nein, das kann ich ganz und gar nicht."

„Nun, wenn das so ist, haben wir uns wirklich nichts mehr zu sagen",
presste er hervor, ehe er sich von ihr abwandte und nun noch erschöpfter
auf sein Clanhaus zuging.

„Da täuscht du dich gewaltig", rief sie ihm nach, „wir werden sogar
sehr viel miteinander streiten müssen."

Ablehnung, das also war ihre Antwort auf die bedeutende Vision, die
ihm ein Gott geschenkt hatte. Was für ein Hohn! Horfet konnte es nicht
fassen. Sagte Nal-abu nicht noch am Flussufer zu ihm, dass ihr der Spott
der anderen egal sei. Obwohl seine Vision und seine Entdeckung sogar
dazu führten, dass sich der Stamm erneut mit der Schafhaltung beschäf-

tigte, zeigte sie ihm ihr abschätziges Schulterzucken. Ja schlimmer noch. Eigentlich hielt sie ihm vor, einem Wahngebilde nachzulaufen. Dabei war sie es doch, die die Zeichen nicht richtig begriff.

Die Enttäuschung über ihre Worte schmeckte bitter! In seinen Träumen erschien sie ihm oft als die zärtliche Geliebte, die sich ihm schon vor der Initiation hingab. Ihm selbst bedeutete diese Einweihung mittlerweile gar nichts mehr. Jetzt da er ihr Geheimnis kannte, konnte er auf das begleitende Ritual getrost verzichten. „Von Nal-abu eingeweiht zu werden", seufzte er traurig, „hätte mich sicher auch umgehauen, nur auf viel angenehmere Art."

Allein die Vorstellung, sie an den Schenkeln zu berühren, ließ sein Herz schneller schlagen und das Blut in alle Körperteile fließen. Aber Onloatwi hatte es anders bestimmt. Würde er ihm auch helfen, Nal-abus Leidenschaft und Herz zu gewinnen? Als Bote des Gottes hatte er sich dessen Hilfe jedenfalls mehr verdient als jeder andere.

„Passt auf. Sie kommen!" Boritaks wild gestikulierende Hand schrie geradezu. Drei Tagesmärsche nördlich des Dorfes passierte eben eine kleine Herde von fünfzehn Schafen die richtige Stelle. Auf die letzten sechs Weibchen richteten sich die jagdfiebernden Augen der Männer. Zwei führten ihre Lämmer bei sich. Die anderen vier Schafe waren von weitem als trächtig zu erkennen. Ihre Länge maß etwa den Abstand zwischen zwei ganz zur Seite ausgestreckten Männerarmen, an Höhe gingen sie Boritak bis zur Hüfte, den anderen bis zur Taille. Im Gegensatz zu den Widdern, deren starke schneckenförmig nach hinten gekrümmte Hörner allein durch ihre Größe unangenehm einschüchterten, trugen die Weibchen zwar kleinere, jedoch nicht minder gefährliche Waffen auf ihrem zotteligen Kopf.

„Los, jetzt, zieht an!" Boritak und Glenek zogen mit aller Kraft an ihrem Seilende. Horfet und Kanoch taten dasselbe auf der gegenüberliegenden Seite des Waldpfades. Die zwei Hanfseile strafften sich mit einem sirrenden Laut. Mit ihm schossen der vordere und hintere Rand eines Netzes in die Höhe, während die Seitenränder lose durchhingen. In der Ausbuchtung, die im mittleren Teil entstand, zappelten gleich drei Schafe: ein trächtiges Tier und ein Mutterschaf mit seinem Lamm.

Alle vier Jäger banden geschwind die Seile, die über Astgabeln liefen, an nahe stehenden Stämmen anderer Bäume fest. Trotzdem gelang es dem Mutterschaf, an der rechten Seite zu entwischen. Aufgeregt rief es sein Lamm, dessen kürzere Beine jedoch keinen Ausweg aus dem heimtückischen Geflecht fanden, sondern es bis zur Brust umschlossen.

Die Trächtige konnte Boritak nur dadurch stoppen, dass er sie am Schwanz packte. Sofort stellten sich Horfet und Glenek vor ihr auf, mussten sich jedoch vor ihren Hörnern in Acht nehmen. Von den beiden abgelenkt, gelang es Boritak, eines ihrer Hinterbeine wegzuziehen und sie umzuwerfen. Seine Hände griffen nach einem kürzeren Seil, mit der er ihr die Vorder- und Hinterbeine zusammenband. Beim Lamm verfuhren sie genauso.

„So, Männer, alle festverschnürt. Jetzt lasst mich erst mal ein wenig zu Atem kommen. Was haltet ihr von dem Felsen da drüben? Die Schafe können nicht weglaufen."

Willig folgten sie Boritak zu der gewiesenen Felsplatte, die eine bequeme Sitzfläche bot, breit genug für sie alle und wunderbar weich durch mehrere Schichten trockenen Mooses. Ehedem musste dieser Felsen senkrecht aufgeragt haben, denn hinter ihm stand mit der Spitze zu den Wolken zeigend sein felsiges Gegenstück. Eine der beiden Eichen, die dort oben vor dem Auseinanderbrechen festen Halt gefunden hatten, stützte sich nun mit einem Dutzend ineinander greifender Wurzeln, die wie dicke und dünne Beine halb in dem felsig-lehmigen Boden, halb in der Luft knieten, gegen den Fall ins Leere. Die zweite Eiche hatte dies auch versucht, allerdings vergebens. Sie hing seither als Gefangene ihrer eigenen Verankerung kopfüber in den lichten Raum zwischen den Bruchstücken.

„Ein Lamm zu fangen, macht doch entschieden mehr Spaß", freute sich Kanoch. Er riss sich ein Stück der abhängenden ausgedorrten Rinde ab, das er zerkleinerte und mit Daumen und Zeigefinger einzeln wegschnippte.

„Ja, wir müssen uns gar nicht so beeilen, Boritak. Sind die Lämmer schon geboren, schadet das auch nichts. Mit dem Netz fangen wir sie doch", meinte auch Horfet.

Boritak nickte. Sie hatten Recht. Wenn nur vier Leute loszogen, um eine lebende Beute zu fangen, dauerte es seine Zeit. „Ich hätte der Butútekál keine Schafe, sondern Gazellen vorschlagen sollen. Dann wären unsere Wege kürzer."

„Weil die Wege länger und gefährlicher sind, ergibt die Haltung aber mehr Sinn. Hättest du Gazellen vorgeschlagen, hätten die Frauen auf jeden Fall abgelehnt", widersprach Horfet. „Außerdem lieben sie die wolligen Fasern, und Gazellen springen höher."

„Wohoí, stellt euch nur die Netze vor, die wir für Gazellen ausspannen müssten." Gleneks Einwand brachte sie zum Lachen.

„Gut, meine jungen Mitstreiter, dann werden wir also die Schafe zurückbringen und wieder losziehen. Ich frage mich allerdings, wer die Schafe hüten wird, während wir weg sind."

Glenek kratzte sich am Kinn und murmelte: „Wir sollten andere Männer bitten, uns zu helfen."

Boritak verzog seinen Mund, doch Horfet ging mögliche Helfer im Geiste durch. Er erinnerte sich an Makaiots Lächeln, als sie alle nach dem Fest die Höhle verlassen hatten. Wenn Makaiot mitmachte, würde sich vielleicht auch sein Bruder Saniutai aufraffen, sofern Riwa-quoi ihn gewähren ließ. Seit Upakans Aufbruch genoss Saniutai wieder die ungeteilte Aufmerksamkeit von Horfets Schwester, die dieser nicht leichtfertig aufs Spiel setzen würde.

„Ich denke, ich werde Makaiot und Saniutai fragen. Was ist mit deinem Bruder, Glenek, und deinem Mutterbruder, Kanoch?", fragte er.

Kanoch gab die Frage zurück. „Und dein Mutterbruder, Mannessohn?"

Horfet seufzte. „Toischan ist beleidigt, weil ich mehr mit Boritak unternehme als mit ihm. Ich fürchte, er kann Boritak nicht ausstehen."

„Mag sein, andererseits böte ihm die Jagd Gelegenheit, mit dir zusammen zu sein."

„Ja, schon, aber Pakun ist krank, Lu-bagdai geht es oft nicht gut. Sie hat Toischan und Anujach gebeten, das Dach mit einer höheren Schicht Schilfgras zu decken, weil es immer durchregnet. Ich kann froh sein, dass ich selbst überhaupt auf die Jagd gehen durfte."

„Daboi, der Sohn von Ilnaf-ba, müht sich ja auch gerade mit dem Dach herum. Wisst ihr übrigens schon, was Ilnaf-ba mit dem Schädel der Arkás ga-asch vorhat? Ich habe nämlich ein Gespräch zwischen Ilnaf-ba und Aruch-me belauscht."

„Wieso, ihr Schädel liegt doch dort, wo sie gestorben ist?"

„Nicht mehr lange. Bald sind die vierzig Tage vorbei. Ilnaf-ba erzählte Aruch-me, dass ihr im Traum die Arkás ga-asch erschienen sei. Ihre Lippen sollen sich bewegt haben, aber Ilnaf-ba konnte sie nicht verstehen. Ilnaf-ba ist sehr beunruhigt darüber. Deshalb will sie Elatansch bitten, ihr den Kopf der Arkás ga-asch zu holen. Sie will den Schädel an einem Ehrenplatz aufstellen, weil sie hofft, dass ihr die Arkás ga-asch dann wiederum erscheint."

„Aber wenn der Kopf nach vierzig Tagen noch da ist, müsste er eigentlich im Boden ihres eigenen Sippenhauses begraben werden."

„Ja, bloß keine erinnert sich mehr daran, zu welcher Sippe die Arkás ga-asch eigentlich gehörte. Und Ilnaf-ba will ihn hier haben."

„Und dann verkleiden sie ihn einfach mit Lehm und stellen ihn bei uns auf", echauffierte sich Boritak. „von wegen altehrwürdige Sitten."

Kanoch hatte bisher nur zugehört. „Die Frauen kennen sich mit den Seelen jedenfalls besser aus als wir. Übrigens wird meine Schwester wahrscheinlich diejenige sein, die als nächste ihr Kind bekommt. Oh heilige Eierschale. Lust darauf, der Bruder der nächsten Arkás ga-asch zu werden, habe ich keine große!"

Boritak ließ seine Hand auf Kanochs Schulter klatschen. „Bedenke doch, welch großes Geschenk Onloatwi dir machen würde. Du würdest der erste Mutterbruder sein, der seinem Schwesterkind nicht nur von Gab-Btar, sondern auch von Onloatwi erzählt. Du solltest stolz darauf sein, wenn Onloatwi dich mit dieser Aufgabe betraut."

Unwillkürlich war Kanoch unter der unsanften Berührung zusammengezuckt. „Aber im Gegensatz zu Mannessohn weiß ich gar nichts von ihm. Ich muss noch viel mehr über Onloatwi erfahren. Wie ist seine Gestalt als Mann? Wie genau sollen wir ihn ehren? Welche Rituale sollen wir ihm zu Ehren abhalten? Sind ihm irgendwelche Tiere oder Bäume besonders heilig? Das alles will ich wissen. Momentan könnte ich dem Kind nicht mehr erzählen, als dass er die Gestalt eines Löwen annahm. Und dass er der heranwachsende, starke Sohn der Göttin ist, der die gleiche Anerkennung wie seine Mutter will."

Horfet sah ihn ernst an. „Ich bete immer wieder zu ihm, er möge sich mir häufiger zeigen. Doch seit meiner Höhlenvision habe ich nur noch kurze Momente erlebt, in denen ich ihn nahe glaubte."

Boritak sagte: „Es gibt Pflanzen, die nachhelfen. Als du in die Höhle gingst, musstest du einen Trank zu dir nehmen. Erinnerst du dich?"

Horfets Gesicht verzog sich vor Ekel. "Ja, allzu gut. Aber nur die Schamaninnen oder Schamanen und die Weisen Frauen mischen solche Tränke. Die Weisen Frauen scheiden aus. Die haben genug von meinen Visionen. Unsere Schamanin ist tot. Die nächste ist gut zehn Tagesmärsche entfernt. Angenommen, ich ginge zu ihr, welchen Grund könnte ich anführen? Ist jemand krank, versetzen sich die Schamanen ja selbst in Trance und geben den Kranken einen Heiltrank, der ihnen erscheint.

Wahrscheinlich würde mich jeder Schamane, ob Mann oder Frau, gleich fortjagen, weil sie mein eigentliches Ziel sofort durchschauten. Ich fürchte, ich werde mein nächstes Mannbarkeitsritual abwarten müssen." Boritak lächelte voller Bitterkeit. „Stimmt, wie konnte ich vergessen, dass keiner von uns Männern davon eine Ahnung hat?" Für ihn selbst allerdings galt das nicht. Welch Glück, dass er als Junge das winzige Loch in der Höhlendecke gefunden hatte, gerade groß genug, um mit einem Auge hindurchzusehen. Viele Male konnte er so die Weisen Frauen seines Herkunftstammes bei der Zubereitung der heiligen Visionstränke beobachten. Sehr zum Leidwesen seiner Mutterschwester, die er nur durch Erpressung dazu brachte, seine wiederholten „Vergnügungsausflüge" in die verrückte Welt der Rauschkräuter zu dulden.

„Ich habe schon als Junge meine Geheimnisse einzusetzen gewusst", dachte er mit Genugtuung. „Warum sollte ich sie jetzt ausplaudern? Es ist sowieso viel besser, wenn Horfet denkt, Onloatwi spreche ohne die Hilfe eines Krautes zu ihm."

Laut sagte er: „Mannessohn, sei nicht so ungeduldig. Onloatwi hat schon viel zu dir gesagt. Er wird dir weitere Geheimnisse enthüllen. Wir indessen", er machte eine kreisende Handbewegung, die seine drei Begleiter und ihn selbst einschloss, „müssen auch etwas für ihn tun. Solange die anderen seine Kraft noch nicht erkannt haben, müssen wenigstens wir vier ihn ehren."

„Das habe ich gemeint. Was genau sollen wir tun?"

„Wie ehrst du Gab-Btar?", erwiderte Boritak dem fragenden Kanoch.

Kanoch überlegte. Dann sagte er: „Wir feiern vier große Feste, unsere Clanmutter legt oft eine Blume, ein Schmuckstück, einen schönen Stein, oder sonst irgendetwas vor die heilige Lehmfigur. Davor betet sie täglich zu ihr. Auch ich bete zu ihr, wenn ich möchte, dass sie mir hilft."

„Rahi, hast du gemerkt, dass du dich erst an vierter Stelle genannt hast?"

Betreten erwiderte Kanoch. „Ja und, so ist es Sitte. Es gehört zur Aufgabe einer Clanmutter, die Göttin stellvertretend für ihre ganze Sippe anzurufen. Als Teil einer Sippe wende ich mich nur dann an die Göttin, wenn ich einen geheimen Wunsch hege, den nicht jeder wissen soll."

Boritak nickte. „Ja, so haben wir es bisher gehalten. Aber eine neue Zeit verlangt neue Verhaltensweisen. Und fürwahr eine neue Zeit wird anbrechen, wenn wir endlich auch Onloatwi anerkennen. Für eine Göttin mag es genügen, wenn sich hauptsächlich die Clanmutter um sie kümmert. Ein männlicher Gott", er hob mahnend seine Hand, „freilich will, dass wir Männer uns direkt an ihn wenden. Und zwar nicht nur gelegentlich, sondern ebenso zu festen Zeiten wie die Frauen. Damit nicht genug. Mut will er sehen, Willenskraft, Stolz, all das, was uns erst zu Männern macht. Wie wäre es zum Beispiel, ihm zu Ehren eine Kalkstele aufzustellen in der Gestalt eines aufgerichteten Penis?"

Kanoch und Glenek warfen sich überraschte, skeptische Blicke zu. „Die Frauen würden sich biegen vor Lachen. Ich weiß nicht, ob Onloatwi darüber nicht eher erzürnt wäre", gab Kanoch zu bedenken.

Boritak ignorierte den Einwand, weil die ihm wichtigste Sintersäule, seine eigene nämlich, schon stand. Stattdessen ließ er sich durch die Argumente der Jungen anstacheln, seine kürzlich gewonnenen Erkenntnisse lauthals kundzutun.

„Habt ihr euch schon einmal gefragt, warum alle wirklich schwerwiegenden Entscheidungen stets von Frauen gefällt werden? Sie allein gehören dem Weisenrat an. Die meisten Schamaninnen sind Frauen. Frauen bereiten die Tränke für Trancen zu, die Heilkräuter. Sie sind die Oberhäupter einer Sippe. Letztlich bestimmen sie, was wir tun und lassen sollen. Sie werden Mütter, wir aber bleiben unser Leben lang ihre Söhne und Brüder."

Kanoch zuckte die Schultern. „Ja, natürlich ist es so. Allein Frauen bringen die Seelen aus dem Aschme-óch zurück." Er stockte.

Boritak grinste und richtete seinen Zeigefinger auf Kanoch. „Angenommen, sie könnten das nur mit Hilfe unseres Saftes? Würdest du dann immer noch dasselbe sagen?", fragte er.

„Hmm, ich weiß nicht, so weit habe ich noch gar nicht gedacht", bekannte er.

„Das solltest du aber, wenn du schon mithilfst herauszufinden, ob es so ist. Die Frauen gelten wegen ihrer Schöpfungskraft als kleine, heilige Töchter der Göttin. Aber wenn wir Männer an der Entstehung eines Kindes mitbeteiligt sind, sind wir dann nicht auch kleine, heilige Söhne der Göttin oder besser kleine, heilige Brüder Onloatwis?"

Glenek kratzte sich am Hinterkopf. Der Gedanke, der kleine Bruder eines Gottes zu sein, war ihm bisher nicht gekommen. Er fand ihn zwar reizvoll, aber doch stark übertrieben. „Selbst wenn alles so ist, wie Mannessohn sagt, fällt unser Schöpfungsbeitrag sehr gering aus. Bedenke, wie klein unser Anteil im Vergleich zu dem der Frauen wäre", wandte Glenek ein. „Austragen, gebären und nähren. Das können nur Frauen. Und was tun wir? Nichts von alledem. Wir jagen. Und wenn wir nichts schießen, essen wir sogar von dem, was die Frauen gesammelt haben oder was wir mit ihnen zusammen angebaut haben. Es ist völlig in Ordnung, wenn Frauen uns sagen, was wir zu tun haben. Eine Mutter liebt ihre Tochter genauso wie ihren Sohn.

Auch wenn sie einer Tochter mehr beibringen muss, damit diese später die Sippe leiten kann. Ich habe meine Schwester immer bemitleidet, weil sie so viel lernen musste. Über Säuglinge, Wundverbände, Heilkräuter, Stoffherstellung und all die anderen Dinge, die Frauenarbeit sind. Ich dagegen durfte mit meinem Mutterbruder das Schießen lernen, durfte auf die Jagd gehen. Klar, bei schweren Arbeiten müssen wir ran. Aber schließlich sind unsere Arme kräftiger. Außerdem tun Frauen mehr Unangenehmes für Männer als umgekehrt. Ich jedenfalls wollte nie mit meiner Schwester tauschen, schon gar nicht, wenn sich ihr Bauch aufbläht wie ein prall gefüllter Ledersack."

Kanoch pflichtete ihm bei. „Wären Männer im Weisenrat, müssten sie gar über die Bäuche der Frauen entscheiden. Welchen Sinn hätte das, wo sie ja nicht einmal wissen, wie sich das anfühlt?" Er bewegte seinen Zeigefinger vor seiner Stirn auf und ab, die gabbtaranische Geste für „verrückt". „Mir geht es wie Glenek. Mit meinem Bruder auf die Jagd zu gehen, mag gefährlicher sein, als einen Stoff zu weben. Aber ich würde nicht mal im Traum meiner Schwester die Jagd überlassen wollen und dafür alles andere tun, was sie tun muss.

Sippenoberhaupt zu werden, reizt mich nicht im Mindesten. Was gewänne ich denn dadurch? Ich verlöre obendrein meine Freiheit zu tun, was ich will. Finde ich im Dorf eine Geliebte, bleibe ich bei meiner Schwester und helfe ihr. Finde ich anderswo eine Frau, die mich mag, wohne und arbeite ich bei ihr, solange sie mich will. Ich finde, wir Männer haben sowieso das bessere Leben. "

Boritak schüttelte heftig seinen Kopf. Auch wenn es in ihm brodelte, versuchte er, möglichst ruhig zu bleiben. „Nein, Männer", ertönte seine Stimme, „ihr macht es euch zu leicht. Und vor allem dürft ihr euch selbst nicht derart gering schätzen. Die Jagd, die ihr in den hellsten Tönen preist, ist auf Dauer verflucht anstrengend. Wegen eurer Jugend ermesst ihr noch nicht, wie stark die Jagden an euren Kräften zehren werden, mit jeder Sonnenwende ein Stück mehr.

Darüber hinaus habt ihr etwas ganz Wichtiges überhaupt nicht bedacht. Btar haucht Frau und Mann die Liebe und die Leidenschaft ein. So heißt es, nicht wahr? Das mag früher wunderbar zusammengepasst haben. Als Btars Kraft noch groß war. Doch jetzt, da ihre Kraft schwächer wird, gibt es immer mehr Fälle, in denen ein Mann zwar eine Frau begehrt, aber nicht umgekehrt.

Bevor ich zu euch kam, war ich Arkasnaq. Ich bin viel herumgekommen. Viele Männer haben mir beim Feuerschein ihr Leid geklagt. Lange Zeit wusste ich nicht, warum das so war. Deine Vision, Mannessohn, hat mir die Augen geöffnet. Eine schwächelnde Göttin muss sich mehr um sich selbst kümmern. Sie wird nachlässig und verteilt ihre Liebeshäuche ungleichmäßig. Bei ihren menschlichen Söhnen scheint sie die meisten Fehler zu machen. Kennt nicht jeder von euch einen Mann, den eine Frau zurückgewiesen hat? Und andererseits, wie viele Männer kennt ihr, die eine Frau verschmäht haben?"

Horfet, Glenek und Kanoch erschraken. Was Boritak sagte, klang beängstigend, entsprach aber ihrer eigenen Erfahrung. Mit Grauen dachte Kanoch an den Tag, an dem ihm seine Geliebte vielleicht einen anderen Mann vorzog, ohne dass er das Geringste dagegen tun konnte. Glenek wiederum hatte sich schon bei Nal-abu eine Abfuhr eingehandelt. Und die bei ihr war nicht seine einzige. Horfet fragte sich, ob nicht Onloatwi, sondern gar Gab-Btars Fehler daran schuld war, dass Nal-abu ihn nun viel weniger liebte als er sie.

Die entsetzten Blicke der drei bestärkten Boritak. Seine Altersgenossen würden ihm natürlich sofort widersprechen. Zu allen Zeiten hatte es sicher mehr abgelehnte Liebhaber als Geliebte gegeben. Das lag seiner Meinung nach schlicht daran, dass in einem Schwanz viel mehr Lust steckte als in der mickrigen ,Wonnenwurzel' der Frauen. Wenigstens sofern es sich um junge Frauen und Männer handelte. Bei den alten kannte er es auch anders herum. Aber klar, wer bestieg nicht lieber junge straffe Hintern als hängebusige alte Vetteln? Bei denen machte es doch nur Spaß, wenn man sie zugleich demütigen konnte.

„Onloatwi, ich danke dir. Die Jungen scheinen mir zu glauben. Mein Dreck beginnt zu eitern", dachte Boritak befriedigt und fuhr fort: „Ich frage euch also: Sollte ein Mann nicht auch das Recht haben, sich ab und zu eine Frau seiner Wahl nehmen zu dürfen?"

Die jungen Männer sahen Boritak an, als habe er sich eben seine Menschenhaut abgestreift und darunter ein grässliches Untier offenbart. Boritak überging ihre Reaktion geflissentlich. „Nehmen wir an, ein Bär fiele heute in unser Dorf ein. Dann würden die Frauen von uns verlangen, dass wir unser Leben für sie riskieren. Daran mag ich nicht rütteln, denn es ist wahr: Sie sind schwächer als wir oder schleppen sowieso gerade einen Kugelbauch vor sich her. Seltsam eigentlich, dass die große und mächtige Btar ihre Töchter nicht auch noch stärker gemacht hat. Denkt mal bei Gelegenheit darüber nach!

Gott Onloatwi jedenfalls gab uns Männern mehr Kraft. Im Kampf mit wilden Tieren, aber auch in der Lust. Kraft *und* Mut gab er uns. Fortwährend setzen wir uns Hauern, Hufen, Zähnen und Steinschlägen aus. Könnten denn die Frauen ohne uns überhaupt überleben? Ich sage nein. Warum aber fehlt uns der Mut, dafür die Achtung einzufordern, die uns zusteht? Und wie muss sich erst Onloatwi fühlen, wenn wir ihn zwar endlich ehren, aber eines seiner kostbarsten Geschenke, den Mannesmut, mit Füßen treten lassen? Genau das tun wir nämlich, wenn wir uns weiterhin von unseren Müttern, Schwestern und Geliebten alles gefallen lassen."

„Es gibt niemanden im Stamm, der einen Lebensretter nicht hoch achten würde", widersprach Horfet, „Auch meine Mutter hat sofort den Segen der Göttin für dich herabgefleht, als sie mich in deiner Höhle fanden."

„Worte gewiss, aber was ich meine, sind Taten. Kommen wir auf den Anfang zurück. Angenommen, einer von uns hat eine Stammesschwester gerettet. Er begehrt sie heftig, verzehrt sich nach ihr, jede Nacht. Sie aber mag ihn nicht. Dann darf er trotzdem nicht mit ihr schlafen, obwohl sie ohne ihn gar nicht mehr leben würde. Ist das gerecht? Und bringt sie etwa so ihre Hochachtung zum Ausdruck? Dabei ist es doch für eine Frau ein Leichtes, ihre Beine zu spreizen. Mehr muss sie gar nicht tun. Für uns dagegen ist es schwer, eine Frau zu füllen, die wir nicht mögen."

Er blickte in Gesichter, die blanker Abscheu um Nase und Mund tief einkerbte.

„Versteht mich bloß nicht falsch." Boritaks Stimmbänder hörten sich plötzlich rau an. „Ich meine nicht, dass ihr diese Frau vergewaltigen sollt. Ich finde nur, dass sie nach einer solchen Tat nicht mehr das Recht haben sollte, euch zurückzuweisen, selbst wenn sie bei eurem Anblick nicht in Entzücken ausbricht."

Die Männer schwiegen. Was Boritak sagte, verwirrte sie. Gegen einige seiner Gedanken ließ sich so leicht kein Widerwort finden. Seine Schlussfolgerung aber befremdete sie. Eine Frau, die sich einem Mann hingab, nur weil der etwas Lobenswertes geleistet hatte?

Horfet dachte an Nal-abu. Natürlich tat ein Mann vieles, um eine Frau zu beeindrucken. Doch stets blieb es ihre Entscheidung, ob sie sich davon beeindrucken ließ. Keiner im Stamm hatte das Recht, ihr in Liebesangelegenheiten Vorschriften zu machen. Würde es ihm überhaupt

Spaß machen, sie zu umarmen, wenn sie ihn dulden musste und ihn nicht selbst leidenschaftlich begehrte? Andererseits, wie ohnmächtig würde er sich fühlen, sollte sie ihn abweisen?

Glenek fragte: „Wie sollen wir denn deiner Meinung nach die Frauen dazu bringen, uns mehr Achtung zu erweisen?"

„Indem wir sie zwingen, uns nicht länger zu belügen, weder über die zunehmende Schwäche Btars noch über ihre Abhängigkeit von uns."

„Was willst du damit sagen?" Horfet hatte geglaubt, genau zu wissen, was Boritak dachte und wusste. Doch anscheinend war das ein Irrtum.

„Ja, Männer. Tief in meinem Herzen weiß ich, dass Ilnaf-ba lügt. Sie wettert gegen deine Vision, Horfet. Aber in Wirklichkeit kennt sie Onloatwi nur zu gut. Alle Weisen Frauen tun das. Vielleicht sogar auch eure Schwestern. Aber sie tun alles, um uns zu täuschen. Sie wissen, dass Btars Kraft schwindet und mit ihr ihre eigene. Sie wissen, dass sie ohne unseren Saft keine Seelen mehr aus dem Aschme-óch rufen können. Sie verbergen indes ihre Schwäche, um uns weiter klein zu halten als Söhne. Damit wir nie zu Männern heranwachsen. Zu Männern mit eigenen Wünschen und Forderungen."

Horfet fühlte sich, als habe ihm Boritak einen Magenschlag versetzt.

„Wenn Ilnaf-ba Onloatwi kennt, dann hätte mich ja auch meine Großmutter belogen. Das kann nicht sein. Nicht Krata-buun!", brach es aus ihm heraus.

„Mein Freund, ich weiß, wie weh ein solcher Verrat tut! Aber ich kann dir den Schmerz nicht ersparen. Ich weiß es schon lange. Ich habe bisher geschwiegen. Jedesmal wenn ich dazu ansetzte, tatest du mir leid. Jetzt freilich ist die Zeit reif. Denk nach. Du selbst hast mir die Geschehnisse am letzten Nacht-und-Tag-Gleichen-Fest genauestens geschildert. Warum, glaubst du, hat Krata-buun damals so heftig reagiert? Weil der Übermut mit ihr durchging oder weil sie Lust hatte, das Fest zu stören? Nein, Mannessohn. Das waren gewiss nicht ihre Gründe!"

Boritak fasste an Horfets Kinn und drückte es unsanft nach oben.

„Schau mich an und antworte mir! Wer schreit lauter? Ein Mensch, dem du über die Hand streichst oder einer, dem du aus Versehen ein glühendes Holzstück auf den Arm brennst?"

„Was soll denn *die* Frage, letzterer natürlich."

„Ganz richtig. Der, dem die Haut verschmort. Doch es war kein sichtbares Feuer, das Krata-buuns Herz versengte. Ich sage dir, was es war: ein unsichtbares Feuer. Ihr Lügenfeuer war es."

Boritak hielt inne. Horfet atmete wie ein verwundetes Tier. Er zog sein Kinn weg und schüttelte wie von Sinnen seinen Kopf.

„Nein, ich bin schuld an ihrem Tod. Hör auf, schlecht über sie zu reden. Dazu hast du kein Recht. Sie hat mich geliebt. Niemals hätte sie mich angelogen."

„Renn doch weg, wenn du der Wahrheit nicht ins Auge sehen kannst." Boritaks Stimme troff vor Verachtung.

Horfet machte keinerlei Anstalten dazu. Er stellte sich breitbeinig vor ihm hin und antwortete mit einer Selbstsicherheit, die Glenek und Kanoch überraschte. „Das brauche ich nicht. Ich erinnere mich nämlich genau an einen Satz Onloatwis. Er sagte: ‚Du bist der erste Mensch, der die Kraft des Mannessaftes entdeckte.' Krata-buun kann also nichts gewusst haben. *Du* irrst dich, mein Freund. Und jetzt hör zu, was ich dir sage: rede nie wieder schlecht von ihr, wenn du mein Freund bleiben willst!"

Zwei Steine, die aneinanderschlugen, lenkten sie ab. Das trächtige Schaf bewegte sich unruhig hin und her, so gut es das trotz seiner Fesseln vermochte.

Kanoch, froh über die Beendigung des unerfreulichen Streits, war am schnellsten auf den Beinen und hatte den besten Überblick. Neugierig ging er auf das Tier zu. „Schaut nur, wie merkwürdig es sich bewegt. Findet ihr nicht? Es sieht immerzu auf sein Hinterteil. Vielleicht bekommt es sein Junges."

Die drei anderen rannten ebenfalls an die Stelle, wo die Tiere lagen.

„Ja, du hast Recht", rief Horfet aufgeregt. „Los, bindet ihr eine Schlinge um den Hals. Ich schneide ihr die Beinfesseln durch. Sie muss sich frei bewegen können beim Gebären. Am besten, wir verstecken uns dann gleich hinter den Bäumen, damit sie weniger Angst hat. Wir sehen trotzdem alles."

Die Geburt eines Schafes hatte nicht einmal Boritak je so hautnah mitverfolgen können, obwohl er als erfahrener Jäger unzählige Tage lang Herden beobachtet hatte. Immer wieder drehte sich die werdende Mutter nach hinten um. Ihre Vorderbeine in das Erdreich gestützt, bäumte sie sich auf gegen den Schmerz, der in ihrem Inneren tobte. Zwei Hufe wurden sichtbar, dann knochige Beine. Zusammen mit einem blutigschleimigen Flüssigkeitsschwall presste sie schließlich das Lämmchen auf einen Schub aus ihrem Hinterleib, das als nasses Bündel neben Resten der zerplatzen Fruchtblase liegenblieb. War es tot? Für ein paar Augenblicke schien es so. Doch dann zuckte es plötzlich und holte Luft.

Vermeintlich völlig erholt von dem Kraftakt sprang das Mutterschaf auf. Ein dunkles, ruhiges Meckern ausstoßend, begann sie, ihr Junges abzulecken. Ihre Zunge entfernte zuerst den Schleim von Schnauze und Kopf, dann widmete sie sich dem ganzen Körper. Das Lecken brachte noch mehr Leben in das Neugeborene. Zaghaft hob es seinen Kopf, kurze Zeit später stand es bereits auf Beinen, die aussahen, als müssten sie erst richtig zusammengefügt werden. Trotzdem strebten sie nur einem Ziel zu: der Zitze. Auch hier klappte das Zusammenspiel von Mutter und Kind auf beeindruckende Weise. Mit Stupsen auf die Schwanzwurzel wies die Alte ihrem Sprössling den Weg und gab erst Ruhe, als ihre Milch in sein Körperchen floss. Fasziniert standen die vier menschlichen Betrachter neben Mutter und Kind.

„Onloatwi hat uns soeben das erste Lamm einer von uns gefangenen Schafmutter geschenkt", sagte Horfet feierlich. Seine Worte waren die letzten gewesen, bevor die Geburt einsetzte. Darin sah er einen Fingerzeig seines Gottes, dass Boritak in seinem Misstrauen gegenüber den Frauen und erst recht in seinem Verdacht gegenüber Krata-buun entschieden zu weit ging. „Göttlicher Sohn, wir danken dir von Herzen dafür. Dieses Schaf sei allein dir geweiht."

Auch Boritak, Glenek und Kanoch hoben ihre Hände in der gleichen Weise, wie es sich beim Gebet einer Clanmutter gehörte.

Boritak schwieg. Horfets zufriedenes Lächeln war beredt genug. „Dein Hass wird langsamer reifen als meiner, aber die Saat habe ich in dich gelegt, ob du es wahrhaben willst oder nicht", dachte er nicht minder zufrieden.

„Wie schnell das gegangen ist!", wunderte sich Glenek. „Bei meiner Schwester haben die Geburten einen halben Tag gedauert. Und aufgesprungen ist sie anschließend auch nicht gerade. Sie ist noch ein, zwei Tage lang ziemlich langsam herumgeschlichen. In einem Streitpunkt dürften also nicht einmal die Frauen länger zweifeln: Btar kümmert sich schlecht um die Menschenfrauen. Sie wird wirklich alt."

Frühjahr 7713 v. Chr.

Einen halben Monat vor der Frühlings-Tag-und-Nacht-Gleiche begann das Gras in nicht mehr übersehbaren Schüben zu wachsen. Vielhalmig, zartstänglig und hellgrün strebte es zum hohen Licht der Sonne. Noch hinderte kein Laub der vorherrschenden Eichenschar das Himmelslicht am Umschmeicheln der Bodenblüher. Anders war es unter den Sträuchern, den Eschen, Pappeln und Wildkirschen; diese rollten eifrig ihre neugeborenen, weichen Blätter aus und fingen jeden Tag mehr Strahlen auf.

Die Schlehenbüsche, Mandelbäume und Tamarisken ließen sich mit ihren Blättern mehr Zeit. Dafür stachen ihre weißen oder rosa Blüten von weitem ins Auge und zogen allerlei Geschwader summender Flügelschwinger an. Sogar Buchsbaum, Wacholder und Pinien, unter denen ganzjährig Schatten herrschte, ließen an ihren neuesten Trieben erkennen, dass sie dem Frühling keineswegs gleichgültig gegenüberstanden.

In-eika konnte sich gar nicht sattsehen und -hören an all dem Aufregenden, das sie entdeckte. Hatten die weiß und dunkelrot gesprenkelten Tulpenblüten letztes Jahr auch schon die Größe ihres Daumens erreicht? Standen die gelben Krokusse und die pinkfarbenen Orchideen bereits letztes Jahr an den feuchteren Stellen so dicht? Wo steckten denn all die Vögel, deren Lieder einen durch den Tag trugen wie ein warmer Rückenwind? Wurden sie denn nie müde, die Schnäbel in die Höhe zu recken und aus ihrer winzigen Kehle zu trällern, als könne Btar ohne sie nicht tanzen? Warum gurgelte plötzlich der Gelbblütenfluss so laut und schwoll an? Wo war der Mund, der derartige Wassermassen ausspuckte? Wieso war das Blättergrün anfangs so hell? Wodurch wurde es später dunkler?

Vor allem Barcha-let und Lu-bagdai antworteten ihr geduldig. Oft vertrösteten sie sie aber auch auf einen der nächsten Sammelspaziergänge. So lange wollte In-eika nicht warten. Als sie im ganzen Stamm niemanden mehr fand, der bereitwillig Auskunft gab, dehnte sie ihre Erkundungstouren auf eigene Faust aus. Notgedrungen viel alleine.

Denn seit neuestem hatten ihre gleichaltrigen und jüngeren Freundinnen nur noch Augen für die zehn Lämmer, die in Boritaks Einzelgehegen neben ihren Müttern standen oder miteinander spielten. Das Streicheln und die Kräuterleckerbissen der Kinderhände besänftigten die Lämmer, so dass sie längst weniger schreckhaft auf herantretende Menschen reagierten als ihre Schafmütter.

In-eika liebte die niedlichen Zottelpelze auch, genauso wie sie ihr Holzeselchen liebte, das sie stets mit sich herumtrug. Boritak allerdings mochte sie nicht. Wann immer zu befürchten stand, dass Boritak sich zu ihnen gesellte, ging In-eika lieber ihrer eigenen kleinen Wege. Boritaks Narbe erinnerte sie immerzu an diesen Gott mit dem einen brennenden Auge, dessen Antlitz manchmal ganz unvermittelt vor ihr auftauchte. Und Boritaks Blicke, die er über ihren ganzen Körper schickte, machten ihr Angst.

Jetzt, da die Erde auf den verstreuten Äckern rings um den Dorfhügel aufgehackt und gelockert wurde, blieb sie auf ihren Wanderungen immer in Sichtkontakt zu einem Erwachsenen mit Speer. So wie es jedes Kind lernte und beherzigte, da Bären, Wölfe, Leoparden und Löwen solch leichte Beute gerne schlugen, wenn keine Gegenwehr drohte.

An einem besonders warmen Tag lag sie wieder einmal im Gras hinter einem der am weitesten entfernten Felder. Es erstreckte sich am Rande der Ebene südlich des Dorfes. In-eika nahm sich vor, ruhig auf dem Bauch liegen zu bleiben, und kicherte heftig unter den tapsigen Käfern, die über ihre nackten Oberschenkel liefen und sie mit ihren haarfeinen Beinenden kitzelten. Fasziniert betrachtete sie die Abdrücke, die die Gräser ihr nach einiger Zeit in die Unterarme zeichneten, auf die sie sich gestützt hatte. Vor allem dort, wo ihre Armreifen aus verschiedensten Fasern saßen, die sie aus allen möglichen Stängeln herauslöste. Da ihr noch viele Pflanzennamen fehlten, setzte sie sich hin und begann, Namen zu erfinden, die sie ihrem Eselchen feierlich verkündete. Wie wohl ihre Mutter und Clanmutter die Dickbauchpfeile, Beinhaarstreichler und Laushüttler nannten?

Eine Eidechse, die sich auf einem kleinen Steinbrocken sonnte, erregte ihre Aufmerksamkeit. Ihren Holzesel im Arm und geduckt wie ein Jäger schlich sie sich an das Tier heran, das keine Anstalten machte zu fliehen und seinen Kopf in ihre Richtung drehte. Schließlich waren In-eikas und der Eidechsenkopf nur mehr eine Armlänge voneinander entfernt. Das kleine Mädchen beugte sich weiter vor und redete ruhig auf den rötlich und schwarz gesprenkelten, ansonsten aber grauen Echsenzwerg ein. Wie sie es schon viele Male getan hatte, schloss sie dabei kurz ihre Augen. Tatsächlich! Als sie blinzelte, sah sie, dass auch ihr sonnenhungriges

Gegenüber seine Lider sinken ließ, um sie ebenso unerwartet wieder zu öffnen.

„Ja, ganz recht. Ich bin nicht wie mein Bruder. Ich fange keine aus deinem Stamm. Sei ganz beruhigt!", sagte sie, während sie sachte vor dem Stein niederkniete „Du kannst getrost das Augenspiel mit mir spielen. Das Spiel ist ganz einfach. Jede von uns macht die Augen zu. Da dein Volk sehr schweigsam ist, spreche ich für uns beide. Wenn ich die Augen aufmache und sehe, dass deine auf sind, habe ich gewonnen. Wenn ich blinzele und deine sind zu, hast du gewonnen", flüsterte sie in Richtung Stein und kniff sogleich fest ihre Augen zu.

Das Tierchen spielte mit, wie es alle Eidechsen tun, wenn sie sich sicher fühlen. Hin und wieder vergewisserte es sich, ob es der großen Gestalt vor seinem Maul tatsächlich trauen durfte. In-eika verlor und gewann. Die Pausen dazwischen aber wurden immer länger.

„Mabee, meine Kleine, was machst du denn da ganz allein?"

Obwohl sich die Stimme leutselig gab, gefror Barcha-lets Jüngster augenblicklich das Blut in den Adern. Ihr Holztier verlor seinen Halt zwischen In-eikas Ellbogen und Oberkörper und stürzte kopfüber zu Boden. War das nicht Boritak, der sie rief? Sie riss die Augen auf und stellte fest, dass sich die Eidechse verkrochen hatte. Dadurch erst recht in ihrer Angst bestätigt, blickte sie geradeaus zu der Stelle, wo Daboi und Saniutai ein paar Bäume fällten, um den Acker zu vergrößern. Fort! Hatten sie nicht eben die Luft mit ihren Schlägen erzittern lassen? Jetzt erst merkte das spielende Kind, dass nur noch die Vögel sangen.

„Lolluma", dachte sie, „Saniutai und Daboi sind schon unterwegs zum Dorf. Sie können mir nicht mehr helfen. Wenn Boritak der Gott ist, wird er mich fressen. So wie er Horfet gedroht hat. Ich bin schließlich seine Schwester."

Doch so leicht würde sie es ihm nicht machen. Blitzschnell änderte sie ihre Stellung. Mit einem Satz stieß sie sich vom Boden ab und sprang auf. Ebenso rasch bückte sie sich nach ihrem Holzeselchen und hielt es vor ihre Brust. In dieses setzte sie im Angesicht des grausamen Gottes ihre ganze Hoffnung. Ob es noch genug von Btars Kraft enthielt, von all den Nächten, in denen sie es neben Btars Lehmfigur gestellt hatte?

„Hab keine Angst. Entschuldige bitte. Dass du dich erschrickst, wollte ich gerade nicht. Darum habe ich dich schon angesprochen, als du mich noch nicht sehen konntest", hörte sie erneut die Stimme von hinten. Langsam drehte sie sich um und atmete erleichtert aus. Der Mann, der da aus dem Schatten trat, war nicht Boritak, sondern ein Fremder. Sein Haar war heller als das von Boritak und seine Gestalt bei weitem nicht so groß und wuchtig wie die Boritaks. Mit einer Leichtigkeit, die ihm bei der Jagd sicher von Vorteil war, bewegte er sich auf sie zu und lächelte sie an. „Sei gegrüßt, Grasträumerin. So jedenfalls würde ich dich nennen. Aber sag: Wie nennt dich denn deine Sippe?"

„In-eika, Tochter der Barcha-let."

Er verbeugte sich scherzhaft vor ihr. „In-eika, Tochter der Barcha-let. Es grüßt dich Jalwonk, der fröhliche Arkasnaq, Sohn der Ha-lanai vom östlichsten Stamme Gabbtarans, der dich nun aber von Süden her fand."

In-eika kicherte. So hatte sie noch nie jemand begrüßt. Glücklich strahlte sie ihn an. Jalwonk war wirklich hübsch, obwohl er alles andere als ein Festgewand trug. Sein abgewetzter, fleckiger Lendenschurz reichte ihm fast bis zu den Knien. Von den Schultern bis kurz über dem Lederband, das das Vorder- und Hinterteil seines Lendenschurzes auf Taillenhöhe hielt, schlackerte ein Nesselhemd, das wohl für einen dickeren Mann gemacht worden war. Die Lederbeinlinge wiesen Löcher auf.

In seinen Haaren fanden sich überhaupt keine geflochtenen oder geschmückten Strähnen wie bei den meisten Mungordaukmännern; ungebändigt und ein wenig zerzaust umrahmten sie sein Gesicht und fielen ihm noch ein Stückweit über die Schultern. Das Braun seiner Barthaare war heller als das gleichmäßige, ungesprenkelte Spatzenbraun seiner wachen Augen. Diese schienen eigene Hälse zu haben. Jedenfalls wandten sie sich mit der Flinkheit von Singvögeln von einem Fleck zum nächsten, als gälte es, keine einzige Stelle unbeobachtet zu lassen.

„Die Härchen, die dir aus der Nase wachsen, solltest du mal mit einem brennenden Ast abschmoren", sagte In-eika ungeniert, „sie passen gar nicht in dein nettes Gesicht."

Über Jalwonks Wangen huschte ein zartes Rot. „Danke, junge Frau. Ein Mann freut sich immer, wenn er einer Frau im Großen und Ganzen gefällt. Das mit den Haaren tut mir leid. Bei dem letzten Dorf, bei dem ich vor einem halben Mondlauf war, hat niemand so freimütig mit mir über sie gesprochen wie du. Ich selbst bemerke sie nicht. Aber wenn du mir dein Lager zeigst, können wir gleich mit dem Sengen anfangen."

In-eika nahm bereitwillig seine Hand und wollte ihn führen.

„Vorher muss ich dir allerdings noch meine Freunde vorstellen", wich er ihr aus. „Folge erst du mir und hab keine Angst. Manserek und Talebain mögen Mädchen, vor allem so freundliche wie dich."

Vom Rand des Waldes erscholl bereits ein haarsträubendes Heulen, das In-eikas Vertrauen zu dem Fremden auf eine erste Probe stellte. Als

Jalwonk jedoch festen Schrittes auf den Mann zu ging und den Wolf sogar streichelte, wagte sich auch In-eika näher heran.

Manserek, ein nicht mehr ganz junger, offenbar schüchterner Mann, lächelte nur und grüßte sie. In-eika nahm wenig Notiz von ihm, ein kurzer Blick und Gruß, dann gehörte ihre ganze Aufmerksamkeit dem Wolf mit seiner schön gezeichneten Maske und der schmalen, langen Schnauze.

„Wieso hast du einen Wolf bei dir? Und was ist das für ein seltsames Gestell, an das er festgeschnürt ist?", fragte sie staunend.

„Mabee, ich habe beschlossen, dass mein Wölflein mir beim Transport der Waren durchaus helfen kann. Mit der Trage tut er das ausgezeichnet, und weil sie zur Hälfte am Boden schleift, hat er fast keine Mühe damit."

„Das ist wirklich schlau von dir, aber er ist ein Wolf. Wölfe fressen gerne kleine Kinder. Und auch Frauen und Männer. Wieso frisst er dich nicht?

„Es stimmt, dass Wölfe auch Erwachsene fressen, wenn sie großen Hunger haben, freilich nur solche, die sich nicht mehr wehren können. Bei diesem hier jedoch ist alles anders. Meine Schwester fand ihn als kleinen Welpen halbtot in einer Felsspalte. Weil sie mehr als genug Milch für ihr Kind hatte, bat sie mich, an ihrer Brust zu saugen und alles in eine Holzschüssel zu spucken. Aus der schleckte dann Ucho-in (baranisch für *Wölflein*), wie sie ihn nannte, ihre Milch. Anschließend ernährte sie ihn mit vorgekautem Fleisch. Ich bin sicher, dass er sie für seine richtige Mutter hält. Doch als ich mich entschloss, ein Arkasnaq zu werden, schenkte mir meine Schwester den Wolf. Ich nenne ihn seither „Taleb-ain" (baranisch für *Menschenfreund*). Du musst wissen, dass seine Ohren und Augen mich schon oft vor einer Gefahr gewarnt haben, lange bevor ich sie selbst bemerkte. Ich bin meiner Schwester sehr dankbar für ihr großzügiges Geschenk. Den schönsten Schmuck, den ich eintausche, schenke ich daher immer ihr."

In-eika klatschte in die Hände. „Ein Wolf als Schwesterkind. Das ist lustig. Taleb-ain ist also dein Bruder."

„Ja, so könnte man sagen."

„Weißt du, ich habe auch einen Bruder. Er heißt Horfet. Horfet hat diesen Winter ganz viele Schafe gefangen und sie hinter einem Zaun eingesperrt. Die sollen viele Lämmer bekommen. Dann werde ich die Schwester der Lämmer sein."

Jalwonk stutzte. „Ich verstehe nicht. Warum fängt dein Bruder denn Schafe?"

„Ja, so genau weiß ich das auch nicht. Es gibt da einen bösen Gott, der meinem Bruder erschienen ist, und der sagt, dass man Böcke braucht, um Lämmer zu bekommen. Die Weisen Frauen sagen, dass der böse Gott Unrecht hat. Ich habe Angst vor dem bösen Gott. Und mein Bruder fängt jetzt Schafe ein."

„Rahi", irritiert fuhr sich Jalwonk an seinen Bart und zog ein wenig daran, „jeder Stamm hat eben seine Eigenarten. Dabei fällt mir ein, dass ihr nicht der einzige Stamm seid, bei dem ich Schafe hinter Gattern gesehen habe. Offensichtlich befällt dieser Gedankenblitz hin und wieder Leute aus verschiedenen Stämmen. Am besten gehen wir jetzt in dein Dorf. Vielleicht können die anderen mir noch besser erklären, wozu gefangene Schafe gut sein sollen, die sich ja doch nie vermehren. Mir jedenfalls ist mein zahmer Wolf lieber."

Jalwonks Ankunft löste große Freude im Dorf aus. Nicht nur weil er der erste Arkasnaq nach der Wintersonnwende war, der bei ihnen Halt machte, sondern auch, weil er In-eika mitbrachte, nach der bereits etliche Dorfesbewohner auf Bitten Barcha-lets hin suchten. Im Dorf wurde auch Manserek gesprächiger und erzählte, dass er aus dem Süden stamme und Jalwonk bereits seit dem drittletzten Vollmond begleite. Er habe noch nicht entschieden, ob er dauerhaft herumwandern oder sich eine Frau suchen wolle.

„So schmachtend wie der schaut, ist das eine glatte Lüge. Aber fällt dir eine von uns ein, die ihn wollen könnte", flüsterte Lu-bagdai Barcha-let zu.

„Er hat den Charme eines glitschigen Fisches. Meiner Meinung nach wird er den Arkasnaq noch durch viele Dörfer begleiten müssen", flüsterte die zurück.

Großes Misstrauen schlug dem Wolf entgegen. Jalwonks Geschichte über seine Schwester und das Wolfskind rührte sie zwar, überzeugte sie jedoch nicht. Da Jalwonk sie inständig bat, Taleb-ain keine Schlinge um den Hals legen zu müssen, verlangte die überwiegende Mehrheit, dass Jalwonk ihnen zeigen solle, wie gut ihm der Wolf aufs Wort gehorchte. Dass Wölfe schon erfolgreich gezähmt worden waren, wussten sie zwar von den großen Stammestreffen. Doch kursierten ebendort auch genügend Geschichten über böse Bisswunden.

„Also was wollt ihr sehen? Gebt mir doch eines eurer Lämmer. Dann rufe ich ihn und ihr könnt euch selbst überzeugen, dass er zu mir kommt, anstatt das Lamm zu reißen. Würde euch der Beweis genügen?"

Elatansch lächelte breit. „In Ordnung, Jalwonk, Boritak hat sicher nichts dagegen, wenn er uns ein Lamm für einen solch guten Zweck zur Verfügung stellen soll. Sprach er nicht davon, dass Bären sich fortan lieber Lämmer im Pferch holen würden, statt unsere Kinder im Dorf anzugreifen?"

Boritak warf ihm einen finsteren Blick zu, fügte sich aber, weil alle nickten und er tatsächlich damit geworben hatte. Nach einer Weile kehrte er mit einem Lamm auf dem Arm zurück und entließ es in der Mitte des Dorfplatzes. „So, dann lass deinen Laushaufen los. Wehe dir, wenn du gelogen hast!", knurrte er.

Obwohl Jalwonk Taleb-ain am Vortag mit nur wenig gewässertem Trockenfleisch gefüttert hatte, bestand sein Wolf die Prüfung mit Bravour. Ein Raunen der Anerkennung ging durch die versammelte Dorfgemeinschaft. Dass sich ein Wolf dem Willen eines Menschen derart beugte, hatten die wenigsten von ihnen für möglich gehalten.

Barcha-let sprach aus, was nicht nur sie dachte: „Btar muss ihre Menschenkinder sehr lieben, wenn sie uns sogar über Wölfe gebieten lässt. Also kann sie auch nichts dagegen haben, wenn wir Schafe halten."

Jalwonk lächelte ihr zu. „Ich würde gerne mehr über euer Vorhaben hören. Doch zuerst möchte ich euch bitten, mir ein paar eurer köstlichen Emmerfladen zu überlassen. Ich ernähre mich schon zu lange von Trockenfleisch und Wurzeln, als dass ich einen weiteren Atemzug diesem Duft widerstehen könnte."

„Bewirf uns nicht mit Asche!", stimmte ihm Barcha-let eilig zu. „Du hast völlig Recht, dich über unsere Gastfreundschaft zu beschweren. Heute Abend in der Versammlungshütte haben wir Zeit genug, über die Schafhaltung zu sprechen."

Nur einige kleine Kinder und Pakun, den wie im Winter erneut ein Fieber quälte, blieben an diesem Abend dem abendlichen Treffen fern. Zu gespannt waren alle darauf, Neuigkeiten zu erfahren. In der runden Gemeinschaftshütte war der Dreiviertelkreis die bevorzugte Sitzformation.

Dabei saßen die Mitglieder des Sippenhäupterrates wie immer am weitesten vom Eingangsbereich entfernt. Die Gruppe der Männer, die

Boritak und Horfet beim Fangen und der Betreuung der Schafe halfen, hatte sich an diesem Abend auf der vom Eingang aus rechten Seite versammelt: Neben Glenek, Kanoch waren dies noch Makaiot, Gleneks älterer Bruder Onriak sowie Schodan und Hetlin aus der Spechtsippe. Keiner von ihnen hatte mehr als vierzig Sonnenwenden gesehen. Dennoch war Horfet der jüngste der „Onloatwi-Söhne", wie sie sich selbst nannten.

Ilnaf-ba bat Jalwonk und Manserek, sich neben sie zu setzen. Während Manserek die Gelegenheit nutzte, in Ruhe eine Frau nach der anderen zu betrachten, starrte Jalwonk vor allem auf Boritak. Obwohl Barcha-let ihn wegen der Stirnnarbe beruhigt hatte, strahlte dieser muskelbepackte Riese eine lauernde Feindseligkeit aus, die Jalwonk befremdete. Von den jungen Männern, die ihn auf beiden Seiten flankierten, schlug ihm zwar überwiegend Neugierde entgegen. Dennoch schien es Jalwonk, als bildeten der Schiefnasige und seine Jungmännerschar eine eingeschworene Gruppe innerhalb des Stammes, ein Granitfels inmitten von Kalkgestein.

„Nun, Jalwonk, Sohn der Ha-lanai, erzähl!", forderte ihn Ilnaf-ba auf. „Was hast du gesehen auf deinem Weg?"

Der Angesprochene wandte sich zu Ilnaf-ba. „Vieles sahen meine Augen, viele Steinchen stachen mir in die Sohlen. Seit der drittletzten Tag-und-Nacht-Gleiche bin ich ein Arkasnaq, der im Dreiviertelkreis geht wie die Sonne. Die Bahn, die ich seither ziehe, beginnt im äußersten Osten Gabbtarans. Dort, bei dem Stamme der Issakech, entschlüpfte ich meiner Mutter Schoß. Dann richte ich gewöhnlich meine Zehen nach Süden. Wenn keine Hügel mehr meinen Weg säumen, drehe ich meinen Fuß nach Westen. Sobald ich dann auf die Herzschlagader (gabbtaranische Bezeichnung für *Tigris*) stoße, mache ich wieder kehrt. Mal mehr zuerst Richtung Norden, mal mehr zuerst Richtung Osten, mal schnurstracks dazwischen. Heute stieß ich auf In-eika, das mutige Mädchen, das sich nicht einmal vor meinem Wolf fürchtete.

Was sonst sah ich auf meinem Weg, das für euch neu sein könnte? Ich glaube, nicht viel. Das heißt, in einem Stamm, in dem ich verweilte, zeigte man mir einen weichen Stein. Der schimmerte wie die Flügel einer Libelle, die im Schein der Sonne fliegt, aber nicht bläulich, sondern eher in der Farbe rötlichen Lehms oder der eines hellbraunen Eichhörnchens. Die Jäger erzählten mir, dass sie den Stein in den Bergen Ostgabbtarans fanden. Sie hoben ihn auf, weil er eigenartig grün gefärbt war. Erst als die Splitter eines Flintsteins ihn trafen, bekam er Scharten, die seinen schimmernden Kern enthüllten. Weil sie noch mehr von dem Kern sehen wollten, bearbeiteten sie ihn mit Basalt. Und wisst ihr, was dabei passierte?"

Die Zuhörer streckten ihre Hälse nach vorne.

„Von dem Stein sprang kein einziger Splitter ab. Mit jedem Schlag allerdings wurde er ein wenig platter. Ein Stein, den man formen kann, ist das nicht eine verrückte Geschichte? Ich jedenfalls wollte unbedingt auch solche Steine besitzen. Daher kletterte ich manchen Hügel hinauf. Und tatsächlich fand ich gleich zwei davon. Wollt ihr sie sehen?"

„O ja", schrien Riwa-quoi und Nal-abu gleichzeitig.

Jalwonk grinste und lockerte die Lederschnur, die seinen Lederbeutel am Hals zusammenhielt. Mit Zeigefinger und Daumen griff er hinein und fischte zwei Stücke in der Größe eines Taubeneis heraus. Nal-abu und Riwa-quoi wirbelten hoch und eilten zu ihm.

„Klug von dir, dass du bisher nur einen mit Schlägen traktiert hast." Nal-abu griff sich das Kupferei, das noch mit Patina überzogen war, und schritt damit die Reihe der Sitzenden ab. „Jäger, ich glaube, darauf solltet ihr zukünftig auch eure scharfen Augen richten, wenn ihr wieder den Bogen umschnallt. Ich bin wahrscheinlich nicht die einzige Frau, die mit Wonne einen solchen Stein an einer Kette tragen würde."

„Ja, Nal-abu hat ganz Recht", Riwa-quoi hatte sich derweilen die rötliche Kugel geschnappt und präsentierte sie ebenfalls den Dorfbewohnern, „mir würde schon eine Form vorschweben."

„Gib ihn mir her, Riwa-quoi", forderte sie Aruch-me auf. „Ich will diesen Zauberstein nicht nur sehen, sondern auch befühlen." Aruch-me umschloss ihn mit ihrer Hand. „Oh, er wird schnell warm. Ich glaube, andere Steine brauchen viel länger, bis sie einem das Blut wärmen. Dein weicher Stein gefällt mir sehr, Jalwonk. Würdest du ihn gegen irgendetwas eintauschen?"

„Nimm es mir bitte nicht übel, Weise Frau der Mungordauks, aber besondere Gegenstände schenke ich immer zuallererst meiner Schwester. Du weißt, sie schenkte mir Taleb-ain."

Aruch-me nickte betrübt. „Es ehrt dich, Arkasnaq, dass du deine Schwester ehrst. Deshalb werde ich dich trotz meines angeritzten Herzens nicht weiter bedrängen. Mögen auch meine Stammesbrüder zukünftig vieler grüner, weicher Steine gewahr werden und sie gut zu schenken wissen."

Jalwonk ließ seine Kostbarkeiten wieder in seinem Beutel verschwinden. „In-eika hat mir erzählt", fragte er unvermittelt, „dass ihr Schafe haltet und dass ihr irgendeinen seltsamen männlichen Gott verehrt. Was meinte sie denn damit?"

Ilnaf-ba seufzte tief. Nun war dieser Arkasnaq gerade mal angekommen und konfrontierte sie schon mit dem leidigen Thema. Genau das Gegenteil hatte sie sich von dem Besuch des Fremden erhofft. Da keiner wagte, das Wort zu ergreifen, sagte sie schließlich: „Es stimmt, dass einer unserer Jungen bei der Initiationssuche eine ungewöhnliche Vision hatte. Er ist überzeugt, dass ihm ein Gott namens Onloatwi erschienen ist, der der erwachsene Sohn Gab-Btars sei. Dieser behaupte ferner, dass ohne seine Hilfe, ja überhaupt ohne die Hilfe männlicher Wesen in Zukunft keine Söhne mehr geboren würden."

Jalwonks verdutzter Gesichtsausdruck tat ihr gut.

„Wie abwegig, nicht wahr? Ich sehe, du teilst meine Meinung ganz und gar. Um ihn für alle Zeiten und alle Zweifler sichtbar zu widerlegen, haben wir beschlossen, Schafe zu halten. Es gibt also zwei Gatter, eines mit weiblichen Schafen und ihren Lämmern, eines mit weiblichen Schafen, ihren Lämmern und zwei Widdern. Gab-Btar wird entweder beiden Gattern oder keinem Nachwuchs bescheren. Davon sind wir alle überzeugt, außer Horfet und Boritak, die da drüben sitzen." Sie zeigte auf die beiden.

„Bei der Feuerkraft des Blitzes! Was mischt ihr denn in eure Rauschtränke, wenn vor den Augen eurer jungen Männer solche Botschaften ausgebreitet werden? Ob ich wohl Genaueres darüber erfahren dürfte, ihr beiden?"

Ilnaf-ba traute ihren Ohren nicht. Begeisterte sich etwa auch der Fremde dafür?

„Wenn ich in andere Dörfer komme", ließ der nicht locker, „werden die Leute keine Ruhe geben, bevor sie nicht alles darüber wissen. Es gibt ja offenbar einige Dörfer, die sich hin und wieder bemühen, Schafe nicht mehr nur zu jagen, sondern auch zu züchten. Soweit ich mich erinnere, kam ich auf zwei Kreisen hintereinander durch zwei Dörfer, in denen mich beim ersten Mal blökende oder meckernde Tiere empfingen. Bei den Schlehenzaunleuten, unserem Nachbardorf im fernen Osten, standen einige Schafe in Gehegen. Die Breithackenleute banden dagegen mehrere Ziegen an Leinen. Beim zweiten Besuch hieß mich nur noch das Kinderlachen willkommen. Als ich nach dem Grund fragte, erzählten mir sowohl die Schlehenzaunleute als auch die Breithackenleute, dass Gab-Btar den gefangenen Tieren keine Kinder geschenkt habe."

„Hörst du, Horfet," fühlte sich Aruch-me rundum bestätigt, „auch andere Stämme sagen genau das gleiche. Ihr werdet schon sehen, dass ihr euch die ganze Arbeit umsonst macht."

Horfet kümmerte sich nicht um sie. Sein Herz schlug wild, als er fragte: „Jalwonk, denke bitte genau nach. Waren in dem Schafgehege der Schlehenzaunleute auch Widder? Und wie war es bei den Breithackenleuten? Gab es Ziegenböcke und hatten sie die Möglichkeit, sich den Ziegen zu nähern?"

„Da brauche ich nicht lange zu überlegen. Natürlich nicht, denn jeder weiß doch, dass nur weibliche Tiere Junge bekommen. Wozu sollte man die männlichen also durchfüttern, pflegen und hegen? Das wäre von vornherein verlorene Mühe. Fingman sie versehentlich mit, wurden sie als erste geschlachtet. Das hatten die Schlehenzaunleute und die Breithackenleute so gemacht, und jeder andere vernünftige Stamm würde es genauso halten."

„Dann ist alles klar", sagte Horfet.

„Von wegen klar", widersprach ihm Ilnaf-ba, „du selbst hast gesagt, dass Onloatwi erst mit dir zum Mann herangereift ist. Seine Macht besaß er also noch gar nicht bei den Schafen und Ziegen, von denen uns Jalwonk berichtet."

Horfet winkte ab. „Lass uns bitte nicht darüber streiten. Eines aber prophezeie ich euch. Unsere Schafe, die zusammen mit den Widdern in den Gattern stehen, werden Lämmer werfen, die anderen nicht. Das wird reichen, um Onloatwis gegenwärtige Kraft zu beweisen. Wer dann immer noch nicht an ihn glaubt, schadet seinem Volk."

„Hör auf, Horfet", wies Lu-bagdai ihn zurecht, „sogar mein Kind im Bauch schlägt mit der Faust, wenn es deine Worte vernehmen muss. Nur ein Streit, der kein Ende findet, schadet einem Volk. Wir alle werden ein einheitliches Urteil über Onloatwi fällen, nicht du allein für uns alle."

„So ist es", stellte auch Ilnaf-ba klar. Horfet schwieg, obwohl er weiterhin ihrem Blick standhielt.

Jalwonk fiel es einerseits schwer seine Neugierde zu verbergen. Andererseits hatte er keine Lust, den schwelenden ernstzunehmenden Konflikt gleich an seinem ersten Abend anzuheizen. Daher beschloss er, alle weiteren Fragen zu Onloatwi, die ihm auf der Zunge lagen, bei anderer Gelegenheit loszuwerden. „Geehrte Butú-tekál, du und dein Stamm wollen sicher noch die anderen Neuigkeiten hören, die mir Btars Finger zeigte."

Ein betrübtes Lächeln war ihre Antwort. Jalwonk begann von unverfänglicheren Begebenheiten zu erzählen, von Dörfern, die neu gegründet, von weiteren Stämmen, die sesshaft geworden waren und von der großen Fruchtbarkeit des Landes, der auch die Dürre dieses Jahres nicht merklich zugesetzt hatte.

Leichten Herzens lief Upakan voraus. Mit der warmen Sonne im Rücken fühlte er sich stark wie ein Wildschwein, das sich auch durch dickstes Gestrüpp mühelos seinen Weg bahnt. Noch diesen Abend würde er Riwa-quoi wiedersehen, so hoffte er. Zwei Tage nach Neumond war er mit drei anderen Männern aufgebrochen, darunter auch Kailap.

Denn das Tag-und-Nacht-Gleichen-Fest mit seinem Aussaatritual war ein beliebter Anlass, um neue Frauen kennenzulernen oder langjährige Geliebte zu besuchen, wie es bei Kailap der Fall war. Meist halfen die Männer, die es aus ihrem Heimatdorf fortzog, ihrer eigenen Sippe daher nur bei der Vorbereitung der Felder und des Festes.

Upakans Mutter Balin-tar hätte es zwar lieber gesehen, wenn sich ihr Sohn fürs Bleiben entschieden hätte. Aber nicht einmal ihre schwere Krankheit hinderte sie daran zu erkennen, was unübersehbar war: Ihr Sohn, der sie zusammen mit seiner Schwester liebevoll pflegte, wurde ebenfalls von einem ernsten Leiden gequält. Ihr brachten die Heiltränke des Ubo-muoich-Heilers schließlich Linderung und sogar Heilung. Doch gegen Upakans Liebeskummer schlugen weder Wurzel noch Blatt noch Stängel an.

„Möge deine Liebe in Herz und Leib erwidert werden, wie du es dir wünschst, mein lieber Sohn. Nur um eines bitte ich dich. Versprich mir, dass du spätestens bei der dritten vollen Mondin wieder zurück bist", hatte sie ihm zum Abschied ins Ohr geflüstert, und er hatte ihr dieses Versprechen gerne gegeben.

Upakan hörte ein Stückweit hinter sich lautes Schnaufen. „Du, Vorläufer, bleib mal stehen", prustete Kailap, der das Ende der Viererkette bildete.

Upakan hielt inne, was die beiden Männer hinter ihm notgedrungen auch taten. „Was ist, haben dich die Fische und die Linsen so träge gemacht?"

„Die Fische, die Mandeln, die Fladen und die Linsen, ganz recht. Aber auch die Sonnenwenden. Glaub mir, die Sonnenwenden sind die schlimmsten. Das wirst du schon auch noch merken, du jungblütiger, vor Liebestollheit schwebender Hirsch", verteidigte sich Kailap.

„Du musst zugeben, dass deine Geliebte nicht halb so gut aussieht wie meine. Kein Wunder, dass deine Füße schwer wie volle Wasserbeutel sind", reizte ihn Upakan erneut.

„Ha, dass ich nicht lache. Über die Wangen meiner Zini-i sind nur mehr Winde geweht. Doch nicht einmal die konnten ihr die Schönheit rauben. Wie sonst könnte sie die Mutter von Nal-abu sein? Die hat zweifellos mit Abstand die meisten Verehrer."

„Und wenn schon, keine von beiden kann es mit meiner Riwa-quoi aufnehmen."

„He, ihr beiden", wunderte sich einer der Männer in der Mitte, "Wozu streitet ihr überhaupt? Jeder von euch hat immerhin schon seine Geliebte. Was sollen wir machen? Wir wissen noch nicht mal, ob eine von euren hochgepriesenen Weißkrallenfrauen uns überhaupt beachten wird."

Upakan wurde es bei diesen Worten unwohl. Er hatte so sehr mit Riwa-quoi vor seinen Freunden geprahlt, dass er sich einen Misserfolg nicht leisten konnte. Mittlerweile eröffnete ihnen der schmale Weg einen Ausblick auf das Mungordauk-Dorf. Da der Fluss im Frühling noch schwerer passierbar war als gewöhnlich, hatten sie sich bei ihrem Aufbruch von einem Stammesbruder mit dem Boot auf die östliche Flussseite übersetzen lassen. Sie zogen also von Süden her auf das Dorf zu, jedoch nicht auf dem von den Regenfällen der vergangenen Tage aufgeweichten Uferweg, sondern auf demWildpfad, der an Horfets Schirmpinie vorbeiführte.

Je näher Upakan seiner Geliebten kam, desto mehr verließ ihn der Mut. Nur eine Senke mit einem unregelmäßigen Muster aus Feldern und Gestrüpp und der Anstieg zum Dorf trennten ihn noch von ihr. Wie würde sie reagieren? Nach über drei Mondläufen der Ungewissheit, in die er sie ohne Zweifel gestürzt hatte? Bedeutete er ihr überhaupt noch etwas oder hatte sie ihn längst vergessen? Was sollte er ihr erzählen? Ob ihr wenigstens seine Kette aus Wildschweinzähnen imponieren würde? Ein Drittel der Tiere hatte er selbst geschossen, die anderen Zahnwaffen hatte er gegen gelungene Flintsteinmesser eingetauscht.

„Soll ich ihr Herz erweichen, indem ich ihr aufs Feinste die Lichtung beschreibe, auf der wir uns in der Dämmerung so oft geliebt haben? Frauen haben eine Schwäche für Männer, die sich an solche Kleinigkeiten erinnern", überlegte er. An die andere Lichtung, auf der ihre Liebe unter dem Licht aus dem Osten das jähe, unerfreuliche Ende gefunden hatte, wollte er gar nicht mehr denken.

„Es gibt da noch etwas, was ich für Riwa-quoi sammeln möchte. Ich werde euch deshalb hier verlassen", sagte er etwa hundert Schritte näher am Dorf. „Tut mir bitte einen Gefallen, wenn ihr ankommt. Erzählt Riwa-quoi nicht, dass ich bei euch bin. Einverstanden?"

„Klar, ich würde mir sowieso lieber die Brusthaare auszupfen als dein Gebalze zu stören.

Upakan fand ihren „Pfad der Liebe" nicht auf Anhieb. Während er sich durchs Gestrüpp arbeitete, hörte er zwei menschliche Stimmen, eine hohe und eine tiefe. Neugierig geworden robbte Upakan näher heran. Sich ganz leise an Leute heranzuschleichen und ihnen beim Liebesspiel zuzusehen, bereitete ihm schon als Junge ein ganz besonderes Vergnügen. Aber die Frauenstimme, die er nun vernahm, glich der seiner Geliebten.

„Saniutai, streichle mich. Dort, wo ich es am liebsten mag."

Wie von Brennnesseln gestochen, reckte Upakan seinen Kopf hoch. Er sah sie, doch sie sahen ihn hinter dem dichten Gewirr von Ästen nicht. Upakan wurde blass und ballte seine Fäuste. Wie konnte dieser Saniutai es nur wagen?

„Ja, genau so, Saniutai."

Riwa-quois hörbares Wohlbehagen hielt Upakan im letzten Augenblick davon zurück, aus seinem Versteck herauszustürmen. Er liebte diese Frau. Wie gut tat es, endlich wieder ihre Stimme zu hören! Selbst wenn er auf das harte Korn beißen musste, dass ihr ein anderer Mann diese Töne entlockte. Seine Finger krümmten sich erneut zur Faust. Gut, dass der Kerl außer Reichweite lag! Aber hätte Saniutai denn überhaupt eine Chance bekommen, wenn Riwa-quoi nicht von ihm selbst derart schmählich verlassen worden wäre?

Upakan versuchte sich zu entspannen. Er war gekommen, um die Frau zurückzugewinnen, die er auf eine ihm unbekannte Art begehrte. Bot sich hier nicht die beste Möglichkeit zu erfahren, was dieser Saniutai anscheinend besser machte als er? Und überhaupt! Wie stünde er da, sollten sie merken, dass er sie mit ihrem Geliebten beobachtete und belauschte? Wenn Riwa-quoi Saniutais Zärtlichkeiten suchte und Saniutai sie ihr bereitwillig gewährte, hatte keiner das Recht, sich einzumischen. Wer es dennoch tat, verdiente Rüge und Spott. Schon gar nicht einer wie er, der als Liebhaber eine derart klägliche Feinfühligkeit an den Tag gelegt hatte.

Schmerzliche Erinnerungen kamen in ihm hoch. Wieso konnte er trotzdem nicht von ihr lassen, wo sie ihn doch derart verletzt hatte und sogar, ohne es zu wissen, nicht aufhörte, ihm wehzutun?

„Und jetzt mein Gesicht, den Nacken, meine Schultern, ach, einfach alles.“

Upakan brachte es nicht fertig, den Blick von der sonnenbeschienenen, nackten Riwa-quoi abzuwenden, die sich erwartungsvoll auf dem Hirschfell rekelte. Leibhaftig war sie sogar noch schöner als das Bild von ihr, das sich seinem Gedächtnis eingeprägt und von dem er gezehrt hatte während all der Tage seit seinem überstürzten Aufbruch.

Wenn er doch den gutaussehenden, ebenfalls nackten Mann ausblenden könnte, der hinter ihr saß und in aller Gemütsruhe seine Fingerspitzen über ihre Augenbrauen, ihre Nasenflügel, ihre Lippen und Kinnlinie schweben ließ! Und erst recht die behaarten Hände, die ihren Hals hinabglitten, dann an ihren Schlüsselbeinen entlangfuhren und noch weiter keine Ruhe gaben, sondern sich immerfort neue Partien zum Streicheln suchten. Von der Seite bis zur Achsel hinauf, auf dem Rücken die Wirbelsäule entlang, am Bauch zwischen und um die Brüste herum – keine Stelle vernachlässigten sie. Wie ein feines Gewebe schienen diese Hände Riwa-quois ganzen Körper zu umhüllen. Unter ihrem ruhigen Tun öffnete sie schließlich ihre Beine und bot Saniutai auch die Innenseiten ihrer Schenkel dar.

Dann flüsterte sie ihm etwas zu, das Upakan von seinem Versteck aus nicht verstehen konnte. Doch ihm entging keineswegs das breite Grinsen, das ihre Worte bei seinem Rivalen auslösten. Plötzlich streckte sie ihre Arme Saniutai entgegen und zog ihn zu sich hinunter. Der Penis, der schon lange erigiert war, verschwand hinter Riwa-quois Schamlippen.

Upakan konnte nicht länger zusehen. Dieser blöde Kerl hatte kein einziges Wort gesprochen und stieß munter sein Becken gegen ihres. Doch es kam noch schlimmer. Beide fingen an zu keuchen und ihren Unterleibstanz derart zu beschleunigen, dass Upakan sich die Ohren zuhielt.

Niederschmetternder hätte nicht einmal die rabiateste Abfuhr von Riwa-quoi sein können! So vieles, wozu er sie damals überredet hatte, widersprach offenbar ihren Wünschen entschieden. Er liebte es, zu reden, seine Phantasien auszubreiten und dadurch seine Erregung zu steigern. Sie dagegen genoss lieber still jede noch so zarte Berührung. Wie lieblos war die Art seiner Berührungen gewesen, wenn er sie mit der Geduld und Hingabe Saniutais verglich!

Im Rückblick schrumpften die zurückliegenden Monate für ihn zu einem freudlosen Einerlei zusammen, einzig beherrscht von der Sorge um seine Mutter und dem wachsenden Verlangen nach Riwa-quoi. Wie eine Maus in einen Getreidesack hatte sich die Sehnsucht in sein Herz geschlichen und seinen gekränkten Stolz Korn um Korn aufgebrochen.

Am Ende blieb nur der Hunger nach einem Wiedersehen mit der Geliebten. Nun, da sein leidenschaftliches Begehren durch die leibhaftige Begegnung mit ihr wie eine gewaltige Fontäne hochzischte und ihm die wohlgehüteten Erinnerungen löchrigem Laub gleich wegzuspülen drohte, erschien ihm der endgültige Verlust Riwa-quois als eine Vorstellung jenseits des Erträglichen. „Dich liebe ich, dich begehre ich wie nie eine Frau zuvor, du Zauberhafte", schwärmte er leise in seinem Versteck.

Upakan wandte sich von dem Paar ab und jagte sein Gedächtnis durch all die Zusammenkünfte mit Horfets Schwester. Riwa-quoi hatte stets so wenig von ihm gefordert, aber so viel gegeben! „Sie muss *mich* einfach mehr lieben als diesen kammlosen Gockel?", fühlte er Zuversicht in sich aufsteigen und öffnete seine Augen. Riwa-quoi lag inzwischen befriedigt auf Saniutai, der sie mit seinen Armen fest umschlungen hielt und einen nicht minder glücklichen Eindruck machte.

Von neuem krümmten sich Upakans Finger zur Faust. Was geschähe, wenn sich sein Nebenbuhler innerhalb seiner Reichweite befände, wollte er sich besser nicht ausmalen! Nur höchst ungern gestand er sich ein, dass sein eigenes Kinn einen Schlag weit mehr verdiente als dieser Flaumbart. „Ich bin ja selbst schuld an deinem Glück, Saniutai! Ich kann dich zwar nicht ausstehen! Aber heute hast du mir, ohne es zu wissen, eine wichtige Lektion erteilt. Das werde ich dir zu danken wissen!", dachte Upakan mit einem Anflug von Schadensvorfreude.

Als die Liebenden schließlich aufbrachen, folgte er ihnen unauffällig und ließ noch geraume Zeit verstreichen, ehe er das Dorf betrat. Dort grüßte er alle Weißkrallenleute, die sich neben seinen Stammesangehörigen auf dem Dorfplatz aufhielten, mit Ausnahme von Kailap, der in Rupscha-is Hütte bereits mit Zini-i schmuste.

Upakan erfuhr, dass die Dorfleute wegen der Ankunft des Händlers mehrere Abend lang gefeiert hatten und deshalb an diesem Abend lieber früh in ihre Felle kriechen wollten. Nach einem bescheidenen Mahl mit den Gästen verließen die Gastgeber die Gemeinschaftshütte, in der bisher nur Boritak und der Arkasnaq wohnten. Auf seiner Schlafstatt an einem der Stützpfeiler schlief Upakan bald ein, schon um zu vergessen, dass Riwa-quoi ihn zwar zuerst mit erstaunten Augen angesehen, dann aber während des ganzen Abends keines weiteren Blickes mehr gewürdigt hatte.

Am nächsten Tag mahlten Barcha-let und Riwa-quoi Emmer, den sie zuvor mit Steinstößeln gestampft hatten. Dazu kniete jede vor einer Steinplatte, deren Oberfläche rau und im Mittelteil leicht ausgehöhlt war. Barcha-lets Platte war breiter als die von Riwa-quoi. Zwischen ihnen stand ein Säckchen aus Hanf. Jedesmal, wenn eine der beiden Frauen eine Handvoll aufgebrochener Körner aus dem Sack holte, verteilte sie sie in der Mitte der Platte und rieb mit einem Basaltmahlstein, der wie das Ei eines Riesenvogels aussah, so lange über den Steinuntergrund, bis ihr das Mehl fein genug erschien. Sodann hob sie die Platte hoch und ließ den gesamten Inhalt der Vertiefung auf ein breites Stück Rinde rieseln. Diese Rindenschaufel leerte sie über einer Holzschüssel aus, wo der Haufen des spelzigen, noch auszusiebenden Mehls immer höher anwuchs.

In ihrer gebeugten Stellung sahen die vor ihrer Hütte Mahlenden zuerst nur die Schuhe des Mannes, der sich neben sie stellte. Doch als sie Upakan an der Stimme erkannten, blickten beide sofort hoch.

„Pióli iseí (baranisch für *frohes Licht)*, dir Barcha-let und dir, Riwa-quoi. Ich freue mich sehr, euch munter und gesund zu sehen. Oh, wie lange habe ich auf diesen Augenblick gewartet. Ihr müsst wissen, dass es meiner Mutter sehr schlecht ging. Ihr Wasser war rot. Es auszuscheiden, verursachte ihr starke Schmerzen. Ein einziger Heiler, den ich herberufen ließ, wusste ihr zu helfen. Obwohl sie sich schon dem Aschme-óch sehr nahe glaubte, erfreut sie sich wieder des hellen Tages. Ihre Heilung zog sich über den ganzen Winter hin. Solange ich fürchtete, das rote Wasser könne wieder aus ihr fließen, wagte ich nicht fortzugehen. Deshalb komme ich erst jetzt zu euch."

Riwa-quoi und Barcha-let erwiderten den Gruß, setzten ihre Arbeit jedoch fort. Dabei hatte sich Upakan mächtig herausgeputzt, so dass etliche der Stammesmitglieder neugierig das Geschehen vor Lu-bagdais

Hütte beobachteten. Upakan hatte mit einer gewissen Reserviertheit gerechnet und bemühte sein Geschenk, um sie aufzubrechen.

„Liebste Riwa-quoi", sagte er, „jeder dieser Anhänger prangte im Maul eines Wildschweins. Es gehört Mut dazu, ein Schwein anzugreifen. Doch viel mehr Mut gehört dazu, einer innig geliebten Frau gegenüber zu treten, die man Hals über Kopf verlassen musste und viel zu lange nicht besuchen konnte."

Gewöhnlich sah es eine Mutter gern, wenn ein Mann um ihre Tochter warb. Wer keine Gelegenheit fand, eine Frau allein abzupassen, und nicht zu den schüchternen Vertretern seines Geschlechtes zählte, entschied sich daher oft für den direkten Weg, die Tochter in Gegenwart ihrer Mutter oder vor ihrer Clanhütte anzusprechen.

Bei jedem anderen hätte Barcha-let gelächelt. Bei einem so schlechten Liebhaber wie Upakan entschied sie sich anders. „Ha, sieh an, der schnabelverliebte Vogel, der ohne ein Wort verschwindet, kommt mit vielen geschmeidigen wieder zurückgeflogen. Was sagst du dazu, Riwa-quoi?"

Die Kette gefiel Riwa-quoi. „Wenigstens hat er ein kostbares Geschenk ausgesucht", ergriff eine Stimme in ihr für ihn Partei. Wenn eine Frau das Geschenk eines Mannes annahm, hieß das lediglich, dass sie seine Werbung akzeptierte und ihn nicht von vornherein abwies. Riwa-quois Gefühle schwankten hin und her wie die Kette. Die baumelte direkt vor ihren Augen, weil Upakan an ihrer Seite in die Knie gegangen war und sie mit einem glückseligen Lächeln aus seinen grünen Augen anstrahlte.

Wenn es wirklich stimmte, was er über seine Mutter erzählte, war er ein treuer Sohn. Nur darauf kam es an. Ihr als seiner Geliebten schuldete er nichts. Außer einem Abschied! Ein einziges Wort von ihm hätte genügt, um die Qual zu beenden, mit der die Ungewissheit sie seit seinem Aufbruch zermürbte.

Ihre Blicke trafen sich und wichen wieder auseinander wie aufstiebende Hasen. Upakan kniete so nah bei ihr, dass sie seinen Duft deutlich riechen konnte. Ihr Herz beschleunigte seinen Schlag. Die Lust, ihn zu berühren, regte sich. Doch an dieser Lust hing die Erinnerung an ihren Streit auf der Lichtung und die harte Enttäuschung.

Die Tür der Hütte wurde geöffnet. Heraustrat Lu-bagdai, die ihre Hände schirmend vor ihren beachtlichen Bauch hielt. „Oh, ich habe mich also nicht getäuscht. Der Uneinfühlsame kehrt zurück", sagte sie spitz.

Verglichen mit ihr klang Riwa-quois Stimme freundlich: „Du bist einfach gegangen. Ich komme heim. Alle wissen, dass du zu deiner Sippe gehst. Alle außer mir. Aber keiner weiß, ob du uns je wieder besuchst oder gar wann. Am wenigsten ich. Denkst du, ich verzeihe dir das, weil du mir eine Kette vor die Nase hältst?" Ihre anschwellende Lautstärke minderte den ersten Eindruck zarter Gewogenheit erheblich.

„Nichts habe ich je bitterer bereut", wollte er erwidern; aber dazu fehlte ihm der Mut. Seine Hoffnung, Riwa-quoi sei zugänglicher, wenn er sie in Gegenwart vieler ansprach, kehrte sich um in Furcht. Welche Vermessenheit hatte ihn getrieben zu glauben, dass Barcha-let wie früher stolz auf den hübschen Liebhaber ihrer Tochter sein würde? Natürlich hatte Riwa-quoi ihr alles aus ihrer Sicht erzählt, und dabei konnte er gar nicht gut weggekommen sein. Wenn sie ihn jetzt abwies, war auch die dumme Auswahl des Treffpunkts daran schuld. Seine draufgängerische Art, mit der er in der Vergangenheit so oft die Frauenherzen wie ein herabstürzender Falke seine Beute erobert hatte, schien jetzt seine bitterste Niederlage heraufzubeschwören. Und obendrein eine peinliche Blamage vor seinen Freunden.

„Riwa-quoi, bitte nimm mein Geschenk an", bat er inständig. „Bei unserem Streit hattest du Recht. Das weiß ich jetzt. Nimm es und freue dich daran. Mehr bezwecke ich nicht damit. Ich will nur, dass du dich freust."

Riwa-quoi ließ sich Zeit mit ihrer Antwort. Sie schaute zu ihrer Mutter und Mutterschwester, ehe sie sich seinem Gesicht zuwendete und bei jedem Blickkontakt, dem er lang genug standhielt, seine unwillkürlichen Regungen studierte. Unter den dröhnenden Schlägen seines eigenen Herzens hatte er Mühe, ihre Worte deutlich zu hören: „Wildschweinhauer sind ein hervorragendes Material für Schmuck, weil sie nicht ständig brechen wie getrocknete Lehmkugeln. Was man einmal in sie hineingeritzt hat, bleibt bestehen. Dein Geschenk gefiele mir noch besser, wenn du die Zähne mit vielen Rillen versehen würdest. Lauter Doppelschnecken fände ich schön. Willst du das für mich tun?"

Upakan schluckte. „Ja, das will ich. Nichts würde ich lieber tun, geliebte Frau."

Drei Tage vor Vollmond verkündete Ilnaf-ba, dass das Tag-und-Nacht-Gleichen-Fest in der dritten Nacht stattfinden werde. Denn der genaue Zeitpunkt eines jeden Festes musste durch den Fünferrat beschlossen werden. Als Anhaltspunkte dienten den Frauen dafür drei „Bäume". Zwei

Tage vor der Wintersonnwende reichte der Bogen, den die Sonne am Himmel zog, vom größten Lollumastock aus gesehen, bis zum Wipfel der Buche, die im Westen des Dorfes stand. Ging die Sonne im äußersten Nordwesten hinter dem Mandelbaum am Dorfrand unter, wusste jeder, dass Oíj-issa-ú, die kürzeste Nacht des Jahres, angebrochen war.

Die beiden Male, da die Sonne sich anschickte, ihren Tageszug hinter dem „Steinbusen der Göttin" auf etwa dem halben Weg von der Buche bis zum Mandelbaum zu beenden, berief die Butú-tekál den Fünferrat ein, um die Tag-und-Nacht-Gleiche im Frühjahr beziehungsweise die Nacht-und-Tag-Gleiche im Herbst festzulegen. Hierbei kam es auf einen Tag mehr oder weniger nicht an. Für die imposante Markierung hatten die Männer des Dorfes eigens zwei annähernd kugelförmige Findlinge auf einen von Natur aus schon recht hohen Felssockel geschichtet. In den Ritzen dieses steinernen Sinnbildes der Göttin hingen das ganze Jahr über Lederbänder mit Federn für die Wünsche, die die Stammesmitglieder nur Btar anvertrauen wollten.

Wäre es nach Ilnaf-ba gegangen, hätte sie jedes Frühjahrsfest lieber um Neumond herum gefeiert. Nun, da sie zum ersten Mal das Aussaatritual leiten sollte, würde jedoch die helle Vollmond Zeuge des Geschehens sein. Doch ob sie das Fest um ein, zwei Tage nach hinten verschob oder nicht, würde daran wenig ändern. Tags darauf trug auch sie ein doppeltes Schaflederband zum Steinbusen, zwischen das sie mit Honig Rabenfedern geklebt hatte.

„Du hast bestimmt, dass an diesem Isba-nia-chana-lut (baranisch für *Frühjahrs-Tag-und-Nacht-Gleiche)* die runde Mondin leuchtet. So sei es. Ich füge mich gern. Aber bitte Btar, ich flehe dich an, mach, dass die eine Nacht, in der ich dein Geheimnis retten muss, so schwarz sei wie diese Federn. Lass es eine dunkle Neumondnacht sein. Oder lass es, wenn die strahlende Scheibe der Mondin schon wieder anschwillt, regnen, als wollest du einen zweiten Ischar-um-schal (baranisch für *Gelbblütenfluss)* schaffen. Oder jage wenigstens riesige Wolken über den Himmel, damit die Sterne verhüllt bleiben und niemand außer mir sich nach draußen wagt. Tu, was du willst, aber verberge mich in dieser Nacht, die ich sehnlichst erwarte und fürchte", beschwor sie die Große Mutter. Kaum hatte sie ihr Gebet losgeschickt, hörte sie Schritte hinter sich.

„Ilnaf-ba, ich habe dich gesehen. Deshalb bin ich dir gefolgt, um dir die Erdbestimmte zu zeigen, die ich fast fertig habe. Willst du sie sehen?", fragte Aruch-me und wog ein kleines Stoffbündel in ihrer Hand.

„Wenn *du* sie machst, weiß ich, dass sie gut wird."

„Krata-buun wollte sie immer vorher sehen. Sie hatte nie die Geduld zu warten."

„Ja, das kann ich mir vorstellen. Warten war ihr zuwider. Mir hätte es zwar genügt, wenn du sie mir erst kurz vor dem Ritual gegeben hättest. Aber deine Frage macht mich neugierig. Wenn ich mich recht erinnere, formst du sie nicht jedes Jahr gleich."

„Nein, jeder Stein enthüllt die Alles-Mutter anders", sagte Aruch-me und begann, die Figur aus dem Tuch zu wickeln.

„Oh, sie ist sehr schön geworden!", rief Ilnaf-ba aus, als die Künstlerin das Tuch wegzog, und nur noch die Figur auf ihrer himmelwärts gedrehten Handfläche lag.

„Bist du sicher? Ich überlege immer, ob ich hier an der Hüfte noch etwas abfeilen soll."

„Nein, nein, die Falte zwischen Bauch und Hüfte darf ruhig etwas spitz zulaufen. Diese Linie nimmt das Dreieck ihres Schoßes vorweg und betont ihn. Und der Schoß ist ja das Wichtigste. Zusammen mit ihren runden Brüsten, ihrem prächtigen Bauch und den ausladenden Schenkeln ist sie ein vollkommenes Sinnbild der Lebensschenkerin. Sie ist atemberaubend schön."

Aruch-me freute sich sichtlich über das Lob. „Meine Mutterschwester lehrte mich, Steine zu formen. Sie selbst hatte es sogar von einer Arkás ga-asch gelernt. Weißt du, es gibt viele Stämme, die die Erdbestimmte nur aus Lehm zusammenklumpen. Aber das würde mir nicht gefallen. Besonders ihr Gesicht kann ich aus Stein feiner herausarbeiten, obwohl ich es nie wagen würde, Btars Gesicht in den Grundzügen anders darzustellen als unsere Ahninnen, mit großen Augen, einer Geiernase und einem offenen Mund", sagte sie voller Stolz.

Staunend streckte die Butú-tekál ihre Hand aus und berührte das Kunstwerk ihrer Freundin. „Ja, Lehm könnte sich nie so wunderbar zart anfühlen wie die Haut, die du ihr gegeben hast. Sie schimmert weiß wie die Scheibe der Mondin. Und ist glatt wie ein Blütenblatt. Keine von uns könnte das so gut wie du."

Aruch-me war in ihrem Element: „Saniutai und Makaiot haben den Stein gefunden, als sie bei dem Jagdzug im Norden waren. Ich habe ihnen schon früh eingeschärft, dass sie besondere Steine mitbringen sollen. Von dieser Art wissen sie schon, dass ich sie immer gut gebrauchen kann, weil sie ziemlich weich ist. Bei dem hier sah ich sofort, dass er sich hervorragend eignete, allein wegen seiner Gestalt. Trotzdem dauerte es seine Zeit, bis ich mit Hornmeißeln und rauem Basalt alles herausgearbeitet hatte.

Die Oberfläche habe ich dann mit nassem Sand und einem Lederlappen poliert. Nimm ihn ruhig selbst in die Hand. Dann fühlst du es noch besser."

Ilnaf-ba zögerte nicht. „Wunderbar! Daboi hat mir übrigens erzählt, dass manche Stämme den Lehm am Feuer härten."

Aruch-me winkte ab. „Ja, aber dann reißt er oft auf. Meine Mutterschwester hatte Recht. Nur eine Erdbestimmte aus Stein ist schön genug, Btar zu ehren und sie um Furchtbarkeit zu bitten. Auch wenn man sie in die Erde eingräbt und nie wieder zu sehen bekommt."

Der Beginn des Frühjahrsfestes wurde auf einem der Felder gefeiert, die die Dorfleute während der vergangenen zwei Monate vorbereitet hatten. Manche davon erstreckten sich am Fluss entlang, andere lagen an den Füßen der Anhöhen nahe dem Dorf. Dabei gingen die Mungordauks wie andere Gabbtaranschi immer nach der gleichen Methode vor: Stellen, an denen Emmer oder Gerste von Natur aus wuchsen, erweiterten sie mit ihren Sicheln und Steinäxten. Flächen, die ihnen durch üppigen Bewuchs auffielen, entledigten sie ebenfalls ihrer bisherigen Pflanzendecke. War in beiden Fällen das gemähte Gras oder Gestrüpp trocken, setzten sie es in Brand. Anschließend lockerten sie den dazugewonnenen Boden mit ihren Geweihhacken auf und entfernten mehrere Male alle neuen Triebe, die sich dort bildeten. Vor der Tag-und-Nacht-Gleiche furchten sie mit ihren Hacken erneut die Erde auf. Dort, wo sich das Korn gut entwickelte, vergrößerten sie das Feld weiter. Wo es überwuchert wurde oder schlecht gedieh, überließen sie es wieder der Wildnis. Obwohl sich die Felder mit den Jahren ausdehnten, blieben rings um die Dörfer sesshaft gewordener Gabbtaranschi genug Wälder stehen, um die Holzversorgung zu sichern. Was sich schleichend verringerte, war der Anteil wild gewachsener Pflanzen in ihrer Nahrung.

Bevor Ilnaf-ba auf der großen Rahmentrommel das Fest einläutete, gingen sie und die anderen vier Frauen des Weisenrates zu der Grube, die sich wie die meisten anderen Vorratsgruben am Fuße der dem Wohnhügel im Osten gegenüberliegenden Anhöhe befand. Mit Geweihkeilen und Steinen hatten sie natürliche Kuhlen im porösen Kalkgestein vertieft und vergrößert. Die entstandenen Hohlräume erwiesen sich als die besten

Lagerstätten für das Getreide, weil die Körner trocken blieben und Nagetiere sich keine unterirdischen Zugänge gruben. Die mehrschichtige Abdeckung aus Steinen, Erde, sparsam mit Sand gefüllten Ledersäcken und Ästen schirmte das Licht ab und verhinderte, dass große Räuber wie zum Beispiel Bären das Getreide witterten.

Der Zug der Weisen Frauen wurde von den vier weiteren Clanmüttern und allen Clanmütterbrüdern begleitet, obwohl von den acht Clanmütterbrüdern nur drei dem Sippenhäupterrat angehörten. Die Fünferratsfrauen gingen voraus und machten sich nacheinander an zwei besonders geschützten Gruben zu schaffen. Erst auf einen Wink Ilnaf-bas traten die anderen an die beiden vollen Getreidespeicher heran und legten ihre kleinen mitgeführten Ledersäcke auf den Boden. Diese füllten die Ratsfrauen mit Körnern, wobei sie Hirschhüftknochen und ihre Hände zu Hilfe nahmen. Die Säcke für Emmer bestanden dabei aus Reh-, die für Gerste aus Gazellenhaut.

Die anderen Mitglieder des Dorfes, von denen insbesondere die Frauen ihr jeweils schönstes Gewand trugen, versammelten sich derweilen auf dem Platz in der Mitte und trommelten, so la
ut sie konnten. Damit sollten alle Schadgeister und Tiere abgeschreckt werden, die vielleicht vorhatten, ihnen das letzte Verzehr- oder gar das heilige Saatgetreide zu stehlen. Alle anderen Gruben waren nämlich leer wie stets um diese Jahreszeit.

Als Ilnaf-ba mit ihren Begleitern, die drei bis fünf handliche Säcke an Schnüren über der Schulter trugen, wieder auf dem Dorfplatz angelangt war, gebot sie Schweigen. Mit dem fellummantelten Weidenast schlug sie zehnmal auf die Trommel unter dem Vordach der Versammlungshütte, dem Zeichen für die anderen, auf sie zu warten. Sie selbst ging nun zur Vollmondhütte, von der sie mit einer handgroßen Holzschüssel zurückkehrte. Nach einem Gebet an Btar führte sie die Dorfgemeinschaft, direkt hinter ihr die Gach-leteks (baranisch für *Kornträger*), auf das auserkorene Feld.

Dazu nahm sie den steileren Weg Richtung Westen, auf dem der Stamm sonst das Wasser holte und sich feste Trittstellen aneinanderreihten. Zur Verwunderung Boritaks hatte die Butú-tekál ein Feld ausgesucht, das sich unweit des Geheges am Flussufer erstreckte. Die Schafe reagierten auf die heruntertrippelnde Menschenmenge sehr unruhig, so dass Horfet mit dem Gedanken spielte, aus dem Zug auszuscheren. Doch Boritak spürte seine Absicht und hielt ihn an seinem abgenutzten Ziegenfellgürtel fest.

„Sie können nicht weg. Unser Gatter ist stark genug. Fall nicht auf Il-naf-ba herein. Sie will ja nur, dass du das Ritual störst."

„Wie schlecht du immer von ihr denkst", raunzte Horfet zurück. „Wahrscheinlich ist sie nur neugierig. Keiner von uns hat sie je am Zaun gesehen."

„Ja, unten am Pferch, aber von oben beobachtet sie uns bestimmt mehr, als uns lieb sein kann." Boritak zeigte mit der Hand auf die Schafe. „Schau, sie sehen, dass die Spitze des Zuges nach rechts geht. Ihre Angstsprünge werden kürzer."

Die Stammesmitglieder näherten sich dem Feld hinter der Flussschleife nördlich des Dorfes. Wer von hier aus viermal kräftig einen Stein warf, mochte wohl das Gehege erreichen. Die Sonne schien ihnen auf den Rücken. Doch am Himmel zogen Winde bereits die ersten Federwolken in die Länge, die Regen verhießen.

Horfets Magen knurrte laut. Als habe er damit ein Signal gegeben, begannen auch Gleneks und Makaiots Eingeweide, ihren Hunger zu beklagen. Nur die kleinen Kinder bekamen am Morgen dieses Tages zu essen. Die großen und die Erwachsenen würden bis zum Abend fasten zur Erinnerung an ihre umherstreifenden Vorfahren in den Steppen. Damals wechselten sich die Tage des Hungerns mit denen des Überflusses ab. Gegenwärtig drohte ihnen ein unfreiwilliges Fasten nur, wenn ihre Ernte mager ausfiel oder verdarb oder von Tieren gefressen wurde.

Als die Butú-tekál und die Gach-leteks das fast kreisförmig angelegte Feld erreichten, umrundeten sie es, wobei sie dem Lauf der Sonne folgten. Die anderen rückten auf, bis die Dorfbewohner mitsamt ihren Gästen schließlich im Kreis um die bearbeitete Scholle herumstanden. Pakun fehlte als einziger, da sich sein Zustand infolge des Fiebers verschlechtert hatte.

Ilnaf-ba, die wieder im Osten angekommen war, stellte die Holzschale vor sich auf den Boden und fasste die Hände von Aruch-me zu ihrer Rechten und einem jungen Mann zu ihrer Linken. Die anderen taten es ihr gleich. Dann begannen sie zu singen. Es war eine sehr alte, langsame Melodie ohne Text, die einen nach dem anderen in ihren Bann zog und zum Mitsingen auf der Silbe „ba" veranlasste. Im Takt dieses Gesangs tanzten sie achtmal in Sonnenlaufrichtung um das Feld, bis jeder wieder an seinem Ausgangsplatz stand.

Ilnaf-ba sprach, indem sie ihre Hände ausbreitete und auf die Erde schaute: „Achtmal zogen wir den Kreis als Schutz gegen alle, die unserer

Saat schaden wollen. Gegen Laufende, Grabende, Kriechende, Fliegende und Schwebende zogen wir ihn."

Sie kniete sich hin und hob die Holzschale auf. „Wie Emmer und Gerste uns nähren, wollen auch wir das Korn nähren. Und zwar mit unserer mächtigsten Kraft, dem Leibeshöhlenblut. Unser Leben beginnt in der blutenden Höhle unserer Mutter. Solange eine Frau blutet, kann sie Leben hervorbringen. Nimm diese Lebenskraft in dich auf, Boden, nähre dich aus ihr, Korn, und gib sie uns wieder zurück – ein ewig zu pflegender Kreis."

Ilnaf-ba vergrub die Holzschale. „Unter deinen Segen, gütige Mutter, stellen wir dieses Feld und alle anderen unseres Stammes. Unsere Ahnin Gach-banee, aus dem südlichen Stamme der Ochuranee war die erste, die dich bat, Körner an einem Ort wachsen zu lassen, den sie selbst aussuchte. Du erwiesest dich als liebevolle Mutter, die ihr und uns allen diese Wahlmöglichkeit gibt. Dafür danken wir dir. Lass die Ähren auf diesem und den anderen Feldern prächtig gedeihen."

Ilnaf-ba holte aus ihrer Tasche etwas hervor, das sie in ihrer Hand barg. „Von deiner Güte und deiner Huld, uns vielerlei Künste zu lehren, leben wir. Unsere Achtung zeigen wir dir." Vorsichtig öffnete sie ihre Finger. Aruch-mes Werk wurde sichtbar. „Sieh, Alles-Mutter, wie sehr wir die Fülle anbeten, die du uns schenkst. Du gabest uns die Stimme, sie zu preisen. Du gabest uns die Hände, solche Sinnbilder deiner Güte und Schönheit zu schaffen. Und wir benutzen all deine Gaben so, wie du es vorgesehen hast. Wir sind Menschenkinder nach deinem Geschmack. Empfange diesen Kuss, Erdbestimmte, aus dem Munde deines Kindes Ilnaf-ba."

Ihre Lippen berührten die Steinfigur an den Brüsten. Andächtig gab sie die Statuette dem jungen Mann, der den gleichen Körperteil mit einem Kuss bedachte und den letzten Satz mit seinem Namen wiederholte. So ging es weiter. Frauen, die sich Kinder wünschten, küssten Btar am Bauch. Schwangere, die um eine gute Niederkunft baten, bevorzugten ihren Schoß. So auch Lu-bagdai, die Horfet im Kreis genau gegenüberstand und ihn mit auffordernden Blicken bedachte, als sie die Figur weiterreichte.

Horfet begann zu schwitzen. Sein Blut strömte anscheinend nur noch zwischen Herz, Hals und Kopf. Wieso bei allen Doppelschnecken hatte er nicht vorher darüber nachgedacht, wie er sich nun verhalten sollte? Oder sich mit Boritak beraten? Lange genug waren sie ja während der vergangenen Mondläufe zusammen gewesen. Würde er Onloatwi verraten, indem er Btar seine Anbetung entgegenbrachte? Gab-Btar kam ihm immer näher, und er würde als erster der „Onloatwi-Söhne" irgendwie auf sie reagieren müssen.

„Onloatwi forderte Verehrung von uns. Er wollte, dass wir ihm folgen und nicht seiner alten Mutter", ging er seine Vision noch einmal durch. „Aber er hat nicht gesagt, dass wir sie verachten müssen." Er kratzte sich an seiner Schläfe, die nicht juckte. „Andererseits erwähnen wir ihn hier mit keinem Wort, sondern nur seine Mutter. Und ich bin sein Auserwählter, den deshalb seine Geliebte verschmäht. Wenn ich ihm nicht zu Willen bin, gefährde ich Krata-buuns Wiedergeburt. Ich habe ihren Tod verschuldet und muss alles tun, um sie schnell wieder ins Leben zu holen. Aber wenn ich Btar nicht küsse, ziehe ich den Hass aller auf mich und auf Onloatwi. Dann lehnen sie ihn erst recht ab!"

Ihm war, als zöge ihn der Strudel seiner Gedanken geradewegs in die Tiefe. Nur noch drei Küsse, darunter Toischans und Nal-abus, und er würde sich entscheiden müssen. Aufseufzend sog er die Luft ein, die er vor lauter Anspannung zu wenig eingeatmet hatte, und musste plötzlich fürchterlich husten. Etwas Kratziges steckte in seiner Luftröhre und bewegte sich weder vor noch zurück. In Panik löste er sich aus dem Kreis, ging in die Knie und beugte sich kopfüber, während er verzweifelt versuchte, die ihm riesig erscheinende Fliege aus seinem Hals herauszuwürgen. Er merkte nichts von dem Entsetzen, das er damit rings um sich herum auslöste.

Toischan trat hinter ihn und klopfte ihm auf den Rücken. Doch die Schläge halfen nicht; Horfet rang weiter nach Luft.

Barcha-let eilte zu ihm und versuchte, ihm Wasser aus ihrer Lederhülle einzuflößen. Als dieses jedoch umgehend wieder aus seinem Mund quoll, ging sie neben Horfet in die Knie und schrie: „Btar, hilf ihm, ein böser Geist hat ihn in die Irre geführt. Jeder gutgläubige Junge wäre auf den hereingefallen. Verschone meinen Sohn!"

Horfet wollte ihr widersprechen, doch er war nur imstande, wie ein Rehkitz zu fiepen, und musste sparsam mit seinem Atem umgehen, solange er überhaupt noch Luft bekam. Vor lauter Husten lief sein Gesicht bereits dunkelrot an.

Nal-abu litt mit ihm. Geistesgegenwärtig hob sie die Figur an ihre Lippen und rief: „Diesen Kuss küsse ich für Horfet und für mich, hilf ihm, Alles-Mutter."

Kaum hatte sie die letzte Silbe gesprochen und fest ihren Mund auf Btars Hals gepresst, als Horfet endlich mit seiner Zunge den von Schleim und Wasser aufgeweichten Falter zu fassen bekam und ihn in hohem Bogen ausspuckte. Heftig atmend und schluckend verharrte er bewegungslos auf dem Boden, während Barcha-let Dankesgesten in alle Richtungen schickte und schließlich aufstand.

Ilnaf-ba spürte die Augenpaare so vieler Dorfleute auf sich gerichtet und wünschte, Krata-buun wäre noch am Leben. Je länger sie wartete, desto unheimlicher wurde die Stille. Schließlich fasste sie sich ein Herz und sagte: „Btar, wir alle danken dir für deine schnelle Hilfe. Deine mütterliche Gnade ist groß. Du gewährst sie oft sogar denen, die sich dir gegenüber ungebührlich benehmen. Für Horfet spricht seine Jugend. Neben ihm gibt es aber auch Männer in unserer Mitte, die glauben, deine Kraft lasse nach. Sie glauben, einer deiner Söhne solle – kaum will mir das Wort aus der Brust – an deine Stelle treten. Sie glauben ferner, dass die Kraft deines Sohnes nötig sei, um Kinder in den Bäuchen der Frauen wachsen zu lassen. Wir versichern dir, dass nur ganz wenige von uns solch großen Unsinn glauben.

Um ihnen ihren Irrtum vor Augen zu führen, haben wir uns entschlossen, Schafe zu halten. Es war bisher dein Wille, gefangenen Schafen keine Lämmer zu schenken. Das magst du weiterhin so halten. Doch wenn es dir bei den Schafen dort drüben zu unserer großen Freude anders gefallen sollte, bitten wir dich, vor allem den Schafmüttern Junge zu schenken, die nicht mit den Widdern in einem Gehege sind. Zeig allen, die an dir zweifeln, dass du allein über das Geheimnis des Lebens gebietest. Schafe brauchen keine Widder, Frauen keine Männer. Du allein legst die Kinder in den Bauch, Töchter und Söhne."

Inzwischen hatte sich auch Horfet wieder zu seinem vorigen Platz begeben.

Ilnaf-ba fuhr fort: „Wie ich sehe, geht es dir wieder gut, Horfet. Dank Btar und denen, die dich am meisten lieben. Ich hoffe, du weißt ihre Hilfe zu würdigen."

Horfet nickte ernst. Momente später reichte ihm die Frau neben ihm Btars Abbild. „Empfange diesen Kuss aus Horfets Mund", sagte er mit brüchiger Stimme. „Ich küsse deine beiden Augen, denn ich bitte dich, lehre mich alles zu sehen, was durch deine Kraft geschaffen wird."

Gespannt wartete er auf Boritaks Reaktion, der nach Kanoch dran war. Boritak schien nachzudenken. Ohne Anzeichen von Nervosität nahm er die Plastik von Kanoch entgegen. Dann reckte er seine Hände mit großem Pathos gen Himmel, küsste schmatzend Btars Schoß und sprach:

„Ich, Boritak, küsse deinen Schoß, Große Mutter. Mögest du weiterhin so Großes hervorbringen."

„Du spuckst auf sie, während du sie ehren sollst", empfand Ilnaf-ba aufgebracht. Wie sie zeigten vor allem Aruch-me, Rupscha-i und Elatansch deutliche Anzeichen von Verärgerung. So gering achtete er also die Kraft der Göttin, dass er glaubte, sich ungestraft über Btar lustig machen zu können? Hatte er denn gar keine Angst vor ihr?

Als Ilnaf-ba die Statuette wieder in der Hand hielt, verflogen ihre letzten Zweifel über Elatanschs Angebot, in Boritaks Vergangenheit nachzuforschen. Entschlossen verließ sie den Kreis und ging den Kornträgern voran auf die Ostseite des Feldes, wo der blanke Schädel einer Auerochsenkuh den gegenwärtigen Aufgangspunkt der Sonne vom Feldmittelpunkt aus gesehen angab. Da Auerochsen die größten Tiere waren, die der Stamm eher selten jagte, galten ihre Kühe seit jeher als besonders eindrucksvolles Symbol der Fülle. Ihre nach oben gebogenen Hörner, die in den Augen der Gabbtaranschi-Frauen überdies den Mondhörnern ähnelten, wurden aufbewahrt. Mit ihnen schmückte man die Altäre oder zelebrierte Rituale, während man die kaum geschwungenen Stierhörner zu Werkzeugen verarbeitete.

Ohne ein Wort folgten der Spitze auch alle weiteren Dorfmitglieder in lockerer Reihenfolge. Diesmal umrundeten sie Ilnaf-ba und die Gachleteks. Letztere legten die Säcke neben dem Gehörn ab.

Ilnaf-ba kniete sich auf den Boden und hob direkt daneben ein kleines Loch aus, etwa so tief wie ihr Arm bis zum Ellbogen. In dieses versenkte sie die steinerne Btar und betete: „Btar Bato-umra-e, in deinen gewaltigen Bauch legen wir das Werk unserer Hände. Möge es ein gutes Sinnbild unserer Verehrung und Liebe zu dir sein. Möge es dich gnädig stimmen, auf dass du unserem Stamm eine reiche Ernte gedeihen lassest."

Dann bedeckte sie die Skulptur mit Erde und stellte die ersten beiden Säcke auf diese Stelle. „Segne diese heiligen Körner, deren Ahninnen Gach-banees Hand säte. Möge das Getreide aus ihnen wachsen, wie die Sonne am Morgen aus deinem Schoß aufsteigt."

„Ho íkpiwa lut", erscholl es ringsherum, bei diesem und den nächsten achtunddreißig Säcken, mit denen die Butú-tekál paarweise genauso verfuhr. Da sich Ilnaf-ba sodann auf ihren weit herabhängenden Gürtelausläufer aus Hirschfell setzte, blieben auch die anderen nicht stehen. Manche entrollten mitgeführte Sitzfelle, andere machten es sich auf den bloßen Boden gemütlich, wieder andere gingen in die Hocke.

Wie jedes Jahr bei der Tag-und-Nacht-Gleiche gedachte die Ritualmeisterin der berühmten Gach-banee:

„Gach-banee war eine angesehene Frau ihres Stammes, der Ochuranee. Wenn jemand in ihrer Sippe des Trostes bedurfte, fand sie die richtigen Worte. Wenn jemand sie um Hilfe bat, wurde er von ihr nicht abgewiesen. Doch wenn jemand glaubte, ihr ungestraft Fliegen auf die Nase setzen zu können, belehrte sie ihn schnell eines Besseren. Kurzum, Gach-banee war eine starke Frau, auf die ihre Mutter sehr stolz war. Nach deren Tod wurde Gach-banee das Sippenoberhaupt. Sie hatte zwei jüngere Schwestern, zwei jüngere Brüder, zwei Töchter und einen Sohn.

Nach der Geburt ihres dritten Kindes, veränderte sich Gach-banees Gestalt auf erstaunliche Weise. Obwohl sie nicht mehr aß als zuvor, wurden ihre Hüften so rund, dass sie sich über ihren Beinen bewegten wie luftgefüllte Ledersäcke auf Wasser; wellenwerfend schwankte die weiche Haut auf ihren Beinen. Ihren Gürtel, der die Beinlinge hielt, musste sie um zwei Hände verlängern. Auf ihren göttinnengleichen Bauch hingen erhabene Brüste, mit denen sie auch noch alle kleinen Tiere des Waldes hätte stillen können. Dank ihrer bewundernswürdigen Gestalt berief sie ihr Stamm früh in den Rat der Weisen Frauen. Und ihre vier Ratsschwestern bestimmten sie alsbald zur Butú-tekál. Gach-banee freute sich über die besondere Hochachtung, die ihr jeder entgegenbrachte.

Gleichzeitig dachte sie mit Schrecken an das Weiterziehen zum nächsten Lager. Würde sie mit den anderen Schritt halten? Und wenn nein, was sollte sie tun? Die Aussicht, wie ein erlegter Auerochse getragen zu werden, behagte ihr mitnichten. Als wieder einmal der Aufbruch von einem Lager bevorstand, wurden ihre Gebete an Btar eindringlicher. Sie zog sich zurück an einen Bach und grübelte. Einige Tage lang tat sie das. Niemand wagte sie zu stören. Und obwohl sie nur Wasser zu sich nahm, verlor sie nichts von ihrer eindrucksvollen Fülle. Als sie schließlich zurückkehrte und die Trommel schlug, merkte jede, dass sie ihrem Stamm etwas Wichtiges mitzuteilen hatte.

Und also sprach sie: „Btar segnete mich mit einer Leibesform, die uns ihre Liebe vor Augen hält. Mich allein meinte sie nämlich gar nicht, sondern uns alle. Uns allen will sie zeigen, dass wir auch anders leben könnten. Ich habe lange dem Wasser gelauscht und glaube nun zu wissen, warum sie mich durch meinen zwar bewunderten, aber recht unbeweglichen Körper dazu veranlasst, über unser Wanderleben nachzudenken.

Schon manches Mal, wenn Löwen, Bären, Leoparden um einen unserer Ruheplätze auf dem Weg zum nächsten Lager strichen, sah ich angstvoll auf die weiche Haut unserer Zelte und fürchtete ihren Angriff, dem wir außer unseren Speeren und Pfeilen nichts entgegenzusetzen haben.

Schon manches Mal, wenn wir unterwegs unsere Ledersäcke auf hohen Ästen vor Bären und Mäusen versteckten, fürchtete ich, ein allzu heftiger Regen könne das Leder durchdringen, allen unseren Bemühungen, sie mit Fett und Bienenwachs abzudichten zum Trotz. Ihr wisst, was dann passiert. Das Getreide keimt vor der Zeit und verfault.

Schon manches Mal, wenn ich einen Dachsbau sah, sehnte ich mich danach, so geborgen und wohlbehütet zu sein im braunen Leib Btars. Gebettet auf vielen weichen Fellen und nicht nur auf zweien. Wir dagegen ziehen noch immer von Lager zu Lager, tragen nur das Wichtigste mit. Wir ziehen nicht mehr unmittelbar auf den Hufspuren der großen Grasfresser von Tal zu Tal jeden halben Mondlauf, nein, aber doch noch sieben Mal von Lager zu Lager innerhalb eines Sonnenlaufs.

Und warum können wir jetzt überhaupt länger an einem Ort verweilen? Weil es Btargefiel, die trockene Erde mit mehr Regen zu benetzen und die kalten Winde mit ihrem Atem zu wärmen. Aus ihrem erdigen Bauch streben viel mehr Bäume, Sträucher und Gräser, die Kraft geben und den Hunger vertreiben. Kichererbsen, Gerste, Emmer, Bockshornkleesamen und Linsen wachsen heute dort, wo nach den Überlieferungen unserer Ahninnen nur ungenießbares Gras dem Winde trotzte. Feigen, Pflaumen, Maronen, Mandeln, Haselnüsse, Oliven und Pistazien hängen uns geradezu in den Mund. Sogar aus den Eicheln lässt sich Mehl gewinnen.

Unsere Jäger müssen nicht mehr den Herden der großen Grasfresser folgen. Die Wege zu den Sippen, die zurückbleiben, wären ohnehin viel zu lang. Hier in den Wäldern und den Steppen leben genug Gazellen, Hirsche, Rehe und Schweine, die wir mit unseren Pfeilen niederstrecken. Genug Hasen, Dachse und laufende Vögel, die sich in unseren Fallen verfangen. Und in den Flüssen genug Fische und Krebse, die sich vergebens mühen, aus unseren Netzen zu entwischen.

Seit Urzeiten staunen wir darüber, wie geschickt unsere Mutter ihre grünen Kinder über die Weiten streut. Aus einer einzigen fingernagelgroßen Eichel wächst auch die ausladendste Eiche heran. Wer wüsste das nicht im Lande der Eichen? Oder wer hat sich noch nie gefreut über die feinen Triebe, die wie vom Wind gekämmte Stränge aus einer einzigen Ähre sprießen?

Als ich heute Gab-Btar um Rat bat, fiel mein Blick auf eine solche Ähre. Da rief ein Eichelhäher. Ich wandte meinen Blick und sah geradewegs auf ein Eichlein, das sich im Wachsen gegen einen Stein mit der Form einer Hand stemmte. An ihrem Säuglingsstamme hing noch die Eichel. Schlagartig wurde mir klar, dass ich selbst diese Eichel dort in die Erde gegeben hatte. Sie war mir auf den Kopf gefallen, just als mir ein Eichhörnchen über den Weg lief. Aus Spaß vergrub ich sie und bedeckte die Stelle mit jenem Stein.

Ergriffen dankte ich Btar. Denn wenn sie es duldet, dass sogar Eichen an einem Platzwachsen, den eines ihrer Menschenkinder ausgesucht hat, um wie viel wahrschein-

licher ist es dann, dass sie unsere Getreidekörner segnet, die wir in von uns gegrabene Löcher legen? Deshalb hatte der Stein die Gestalt einer Hand. Btar meinte unsere Hände und sie ließ meinen Leib anschwellen, um auf dieses Zeichen aufmerksam zu werden. Schon viele Künste lehrte sie uns. Jetzt also lehrt sie uns auch, selbst Samen auszubringen. Begreift ihr, was das bedeutet? In Zukunft haben wir die Wahl, ob wir weiterziehen oder lieber an einem einzigen festen Ort bleiben.

Entscheiden wir uns für letzteres, müssen wir so viele Körner wie möglich sammeln, einen Gutteil davon aufheben und im nächsten Frühjahr an fruchtbaren Stellen ausbringen, an denen wir sie gut mit Erde bedecken können. Dann können die Vögel sie nicht stehlen, die Winde sie nicht fortblasen und die Stängel sich gut verankern.

In euren Gesichtern sehe ich Zweifel. Ihr schielt nach den Säcken und denkt, wir haben zu wenige Körner für ein ganzes Jahr für uns alle, wenn sogar noch welche übrig bleiben sollen für das Ausbringen im nächsten Jahr. Da habt ihr Recht. So viele Früchte, so viele Linsen gedeihen hier noch nicht. So viele Tiere leben nicht hier. Es wäre zu früh, wenn wir alle bei diesem einen Lager blieben. Der Hunger wäre unser Hausgenosse.

Daher schlage ich euch folgendes vor: Von allen sieben Orten, an denen wir lagern, bietet uns dieser am längsten ausreichend Nahrung, weil er alles hat, was wir brauchen: Wasser, Wald und Wiesen. Lasst mich hier bleiben. Mich und ein paar Mitglieder meiner Sippe. Lasst uns wenigen nur das Dreifache von dem zurück, was uns sonst zustünde.

Denn wenn wir dieses Gebiet gründlicher als bisher durchstreifen, können wir unseren Vorrat um viele Früchte und Körner vergrößern. Unser Flechtwerkhaus werden wir mit einer besonders hohen Steinmauer umgeben. Wir müssen nicht mehr den abgebröckelten Lehm in sieben Lagern ersetzen, sondern nur noch in einem. Und unser Dach wird so dicht sein wie nie zuvor.

Für uns wenige reicht das Wild um unser Haus herum leicht aus. Statt umherzuziehen, benutzen wir unsere Kraft, um an vielen Stellen neuen Platz zu schaffen für die Ähren, Nüsse und Früchte. Weil wir hier bleiben, haben wir die Möglichkeit, dauernd unsere Umgebung zu pflegen und alles, was dort heranreift, zu schützen.

Und wenn wir mehr aussäen, pflegen und schützen, werden wir um unser Haus herum mehr Ähren, Nüsse und Früchte sammeln. Dann können sich hier nächstes Jahr noch mehr Stammesschwestern und -brüder dauerhaft niederlassen und das zweite Haus bauen und noch mehr Stellen für die Körner, Nüsse und Früchte vorbereiten. Ich sehe schon das viel fester gefügte Runddorf vor mir mit seinen vielen Feuerstellen in der Mitte, die es Bär und Löwe verleiden, um unsere Schlaffelle zu schleichen.

Schwangere werden nur noch ihren Bauch zu schleppen haben. Männer werden glücklich all ihre Werkzeuge an einem Ort aufbewahren. Die Felle, die wir auf unseren Knien abziehen und gerben, die Stoffe, die wir so hingebungsvoll weben, umgeben uns allezeit; nie mehr werden wir sie wegen ihres Gewichtes und Umfangs zurücklassen, um sie bei unserer Rückkehr trotz unserer Schutzvorkehrungen zerfressen, verdreckt, verschimmelt oder gar nicht mehr zu finden. In jedem Haus wird ein Altar der Mutter immerzu aufs schönste geschmückt sein. Nichts, was wir gerne dauernd bei uns hätten, müssen wir jeweils wieder danach bemessen, ob es leicht und notwendig genug ist, um es mitzunehmen…"

Horfet gab es auf, sich auf den Sinn der Wörter zu konzentrieren. Er schielte hinüber zu Nal-abu, die große Zufriedenheit ausstrahlte. Ihm zuliebe hatte sie auf einen ihrer Wünsche verzichtet und Btar um Hilfe für seineNot gebeten. Wie großzügig von ihr! Getrübt wurde seine Freude lediglich durch die Schlussfolgerung, die Nal-abu gewiss daraus ziehen würde.

Doch ehe es Sinn hatte, mit ihr darüber zu streiten, musste er für sich selbst klären, was er wirklich dachte. „Von all den Kehlen, in die der Falter hätte fliegen können, ist es ausgerechnet meine gewesen, die er verstopfte. Wer hat mir den bloß geschickt? Gab-Btar, weil ich überhaupt Onloatwi anerkenne? Oder Onloatwi, weil ich auch noch seine Mutter ehre? Und wer hat mir geholfen? Gab-Btar, weil sie Nal-abus Bitte erhörte und leicht ihrem Sohn Paroli zu bieten vermag? Oder Onloatwi, weil der stärker ist als seine Mutter?"

Bei dem Gedanken, dass die beiden göttlichen Wesen möglicherweise ihren Streit zukünftig immer in seinem Leib austrügen, wurde ihm ganz bang. Vor göttlicher Macht gab es weder Schutz noch Entkommen. Sie allein bestimmten darüber, wer in der Körperwelt und wer in der Schwebeschattenwelt lebte. Göttern gehorchte man besser. Doch dazu musste man genau wissen, was sie wollten!

Die verächtlich geschürzte Unterlippe Boritaks und Gleneks Blick auf dem Weg zum Ruheplatz der Erdbestimmten ließen jedenfalls keinen Zweifel daran aufkommen, wie die beiden sein Verhalten beurteilten.

Doch das war Horfet im Moment vollkommen egal. „Du hast dich auch nicht offen gegen Btar gestellt, sondern dich nur aus der Schlinge gezogen. Zugegeben, du hast dich dabei geschickter angestellt als ich. Aber dir drückte vorher keiner die Luft ab!", dachte er trotzig.

Sehnsüchtig glitt sein Blick erneut über die gewellten Haare von Nal-abu, die mit untergeschlagenen Beinen ein Stückweit vor ihm saß. Noch nie war ihm die Aussaat der heiligen Körner derart lang vorgekommen. Immer ungeduldiger verfolgte er, wie Ilnaf-ba inzwischen die Furche in der Mitte von Ost nach West durchschritt und dabei singend die Emmer-körner hineinstreute:

„Gach-banee, Hegerin der Körner, du brachtest Segen über dein Volk,
Gach-banee, Säerin der Körner, wie du sie sätest, säen auch wir,
Gach-banee, Pflegerin der Ähren, wie du sie schirmest, schirmen auch wir,
Gach-banee, Ernterin der Ähren, wie Gab-Btar dir reiche Ernte bescherte,
schenke sie sie auch uns.“

Hinter ihr rechte Aruch-me mit einem Geweih die Erde wieder in die Furche. Horfet konnte es kaum erwarten, bis Ilnaf-ba endlich am Feldrain angekommen war.

Abermals drangen salbungsvolle Worte an sein Ohr: „Zwanzig Felder haben wir bereitet für die Saat. Dies hier ist eines von ihnen. Geschätzte Stammesschwestern und -brüder, liebe Angehörige anderer Sippen, die ihr die Tag-und-Nacht-Gleiche mit uns feiert, verteilt euch nun über die die zwanzig Felder. Jede Gruppe habe zwei Säcke bei sich, einen mit Gerste, einen mit Emmer. Emmer liebt die warmen Plätze. Verteilt ihn auf den Feldern, auf die die Sonne stärker scheint. Streut die Saat zuerst von Ost nach West in die Mittelfurche, wie ich es tat, und glättet den Boden, wie Aruch-me es tat. Geht dann von innen nach außen vor, bis das ganze Feld mit Körnern gespickt ist. Tut dies so lange, bis die Sonne untergeht. Dann treffen wir uns wieder im Dorf. Was wir heute nicht mehr schaffen, machen wir morgen. Gab-Btar segne uns.“

Horfet blies die Luft aus.

"Ich nehme an, du nimmst das Feld, auf dem sich deine Retterin betätigt."

Horfet störte sich nicht an Boritaks ironischem Unterton. „Genau, das habe ich vor.“

„Pass aber auf, dass sie nur das Korn und nicht dich stückchenweise in den Boden streut. Sonst findet dich Onloatwi nämlich nicht mehr.“

„Keine Sorge, wen die Götter finden wollen, den finden sie, egal wie klein er sich macht“, entgegnete Horfet ernst, ehe er aus der Gruppe der Onloatwi-Söhne ausscherte und sich der mit Nal-abu anschloss. Zwar würde sie während des Rituals wohl kaum mit ihm reden, aber allein in ihrer Nähe zu sein, war entschieden besser als sich Boritaks Häme auszusetzen. Gefolgsleute, die sich daran erfreuten, gab es ja mittlerweile genug.

Erst am Abend dieses ersten Festtages ergab sich für Horfet die Gelegenheit, mit Nal-abu ein paar Worte zu wechseln. Zuvor musste er sich erneut in Geduld üben. Nach dem Essen auf dem Dorfplatz, bei dem neben Fladen Fleischstücke, Fische, Trockenfrüchte, gehackte Geißfuß-, Löwenzahn- und Brennnesselblätter verzehrt wurden, fanden die Werbungstänze statt.

Bei diesem festen Bestandteil der Tag-und-Nacht-Gleichen-Feier saßen die Frauen, die keinen festen Partner hatten und dies offen kundtun wollten, mit untergeschlagenen Beinen, einander zugewandten Rücken und leicht hochgerafften Kleidern im Kreis. Dorthinein in die Mulde, wo sich Tuch oder Leder über dem Schoß fältelte, warfen die um die Frauen herumtanzenden Männer Symbole ihrer Zuneigung. Begleitet wurden sie dabei von einer besessen wirkenden Rupscha-i, die aus einem ausgehöhlten Baumstamm die unterschiedlichsten Töne heraustrieb, und dem Gesang der Frauen in der Mitte:

> *Wie ein Feuer brenn die Liebe,*
> *blas die Glut, auf dass sie stiebe,*
> *breit ihr Holz genug als Dach,*
> *hüt' und heg sie, fühl sie wach,*
> *aber zwing nicht, lass sie zieh'n!*
> *Auch wenn's einmal gar so schien,*
> *lodernd mag sie frei nur sein,*
> *alles andre engt sie ein.*

Besonders den durchreisenden Männern diente dieser Tanz dazu, sich schnell über ihre Chancen bei den Stammesfrauen ein Bild zu machen. Die Dorfleute selbst nahmen den Tanz nicht allzu ernst. Für eine Frau gab es immer genug Möglichkeiten, einem Mann zu zeigen, dass sie ihn mochte. Dazu brauchte sie sich nicht in den Kreis zu setzen. Andererseits reizte es besonders die jungen Frauen zu sehen, wie sie bei den Gästen ankamen, sogar dann, wenn sie nicht die Absicht hatten, sich mit ihnen einzulassen.

Umgekehrt trieben die Männer, die sich meist alle im Zentrum aufstellten und mal bei den langsamen Rhythmen sich an den Händen haltend herumwirbelten, mal bei den schnellen kleine Einlagen boten, manchen Schabernack mit den Frauen, indem sie zum Beispiel absichtlich daneben warfen oder kleine Steinchen schleuderten, obwohl als geworfene Liebesboten Blüten oder für die sehr Verliebten Schneckenhäuser vorgesehen waren. Die durften jedoch nur von den Rändern der Felder stammen, bei deren Aussaat der Tänzer mitgeholfen hatte.

Alle einschließlich der Kinder und Gäste streuten nach der Segnung das Korn auf die verschiedenen Felder. Da sämtliche Felder dem Stamm gehörten, spielte es überhaupt keine Rolle, wer wo mithalf. Während jeweils zwei Leute säten, sangen die anderen. Liebeshungrige sangen *und* suchten den Boden ab.

Allzu gerne hätte sich Horfet in den Männerkreis eingehakt. Doch das verbot ihm sein Status als Junge. Daher musste er tatenlos zusehen, wie sich auf dem Kleid seiner großherzigen und mutigen Nal-abu anscheinend immer mehr Sehnsuchtsgrüße ansammelten. Genau erkennen konnte er es nicht, da das Tanzrund nur von vier kleineren Fackeln ausgeleuchtet wurde. Vom vollen Mond und den Sternen war nach dem Essen nichts mehr zu sehen. Btars windige Hände hatten eine dicke Wolkenschicht herangeschoben, hinter der sich heller Schimmer nur andeutete.

Alle Onloatwi-Söhne außer ihm tanzten wie die anderen Männer des Dorfes und die Gäste: Boritak, Glenek, Kanoch, Makaiot, Onriak, Schodan, Hetlin und Manserek. Wie große finstere Geister warfen seine Geschlechtsgenossen zuckende Schatten, während die Frauen zu einem einzigen schwarzen Leib mit vielen Köpfen verschwammen. Als wundersam anziehend empfand er das Geschehen und schmerzlich zugleich.

„Nur ich darf nicht tanzen. Dabei hatte ich doch eine mächtige Vision wie noch kein Mann vor mir. Und jetzt tanzen alle mit Nal-abu außer mir", dachte Horfet enttäuscht.

Von dem zähen Bemühen, seinen Augen Details abzuringen, begannen diese zu brennen. Schon fünf Blumen konnte er bei Nal-abu ausmachen und drei Schneckenhäuser. Mit jedem weiteren Wurf, der etwas auf Nal-abus Kleid beförderte, wuchs sein Gefühl, ungerecht behandelt worden zu sein. Seine Verstimmung wuchs sich aus zu einem Unbehagen, das in seinen Eingeweiden brodelte und ihm die mühsam aufrecht erhaltene Geduld wie eine überreife Feige zerquetschte. Als durchziehe ihn ein heftiger Schmerz wand er sich plötzlich und bahnte sich seinen Weg heraus aus dem Kreis der Zuschauer, die ihm verwundert Platz machten.

Außen angekommen, setzte er ziellos einen Fuß vor den anderen, mürrisch all den Fellen und Schüsseln ausweichend, die gleich nach der Tanzvorführung wieder in Beschlag genommen werden würden. Erst die

Holzschüssel, in die Ilnaf-ba die Reste des Rauschwassers umgeleert hatte, lenkte seine Aufmerksamkeit auf sich. Als Junge hatte Ilnaf-ba ihm auch keinen eigenen Becher aufgefüllt. Wenn er nur daran dachte, dass er vorhin am Becher seiner Mutter getrunken hatte, lief er vor Wut und Scham rot an.

„Ich bin ein Mann. Deshalb stehen mir wie allen Erwachsenen zwei Becher zu. Und die werde ich jetzt auf einmal trinken", schimpfte er. Seine Worte gingen bei dem lauten Trommeln unter; niemand achtete auf ihn.

Geschwind griff er nach einem Trinkgefäß aus Rinde und füllte es randvoll. Den ersten Becher schüttete er gierig in sich hinein, beim zweiten kostete er jeden Schluck seiner kleinen Rache aus, ebenso wie beim dritten und fühlte sich zunehmend befreiter von Zweifeln. Die, die auf ihm wie Auerochsen lasteten, bekamen die Leichtigkeit von Rehen. Und die mit dem Gewicht von Rehen, flogen leichter Feder davon wie Vögel.

„Ilnaf-ba kann sagen, was sie will", brummte er stolz. „Onloatwi hat mich zum Mann berufen. Ich brauche keine Initiation. Mich liebt Nal-abu und keinen anderen. Sie sollen sie alle in Ruhe lassen."

Der erregende Gedanke an Nal-abu und die sich verändernden Trommelschläge trieben ihn wieder zurück zum Kreis. Doch auf seinem Platz saß bereits ein anderer und keiner sah eine Veranlassung, ihn durchzulassen, wo er sich eben erst und nicht besonders zimperlich herausgeschoben hatte. Endlich fand er eine Blickschneise mit Nal-abu am anderen Ende. Wenn er sich nicht täuschte, kullerten bei Nal-abu insgesamt schon sieben Schneckenhäuser in ihren Schoßfalten. Von den Blüten ganz zu schweigen. In Horfets Hochgefühl mischte sich neuerlicher Verdruss. Gleich so viele versuchten, Nal-abu für sich zu gewinnen?

Nun folgte der für die Tänzer spannendere Teil. Denn während des Tanzes ließen die umworbenen Frauen mit keiner Miene erkennen, was sie von den einzelnen Avancen hielten. Während der zweiten Runde tanzten die Frauen, nicht länger singend, unter anzüglichen Schwüngen ihrer Hüften um die Männer herum, bevorzugt um die, die ihnen besonders schöne Blumen oder Schneckengehäuse zugeworfen hatten.

Wann immer die Trommel aussetzte, warfen sie sich und dem Mann, dem sie am nächsten standen, ein Lederstück oder ein Hanftuch über den Kopf und gaben unter ihrem weichen, uneinsichtigen Schirm ihre Entscheidung preis:

Ein Nasenstüber hieß „ich will von dir nichts wissen". Ein Kuss auf die Wange bedeutete „wir könnten uns ruhig mal näher kommen und sehen, wie es uns gefällt". Bei einem Kuss auf den Mund schließlich herrschte zwischen beiden Parteien unbedingte Einigkeit über die Verlockungen gegenseitigen Näherkommens.

Nie wurde von den Männern so anhaltend und aufdringlich gelächelt wie bei diesem Tanz. Denn jeder gab vor, erfolgreich geworben zu haben. Die Frauen ließen sich ihrerseits nichts anmerken, lächelten aber eher gleichmäßig verhalten. Um in den Augen der Tanzenden zu lesen, welches Lächeln ernstgemeint war, fehlte wohlweislich das Licht.

Horfets Blicke verfolgten Nal-abu, so gut es ging. Trotz ihrer standhaft unergründlichen Miene glaubte er feine Unterschiede erkennen zu können. Oder täuschte ihn etwa nur das Fackellicht, das nach eigenem Gusto tanzend die Gesichter mit hellen und dunklen Flecken bewarf und sie zu Karikaturen ihrer selbst machte? Einzig Nal-abus Schönheit schienen die Verzerrungen nichts anzuhaben.

Er seufzte. Das heißsehnende Begehren, sie fest an sich zu drücken, umflimmerte seine Sinne. Ihre Bewegungen im ruckartig verströmten Licht züngelten wie lodernde Flammen und bliesen noch heftiger die Glut in ihm an. Er erbebte, als er sah, wie sie ihr Ziegenleder besonders kokett entlang ihrer Brüste gleiten ließ und Gleneks Hand berührte.

„Das darf sie nicht tun. Ich muss zu ihr. Glenek ist doch mein Freund, er kann sie nicht so lieben wie ich. Er darf es nicht", hämmerte es in ihm. Doch allzu viele versperrten ihm den Weg. Keine Chance durchzukommen. Grausam langsam dehnten sich die Augenblicke mit der Frage, was sie Glenek unter dem Leder wohl für ein Zeichen gegeben habe.

Endlich sanken die Arme mit den Ledern und Tüchern, tönte der Baumstamm leiser. Der Tanz hatte seinen Zweck erfüllt und wurde mit Jubelschreien aus den Kehlen aller Mitwirkenden beendet. Die Zuschauermenge verlief sich zu den größeren Feuerstellen, auf die lange, dicke Äste gelegt wurden.

Im allgemeinen Durcheinander verlor Horfet Nal-abu aus den Augen. Aufgeregt ging er die Feuer ab, konnte sie aber nirgends entdecken. Genauso wenig wie Glenek. Mit wachsender Unruhe setzte er die Suche fort und hätte Nal-abu fast aus dem Gleichgewicht gebracht, als sie im Dunkeln nahe dem Steinbusen aneinander stießen. Das unverhoffte Glück, sie kurz umfangen halten und sich von ihrem Duft betören zu lassen, machte ihn schwindlig.

„Bei Btars Ellbogen, pass doch auf. Hast du mich erschreckt!", hörte er ihre sinnliche Stimme unwirsch sagen. Und nach kurzem Abtasten bereits eine Nuance freundlicher. „Bist du das, Horfet?"

Horfet konnte nur nicken.

„So sag doch was, was ist denn mit dir?"

Nal-abus Herumzappeln erschwerte es ihm noch mehr, Worte zu finden. „Es tut mir furchtbar weh. Hab ich dir leid getan?"

„Nein, du Tollpatsch bist mir gegen's Schienbein gestoßen. Doch wenn es dir leid tut, tut es schon weniger weh."

Nal-abus herzhaftes Lachen steckte ihn an. Ein wenig entspannter nutzte er die Chance, sie weiter zu berühren. „Wo genau hab ich dir denn wehgetan?", sagte er und suchte mit seiner Hand aufgeregt ihr Knie.

„Nicht da, weiter unten."

Er ließ sich auf seine Knie fallen und blies ausdauernd auf ihren Unterschenkel. „Fühlt sich die Stelle schon besser an?"

„Ja, du machst das gut."

„Ich könnte auch weiter oben blasen." Seine Hände wanderten blitzschnell nach oben. „Überall wo du willst. Ich kann es besser als Glenek, weißt du. Nur ich liebe dich so."

Nal-abu wehrte ihn ab. „Was fällt dir ein? Ich mag nicht, wenn du mich angrapschst, ohne mich zu fragen."

Horfet hatte keine Lust mehr zu knien. Rasch sprang er auf und stellte sich neben sie. Der Geruch ihrer Haare stieg ihm in die Nase, die ihren Scheitel überragte. Mit beiden Händen umfing er ihre Schultern und drückte sie zusammen. Der Gedanke, sie mit seiner größeren Kraft ohne Schwierigkeit zwingen zu können, sprang ihn an und faszinierte ihn auf erschreckende Weise. Alles, was Toischan und Pakun ihn über Ehrfurcht, Beherrschung und Respekt gegenüber Frauen gelehrt hatten, verschwand für einen Augenblick hinter dem Nebel einer Gier, die er in all ihrer Fremdheit als machtvolle Kraft erkannte. Bisher hatte er mit Boritaks Andeutungen kaum etwas anfangen können, nun aber enthüllte sich ihm das Verborgene, während sich das Altbekannte verschleierte.

„Au, was hast du denn? Du drückst mich wie ein Stück Holz. Merkst du das denn nicht?", keifte sie. „Lass mich sofort los!"

Es dauerte einen Atemzug, bis er begriff, dass seine Hände gemeint waren. Verstört ließ er sie los. Seine Stimme brach, als er sich entschuldigte.

„Um Btars willen. Was ist denn mit dir los? Du verhältst dich ganz anders als sonst", fragte sie vorwurfsvoll.

Ehe Horfet wusste warum, flogen Worte aus ihm wie aufgescheuchte Bienen. „Gib dich nur nicht mit den anderen Männern ab. Sie lieben dich nicht so wie ich. Sie werfen dir Schneckenhäuser hin und meinen nur Blumen. Ich aber liebe dich von ganzem Herzen. Und ich will nicht, dass du dich von Glenek täuschen lässt."

Nal-abu gestikulierte so heftig, dass ihn ihre Hände an seinen unbedeckten Oberarmen streiften. „Ich mache, was ich will! So wie es alle Frauen tun. Ich glaube dir ja, dass du mich sehr liebst. Aber wieso sollte ich deshalb andere Männer verschmähen, sofern ich Lust auf sie habe und sie auch auf mich? Wenn das Herz mitliebt, ist es zwar viel erfüllender, aber nicht einmal die Herzensliebe ist immer so klar und ausschließlich, wie du scheinbar glaubst. Manchmal liebt man zwei oder drei Männer gleichzeitig. Du bist eben noch ein Junge und hast keine Erfahrung."

Aufgebracht schnaubte er los. „Nicht schon wieder dieses Wort. Ich hasse es."

In der Dunkelheit hörte er ein schnüffelndes Geräusch. „Hast du Schaschaval getrunken? Dein Atem riecht danach."

„Ja, und wenn schon! Ist mir doch egal, was Ilnaf-ba sagt. Oh", voller Ironie ahmte er Ilnaf-bas hohe Stimme nach, „der kleine Horfet darf ja noch kein eigenes Becherchen trinken, nein, denn er ist ja noch ein dummer Junge, der ohnehin alles falsch versteht."

„Der Trank ist dir augenscheinlich zu Kopf gestiegen. Hör auf, dich über die Butú-tekál lustig zu machen. Unsere Traditionen sind gut, weil sie von unseren Ahninnen stammen. Und denen wurde mitgeteilt, dass Erwachsene zwei Becher voll Rauschwasser trinken dürfen, Kinder aber nicht."

Horfet lachte verächtlich. „Sehe ich etwa aus wie ein Kind?! Wieso glaubst du überhaupt, dass es nur damals Visionen gab und heute nicht mehr?"

„Fängst du schon wieder mit deiner an? Na, wenn du es genau wissen willst. Ja, einen Unterschied gibt es sehr wohl. Du bist keine Weise Frau."

„Gerade weil sie alte Frauen waren, konnten sie keine Vision von einem jungen, männlichen Gott erhalten. Hast du daran schon mal gedacht? Der spricht nämlich nur zu jungen Männern. Und wer ein Mann ist, bestimmt er dabei dann gleich mit, Butú-tekál hin, Butú-tekál her! Boritak hat mir übrigens alles erzählt. Ich weiß, was bei der Einweihung passiert. Das große Geheimnisgetue drumherum kann sich jeder sparen."

„Och, du weißt." Die Enttäuschung darüber war ihr deutlich anzuhören, und der Ärger gleich mit dazu. „Dir ist nicht zu helfen. Du bist derart anmaßend und unverschämt. Nichts ist dir heilig. Alles ziehst du in den Sand. Dabei hattest du eben noch den Hals voll Angst. Hast du etwa vergessen, wer dir heute geholfen hat?"

Zähneknirschend dachte er an seine Todesangst beim Aussaatritual. „Nein, bitte verzeih mir. Glaub mir, nichts liegt mir ferner als Hochmut. Ich bekomme doch mehr als jeder andere zu fühlen, wie mächtig die Götter unser Leben beeinflussen. Nichts habe ich vergessen. Schon gar nicht, dass du so großmütig warst, wegen mir auf deinen Wunsch zu verzichten."

„Vielleicht war deine Rettung ja trotzdem mein größter Wunsch", flüsterte sie.

Sein Herz flog ihr zu und ermunterte ihn fortzufahren. „Ich kann." Er stockte.

„Was?"

„Ich ertrage es nicht mehr zu warten. Immer heißt es nur warten. Lubagdai sagt: „Warte, Horfet, bis du ein Mann wirst." Ilnaf-ba sagt: „Warte nur, was die Schafe zeigen." Und Boritak wartet, ebenso wie die anderen Schaffänger darauf, dass ich eine neue klarere Vision haben soll. Alle warten, alle lassen mich warten." Vorsichtig schob er seine Hände nach vorne, bis sie ihre berührten. „Als säße ich gelähmt auf einem Haufen voller Ameisen, die mir in die Nase kriechen und mir die Luft rauben.

Doch ihr alle steht reglos um mich herum und verfolgt neugierig, was die Bahnen der Ameisen auf mir euch für Zeichen geben wollen. Ihr wedelt mit Ästen, aber nicht um die Ameisen zu vertreiben, sondern nur um die Richtungen ihrer Wege zu verändern. Eine Gruppe wedelt dahin, die andere dorthin. Ich dagegen bin unfähig, mir selbst zu helfen. Ich schreie und niemand hört mich. Das einzige, was ich mit meinen Schreien erreiche, ist, dass die Ameisen auch noch in meinen Rachen hinabklettern. Ungefähr so fühle ich mich. Vor allem auf dich kann ich nicht mehr warten. Ich will dich, und zwar jetzt."

Ein lange unterdrücktes Schluchzen unterstrich seinen Kummer. Einen Augenblick rang sie mit sich. Dann zog sie ihn zu sich heran und umarmte ihn. Nicht wie eine Geliebte den Geliebten, vielmehr wie eine Schwester den Bruder. „Ja, wein nur. Ich wusste nicht, dass du dich so verlassen fühlst. Hab keine Angst. Du bist nicht allein. Und du bist immer noch Btars Sohn. Sie hat dir heute geholfen und wird das weiter so tun. Du solltest ihr dankbar sein."

„Nicht sie, nur du kannst, du *musst* mir helfen. Jetzt gleich." Sein Ton klang mehr fordernd als bittend. Sie heftig an sich pressend, fühlte er, wie ihr Herz raste.

Doch statt ihrer vollen Stimme, der er erregt entgegenfieberte, drang wieder nur eine überraschend zarte aus ihrem jetzt abgewandten Gesicht an sein Ohr. „Ich hatte mich schon so gefreut, dich als Göttin in die Liebe einzuweihen. Dein Onloatwi hat alles zerstört."

Er spürte einen Lufthauch und glaubte zu hören, wie sie sich mit einem Finger am Auge kratzte und dabei die Wimpern entlangfuhr.

„Es ist mir egal, wie du über die Einweihung denkst. Gab-Btar und mir ist sie heilig. Noch dazu, wo ich sie zum ersten Mal einem Jungen spenden werde und dieser Junge du sein wirst."

„Ach ja, und so lange vergnügst du dich mit anderen Männern?"

„Genau." Sie schluckte und versuchte, ihn von sich wegzudrücken.

Horfet sträubte sich. In ihrer Stimme schwang wieder die ihr eigene Resolutheit. „Sofern mir einer gefällt. Das werde ich übrigens auch so halten, sicher nicht anders als du, wenn du erst ein Mann bist."

„Werde ich nicht. Ich bin kein gewöhnlicher Mann."

„Von wegen, wirst du doch, meine Mutter, meine Großmutter, alle erfahrenen Frauen sagen, dass Männer gerne ihre Frauen wechseln. Ganz egal, was sie vorher für Schwüre leisten. Und erst recht, wenn sie sich für was ganz Besonderes halten."

Jetzt erst widerstand er der Versuchung, sie festzuhalten. Wo sich eben noch ihre Brust an die seine geschmiegt hatte, fühlte es sich trostlos kühl an. „Dein Geschwätz zieht einem doch die Sehnen lang. Nur was deine Ahninnen sagen, zählt. Was ich dir dagegen aus tiefstem Herzen verspreche, verdampft bei dir wie ein Regentropfen auf weißer Glut."

„Du hast eben noch keine Ahnung."

„Du dafür wohl schon sehr viel."

„Genug, um zu wissen, dass ich mich nicht wie eines deiner armen Schafe hinter dem Gatter fühlen will. Nur von deinen Launen abhängig. Jetzt weiß ich, wie deine Ameisen heißen: Sturheit, Undankbarkeit, Anmaßung und Eifersucht. Ach ja, und Frechheit. Die darf ich auf keinen Fall vergessen. Wenn du die alle endlich in der Einweihungshöhle ablegst, werde ich dort mit dir schlafen. Vorher habe ich keine Lust dazu. Nicht dein eingebildeter Gott, *ich, ich* ganz allein werde dich dadurch erst zum Mann machen. Geht das in deine Hirnschale? Außerdem friere ich jetzt und will zurück zum Feuer."

„Und ich verfrier lieber hier, als mir dort deine Liebhaber anzusehen."

Diesmal trafen ihn ihre Haare im Gesicht, als sie sich umwandte und ihn stehen ließ. Der Regen, der kurz danach einsetzte, durchnässte ihn bis auf die Haut. Was aber kümmerten ihn seine aufeinanderklappernden Zähne bei all dem verwirrenden Schmerz in seinem Herzen?

In dieser Nacht sprach der Gott wieder zu ihm. Als Horfet aus seinem Traum aufschreckte, blickte er geradewegs in eine Flamme, die eben aus einem verkohlt scheinenden Eichenast aufloderte und Horfet in seinem Glauben bestärkte. Die einzigen atmenden Gestalten, die er im Lichtkegel ausmachen konnte, waren Toischan und Lu-bagdai. Daraus und aus dem Prasseln des Regens auf das Schilfdach schloss er, dass er sich im Inneren seines Clanhauses befinden musste. Richtig! Toischan hatte ihn ja irgendwann in seinem tropfenden Gewand ungeachtet seines Widerstandes dorthin verfrachtet.

Wie ungeschickt! Jetzt, wo er am liebsten aufgesprungen und Boritak aus dem Schlaf gerissen hätte, um ihm alles zu erzählen. Doch vielleicht schlief der ja bei einer der Frauen, um die er herumgetanzt war. Besser, er wartete den Morgen ab. Kein Wort durfte er bis dahin vergessen. Jedes einzelne mochte das Geheimnis um den Gott wieder ein Stückweit mehr enträtseln und seinem Verkünder Recht geben, nicht Nal-abu. Verbissen kämpfte Horfet gegen die Schnäbel der Müdigkeit, die an seinen Lidern zogen wie Singdrosseln an einem Wurm.

Am Abend des dritten Festtages befand sich das letzte Saatkorn unter der Erde. Mit einem letzten Tanz endete die Feier. Zwei Tage später brach Elatansch zusammen mit Dokair, einem Mann aus Upakans Stamm, und Siatsch zu seiner großen Reise auf. Die heitere Stimmung voller Zuversicht erleichterte Elatansch den Abschied von seiner Mutter. Den anderen gegenüber wollten sie und er ohnehin den Eindruck erwecken, als ginge er nur auf Frauensuche zu einem der nahe gelegenen Nachbarstämme. Nicht einmal Goila-lin weihten sie ein, damit sie glaubhafter über „ihren" Elatansch lästern konnte, den vormals so treuen, den es schließlich doch nach jüngeren Frauen gelüstete.

Erstaunt verfolgte der älteste der Onloatwi-Söhne, wie ein vergnügter Elatansch aus dem Dorf zog. Kein verschwörerischer Blick zu Ilnaf-ba, kein böser in seine Richtung. Boritak atmete auf. Sein Gott schien in höchstem Maße davon angetan zu sein, wie gewitzt er die jungen Männer um sich scharte. Nur Horfet sonderte sich die letzten beiden Tage von ihnen ab. Doch wie es aussah, war Nal-abu an seinem Kummer schuld. Bei den selten gewordenen Malen, bei denen sich die beiden über den Weg liefen, musste jede Eidechse Reißaus nehmen, wollte sie verhindern, dass sie umgehend in ihre Winterstarre zurückfiel.

„Wer von uns ist denn mit Mähen, Füttern und Kotentfernen dran?", fragte Boritak seine Begleiter.

Kanoch überlegte kurz und antwortete: „Du und Mannessohn."

„Ich wäre dir und Glenek dankbar, wenn ihr heute einspringen würdet. Einverstanden? Mannessohn muss ich wohl erst suchen. Oder weiß einer von euch, wo er ist?"

Da die anderen nur mit einem Kopfschütteln antworteten, wandte sich Boritak in Richtung Süden. Auf der Anhöhe unter „seiner" Schirmpinie pflegte Horfet nämlich zu sitzen, wenn ihn etwas bedrückte. Gut, dass er das auch heute so hielt.

„Sei gegrüßt, Mannessohn. Hast du keinen Hunger? Der Schatten ist schon sehr kurz."

Horfet steckte seinen Stock immer tiefer in das eine Mauseloch von dreien in seiner nächsten Umgebung. „Das macht nichts. Ich habe keinen Hunger", log er. Wieso sollte einer überhaupt je wieder essen, der nicht fähig war, sich die gesamte Botschaft eines Gottes zu merken? Horfets Fassungslosigkeit über sein eigenes Unvermögen hatte die letzten Tage nichts von ihrer zermarternden Schärfe verloren.

Er wusste als einziges, dass Gott Onloatwi in seinem ersten Traum recht viel gesagt hatte. Davon hatte er sich gerade mal einen Satz gemerkt! Wenige Worte, die er zudem nicht verstand. Beim zweiten Traum in dieser Nacht hatte er eine weitere Offenbarung, dieses Mal in Form von Bildern, erhalten. Doch keine noch so tiefe Versenkung ermöglichte es ihm, sich an die heiligen Wortezu erinnern.

„Hast du etwa Liebeskummer? Hat Nal-abu dich zurückgewiesen?"

Horfets Stecken brach entzwei. „Dazu will ich nichts sagen."

„Verstehe." Boritak gab nicht auf. „Gibt es da noch etwas anderes, das dich quält? " fragte er aufs Geratewohl. „Du weißt, ich bin dein treuester Freund. Du kannst dich mir anvertrauen."

Ein langgezogenes Seufzen zeigte ihm, dass er auf der richtigen Spur war. Boritak setzte sich ihm gegenüber auf den Boden. „Du weichst mir aus. Du willst mir nicht in die Augen sehen. Was verbirgst du vor mir?"

Sein Wangenrot verriet Horfet, aber er schwieg weiter.

„Ah, ich wittre das Reh. Du schämst dich, weil du Btar die Ehre erwiesen hast nach dem Angriff ihrer Fliege."

„Du brauchst dabei gar nicht so höhnisch deine Stimme zu heben. Die Fliege war ein ausgewachsener Falter. Und der saß mir furchtbar quer im Hals."

„Schon gut, aber deshalb hättest du nicht gleich ganz zu ihnen überlaufen müssen. Du bist schließlich *sein* Verkünder. Und wenn *du* ihn nicht ehrst, werden wir kaum erfahren, was wir noch alles zu tun haben." Sein Magen verkrampfte sich dabei. Wie oft ließ ihn sein Neid auf Mannessohn mit Onloatwi hadern! Warum offenbarte sich der Gott denn ausgerechnet immer dem Jungen, aber nie ihm, wo er doch viel mehr Kraft und Stärke besaß?

„Onloatwi hat ja zu mir gesprochen", entgegnete Horfet trotzig, um sich im nächsten Moment an den Kopf zu fassen.

„Warum sagst du dann nichts und ziehst dich zurück? Du weißt doch, wie sehnsüchtig wir auf eine neue Verkündung seiner Wünsche warten. Jetzt, wo wir so kurz vor dem Ziel stehen, darf uns kein Fehler passieren! Nur die Schafe mit den zwei Widdern im Gatter sollen Junge bekommen, die anderen keine. Onloatwi muss wissen, dass hier seine Kraft willkommen ist, ja dass ohne sie alles verloren ist. Du weißt, was das für deine Großmutter bedeuten würde."

Horfet nickte schuldbewusst. All sein Nachsinnen hatte zu keinem Erfolg geführt. Wie konnte er sich nur wieder vom Schlaf übermannen lassen, nachdem er eine solch deutliche Botschaft erhalten hatte. Von dieser Nachlässigkeit durfte nie ein Mensch erfahren. Am allerwenigsten Boritak! Denn sonst würde der ihn als „Schlaffschwanz" –ein von Boritak geprägter Ausdruck – verachten. Wie gut, dass sich wenigstens der eine Satz und eine Bilderabfolge unauslöschlich in ihn eingebrannt hatten.

„So, was hast du denn gesehen oder gehört? Quäl mich nicht mit deinem Schweigen!"

„Seine Worte lauteten: „Ehre mich, indem du deine Quelle ehrst und deine Stämme schneidest."

„Was bedeutet das? Welche ‚Quelle' meint er? Und was sind ‚deine Stämme'?", Boritak sah ihn neugierig an.

„Keine Ahnung, keine Ahnung und ich bin mir nicht sicher."

„Du als sein Verkünder weißt verflucht wenig." Boritaks Vorwurf ließ Horfet zurückweichen. „Das rührt wohl daher, weil er sich deiner nicht sicher ist. In Zukunft musst du klarer für ihn eintreten."

„Das war aber nicht alles. Er hat mir noch einige Zeichen geschickt."

„Oh, ich war also zu voreilig, verzeih meinen scharfen Ton. Gewiss erklären die alles." Boritak beugte sich vor, um Horfet seine Hand beschwichtigend auf die Schulter zu legen.

Der schloss seine Augen und gab sich seiner Erinnerung hin: „Also zuerst war da eine Frau, deren Gesicht hinter einem Gestrüpp oder einer Mauer hervorlugte. Nur ein Auge konnte ich erkennen. Sie spuckte große, hellrote Körner aus. Die Körner waren wirklich sehr groß, etwa so."

Seine Hände, die er zu Hilfe nahm, zeigten den Durchmesser eines Auerochsenkothaufens an. „Dann flackerte plötzlich ein Feuer auf, aus dem lauter Männer sprangen. Die hatten ganz komische Beine, eine Mischung aus Huf und Flügel. An ihren Gürteln hingen Schnecken. Auch ihre Arme schwangen so schnell durch die Lüfte, dass sie wie Flügel aussahen. Mit ihnen versuchten die Männer, möglichst viele der Körner aufzufangen. Ein Mann übertraf sie alle an Flinkheit. Er fing auf einen Schwung gleich mehrere Körner. Daraufhin entwand sich die Schnecke an seinem Gürtel und wurde zu einer Schlange, die die anderen Männer voller Neid betrachteten."

„Ja und, wie ging es weiter?"

„Das ist alles. Damit endete der Traum."

Boritak fuhr sich durch den Bart. „Bist du sicher, dass der Traum von Onloatwi zu dir floss? Jeder unbedeutende Geist könnte ihn geschickt haben, weil er Langeweile hatte und Lust, die Nacht mit einem Menschen zu teilen."

„Ertränk mich in Mäusepisse, wenn die Sätze und der Traum nicht zusammenhängen."

Eine Weile hing jeder seinen Gedanken nach. Dann schlug Boritak plötzlich mit der Faust an seinen Kopf und sagte im Brustton der Überzeugung: „Beim Herumreichen von Btars Figur küsstest du ihre beiden Augen und batest sie, dich alles sehen zu lassen, was durch ihre Kraft geschaffen werde. Das war geschickt formuliert. Denn eigentlich bedeutete das: Btar und Onloatwi, gebt mir je ein Auge. Euer beider Sicht will ich haben."

Horfet erschrak und lief erneut rot an. So klar durchschaute Boritak seine Gedanken? Doch indem er Boritaks Vermutung bestätigte, würde es ihm vielleicht gelingen, sein noch peinlicheres Geheimnis für sich zu behalten. „Ja, es ist wahr. Und im Gegensatz zu dir finde ich daran nichts Verwerfliches. Onloatwi ist schließlich Gab-Btars Sohn. Es schadet nie, wenn man den Rat seiner Mutter einholt."

„Unbeschwerte Dummheit. Du bist Onloatwis Verkünder und redest solchen Unsinn? Solange Btar ihren Sohn nicht anerkennt, darfst du dich nicht von ihr in die Irre führen lassen. Wer, glaubst du denn, wollte deinen Tod am Fluss? Gab-Btar natürlich! Und wer führte mich zu dir, um dich zu retten? Onloatwi!"

Horfet blickte ihn nachdenklich an. „Niemand könnte dich von dieser Einschätzung abbringen, nicht wahr?"

„Allerdings! Willst du damit etwa sagen, *du* hättest Zweifel?"

„Ich gebe zu, dass ich manchmal denke, es könnte auch anders herum sein? Der Falter zum Beispiel…"

Barsch schnitt Boritak ihm das Wort ab. „Schweig! Sofort! Allein der Gedanke beleidigt Onloatwi. Selbstverständlich kam der Falter von Btar. Sie ist nicht die gute Mutter, wie die Frauen uns weismachen wollen. Sie ist herrschsüchtig und eifersüchtig. Deshalb duldet sie keinen anderen neben sich. Nicht einmal ihren eigenen Sohn!"

„Mir fehlt die Einbildungskraft, um mir eine böse Mutter vorzustellen. Barcha-let ist so gut zu mir. Sie würde alles für mich tun."

„Klar, Barcha-let würde das. Aber sie und Gab-Btar sind eben so verschieden wie Kralle und Feder."

Boritak fasste den vor sich hinstierenden Horfet an den Schultern. „Schau mich an, Mannessohn. Nicht der leiseste Zweifel darf in deinem Herzen Platz finden. Denk nach! Das, was du seit der Herbst-Nacht-und-Tag-Gleiche erlebt hast, ist eine makellos geflochtene Schnur. Du erkennst Onloatwis Kraft. Deine Großmutter weist dich zurecht. Btar lässt zu, dass du dich verletzt. Sie schickt den Adler. Mit Onloatwis Hilfe rette ich dich aus dem Wasser und vor dem Adler. Als wir heimkehren, nennt man dich im Dorf sinnigerweise ‚Mannessohn', Onloatwi hilft dir bei der Jagd. Er erscheint dir in der Höhle. Btars Tochter verhindert, dass du ein Mann wirst. Btar schickt dir den Falter. Nicht Nal-abu, sondern Onloatwi rettet dich abermals. Immer ist Btar gegen dich und Onloatwi für dich."

Horfets Blick wich nicht mehr aus, sondern erwiderte den Boritaks. Ein erleichtertes Lächeln zeigte sich auf seinen Zügen. „Ja, jetzt sehe ich es so klar wie du. Ich muss aufpassen. Gab-Btar versucht immer wieder, mich zu verwirren. Sie ist schlau und hinterhältig. Aber dank dir werde ich mich nicht mehr täuschen lassen."

Boritak zog ihn zu sich heran und drückte ihn kurz und heftig. „Gut so, Mannessohn. Dann sehen wir uns jetzt noch mal deinen Traum an. Der ist doch leichter zu verstehen, als ich zuerst dachte. Onloatwi zeigte dir eine Frau mit nur einem Auge, nicht wahr?"

Horfet nickte zustimmend.

„Gut, die Frau ist entweder Btar selbst oder eine ihrer Weisen Frauen. Sie selbst bedarf eines zweiten Auges, um gut zu sehen. ‚Hellrote Körner' könnten für Leben stehen, für Fruchtbarkeit. Der Tanz der Männer ist sicher der Werbungstanz bei der Aussaat, bei dem jeder versucht, möglichst viele Frauen für sich zu gewinnen."

Horfets kräuselte seine Lippen. „Warum fangen sie dann die Körner? Normalerweise werfen doch die Männer den Frauen Blumen oder Schneckenhäuser zu. Und die Frauen tun erst mal gar nichts. Und seit wann haben Männer Flügel bei dem Tanz."

„Das mit den Flügeln stimmt schon. Wer liebt, fliegt. Nicht wahr?"

„Oder leidet wie ich."

„Also doch Nal-abu. Gib nicht auf, mein Freund. Ich bin sicher, sie mag dich zu sehr, als dass sie dich auf Dauer zurückweist."

„Aber sie ist widerlich hochnäsig. Immer macht sie sich über mich lustig wegen Onloatwi. Sie nimmt meine Vision überhaupt nicht ernst."

„Dann zeig ihr deine Kraft und die deines Gottes. Los, weiter in deinem Traum. Mit dem ersten hast du Recht. Beim Werbungstanz werfen nicht die Frauen den Männern Körner zu, sondern umgekehrt. Und in deinem Traum ist es sogar nur eine Frau, die Körner ausspuckt. Aber große Körner. Mannessohn, ich glaube, ich fange an, den Traum zu verstehen. Ursprünglich brachte mich deine Mutter darauf. Und während des Aussaatfestes hat mich dieses Bild ständig verfolgt: Wenn es stimmt, dass unser Saft in den Bäuchen der Frauen Kinder heranwachsen lässt, ist er wie das Korn, das in Btars erdigem Leib die Ähren wachsen lässt."

„Onloatwi muss diesen Vergleich lieben. Deshalb sind die Körner groß und hellrot. Weil mit den Körnern Kinder gemeint sind!", folgerte Horfet ganz aufgeregt.

„Wohoí, Mannessohn. Hellrot, die Farbe des Lebens! Keine passendere könnte man für Kinder finden. Der flinkste Mann fängt die meisten Kinder, weil er auch der eifrigste war, als es darum ging, sein Geschlecht mit der Frau, die für alle Frauen steht, zu verbinden."

„Ein Teil passt noch nicht. Warum rollt sich eigentlich die Schnecke an seinem Gürtel auf?", fragte Horfet. „Die Schnecke ist *das* Zeichen der Wiedergeburt. Wenn einer für viele Geburten sorgt, müsste gerade bei ihm die Schnecke besonders mächtig werden."

„Falsch! Die Doppelschnecke steht für die Übergänge zwischen Leben und Tod. Eine einzige Schnecke versinnbildlicht gerade das Leben in der Körperwelt." Mit seinen Fingernägeln durchstieß Boritak die Grasnarbe und scharrte in der Erde. Aus dem Lehm, der gleich unterhalb der dünnen Humusschicht auftauchte, formte er mehrere Kugeln in zunehmender Größe, die er auf einer imaginären Spirale anordnete.

Plötzlich zerdrückte er sie unter seiner ausgespreizten Hand und rief: „Onloatwi, mein Gott! Natürlich. Die aufgedrehte Schnecke ist eine Schlange." Boritaks Augen weiteten sich vor Begeisterung. „Bei allen Wonnen, die mein liebster Stab mir je bereitete!" Er packte Horfets Arm und drückte ihn so fest, dass Horfet die Zähne zusammenbiss. „Was ist denn eine Schnecke anderes als eine kleine Schlange, die sich in ein festes Haus verkriecht, um sich zu schützen?!"

Horfets Unterkiefer drückte noch gegen den oberen, bevor sein Blutstrom in Richtung linker Hand erneut unterbrochen wurde.

„Die Schlange wiederum ist unser Penis, der sich bisher vor lauter Angst vor den Frauen zusammenwickelte. Der Mann, der am meisten von der Fruchtbarkeit abbekommt, ist mutig genug, seinen Steilrager nicht mehr zu verstecken, sondern ihn stolz zu präsentieren. Deshalb sehen ihn die anderen Männer voller Bewunderung an. Du hast Recht. Diesen Traum kann nur Onloatwi geschickt haben."

Diese Interpretation ausgerechnet aus Boritaks Mund mutete Horfet seltsam an. „Entschuldige, aber sonst, wenn Glenek von seinem Schwengel als der ‚Schlange in Lauerstellung' spricht, rümpfst du die Nase und prahlst mit deinem ‚harten Stock'."

Boritak achtete nicht auf ihn, sondern fixierte einen Ausschnitt des sattblauen Himmels. „Und Btars braunes Becken wand sich lustvoll mit Bunte Schlange. Kurzdarauf gebar sie die Berge und Meere, die Flüsse und Höhlen, die Felder und Moore", zitierte er schließlich aus dem Schöpfungsmythos Gabbtarans. „Mannessohn, wir sind ganz nah dran. Wie hieß der eine Satz Onloatwis?"

„Ehre mich, indem du deine Quelle ehrst und deine Stämme schneidest."

„Trotzdem werde ich daraus nicht schlau."

Horfet nickte. „Eine andere Frage bereitet mir im Moment viel mehr Kopfzerbrechen. Die Frauen lieben doch manchmal Männer gleichzeitig und verbinden ihr Geschlecht mit einigen Männern. Woher sollte denn ein Mann wissen, dass es sein Kind war, das er in den Bauch einer Frau gelegt hat?"

„Wie sehr du auch immer unter deiner unglücklichen Liebe leiden mögest, mein Freund. Dein Kummer brachte dich dazu, etwas sehr Wichtiges zu bemerken. Daran habe noch nicht einmal ich gedacht, obwohl ich schon mit vielen Frauen geschlafen habe", zollte ihm Boritak seinen Respekt, „Wer außer Onloatwi wird uns zur Lösung führen? Siehst du jetzt, wie wichtig es ist, unverbrüchlich hinter ihm zu stehen?"

„Nie sah ich es so deutlich."

„Dann lass uns ihm zu Ehren unser erstes gemeinsames Ritual abhalten. Nur wir Onloatwi-Söhne! Keine Frauen. Bei allen Ritualen, die gabbtaranische Männer je feierten, wurde stets allein Btar gehuldigt. Das müssen wir ändern. Und zwar so schnell wie möglich. Mit allem, was dazugehört, das heißt mit einem Butú-tekál."

„Ein*em* Butú-tekál. Du meinst wohl einem Lobú-tekál (baranisch für *Zeremonienleiter für Männerrituale*)."

„Nein, Mannessohn, ich meine, was ich sage. Vorerst feiern wir Onloatwi-Söhne zwar allein, um uns für ihn zu stärken und ihm klarzumachen, dass *wir* ihn willkommen heißen. Doch in deiner Vision forderte Onloatwi Verehrung von uns allen, auch den Frauen. Bis jetzt gab es nur weibliche Butú-tekáls, die ihre Gebete für alle an Btar richteten. Aber bei einem männlichen Gott muss ein Mann für das ganze Dorf, nicht nur für die Männer beten. Folglich sollten wir gleich das richtige Wort dafür benutzen."

„Was werden die Frauen dazu sagen?"

„Erst wenn die Schafe Onloatwis Kraft gezeigt haben, werden wir mit unserem Butú-tekál-Mann ins Dorf einziehen. Vorher erfahren die Frauen nichts davon."

Horfet hatte schon befürchtet, von Boritak mit diesem Amt beauftragt zu werden. Wenn der allerdings einen Mann im Auge hatte, schied er als möglicher Bewerber aus. „Wen, glaubst du denn, würde Onloatwi als seinen Butú-tekál haben wollen?", fragte er erleichtert.

„Wen würdest *du* für würdig halten?", stellte Boritak herausfordernd die Gegenfrage. Er selbst zweifelte nicht im Mindesten daran, dass er als Onloatwis ältester, stärkster und schlauester Sohn der einzig wahre Zeremonienleiter wäre. Ihre Gruppe brauchte überdies eine straffe Führung. Wer vermochte hier Besseres zu leisten als er?

Horfet tat ihm den Gefallen. Voller Überzeugung rief er aus: „Ich würde dich vorschlagen."

Obwohl Boritak sich zutiefst bestätigt fühlte, hatte er Gründe zu zögern. Schließlich handelte es sich um eine nie dagewesene Aufgabe, bei der man allzu leicht Fehler machen und übers Ziel hinausschießen konnte. Die Auseinandersetzung mit den Frauen jedenfalls war so sicher wie die Hitze im Sommer. In deren Augen war Horfet noch ein Junge. Vorstöße gegen die geheiligte Tradition würden sie beim Enkel Krata-buuns großmütiger ahnden als bei ihm selbst, dem Fremden. Und solange der Junge auf sein Wort hörte, hatte sowieso er das Sagen. Auf den äußeren Anschein und das zeremonielle Getue verzichtete er gerne.

Daher schüttelte Boritak seinen Kopf. „Nein, du als sein Verkünder musst dieRituale zu seinen Ehren leiten. Mit dir hat er zuerst gesprochen. Von dir will er unsere Antwort erhalten."

„Aber für die anderen bin ich ein Junge", wandte Horfet ein. „Noch dazu ein vergesslicher", dachte er zerknirscht.

„Das einzige, was dir bei der Einweihung fehlte, war die Verbindung mit einer Frau. Und dass die nötig ist, behaupten nur die Frauen. Onloatwi hat ganz andere Maßstäbe wie Kühnheit oder Willensstärke. Sie sind es, die einen Mann ausmachen. Nicht die Tatsache, dass er mit einer Frau geschlafen hat. Du warst tapfer bei der Jagd. Du tratest dem Gott in der Höhle mutig entgegen. Du hast ihn verteidigt trotz aller Anfeindungen gegen dich. Hast du etwa Zweifel, dass du die letzte Prüfung nicht mit Leichtigkeit schaffst? Denk an Nal-abu!"

Horfet seufzte.

Boritak zwinkerte ihm zu. „Ihr würdest du in dieser Rolle sicher gefallen."

„Meinst du?"

„Sie würde es natürlich nicht gleich zugeben. So viel steht fest. Aber glaub mir: Nal-abu liebt das feierliche Wort. Ich habe beobachtet, wie andächtig sie einem Ritual lauscht. Wie wird sie wohl ins Schwärmen geraten, wenn sie dich als Würdenträger erlebt?"

„Eher rammt sie mir ihre kräftigen Nägel in die Kehle. Ich weiß nicht. Andererseits, wer kennt die Frauen besser als du, mein Freund?" Ein letztes Gegenargument hatte Horfet noch aufzubieten. „Verstößt es nicht gegen die Sitte, dass eine Seherin über die Zeremonie gebietet?"

„Im Gegenteil. In den Dörfern, die ich kenne, üben die Weltenwechsler meistens zugleich das Amt der Butú-tekál aus. Eure einsiedlerische Arkás ga-asch ist eine seltene Ausnahme. Aber selbst wenn sie das nicht wäre, kümmern uns die alten Sitten nicht im Geringsten. Wenn du bereit bist, wählen wir *dich* zum Butú-tekál."

Seufzend fügte sich Horfet ins Unvermeidliche, das offenbar nötig war, um seine Großmutter wieder ins Leben zurückzurufen und sich selbst vor Btars Umtrieben zu schützen. Wenn ihm der Gott seinen Fehler verzieh und ihm durch Boritak diese zweite Chance antrug, würde er sie ergreifen. „Ja, ich bin bereit. Und ich weiß auch schon, was ich als erstes tun werde!"

Bei Horfets offensichtlicher Entschlossenheit fing Boritak beinahe an, seine Entscheidung zu bereuen. „An was denkst du?"

„Ich werde Onloatwi unser erstes Lamm weihen. Du weißt schon, das, das in die Körperwelt eingetreten ist, als wir uns gestritten haben."

„Keine schlechte Idee. Wann und wo? Das heißt, einen Ort habe ich schon. Der wird dir gefallen. Lass mich deinen Weisen Mann sein und ich werde ihn dir zeigen. "

„Rok, tok, schau dir die beiden an, die schenken sich nichts. Dabei müsste sie die Sonne, die Baranat immer später zu fassen kriegt, träge machen." Fasziniert stand Boritak mit Horfet und Kanoch am Gatter und beobachtete die zwei gefangenen Widder. Voller Wucht ließen diese ihre Schädel aufeinander prallen, nachdem jeder von ihnen den größtmöglichen Anlauf genommen hatte.

„Gut, dass sie wenigstens nicht noch mehr Platz zur Verfügung haben. Sonst müsste ihnen doch die Stirn splittern", meinte Kanoch.

Boritak belehrte ihn eines Besseren. „Nein, als Jäger konzentriert man sich zwar hauptsächlich aufs Anschleichen, aber trotzdem weiß ich von Jagdzügen, dass die Knochenplatten noch viel mehr aushalten. Ich habe Widder gesehen, die ihren Schwung aus über hundert Schritten aufbauten."

Kanoch zeigte die Geste für „verrückt". „Warum tun sie das bloß?"

Boritak schob seine Unterlippe nach vorne. „Ich denke, das ist ihre Art, ihre Kräfte miteinander zu messen. Onloatwi scheint daran Gefallen zu haben. Warum machen wir zum Beispiel Wettschießen oder Wettrennen?"

„Mabee, ob Stirnrammen so spaßig ist wie Schießen oder Werfen? Als Jungen haben wir ständig solche Spiele gespielt, und die Mädchen fanden das blöd. Die haben stattdessen lieber ihren Müttern geholfen und ,Clanmutter' gespielt. Weißt du noch Horfet, wie dich Riwa-quoi immer bemuttern wollte?"

Horfet blieb stumm.

„Apropos Riwa-quoi." Weil Glenek heute mit seinem Bruder Onriak, mit Manserek und Schodan Gazellen jagte, was ihm seine Mutter Chanutpal aufgetragen hatte, kam Kanoch endlich zu Wort. Und davon machte er ausgiebig Gebrauch. „Ich glaube, Upakan hat sie vor seiner Rückkehr in sein Dorf vor der letzten vollen Mondin doch noch herumgekriegt. Wurde auch Zeit. Der hat sich ja bei seiner Werbung mächtig angestrengt.

Erst ging er, nachdem er alle Pfeile verschossen hatte, auf den von ihm verletzten Eber mit einem Speer los und durchbohrte ihm damit das Herz. Dann brachte er Jalwonk dazu, ihm eines seiner beiden Kupferstücke gegen die Hauer aus dem Ebermund einzutauschen, weil er ihr eine solche Kette schon geschenkt hatte. Und zu guter Letzt sang er sich seine Stimme mit den Liebesliedern aller gabbtaranischen Stämme heiser. "

Boritak hob seine Hand und winkte ab. „Wer weiß, vielleicht hat sie ihm bloß versprochen, ihn beim nächsten Besuch zu erhören. Beim Beleidigtsein haben Frauen eine verfluchte Ausdauer."

Horfet reagierte noch immer nicht.

„Was ist mit dir? Woran denkst du? An Pakun?"

Erst dieser Name holte Horfet in die Gegenwart zurück. „Pakun, ja, was? Ich habe eben an ihn gedacht. Sein Tod nach Jalwonks Aufbruch zur letzten vollen Mondin kam für mich überraschend. Ich glaubte fest daran, dass er sich wieder erholt. Die Erdbeeren, die In-eika und ich ihm sammelten, schmeckten ihm so gut."

Horfets Augen füllten sich mit Tränen. „Er fehlt mir sehr. Ich hätte öfter bei ihm sein müssen, in letzter Zeit. Aber ich war ständig mit den Schafen beschäftigt." Er schluckte und wischte sich eine Träne ab. „Immer wenn ich seinen Haarzopf in unserer Hütte betaste, muss ich dabei zugleich an Krata-buun denken. Solange Onloatwi sie strafen will, findet Pakun sie vielleicht gar nicht im Aschme-óch."

Kanoch legte seinen Arm um Horfets Schulter, während Boritak sagte: „Wir teilen deinen Schmerz. Pakun war ein aufgeschlossener Mann. Ich mochte ihn und ich versichere dir, dass du dir um die beiden keine Sorgen machen musst. Wenn wir Onloatwis Willen gehorchen, wird er Krata-buun sofort als Mann in die Körperwelt zurückrufen. Und Pakun gleich mit dazu."

„Ja, das ist meine einzige Hoffnung." Horfet reckte sein Kinn. „Jetzt, da die Widder mit ihren Kämpfen beginnen, wird es Zeit, Onloatwi anzurufen. Bei den Hengsten ist es ebenso. Sie kämpfen und kurz danach besteigen sie die Stuten. Ich habe daher beschlossen, das Ritual um die nächste halbe Mondin herum in einer sternenklaren Nacht abzuhalten. Es ist die vor Oíj-issa-ú (baranisch für *Sommersonnwende*). Ich weiß auch schon, wie wir uns aus dem Dorf schleichen. Wir spielen so lange ‚Rattenkopf‘, bis alle anderen schlafen. Dann laufen wir zu der Stelle, die du mir gezeigt hast, Weiser Mann.‘‘

Leute aus den westlichen Stämmen verbreiteten unglaubliche Geschichten über das „Ba-al" (baranisch für *Meer)*. Daher wollte Elatansch dem fremden Wesen beim ersten Mal ohne einen plappernden Begleiter begegnen. Nach dem hügeligen und überwiegend mit ihm wohlvertrauten Pflanzen bewachsenen Landstrich, den er noch vor zwei Tagen passiert hatte, erschienen ihm die Ankündigungen eines „nimmer endenden Sees" oder einer „nassen Himmelsschwester" als scherzhafte Übertreibungen.

Gestern Morgen war er bei den Langgiebelleuten aufgebrochen, heute Nacht würde er bei den „Meersehern" unweit der Küste logieren, aber im Augenblick stapfte er durch grobkörnigen Sand, der das Felsgeröll mit seinen Zedern- und Konifereninseln abgelöst hatte, vorbei an hohen buschigen Gräsern und ihm unbekannten spitzblättrigen Sträuchern, die grellrosa blühten.

Plötzlich bot sich ihm von einer Düne aus freie Sicht auf das im weichen Abendlicht glitzernde Wellenspiel des Mittelmeeres. Überzeugt davon, von einem Trugbild genarrt zu werden, entledigte er sich seines Gepäcks und rannte Richtung Wasser. Auf halbem Weg entdeckte er die erste Muschel, die er mit behutsamem Fingergriff aufhob. Immer filigranere, bauchigere, interessanter gefärbte Muscheln wetteiferten um seine Aufmerksamkeit. Und Spuren, deren Urheber sich, wie Elatansch mit geübten Jägeraugen feststellte, auf höchst eigenwillige Art fortbewegten.

„Viele von euch Schmuckstücken werde ich sammeln und mitnehmen", versprach Elatansch, „aber jetzt lasst mich sehen, ob Ba-al nicht doch ein Ende hat." So sehr er sich freilich mühte und die Augen zusammenkniff, nirgends bemerkte er etwas, das im Entferntesten den Umrissen eines Ufers ähnelte.

„Ein See ohne Ufer! Tatsächlich, genau, wie die Einheimischen erzählt haben. Btar, ich danke dir, dass du mich heil und wohlbehalten hierher geführt hast! Zu einem weiteren deiner eindrucksvollen Geschöpfe!", rief er in seiner Begeisterung aus.

Rasch schlüpfte er aus seinem Hanfgewand und sprang den sanft herbeigleitenden Wogen so weit entgegen, bis sie über seinem Kopf zusammenschlugen. Die dabei unfreiwillig genommenen Kostproben brachten ihn auf den Geschmack. Schluck um Schluck schleuste er durch seinen Mund. Da fiel ihm die Warnung eines Westgabbtaraners vor dem salzigen Wasser ein, so dass er vorsichtshalber mit dem Trinken aufhörte.

Nach etlichen Schwimmzügen ruhte er sich auf dem von einer Felsbank und einem Geröllfeld begrenzten Strandabschnitt aus. Bald indes stieg eine leichte Übelkeit in ihm auf und vor allem ein entsetzlicher Durst. Seine Lederflasche enthielt nur noch eine Neige, die er bis auf den letzten Tropfen aufsog.

„Gut, dass ich auf ihn gehört habe", dachte Elatansch. Weiterhin durstig hielt er sich genau an die ihm gegebene Wegbeschreibung zu den „Meersehern", die ihn bei Einbruch der Nacht freudig empfingen.

Während der Gespräche mit seinen neuen Gastgebern musste er mehrfach nachfragen, weil er sie nicht auf Anhieb verstand. Zwar sprachen sie baranisch, aber mit einem noch fremdartigeren Akzent als die Stämme, die ihn bisher beherbergt hatten. Manche Worte, die im Osten kaum mehr gebräuchlich waren, benutzten sie häufig, während andere, für Elatansch geläufige Worte in ihrem Wortschatz fehlten. Außerdem sangen sie ihre Sätze geradezu, was in den Ohren des Ostgabbtaraners niedlich klang.

Bei einem der Rindenbecher voll Wasser, die Elatansch in dieser Nacht mit den Küstenbewohnern am Feuer leerte, erfuhr er, dass die Mitglieder des übernächsten Stamms bisweilen mit dem Spitznamen „Muränenjäger" bedacht wurden, während sie sich selbst „Muschelkettenleute" nannten. Sein Herz beschleunigte seinen Schlag. Wenn Boritak die Mungordauks nicht über seine Herkunft getäuscht hatte, war Elatansch den Zeugen aus dessen Vergangenheit so nahe wie nie zuvor. Er beschloss, gleich am nächsten Tag weiterzuziehen.

„Gab-Btar, hilf mir, dass ich auf der richtigen Spur bin", schickte er ein stilles Gebet gen Nachthimmel.

„Du, Mannessohn, ich will dir etwas sagen. Du wirst es zwar früh genug mitbekommen. Aber weil wir Freunde sind, ist es besser, du erfährst es von mir", sagte Glenek, während er sich zu Horfet umdrehte.

Unwillkürlich umfasste Horfet, der ein paar Schritte neben ihm in gebückter Haltung Gras schnitt, seine Sichel mit festerem Griff.

Glenek dagegen warf seine in hohem Bogen auf den Grashaufen, den sie am Rain eines bereits gehackten Feldes zusammengetragen hatten, und drückte sein Kreuz durch. Mit den fünf längeren Flintsteinstücken, die zur Hälfte in den von Natur aus schon krumm gewachsenen Eichenast eingelassen und mit Knochenleim verklebt waren, wirkte Gleneks Sichelschneide grobschlächtiger als die Horfets mit acht kürzeren Flinten. Vom Schneiden des taunassen Grases funkelten beide unter den Strahlen der Morgensonne.

Horfet arbeitete scheinbar unbeeindruckt weiter. „Also rück schon raus. Was gibt es denn Schlimmes?"

„Ich hätte selbst nicht zu hoffen gewagt, dass ich ihr Herz so schnell gewinne. Aber sie war mir offenbar schon länger in einem Maße geneigt, das ich nicht ahnte."

„Rahi, du bist verliebt und wirst erhört. Und das als Onloatwi-Anhänger. Du Glücklicher."

„Oh, von dem brauche ich nicht anzufangen. Den mag sie gar nicht."

„Und trotzdem hat sie sich für dich entschieden."

„Es gibt viele Vorzüge, die für mich sprechen, nicht wahr." Glenek spannte seinen Bizeps an, um den Horfet ihn oft beneidete.

„Ja, sicher. Also wer ist es?"

Glenek strich sich eine der Haarsträhnen aus der Stirn. „Ich weiß, wie gern du sie hast." Er stockte. „Ach, ich hätte gedacht, es fiele mir leichter. Verstehst du immer noch nicht?"

„Nein, kein Wort."

„Sohn der Barcha-let, es ist Nal-abu."

Wie der Ast einer in Bewegung gesetzten Schlingfalle schnellte Horfet hoch. Seine Sichel fiel herunter. Dumpf schlug der Holzgriff auf einem kleinen Stein auf. Also hatte er sich doch nicht getäuscht. Wie konnte sie nur? Horfet dachte an das Treffen am Fluss, an ihre Hand in der seinen, an ihre Ermutigungen vor dem Oí-chana-ú-Fest, an ihren Kuss in seinem Namen beim Aussaatfest. Liebte sie Glenek auch, oder sogar noch mehr oder wollte sie ihm nur beweisen, wie frei sie ihre Wahl traf? Warum aber nahm sie dann Glenek, der ihm half, die Schafe für Onloatwi zu fangen?

Ausgerechnet Glenek, den er sich beim besten Willen nicht als ihren Liebhaber vorstellen konnte.

Hölzern bückte er sich nach seiner Sichel. „Und du täuschst dich gewiss nicht? Vielleicht meinst du nur, sie habe etwas für dich übrig.“

„Mannessohn. Sie hat mich schon erhört. Verstehst du?“

„Du hast mit ihr…“

„Ja, ich war in ihrer Waduna (baranisch für *Höhle*).“

Die Enttäuschung, die Horfet ansprang, brannte seine Kehle herunter und breitete sich als bittere Welle in seinem Bauch aus. Seit seinem Traum mit den roten Körnern hatte er begonnen, sich auszumalen, wie es sich wohl anfühlte, wüchse aus seinem Samen ein Kind in Nal-abu heran. Nicht auszudenken, wenn Glenek ihm schon zuvorgekommen war.

Glenek schaute ihn mitleidig an. „Mannessohn. Was hast du denn? Vielleicht hat Nal-abu schon nach kurzer Zeit wieder genug von mir und wendet sich dir zu. Sie wäre nicht die erste, die es so hält. Nach der Nacht-und-Tag-Gleiche bist du sicher ein Mann.“

„Daran brauchst du mich nicht zu erinnern, das weiß ich selber. Wie kannst du es überhaupt wagen, dich mit ihr einzulassen, wo du doch weißt, wie sehr ich sie liebe?“

„Hágalap, was redest du? Auch wenn du mein Freund bist, ist mir mein Schwanz trotzdem näher als du. Wo ich rein darf, geh ich rein.“

„Und daran, dass dein Saft ein Kind auslösen könnte, denkst du nicht?“

„Nein, bei allen Schattenwesen. Wieso sollte ich mir denn darüber Gedanken machen?“ Glenek verstummte.

„Sag bloß, du hilfst uns und denkst nicht weiter. Unglaublich!“

Glenek kratzte sich hinter dem Ohr. „Um ehrlich zu sein, nicht so weit wie du.“

„Warum bist du dann bei uns, wenn dir sowieso alles egal ist außer deinem Schwanz?“

„He, nicht in dem Ton. Also, ich unterstütze dich, weil es mir Spaß macht, die Weisen Frauen zu ärgern und weil mir Boritak imponiert. Und natürlich, weil du eine tolle Vision hattest. Aber deshalb mache ich mir keinen solch schweren Kopf wie du. Nal-abu bleibt Nal-abu, ob mit Kindern oder ohne.“

„Du verstehst gar nichts!“, Horfets Lippen bebten vor Zorn über die schändliche Gleichgültigkeit seines Mitstreiters und Nal-abus Wankelmut! Wozu half sie ihm denn, wenn sie ihn gleich wieder himmelweit von sich stieß? Überhaupt hatte sich das Schicksal gegen ihn verschworen. Die Gunst seines Gottes vergraulte ihm die Frau, die er liebte. Und ausgerechnet sein „Freund", der den Gott mit unerträglicher Halbherzigkeit unterstützte, erfreute sich Nal-abus Gunst in höchstem Grade. Welcher Sinn steckte hinter dem Knäuel ihrer verworrenen Lebensfäden? Wollte Onloatwi dadurch vielleicht nur seine Treue und Standhaftigkeit prüfen?

Als er irgendwann Gleneks Hand auf seiner Schulter spürte, blickte er ihm geradewegs in die Augen und sagte: „Wenigstens warst du mir gegenüber offen. Weißt du, Nal-abu kann mir gestohlen bleiben. Hab deinen Spaß mit ihr, ich bin dir deshalb nicht böse. Mit mir hatte sie *ihren* Spaß ja schon."

Er schlug sich mit der Faust auf sein Brustbein. „Ich freue mich schon auf den Tag, an dem sie ihren Irrtum erkennen wird. Dann wird sie sich nicht mehr über mich lustig machen, weil ich eine Vision hatte. Dann werde ich sie mit der Nase darauf stoßen, dass sie mich zu Unrecht für einen Luftweber hielt. Heute Nacht scheint die halbe Mondin. Heute schießen wir den ersten Pfeil."

Toischan riss seinen Mund auf und gähnte. Müde blickte er auf Horfet und die acht Männer, die in der Gemeinschaftshütte voller Hingabe walnussgroße Steine auf sechs verschieden weit ausgelegte Rattenfelle warfen. Jeder Mann fing mit dem nächstgelegenen Ziel an und versuchte, der Reihe nach die weiter entfernten Felle zu treffen. Nur wer es schaffte, die Reihenfolge einzuhalten, durfte sich zu den guten Schützen zählen. Doch bisher hatte es noch keiner geschafft.

„Los Horfet, streng dich an und erzähle mir morgen, dass ich nie hungern muss, wenn ich dich auf die Jagd schicke. Dein Mutterbruder wird jetzt selbst zum Stein und folgt dem übrigen Stamm auf sein dickhaariges Schlaffell. Möge Btar euch Eulenaugigen die Träume später zuraunen."

Horfet und die anderen erwiderten Toischans Gutenachtwunsch leidlich, wobei sie den Anschein erweckten, nicht eher an Schlaf zu denken, als bis endlich einer alle sechs Steine an die gewünschten Stellen schleuderte. Doch kaum hatte Toischan die Hütte verlassen, beauftragte Horfet Glenek mit einer Geste, sich zu vergewissern, ob Toischan tatsächlich sein Fell ansteuerte, was dieser ebenso wortlos bestätigte.

Sogleich holte Horfet das schmale Ende eines Auerochsenhorns aus seiner Hüfttasche und schob es durch die glühenden Holzstückchen einer herabbrennenden Feuerstelle, bis genügend von ihnen im hohlen Inneren glommen.

Dann schlichen die neun los, mit hochgezogenen Fersen und leicht angewinkelten Knien. Sie entzündeten keine Fackeln, sondern nutzten das graue Licht des Halbmondes, der die unzähligen Sterne am wolkenfreien Himmel überstrahlte. So hell schien er, dass die huschenden Gestalten der Männer Schatten warfen. Lange, schwarze Schatten, die vor ihnen herliefen, seit sie mit der Mondscheibe im Rücken deren Lichtwink hinein in den Waldpfad folgten.

Boritak und Horfet gingen voraus. An einer besonders prächtigen Eiche gebot Boritak Halt. Mit ein paar Handgriffen entfernte er abgeschlagene Äste und brachte fein aufgeschichtetes Holz zum Vorschein, das Horfet nach einigem Blasen mit seiner Hornglut entflammte. Nun erst sahen sie, dass der Stamm der Eiche gespalten und mit irgendetwas Erdigem ausgefüllt worden war.

Horfet ergriff das Wort: „Meine Freunde. Ich danke euch, dass ihr gekommen seid. Ihr werdet es nicht bereuen. Denn noch heute Nacht werden wir zusammen den Gott beschwören, der nicht nur mich rief, sondern auch euch. Lasst uns heute zum ersten Mal als Gemeinschaft vor den Gott treten. Wie es einem neuen starken Gott gebührt." Er schaute zu Boritak, der bereits auf seinen Einsatz wartete.

„So ist es! Und noch ehe dies geschehen wird, schlage ich vor, dass wir Mannessohn zu unserem Butú-tekál bestimmen. Ihr habt richtig gehört. Zum Butú-tekál! Jede Gemeinschaft braucht einen Vorbeter. Bei einem männlichen Gott ziemt sich nur ein Mann als sein Verkünder. Zu Mannessohn sprach Gott Onloatwi zuallererst. Zu ihm sprach er erneut. Und daher soll er jetzt zu uns in seinem Namen sprechen."

Zuerst erfüllte nur der Flügelschlag von Fledermäusen die Luft. Dann raffte sich Onriak auf. „Er ist der jüngste von uns. Und nicht einmal ein Mann. Wäre es nicht angemessener, wenn du das Amt des Lobu-, äh, ich meine des Butú-tekál übernehmen würdest?"

„Es ist gut", mühte sich Boritak, seinen Ärger über den Widerspruch herunterzuschlucken, „dass du offen deine Meinung sagst. Vieles wird sich verändern, was uns heute noch als unwandelbar erscheint. Sieh Mannessohn an! Er hat alle Prüfungen des Mannes bestanden mit Ausnahme der, in eine Frau einzudringen. Aber doch nur weil keine mit ihm ihr Geschlecht verbinden wollte. Ganz zum Schluss der Initiation bestimmen also die Frauen, wer als Mann gelten darf und wer nicht. Wie feige und unwürdig hielte uns der Gott, bemäßen wir seinen Auserwählten nach dieser eigenartigen Sitte! Wollen wir sein Urteil etwa geringer schätzen als das der überschätzten Ahninnen? Ich sage: Nein! Mannessohn muss für uns beten und ich werde ihm als Weiser Mann zur Seite stehen."

Onriak nickte eifrig, was sogar im schwachen Widerschein des Feuers deutlich zu erkennen war.

Boritaks Worte ließen Horfet Genugtuung empfinden. Fürwahr! Was hatte er seit seiner Initiation nicht alles für Schmähungen und Abfuhren erdulden müssen, nur weil er einem Gott zu seinem Recht verhelfen wollte. Nicht er war stur und unbelehrbar, sondern sie!

In das Schweigen hinein ertönte Horfets Stimme fest und ungebrochen:,,Ich weiß nicht, wie die Frauen ihre Butú-tekál bestimmen. Aber das soll mir egal sein! In Zukunft leite ich als Butú-tekál die Zeremonien zu Ehren Onloatwis."

Die Männer stampften auf den Boden, seit alters her ihre beliebteste Art, Zustimmung auszudrücken.

An Horfets Gürtel hingen mehrere Büschel wolliger Haare. Das erste davon schwenkte er in der Luft. „Dies hier sind die Haare des Lamms, das den Aschme-óch verließ, als wir eben seine Mutter gefangen hatten. Indem ich diese Haare dem Feuer gebe, weihe ich dies Lamm unserem Gott Onloatwi."

Der Brandgeruch stieg allen in die Nase. Horfet atmete ihn tief ein, bevor er seinen Glaubensbrüdern erklärte: „Ich habe die letzten Tage darüber nachgedacht, welches Sinnbild Onloatwi wohl gebühren würde. Und da fiel mir das Feuer ein. Denn das erste, was mir an ihm auffiel, war sein rotglühendes Auge. Das zweite Mal, als ich ihn sah, war er umgeben von Dochtlicht; feurig sprühten seine Augen, in die ich ehrfürchtig blickte."

Den Männern schien diese Idee zu gefallen.

„Es gibt noch einen Grund, warum wir Männer das Feuer nehmen sollten. Es unterscheidet uns von den Zeremonien der Frauen. Die Frauen vergraben die Erdbestimmte im Boden, sie beten vor Lehmstatuetten der Göttin. Ihre Wünsche vertrauen sie dem Wasser oder den Steinen an. Den Geiern der Lüfte überlassen sie die Toten. Aber das Feuer verehren sie nur in Form ihres mickrigen „heiligen" Herdfeuers.

Wir dagegen", bei diesen Worten nahm er Anlauf und sprang über das Feuer, „wir lieben die ungebändigte, verwegene Kraft des Feuers. Feuer kennt keine festen Wege, Feuer verschlingt, was es will. Sogar Wasser, seinen ärgsten Widersacher, kann es verdampfen. Deshalb passt es gut zu

Onloatwis Kraft. Onloatwi ist wie eine zweite Sonne, der uns einen ganz neuen Tag schenkt."

Nun waren die anderen Büschel an Horfets Gürtel an der Reihe. „Diese Haare schnitt ich ab von den Schafen und den Widdern, die zusammen in einem Gehege stehen. Auch sie will ich Onloatwi weihen, damit er an ihnen seine Kraft offenbare." Er warf die Zotteln in die Flammen. „Indem euer Pelz verschmort, werdet ihr Onloatwis Schafe und Widder. Seid euch der Ehre bewusst."

Danach griff er zu seinem Flintstein, schnitt sich selbst ebenfalls mehrere Strähnen ab und schrie voller Inbrunst. „Ich, Mannessohn, weihe dir meinen Leib, Gott der Mannessöhne, der du mich auserwähltest. Lass mich nicht wanken auf dem Weg, den du für mich bestimmt hast."

Noch nie hatte Boritak Horfet in solcher Ekstase erlebt. Was immer ihn antrieb, stammte aus einer Quelle, die nicht nur an der Oberfläche sprudelte. Ob der eine kleine, vertrocknete Pilz, den Boritak noch in seinen Vorräten aufgestöbert, zerstoßen und in Horfets Tee gemischt hatte, zu dieser Leidenschaftlichkeit beitrug? Schwer zu glauben. Bei ihm führte der Pilz lediglich zu einer gelassenen Beschwingtheit oder knallbunten Träumen.

Horfets Begeisterung sprang nicht nur auf Boritak, sondern auch auf die anderen Männer über. Sie alle schnitten sich Haarsträhnen ab und reichten sie Horfet, der sie unter der für jeden Mann entsprechend abgeänderten Beschwörungsformel ins Feuer warf. Doch das genügte dem eifernden Butú-tekál noch nicht.

Mit raschem Griff packte er einen glühenden Ast und hielt ihn sich, Rechtshänder der er war, kurz an seinen linken Arm, wobei er zwar schnell atmete, aber sonst nur wenig von seinem Schmerz erkennen ließ. „Dieses Zeichen werde ich fortan mit Stolz tragen. Es erinnere mich stets daran, dass Onloatwi mein Gott ist."

„Als müsse er sich seine letzten Zweifel ausbrennen!", dünkte es Boritak. Dieser spontane Impuls, der im Gegensatz zu den anderen Teilen des Rituals nicht mit ihm abgesprochen war, imponierte Boritak sehr. Er dachte an seine Verbannungszeit zurück, die er nur dank seines starken Willens überlebt hatte. Als echter Sohn Onloatwis. Endlich ein Mal, das er nicht mehr verstecken musste, sondern bald erhobenen Hauptes herzeigen konnte! Ohne lange zu überlegen, tat Boritak es ihm gleich.

Dann gab er den Ast mit dem orangefarbenen Ende weiter. Doch von den anderen Männern waren nur Glenek und Manserek zu dieser drastischen Art der Selbstkennzeichnung bereit. Glenek schrie laut auf, Manserek stöhnte leise. Schließlich gelangte der Stock wieder zu Horfet, der ihn mit einem geheimnisvollen Lächeln zurück in die Glut legte.

Für Boritak hatte Horfet noch eine weitere Überraschung parat. Von einem der umstehenden Bäume schnitt er ein schmales Etwas ab, das sich im Feuerschein als Adlerfeder entpuppte: „Hier", sagte Horfet feierlich, „überreiche ich dir endlich ein Zeichen meines Dankes. Dir verdanke ich mein Leben, das du Btar entrissen hast mit Hilfe von Onloatwi. Dabei stahlst du dem Adler diese Schwanzfeder. Ich habe sie an mich genommen und ihren Kiel in eine Lederhülle eingenäht, damit du sie stolz an deinem Gewand tragen kannst. Mit dieser Feder ehre ich dich und verleihe dir den Ehrennamen „Weiser Mann". Möge Onloatwi dir Stärke und Weitblick verleihen!"

„Ho íkpiwa lut!" pflichteten ihm die anderen bei.

Boritak genoss die Ehrung. Doch noch mehr freute er sich auf den nächsten Höhepunkt, den dieser Kreis allein ihm zu verdanken hatte. „Und jetzt, Söhne des Onloatwi, lasst uns ihm ein weiteres, ein noch gewaltigeres Zeichen setzen, damit er nicht den geringsten Grund hat, uns und unsere Schafe für unwürdig zu halten. Auf eine Art, die nur uns Männern möglich ist. Stammend von einem Ort, den nie ein Frauenauge sah. Folgend der Weisung, die der kühne Boritak von Onloatwi selbst erhielt. Wider die Regeln, die unser Stamm bisher befolgte."

Die Männer begannen unruhig zu werden. Was bei allen Geistern meinte Horfet damit? Schwungvoll vom Butú-tekál geworfen landeten zwei rings mit Reisig bestückte Astbündel im Feuer.

„Folgt mir", befahl er ihnen und bewegte sich wie Boritak auf die Eiche zu. „Dir gebührt die Ehre zuerst, Weiser Mann", ließ Horfet seinem mehr als doppelt so alten Freund den Vortritt.

Völlig verdutzt beobachteten die Männer im aufflammenden Licht, wie Boritak seinen Lendenschurz hob, seine „mächtige Schlange" in die Hand nahm und kraftvoll auf den Eichenstamm pinkelte. Genauer auf die Stelle, an der die Rinde in eine besonders scharfkantige Oberfläche überging.

„Wohoí", rief Glenek aus, als plötzlich Dreckschlieren herunterliefen und einen grauen Fleck freilegten.

Horfet tat umgehend dasselbe wie Boritak. „Los, ziert euch nicht. Was immer aus euren Schwänzen kommt, gefällt dem Gott und ist ihm heilig! Wir brauchen kein Leibeshöhlenblut!"

„Nichts leichter als das", schrie Onriak und schubste seinen Bruder ein wenig zur Seite, der sich gleich hinter Horfet gedrängt hatte. Mit jedem

Strahl deutlicher schälte sich heraus, was Horfet passend umschrieben hatte.

Kanoch glaubte sich zu erinnern: „Kann es sein, dass ihr die Kalksäule aus der Männerhöhle geholt habt. Solche gibt es doch nur dort!"

Boritak und Horfet grinsten sich an. „Ganz richtig!", bemerkte Boritak mit herausgereckter Brust. „Nur dort gibt es diese gewaltigen, einem Gott würdigen Pimmel. Keiner von uns beiden hätte nach der Ahninnentradition das Recht, sie zu holen. Aber ich habe es gewagt, weil es Onloatwi gefiel und ich mutig seinem Willen folgte. Es war gar nicht so leicht, ihn mit einem Felsbrocken abzuschlagen."

„Du ganz allein? Aber warum hast du ihn mit Dreck beschmiert?", wunderte sich Hetlin.

Boritak hatte keine Lust, auf die näheren Umstände einzugehen. In das schwindende Licht der fast heruntergebrannten Äste hinein sprach er mit feierlichem Ernst: „Weil jetzt der Zeitpunkt gekommen ist, zu dem die Saat Onloatwis aufgehen wird. Weil das bisher Verborgene endlich ans Licht tritt. Dieser Steinpenis versinnbildlicht am besten den Glauben an Onloatwis Kraft. Was nur einer sah, werden alle sehen. Und allein wir Männer sind dazu berufen und fähig, das Unsichtbare zu offenbaren."

„Dank sei Onloatwi", murmelte Manserek, hörbar beeindruckt.

Ilnaf-ba kratzte mit ihren Nägeln an der Tür von Lu-bagdais Clanhütte, um sich anzukündigen. Bei dem Geschwätz der Stammesmitglieder, die die geschnittenen Halme auf den Boden schlugen, um die Körner auszulösen, musste Ilnaf-ba mehrfach kratzen, bis sie gehört wurde.

„Komm herein, wer immer du seiest", schallte ihr Lu-bagdais Einladung aus dem Innenraum entgegen.

Die Butú-tekál öffnete und trat ein.

„Welch Freude, du bist es, Ilnaf-ba. Was hast du auf dem Herzen?"

„Bleib ja liegen. Du tust gut daran, dich in der Kühle auszuruhen", sagte Ilnaf-ba lächelnd zu der Schwangeren, die auf zwei besonders flauschigen Schaffellen in der Ecke lag, wo ihr die durch die Wandaussparung eindringenden Sonnenstrahlen nur auf die Füße schienen. „Draußen brennt die Sonne erbarmungslos herunter. Ich jedenfalls schwitze ganze Bäche aus."

„Ihr Bemitleidenswerten. Wie kommt ihr voran?"

„Gut, die Ähren von den Feldern nach Süden, Osten und Westen liegen schon alle hier. Die auf den Feldern nach Norden werden noch geschnitten. Heute oder morgen Abend dürften wir das letzte Gerstenkorn aus der Ähre kriegen. Ganz, wie es sich vor Oíj-issa-ú gehört."

„Ach, wenn doch endlich mein Kind käme. Ich würde so gerne mithelfen, wie es Mer-hilla tut. Das Leben in ihr ist auch schon groß. Aber ich bin viel zu müde dafür."

„Dein Kind kommt bald. Es zu tragen, ist Mühe genug. Sag, was wären wir für faule Kinder Btars, könnten wir die Ernte nicht ohne deine Hilfe einbringen? Mancher Säugling wurde schon bei den Halmen geboren, das ist wahr. Aber was kümmert dich das, solange du dich dafür zu müde fühlst? Ich würde dich sofort wieder auf deine Felle jagen, wenn ich dich woanders erwischte."

Lu-bagdai seufzte. „Zumindest um Horfet sollte ich mich mehr kümmern. Der weicht mir aus, wo er kann. Gleich in der Frühe geht er hinaus, um Gras zu schneiden. Später ist er auf den Feldern. An Lolluma würgt er ein paar Bissen hinunter. Dann schaut er nach den Schafen. Gegen Abend holt er Holz. Bis spät in die Nacht hinein spielt er mit seinen Freunden in der großen Hütte. Ich habe ihn noch nie so umtriebig gesehen."

„Ja, früher war er eher ein nachdenklicher, ruhiger Junge. Ich habe ihn stets gern gemocht. Aber nun entgleitet er mit der höflichen Bestimmtheit eines Durchreisenden, der nichts von sich preisgeben will."

„Nicht einmal seine Brandwunde darf ich behandeln. Er behauptet ja, beim Nachschüren sei ein Ast unglücklich auf seinen Arm gerutscht. Aber für eine kurze Berührung ist die Verbrennung viel zu groß und zu schwer. Warum lügt er mich an und verschließt sich? Sogar gegenüber Barcha-let schottet er sich zunehmend ab."

„Brandwunde? Bei Manserek ist mir auch eine aufgefallen. Sicher ist Boritak schuld. Der rottet die jungen Männer um sich und vergiftet ihre Seelen mit Gedanken, die die Göttin und unsere Ahninnen verhöhnen. Seinen Einfluss müssen wir schwächen. Und ich weiß bereits wie, keine Sorge. Lass mich und den Fünferrat nur machen."

„Wenn ich daran denke, dass er Barcha-lets Liebhaber war, könnte ich mir die Haare einzeln verknoten."

„Sie sind gar nicht mehr zusammen?"

„Nein, sie haben sich kürzlich zerstritten, aber Barcha-let wollte mir nicht erzählen, weshalb."

„Egal. Hauptsache, sie lässt sich von ihm nichts gefallen. Ich kenne keinen Menschen, dessen Lächeln seine Augen weniger berührt. Vermutlich ist er nur in seinem Hass aufrichtig."

„Vielleicht verlässt er uns von selbst."

„Das wäre schön. Aber wenn nicht, werden wir bald von ihm erlöst sein. Du wirst sehen, glaub mir."

„Hat dir das der Kopf der Arkás ga-asch offenbart?"

Ilnaf-ba tat so, als werde sie durch die Sonne geblendet. „Ja und nein. Ich weiß es einfach, obwohl sie damals, als ich sie noch nicht mit Lehm beschmiert hatte, auch nie richtig zu mir gesprochen hat. Verstehst du?"

„Ich glaube. Manchmal überfällt eine Frau eine Gewissheit, die mächtig daherkommt und keinen Widerspruch duldet. Ich kenne das. Wieso hast du den Kopf eigentlich nicht vergraben, sondern ihn neben Btars Statuette aufgestellt?"

„Weil ich überall, wo ich grub, auf Fels stieß. Das nahm ich als Zeichen."

Lu-bagdai flüsterte. „Leider war Krata-buuns Schädel schon weg, als ich Toischan schickte. Sonst hätte ich ihren Kopf vielleicht genauso mit Lehm beschmiert, um noch einmal das Gesicht meiner Mutter nachzufühlen."

Ilnaf-ba kniete sich zu ihr und strich ihr über die Wange.

„Dein Elatansch ist wegen Boritak losgezogen, nicht wahr?", meinte Lu-bagdai unvermittelt.

Ilnaf-ba presste ihre Lippen zusammen. „Wie kommst du denn darauf?"

„Ich sah dein und Elatanschs Entsetzen, als Boritak die Erdbestimmte küsste. Und jeder weiß doch, dass Elatansch Boritaks Narbe untersuchte, weil er ihm misstraut. Außerdem sind Goila-lin und er bis vor kurzem noch sehr glücklich gewesen. Da brauchte ich nur die Lederstreifen zu verknüpfen, um die Schlinge zu erraten. "

„Wohoí. Na gut, um deiner Mutter willen, die ich sehr vermisse, gebe ich zu, dass du Recht hast. Hast du schon mit jemanden darüber gesprochen?", fragte sie besorgt.

Lu-bagdai riss ihre Augen auf. „Nein! Ich weiß noch nicht einmal, wie *ich* Boritak einschätze."

„Bitte behalte den wahren Grund von Elatanschs Reise für dich. Ich muss erst Gewissheit haben. Wenn sich mein Verdacht nicht bestätigt, treibe ich die Jungen sonst erst recht auf Boritaks Seite."

„Ein Stirntätowierter als Vertrauter meines Schwestersohns, mitten unter uns! Schwer vorstellbar! Hätte denn die Alles-Mutter einen solchen Frevler nicht längst getötet? Warum führte sie ihn zu uns? Und vergiss nicht! Es war Boritak, der Horfets Leben gerettet hat."

„Das hat er. Ja, aber was bringt er uns noch? Welche Macht steht hinter ihm, dass er es wagt, ihr zu trotzen? Und wir? Was tun wir? Sind wir denn nicht auch die Augen und Arme der Göttin? Es muss einen Grund geben, weshalb sie dieses eine Mal *uns* einen Stirntätowierten überlässt. Vielleicht haben wir sie erzürnt, ohne es zu wissen oder ohne es wissen zu wollen."

Lu-bagdai umfasste ihren Bauch, als müsse sie dringend ihr Kind schützen.

Ilnaf-ba griff nach ihren Händen. „Verzeih, ich rede Unfug. Hab keine Angst! Mein Sohn wird zurückkommen und Boritaks Geheimnis offenbaren. Wenn es stimmt, werden wir ihn verjagen, wie wir es mit jedem Verstoßenen halten. Btar wird uns nicht mehr zürnen; sie wird allen Schafen Junge schenken. Dann wird Boritaks Einfluss auf die jungen Männer schnell schwinden. Vertrau mir, vertrau dem Fünferrat. Bereite du nur alles für die Geburt her, wie du es haben willst. Und trink reichlich von dem Blutwurztee, den dir Aruch-me gebracht hat. Der lässt dich leichter gebären."

„Was ist, wenn Horfet Recht hat mit den Schafen?"

Ilnaf-bas Kopf lief rot an. In Augenblicken wie diesen bereute sie zutiefst, die Wahl zur Butú-tekál angenommen zu haben. „Das ist völlig ausgeschlossen. Daran brauchst du nicht einmal einen Wimpernschlag lang zu denken."

Lu-bagdai lächelte. „Klar, entschuldige, selbst hier drinnen macht mich die Hitze ganz wirr. Ach, wenn doch mein Kind beim Fest schon auf meinem Schoß säße."

„Bis dahin bleiben ihm noch neun Tage. Sag ihm einfach, wie gern du wieder leichtbäuchig tanzen würdest."

„ ‚Leichtbäuchig‘ nennst du das?" Sie blickte an sich hinab. „ ‚Gach-banees Tochter‘ passte wohl besser."

„Übertreib nicht, du bist nur so schön rund, wie es sich für eine angehende Göttin gehört."

Auf seiner Wanderung hatte Elatansch sein Wissen über die Arten, ein Haus zu bauen, enorm erweitert: Er kannte inzwischen die Vor- und Nachteile inwendiger Feuerstellen sehr genau. Aus dem Stegreif hätte er mindestens sieben verschiedene Wandfarbenmischungen, fünf Dachkonstruktionstypen und vier Extrazutaten für Lehmziegel aufzählen können. Selbst mehrfach untergliederte Häuser beziehungsweise Räume, die bestimmten Zwecken dienten und zum Beispiel gemauerte Werkbänke fürs Steineschlagen enthielten, verwirrten ihn längst nicht mehr.

Aber eine derart dichtgedrängte, von fern lückenlos scheinende Ansammlung von Steinhäusern, von denen einige die anderen obendrein überragten, hatte Elatansch noch nie gesehen. „Als wüchsen sie alle aus einer Wurzel, geschnittene Äste und schießende Triebe", drängte sich ihm der Vergleich auf.

Er beneidete ihre Bewohner schon jetzt, denn sie saßen im Schatten, während ihm die sengende Nachmittagssonne gewiss die letzten Schweißtropfen herauspresste, die er nach dem Marsch durch ein süßwasserloses Gebiet entbehren konnte. „Nur noch ungefähr neun mal hundert Schritte hinauf, dann habe ich Wasser und eine tolle Aussicht", tröstete er sich. Das Steinensemble lag nämlich auf einem vorgelagerten Plateau, hinter dem sich das Gelände steiler erhob.

Er täuschte sich nicht. Als er seinen Namen rief und um Einlass bat, war er rasch von teils munter, teils verschlafen wirkenden Muschelkettenleuten umringt, die aus den vielen Türen traten und ihn nach einer recht stürmischen Begrüßung ins Dorfinnere führten. Sie lächelten, weil Elatansch immer wieder hochblickte und vernehmlich über jedes Obergeschoss staunte, an dem er vorüberschritt.

Die scheinbar fehlenden Abstände zwischen den einzelnen Häusern entpuppten sich aus der Nähe als sehr schmale. In ihnen verliefen Rinnen, die aus dem steinigen Untergrund herausgeschlagen worden waren. Jede von ihnen mündete in eine der etwas tieferen Rinnen zu beiden Seiten der Wege, die sich entlang der leicht geschwungenen, überwiegend von Nord nach Süd ausgerichteten Häuserreihen zogen.

Im Inneren des größten, besonders farbig verzierten und offenbar für Versammlungen genutzten Gebäudes bekam Elatansch einen Platz angewiesen. Er hatte eben seinen Durst gestillt und sich lobend über die angenehme Kühle sowie die an die Wände gemalten Tiere und symbolischen Muster geäußert, als sich zwischen den bereits anwesenden Stammesbewohnern eine Gasse bildete, auf der sich Elatansch die zwanzig

Mitglieder des Sippenhäupterrates näherten und sich schließlich neben ihn setzten.

Es folgte das übliche Begrüßungsritual, das jeden Fremden immer stärker forderte als die Gastgeber, zumal wenn sich einer wie in diesem Fall die Namen von dreizehn Clanmüttern und sieben Clanmutterbrüdern merken musste. Obwohl Elatansch am liebsten gleich nach Boritak gefragt hätte, erschien es ihm ratsamer, erst das Vertrauen der Muschelkettenleute zu gewinnen. Die im wahrsten Sinne herausragende Bauweise war dafür nicht nur ein guter Einstieg, sondern interessierte den Mungordauk wirklich brennend.

Im Bruder der Butú-tekál fand er einen auskunftswilligen Gesprächspartner, der sich überdies wie Elatansch selbst um eine eher schlichte Wortwahl bemühte.

„Habt ihr keine Angst, dass euch eines der oberen Häuser auf den Kopf fällt?", wollte Elatansch wissen.

„Der oberen Häuser? Ah, ich verstehe. Nein, nicht ein bisschen. Es sind ja nicht zwei Häuser, sondern nur eines mit einer weiter hochgezogenen Mauer und einer Zwischendecke. Diese Decke betten wir auf Baumstämmen, vorzugsweise Zedern oder Eichen, und verkleiden sie auf der Oberseite mit Ästen und Lehm."

„Wie gelangt ihr nach oben?"

„Über Holzleitern, die wir an der Stelle platzieren, an der wir die Decke aussparen."

„Aber weshalb baut ihr so?"

„Unser Stamm hat hundertvierzig Köpfe. Als die Sippen unentwegt größer wurden, bauten wir immer weiter an die Ränder hin. Dann füllten wir die Lücken. Seit jüngster Zeit gehen wir in die Höhe. Wie du siehst, mit Erfolg. Die Felsplattform, auf der unser Dorf gründet, ist eben ein hervorragender Ort zu bauen."

„Keine Frage. Das ist wahr."

„Ja, der Untergrund gibt nicht nach. Wir haben eine atemberaubende Aussicht aufs Meer. Sein frischer Wind sorgt für Abkühlung."

„Wozu dienen eigentlich die Rinnen?"

„In ihnen sammelt sich das Regenwasser. Wie du wahrscheinlich bemerkt hast, neigt sich unser Plateau zuerst leicht Richtung Norden, ehe es wieder ansteigt. Die Seitenrinnen, die das Wasser in diese Senke führen, laufen zusammen an einem natürlichen Schacht, den wir verbreitert und dick mit Lehm ausgekleidet haben. Dort sammeln wir das Wasser, das uns die Winterniederschläge bescheren. Denn in den trockenen, heißen Sommern sind wir froh über unseren Vorrat."

„Das kann doch unmöglich reichen für so viele Leute! Auf meinem Weg hierher von den Langgiebelleuten entdeckte ich nirgends eine Süßwasserquelle oder einen Bach."

Der Clanmutterbruder nickte anerkennend. „Richtig. Dort nicht. Aber hinter dem Hügel gibt es noch einen Wasserfall. Im Sommer stürzte von dem früher allerdings auch nicht genug Wasser für unsere gestiegene Münderzahl herab. Deshalb haben wir zuerst das Flussbett oberhalb verbreitert und dann den Zulauf zum Wasserfall mit Stein und Lehm verengt. Jetzt staut sich das Wasser, so dass dreizehn Mondläufe hindurch genug Trinkwasser für alle da ist. Zum Baden und Waschen gehen wir sowieso ans Meer."

„Ihr seid die bewundernswertesten Baumeister, die ich auf meiner langen Reise traf!"

Elatanschs ehrlich gemeintes Lob veranlasste den Clanmutterbruder, seinen Kopf zu neigen. „Danke. Deine Worte der Würdigung erfüllen uns mit Stolz!", sagte er. „Was hältst du davon, unsere Häuser näher in Augenschein zu nehmen? Ich zeige sie dir gern."

Am Abend saß Elatansch als Ehrengast an der Seite der Butú-tekál. Ein Mann, der von so weit aus dem Osten stammte, hatte schon lange nicht mehr ihr Dorf besucht. Obwohl die in aromatischen Blättern gebratenen Fische und die Krabbelwesen aus dem Meer ihm hervorragend mundeten, trieb ihn heftige Ungeduld an, endlich die Frage zu stellen, deretwegen er die anstrengende Reise auf sich genommen hatte.

„Hast du Lust, mit uns auf das Meer hinauszufahren? Keine Angst. Wir nehmen dafür nicht die schmalen Boote, die ihr habt, sondern ausladendere", lud ihn einer der Männer ein, als sich das Mahl seinem Ende näherte.

„Danke, die Fahrt würde mein Herz erquicken. Wenn es nach mir ginge, hätte Btar das Meer gerne weiter nach Osten legen können. Es hätte mir gefallen."

„Ach so einer bist du. Schwärmst uns vom Meer vor und meinst unsere Schwestern!"

Elatansch lächelte, während die anderen lachten. „Ja, natürlich, kein Mann sollte schöne Frauen verschmähen, sofern sie ihm gewogen sind. Doch eigentlich treibt mich noch ein weiteres Verlangen zu euch."

Neugierige Hälse reckten sich ihm entgegen.

„Sprich, was dein Herz bewegt!", forderte ihn die Butú-tekál auf, die bisher im Gegensatz zu ihrem Bruder recht wenige Worte mit ihm gewechselt hatte.

Elatansch erwies sich als dankbarer Gast und sorgte für Spannung, indem er die Vorgeschichte erzählte. Unter welchen Umständen ein gezeichneter Fremder zu ihnen gekommen war. Welch furchtbaren Verdacht mehrere aus dem Dorf gegen ihn hegten. Woran zu erkennen war, dass der Fremde die Göttin nicht achtete. Dass er mit seiner Missachtung sogar Streit unter ihnen gesät habe. Die verschworene Gemeinschaft der „Onloatwi-Söhne" und die getrennten Schafgatter dagegen überging er.

„Dieser Fremde namens Boritak behauptet, aus eurem Dorf zu stammen, als Sohn der Neif-koa aus der Mardersippe Ich habe meine Füße deshalb über so viele Steine gehoben, um euch zu fragen, ob ihr ihn kennt und ihn verstoßen habt."

Die Butú-tekál, deren Brust eine fünfreihige Muschelkette schmückte, zeigte einen Ausdruck des Bedauerns. „Nein, von einem Mann namens Boritak haben wir weder je gehört noch ihn hier bewirtet. Eine Mardersippe haben wir ebenso wenig, und erst recht keine Frau namens Neif-koa. Wen auch immer du überführen willst, er hat dir seine Herkunft verschleiert. Es tut mir leid für dich. Aber vielleicht mag die eine oder andere Stammesschwester dich trösten."

Elatansch rief sich Boritaks Verhalten in Erinnerung, als er ihn anhand seiner Narbe überführen wollte. Würde ein Unschuldiger stottern? Seine Muskeln zum Zerreißen anspannen, sich zusammenkauern und dann derart unverschämt grinsen? Er konnte sich nicht irren, nicht in diesem Punkt. Aber was, wenn Boritak hinsichtlich seiner Heimat gelogen hatte? Von wem außer ihm selbst wusste er denn, dass Boritak den Muränenjägern entstammte? Vielleicht hatte der Schuft absichtlich eine falsche Fährte gelegt und sich natürlich gleich einen neuen Namen verpasst.

„Mag sein, dass sich dieser Mann, der vor seiner Verstoßung sowieso zu einem Namenlosen erklärt worden wäre, danach anders genannt hat und ihr deshalb mit ‚Boritak' nichts anfangen könnt. Daher will ich ihn beschreiben. Er ist sehr groß und kräftig, seine Nase ist krumm. Zwei Wirbel treiben seine Haare auseinander. Einer links hinter der Stirn; einer rechts am Hinterkopf auf Höhe des rechten Ohres. Sein rechter Vorder-zahn ist dunkler als sein linker."

Elatansch sprach sehr laut und langsam. Er achtete auf jede Regung seiner Zuhörer, die er nacheinander musterte, bis sein Blick an einer Frau hängenblieb. Sie saß inmitten ihrer Stammesschwestern und -brüder und vermied doch jede Berührung, als könne sie sich an ihnen verbrennen. Sie war auf ihre Art schön, mit ihrer trockenen Haut, durch die sich lange Falten zogen. In ihrem Gesicht allein schien seine wachsende Verzweif-lung einen Spiegel zu finden. Elatansch zwang sich, ihrem mitleidsvollen Blick auszuweichen. Was er brauchte, war kein Mitleid, sondern eine klare Antwort.

Ein gewichtiges Argument sprach noch für ihn: „Ihr müsst ihn kennen. Jetzt spricht er wie wir. Aber als er zu uns kam, hatte er die gleiche Art zu sprechen wie ihr. Ihr müsst ihn kennen."

„Wir kennen ihn *nicht*. Und nun bedränge uns nicht weiter, sondern freue dich an den Speisen, die wir dir zu Ehren bereitet haben", sagte die Butú-tekál und füllte seinen Becher mit einem dunkelroten Rauschwasser, das seine Enttäuschung ein wenig dämpfte.

Ilnaf-bas Träume handelten in dieser Nacht vornehmlich von Jalwonk. Sie sah ihn, wie er vor den gefletschten Zähnen seines Wolfes davonrann-te und wie er hinter seinem eigenen Tragegestell hergeschleift wurde, wobei seine Füße, die das Erdreich aufwühlten, lauter grüne Klumpen freilegten. Als er dann noch in Gestalt eines Adlers über ganz Gabbtaran flog und laut „Die Mungordauks beleidigen Gab-Btar, Gab-Btar wird sie alle dafür verschlingen" rief, wachte sie bebenden Herzens auf.

Wer da tatsächlich mit aller Leibeskraft Töne erzeugte, waren jedoch keine Adler, sondern zwei Eichhörnchen, die auf ihrer Verfolgungsjagd am Rande des Dorfes unentwegt „Kek-Kek" ausstießen. Ilnaf-ba wun-derte sich, wie ihre Sippe bei den hohen durchdringenden Tönen über-haupt weiterschlafen konnte. Sie jedenfalls trieben Unruhe und ihre alternde Blase um. Noch etwas schwindlig stand sie auf und schlich sich aus der Hütte. Wie so oft in letzter Zeit lief sie zum Fluss, dessen gleich-mäßiges Vorbeiströmen sie beruhigte. Ihm vertraute sie die Sorgen an, die mit der Zukunft zu tun hatten und die nicht einmal ihre Fünferrats-schwestern nachvollziehen konnten oder wollten.

An diesem jungen Morgen jedoch war sie nicht allein. Eingehüllt in einen dünnen Wollumhang wie Ilnaf-ba saß Tutak-wa auf einem bemoos-ten Uferstein und starrte auf einen Punkt inmitten der vorbeieilenden Wellen.

Ilnaf-ba sprach sie leise von der Seite an: „Piól iseí natái, frohes Licht dir Tutak-wa. Erschrick nicht, ich bin es, Ilnaf-ba."

Ruhig drehte sich die Angesprochene zu ihr um. „Ich habe auf dich gewartet. Du bist oft in der Frühe hier am Ufer, nicht?"

„Ja, das ist wahr. Aber ich wusste nicht, dass das allen bekannt ist."

„Nicht allen, aber zum Beispiel mir. Nach vierundsiebzig Sonnenwen-den schlafe ich auch nicht mehr so tief wie ein kleines Kind."

„Wälzst du etwa schwere Steine über dein Herz?"

„Du bist die Butú-tekál. Kannst du dir nicht denken, was mich quält?"

„Dass gleich zwei deiner Söhne für Boritak die Schafe hüten?"

„Deine Gedanken kreisen viel um Boritak. Vielleicht muss das so sein. Aber mich plagen andere Sorgen. Je älter ich werde, desto mehr vermisse ich meine Tochter. Die kommende wäre ihre achte Sonnenwende gewe-sen. Warumließ Btar zu, dass der Bär sie mir raubte? Vor zwei Sommer-sonnwenden vollzog Krata-buun das Schutzritual an mir. Doch seither blieb mein Bauch leer. Ich bin wohl schon zu alt. Was soll ich nur tun ohne eine Tochter? Kannst du mir das sagen, Butú-tekál?" Tutak-was Tränen erstickten ihre Stimme.

Ilnaf-ba umarmte sie und drückte sie an sich. Sie begann ebenfalls zu weinen. „Auch mir will das Herz wie eine Eierschale zerspringen, wenn ich an meineFa-tami denke. Sie hatte erst neunundreißig Sonnenwenden mit mir gefeiert. Obwohl ich das Kind, bei dessen Geburt sie starb, über alles liebe, kann es mir doch nicht meine Fa-tami ersetzen."

„Aber dieses Kind, das sie gebar, ist ein Mädchen. Und du hast noch eine erwachsene Tochter und du hast weitere Enkelinnen. Ich aber habe nur drei Söhne und einen Bruder, verstehst du?", Tutak-was Worte klan-gen bitter wie der Geschmack frischer Wermutstängel. „Keine Tochter, keine Schwestertochter wird mein Haar in den Ahninnengürtel flechten. Du oder eine andere Butú-tekál wird das tun müssen und ihn dann an-schließend an einen Baum hängen. Mit dir hat es Btar weit besser gemeint als mit mir. Ihre Schläge treffen mich zu Unrecht. Ich habe sie genauso innig verehrt wie ihr alle. Nur meine Sippe aber straft sie so hart."

„Es ist wahr", seufzte Ilnaf-ba mitleidsvoll. „In deinem Clan gibt es keine Tochter. Eine Sippe ohne Frau kann keine Seele aus dem Aschmeóch holen und stirbt aus. Ein Totemtier, das einer Mutter keine einzige Tochter bewahrt, muss schwach sein. Es ist richtig, dass man es entlässt. Das jedenfalls ist die eine Möglichkeit. Du kennst allerdings die zweite Möglichkeit, deinen Ahninnengürtel weiterzugeben und dein Totemtier zu stärken. Gibt es denn kein Mädchen in diesem Stamm, das du an Tochters Statt annehmen würdest?"

„Darüber habe ich noch nicht nachgedacht." Tutak-was Worte klangen trotzig.

„Du trugest zu viel Hoffnung in deiner Brust, daher wolltest du nicht daran denken. Ich will dir die Hoffnung zwar nicht nehmen, aber mir fallen auf Anhieb einige junge Frauen ein, die wahrscheinlich sehr stolz wären, die Stirn an den Ahninnenzopf der Spechtsippe zu legen. Sieh zum Beispiel meine Sippe. Ich habe Nub-je als Tochter und meine Schwester hat drei Töchter, die selbst schon wieder je eine kleine Tochter haben. Und dann sind da noch die drei Töchter von Senu-bab. Sie sind jünger, keine von ihnen hat bisher ein Kind geboren, aber in dem Leib der ältesten, in Wenel-pi, schlagen bereits zwei Herzen. Sie wird niederkommen, wenn die letzten Brombeeren an ihren stacheligen Zweigen hängen. Glaubst du nicht, dass eine dir zusagen würde?"

Wenig begeistert murmelte Tutak-wa. „Ja, das könnte schon sein."

Ilnaf-ba legte ihre Hand auf den Arm ihrer unglücklichen Stammesschwester und sagte: „Ein Herz, das bekümmert ist, mag Trost finden in den Worten, die es spricht. Vor allem dann, wenn diese Worte nicht ungehört verhallen."

„Ja, so heißt es. Ich weiß allerdings auch, dass Reden oft überhaupt nicht hilft. Schau diesen Bauch an. Er hat drei gesunde Söhne geboren. Sie wuchsen zu stattlichen Mitgliedern unseres Stammes heran. Ihre Arme und Beine sind mir eine große Stütze. Doch aus keinem von ihnen wird je ein Kind hervorschlüpfen, das mein Enkelkind genannt werden wird. Wenn ich daran denke, wünschte ich manchmal, Horfet hätte Recht mit seinem Onloatwi und der Kraft des Mannessaftes. Denn dann könnte es sein, dass wenigstens eine der Geliebten meiner Söhne ein Mädchen bekommt, das ich dann, na ja, das ich dann zumindest als meine heimliche Enkelin betrachten könnte."

Ilnaf-ba traute ihren Ohren nicht. Eine Clanmutter, die auf solch abwegige Gedanken kam. Was für ein Wahnsinn! Und das alles nur wegen dieses unheimlichen Boritak und Horfets Hirngespinsten. Um nicht gleich loszubrausen, blickte Ilnaf-ba ein paar Fledermäusen nach, die in rasanten Schwüngen die Luft über ihren beiden Köpfen durchschnitten.

„Keine von ihnen würde je *deine* Enkelin werden", sagte sie schließlich. „Das weißt du sehr wohl. Jedes Kind gehört zur Sippe seiner Mutter. Daran wird Onloatwi gar nichts ändern, glaub mir", sagte sie in bemüht verbindlichen Ton. „Aber die Töchter, die du als Teil von deinem Blut annehmen wirst, werden dir Kinder schenken. Und diese Kinder werden deine Enkel genannt werden. Sie werden der Spechtsippe angehören. Dein Ahninnengürtel muss nicht in den Sand fallen. Es liegt allein an dir, ob er in die Hände einer deiner Töchter übergeht. So sieht es unsere Sitte vor."

Auch Tutak-wa richtete ihre Augen zum Himmel. „Du tust dich leicht, weil du wie ein Adler über meinen Kummer fliegst. Mein Flügel aber ist gebrochen. Ich kann ihn nur von unten betrachten. Und von dort unten sieht es anders aus."

Ilnaf-ba drückte Tutak-wa an sich. „Es tut mir so leid für dich."

Tutak-wa lächelte sie müde an. „Aber niemand kann etwas daran ändern. Außer Btar. Wenn sie es denn wollte."

Nur einen Tag gönnte sich Elatansch noch bei den Muschelkettenleuten. Traurig und enttäuscht darüber, dass er über Boritak gar nichts in Erfahrung gebracht hatte, wollte er zumindest das Bild des Meeres tiefer in sich aufnehmen. Die Erinnerung an das tosende, unendliche Nass würde ihn trösten müssen auf dem langen Weg nach Hause, den er wesentlich schneller zu bewältigen gedachte, getrieben von der Liebe zu seiner Mutter, die er nicht länger umsonst hoffen lassen wollte. Auch nach Goila-lin sehnte er sich inzwischen sehr. Mit anderen Frauen zu schlafen, solange einer von Dorf zu Dorf zog, war die eine Sache. Aber in den Armen der Frau zu liegen, die man aus tiefstem Herzen liebte, befriedigte auf Dauer eindeutig mehr.

Im Morgengrauen fuhr er mit den Männern in dem breiten Boot hinaus, um mit Netzen zu fischen. Anschließend genoss er es, am Strand zu liegen. Für seinen Aufbruch am nächsten Morgen brachten ihm mehrere Clanmütter am späten Nachmittag so viel Proviant, dass er Teile davon ablehnen musste. Auch die Frau mit dem schönen, faltigen Gesicht reihte sich ganz hinten in die Schlange der Spenderinnen.

„Welchem Clan stehst du vor? Und wie heißt du?", fragte Elatansch sie, neugierig auf den Klang ihrer Stimme, die zu hören sich bisher noch keine Gelegenheit ergeben hatte.

„Ich stehe keinem vor, sondern gehöre zum Clan der Delfine. Mein Name ist Danui-me."

Elatansch musste gut hinhören, da Danui-me sehr schnell sprach und die Art, wie sie die dunklen Vokale artikulierte, ihn merkwürdig anrührte. „Das sind die Fische, die die Wassersäulen ausstoßen, nicht wahr", sagte er nach einer kurzen Pause, die er dazu nutzte, ihr länger als schicklich in die großpupilligen, dunkelgrünen Augen zu sehen.

„Ja, sie leben nur hier bei uns. Willst du, dass ich dir zeige, wo sie sich meistens aufhalten."

Elatansch lächelte. Dass eine Frau so schnell auf sein Flirten reagierte, kam nicht alle Tage vor. Ausgerechnet jetzt, wo ihm der Sinn nicht wirklich danach stand.

„Ich muss es dir zeigen", beharrte sie.

Danui-me führte Elatansch zur Küste hinab. Ihrem Verlauf folgten sie eine Zeitlang in nördlicher Richtung, bis sie zu einer kleinen Erhebung kamen. Der süße, aufdringliche Duft von Akazien und Geißblattsträuchern empfing sie mit jeder Böe, die ihnen auf dem kurzen, von Felsen gesäumten Pfad nach oben kühle Luft entgegenfächelte. Oben angelangt wies Danui-me Elatansch auf ein Riff hin, das ihm bei seinem Ausflug mit den Männern nicht aufgefallen war. Rings um den arg zerklüfteten Felsennacken schossen die Delfinrücken auf und nieder, spritzten die Fontänen.

„Na, hab ich dir zu viel versprochen?"

„Nein, die Delfine, das ins Abendlicht getauchte Meer, es ist wunderbar."

„Man müsste diesen Anblick malen können", sagte sie.

„Dann könnte ich ihn sogar meiner Sippe zeigen."

„Du musst sehr geachtet sein."

„Aber dazu bräuchte ich wohl so viele Felle, dass ich unter der Last zusammenbräche. Außerdem würde ich auf dem Heimweg sicher vergessen, in welcher Reihenfolge ich die Felle auslegen sollte."

Sie erstaunte ihn mit einem herzhaften Lachen, das er ihr gar nicht zugetraut hatte. „Ist es denn so weit zu deiner Sippe?", fragte sie.

„Wenn ich den ganzen Tag laufe, mir keine Umwege erlaube und nur kurz bei Stämmen bleibe, auf die ich treffe, vermutlich trotzdem um die eineinhalb Mondläufe."

„Wie groß ist deine Sippe?"

„Siebzehn Köpfe von zwei Schwestern."

Danui-me neigte ihren Kopf zur Seite. „Und du bist der älteste Sohn?"

„Ja genau. Wieso willst du das alles wissen?"

Sie strich mit ihrer Hand über seine Schulter. „Weil du mir gefällst und ich gern mehr von dir hätte. Gefalle ich dir?"

Elatansch bereute es, ihr gefolgt zu sein. Er hatte im Moment keine Lust, kam sich aber dumm vor, weil es so war, und noch dümmer, weil er sich sehenden Auges in diese Situation hineinmanövriert hatte. Unschlüssig, was er nun tun solle, räusperte er sich einige Male.

„Nein, nicht, was du denkst. Ich will dich nicht jetzt und hier aussaugen. Ich will nur wissen, ob du mich magst."

Er nickte erleichtert. Dann stutzte er. „Wieso ist dir das wichtig? Ich breche morgen auf und kehre wahrscheinlich nie wieder hierher zurück."

„Ich würde gerne mit dir gehen, fort zu deiner Sippe."

„Wozu? Ich kenne keine einzige Frau, die freiwillig ihre Sippe verlässt", wunderte sich Elatansch.

„Das würde ich auch nicht, wenn ich wirklich eine hätte. Seit dem Tod meiner Mutter und dem Frevel meines Bruders bin ich jedoch eher geduldet denn besonders beliebt."

„Was hat dein Bruder getan?"

„Ich fürchte, er ist der Mann, den du suchst."

Elatansch fasste sie an den Schultern. „Und warum habt ihr dann alle bis jetzt geschwiegen?"

Danui-mes Blick verlor sich in der Ferne. „Sein Name war Pätirak, Sohn der Net-anka, Clanmutter der Austernsippe. Er vergewaltigte unsere Heilerin. Er schlug sie derart heftig, dass sie danach über Kopf- und Leibschmerzen klagte und die nächste Sonnenwende nicht mehr erlebte. Sein Verbrechen war so entsetzlich, so grauenvoll, dass die Weisen Frauen beschlossen, nie wieder darüber zu sprechen. Jede Untat, an die man sich erinnert, wirkt ewig fort, sagten sie. Wenn die nächste Generation nie davon erfährt, bleibt ihr Geist rein und die Wahrscheinlichkeit gering, dass einer erneut Btars Gesetze grausam verletzt."

„Mag sein, aber dieses eine Mal durftet ihr nicht schweigen."

„Außerdem kann der Weisenrat nicht glauben, dass Pätirak noch lebt. Der Stamm erklärte ihn zum Namenlosen und unterzog ihn der Stirntätowierung. Folglich muss Btar ihn getötet haben."

„Es sieht leider so aus, als ob sie ihn übersehen hätte. ‚Pätirak' und ‚Boritak'. Einfallsreichtum rafft deinen Bruder gewiss nicht dahin."

„Nicht so voreilig. Die Ähnlichkeit könnte ebenso Zufall sein. Pätirak ist schon vier Sonnenwenden weg. Damals waren seine Vorderzähne schön, keiner hatte sich verfärbt. Ich will sicher sein, dass er es ist. Deshalb muss ich ihn von Angesicht sehen."

„Wir werden leider sehr schnell gehen müssen. An jedem Tag, den er unbehelligt in meinem Stamm verbringt, könnte er wieder zum Halbmenschen werden."

Sie nickte. „Dann sollten wir den größten Teil in einem Schilfboot auf dem schilfgesäumten Riesigbreiten, dem vielarmigen Esfrukfanat, zurücklegen."

„Allein um das Schilfboot zu bauen, brauchen wir Tage."

„Wir bauen uns keines, sondern tauschen eines beim Stamm meines ersten Geliebten ein. Er sagte mir damals: „Solltest du je ein Boot brauchen, bring nur viele Muscheln und Haifischzähne mit. Dann gebe ich dir eines." Beides habe ich in Hülle und Fülle. In sechs bis sieben Tagen werden wir bei ihm und seinem Stamm sein. Und dann werden wir den Esfrukfanat herunterfahren. Wenn wir fleißig paddeln, sind wir fast so schnell wie die Schwalben, und zwar ohne zu rennen wie die Pferde."

Elatansch strahlte sie an. „Ausgezeichnet. Und wenn wir uns dabei an den nördlichsten Wasserarm halten, brauchen wir nur an der Stelle auszusteigen, an der ich auf den Riesigbreiten stieß. Diese Landmarke kann ich gar nicht übersehen, weil ich sie mir gut eingeprägt habe. Aber glaub mir, deine Arme werden sich ebenso nach Schlaf sehnen, wie es deine Beinetäten. Wenigstens schonen wir die dann für den Marsch jenseits des Esfrukfanat."

„*Das* Opfer bringe ich gerne. Ich bin es nämlich leid, mein Leben lang *sein* Opfer zu sein. Weißt du, meine gute, liebe Mutter starb nach dem Tode der Heilerin aus Kummer über sein Verbrechen. Pätirak war eigentlich ihr Schwestersohn. Aber obwohl meine Mutter uns beide gleichermaßen liebte, fing er irgendwann, ganz ohne Grund, an, sie zu hassen. Es war, als sei ein hasstriefender Geist in ihn eingedrungen, den niemand mehr verscheuchen konnte. Durch nichts, was sie für ihn tat, konnte meine Mutter ihn den Klauen dieses Wahngeistes jemals mehr entreißen. Im Gegenteil. Mit seinem Frevel trieb er ihr einen Stachel ins Herz, an dem sie schließlich verblutete. Und ich blieb in den Augen derer, die es wussten, stets „*seine* Schwester".

Sie schüttelte heftig ihren Kopf. „Ich kann nicht mehr darüber schweigen. Wenn er wirklich noch lebt, dann will ich es wissen und dann werde ich dafür sorgen, dass er ein zweites Mal verstoßen wird. Diesmal muss Btar ihn töten, und wenn ich selbst nachhelfen muss."

Elatansch drückte sie fest an sich. „Mein Herz will weinen und lachen. Endlich hab ich Gewissheit. Ein Verstoßener lebt in meinem Stamm. Ich muss es schnell meiner Mutter sagen. Hoffentlich ist es noch nicht zu spät."

„Wir werden uns beeilen, gleich morgen früh. Auf diese Weise entgehe ich obendrein dem Oíj-issa-ú-Fest. Das ist gut."

Danui-mes Augen blickten ihn erwartungsvoll an, was er erst gar nicht merkte, doch dann mit einem jungenhaften Lächeln beantwortete. Ihr Kopf schmiegte sich an seinen Hals, den sie mit ihrer Nase erkundete. Ihr Blick fiel auf Elatanschs Kette aus geflochtenen Hirschsehnen, an der eine kleine Gab-Btar-Figur aus Stein hing. Ansonsten trug er nur seine Schuhe und einen Lendenschurz.

„Du bist ein braver Sohn. Bei dir fühlt sich eine Frau geborgen. Zieh mich aus, wenn du willst", sagte sie und löste den Knoten ihres drei Finger breiten Ledergürtels, der mit schräg aufgenähten Vogelknochen verziert war.

„Jetzt habe ich sogar ganz viel Lust dazu. Und wenn du mich wirklich aussaugen willst, werde ich schauen, was ich machen kann."

„Ob ich das will, weiß ich noch nicht. Aber deine Haut auf meiner spüren, du kraftstrotzender Mann, will ich unbedingt."

An seinem Lendenschurz zog sie ihn auf eine grasbewachsene, beschattete Stelle, groß genug, um sich beim Liebesgeplänkel nicht an den Felsen aufzuschürfen. Ein Windzug bauschte das großzügig geschnittene, weit ausgeschnittene Hanfkleid Danui-mes geradewegs in Elatanschs Richtung. Der ging in die Hocke und schlüpfte unter ihr Gewand. Stück für Stück arbeitete er sich küssend und streichelnd an ihrer nackten Haut Richtung Hals, bis er sie beide schließlich mit einer flinken Handbewegung von dem Stoff befreite. Darunter trug sie allerdings noch ein Lederband, das dazu diente, ein Hasenleder zwischen ihrem Schritt zu halten. Danui-me ließ ihm Zeit, sie zu bewundern.

„Nun sag, was findest du besonders schön an mir?", fragte sie.

„Oh Tochter Btars. Deine Haare wogen wie die Wellen des Meeres bei Dunkelheit. Oh, könnte ich mit ihnen tauschen, um immerfort deine

Brust zu umspielen und deine Brustwarzen zu necken, die erhabenen Inseln in dunklen Seen, ruhend auf lieblichen Hügeln. Hinunter will ich gleiten zu dem anderen Hügel. Stolz schirmt er deine Göttinnenhöhle. Trinken will meine Nase von dem Lilienduft deiner taubenetzten Feuerblume. Eintauchen will ich in deine entzückende Glut. Zerschmelzen und platzen will ich darin."

Danui-me sah ihn von der Seite an. „Sei aufrichtig, sagst du das zu jeder Frau?"

Elatansch gab sich entsetzt. „Nein, natürlich nur zu denen, die mich danach fragen." Er wich ihrer Hand aus. „Vorausgesetzt sie sind wirklich so schön, so wunderschön und vollkommen wie du."

Sie umarmte ihn und presste ihn an sich. Dann schnappte sie mit ihren Lippen nach seiner Oberlippe.

Elatansch hatte Danui-me zuvor ein paar Mal dabei beobachtet, wie sie sich die Haut an den gekrümmten Fingergelenken aufgeraut und diese dann wiederholt am Ansatz ihrer Oberlippe entlangbewegt hatte. Nun fühlte er die unterschiedlichsten Empfindungen an seiner Lippe, mal beißend, mal quetschend, mal saugend, und war überrascht, wie sehr ihm dies gefiel.

Und erst recht, wie geschickt Danui-me gleichzeitig den Knoten an seinem Lederband lockerte, so dass sein Lendenschurz langsam nach unten rutschte. Sie hielt inne und öffnete ihren Mund. Elatanschs Zunge tanzte mit ihrer durch ihre beiden Münder. Dann besann er sich anders und widmete sich ihrer linken Brustwarze.

Danui-me lehnte sich lächelnd nach hinten, wobei sie ihm auch den anderen Busen hinstreckte und sein um beide bemühtes Lippenspiel genoss. Dabei atmete sie nicht nur schneller, sondern stieß hin und wieder spitze Schreie aus, was Elatansch von Goila-lin überhaupt nicht kannte und ihn deshalb umso mehr anstachelte.

Unermüdlich fuhren seine Hände über ihre Schultern und ihren Rücken, während sie durch ihren kraftvollen Griff um seine Hüfte mit dafür sorgte, dass sie nicht nach hinten umfiel. Immer drängender schob er seine Finger in das störende Hasenfell, dessen Enden jeweils über dem Lederband eingeschlagen und festgenäht waren.

„Ich verströme Mondblut", hauchte sie, „willst du dich der Quelle nähern?"

„Das heilige Blut." Elatanschs Kehlkopf hüpfte, als er schluckte. „Wenn du mir die Ehre erweisen willst, tauche ich mit Wonne hinein. Mir bleibt gar nichts anderes mehr übrig. Sonst verbrenne ich in deinem Schatten."

Danui-me machte sich flugs an dem Band zu schaffen, das sie noch trennte. „Löwendreck, jetzt bekomme ich ausgerechnet den Knoten nicht auf."

Elatansch schielte nach seinem Lendenschurz, an dessen Seite seine Messerscheide baumelte. „Dann schneid ich das Band durch."

„Nein, Geliebter, ich zieh es lieber über die Hüfte. Zieh mit, irgendwie kriegen wir es schon rüber. Es dehnt sich ja."

„Oder reißt". Beide zuckten leicht zusammen, als das Band unter ihrer unsanften Behandlung an der schmalsten Stelle aufriss.

„Siehst du", sagte sie, während sie das verschmierte Lederstück zwischen ihren Oberschenkeln herauszog und sich rücklings auf das Gras legte, „eine dicke Blutspur werde ich auf dem Weg zurück ins Dorf nicht mehr hinterlassen. Dafür weise ich dir deutlich den Weg."

Elatansch ging neben ihrer Hüfte in die Knie und beugte sich zu ihr hinunter. Statt eines weiteren Wortes hörte sie nur die schmatzenden Laute, die seine Zunge an ihrer Klitoris verursachte. Elatanschs Haare zersausend, schrie sie ihr Verlangen in stetig kürzeren Abständen hinaus, doch ihr Gespiele ließ sich davon nicht hetzen. Fast noch mehr als seine eigene Lust befriedigte es ihn, zu sehen, wie er eine Frau gemächlich dem Höhepunkt entgegentrieb.

Danui-mes Begehren duldete jedoch keine Verzögerung mehr; zu lange hatte sie eine solche Begegnung herbeigesehnt. Mit dem Schwung ihres Oberschenkels zwang sie ihn auf die Seite und griff mit der Rechten nach seinem roten Penis. Tief schob sie ihn in sich hinein, holte noch einmal – diesmal sachte – Schwung und drehte ihrer beiden Leiber so, dass sie rittlings auf ihm saß, er auf die süßeste Weise in ihr gefangen. Danui-me nutzte ihre Freiheit, um sich den ihr angenehmsten Winkel auszusuchen. Als sie den hatte, brauchte es gar nicht mehr vieler gegenseitig anbrandender Stöße, ehe sie beide vor Lust zu zergehen meinten.

Sommersonnwende 7713 v. Chr.

Der erste Festtag zur Sommersonnwende verlief ohne Zwischenfälle. Die Gerstenkörner wurden feierlich in den Gruben versenkt und Btar um Segen für die noch einzubringende Emmerernte, Fülle bei den Früchten und Fruchtbarkeit bei den Tieren angefleht.

In der Nacht auf den zweiten Tag setzten jedoch bei Mer-hilla die Wehen ein. Da sie den Schmerz noch gut wegatmen konnte und die Abstände zwischen den Wehen nur ganz langsam ab- beziehungsweise die Stärke zunahm, riet Kipik-le ihrer Tochter, lieber bis zum Morgen in ihren warmen Fellen liegen zu bleiben und Kraft zu sammeln. Ein Auerochsenfell, um sie in die Frauenhütte zu tragen, warte bereits auf sie für den Fall, dass sie selbst es nicht mehr schaffen sollte.

Mer-hilla folgte ihrem Rat. Erst bei Sonnenaufgang schlugKipik-le auf die große Rahmentrommel am Gemeinschaftszelt. Die wegen ihrer großen Erfahrung hochgeschätzten Geburtshelferinnen Aruch-me und Goila-lin ahnten bereits, was vor sich ging, und eilten als allererste herbei. Zusammen führten sie Mer-hilla zur Vollmondhütte, die zugleich als Geburtsplatz genutzt wurde. In ihr befanden sich weich und hart gepolsterte Rückenlehnen, verschieden breite Stütz- und Querbalken mit festen Tauen aus Leder und Hanf, mehrere Feuerstellen sowie eine dreischritttiefe Lehmkuhle – alles ganz nach den Bedürfnissen früherer Gebärender gestaltet. Wenn man die Lehmkuhle mit Wasser füllte und heiße Steine dazulegte, konnte eine sogar in warmem Wasser kreißen.

Die „Ol-olua-krata" (baranisch für *Vollmondhaus*) genannte Hütte aus einem Steinsockel und Weidengeflechtmauern stand etwa zweihundert Frauenschritte entfernt vom Dorfkreis im nordöstlich anschließenden Wald. Nur das Gemeinschaftszelt bot mehr Leuten Platz als sie. Im Ol-olua-krata wurden zusätzlich zu den Taschen im Haus jeder einzelnen Clanmutter viele Heilkräuter aufbewahrt. Bei Geburten nutzten die Frauen besonders die Hilfe von Spitzwegerich, Himmelsschlüssel, Frauenmantel und Arnika.

Auch der ausgehöhlte, mit einem runden Stein abgedeckte Felsen, in dem die Gabbtaranschi-Frauen jeweils einen kleinen Rindenbecher vom ersten Monatsblut jeder jungen Frau, alle Nachgeburten und bei größerem Bedarf gewöhnliches Monatsblut gaben, stand dort. Dieser blutigen Mischung schrieb man beachtliche Heilkräfte zu. Bei geschlossenen Knochenbrüchen beispielsweise strich man sie angereichert mit gestampften Kräutern auf die Haut.

Mer-hillas leises Stöhnen und die Unruhe, die sie damit im Dorf auslöste, trieben schließlich auch die Müdesten aus ihren Fellen. Einer nach dem anderen betrat den Dorfplatz. Kanoch, Mer-hillas jüngerer und einziger Bruder, trippelte vor lauter Aufregung, Mutterbruder zu werden, wie eine Amsel in der Abendzeit umher, während sein und Mer-hillas Mutterbruder allem Anschein nach aus einem unfertigen Speer lieber einen Pfeil schnitzen wollte.

Da den jüngeren Stammesmitgliedern eine gewisse Unsicherheit anzumerken war, stellte sich Ilnaf-ba in die Mitte und sorgte für Klarheit über den weiteren Tagesverlauf: „Meine Stammesschwestern und -brüder, hört mich an. Btar gefällt es, unser Oíj-issa-ú-Fest auf die vollkommenste Art zu segnen. Denn nichts ist huldreicher als die Ankunft einer Seele in der Körperwelt. Diesem heiligen Akt gebührt unsere ganze Aufmerksamkeit und Achtung. Die Frau, die gebiert, ist die Göttin selbst. Sie allein gibt uns die nächsten zehn Tage lang vor, was wir tun und lassen sollen. So lange ruht sie sich aus von dem kräftezehrenden Hervorbringen neuen Lebens. Indem wir ihren Wünschen entsprechen, feiern wir Oíj-issa-ú am würdigsten."

Prompt erschien Kipik-le auf dem Platz. „Mer-hilla will, dass ihr leise seid. Geht eurer Wege. Tut, was ihr wollt. Schwimmt im Fluss. Esst und trinkt. Liebt euch. Nur macht hier im Dorf keinen Krach."

„Wie geht es ihr?", fragte Ilnaf-ba.

„Es geht ihr gut. Die Wehen kommen, wie sie sollen. Aruch-me und Goila-lin sind zufrieden. Mer-hilla will dich dabei haben, Riwa-quoi, weil du doch ihre beste Freundin bist. Du sollst deine Lieder singen. Sie sagt, sie liebe deine Stimme so sehr, dass sie hoffe, ihr Kind komme dann viel schneller, um dich deutlicher zu hören."

Riwa-quoi sprang auf. „Ja, das tue ich, von Herzen gern. Aber mit Lu-bagdais Flöte klingt mein Gesang besser."

Barcha-let schüttelte ihren Kopf. „Nein, für Lu-bagdai ist es besser, wenn sie in ihrem Zustand nicht alles mitbekommt. Wir beide gehen jetzt lieber ein Stückchen, oder was meinst du, Schwester?"

Lu-bagdai lächelte ihr dankbar zu. „Zugegeben, das wäre mir entschieden lieber."

Felan-ke stand gleichzeitig mit Barcha-let auf. „Ich begleite euch, nur für alle Fälle."

„Ach ja, und du, Ja-ella", ergänzte Kipik-le, „möchtest Mer-hilla bitte die Nesseltücher bringen, die ihr neulich gewoben habt. Sie würde damit gerne feucht abgerieben werden zur Entspannung und Kühlung."

„Bin schon unterwegs."

Das eingetauschte Schilfboot erwies sich als schnelles Transportmittel, sofern Danui-me und Elatansch die Fahrrinnen im Auge behielten und sich nicht auf Schlammbänke treiben ließen. Nicht umsonst hieß der Esfrukfanat auch der „leicht Durchquerbare". An den Ufern beugten sich die Köpfe der Schilf- und Riedgräser den Windstößen, staksten weißgefiederte Silberreiher mit ihren schwarzen Beinen durch das seichte Wasser, zum Fischfang mit Schnabel bereit. In etlichen Flussabschnitten tummelten sich kleine Herden von Flusspferden, die sie in größtmöglichem Abstand umfuhren, so wie der Schilfbootflechter es ihnen eingeschärft hatte.

Ohne Danui-mes dunkelgrüne Kräuterpaste, die sie sich auf jede unbedeckte Stelle ihres Körpers schmierten, wären sie vor lauter Mückenabwehr gar nicht zum Paddeln gekommen. Für die Heuschrecken, die sich gleichfalls in Scharen dort aufhielten, waren sie Btar allerdings sehr dankbar, weil sie leichte Beute waren und ihnen roh wie geröstet schmeckten. Die unscheinbare Weichschildkröte, die Danui-me geistesgegenwärtig ins Boot hievte, als sie zu langsam vor ihnen davonschwamm, brieten sie lieber über dem Feuer.

„Woran erkennst du die Stelle, an der du auf den Fluss gestoßen bist? Es ist ein Unterschied, ob man am Ufer steht oder in einem Boot sitzt", sorgte sich Danui-me.

„Dieser Esfrukfanat fließt wirklich durch die gleichförmigste und flachste Landschaft, die ich kenne. Witzigerweise sehen wir von ihr im Boot fast gar nichts wegen der Uferböschung oder der Schilfstängel oder wegen beidem. Ganz zu schweigen von dem Erdwall, mit dem Btar den Fluss weiträumig eingesäumt hat. Aber für mich war die aufgetürmte Erde auf meinem Marsch zu euch ein hervorragender Wegweiser. Über

jeden Teil ihres Rückens bin ich gelaufen und habe mir markante Flussabschnitte gemerkt. Glaub mir, ich finde den richtigen Absprung."

„Und dann?"

„Dann passen wir auf, dass wir unbeschadet auf das höhere Gelände
kommen, damit wir nicht doch noch im Schlamm versinken. Dieser
riesige Schilfgürtel hier gefällt mir gar nicht. Aber wir müssen eben
schnellstmöglich nach Nordosten. Wahrscheinlich würde es nicht besser,
wenn wir weiter nach Süden führen und wieder zurückliefen."

„Wegen der Sumpflöcher mach dir keine Sorgen. In meiner Rückentrage habe ich Seile aus Hanf und Leder. Die binde ich mir um den Bauch
und gehe voraus."

„Soll nicht lieber ich vorausgehen, um dich zu warnen?"

„Nein, denn wenn ich einsinke, musst du mich herausziehen. Und das
fällt dir leichter als mir."

„Ja, du hast Recht. So ist es schlauer", sagte er lächelnd, „ich werde
dich auf keinen Fall loslassen, schöne Danui-me."

„Warum denn? Weil ich deine Geliebte bin oder weil ich deine neue
Sippenschwester werden könnte?"

„Jeder Grund ist gleich gut. Viele Schwestern zu haben, ist für jeden
Mann eine Ehre."

„Ich wäre froh, wieder eine Mutter zu haben, und freue mich schon
darauf, deine Mutter und deine Sippe kennenzulernen."

„Ja, ich bin sicher, sie werden dich mögen und dich an Tochter statt
annehmen, sobald sie dich besser kennen und du es möchtest."

„Das wäre wunderbar."

Elatansch deutete mit seinem Kopf auf ihre Rückentrage. „Ich war
bisher zu schüchtern, dich zu fragen, was du außer Seilen noch in dem
Bündel mitgenommen hast."

„Also was ich einzig für wert befand, aus meiner Heimat in meine Zukunft zu tragen?"

Elatansch nickte.

Danui-mes ernster Gesichtsausdruck wurde wieder heiter. „Oh, ich
kann es dir gerne verraten. Es sind zwei schöne Guuns. Meine Mutter
hatte eine besondere Art, sie zu färben, weißt du."

„Das ist fein. Meine Schwestern haben ebenfalls ihre Kniffe beim Färben. Ihr werdet euch viel zu erzählen haben."

Am Vormittag wurde Mer-hillas Stöhnen lauter. Alle Kinder und die meisten Stammesmitglieder befanden sich inzwischen außer Hörweite des Dorfes. Überwiegend die erwachsenen Frauen sowie Mer-hillas Mutterbruder und Kanoch warteten dagegen lieber in der Umgebung der Geburtshütte. Nur wenn die Mutter es ausdrücklich wünschte, durfte ein Mann diese Hütte betreten. Ansonsten hatte er sich von diesem Ort fern zu halten. Daher saßen Kanoch und Kipik-les Bruder weiter von der heiligen Stätte entfernt als die Frauen. Nun, da Riwa-quoi auf Mer-hillas Wunsch hin verstummt waren, beteten sie leise für einen schnellen und glücklichen Ausgang der Geburt.

Am Rande des Hügels angelangt, der sich im Nordosten an die Dorfkuppe anschloss, sah Felan-ke Lu-bagdai von der Seite an. „Du siehst blass aus. Wie fühlst du dich?"

Leicht schwindlig hakte sich Lu-bagdai bei ihren Begleiterinnen ein. „Die Bäume stehen in meinen Augen ein wenig schief. Aber ich bin froh, Mer-hillas Schreie nur noch gedämpft zu hören."

„Es ist heiß, hier, trink ein paar Schlucke", bot ihr Barcha-let ihre prall gefüllte Ledertasche an, die sie sich an ihren Gürtel gebunden hatte.

Lu-bagdai trank ausgiebig, ehe sie die Hülle weitergab. Plötzlich fühlte sie in ihrem Bauch ein unangenehmes Ziehen. Hatte Barcha-let ihr nicht erzählt, das sei der Anfang? Unmöglich! Zwei Kinder, zweimal die Göttin an einem einzigen Tag. Davon hatte sie ja noch nie gehört!"

Barcha-let entging Lu-bagdais leichtes Zucken nicht. „Ach, sag bloß, jetzt kündigt sich auch dein Kind an?"

Auf Lu-bagdais Wangen zeigten sich rötliche Flecke. „Als zweite Göttin im Ol-olúa-krata, das macht ja gar keinen Spaß!"

Barcha-let war nicht in der Stimmung, Humor zu verstehen. „Red keinen Unsinn. Unser Vollmondhaus ist groß genug für euch beide."

Felan-ke neigte ihren Kopf. „Die Frage ist nur, ob ihr euch nicht furchtbar gegenseitig stört. Bei Btars Güte, zwei Geburten zweier Mütter an einem Tag, das wäre unglaublich. Was für ein besonderes Zeichen! Hab keine Sorge, Lu-bagdai. Falls du nicht ins Ol-olua-krata gehen kannst oder möchtest, wird es dir an nichts fehlen. Wir alle werden uns lieber die Lunge herauslaufen, als dir nicht genauso gut wie Mer-hilla beizustehen."

„Felan-ke hat Recht. Noch haben wir viel Zeit. Das erste Kind braucht meistens lange, um sich seinen Weg zu bahnen. Mer-hilla ist dir ohnehin einen halben Tag voraus", beruhigte Barcha-let ihre Schwester ebenfalls. „Du musst nichts weiter tun als das, worauf du Lust hast. Möchtest du weiter gehen oder lieber sitzen, lieber liegen?"

„Bewegen muss ich mich. Stillsitzen könnte ich jetzt nicht. Und Mer-hilla zu nahe sein, möchte ich schon gar nicht."

„Nein, das brauchst du nicht, Schwester. Wir gehen, solange du willst, und bleiben stehen, wenn eine Wehe kommt. So habe ich es immer gehalten. Du, Felan-ke, kannst aber trotzdem zurückgehen und allen Bescheid sagen. Du hast selbst zwei Kinder und weißt, was nötig ist. Bringt lieber alles her. Ach, und frag Makaiot, ob er dir etwas Bienen-wachs gibt. Er hat vor ein paar Tagen einen verlassenen Bienenstock gefunden."

Lu-bagdai riss die Augen auf. „Wozu sollte denn Bienenwachs gut sein?"

„Nur damit du es dir in die Ohren stopfen kannst und mehr Ruhe hast", antwortete ihre Schwester.

Kurz nach Mittag gebar Mer-hilla mit einem wütenden Schrei ihre Toch-ter. Auf Lu-bagdais Kleid waren zu diesem Augenblick bereits die Fle-cken des Fruchtwassers zu sehen. Und auf ihren Füßen der Ruß ver-brannter Kräuter. Goila-lin beherrschte die Kunst, mit glimmenden Kräuterrollen an bestimmten Stellen der Fußsohle die Geburtsschmerzen zu lindern. Lu-bagdai war für jede Erleichterung dankbar. Ihre Wehen kamen und gingen, aber die Abstände zwischen ihnen blieben gleich.

Mittlerweile hatte sie keine Lust mehr zu gehen, sondern saß angelehnt an eine sich leicht neigende Eiche. Zwei zusammengenähte Schaffelle, die Barcha-let mit einem Lederband am Stamm befestigt hatte, verhinderten, dass Lu-bagdais Rücken die Unebenheiten des Holzes spürte, das ihr ansonsten durch seine Härte gute Dienste leistete. Trotz der vielen We-henwellenkämme, durch die sie schon getaucht war, sah sie nirgends den Horizont eines Endes.

Lu-bagdais Kind hatte seinen Kopf von der Stelle abgewandt, die die heilige Pforte zur Körperwelt bildete. In einer der Pausen, in denen der Mahlstrom des Schmerzes sie erneut kopfunter in die Strudel erzwunge-ner Hingabe drückte, flößte ihr Goila-lin einen Tee ein, der überraschend süßlich schmeckte. Lu-bagdai musste mit einem Mal an das Lied von Aleij-atni denken. Der Ahnin, bei der die Geburten so schmerzfrei verlie-fen, dass sie viel zu viele Kinder gebar und damit das Gleichgewicht zwischen Gatár-ta-ún und Aschme-óch durcheinanderbrachte. Diese Störung würde von ihr ganz gewiss nicht ausgehen.

„Gab-Btar", betete sie leise, „bitte halte dich nicht länger von mir fern. Komm schnell und locke mein Kind ans Licht."

Gab-Btar hörte sie nicht. Im Gegenteil! Die besorgten Blicke, die Felan-ke, Goila-lin, Chanut-pal, Barcha-let und Rupscha-i wechselten, wann immer Lu-bagdai sich auf ihren Bauch konzentrierte, und die sie dennoch wahrnahm, als seien sie in die Luft gemeißelt, beunruhigten die sich gegen den Baum stemmende Frau. Viel mehr noch als die unsichtbaren Raubtierzähne in ihrem Leib. Würde wieder aller Schmerz vergebens sein, so wie bei den beiden Leibessprössen, die ihrem Schoß leblos entglitten waren? Würde sie erneut in die Sümpfe voll Traurigkeit gestoßen werden, aus der sie nur der zähe Lauf des Mondes und Barcha-lets Kinder zu ziehen vermochten? Fahrig zog sie sich das Bienenwachs aus einem Ohr. „Was ist los? Eure Gesichter machen mir Angst."

„Jetzt wird alles gut", Barcha-let redete zu ihr mit der gleichen weichen Stimme, mit der sie ansonsten In-eika die Heilwirkung von Kräutern erklärte. „Bei Mer-hilla ist die Geburt zu Ende. Aruch-mewird bald zu uns heraufkommen. Sie hat die meiste Erfahrung darin zu helfen, wenn ein Kind den Weg nicht erkennt. Vertrau uns. Wir wissen, wovon wir sprechen."

Während ihrer Schwangerschaft hatte Lu-bagdai oft die Vollmondhütte besucht und sich vorgestellt, wie sie zusammen mit ihrem Kind auf dem strahlend hellen Schaffell neben der kniehohen Steinstatue der Göttin liegen würde. So erschöpft, wie sie sich fühlte, würde es sehr schwer werden, dorthin zu gelangen. „Nein!", sagte sie nach einer Weile, angestrengt darum bemüht, in all dem Atmen und Geschehenlassen einen Gedanken zu fassen, „sie soll… nicht heraufkommen. Ich will … herunter … zum Vollmondhaus."

Sie drehte sich zur Seite und versuchte aufzustehen. Vergeblich. Ihre Beine zitterten bereits zu sehr. „Tragt mich lieber… runter." Ihr unter einer neuen Wehe sich krümmender Zeigefinger war auf das Auerochsenfell gerichtet, das Rupscha-i und Felan-ke zusammen mit den Hanftüchern, den kurz gesengten Schaffellen, den Stricken, den geburtsfördernden und schmerzdämpfenden Kräutern und den wassergefüllten Lederbeuteln zu dem Baum getragen hatten.

„Goila-lin, glaubst du, ihr bekommt das Tragen in dem Fell?", zweifelte Barcha-let.

„Kommt darauf an", wich diese aus.

Hinter den anderen Frauen, die nicht wie Barcha-let und Goila-lin neben ihr knieten, sondern vor ihr standen und ihr mit Ästen Kühle zufächelten, ertönte die atemlose Stimme von Aruch-me. „Lu-bagdai, wie geht es bei dir voran? Was macht dein Kind? Lass mich fühlen, wie es liegt."

Toischan und Anujach folgten ihr in einigem Abstand. Einen Steinwurf entfernt hielten die beiden Männer inne und setzten sich auf den Boden. Sie warteten für den Fall, dass sie gebraucht würden.

Seufzend ließ Lu-bagdai Aruch-mes Untersuchung über sich ergehen. Sie hatte inzwischen nur noch ihre Kette mit dem Eulenstein Riwa-quois umhängen. Aus allem anderen hatten sie die anderen Frauen bereits befreit, damit ihr Schweiß ungehindert die siedende Hitze aus ihr ziehen konnte. Aruch-mes eben unter dem Wasserstrahl aus Barcha-lets Lederhülle gewaschene Hände auf ihrem Bauch ließen sie daher zusammenzucken.

„Ich dachte mir schon, dass es bei dir noch nicht so weit ist. Deshalb habe ich erst Mer-hilla ihr Mädchen auf den Bauch gelegt. Die anderen Clanmütter kümmern sich jetzt um die Nachgeburt." Während Aruch-me damit allen Fragen zuvorkam, verschaffte sie sich mit sanft gleitenden Händen Klarheit über die brenzlige Lage, in der Lu-bagdais Baby steckte.

„Dein Kind tanzt früh. Sein Kopf sollte sich weiter runter schieben. Aber keine Angst. Du und ich, wir schaffen das. Ich weiß, wie ich dir helfen kann, wenn es den Kopf nicht von selbst dreht." Aruch-me versuchte so viel Zuversicht wie möglich in ihre Stimme zu legen, obwohl sie merkte, dass der Kindskopf ungünstig lag und auf die Nabelschnur drückte. Angst allerdings, das wusste sie als erfolgreichste Geburtshelferin des Dorfes nur zu gut, verkrampfte die Frauen zusätzlich und erschwerte alles.

„Ich will runter zum Mondhaus. Tragt mich …dorthin!"

„Lu-bagdai, dein Gefühl trügt dich nicht. Es ist momentan gar nicht so schlecht, wenn du ein wenig geschaukelt wirst. Los, bringt das Auerochsenfell her. Ja, legt es hierher, links gleich neben Lu-bagdai. Gut so. Komm, Lu-bagdai dreh' dich rüber. Schaffst du es? Ich schiebe mit. Ja, gut. Das wird deinem Kind helfen, aus dir herauszuschauen. Wenn nicht, werden meine Hände nachhelfen."

Lu-bagdai zog ihre Beine an und schwieg.

„Lu-bagdai, dein Höhlengang ist noch zu eng. Du musst durchhalten. Ich weiß, wie weh das tut. Mach den Mund ganz weit auf, wenn die Wehe kommt, und stell dir die Weite des Himmels vor. Gib nicht auf. Bald findet dein gesundes, starkes Kind die Richtung, und du musst ihm nur noch den letzten Schwung geben."

Aruch-mes Worte ließen Lu-bagdai Hoffnung schöpfen. Für ein lebendes Kind, das seinen Atem auf ihre nasse Haut bliese, hätte sie Btars Geiern anstandslos erlaubt, sie gleich anschließend in tausend Stücke zu zerreißen. Wenn die Chance bestand, dieses Glück sogar zu überleben, würde sie mit Freuden ihre letzte Kraft aufbieten. Was aber, wenn das Bisschen, das sie davon noch hatte, gar nicht reichte? Konnte ihr Aruch-me dann auch noch helfen?

„Dürfen Toischan und Anujach kommen?", fragte Felan-ke sie leise.

Durch Schließen der Augen signalisierte Lu-bagdai ihre Zustimmung. Beine wimmelten vor ihr. Nach einem „Hoch, jetzt" schwebte Lu-bagdai mit den Füßen in Richtung Dorf über dem Boden. Die Männer fassten das große Fell mit herunterhängenden Armen in der Mitte an, wo Lu-bagdais auf der Seite liegender Turmbauch am meisten die Unterlage ausbeulte; Barcha-let und Rupscha-i hoben den hinteren Teil, indem sie ihre Arme leicht anwinkelten, Chanut-pal und Goila-lin den vorderen.

„Krümm dich, wie du es brauchst", sagte Aruch-me. „Wir halten dich, egal, was du treibst." Sie hob ihr Kinn und wandte sich an ihre Begleiter. „Wenn ich es euch sage, lasst ihr sie runter und ich schau, was passiert. Und du, Felan-ke, lauf und sag ihnen, dass wir kommen."

„Sollen die anderen noch am Fluss bleiben?"

„Ja, wer sich weiten muss, soll den Wind aus vielen Nasen meiden. "

Als Felan-ke im Lager anlangte, entdeckte sie nur Mer-hillas Mutterbruder und Kanoch.

„Mer-hilla schreit nicht mehr. Ist das ein gutes Zeichen? Meinst du, das Kind ist schon da?", stürzte Kanoch auf sie zu.

Felan-ke nahm seine Hand. „Ja, wahrscheinlich. Habt noch Geduld. Wir sagen euch Bescheid."

Die Clanmütter, die Mer-hilla abgenabelt und ihre Nachgeburt auf einer flachen Steinschale ausgebreitet hatten, lächelten Felan-ke an, als sie die Vollmondhütte betrat. Dort bestrich die Butú-tekál gerade die Stirn des neuen Stammesmitglieds mit roter Ockerfarbe, um seine Zugehörigkeit zum Gatár-ta-ún zu unterstreichen.

„Willkommen altehrwürdige Seele, ich liebe dich, du meine Schwester in Btar", begrüßte Ilnaf-ba das Kind und nach ihr jede einzelne der anwesenden Frauen. Mit dieser Formel würden auch alle anderen Stammesmitglieder das Kind empfangen, aber erst, sobald die Mutter bereit war, sich gemeinsam mit dem Kind dem ganzen Stamm zu zeigen.

Das würde noch dauern. Kaum leuchtete die Stirn ihrer kleinen Tochter in hellem Rot, schlief Mer-hilla ein, mit einem Gesichtsausdruck von derart entspannter Glückseligkeit, als kenne sie noch nicht einmal vom Hörensagen das Wort „Wehen".

Felan-ke richtete ihre Botschaft aus und erntete ungläubiges Staunen. Ohne zu zaudern, stürmte Ja-ella los, um weiteres Bienenwachs aus der Clanhütte zu besorgen, das sie Mer-hilla in die Ohren stopfte. Die anderen Frauen ersetzten die blutigen Felle und Stoffe durch neue saubere, kontrollierten die Knoten der Stricke und holten frisches Wasser.

Mer-hillas Mutterbruder und Kanoch jubelten, als sie von ihrer neuen Sippentochter erfuhren. Obwohl Kanoch sich einen Schwestersohn gewünscht hatte, wollte er sofort loslaufen zum Fluss, um seine Freunde zu holen.

Doch Felan-ke verbot es ihm. „Renn los, und freu dich. Aber sag ihnen, dass es noch dauert. Jetzt braucht Lu-bagdai Ruhe. Mal sehen, ob Horfet so geduldig auf sein Mutterschwesterkind warten kann wie du."

Horfet kam nicht, um vor dem Ol-olua-krata herumzusitzen. Ungerührt döste er weiter im Schatten einer Esche nahe dem Schafpferch und dachte nach. Freute er sich überhaupt über seine Mutterschwestertochter? Sicher nicht so wie Kanoch. Er öffnete die Augen, weil sich der lichte Schatten über ihm plötzlich verdunkelte.

Boritak stand vor ihm: „Pass auf, dass du vor Freude über dein neues Sippenmitglied nicht im Sand ertrinkst", sagte er.

„Säuglinge sind doch wirklich blöd. Sie haben einen riesigen Kopf, winzige Arme und Beine, reden nicht, scheißen bloß, und fast alle Frauen lieben sie trotzdem heiß und innig. Ich kann diese Brustnuckler nicht ausstehen. In-eika mochte ich auch erst, als sie ganze Sätze sagen konnte. Wenn schon das ganze Gezeter sein muss, hätte ich lieber einen Sippenbruder gewollt."

„Woher weißt du denn, dass es keiner wird?"

„Ich weiß es, weil Onloatwi sagte, dass so lange keine Jungen mehr zur Welt kommen, bis alle im Stamm ihn ehren. Davon sind wir noch Berge entfernt. Also kann es nur eine Tochter sein. Vielleicht lebt sie ja nicht lang genug, um mir auf die Nerven zu gehen."

Boritak stieß ihm mit dem Fuß in die Rippen. „Mann, schau her, es geht los?"

„Was denn?"

„Na, schau doch."

Horfet stützte sich auf den Ellbogen.

„Nein, von unten siehst du es nicht richtig, du musst schon aufstehen. Wohoí, was sagst du? Der stärkere Widder besteigt Onloatwis Schaf. Ist das nicht ein erhebender Anblick, wie sie ihm ihre Höhle hinhält und sich unter ihm duckt?"

Im Ol-olua-krata ließ Aruch-me nichts unversucht, um Lu-bagdai zu helfen. Das Kind hatte sie bereits kurz nach der Ankunft im Dorf drehen können. Seither massierte sie immer wieder Lu-bagdais Damm mit ihren vom Wolfsfett glänzenden Fingern, um ihn nachgiebiger zu machen. Nicht gänzlich umsonst! Unter fünf Presswehen trieb Lu-bagdais knien- der Körper bei Einsetzen der Dämmerung schließlich seine Frucht aus. Ihr Damm riss dabei etwas ein, jedoch längst nicht so weit, wie Aruch-me ursprünglich befürchtet hatte.

Lu-bagdai hörte sich schreien, überzeugt davon, endgültig unter der unerträglichen Pein zu sterben. Tränen schossen ihr aus den Augen, als Aruch-mes Arme unter sie griffen und das Neugeborene auffingen. Als fürsorgliche Hände erst sie selbst auf eine weiche Unterlage betteten und dann sofort das Kind auf ihren Bauch. Nur noch Wonne, reine, überbor- dende Wonne erfüllte sie da. Dieses Kind lebte. Blut und Schmiere überzogen es, aber es fühlte sich warm an; aus seiner Nase entströmten Luftstöße, die sie spüren konnte.

„Btar, Allwaltende, ich danke dir, ich danke dir, ich danke dir, ich kann gar nicht aufhören, dir zu danken", stieß sie weinend hervor.

„Btar Atikschar (baranisch für *Schöpferin*), wir ehren dich, wir danken dir", erwiderten die Frauen, die mit nassen Augen um sie standen.

Eine kleine Gasse ließen sie frei, damit auch Mer-hilla das Neugeborene sehen konnte. Sie war mittlerweile trotz des Wachses aufgewacht. Kipik- le saß neben ihr und klärte sie auf, dass die Unruhe Lu-bagdai galt. Deren hoch aufgeschichtetes Strohlager, bedeckt von mehreren zusammenge- nähten Schaffellen, befand sich einige Schritte seitlich hinter den Stricken, an die sich Lu-bagdai beim Knien gehängt hatte.

Trotzdem hatte Lu-bagdai Mer-hillas Anwesenheit nicht bemerkt. Bis zu diesem Moment, da sie den Blick hinter sich spürte, sich umwandte und erschauderte: die Göttin, die der Göttin ins Auge blickt! Aufgekratzte Lust, die ganze Nacht durchzufeiern, erfasste sie. Fort die Müdigkeit, die sie die vergangenen Mondläufe lähmte. „Holt schnell die anderen", befahl sie, „ich will Trommeln hören, Singen, Lachen, Füßestampfen. Alle sollen sich mit uns freuen. Unsere Töchter leben und sie betraten den Gatár-taún an Oíj-issa-ú."

„Allerdings muss das gefeiert werden", erwiderte Ilnaf-ba. Ihr Blick wanderte nach hinten, zu Mer-hilla. „Was sagst du dazu, Mer-hilla? In euch beiden besucht uns die Göttin. Sprecht die nächsten zehn Tage möglichst mit einer Zunge, damit wir wissen, was wir tun sollen. Es gibt nicht einmal ein Lied über zwei Geburten an einem Tag. Btar muss es besonders gut mit uns meinen!"

„Wie viele Flüsse müssen wir denn noch überqueren?", stöhnte Danui-me. „Vor acht Tagen haben wir den Esfrukfanat verlassen und jetzt waten wir unablässig durch Furten. Ich bin es leid, durch all den Schlamm zu waten. Gut, dass der Himmel sich schon rot färbt."

„Ich weiß, in dieser Gegend trägt man die Schuhe mehr über den Schultern als an den Füßen. Dabei haben wir den größten Sumpf ohnehin umgangen. Der ist nämlich südlich von hier. Aber ich kann dich beruhigen. Dies hier war der letzte Wasserlauf, bevor wir zur Tiak-ubal kommen. Die Tiak-ubal, musst du wissen, ist der Esfrukfanat des Ostes."

„Lässt die sich so gut durchqueren wie der Esfrukfanat?"

„Nein, nicht ganz so gut. Aber hör mal, du bist eine Frau vom Meer. Wieso magst du das Wasser nicht?"

„Erstens kannst du weder diese Rinnsale noch die Flüsse mit dem Meer vergleichen, und zweitens habe ich das Meer lange genug gesehen. Ich bin vielmehr gespannt auf die Hügel Ostgabbtarans."

Plötzlich hob Elatansch seinen Arm. „Ruhig", wisperte er, während er seinen Kopf drehte. „Hörst du das auch?"

„Ja, da schreit jemand."

„Sogar mehrere. Los, lass uns nachschauen." Elatansch entledigte sich seiner Rückentrage und rannte, den gefüllten Köcher umgeschnallt, den Bogen in der Hand, so schnell er konnte Richtung Schrei.

Danui-me folgte ihm. Sie blieb ein Stück hinter ihm, obwohl sie ebenfalls sehr flink lief. Auf der Oberkante einer langgestreckten, mit verstreutem Buschwerk bewachsenen Anhöhe entdeckten sie die Quelle des

Lärms: ein Lager gabbtaranischer Nomadinnen, die versuchten, einen Bären am Plündern ihrer zum Trocknen ausgebreiteten Fleischstücke zu hindern.

Noch ließ sich der Bär durch die vor ihm geschwungenen Haselnussruten beeindrucken. Sein anschwellendes Brummen und sein Humpeln auf der rechten Vorderpfote verrieten allerdings, dass er auf diese leichte Beute stärker angewiesen war als die Frauen. Diese dachten jedoch genauso wenig ans Aufgeben. Während die einen den Bären mit tollkühnen Manövern auf Trab hielten, griffen die anderen bereits nach Pfeil und Bogen, um ihn notfalls zu töten.

Zwischen den beiden Herbeieilenden und dem Lager erstreckte sich ein abschüssiger Hang mit Geröll. Wohl oder übel mussten Elatansch und Danui-me ihren Lauf verlangsamen, um nicht zu stürzen. Den Schmerz in ihrer Wade spürte Danui-me daher kaum. Die blitzschnelle Bewegung neben ihr nahm sie nur aus dem Augenwinkel heraus wahr.

Im Lager spitzte sich die Lage zu. Mit zwei Pfeilen im Leib wurde der Bär zu einer Bestie, die sich auf eine der beiden Schützinnen warf und ihr die Krallen in Brust und Schultern trieb. Die andere Frau, die den Bogen trug, warf ihn weg und schnappte sich einen Speer, den sie unter Gebrüll tief in den Rücken des Bären stemmte. Doch da der noch im letzten Augenblick auswich, wurde er viel leichter verletzt, als die Frau es beabsichtigt hatte. Stattdessen wandte er sich von seinem bereits stark blutenden Opfer ab, um die Angreiferin zu attackieren. Ohne Rücksicht auf die Steine, die ihn dabei von allen Seiten trafen.

Die Frauen sandten flehentliche Gebete zu Gab-Btar und glaubten fest daran, sie seien erhört worden, als ein Pfeil aus einer für sie unerwarteten Richtung den Bären am Hals durchbohrte und ihm rasch den Tod brachte.

„Hervorragend gezielt. Ein bisschen gezittert und du hättest die Frau getroffen", rief Danui-me atemlos.

„Ich musste den Schuss wagen, sonst hätte der Bär die Frau getötet. Aber jetzt zittre ich vor Erleichterung, weil mein Pfeil wirklich nur den Bären getroffen hat."

Eine Frau löste sich als erste aus der Gruppe der anderen Frauen, die sich um die zwei Verletzten kümmerten. „Sei gegrüßt, du Retter meiner Schwestertochter. Und auch du, Großherzige, die du mir einen solch tüchtigen Bruder in unser Lager führst. Mein Name ist Pol-goi, Clanmutter der Federwolkensippe. Und wer seid ihr?"

Die beiden nannten ihr Namen, Sippe und Stamm.

„Dachte ich mir schon, dass ihr Steinzeltler seid." Und mit einer hochgezogenen Augenbraue setzte sie hinzu. „Aber Geschwister seid ihr nicht."

„Nein, ich habe nämlich keine Sippe mehr. Deshalb folge ich meinem Geliebten zu seiner Sippe."

„Das tut mir leid", schlug Pol-gois Skepsis in Mitleid um. Mittlerweile waren sie nicht nur von den fünf Kindern unterschiedlichsten Alters, sondern noch drei weiteren Frauen umstellt.

„Habt ihr gar keine Söhne?", lenkte Elatansch ab, weil er Danui-me vorerst davor bewahren wollte, ihre Geschichte erzählen zu müssen.

„Wie ihr seht, folgen wir dem alten Weg. Unser Dach sind die Häute unserer Beutetiere. Wir leben von dem, was wir unterwegs sammeln. Unser Stamm besteht lediglich aus zwei Sippen. Unsere fünf Männer, Brüder und Söhne, sind gerade auf einem Jagdzug."

„Acht Frauen und fünf Männer, verstehe."

„Ich kann dir versichern, Mann aus dem Stamm der Weißkrallenleute, wir hatten schon lange keinen Bären mehr, der uns überfiel. Wir reden viel mit ihren Geistern und dann lassen sie uns gewöhnlich in Ruhe. Deswegen mag unsere Schießkunst etwas nachgelassen haben."

Elatansch und Danui-me nickten abermals. „Der Bär hätte sich sicher nicht an eure Vorräte gewagt, wäre sein Bein gesund gewesen", sagte Danui-me.

Erst jetzt bemerkte Elatansch die Schweißperlen um ihre Nase und auf ihrem Kinn. „Was fehlt dir? Geht es dir nicht gut? Du siehst aus, als ob du jeden Wimpernschlag umfallen würdest?"

Kaum hatte er dies ausgesprochen, als Danui-me ihm tatsächlich in die Arme taumelte, was den Vorteil hatte, dass sie mit seiner Hilfe sanft auf den Boden glitt.

„Das Atmen fällt mir schwer", keuchte sie, „mein Herz rast und meine Beine sind schwer wie Steine."

Pol-goi wurde angesichts der Symptombeschreibung hellhörig. „Kann es sein, dass du von einer Schlange gebissen wurdest?", fragte sie, während sie bereits aufmerksam ihre nackten Beine musterte.

„Ich weiß nicht recht. Ich weiß nur, dass ich einen kurzen heftigen Schmerz fühlte. Als hätte mich eine ganz große Biene gestochen. Ja, und irgendetwas hat sich bewegt."

„Hier ist die Stelle. Ich hab sie. Kein Zweifel. Das ist ein Schlangenbiss. Normalerweise fliehen die geschmeidigen Töchter der Erde, sobald sie eine Erschütterung wahrnehmen. Aber ihr seid schnell zu uns gerannt und habt sie wahrscheinlich aus dem Schlaf geschreckt."

Elatansch haderte mit Gab-Btar. Wieso schickte sie die Schlange zu Danui-me, wo sie doch die einzige war, die Boritak mit Sicherheit überführen konnte? Und das so kurz vor dem Ziel? Danui-me hatte endlich ein besseres Leben verdient und gewiss keinen schmerzhaften Tod! „Wisst ihr denn keine Kräuter, mit denen ihr ihr helfen könnt?", fragte er aufgeregt.

„Doch, hab keine Angst. Wir fürchten und ehren die Schlangen. Wir heilen mit ihrem Gift und wir heilen von ihrem Gift. Danui-me, sag uns nur, welche Farbe die Schlängelnde hatte?"

Danui-me wälzte ihren Kopf auf der Erde hin und her. „Ich glaube, sie war braun, nein hellbraun, oder vielleicht beides. Es ging so schnell."

Die Frau, die direkt neben Pol-goi in die Hocke gegangen war, lächelte Danui-me aufmunternd zu. „Braun mit ein paar hellbraunen Sprengseln, nicht wahr? Gut, sie ist nicht so giftig wie die gelbbraune Windende, die auch auf diesem Hügel wohnt. Sorge dich nicht. Ich weiß, welche Kräuter ich mischen muss. Ich beeile mich. In ein paar Tagen wirst du den Biss vergessen haben."

Log die Frau? Elatansch fand, dass ihr sorgenvoller Blick nicht mit dem übereinstimmte, was sie sagte. Doch selbst wenn, durfte er es sich gegenüber Danui-me, die nur ihn ansah, nicht anmerken lassen. Ihre Hand umschloss die von Elatansch ganz fest. „Ich bin so unendlich müde. Wartest du auf mich? Ich will es wissen", hauchte sie.

„Natürlich. Und wenn deine Genesung länger dauert, werde ich dich zu meinem Stamm tragen." Die Verzweiflung, die ihn bei ihrem Tod überkäme, wagte er sich gar nicht vorzustellen.

Ilnaf-ba ließ ihre Blicke ringsum schweifen. Obwohl der noch fast volle Mond nur das erste Viertel seines Halbbogens zurückgelegt hatte, hüpfte der Schlaf von Auge zu Auge. Manche Dorfbewohner machten es sich gleich am großen Hauptfeuer gemütlich, die meisten rollten ihre Felle ein und verzogen sich in ihre Clanhütten. Ilnaf-ba war zufrieden. Sie schien den Tee, der in dem Lederbeutel über dem Feuer brodelte, mit ausreichend Bilsenkraut angereichert zu haben.

„Btar, banne sie alle mit dem Zauber, den du uns Frauen kundtatest vor langer Zeit, und hilf uns", betete sie.

Nach dieser Abfolge ereignisreicher Tage hätte sie die Dosis sogar niedriger ansetzen können. Zuerst nämlich bestand Mer-hilla darauf, für jede Mutter die zehntätige Ehrenzeit getrennt zu begehen und jede mit dem Fest der „lebensspendenden Göttin" abzuschließen.

Ihr Wunsch bedeutete zweimal innerhalb von elf Tagen reichlich Honig aus Wabenstöcken auszulösen, viel davon und von gut gewürzten Speisen zu essen, noch mehr Rauschwasser zu trinken und bis tief in die Nacht hinein vor dem weich gepolsterten Ehrenplatz der „Göttin" zu singen und zu tanzen. Wenigstens hatten beide Kinder ihren Müttern wohlklingende Namen zugeflüstert. Mer-hilla nannte ihre Tochter „Ab-buna" (baranisch für *grüner Stein)*, und Lu-bagdai verkündete, ihre Tochter wolle „Esfan-ee" (baranisch für *Schilfling)* heißen.

Für die heftigste Aufregung sorgte freilich der Streit zwischen Lu-bagdai und Horfet im Vorfeld des Festes. Noch immer trieb es Ilnaf-ba die Zornesröte ins Gesicht, wenn sie sich über den Auslöser ärgerte. Weil es Lu-bagdai nach Schaffleisch gelüstet hatte, das Toischan umgehend durch Schlachten eines der Lämmer aus dem Gatter holte, bekam Horfet einen Tobsuchtsanfall, in dessen Verlauf er Toischan das Fleisch entriss und es in die Flammen warf.

Nach dem ersten Schrecken drangen die Weisen Frauen in ihn. Seine Rechtfertigung, er habe das Lamm Onloatwi geweiht, so dass es bestenfalls ein Onloatwi-Sohn essen dürfe oder eben das Feuer, überstieg die Geduld des Frauenrates. Schlimm genug, dass er sich anmaß, über die Verteilung von Essen zu entscheiden. Aber dann noch gegen den ausdrücklichen Wunsch einer Göttin, die überdies seine eigene Clanmutter war! Keine hatte je von einer solch beispiellosen Frechheit gehört.

Einstimmig beschlossen die fünf Frauen, Horfet zu bestrafen, indem sie ihn teilweise nicht mitfeiern ließen, sondern ihn in die Hütte seines Clans verbannten, wo er zwei Tage lang weder etwas zu essen bekam noch von irgendeinem Sippenmitglied als lebendes Wesen wahrgenommen wurde. Die Isolation sollte ihm dabei helfen, seine Verfehlung einzusehen. Heraus kam schließlich eine Entschuldigung, die sie nicht zuletzt wegen Lu-bagdais Fürsprache akzeptierten, auch wenn Horfet beim Sprechen auf Holz zu kauen schien.

Ilnaf-ba blinzelte zu ihm hinüber. Mit geschlossenen Augen wirkte der Junge harmlos und verletzlich. Doch hinter seiner Stirn musste der Geist des wunden Löwen aus der Höhle lauern, den Elatanschs Speer nicht töten konnte. War Horfet noch zu retten? Er und die anderen jungen Männer, die die verderbenbringende Stimme des Irrglaubens unablässig näher an den Abgrund lockte und sie taub machtefür die Mahnungen der Vorfahren. In der heutigen Nacht, die sie als die den Ahninnen am nächsten stehenden Frauen auserkoren hatten, würden sie ihr altes Wissen und ihre Ahnungen dazu benutzen, die Einheit des Stammes wiederherzustellen.

„Wenn doch bloß meine Hände nicht derart schwitzten, mein Mund sich nicht rau und trocken anfühlte wie eine Nussschale von innen", dachte Ilnaf-ba. Gut, dass Btar ihre Gebete um eine rabenschwarze Nacht nicht erhört hatte. Bei ihrem Vorhaben würden sie das weiche Mondlicht trotz der Fackeln gut gebrauchen können.

Eine geraume Weile warteten die fünf Weisen Frauen noch. Dann, als sie nur mehr ruhiges Atmen um sich vernahmen, ergänzten sie ihre Flintsteinmesser durch die Äxte und Speere ihrer schlafenden Söhne oder Brüder. In der einen Hand eine Waffe, in der anderen eine Fackel, schlichen sie hinunter zum Schafspferch.

Aruch-me hatte Tage zuvor die Umfriedungen nach dem schwächsten Punkt abgesucht. Laut ihrer Meinung würden sie nur ein paar Stöcke brauchen, um die Streben dort zu lockern und einen Durchgang für die Widder zu schaffen. Die Frauen steckten die Fackeln entlang der Seite des Gevierts in die Erde, auf der die widderlosen Schafe standen. Dann entfernten sie an einer Stelle die ringsum aufgetürmten Schlehenäste, die mit ihren Dornen wilden Tieren den Appetit auf Schaffleisch verleiden sollten, und kletterten über das eigentliche Gatter.

Die Schafe kauerten sich sofort in der gegenüberliegenden Ecke zusammen. Unbehelligt drückten Felan-ke und Rupscha-i mit ihren Stöcken einen der wenigen zwischen den Eschenbaumstümpfen im Boden verankerten Eichenpfähle auseinander, so dass Chanut-pal, Aruch-me und Ilnaf-ba die streng geflochtenen Querstreben herausziehen konnten, bis ein Ast im nahe liegenden Unterholz knackte und die Frauen innehielten, Speere und Äxte griffbereit.

Die Widder ließen sich von dem Geräusch überhaupt nicht einschüchtern, sondern rannten weiterhin an der Trennwand entlang oder trugen mit eigenen Rammstößen dazu bei, dass der Durchgang passierbar wurde. Als die Trennwand nachgiebiger wurde, brachten sich die Frauen außerhalb des Gatters in Sicherheit und warteten, aufmerksam nach allen Richtungen lauschend. Es dauerte nicht lange, bis die Schwachstelle keine Barriere mehr bildete und die Widder auf die andere Seite sprangen, wo sie sich sofort um die Hinterleiber der aus der Ecke stiebenden Schafe kümmerten. Eines nach dem anderen wurde beschnuppert und angeflehmt. Der Machtkampf zwischen den Widdern schien vergessen.

„Wohoí, was sehen meine dummen Männeraugen! Ihr bringt eure unbespritzten Schafe mit den Widdern zusammen?", höhnte Boritak hinter ihnen.

Die Frauen erschraken. Ilnaf-bas langer Hals verschwand in ihren hochgezogenen Schultern, als habe sie ein Stein aus dem Himmel am Kopf getroffen. Wie war es möglich? Nur sie selbst hatten sich vorher gegen das Gift geschützt. Und Boritak hatte sogar viel von dem Zaubertee zu sich genommen. Ilnaf-ba erinnerte sich genau, weil sie ihm ihre besondere Aufmerksamkeit geschenkt hatte.

Boritak ging auf sie zu und pflanzte sich vor ihnen auf. „Da klebt euch die Zunge an den Zähnen fest, nicht wahr? Damit habt ihr nicht gerechnet. Ihr dachtet, mit ein bisschen Bilsenkraut schläft der schon. Wir lassen die Widder rein, machen das Loch wieder zu, und siehe da, alle Schafe bekommen Lämmer, als bedürfe es der Widder nicht! Nicht mit mir. Schande über euch. Ich habe euch schon lange durchschaut."

„Du deutest die Lage ganz falsch. Wir wollten dem Fluss ein Blumenopfer überlassen. Die Widder waren schon durchgebrochen, als wir hier vorbeikamen", log Felan-ke.

„Lügen, nichts als Lügen, sogar jetzt noch." Er spuckte vor ihr aus. „Gib dir keine Mühe, Alte. Ich stehe hier viel zu lange, um mich durch dein Gesäusel täuschen zu lassen. Ich sah euch hantieren mit den Stangen. Den Zaun habe ich selbst gebaut. Ohne eure Hilfe hätten die Widder niemals durchbrechen können."

„Die Widder waren so begierig danach, zu den Schafen zu kommen."

„Wie rührend, weil Schafe und Widder in Wallung sind, habt ihr ihnen also einen Dienst erwiesen, was? Beleidigt nicht meinen Verstand! Wir alle kennen den wahren Grund für eure Hilfestellung."

Aruch-me streckte ihre Arme gen Himmel: „Btar, Btar Bato-umra-e hilf uns. Ilnaf-ba sag, was sollen wir jetzt tun?"

„Ich weiß es noch nicht, Aruch-me. Ich weiß nur, dass Boritak sein Wissen für sich behalten muss."

„Ob Gab-Btar gewollt hat, dass ich meinen Speer benutze? Seit vielen Jahren habe ich wieder einen in der Hand. Mein linkes Auge ist so schwachsichtig wie früher. Mit dem rechten ziele ich also nach wie vor ausgezeichnet. Was meinst du, Butú-tekál?", fragte Rupscha-i, die ihre

Waffe vom Boden aufgehoben hatte und auf den ihr verachteten Mann richtete.

Boritak war zu weit von einer guten Deckung entfernt und zögerte, der für ihre Treffsicherheit in jungen Jahren besungenen Frau den Rücken zuzukehren. „Nein, wartet!", bettelte er. „Ihr dürft mich nicht töten. Ich bin ein Kind Btars mit einem Namen. Die Göttin will nicht, dass ein Benannter einem anderen Gewalt antut. "

„So, so, du erinnerst dich also doch an die Gesetze der Göttin? Aber bloß im Angesicht meines Speeres, wie?"

„Hör auf, ihm Angst zu machen. Er hat ja Recht. Nur Btar selbst darf ihre Geschöpfe töten, die einen Namen tragen", fiel ihr Ilnaf-ba in den Arm.

Eine vorbeiziehende Wolke verdüsterte den Mond. Allein im nahen Umkreis der Fackeln wurde die Lichtung nicht zur Beute der Dunkelheit. Boritak nutzte seine Chance und spurtete los. Eine Wurzel brachte ihn zu Fall. Das zurückkehrende Licht erhellte den Stein, auf dem er sich sein Knie aufschlug. Humpelnd rettete er sich ins nächstgelegene Gebüsch, das sich etwa über fünfzehn mal fünfzehn Schritte ausdehnte.

„Er versucht zu fliehen. Los, schnell, umzingeln wir ihn! Entwischen darf er uns auf keinen Fall." Auf Ilnaf-bas Zeichen hin stellten sich die Frauen sogleich in regelmäßigem Abstand um seinen Schutzwall aus Brombeeren, Hartriegel und Wildrose. Da dieser kaum Schatten warf, fiel genug Licht auf Boritaks verkratztes, herausspitzelndes Gesicht. Mit ängstlicher Miene lauschte er den Worten seiner Verfolgerinnen.

„Wir können nicht riskieren, dass er den anderen Bescheid gibt", warnte Rupscha-i.

Aruch-me schätzte die Gefahr anders ein. „Könnten wir ihn nicht der Lüge bezichtigen? Dann stünde sein Wort gegen das von uns fünf."

„Vor ein paar Mondläufen hätte ich dir Recht gegeben", beschied ihr Ilnaf-ba, „Aber mittlerweile ist Boritaks Einfluss auf die jungen Männer viel zu groß. Die würden nicht mehr *uns* glauben, sondern *ihm*. Wir haben lange über die Zeichen beraten, die Btar uns in letzter Zeit schickte. Warum fassten wir denn den Entschluss, das Dorf zu betäuben? Doch nur, um keine Mitwisser zu haben."

Ihre kleine Pause nutzte Rupscha-i. „Genau. Wenn Boritak, durch welche Kräfte auch immer, dem Bilsenkraut trotzte, hat er seinen Tod selbst herbeigerufen. Wir müssen ihn töten, und sei es, dass unsere eigene Seele dadurch Schaden nehme. Das sind wir Btars Geheimnis schuldig. Unserem Dorf. Unserem ganzen Volk. Unserer Tradition. Wahrscheinlich erwartet Gab-Btar das sogar von uns."

„Ich rätsle schon lange, was wir verbrochen haben könnten, dass sie uns einen Verstoßenen schickte", schüttelte Ilnaf-ba den Kopf, ohne ihren Blick vom Gebüsch zu wenden.

„Ich bin kein Grochpee-ma-kaan", drang Protest aus dem Gebüsch.

„Aber müssen wir ihn deshalb gleich töten? Wir würden Btars Gesetz brechen, um es zu schützen? Welchen Sinn sollte das haben?" ließ sich Ilnaf-ba nicht ablenken.

Chanut-pal fuhr sich mit Zeige- und Mittelfinger über ihre Mundwinkel. „In letzter Zeit haben wir seltsame Zeichen von Gab-Btar erhalten. Vielleicht schickte sie sie uns, um uns darauf vorzubereiten, dass sie diesmal unsere Hände braucht, um ihr Geheimnis zu schützen und einen Verstoßenen zu töten."

Ilnaf-ba legte ihren Kopf schief. „Du Fremder aus dem Stamm der Muschelkettenleute magst verstoßen sein oder nicht. Aber du hast dir weiß Btar vielerlei zuschulden kommen lassen. Du hast erstens die Vision eines Jungen in böswilliger Weise missgedeutet. Zweitens hast du uns mit List dazu gebracht, uns auf den unglückseligen Versuch mit den Schafen einzulassen. Drittens hast du die Jungen gegen die Göttin aufgehetzt. Du hast ihr beim Isba-nia-chana-lut-Fest nicht die gehörige Achtung erwiesen. Irgendwann musst du dir eine Kenntnis über Zauberkräfte erworben haben, die dir als Arkasnaq nicht zusteht. Und diese Kenntnis hast du heute Nacht sogar dafür eingesetzt, um uns bei einer heiligen Handlung zu stören. „Sag selbst, was sonst könnten wir tun, um dich zum Schweigen zu bringen?"

„Lasst mich einfach laufen!"

Rupscha-i und Chanut-pal lachten auf. Im nächsten Augenblick hörten sie die grunzenden Laute, die die Widder vor dem Kopulieren ausstießen.

Felan-ke schnalzte mit der Zunge. „Es gibt einen Weg, wie wir Btar helfen können, ihn zu töten, ohne es selbst zu tun. Indem wir ihn nämlich fangen und in einer Höhle einsperren."

Ilnaf-ba zeigte sich erleichtert. „Ja, Gab-Btar sei Dank. Dich segnete sie mit den besten Einfällen. Lasst es uns so tun."

Beschämt dachte Felan-ke daran, dass ihr Vorpreschen damals Boritak überhaupt auf die Idee mit den Schafen gebracht hatte. Gut, dass dies vergessen schien.

Rupscha-i war noch nicht überzeugt. „Ach, und wo sollen wir ihn einsperren? Vorausgesetzt, wir werden seiner überhaupt habhaft. Ohne dass ich auf ihn schießen darf, werden wir uns schwer tun, seinen Widerstand zu brechen. Er ist stark und wird sich mit Klauen und Zähnen wehren wie ein Bär."

„Das lösen wir anders. Zuerst versuchen wir es ohne Speer. Wir werfen das Netz über ihm aus, das ich vorher betastet habe, als wir neben dem Zaun standen. Es hängt dort sicher noch." Ilnaf-ba wies auf den gegabelten Stamm einer Esche.

„Mit dem haben sie die Schafe gefangen. So hat es jedenfalls Kanoch mal am Feuer erzählt. Wenn wir es anders nicht schaffen, magst du dieses einzige Mal deine Speerspitze auf ihn lenken. Aber nur, um ihn zu verletzen. Am besten ins Bein", schlug sie vor. „Bitte, Felan-ke, hol das Netz. Du bist am nächsten dran."

„Ihr könnt herauskommen, Männer. Ihr habt genug gehört, nicht wahr!", tönte Boritak, dessen Zähne sich unter dem altbekannten Grinsen entblößten.

Von mehreren Seiten hörten die Frauen Geraschel. Ehe sie sich aus ihrer Erstarrung lösten, waren sie selbst umzingelt: von Horfet, Glenek, Kanoch, Schodan, Hetlin und Manserek. Nur Onriak fehlte. Manserek entwand Rupscha-i den Speer.

Boritak humpelte aus seiner Deckung. „Tatoik, tatoik! Und wie sieht eure Rechnung jetzt aus? Sieben gegen fünf. Schon deutlich besser für mich, würde ich sagen."

Ilnaf-ba taumelte. „Wie... Wie kommt es?"

Boritak trat nahe an sie heran und blies ihr seinen Atem ins Gesicht. „Wieso wir nicht schlafen, dürre Ziege? Ganz einfach. Weil ich das Bilsenkraut im Tee sofort gemerkt habe. Ihr habt euch zwar Mühe gegeben, es mit Artemisia, Salbei und sogar Honig zu überdecken. Aber bei mir verfangen solche Tricks nicht."

Er stolzierte an ihr vorbei und versetzte Rupscha-i einen Schlag in den Bauch, der sie zu Boden streckte. „Für den Speer, den du auf mich gerichtet hast. Du hättest schießen sollen, als du es noch konntest, fette bunte Sau. Ach ja, ich war dabei zu erzählen, wieso wir nicht schlafen. Bilsenkraut und Tollkirsche heben sich auf. Das weiß jeder Weise Mann, wie ich einer bin. Ja, da schaut ihr. Nicht nur ihr kennt euch mit Kräutern aus. Ich habe viel von einem Arkás ga-asch gelernt, der der Meinung war, ich sei würdig genug für dieses Wissen.

Ich hatte genug Tollkirschen in meiner Tasche. Ich habe allen ein, zwei vorgekaute Beeren in den Mund gesteckt, sie wachgeschüttelt und bin mit ihnen heruntergestiegen. Da ich eure Hinterlist kenne, habe ich mich als erster gezeigt. Wie gut, dass ich die Onloatwi-Söhne bei mir hatte. Wer weiß schon, was ihr sonst noch mit mir angestellt hättet, ihr bösen, bösen Weisen ihr. Fesselt sie, Männer! Und danach entzündet eure Fackeln."

„Hand an meinen Körper legen? Das darfst du nicht! Niemand darf das, dem ich es nicht selbst erlaube. Wozu überhaupt? Hast du solche Angst vor uns? Wir können euch gewiss nicht entkommen", widersetzte sich Ilnaf-ba.

Kanoch und Hetlin nickten zustimmend.

Boritak herrschte sie an. „Legt endlich die Achtung vor diesen verlogenen Löchern ab! Seid Männer und schneidet die Stücke aus dem Netz heraus. Ich will sie gefesselt sehen, weil sie sich dann keine Zeichen geben können und weil mir das besser gefällt. Worauf wartet ihr denn noch?"

„Mit mir waren sie auch nicht zimperlich, obwohl ich nur tat, was ich musste." Horfet schob die beiden zur Seite und machte sich mit den anderen ans Werk.

Während Rupscha-i und Chanut-pal sich noch zu wehren versuchten, ließen die anderen drei Frauen alles widerstandslos über sich ergehen.

Boritak schnappte sich eine eben hochlodernde Fackel, packte Horfet am Arm und führte ihn zu Ilnaf-ba: „Weißt du noch, wie wir gestritten haben über die Frage, ob Krata-buun das Geheimnis des Hengstsaftes kannte."

Horfet starrte Ilnaf-ba an. Wenn irgendjemand so gut wie alles von Krata-buun wusste, dann diese zierliche Frau, deren Lippen jetzt zitterten.

„Heute in der Nacht der Wahrheit ist die Chance groß, dass du die Antwort aus Ilnaf-bas Mund selbst erfährst. Was ist, Butú-tekál? Meinst du, du könntest zur Abwechslung mal die Wahrheit sagen? Was wusste Krata-buun von der Zauberkraft des Männersaftes?"

Ilnaf-ba schwieg.

Boritak legte ihr seine prankenartige Hand um den rechten Busen und machte Anstalten zuzudrücken.

„Wag ja nicht, mir wehzutun! Schon gar nicht am Milchquell der Lebensspenderin" kreischte sie.

„Du Lebensspenderin wolltest mich töten, vergiss das nicht."

„Ich wollte dich nicht töten. Du hast uns gezwungen, über deinen Tod nachzudenken, weil du unsere Überlieferung mit Füßen trittst. Du bist ein Verstoßener und lebst bei uns."

„Ihr wisst, wie ich zu der Narbe kam. Warum wollt ihr das nicht begreifen?"

„Du verachtest die Göttin."

„Aber sicher. Wieso sollte ich eine Göttin achten, die solch armselige Geschöpfe wie euch zu Butú-tekáls erwählt, die nur ihre Töchter päppelt und ihren Sohn verstößt? Deren Macht allein auf Lüge gestützt ist? Die es nicht hinnehmen will, dass ihre Zeit abgelaufen und für einen jungen neuen Gott reif ist? Lenk nicht ab, was wusste Krata-buun?"

„Sie wusste es nicht."

„Sprich endlich die Wahrheit oder ich schlage dir die Zähne aus!"

„Sie ahnte es nur."

„Ahnen, wissen, einerlei. Glaubst du mir jetzt, Mannessohn?"

Horfet rang um seine Fassung. „Krata-buun auch? Schon damals wusste sie es? Aber warum hat sie mich dann verspottet? Ich wäre nie weggerannt. Sie säße noch unter uns. Warum?"

„Was du Lüge nennst, ist heilige Ahnung, ein Geheimnis, das die Ahninnen uns zu hüten gebieten."

„Aber Btar ließ euch im Stich. Ihr Sohn enthüllte mir euer Geheimnis bereits in meiner Vision, die ihr verspottet habt. Mir, dem Jungen, enthüllte er sie. Ohne jede Rücksicht auf eure heilige Überlieferung. Warum begreift ihr nicht, wie mächtig er ist? Beugt euch endlich seiner Kraft, bevor noch mehr Unheil geschieht. Beendet unseren Streit! Vereinigt uns in einem neuen gemeinsamen Glauben. Onloatwi verlangt nur eines: Dass auch ihr ihn verehrt."

„Bisher lebten wir alle sehr gut ohne Onloatwi. Wer weiß, was unter ihm passieren würde. Mir reichte die Erzählung deiner Vision, um ihn zu verachten", zeigte sich Rupscha-i unversöhnlich.

„Ihr gebt noch nicht auf? Denkt jede von euch so wie Rupscha-i?" Horfets Augen funkelten. „Schämt ihr euch denn gar nicht für die Lügen, für den ungerechtfertigten Spott? Eben erst wolltet ihr Boritak im Aschme-óch sehen. Wegen eines albernen Geheimnisses, von dem bei Tagesanbruch jeder erfahren wird? Das kann nicht euer letztes Wort sein! Geht in euch. Morgen früh erwarte ich eine Antwort."

„Sie werden sich schämen, verlass dich drauf. Mannessohn. Deshalb habe ich sie ja fesseln lassen. Die Nacht in Fesseln und den Morgen dazu, wie Schafe vom ganzen Stamm begafft, wirkt Wunder. Werdet schon sehen. Und dass mir ja keine von euch spricht. Wir werden euch abwechselnd bewachen. Wie habt ihr das neulich so schön gegenüber Mannessohn formuliert? ‚Fehlende Ansprache bringt Einsicht'. Na denn."

Ilnaf-ba näherte sich der Bergkante, beugte sich vor, bis der Abgrund sie anlächelte. Erhaben, wahrhaftig, lockend klaffte er unter ihr. Tiefe so tief wie die Weite des Horizonts. Würde sie springen? Ihre Hand- und Fußflächen prickelten, unkende Hüter, die schon wanken und kippeln, hin zu der lauteren Lust haltlosen Fallens. Zerschellen? Wo denn, wenn im unermesslichen Nichts kein gliederbrechender Grund auszumachen ist? Sie sträubt sich, sie reckt sich, sie springt.

Verwirrt schreckte Ilnaf-ba hoch, mit verkrampften Fingern und rasendem Herzen. Ihre Nackenmuskeln brannten vor Verspanntheit. Schleierhaft, wie sie mit den Fesseln, die ihre Arme in eine unbequeme Haltung über dem Kopf zwangen, überhaupt einnicken konnte. Obwohl der gleiche Traum sie schon viele Male heimgesucht hatte, war sie noch nie freiwillig gesprungen. Rein in den Abgrund! Wie passend für die Lage, in der sie sich durch ihren törichten Plan befanden.

Ilnaf-ba hörte das vertraute Rauschen des Flusses und erschauderte. In dieser Nacht, die alles zum Guten wenden sollte, erschien ihr des Flusses Stimme plötzlich wie die Klage der Ahninnen über den Verrat. Bilder verpasster Gelegenheiten drängten sich ihr auf. Horfet zu Füßen seiner toten Großmutter, wie er sich an seine Schuld klammert, als könne sie ihm die Liebe der Großmutter ersetzen. Boritak, sein Ziel auf der Stirn, gleich über der Narbe, wie er den Jungen und die Mutter Knochen für Knochen auf seine Seite zieht. Sie selbst unschlüssig, wie sie dem Treiben Einhalt gebieten soll, und Lu-bagdai mit ihrem Ungeborenen zu schwach. Elatansch, der sie in seinem Verdacht nicht überzeugen muss, weil sie genauso überzeugt ist wie er. Den sie aber zurückhält, voller Angst, ihn zu verlieren. Aus lauter Angst und schattenfarbener Vorahnung, die sie nicht los wird, die sie umflirrt, anhänglich wie Aschenstaub.

Doch wozu nutzte sie ihre ahnende Furcht? Gelang es ihr etwa, Horfet von seiner Deutung der Vision abzubringen? Entschlüsselte sie die Botschaft der sterbenden Arkás ga-asch? Fand sie durch sie den Weg, in die Herzen der Onloatwi-Söhne einzudringen? Im Gegenteil!

Ihr eigener Plan hatte Boritak und Horfet geholfen, das heilige Geheimnis aus der Höhle uralter Verschwiegenheit zu rauben. Vermutlich viel früher, als die beiden gehofft hatten. Nun lief die darin schlummernde Weisheit, Kind vieler verstummter Münder, Gefahr, unter ihren Messern zu verbluten! Unvergessen das klare Ergebnis des Fünferrats beim Oí-chana-ú-Fest: „Keine Saftmütter! Je weniger Männer über ihre Mitwirkung wissen, desto besser!"

„Btar sprich mit mir. Noch kannst du mir zuflüstern, was ich sagen soll. Noch wissen es nicht alle. Bitte gib uns die Möglichkeit zur Beratung", flehte sie inständig.

Dazu bestand im Augenblick nicht die geringste Chance. Alles andere als schläfrig perfektionierte Horfet den Schliff an einer Nadel aus Horn. Seine Geschwindigkeit dabei wurde Ilnaf-ba immer unheimlicher, je länger sie ihn von der Seite beobachtete.

„Genau wie Krata-buun vor einem Jähzornsausbruch", dachte sie.

Rupscha-is ersten vorsichtigen Versuch, mit ihr zu reden, hatte Boritak umgehend mit einem Knebel unterbunden. Horfet würde keinen Augenblick zögern, ihr dasselbe anzutun. Daher konzentrierte sich Ilnaf-ba auf jede einzelne ihrer Ratsschwestern, soweit das mit den Schattenfingern in deren Gesichtern möglich war. Rupscha-i vermittelte ihr den Eindruck unbedingter Entschlossenheit. In Felan-kes und Aruch-mes Mienen herrschte weiterhin entsetzte Fassungslosigkeit. Und Chanut-pal, deren Gesicht das Mondlicht nirgends streifte, formte mit ihren Fingern einen durchgestrichenen Kreis, als sie Ilnaf-bas Blick auf sich zukommen sah.

„Ein Finger vor dem Mund. Zeichen des Schweigens. Meine Schwestern wollen also keinen Schritt zurückweichen", schloss sie daraus. „Das hieße, dass wir noch mehr lügen müssen als zuvor." Sie stutzte. „Zuvor? So bereitwillig übernehme ich Boritaks Vorwurf? Vor Horfets Entdeckung und seiner Vision fragte uns doch niemand. Die Ahninnen mussten gar nicht ‚lügen'. Sie behielten ihre Ahnung nur für sich."

Ilnaf-ba rieb sich die Stirn an ihrem Arm und spann ihren Gedankenfaden weiter. „Nur in Zukunft würden wir wirklich ‚lügen'. Weil sie es jetzt auch wissen. Bin ich dazu auf Dauer fähig?" Schon bei dem Gespräch mit Lu-bagdai war es ihr schwer gefallen, die Wahrheit für sich zu behalten. Andererseits, seit wann war es eine leichte Aufgabe, Butú-tekál zu sein? Musste sie es nicht allein schon deshalb, weil sie den ererbten Pfad gar nicht verlassen *durfte*? Weil sie eine einzelne Frau war in einer langen, langen Reihe von Ahninnen?

„Sie alle bewahrten unserem Volk die Gunst Gab-Btars. Mit welcher Berechtigung sollte ich es wagen, ihrem Beispiel nicht zu folgen? Wo ich so wenig Klugheit bewiesen habe! Wer weiß, welches Unheil ich damit heraufbeschwor, nicht nur für meinen Stamm, auch für alle anderen Gabbtaranschi fortan an bis in alle Ewigkeit?"

Wieder brandete der Zorn über Boritak in ihr hoch. Ein Frevler wie er durfte nie die Oberhand gewinnen! Angewidert blickte sie in dessen zufriedenes Gesicht, das vor lauter Triumph sogar im Schlaf lächelte. Wie hinterhältig er sie in ihrer eigenen Falle gefangen hatte! Zum Tränen kotzen! Als stünde er mit einem mächtigen, bösen Geist im Bunde. Von wegen junger Gott!

„Zauberkraft des Mannessaftes" – Boritaks lässig dahin gesagtes Wort wühlte sie auf. Klar ging von Männern ein betörender Zauber aus. Die harten Muskeln, ihr schmales Becken, die breiten Schultern, die tiefe Stimme, das pralle, lange Stück Fleisch, das so gut in einen Schoß passte. Keine würde bestreiten, dass Btar ihren Töchtern sehr nützliche, anregende Gefährten geschaffen hatte. Die freilich erst weiblicher Einfluss zurechtbiegen und schleifen musste! Deren Kraft nur dann in guten Bahnen floss, solange sie wie Blut in vorgegebenen, heilen Wegen blieb.

Trotz aller Bemühungen von Müttern und Schwestern lauerte in vielen Männern ihr Leben lang ein Teil jenes ungestümen Jungenherzens. Wenn das aus seiner Deckung brach, packte sie jedes Mal der Übermut. Dann konnte es passieren, dass sie wieder rangelten und wetteiferten und nicht eher Ruhe gaben, als bis sie einer von ihnen als der Stärkere galt. Dann glühten ihre Augen vor Begeisterung, wenn sie Tieren den Todesstoß versetzten. Gerade so, als müssten sie sich am Leben rächen, das ihnen keine wichtigere Rolle zugedacht hatte. Um herauszubekommen, was sie wirklich fühlten, brauchte eine Frau viel Geduld. Genau wie in der Liebe, wo die meisten ohne Anleitung erbärmlich wenig Lust bereiteten.

Dass die Göttin ausgerechnet den seltsamen Schleim, den Männer dabei von sich gaben, brauchen sollte, um in Frauen Kinder entstehen zu lassen, war ihr bei Aufbietung all ihrer Fantasie unvorstellbar. Obwohl die Beobachtungen der Ahninnen darauf schließen ließen. Wie bei allen Sternenfeuern sollte denn ein kleiner Mensch, den eine Frau in all seiner Vollkommenheit gebar, aus diesem schlierigen Weiß entspringen? Ein Samenkorn erkannte man zumindest in der Gestalt einer fertigen Ähre wieder. Doch worin sollte zwischen dem Mannessaft und einem Kind die geringste Ähnlichkeit bestehen?

Je länger Ilnaf-ba darüber nachsann, desto mehr wuchs ihre Zuversicht, Boritaks Sieg doch noch in eine endgültige Niederlage verwandeln zu können. Ganz egal, welcher Schadgeist oder „Gott" ihm zur Seite stand!

Auf dem Weg zu einem frühmorgendlichen Bad entdeckte Tutak-wa die Ma-ga-ur-Frauen als erste. Doch was sie für ein unerhörtes Traumbild hielt, entpuppte sich als schreckliche Überraschung. „Seid ihr von Sinnen?", fuhr sie ihren älteren Sohn Schodan an, der zusammen mit seinem Bruder Hetlin wachte. „Wieso bindet ihr die Weisen Frauen nicht los, sondern sitzt hier in aller Ruhe vor ihnen?"

Hetlin erhob sich und eilte zu Boritak, der neben Horfet schlief.

„Die Fünferratsfrauen haben diese Behandlung verdient", belehrte Schodan derweilen seine Mutter. „Sie haben gelogen, als sie die Vision von Mannessohn als Irrglaube schmähten. Sie haben uns alle seit langem zum Narren gehalten."

„Unsinn, Sohn. Ihr wart zu lange in der Sonne, und nun vernebeln euch böse Geister die Sinne." Tutak-wa zog ihr Flintsteinmesser aus ihrem Gürtel, um Ilnaf-ba loszuschneiden, als Boritak ihren Arm wegriss.

„Untersteh dich, Frau. Dein Sohn denkt und spricht klar. Wecke lieber die anderen und hole sie herbei. Dann können wir endlich beginnen."

Tutak-wa lief zu der großen Rahmentrommel unter dem Vordach der Gemeinschaftshütte und schlug Alarm. Sie musste mehrere Male schlagen, bis Türen aufgerissen und verschlafene Gesichter sichtbar wurden. Nur mit Lendenschürzen bekleidete oder nackte, aber bewaffnete Dorfbewohner stürmten aus ihren Hütten, die Augen zusammengekniffen, bis sie sich ans Licht gewöhnten. Tutak-wa wartete und wollte eben ihre Trommelschläge begründen, als sie zusammenzuckte.

„Aaaaaaaajjjjj, neeeeiiiiiinnnn!" Ein schauerlicher Schrei aus dem Inneren eines der Rundhäuser erscholl. Den Männern schien er der eigentliche Auslöser des Alarms zu sein; daher hetzten sie sofort zur Igelsippe. Tutak-wa erkannte ebenfalls Mer-hillas Stimme und eilte ihnen nach. Zareis und Daboi wagten sich als erste hinein, auf der Hut vor einem Raubtier, das sich irgendwie Zugang verschafft haben mochte.

Sie fanden Mer-hilla, die ihr Neugeborenes hätschelte und streichelte, massierte, schüttelte. „Ich bin auf ihr gelegen. Ich habe nichts gemerkt. Wieso schreit sie denn nicht? Ich muss ihr doch wehgetan haben", schluchzte sie. „Wieso ist sie so still?"

Ihre Mutter Kıpık-le versuchte mit schmerzverzerrter Miene, Mer-hillas Arme festzuhalten, weil sie begriff, dass ihre Enkelin tot war.

Kıpık-les Bruder sah dem Geschehen fassungslos zu. „Wo ist Kanoch? Habt ihr meinen Schwestersohn gesehen?", fragte er leise.

Riwa-quoi drängte sich vor. Unter ihren und Kipik-les Berührungen ergab sich Mer-hilla ihrem Schmerz. Viele Dorfbewohner, insbesondere die jungen Mütter, weinten mit ihr.

Daboi stellte sich hinter Tutak-wa und flüsterte ihr ins Ohr: „Woher wusstest du, dass du Alarm trommeln musst. Mer-hillas Aufschrei brach erst danach aus ihrer Kehle."

„Deswegen habe ich nicht getrommelt. Erweisen wir Ab-bunas ersten Schritten in die Schattenwelt hinein den nötigen Respekt, dann werde ich euch sagen, warum ich euch rief."

Als die Sonne kurz darauf ihre Schlafstätte in Baranats Bauch verlassen hatte, schloss Kipik-le die Tür der Clanhütte – dem Zeichen, dass die Sippe ihr verstorbenes Mitglied gemäß der Sitte mit der Tira-gubtu schmücken und bei dem toten Körper ausharren wolle, um die Seele vielleicht doch noch zur Umkehr aus dem Aschme-óch zu bewegen. Wie damals Ilnaf-ba bei Krata-buuns Tod, zog sich Riwa-quoi mit Mer-hillas Sippe zur Totenwache zurück; das Unglück ihrer besten Freundin ging ihr sehr nah, zumal sie letzten Neumond nicht geblutet hatte.

Verwundert blieben die anderen stehen, als Tutak-wa beide Arme ausstreckte und sprach: „Geschätzte Stammesschwestern und -brüder. Noch etwas schwer Fassbares bescheint dieser Tag. Ist es euch nicht aufgefallen, dass keine der Weisen Frauen vor Kipik-les Hütte stand?

„Ja, doch, wo sind sie denn?"

„Sag es uns, wenn du es weißt!"

„Ich weiß es und kann es doch schwer glauben. Die Onloatwi-Söhne haben die Ma-ga-ur-Frauen beim Schafgatter an Bäume gebunden und wollen, dass wir kommen. Sie wirkten auf mich, als seien sie verrückt geworden. Bitte begleitet mich. Für den Fünferrat können wir mehr tun als für Mer-hillas Tochter."

Die Erwachsenen, die nicht auf die Kinder aufpassten, folgten ihr sogleich.

Als Rupscha-i sie erblickte, polterte sie los. „Stellt euch diese Unverschämtheit vor. Die Onloatwi-Söhne haben uns im Schlaf überfallen, nach draußen gezerrt und uns gezwungen, in dieser unbequemen und demütigenden Haltung die Nacht zu verbringen. Jagt sie aus dem Dorf. Sie verdienen es nicht, unsere Gesellschaft zu teilen."

„Von wegen überfallen. Sie haben euch betäubt mit Bilsenkraut. Nur weil ich es merkte, konnte ich mir und meinen Männern ein Gegenmittel verabreichen. Wir mussten sie festbinden, um Schlimmeres zu verhindern."

Die Dorfbewohner und vor allem deren Speere und Pfeile rückten bedrohlich nahe an die acht Onloatwi-Söhne heran. Anujach, Toischan, Zareis und Nal-abu, die Horfet grimmig anschaute, schnitten den Frauen die Fesseln durch. Boritaks Erklärung klang abenteuerlich. Sie warteten lieber auf ein Signal von Ilnaf-ba.

Die allerdings stierte auf eine über ihre Füße kriechende Schnecke, als gebe ihr deren glitzernde Schleimspur ein wichtiges Zeichen. „Was ist geschehen? Hat vorhin nicht eine Frau furchtbar laut geschrien?", fragte sie.

„Ja, Mer-hilla hat ihr Kind im Schlaf erdrückt. Sie sagt, eine mächtige Müdigkeit habe ihr die Sinne betäubt, so dass sie ihre Tochter überhaupt nicht wahrgenommen habe."

Kanoch stieß einen Wehklagelaut aus und lief zum Dorf.

Ilnaf-ba erbleichte. „Mer-hilla muss außer sich sein vor Schmerz. Das wollte ich nicht. Wieso hab' ich nicht daran gedacht", hauchte sie und presste ihren Kopf an die Eiche, an der sie lehnte.

„Hört nicht auf sie!", rief Rupscha-i. „Es geht ihr nicht gut. Sie redet wirr."

Lu-bagdai drückte ihr Baby, das bequem in dem Trageziegenfell über ihrer Brust ruhte, fest an sich. Mit gerunzelter Stirn schritt sie auf Ilnaf-ba zu. „Was wolltest du nicht? Auch ich habe diese Nacht Esfan-ee nicht so neben mir gespürt wie die vergangenen Nächte. Hast du uns etwa tiefer schlafen lassen? Warum?"

„Weil ich verrückt geworden bin? Weil Boritak mir seine Gedanken aufzwingt? Weil ich verflucht bin, die schlechteste Butú-tekál aller Zeiten zu sein?" Sie lachte hysterisch.

„Ilnaf-ba, mach uns nicht unglücklich!", wies Rupscha-i sie zurecht. „Seht ihr jetzt, wie sie unter dieser Nacht gelitten hat?"

„Btar hat mich verlassen. Ich gehöre nicht in den Fünferrat. Ich tauge nicht als Butú-tekál."

Lu-bagdai wandte sich an die offensichtlich gefasstere Rupscha-i. „Erklär du uns, was das zu bedeuten hat!"

„Boritak hat uns überfallen, und aus Entsetzen darüber torkelt Ilnafbas Seele umher wie eine Betrunkene."

Horfet hob seine Hand. „Nein, Rupscha-i. So schamlos darfst du nicht lügen. Hier", er zeigte auf Onriak, Glenek und Manserek, „sie alle sind Zeugen. Als wir sie zu siebt überrascht haben, wollten sie Boritak sogar ins Bein schießen. Stimmt's, Männer?"

Die Angesprochenen nickten heftig.

„Nichts als Ausreden, hört nicht auf sie", gab Rupscha-i weiter Paroli. „Aruch-me, Chanut-pal, so helft mir doch!"

Doch Horfet war schneller. „Ilnaf-ba betäubte euch mit dem Tee! Er schmeckte anders, nicht wahr? Auch ich schlief tief und fest, bis mir Boritak eine Tollkirsche in den Mund schob und mich schüttelte. Nur dadurch wurde ich wieder wach."

„Ach ja? Boritak kennt sich also gut mit Kräutern aus. Dann ist es doch erwiesen, wer dem Tee ein Kraut beigemischt hat", kam Aruch-me Rupscha-i zu Hilfe.

„Wann denn?", Boritak musste sich beherrschen, um nicht ausfällig zu werden. „Ich habe Holz gesammelt und war bei der Zubereitung des Essens gar nicht im Dorf. Toischan war dabei."

Lu-bagdai nickte. Sie hatte die beiden vollbepackt kommen sehen. „Ja, das stimmt."

Rupscha-i zeigte sich unbeeindruckt. „Hagalap, welchen Grund hätte Ilnaf-ba dafür gehabt? Boritak dagegen hatte einen. Er wollte euch betäuben, um uns zu überfallen."

„Nein, *ihr* habt *uns* betäubt, um die Widder zu den Schafen zu führen. Ja, das müsste euch überzeugen", sagte Boritak. „Wenn ihr euch zum Gatter dreht, seht ihr in der Zwischenwand ein Loch. Dieses Loch hätte der Fünferrat wieder zugemacht, wenn wir sie nicht vorher überrascht hätten."

Die Dorfbewohner lenkten ihre Aufmerksamkeit auf das Gehege. „Oder du hast das Loch gemacht, um uns zu täuschen", argwöhnte Romtach, Aruch-mes jüngerer Bruder.

„Hohlkopf", pöbelte Boritak ihn an. „Ich habe nichts zu verlieren. Ihr glaubt sowieso nicht an Onloatwis Macht. Aber die Weisen Frauen kennen sie gut. Deshalb mussten sie handeln. Sie haben die Widder zu den anderen Schafen durchbrechen lassen, den Schlaftrunk gebraut unddamit Mer-hillas Tochter getötet."

„Haben sie nicht!", sagte Romtach entnervt und schubste Boritak zurück. Boritak revanchierte sich umgehend mit einer schallenden Ohrfeige, was wiederum Anujach und Toischan animierte, ihn in die Mangel zu nehmen.

Ilnaf-ba wähnte sich an der Bergkante ihres Traumes. „Um Ab-bunas Seele willen, hört auf damit! *Ich* tat es. *Ich* vertiefte euren Schlaf, um das Ahninnengeheimnis zu schützen. Ich wollte das Beste für den Stamm und tötete ein Kind! Verstoßt mich, bevor ich noch mehr Leid über euch bringe!" Ilnaf-ba stieß sich vom Baum ab und rannte erst zum Fluss und dann am Ufer entlang.

Rupscha-i rannte ihr nach und bekam sie schließlich zu fassen.

„Lass mich! Ich kann nicht bei euch bleiben. Alles, was ich getan habe, war falsch. Ich hätte dem Bau der Pferche nie zustimmen dürfen."

Rupscha-i war stärker und ließ Ilnaf-bas linken Arm trotz deren Versuche, ihn ihr zu entwinden, nicht los. „Ilnaf-ba, Schwester in Btar, du bist nicht allein schuld. Über den Schlaftrunk waren wir uns einig. Der Stamm wollte die Schafe unbedingt. Dein Plan war gut. Boritaks gemeine List hat ihn vereitelt."

Ilnaf-ba gab ihr Sträuben auf und suchte Trost an Rupscha-is Brust. „Ab-buna wäre trotzdem gestorben. Wie können wir ihren Tod je wieder gutmachen?", fragte sie schluchzend.

Rupscha-i schluckte; die Verzweiflung ihrer Stammesschwester trieb auch ihr das bittere Nass aus den Augen. „Btar könnte Gründe haben, sie zu holen. Zwei Kinder an einem Tag hat sie sonst noch nie einem Stamm geschenkt. Sie gab und nahm."

„Sie schickte uns Zeichen um Zeichen."

„Aber sie lehrte uns nicht, sie zu deuten."

„Und das Geheimnis? Ich habe meinen Schwur gebrochen. Meine Seele wird im Aschme-óch für den Verrat büßen müssen."

„Gab-Btar kennt deine hehre Absicht. Sie wird dir gnädig sein. Bitte denk nach! Was sollen wir jetzt tun?"

„Ich weiß es nicht. Ich weiß ja nicht einmal, wo Elatansch ist!"

„Elatansch? Ich dachte, der sucht sich gerade eine Geliebte."

„Nein, Elatansch ist auf dem Weg zu Boritaks Heimatstamm, um herauszufinden, ob er ein Verstoßener ist."

Rupscha-is Augen weiteten sich vor Überraschung: „Ausgezeichnete Idee von dir. Ohne Boritak könnte sich alles wieder fügen."

Ilnaf-ba schüttelte nur ihren Kopf. „Ich hätte nicht so lange warten dürfen, ihn zu schicken. Ich habe solche Angst, dass Gab-Btar ihn verschlingt. Jetzt mehr denn je."

„Auf keinen Fall wird sie das tun. Elatansch ehrte sie aufrichtig, seit er deiner Höhle entschlüpfte. Warum sie uns bisher nicht geholfen hat, ist unverständlich genug. Aber nach allem, was passiert ist, muss sie endlich zu unseren Gunsten eingreifen. Elatansch kommt gewiss bald heil zurück!" Rupscha-i wandte sich um. „Komm, gehen wir zurück."

„Lass mich hier… Ich komme nach."

Rupscha-i überzeugte sich durch einen prüfenden Blick, dass Ilnaf-ba es ehrlich meinte, und ging. Sie hätte die Augen schließen können und ihren Weg doch nicht verfehlt, so laut schrien ihre Stammesgeschwister miteinander.

Die einen schimpften die Onloatwi-Söhne wegen der Behandlung der Weisen Frauen. Die anderen drangen in Aruch-me, Felan-ke und Chanut-pal, um die Hintergründe für ihr bisheriges Schweigen zu erfahren. Wieder andere baten Horfet, alles zu erzählen, was er sonst noch von dem Gott wissen mochte. Niedergeschlagen dachte Rupscha-i an Ab-bunas sinnlosen Tod.

„Hört auf", übertönte sie alle. „Wir haben noch so viel Zeit, um darüber zu reden. Aber jetzt sollten wir die Totenruhe für Ab-buna einhalten. Ihre Seele kann sich schwer lösen, wenn wir sie mit unserem Streit halten."

Kanoch und sein Mutterbruder hielten die Totenwache. Die anderen Männer dagegen kühlten ihre von der Sonne aufgeheizten Leiber im Fluss. Bald badete keiner mehr; stattdessen bildeten sie eine Rotte um Boritak und Horfet, die als erste Schatten unter den Eschen gesucht hatten. Während Boritak die vielen an ihn gerichteten Fragen genoss, hörte Horfet kaum zu. Ihn beschäftigte im Augenblick die Frage, worum er Onloatwi eher bitten wolle: darum, Krata-buun im Aschme-óch gefangen zu halten oder sie als Mann in die Körperwelt zu entlassen, freilich nur als Zielscheibe für sämtliche Pfeile, die er besaß.

Eingehend schilderte Boritak die nächtlichen Ereignisse, vielfach von seinen Geschlechtsgenossen unterbrochen. Noch mehr bewegte diese freilich die unerhörte Erkenntnis, ihr Saft könne mit der Wiedergeburt einer Seele etwas zu tun haben.

„Boritak, wie sollte unser Saft Kinder formen?"

„Siatsch, es ist wie mit den Saatkörnern. Eine Tochter Btars ist nur wie der Boden, der keine Frucht bringt ohne den Samen. Btars Kraft musst du dir vorstellen, wie einen vom Fluss gespeisten See, doch der Quell der Lebenskraft ist Onloatwi und wir seine Söhne."

„Moment, auch wo wir nicht fäen, ernten wir", lispelte Kojonti.

„Ja, weil ein anderer sät, zum Beispiel der Wind oder ein Tier. Hast du jemals eine junge Pflanze herausgezogen, die nicht aus einem Samenkorn entsprungen wäre? Wohl kaum! Und warum? Weil der Boden allein nichts hervorbringt ohne einen Samen. Wenn wir also weiterhin Seelen aus dem Aschme-óch bekommen wollen, müssen wir nicht Btar, sondern ihrem Sohn huldigen und die alte Lüge vergessen. Sonst erzürnen wir ihn und bleiben nach unserem Tod Nebelwesen."

„Du meinst also, dass wir Männer bestimmen, ob und wann eine Seele wiedergeboren wird?", staunte Makaiot.

„Das dickste Getreide keimt zweifellos in euren Schädeln, ihr Mehlköpfe", spottete Romtach, der beste Freund Elatanschs. „Das bisschen Saft, das wir in eine Frau spritzen, ist weit davon entfernt, ein Menschenkind zu sein. Wenn eine Frau keine Seele in die Körperwelt zurückholen will, entsteht kein Kind in ihr, und niemand kann wiedergeboren werden. Wie viele Kinder hätten wir denn sonst, wenn ihr Recht hättet? Nicht jeder hier darf nämlich so selten wie ihr."

Die Lacher verstummten, als Boritak konterte. „Der beste Same kann nicht gedeihen, wenn er auf trockenen, steinigen Grund fällt."

„Verzeih, aber schon wieder habe ich den Verdacht, du redest über Dinge, die du nicht zu fühlen bekommst."

„Und du hast beim vielen Fühlen anscheinend deinen Verstand verloren. Erstens braucht es Zeit, bis ein Kind heranwächst. Und zweitens sind die Frauen oft nicht bereit. Ein Teil ihrer Geheimnistuerei hängt sicher damit zusammen, dass sie unseren Samen gar nicht aufnehmen wollen. Sie machen sich also, um im Bild zu bleiben, absichtlich trocken und steinig und verlangen von uns obendrein, dass wir ihre Launen hinnehmen. Nicht mit uns, Männer, sage ich. Sie haben uns lange genug wie Hohlköpfe behandelt."

„Wollten die Frauen etwa deshalb ihr Geheimnis unbedingt für sich behalten?", überlegte Saniutai.

„Nur die Weifen Frauen wohlgemerkt, die anderen kannten daf Geheimnif fo wenig wie wir", korrigierte ihn Kojonti und seufzte. Nicht nur ihn, sondern auch die anderen Brüder der Weisen Frauen kränkte es, dass ihre Schwestern sie lieber betäubten, als ihnen die Wahrheit anzuvertrauen. Andererseits verstand er ihre Beweggründe. Heilige Überlieferungen musste man achten. So hatte es ihr Volk immer gehalten. Doch wie sollten sie es jetzt halten, jetzt, da alle das lang gehütete Geheimnis kannten? Ob der Sohn der Göttin, der offenbar hinter der Enthüllung steckte, wirklich so mächtig, unerbittlich und eifersüchtig war, wieder Hitzkopf Boritak ihnen weiszumachen versuchte?

„Ja, das denke ich, Saniutai", blieb Boritak die Antwort nicht schuldig. „Sie fürchten unsere Kraft offenbar so sehr, dass sie nicht einmal vor unfairen Mitteln zurückschrecken. Wir zittern doch nur deshalb vor ihnen, weil allein sie uns angeblich wieder aus dem Aschme-óch holen. Jetzt müssen sie zugeben, dass sie uns dazu brauchen, und das schwächt ihre Position", antwortete Boritak mit fester Stimme.

„Glaubst du, dass die Frauen sogar manchmal verhindern, dass unser Same bei ihnen heranwächst?", fragte Siatsch, Nal-abus Mutterbruder.

„Ja, das traue ich ihnen nach heute Nacht mehr denn je zu. Bedenkt doch nur ihre Gewohnheit, um die volle Mondin im Ol-olúa-krata zu verschwinden, dem wir uns nicht einmal zu nähern wagen, folgsam wie wir sind. Mir wäre es wesentlich lieber, es wäre umgekehrt. Also dass wir bestimmen, wann wir sie feigen wollen."

„Feigen?"

„Ach ja, das kennt ihr hier nicht. So nennen die Westgabbtaraner das Schoßfüllen. Vermutlich weil sie ihren Saft so gut finden wie den der Feige."

Bei diesen Worten neigte Horfet, der sich sofort an Nal-abu erinnert fühlte, eher dazu, Krata-buun noch lange im Aschme-óch schweben zu lassen.

„Oder weil sie ihre Frauen mehr mit den oberen Lippen saugen lassen als mit den unteren", feixte Upakan.

„Anderfherum geht ef genaufo wenig. Mag fie dich, aber du fie nicht, ift fie ef, die Pech hat."

„Nur mit dem Unterschied, dass wir öfter wollen als sie." Die anderen lächelten Boritak mitleidig an. „Tut ja nicht so, als ob ich der einzige wäre! Du, Siatsch, zum Beispiel bist erst kurz vor Oíj-issa-ú wieder zurückgekehrt. Auch du, Pelnak, warst weg. Warum sonst ist denn ein Drittel von uns tagelang unterwegs, um mal wieder eine Frau zu kriegen?"

Siatsch wollte widersprechen.

„Ich weiß, was du sagen willst. Du wolltest nur Abwechslung. Gut, du hast hier im Dorf schon manche Frau gefunden, das stimmt. Aber es gibt Männer, die unseren Frauen aus welchen Gründen auch immer nicht gefallen. Die mögen genauso gut jagen, genauso eifrig roden, pflügen oder Balken schlagen. Trotzdem lassen unsere Frauen sie nicht an sich heran. Bei den Schafen ist das ganz anders. Da kämpfen die Widder, und wer stärker ist, besteigt das Schaf, egal wie viel Zotteln er bei seinen Kämpfen verloren hat."

Während er das sagte, liefen in Boritaks Kopf bereits Szenen ab, in denen er manch einen der um ihn Sitzenden als Verlierer der neuen Zeit vor sich sah. Nicht jeder würde stark genug sein für die Kämpfe um Frauen, um Rang, um Land, auf die sich Boritak bereits freute und aus denen er unentwegt als Sieger hervorzugehen gedachte. Eines nämlich stand für ihn fest: Onloatwi war kein Gott von Schwächlingen. Gab es ein Schicksal, das dies eindringlicher bewies als sein eigenes?

„Ja und, sind wir vielleicht Schafe?"

„Nein, aber ich frage mich, warum die Schafe schlauer sein sollen als wir? Vor allem jetzt, da wir wissen, dass wir unsere Wiedergeburt nicht oder zumindest nicht allein den Frauen verdanken. Sie bekommen keine Kinder ohne uns. Wie Onloatwi es uns schon bei Horfets Vision enthüllte. Sollte uns diese Erkenntnis unberührt lassen?"

„An was denkst du? Sollen wir um die Wette schießen, um zu bestimmen, wer welche Frau *feigen* darf?"

Obwohl er die Idee hervorragend fand, vermied er es, schon jetzt einen Keil zwischen die Männer zu treiben. Vorerst würde er möglichst viele von ihnen als Verbündete gegen die Weisen Frauen, seine derzeit noch mächtigsten Feinde, brauchen. Nach einer kurzen Zeit, in der er vorgab nachzudenken, sagte er deshalb:

„Nein, lassen wir lieber die Frauen um uns wetteifern! Es ist doch so. Alles, was wir jagen oder herstellen, geben wir bei unseren Müttern oder Schwestern ab. Daher steht ihr dann vor den Frauen, die ihr lieben wollt, als Bittsteller da. Angenommen, es wäre umgekehrt. Angenommen, ihr versorgt die Frau, mit der ihr euch vereinigt und die eure Kinder bekommt. Dann würde sie von euch abhängig, würde sich williger zeigen und die Mütter und Schwestern eurer Sippe wären die Bittsteller."

Sogar Horfet und die anderen Onloatwi-Söhne sahen Boritak an, als zweifelten sie an seinem Geisteszustand. Dass Frauen die Männer nicht mehr so leicht abweisen können sollten, missfiel ihnen keineswegs. Aber derartige „Werbungsmethoden" waren selbst für sie gewöhnungsbedürftig.

Romtachs Augen wurden zu Schlitzen. „Du bist noch schäbiger als eine Zecke. Du saugst die Milch deiner Mutter und dann soll sie dich bitten, ihr zu helfen. Was für ein ehrloser Vorschlag! Du solltest dich bis ins Mark schämen!"

„Na also, habe ich es doch noch geschafft, dass ihr euch alle mit Herz-blut an unserem Gespräch beteiligt. Vergesst von mir aus, was ich zu den Müttern sagte. Ihnen schulden wir am ehesten unseren Dank. Aber warum sollte uns die Frau, die unsere Kinder gebiert, nicht näher stehen als unsere Schwestern?"

„Ganz einfach, weil wir gar nicht wissen, welche Frau unsere Kinder bekommt. Unsere Schwestern dagegen kennen wir. Indem wir ihnen helfen, helfen wir auch unseren Müttern. Außerdem ist es immer ein Geben und Nehmen. Unsere Schwestern tun sogar mehr für uns als wir für sie."

Den letzten Einwand überging Boritak völlig. „Nur weil uns die Frauen im Unklaren lassen, wissen wir so wenig. Wollt ihr denn nicht mehr wissen? Onloatwis Offenbarung richtet sich an Männer, nicht an Schwes-terbrüderchen."

„Willst du die Frauen etwa zwingen, uns alle ihre Geheimnisse preis-zugeben?"

„Sollen wir uns stattdessen lieber weiter belügen lassen? Onloatwi hat uns gezeigt, dass wir Btars alleinige Macht in Frage stellen müssen. Folg-lich werden wir von den Frauen verlangen, dass sie ihn verehren, wie es ihm zusteht." Er warf Horfet einen aufmunternden Blick zu. Doch der hatte noch immer keine Lust zu reden, so dass Boritak es vorerst dabei bewenden ließ. „Wir werden direkt zu ihm beten, nicht wie bisher die Frauen für uns. Wir werden wählen, welche Kinder uns wichtiger sind, die unserer Schwestern oder die, die wir selber gemacht haben."

Schodan prahlte. „Da werdet ihr nicht viel zu tun haben. Denn ohne dass ihr das gemerkt habt, habe *ich* vermutlich schon den halben Stamm geschaffen. Leider weiß ich nicht mehr welche Hälfte, da ich ja nicht wie der Widder in einem Gatter lebe!"

Horfet schmunzelte über die Bilder, die im Geiste an ihm vorüberzo-gen: Schodan, eingesperrt im Schafspferch, wie er als Quell des Lebens seinen Samen versprüht. Eine lange Reihe von Frauen, die erwartungs-froh ansteht, um ihren Teil abzubekommen.

Plötzlich sprang ihn die Erkenntnis an wie ein glühendes Holzstück-chen aus hochloderndem Feuer. „Ehre mich, indem du deine Quelle ehrst und deine Stämme scheidest! Boritak!", rief er aufgeregt. „Jetzt habe ich kapiert, was Onloatwi mir sagen wollte. Nicht ,schneide die Stämme', sondern ,scheide die Stämme'. ,Ehre mich, indem du deine Quelle ehrst und deine Stämme scheidest', das sagte er. Den Mann, der mich säte, meinte er damit. Den soll ich ehren. Nicht meinen Mutterbruder! Bei

Onloatwi, natürlich, unseren Saft, den Lebensquell meinte er, als er von Quelle sprach, nichts anderes."

„Und wenn wir dies tun, sollten wir umgekehrt die, die von uns abstammen, von denen unterscheiden, die wir nicht gemacht haben. Wir scheiden sie also voneinander." Boritak strahlte ihn an. „Fürwahr, darin steckt große Weisheit. Es gibt dann also nicht nur die Ahninnenreihe der Frauen, sondern auch die Ahnenreihe der Männer. Das ist letztlich die große Schlange, die stolz gezeigt wird. Mannessohn, du hast vollkommen Recht. Nichts anderes kann deine Vision bedeuten! Hört ihr, Männer. Onloatwi hat uns einen klaren Auftrag erteilt. "

Romtach kam es vor, als drehten sich Boritaks und Horfets Argumentationen im Kreis. War das, was Boritak forderte, nicht zugleich das, was Horfet plötzlich als Botschaft Onloatwis zu erkennen glaubte? Aber noch ehe er diesen Gedankenblitz in Worte fassen konnte, verschaffte sich Daboi Gehör.

„Ich will weder wissen, wer mich säte, noch wer meine Kinder sind", stellte Daboi klar, der sich vorübergehend wieder bei seiner Sippe aufhielt. „Das hat sich bestens bewährt. Ich wandere umher, suche mir die Frauen, die mir gefallen, und gut. Nur wegen eines neuen Gottes, der selbst Btars Sohn ist, werde ich gewiss nicht *meinen* Kindern nachspüren. Wie denn überhaupt? Indem ich meine Geliebten nach der Beglückung in Gatter sperre?"

„Wir werden uns einfach ihr Schweigen nicht länger gefallen lassen. Außerdem gibt es verräterische Kennzeichen. Elatanschs Kinder zum Beispiel haben ein Mal, an der gleichen Stelle wie er. Willst du nicht wissen, wessen Kind du sein könntest?", fragte Boritak listig.

„Ich bin der Sohn Ilnaf-bas. Das allein genügt mir!"

„Keineswegs, auch dem Mann, der dich säte, bist du Dank schuldig. So will es der Gott."

Auch wenn Daboi das „meine" verächtlich in die Länge gezogen hatte, erinnerte sich Horfet an das erste Mal, als er den Ausdruck „seine Kinder" im Zusammenhang mit den Hengsten benutzt hatte. „Die Kinder eines Mannes, ja genau, dabei fällt mir ein", sagte er in die eingetretene Stille hinein, „dass wir einen Namen für den Mann brauchen, der einer Frau ein Kind sät. Was haltet ihr von ‚peknatibu', aus pekni (baranisch für *Schwanz*) und atibu (baranisch für *gebären*), also ‚mit dem Schwanz gebären'?"

Boritak rieb sich die Hände. „Mannessohn, du hast Recht. Wir brauchen sogar dringend ein Wort dafür. „Schwanzgebären" ist gut, aber zieh die Wörter enger zusammen. „Patibu" ist besser, weil es fast so klingt wie ‚atibu' und sich sehr gut anhört."

„Einverstanden. Und der, der mit dem Schwanz gebiert, ist dann ein „patir", das klingt so ähnlich wie „Batar" (baranisch für *Mutter*), schlug Horfet vor.

Die meisten Männer legten ihre Stirn in Falten.

„Es steckt sehr viel Macht in einem neuen Wort. Noch dazu in einem derart boshaft zusammengestückelten, das der Göttin missfallen muss! Hast du gar keine Angst davor?", fragte Toischan, der Mühe hatte, in dem forschen jungen Mann seinen schüchternen Schwestersohn wiederzuerkennen.

Horfet grinste, und Toischan erschrak, weil „sein" Horfet sogar schon Boritaks Grinsen nachahmte. Seinen Schmerz darüber konnte er nicht länger hinunterschlucken. „Bei den Geiern des Todes, was sollte dir denn dieser *Patir* bedeuten? Hat er deinen winzigen Bauch gekitzelt, hielt er dich in den Armen, als du schwimmen lerntest, brachte er dir bei, wie man Speere zuspitzt? Nein, *ich* war das, *ich*, Toischan, dein Mutterbruder."

„Genau, du bist der Bruder meiner Mutter, mehr nicht. Einem anderem Mann verdanke ich mein Leben."

„Aber ich liebe dich, seit deiner Geburt liebe ich dich, du bist *mein* Schwesterkind", jammerte Toischan, „es ist mir egal, ob du aus meinem Saft kommst oder nicht. Bedeute ich dir denn gar nichts mehr? Nur weil irgendwo einer herumläuft, der irgendwann mal Barcha-lets Schoß gefüllt hat! Der nicht einmal weiß, dass es dich gibt!"

„Trotzdem würde *ich* gerne wissen, wie er aussieht, wie er ist und wie sehr ich ihm ähnle. Versuch dich zu erinnern. Wen liebte meine Mutter, bevor sie mich gebar."

„Niemanden, den du kennst."

„Heißt das, dass er tot ist?" Gespannt verfolgte Horfet die Veränderungen in Toischans Gesichtsfarbe. „Nein! Dann muss es einer sein, der von woanders herkam. Ein Arkasnaq vielleicht, sag, Toischan, war mein Patir ein Arkasnaq?"

„Allerdings", knurrte sein Mutterbruder mit einem abfälligen Seitenblick auf Boritak, „deine Mutter hat eine Schwäche für sie. Ich hoffe, er ist schon tot."

Boritak verstand die Anspielung. „Natürlich würdest du mich gerne tot sehen", dachte er, „aber das wird dir nicht gelingen. Ich dagegen werde mich bald an *deinem* Leid ergötzen." Scheinbar ungerührt wandte er sich an Anujach: „Und du, Anujach. Was ist mit dir? Wenn du sicher wüsstest, dass eine Frau *dein* Kind gebiert?"

Überrascht kniff Anujach seine Augen zusammen, um Boritak schärfer zu sehen.

Boritak fuhr fort. „Du bist der Bruder der Liebe von Lu-bagdai. *Du* bist wahrscheinlich der Patir von Esfan-ee. Willst du dir nicht sicher sein? Dein Kind wird dich achten, weil du sein Patir bist und nicht, weil du zufällig der Geliebte seiner Mutter bist. Stell dir vor, Lu-bagdai will dich nicht mehr, dann wird dieses Kind sich dennoch fortwährend mit dir verbunden fühlen."

Anujach zuckte mit den Schultern. „Ich werde Lu-bagdais Kind lieben, weil ich sie liebe. Alles andere zählt für mich nicht. Ich werde an ihrer Seite sein, solange ich lebe. So wie ich es der Arkás ga-asch versprochen habe, als sie mir die Flöte gab."

Horfet verdrehte seine Augen. „Du hast Lu-bagdai die Flöte gegeben?"

„Ganz recht. Die Arkás ga-asch vertraute mir dieses heilige Musikinstrument an, weil ich es… ich es wert sei." Anujach verstummte. Die Worte, die die Arkás ga-asch ihm zum Abschied mit auf den Weg gegeben hatte, klangen plötzlich in seinem Ohr, als stünde sie an seiner Seite und raune sie ihm zu: „*Es heißt, die Göttin selbst habe die Flöte geschnitzt… Seit unendlich vielen Generationen wird sie von Frau zu Frau weitergegeben…Du wirst der erste Mann sein, der sie je mit eigenen Händen zu einer Frau trug… Ein Umbruch bahnt sich an. Ich höre es deutlich aus ihrem Wehklagen. Aber ich weiß nicht, auf welchem Gebiet er sich vollzieht und ob wir ihn aufhalten müssen, aufhalten können. Ich bin ratlos wie nie zuvor.*"

Anujach traf die Erkenntnis wie ein Blitz. Was der neue Gott forderte, würde ihrer aller Leben auf einschneidende Weise verändern. Die Vorahnung der Schamanin erfüllte sich also in Onloatwis Auftreten. Sogar in den Augen dieser sichtigen Frau loderte damals die Furcht, als sie davon sprach. „Was ihr beide fordert, Horfet und Boritak, ist schlecht", sagte er laut, erstaunt, dass die anderen ihn noch immer ansahen.

„Dabei bist du gerade das beste Beispiel für einen Mann, der als nicht geborener Bruder eine Frau seiner Wahl liebt und hervorragend für sie sorgt. Warum sollte der Weg, den Onloatwi uns zeigt, also schlecht sein?", fragte Horfet, wobei er allerdings keine Antwort von Anujach erwartete, sondern sich an die Männer wandte, die keinen so unbeirrbaren Eindruck wie Anujach machten.

Dies bemerkte auch Kojonti, der trotz seines Alters noch scharf sehen konnte. Er machte eine wegwerfende Handbewegung. „Jetzt verstehe ich, warum die Ahninnen unf ihr Geheimnif nicht anvertraut haben. Fie ahnten, auf welch dumme Ideen manch einer von unf kommen würde."

Zareis gab ihm Rückendeckung. „Was dein Onloatwi von uns verlangt, ist halb-, was sage ich, unmenschlich. Die Kinder unserer Schwestern stehen uns viel näher, als die, die wir nur mitverursachen. Wir beobachten, wie sie von unseren Schwestern gestillt werden. Wir fangen sie auf, wenn sie ihre ersten Schritte machen. Von uns lernen sie, wie man Pfeile glättet oder Steine schlägt. Selbst wenn unser Same den Bauch einer Frau anwachsen lässt, habe ich als Mann mit diesem Kind gar nichts weiter zu tun."

Romtach, ein weiterer Freund Elatanschs, spann den Faden gleich weiter. „Außerdem sagt mir eines, wie sollten wir denn die vielen Münder, die ihr beiden so großmäulig in den Frauen säen wollt, satt kriegen?"

„Ganz einfach, indem wir mehr Felder bewirtschaften und mehr jagen. Je mehr Kinderhände uns helfen, desto leichter tun wir uns dabei. Onloatwi wird ein mächtiges Volk bekommen. Es wird mächtiger sein als das Btars."

Romtach runzelte seine Stirn. „Du scheinst dir darüber tatsächlich schon Gedanken gemacht zu haben, so schnell wie du antwortest."

Boritaks rechtes Auge zuckte. Ansonsten aber vermied er jede Regung, die darauf hinwies, wie sehr er sich ertappt fühlte. Fürwahr, seit Horfets Vision hatte er es genossen, sich auszumalen, wie die Welt aussähe, ohne diese alternde Btar, sondern mit einem starken männlichen Gott. Und natürlich hatte er für sich selbst eine bedeutende Rolle vorgesehen. Eine Position, in der er nicht mehr aufpassen musste, was er sagte, sondern die anderen ihm mit Ehrfurcht begegneten und sich vor seinen Befehlen fürchteten.

Zareis riss ihn aus seinen Träumen. „Nur wenige werden sich dem Gott anschließen."

„Nun gut, dann werden die neuen Felder eben nur denen gehören, die ihn anerkennen und sich die Mühe machen, neues Land zu roden", beschied Boritak ihm trotzig und bereute es sogleich.

Romtach hakte nach. „Wie meinst du das? Das Land gehört seit Urzeiten allen Clanmüttern, also dem ganzen Stamm!

Boritak murmelte mit Absicht Undeutliches.

Romtach aber verfolgte hartnäckig seine Fährte. „Jetzt verstehe ich. Deshalb hat Horfet sogar seine Clanmutter beschimpft, als sie das Lamm wollte. Weil ihr die gefangenen Tiere als eure eigenen betrachtet."

„Nein, nicht als unsere. Als die Onloatwis", widersprach Horfet laut-hals. „Ich selbst habe sie ihm geweiht."

Romtach lachte auf. „Du, *du* willst sie ihm geweiht haben. Über welche Macht verfügst du denn, dass du es wagst, Gab-Btar, der Alles-Mutter, ein Tier zu stehlen?"

Horfets Miene versteinerte sich. „Ich bin Onloatwis Butú-tekál. Der Gott und seine Anhänger haben mich dazu bestimmt."

Nun lachten die meisten der Männer, die nicht zu den Onloatwi-Söhnen gehörten.

„Ein Junge als Butú-tekál! Wie lächerlich!"

„Onloatwi, Gott der Lämmer! In jeder Beziehung!"

„Dann heißt die Langfassung also in Wirklichkeit „Oneg-elatanwil" (baranisch für *Gott der Lämmer)*. Du musst dich verhört haben, als er zu dir sprach."

„Ja, beim Namen und vielem anderen."

„Oh ja, spottet meiner nur, das tut ihr doch immer!" Horfets Stimme überschlug sich vor Angriffslust. „Mehr fällt euch nicht ein. Wie auch, wo ihr doch von keinem Gott je ein Wörtchen gehört habt. Ihr kennt nur, was euch eure Mütter und Schwestern vorsagen. Darauf bin *ich* nicht mehr angewiesen. Ohne mich und Boritak wüsstet ihr gar nichts von der Zauberkraft eures Saftes. Und das ist euer Dank dafür!"

Romtach hatte nicht gelästert, wurde jetzt aber wütend. „Wenn du dei-ne Nase noch weiter nach oben stemmst, kannst du die Mondin berüh-ren. Mir reicht der Unsinn jetzt. Vergesst die aberwitzigen Gebote eures Gottes! Sonst könnt ihr meinetwegen eure Trage mit drei Pfeilen packen und auf Wanderschaft gehen."

Boritak erschrak. Eine neuerliche Verbannung war gewiss nicht das, was er sich erhoffte. Er musste an den Stein denken, den die Schamanin offenbar mit letzter Kraft in den Boden gerammt hatte. Und an den Pinienzapfen, das Zeichen des Gottes an ihn, als er in der Felsnische zu ihm betete.

„Ich habe nur verkündet, was der Gott mir eingab", ließ sich Horfet nicht beirren.

Sie bekamen unerwartete Unterstützung von Chanut-pals Bruder Pel-nak. „Nicht zu hastig, Romtach. Ich gebe zu, dass es unverfroren ist, sich „Butú-tekál" zu nennen. Aber Horfet hat uns einen Sohn Gab-Btars enthüllt, von dem niemand zuvor wusste und der uns nicht betrog. Jetzt, wo wir seine Macht kennen, die er mit uns als seinen Söhnen teilt, kön-nen wir ihn nicht einfach übergehen. Außerdem ehre ich lieber einen

Gott zu viel als einen zu wenig. Seine beiden treusten Anhänger wegzu-
schicken, könnte obendrein gefährlich sein."

„Zuerft möchte ich wiffen, waf die Frauen dafu fu fagen haben. Waf
Boritak und Horfet fordern, gefährdet unfere Einheit alf Ftamm. Ich
jedenfallf werde beharrlich an unferen alten Fitten fefthalten. Ich habe
genug gehört. Wer ift meiner Meinung?", fragte Kojonti in die Runde.

Die meisten hoben ihre Arme, aber sogar Boritak und Horfet, die sie
unten ließen, hatten nichts dagegen, sich nach der schweißtreibenden
Aussprache erneut in den Fluss zu stürzen.

Nach Ab-bunas Leibablösung am frühen Vormittag wurde das Getuschel
lauter. Alle Gespräche drehten sich um die Geschehnisse der letzten
Tage. In der Absicht, sich Klarheit über das Meinungsbild der Frauen zu
verschaffen, berief die neue Butú-tekál Rupscha-i für den Nachmittag ein
Treffen aller Frauen im Vollmondhaus. Zuvor allerdings bat sie die
anderen vier Weisen Frauen, zu denen jetzt nicht mehr Ilnaf-ba, sondern
Tutak-wa gehörte, in ihre Clanhütte.

„Geschätzte Schwestern", begann sie, „ich sehe euch an, dass ihr über
das, was die letzten Tage geschah, viel Gram leidet. Sagt mir zuerst, was
euch am meisten bewegt! Aruch-me, möchtest du?"

„Ja. Der Tod von Mer-hillas Tochter steckt mir wie ein Dorn im Herzen. Leider können wir nichts mehr für sie tun." Sie machte eine kleine
Pause. „Ich trage aber ebenso schwer an der vorletzten Nacht. Niemals in
meinem ganzen Leben empfand ich bisher Angst vor einem Menschen.
Doch dieser Boritak machte und macht mir gewaltige Angst. Er kommt
mir vor wie ein Fluss, der unerwartet anschwillt und schließlich die Kraft
entwickelt, dicke Baumstämme mit sich fortzureißen. Sein Wort hatte die
Macht, uns an Bäume zu fesseln. Was wird ihm noch einfallen? Und wer
wird seinen Befehlen gehorchen?"

Chanut-pal blickte ernst. „Aruch-me hat ein gutes Bild gebraucht. Mir
kam Boritaks Narbe über der Stirn gleich merkwürdig vor. In der vorletzten Nacht grinste die Lust, uns zu demütigen, aus seinen unheimlichen
Augen. Ich vermag nicht zu erkennen, wo Onloatwis Forderungen aufhören und Boritaks Übergriffe anfangen."

„Ich bin froh, dass du über den Gott sprichst", war Tutak-was Stimme zu vernehmen. „Ich gebe zu, dass ich nicht wie ihr unter Boritak zu leiden hatte. Ich bin überdies die erste der Weisen Frauen, die nicht mehr schwor, das Ahninnengeheimnis für sich zu behalten. Aber trotzdem muss ich eines richtig stellen: Nicht Boritak verkündete den neuen Gott, sondern Horfet."

Rupscha-i machte eine wegwerfende Handbewegung. „Aber erst, nachdem Horfet mit Boritak zurückgekommen war."

„Nun, daran dass er überhaupt wegging, war Boritak gewiss nicht schuld. Vergesst nicht: Er pflegte Horfet, als niemand sonst ihm helfen konnte. Und er hat eine Erklärung für seine Narbe. Die Quelle des Unheils war Horfets Beobachtung bei dem Hengst. Ehrlich gesagt ahnte ich schon damals nichts Gutes, als Krata-buun Horfet mit ihrem Spott aus dem Dorf trieb."

„Kaschák, jetzt soll Krata-buun an allem schuld sein?"

„Hat sie sich etwa beim Chana-nia-isba-lut-Fest weise verhalten?"

„Nein, das hat sie nicht", gestand ihr Rupscha-i zu.

„Irgendwann musste einer den Zusammenhang bemerken. Danach hätte der Fünferrat zumindest uns Frauen einweihen müssen. Vieles wäre anders gelaufen, vor allem Ab-buna wäre nicht gestorben", setzte das neue Ratsmitglied Tutak-wa noch eines drauf.

Verärgert wies Rupscha-i ihren Vorwurf zurück. „Ich kann es auf den Hungertod nicht ausstehen, wenn eine nach dem Steinschlag erzählt, wo der Stein runter kommen würde. Was wäre denn anders gelaufen, selbst wenn ihr es gewusst hättet?"

„Ihr hättet zumindest die Frauen nicht betäuben müssen."

„Gut, Tutak-wa, das ist wahr. Aber damals hatten wir gar keine andere Wahl, weil uns der Schwur des Ahninnengeheimnisses band. Wer konnte schon voraussehen, dass Boritak sich so gut mit Kräutern auskennt?"

„Wenigstens Lu-bagdai und Mer-hilla hättet ihr ausnehmen können", drang Tutak-wa weiter in sie.

„Ich würde mir einen Finger abhacken, wenn ich Ab-bunas Tod damit ungeschehen machen könnte, glaub mir", schrie Rupscha-i ihr entgegen.

Felan-ke schlug mit ihrer Faust auf den Lehmboden von Rupscha-is Hütte. „Hört auf! Die Vergangenheit ist wie Mehl. Man kann sie nicht mehr in Korn zurückverwandeln. Darüber zu streiten, wie man es anders hätte mahlen sollen, ist dumm. Vielmehr müssen wir uns fragen, was sich seit der Offenbarung des Ahninnengeheimnisses tatsächlich verändert hat. Das werden uns unsere Stammesgeschwister fragen in der Erwartung darauf, von uns Antworten zu erhalten. Doch haben wir selbst eine Antwort? Sind wir nicht ebenso verunsichert, welches Schicksal unserem Volk aus diesem Wissen erwachsen könnte?"

„Ja, und darüber, dass es einen göttlichen Sohn gibt, der fortan geachtet werden will", ergänzte Tutak-wa. „Nicht einmal zu Unrecht. Er sollte seine Macht an den Schafen beweisen, und das hat er eindrucksvoll getan. Jetzt wissen es alle: Männer haben teil an der Schöpfung. Und die Kinder der Frauen sind deshalb auch ein klein wenig die Kinder ihrer Geliebten, auf die sich manch eine Eigenschaft des Geliebten überträgt."

Rupscha-i raufte ihre welligen Haare, die sie üblicherweise zusammenband, seit der vorletzten Nacht aber offen trug. „Erinnere mich ja nicht daran. Uns auf die Schafe einzulassen, war das Dümmste, was wir tun konnten. Meine Vision, bei der mir die Göttin der Zärtlichkeit erschien, hätte Horfet genügen müssen."

„Mahl nicht schon wieder Mehl zu Korn", ermahnte Felan-ke die Butútekál.

„In Ordnung. Dann lasst uns ausführlicher über diesen Anteil der Männer an der Entstehung des Lebens reden. Ein Kind ist Fleisch und Blut. Es kommt allein aus unserem Fleisch und unserem Blut. Ein Mann verspritzt nur seinen weißen Saft. Er gleicht dem Schleim, der einem Kind später aus der Nase läuft. Ist es gerecht, sich wegen eines derart unbedeutenden Beitrags aufzuspielen? Nein, und viermal nein, sage ich. Doch was passiert? Ich will es euch erzählen. Mein Bruder Kojonti war nämlich so brudertreu, mich in Boritaks Pläne einzuweihen. Er weilte mit Boritak und Horfet vor Ab-bunas Leibablösung am Fluss und erfuhr dabei die wahren Absichten der beiden.

Hört gut zu! Dann werdet ihr sofort die ganze Tragweite unserer Entscheidung ermessen. Nach dem Gelingen ihrer List hegen Boritak und Horfet nicht mehr den geringsten Zweifel an ihrem Onloatwi. Sie versteigen sich zu der Ansicht, dass Männer den Frauen ebenbürtig, ja sogar überlegen seien, was das Hervorbringen des Lebens anbelangt. Für sie sind Männer nämlich die Samensspender des Lebens, während sie uns als Äcker ansehen, die sie nach Gutdünken pflügen und besäen möchten."

Sie breitete ihre Arme in Richtung Boden aus. „Als sei die Erde nicht Gab-Btars geheimnisvoller, heiliger Schoß, ohne den das Samenkorn niemals zu einer Ähre heranwüchse! „Patir" soll der Säer übrigens genannt werden, ein Ehrenname auf gleicher Nasenhöhe wie ‚Batar'."

„Ka-u, solch hanebüchene Ideen durchgeistern sie. Ich kann es kaum glauben", zweifelte Felan-ke.

„Warum?", widersprach ihr Aruch-me. „Das sieht den Männern doch ähnlich. Sie tun eine Kleinigkeit und wollen lauthals gelobt werden. Was wir tun, erscheint ihnen selbstverständlich."

„Dabei ist Horfet nicht einmal ein *Mann*", lästerte Chanut-pal.

„Und ist laut Kojonti trotzdem der gewählte Butú-tekál Onloatwis."

„Butú-tekál?", echote Chanut-pal.

„Ganz richtig, der Gott selbst habe ihn schließlich erwählt und damit zum Mann erhoben. Ihr schüttelt den Kopf und wundert euch. Zu Recht! Wir alle kannten einen anderen Horfet. Seit er sich Mannessohn nennt, ist er nicht mehr derselbe. Man ist zwar leicht versucht, Boritak als Netzzieher im Hintergrund zu sehen. Aber Horfet lässt sich auch einiges einfallen, wie mein Bruder zu berichten wusste."

Aruch-me verscheuchte eine Fliege von ihrem Arm. „Bald wird er an uns herantreten und eine neue Mannbarkeitsprüfung fordern."

„Ja, darüber werden wir noch reden. Doch lasst mich erst weiter ausführen, was die Männer am Fluss beschäftigte. Denn, meine Schwestern, es geht noch weiter. Laut Kojonti wollen die Onloatwi-Söhne nur noch für die Frauen sorgen, mit denen sie ihr Geschlecht verbinden. Und nur für die Kinder, die sie gesät haben. Die Kinder wiederum sollen ihrem Säer Achtung entgegenbringen und sich ihm zugehörig fühlen. Es soll von nun an auch eine Ahnenreihe der Männer geben. Von Patir zu Patir."

„Selbst wir Frauen wissen nicht immer, wer ein Kind in uns gesät hat. Wie wollen die Männer das herausbekommen?", fragte Felan-ke.

„Es ist sowieso falsch, von *den* Männern zu reden. Dein Bruder Kojonti hält zum Beispiel gar nichts von Onloatwi, und er ist nicht allein."

„Sicher, Tutak-wa, aber nur, weil er weiterhin ausschließlich an Btar glaubt. Jeder aber, der Onloatwi anerkennt, muss sich an sein Gebot halten. Dabei gibt es ein völliges Wirrwarr und unterschiedlich versorgte Kinder. Es wird Kinder geben, die Mutter und Mutterbruder haben, und solche mit Mutter und Patir."

Rupscha-i merkte, dass es ihren Ratskolleginnen zu schnell ging. „Nehmen wir an, Tutak-was Sohn Schodan liebt meine Enkelin Nal-abu. Nalabu bekommt ein Kind aus seinem Saft. Nicht mehr ihr Bruder, sondern Schodan als *Patir* sorgt für sie. Was aber passiert mit ihr und ihrem Kind, wenn sie sich dann in Onriak verliebt?"

Die Mienen der Frauen verrieten, dass sie sich diese Konstellation nur mit Mühe vorstellen konnten.

Rupscha-i ließ sich dadurch nicht aus dem Konzept bringen. „Vielleicht verliebt sich Schodan seinerseits in Riwa-quoi, mit der er später ein weiteres Kind hat. Jetzt müsste Schodan also für Riwa-quoi sorgen und für Nal-abu, obwohl er Nal-abu gar nicht mehr liebt. Weil er sich darüber ärgert, wird er für Nal-abu und ihr Kind schlechter sorgen. Und das könnte Nal-abu fast dazu zwingen, seine Zweitfrau zu werden, obwohl sie ihn nicht mehr liebt."

„So weit wird es nie kommen. Denn hinter Nal-abu stünde ja ihre Sippe mit dir als Clanmutter", beschwichtigte sie Chanut-pal.

„Von wegen. Lasst uns die neue Sitte zu Ende denken! Da mein Sohn Siatsch, also Nal-abus Mutterbruder, folglich für seine Geliebte und nicht mehr für seine Schwester sorgen würde, hätte ich als ihre Clanmutter weniger zu verteilen als bisher. Ach, fast hätte ich es vergessen. Boritak will ja sogar, dass die Felder und Tiere nicht mehr allen gehören, sondern unter die Gläubigen der Götter aufgeteilt werden sollen."

„Du meinst, wer an Gab-Btar glaubt, muss andere Felder bearbeiten als ein Onloatwi-Sohn?"

„Genau."

„Das wäre wohl das geringste Problem", meinte Chanut-pal. „Die paar Männer, die Onloatwi anbeten, können nur wenig für sich beanspruchen. Ihnen gehen die Vorräte viel schneller aus als uns, und dann müssen sie bei uns betteln."

„Chanut-pal hat Recht, Rupscha-i", meinte Aruch-me, „du hältst Nebel für Löwen. Die wenigsten werden zu Onloatwi überlaufen. Aber selbst wenn es mehr würden, beträfe Nal-abus Not vielleicht vorübergehend euren Holzbalken, Pelz- oder Werkzeugvorrat. Irgendwann hätte Nal-abu wieder einen neuen Geliebten, der alles auffüllen würde. Zu essen hätte sie stets genug, weil die Männer gar nicht so viel zum Lebensunterhalt beitragen, wie sie sich immer einbilden. Gemüse, Kräuter, Beeren, kleine Beutetiere, Fasern, Kleinholz, das alles sammeln wir Frauen selbst."

„Wenn ich bloß daran denke, wie unverfroren Horfet das Fleisch des Lammes für Onloatwi oder einen seiner Anhänger verlangt hat, steigt mir das Zornblut in die Wangen." Angewidert verzog Rupscha-i ihren Mund. „Erstens wird uns diese neue Sitte spalten und zweitens führt sie bei denen, die sich nach ihr richten, zu Kummer und Leid. Die Kinder werden ständig von neuen Männern gehütet, die Frauen müssen ihre Liebe mit der Sorge um ihre Kinder belasten, und die Männer müssen sehen, wie sie bei ihren Kindern von mehreren Frauen den Überblick behalten. Ein Unsinn sondergleichen."

Sie änderte ihre Sitzposition. „Es könnte übrigens sogar anders herum kommen. Stellt euch vor. Eine Frau will ihren Geliebten nicht mehr sehen. Der aber fühlt sich als Patir dazu berufen, *seine* Kinder mitzuerziehen. Was dann? Soll etwa die Frau wegen der Kinder bei ihm bleiben, obwohl sie ihn kaum mehr ausstehen kann? Und wie sollen die Kinder dann lernen, ihrem Herzen zu trauen, wenn ihre Mutter die ganze Zeit Liebe heucheln muss?"

Chanut-pal pflichtete ihr nickend bei und fügte hinzu. „Wahrscheinlich wird sich die neue Sitte schon allein deshalb nicht durchsetzen, weil den meisten Männern die Kinder ohnehin nicht so wichtig sind wie uns. Meinst du, dass die sich ausgiebiger um *ihre* Kinder kümmern, bloß weil sie einen Ehrennamen erhalten? Deshalb wollen sie nicht in unsere Höhlen. Lass Boritak ruhig reden. Vor lauter Geliebten, für die sie sorgen müssten, kommen sie gerne wieder zu ihren Schwestern zurück und lassen ihre gesäten Kinder im Stich."

„Wenn überhaupt", sagte Felan-ke, „könnten die Männer bestenfalls die Söhne auch zu ihren Kindern zählen. Niemals die Töchter. Erinnert ihr euch noch an die Vision, wie sie Horfet erzählt hat?"

Rupscha-i kniff ihre Augen zusammen. „Nicht mehr in den Einzelheiten wie du, offenbar."

„Horfet sagte: ‚Ohne den weißen Saft des Mannes gibt es keine Söhne. Denn wie sollte eine Frau ohne ihn ein männliches Kind gebären, das ihr überhaupt nicht gleicht?' Umgekehrt heißt das freilich, dass Töchter nach wie vor nur von ihrer Mutter abstammen."

Aruch-me kratzte sich an der Nase. „Gerecht ist es trotzdem nicht, was Boritak und Horfet im Namen Onloatwis fordern. Meine Söhne habe ich unter den gleichen Schmerzen geboren wie meine Töchter. Selbst wenn ein Mann den Sohn gesät hat, muss er mich als Mutter höher ehren, weil ich viel mehr für ihn tue. Ein Kind ist schnell gesät, aber lange auszutragen, zu hegen und zu nähren."

Rupscha-i klatschte in die Hände. „Du sagst es. Der beste Same gedeiht nicht ohne die Erde, in die er fällt. Boritak will uns beleidigen, indem er uns die Rolle der Erde zuweist. Was für eine Verkehrung der Welt und Verhöhnung Gab-Btars! Ja, rufen wir ihm entgegen, wir sind wie die heilige Erde und gerade deshalb soll ein Kind seine Mutter mehr achten als seinen Säer."

Nach einer kurzen Pause setzte sie hinzu. „Ich werde mich sowieso mit keinem dieser Onloatwi-Anhänger einlassen. Sie haben uns gedemütigt. Sie achten uns Frauen nicht. Und deshalb bin ich dafür, dass keine unserer Töchter zukünftig ihr Geschlecht mit ihnen verbindet."

„Du meinst, wir sollen unseren Töchtern vorschreiben, mit wem sie schlafen sollen?"

„Nein, natürlich nicht vorschreiben. Überzeugen müssen wir sie."

Felan-ke gab ihr Paroli. „Ich weiß nicht recht, Rupscha-i. Das allein dürfte kaum reichen, obgleich die aufgeschobene Liebeslust Männer sehr nachgiebig macht. Aber wie zweifelhaft ist es, dass sich alle von den Frauen daran halten! Wenn zwei in Liebe entbrennen, werden sie unsere Mahnungen tunlichst vergessen. Außerdem richten sich die neuen Sitten nicht so sehr gegen die Geliebten wie gegen die Schwestern und letztlich die Mütter. Zuerst sollten sich also die Frauen einer Sippe weigern, für ihre Brüder zu sorgen, sofern sie sich zu Onloatwi bekennen."

„Und Onloatwi?", erinnerte sie Tutak-wa. „Was wird er dann den Schwestern antun? Ich bin nicht so verwegen wie ihr, um ihn für ein Hirngespinst zu halten. Wir dürfen kein Risiko mehr eingehen. Wenn es ihn nämlich gibt, und zwar genauso, wie Horfet und Boritak es uns gesagt haben, dann wird er uns neue Strafen schicken. Solche Frauen könnten zum Beispiel nie mehr Söhne bekommen."

„Ihn einfach nur zu verleugnen, halte ich wie du nicht für klug", stimmte Felan-ke ihr zu. „Ich sehe einen sehr breiten Pfad, den wir stattdessen beschreiten könnten. Onloatwi sagt von sich selbst, dass er Gab-Btars Sohn ist. Könnten wir ihn in Zukunft nicht neben ihr anrufen, als ihren Sohn?"

Rupscha-i sträubte sich: „Und damit ihn und seine Gebote aufwerten? Das wäre unerträglich!"

„Du verkennst unsere Lage. Die Zeit, da nur wenige vom kleinen Geheimnis wussten, kehrt nie wieder zurück! Alle wissen nun von der Wirkung des Mannessaftes. Und wenn wir noch mehr Schafe halten werden als bisher, wovon ich überzeugt bin, werden wir die Widder immer vor Augen haben. Doch statt darüber zu klagen, müssen wir als die Häupter unseres Stammes einen neuen Weg weisen. Tun wir es nicht, gibt es nur die Pfade von Horfet und Boritak, denen unsere Leute folgen können. Daher ist es unerlässlich, dass wir selbst mit Onloatwi Kontakt aufnehmen. Ich kann mir gut vorstellen, dass Boritak und Horfet ihn nicht richtig verstanden haben."

Rupscha-is Missmut entlud sich in einem tiefen Seufzer. „Glaubst du wirklich, Felan-ke, dass er uns etwas anderes sagen würde?"

„Unbedingt. Männer und Frauen verstehen vieles anders. Und was du vorhin gesagt hast, muss auch dieser Sprössling der Göttin beachten. Sein Beitrag zur Schöpfung ist viel kleiner als der seiner Mutter. Also ist es nur billig, dass sich Onloatwi bescheidet. Einen Versuch ist es allemal wert. Irgendwann wird er zu uns sprechen, wenn es ihn wirklich gibt."

„Und wenn er beleidigt ist, weil die Ahninnen ihn schon kannten und ihn trotzdem nicht ehrten?", sorgte sich Tutak-wa.

„Dann wäre er dumm, wenn er sich unsere jetzige Bereitschaft, ihn anzuhören, nicht zunutzemachen würde. Und einen dummen Gott brauchten wir wahrlich nicht zu achten."

Rupscha-i nickte. „Ich verstehe. Deine Idee ist klug, hat aber ihre Tücken. Boritak wird uns der Lüge bezichtigen, wenn wir etwas anderes über den Gott verkünden als er selbst."

„Darauf müssen wir es ankommen lassen. Doch zuerst sollten wir hören, was Onloatwi uns überhaupt zu sagen hat."

Aruch-me fand den Vorschlag hervorragend.

„Was schlägst du also vor, Felan-ke?", signalisierte auch Chanut-pal ihre Zustimmung."

„Dass wir unseren Stammesschwestern die heiligen Kerbhölzer unserer Ahninnen zeigen und ihnen alles erklären, was wir wissen. Ferner, was Onloatwi anbelangt, dass wir an einem Ritual ihm zu Ehren teilnehmen."

„Etwa mit Horfet als Butú-tekál?", empörte sich Rupscha-i.

Felan-ke umfasste einige Muscheln ihrer Kette, die einen klirrenden Ton von sich gaben. „Horfet sieht sich selbst als Verkünder des Gottes und Enthüller der Bedeutung des Mannessaftes. Er nimmt uns den Täuschungsversuch übel. Uns und Krata-buun."

„Ja", sagte Aruch-me, „er versucht nicht einmal, unsere Gründe zu verstehen. Dabei hat unser ganzes Volk seit Anbeginn der Zeit Stück für Stück Btars Menschenlied zusammengefügt, weil die Göttin viel zu groß ist, um von einem Menschen allein verstanden zu werden. Horfet aber bildet sich ein, er sei der einzige, der je göttliche Worte vernahm. Und Boritak bestärkt ihn noch darin."

Chanut-pal unterstützte die beiden. „Meiner Meinung nach dürfen wir Horfet auf keinen Fall als Butú-tekál anerkennen. Das würde unsere ganze Tradition auf den Kopf stellen. Außerdem haben sie uns gewaltsam festgehalten. Dafür sollten sie zumindest zwei Tage fasten."

„Alle, die ihnen geholfen haben", ergänzte Aruch-me.

„Richtig. Solche Übergriffe dürfen wir nicht ungesühnt lassen", stellte Felan-ke klar. „Und was das Ritual anbelangt, habt ihr Recht. Du, Rupscha-i, solltest es leiten. Horfet müsste dir dafür sogar dankbar sein. Wie Kojonti erzählte, lachten die Männer über ihn, als er sagte, er sei Onloatwis Butú-tekál."

Rupscha-i kratzte etwas Lehm vom Boden ab, zerbröselte ihn und ließ ihn auf ihre andere Hand rieseln. „Das wird sich zeigen. Allein, dass wir den von ihm verkündeten Gott anrufen, sollte Horfet zufrieden und stolz machen. Btar schuf die Welt, wie es ihr gefiel. Dass Männern darin kein größerer Beitrag an der Schöpfung zugestanden wird, muss sogar ein gottberührter Mannessohn begreifen lernen. Wenn er seine diesbezüglichen Ansichten nicht schleunigst ändert, wird es ein böses Ende mit ihm nehmen. Er wird ein Außenseiter bleiben, dem wir die Initiation zum Mann verweigern müssen, um Btar nicht zu erzürnen. Oder denkt ihr anders darüber?"

Rupscha-i hob ihren Kopf und blickte in den Halbkreis vor ihr. „Offenbar nicht. Gut so. Bleibt zu klären, wann und wie wir das Ritual für Onloatwi gestalten?"

„Wäre es nicht besser, der Fünferrat zieht sich zuerst in die Frauenhöhle zurück und erbittet dort von Onloatwi eine Vision, *bevor* wir ein Ritual für ihn abhalten? Auf welche Weise kann er uns sonst mitteilen, wie das Ritual beschaffen sein soll?", fragte Chanut-pal.

Tutak-wa zweifelte. „Andererseits wissen wir nicht, ob er mit uns spricht, ehe wir ihm unsere Achtung zeigen."

„Indem wir verkünden, dass wir ihn suchen, erweisen wir ihm bereits Respekt. Außerdem soll der Stamm nicht den Eindruck bekommen, wir seien uns unserer Sache nicht sicher", widersprach ihr Aruch-me.

„Ja, das sehe ich ebenso wie du", sagte Rupscha-i. „Warum bleiben wir nicht gleich nach der Beratung mit den Frauen hier im Vollmondhaus? Auf diese Weise überlassen wir Boritak und Horfet nicht den Stamm. Wer weiß, was ihnen sonst alles einfällt? Schlafmangel ist ohnehin die beste Voraussetzung, um Rauschtränke zu sich zu nehmen und ein göttliches Wesen anzurufen."

„Wenig Schlaf hatten wir fürwahr", griff Felan-ke Rupscha-is Vorschlag willig auf. „Je schneller wir den neuen Lehren etwas entgegensetzen können, desto besser. Nicht dass ihnen der eine oder andere auf Dauer verhaftet bleibt."

„Gut", erbat Rupscha-i den Segen der Göttin, „dann bitten wir dich, Gab-Btar, Alles-Mutter, wohne unserer Versammlung der Frauen bei und leite uns anschließend zu deinem Sohn, der dir geneigter sein möge, als Horfet und Boritak es glauben."

Nach dem Treffen des Fünferrates ging Rupscha-i sogleich in den Wald, um Blumen zu pflücken. Sie wollte kurz mit sich und der Göttin alleine sein, bevor sie das Signal für die Frauenversammlung in der Vollmondhütte gab.

Boritak beobachtete sie. In seinen Augen war ihre Laune viel zu gut. „Freilich, bei ihrem Treffen werden sie einen neuen Plan ausgeheckt haben, wie sie uns beide erneut der Lächerlichkeit preisgeben", dachte er nüchtern. „Mit dem hohen Ansehen, das sie genießen, ein leichter Wurf."

„Angst, Furcht", murmelte er vor sich hin, „Schrecken müsstet ihr fühlen, so wie Ke-ho, damals, als ich sie gegen ihren Willen bestieg." Ein Anflug jenes Hochgefühls wogte wieder durch ihn. „Ich bin es so leid", dachte er, „eure Beratungen abzuwarten, zu sehen, wie ihr um einvernehmliche Beschlüsse ringt und euch schlussendlich einig werdet. Die anderen Männer halten euch für weise, weil sie ein friedliches, bequemes Leben führen.

Ich bin nicht so schwach wie sie. Ich weiß die Kraft meiner Arme zu gebrauchen. All eure *Weisheit* vermag nichts dagegen. Ihr seid nur stark, weil keiner euch herausfordert. Aber wenn es drauf ankommt, seid ihr hilflos wie in jener Nacht, über die ihr jammert. Horfet immerhin hat schon viel von mir gelernt, aber unter dem bestvorstellbaren Vergnügen versteht er noch immer eine Liebesnacht mit Nal-abu. Eine Schande sondergleichen, dass ein Verkünder Onloatwis das verbundene Geschlecht nicht sowieso jederzeit einfordern kann!"

Boritak schlug sich auf die Brust. „Onloatwi, ich weiß, dass ich dein ältester und stärkster Sohn bin. Was befiehlst du mir? Sprich doch endlich mit mir wie mit Horfet oder gib mir ein Zeichen."

In seinem Versteck sah Boritak, wie In-eika und Ol-uba sich zu Rupscha-i gesellten, um ihr beim Blumenpflücken zu helfen. „Oh, du mein göttlicher Patir, gibst du mir einen Wink, indem du ausgerechnet jetzt die beiden Mädchen hierher führst? Ich wollte, ich hätte viele solcher Mädchen, die nichts von Btar wissen, sondern nur Onloatwi kennen. Aber dazu wird es wohl nie kommen."

Auf seine Gesichtszüge kehrte das breite Grinsen zurück. „Oder sollte etwa, mein Gott, dein Plan ein ganz anderer sein? Willst du mir mit den beiden Mädchen vielleicht sagen, ich soll…?" Froh über das Stück Löwenfell, das er von Jalwonk eingetauscht hatte, krümmte Boritak seine Finger, als seien sie Krallen.

Rupscha-i bemerkte Boritak nicht, als sie bald darauf mit einem Strauß aus knallgelbem Johanniskraut, weißen Glockenblumen, leuchtend rotem Phlox und sommerhimmelblauen Kugeldisteln zurückkam. Diese Farbkombination liebte sie am meisten. Sie brachte die Blumen in die Vollmondhütte. Kaum trommelte sie, strömten die Frauen herbei. Während Rupscha-i in vorgeblicher Gemütsruhe den Altar der Göttin, eine von Aruch-me in Stein gehauene Frauenfigur, aus deren Schoß ein Kindskopf schaute, mit den Blumen schmückte, lauschte sie begierig auf das, was die Frauen untereinander sprachen. Schließlich, als nur noch wenige Frauen fehlten, schlug sie zwei Klanghölzer in schneller Folge aneinander.

Zu den letzten Eintrudelnden gehörte Nal-abu. Sie quetschte sich zwischen Wenel-pi und Riwa-quoi. Sooft Mer-hilla zu weinen anfing, wurde sie von Riwa-quoi oder ihrer Mutter in den Arm genommen. Nal-abu weinte mit ihr, aus Mitleid und weil ihr selbst zum Heulen zumute war. Sie musste Horfet doch nur ansehen, um es von ihrem Herzen getrommelt zu bekommen: es war voller Liebe für ihn, ihn *und* ihren anderen Geliebten.

Umso mehr entsetzte sie, wie ungerührt „Mannessohn" vor ihrer Großmutter gestanden hatte, an jenem Morgen. Kaltherzig und völlig überzeugt von dem, was er tat. Und erst dieser unnahbare Boritak. Er hatte es genossen, ihre Großmutter zu demütigen. Den Menschen, den sie nach ihrer Mutter am allermeisten auf dieser Welt liebte. Was bezweckte der eigenartige Gott damit?

Sie seufzte. Wie lange sehnte sie sich schon danach, horfet als Ebenbild der Göttin zu begegnen! „Hätte ich dich vor Onloatwi erreicht, wärst du diesem Sohn Btars sicher nie auf den Leim gegangen! Wann wird deine Seele endlich wieder Gab-Btars Lied hören?", fragte sie sich insgeheim. Wild pochte ihr Herz den Antworten entgegen, die dieses Treffen versprach.

Rupscha-i, die ihr Alltagsgewand anbehalten und wie üblich nur eine Kette und einen Armreif aus Eberhauern trug, lächelte ihre Enkelin an und eröffnete, mit ihren Fünferratskolleginnen dem Halbkreis aus den anderen Frauen gegenübersitzend, die Versammlung. Wie schon Ilnaf-ba „vergaß" sie gerne den Redestab:

„Geschätzte Stammesschwestern, ihr kennt mich als Frau, deren Gedanken nicht umherkreisen wie die Schwalben, sondern pfeilgerade hinfliegen auf ihr Ziel. Ich bin nicht besonders klug oder geschickt im Umgang mit Worten. Habt daher Nachsicht mit mir, wenn meine Rede kurz und knapp ist."

„Hauptsache, sie verschweigt nichts. Wir sind neugierig. Wir haben genug gemutmaßt. Wir wollen endlich aus deinem Munde hören, was ihr Weisen Frauen mehr wisst als wir. Je klarer dein Wort, desto besser wird es das Dickicht durchschneiden, das sich vor uns aufgetan hat. Was ist wirklich dran an dem Männersaft? Sag es frei heraus, und lass nichts weg!", forderte sie Lu-bagdai auf.

Rupscha-is Stimme klang belegt. „Wahr ist, dass der Mannessaft Kinder anlocken kann."

„Hágalap, was sagst du da?"

„Aber wir dachten, Btars legt uns die Kinder in den Bauch, mit denen sie uns einverstanden glaubt."

Rupscha-i verschaffte sich mit beruhigenden Gesten Gehör. „Hört mir doch zu! Grundsätzlich stimmt es so, wie ihr es kennt. Der Mannessaft allein vermag nämlich gar nichts. Der Stand der Mondin beeinflusst ebenfalls seine Kraft. Je runder die Mondin, desto wahrscheinlicher, dass sich der Schoß einer Frau füllt. Deshalb das Schutzritual. Es sollte euch davor schützen, Kinder zu bekommen, ohne dass ihr das wollt."

Riwa-quoi blickte sie erbost an. „Was?! Soll das etwa heißen, dass es gar keine Schadgeister gibt, die es auf den Bauch einer mondreifen Frau abgesehen haben. Davor habe ich mich schon gefürchtet, bevor ich eine Frau wurde."

„Dass du mich so anfährst, verbitte ich mir. Weder Krata-buun noch die anderen vor dir sitzenden Frauen des Fünferrates haben sich diese Schadgeister ausgedacht, sondern die Ahninnen. Jede Frau, die in den Fünferrat aufgenommen wurde, musste beim Aschme-óch schwören, dass sie das Geheimnis nicht verrät. Hättest du dich denn einfach über einen solchen Schwur hinweggesetzt? Außerdem übertreibst du. Nur um die volle Mondin herum musstest du diese Geister fürchten.Diese Angst hat dich immerhin davor bewahrt, ein Kind in den Bauch zu bekommen, zu dem du nicht bereit bist. Ist das nicht viel besser, als nur an ein paar Tagen Angst zu haben? Hättest du dir eines gewünscht, wärst du nämlich zu uns gekommen."

Riwa-quoi senkte ihren Kopf und schwieg. Außer Barcha-let und Lu-bagdai wusste noch niemand, dass sie beim letzten Neumond ihr Hasenfell zwischen den Beinen trug, ohne es je auswechseln zu müssen.

„Wieso allein um den vollen Mond herum?", fragte Lu-bagdai.

Bedächtig zog Rupscha-i einen Eichenast aus einem Lederfutteral heraus, das sie an den äußersten Rand des Altars gelegt hatte. Es folgte eine ausführliche Erläuterung aller Zeichen, die Rupscha-i höchstpersönlich in den Ast gekerbt hatte. Wissbegierig reichten ihn die Frauen von Hand zu Hand weiter.

Rupscha-i schloss ihre Erklärung mit den Worten: „Viele solcher Äste haben unsere Ahninnen angefertigt. Aus ihrer Erfahrung, dass die meisten Kinder um den Vollmond herum geboren werden und ein Kind neun Mondläufe im Bauch seiner Mutter heranwächst. Aber dennoch gab es genug Fälle, wo die Vorhersagen nicht stimmten. Es gab Säuglinge, die an Neumonden geboren wurden, und Frauen, denen Btar trotz vieler verbundener Geschlechter an Vollmonden nicht den Bauch küsste. Boritak hat also sicher nicht Recht, wenn er glaubt, dass der Mannessaft immer und überall ein Kind sät."

„Bei mir zum Beispiel stimmt es nicht. Jetzt kann ich es ja sagen. Als ich mich einmal an einem Vollmond verband, schlüpfte keine Seele in meinen Bauch. Doch obwohl ich seither die Tage um Vollmond mied, blute ich nicht mehr", lüftete Riwa-quoi ihr Geheimnis.

„Wer könnte es denn gesät haben, Upakan oder Saniutai oder ein anderer?", fragte Ilnaf-bas Tochter Nub-je.

Riwa-quoi schaute sie verdutzt an. „Woher soll ich das wissen? Ich habe beide in meine Höhle gelassen."

„In Zukunft solltest du besser aufpassen!", blaffte sie Rupscha-i an. „Dein Bruder ist nämlich einer der Rädelsführer der sich verweigernden Mutterbrüder. Er will nicht mehr für seine Schwestern sorgen, sondern nur noch für die Frau, die seinen Samen austrägt. Schließlich sieht er sich als ein ‚Patir‘, ein ‚Schwanzgebärer‘."

„Die wagen es, von ‚gebären‘ zu reden. Ich wünschte, sie hätten nur mal ein paar Augenblicke lang die Schmerzen dazu. Allein dieses Wort ist eine Unverschämtheit", zischte Chanut-pal.

„Wie? Was meint mein Bruder denn damit?" Riwa-quois Verwunderung bestärkte Rupscha-i.

Nal-abu fühlte einen Stich in ihrem Herzen, als sie von Horfets neuen Umtrieben hörte.

„Deine Fragen sind berechtigt. Wie kann sich ein Bruder weigern, für seine Schwester und deren Kinder zu sorgen? Was passiert, wenn die Säer nicht an seine Stelle zu treten bereit sind? Vorausgesetzt, eine Frau weiß sie sicher zu bestimmen." Rupscha-i machte eine Pause und suchte den Blick einzelner Frauen.

Senu-bab, Clanmutter der Bienensippe, zog sich eine Zecke aus ihrem Oberschenkel, die groß genug war, sie zwischen zwei Steinen zusammenzuquetschen. „Wir haben bisher hervorragend in unseren Muttersippen gelebt. Wegen der Erkenntnis, dass zu unserem Fleisch und Blut ein Spritzer Mannessaft gemischt wird, braucht sich nach meiner Ansicht gar nichts zu ändern. Das Tröpfchen, das der Mann beisteuert, gibt ihm noch lange kein Recht, sich wie ein Sippenmitglied aufzuführen und mir bei der Erziehung meiner Kinder hereinzureden."

„Ulkig ist die Idee schon", feixte Aruch-mes Tochter Ja-ella und neigte dabei ihren Kopf zur Seite. „Einen Geliebten kann sich eine Frau wenigstens aussuchen, ihren Bruder nicht. Am besten wären in Zukunft wohl die Frauen dran, die einen btargläubigen Bruder und einen onloatwigläubigen Geliebten haben."

Ihre Schwester Goila-lin winkte ab. „Den Onloatwi-Söhnen geht es wohl eher darum, mit *ihren* Kindern zu prahlen. Genauso wie sie mit ihrer Beute oder ihren Kräften prahlen. Glaubt ja nicht, dass man sie weniger zur Mithilfe bei der Kindererziehung anhalten muss, bloß weil sie sich „Patir" schimpfen."

Rupscha-i ließ alle zu Wort kommen, die ihren Wunsch zu sprechen mit nach oben gestreckten Daumen zu verstehen gaben. Dann fasste sie zusammen. „Eure Scherze und Zurückweisungen zeigen mir, wie lächerlich ihr Horfets und Boritaks Forderungen im Hinblick auf die Kinder findet. Und damit nicht genug. Horfet und Boritak betrachten die Schafe in den Gattern als ihrem Gott Onloatwi geweiht. Deshalb, Lu-bagdai, wollten sie dir das Lamm unter keinen Umständen überlassen."

„Als hätte dieser Onloatwi alles ausgelöscht, was Horfet bei uns gelernt hat. Unglaublich!", ärgerte sich Horfets Clanmutter.

„Was für eine Ehre, dass wir ihren Schafen unser Stammesgras schenken dürfen", höhnte Nub-je. „Passt bloß auf, bald werden sie auch noch Btars Gras umzäunen." Ihr Einwurf sorgte für große Heiterkeit.

Aus Kipik-le, die bisher einen sehr abwesenden Eindruck gemacht hatte, brach es plötzlich heraus. „Ihr werdet verstehen, dass mir das Lachen nicht aus dem Halse will. Wo bleib denn Gab-Btars Güte, als sie mir die Enkelin nahm, aber Lu-bagdais Tochter leben ließ? Obwohl es Lu-bagdais Schwestersohn Horfet war, der Btars schlecht erzogenen Sohn zu uns brachte!"

Rupscha-i hob unwillkürlich ihre Arme, als müsse sie den für Kipik-le untypisch vehementen Vorwurf sogar körperlich abwehren. Ratlos, was sie darauf antworten sollte, wandte sie sich in Richtung Altar.

Es war Felan-ke, die zu fragen wagte: „Vielleicht liegt es an den Säern? Lu-bagdai, ich nehme an, Anujach hat Esfan-ee gesät?"

Die Gefragte nickte.

„Und wer war es bei dir, Mer-hilla?"

Ein vom Weinen undeutliches „Schodan" kam aus deren Richtung.

„Nun, so könnte es vielleicht daran liegen: Schodan gehört zu den On-loatwi-Söhnen, Anujach nicht."

Kipik-le verzog ihre Mundwinkel zu einem hämischen Grinsen. „Wo-hoí, ausgerechnet die Göttin sollte mit einem Mal darauf achten, wer ein Kind gesät hat? Felan-ke, gib zu, dass diese Begründung widersinnig wäre!"

Felan-ke massierte sich ihre Stirn. „So widersinnig, wie du tust, wäre sie nicht. Erinnere dich und überlege! Wann wurden zum letzten Mal zwei Säuglinge an einem Tag geboren? Noch nie! Vielleicht hat die Göttin einen Fehler gemacht und Ab-buna versehentlich in unseren Stamm getragen, obwohl sie in eine andere Tochtersippe deiner Urahnin gehört. Wir sind mittlerweile ein sehr großer Stamm, vielleicht schon zu groß."

Ilnaf-ba, die sich hinter ihre Schwester und ihre Nichten gesetzt hatte, lugte hervor und dankte Felan-ke mit einem Lächeln, das diese allerdings nicht sah und fortfuhr. „Gab-Btar könnte es zu spät gemerkt haben und musste Ab-buna wieder in den Aschme-óch zurückholen, bevor sie sie der Frau eines anderen Stammes anvertraute. Mer-hilla ist noch jung. Ihr fällt es leichter, wieder ein Kind zu bekommen. Lu-bagdai dagegen hatte bereits zwei Leibessprösse, die unbeseelt blieben. Ihr Esfan-ee zu neh-men, wäre viel schlimmer. Aber natürlich, Kipik-le und Esfan-ee, mindert das nicht euern Schmerz, den wir alle mit euch teilen."

Es trat Stille ein, die allein Mer-hillas gelegentliches Schluchzen störte. Auf den Gesichtern der Mehrheit war deutlich zu lesen, dass sie Felan-kes Äußerung für weise erachteten.

Barcha-let brach das Schweigen. „Wie sollen wir dem neuen Gott be-gegnen? Immerhin ist er Btars Sohn. Wir können ihn nicht einfach ver-leugnen, zumal er wie von uns gewünscht seine Kraft unter Beweis gestellt hat."

Rupscha-i führte ihre Hand zum Kinn und strich sich über ihre Bart-haare. „Wir Ma-ga-ur-Frauen haben beschlossen, selbst mit Onloatwi Kontakt aufzunehmen. Warum sollte der Gott ausschließlich mit Horfet reden, wo wir ihm doch auch zuhören? Es gibt ohnehin Unstimmigkei-ten, die es zu klären gilt. Horfet sagte, dass Onloatwi nur den Keim für Söhne in die Bäuche legt. Nach den Erfahrungen der Ahninnen sind es beide Geschlechter. Der Gott wird uns sogar viel zu erzählen haben, wenn wir ihn gleich fragen. Bitte lasst uns allein."

Gespannt wartete Horfet auf die Rückkehr seiner weiblichen Sippenmitglieder. Allerdings mied er die Clanhütte, um Toischan nicht zu begegnen, der dort, wie er vermutete, mit In-eika spielte. Stattdessen erduldete er die heißen Sonnenstrahlen auf seiner braunen Haut, die nur auf der Hüfte vom Lendenschurz bedeckt wurde. Endlich kamen sie, in kleinen Gruppen, Riwa-quoi mit Nal-abu, Lu-bagdai mit Barcha-let. Als er Nal-abu erblickte, bemerkte er in ihrem Blick schon wieder diese Überlegenheit, die ihn erboste. War sie etwa nicht Frau genug, ihren Fehler zuzugeben?

Horfet wich vor ihr zurück. Auf Lu-bagdai und Barcha-let dagegen ging er erhobenen Hauptes zu. „Werdet ihr endlich Onloatwi anerkennen? "

„So weit sind wir noch nicht", erwiderte ihm Lu-bagdai. „Die Weisen Frauen wollen selbst mit Onloatwi sprechen. Sie sitzen im Vollmondhaus und bereiten sich auf eine Begegnung mit ihm vor. Seine angeblichen Forderungen machen uns wütend. Ich bedaure es sehr, dass dieser furchtbare Gott dich als seinen Verkünder ausgesucht hat. Ich erkenne dich nicht wieder, *Mannessohn*."

Über Horfets Gesicht huschte ein Lächeln. Was ihr so „furchtbar" an Onloatwi erschien, konnte er zwar nicht nachvollziehen. Aber zumindest seinen richtigen Namen gestand sie ihm endlich zu!

Im Gegensatz zu ihrer Schwester wirkte Barcha-let tief berührt. „Ach, mein lieber Sohn", murmelte sie. „Ich wollte, das alles wäre nie geschehen." In ihrem linken Auge schimmerte es nass.

Horfet zwinkerte ihr zu. „Ich danke dir. Du und ich, wir beidehatten keine Wahl, Mutter. Die Stimme des Gottes war zu klar, als dass ich es wagen konnte, sie zu überhören. Der Gott hat mich bisher geschützt, und er wird weiterhin über mich wachen. Er wird sich den Weisen Frauen zeigen und ihnen dasselbe sagen wie mir." Mit diesen Worten wandte er sich ab.

„Wohin willst du?", fragte Barcha-let.

„Ich gehe zu meiner Schirmpinie. Mir ist es lieber, dort auf das Ergebnis der Vision zu warten. Ihr Trommeln wird mich holen, wenn sie uns ihre Entscheidung bekannt geben wollen."

Von hinten drang Toischans Stimme an sein Ohr, der Ol-uba fragte, ob sie wisse, wo In-eika sei.

Als Horfet an der Pinie anlangte, traf er auf Boritak, der ebenfalls erst angekommen zu sein schien, weil ihm der Schweiß herunterrann. Der kühle Schatten unter dem stattlichen Nadeldach brachte freilich niemanden zum Schwitzen. Er war einer der Gründe, warum sich Horfet gerade die Pinie auf dieser vom Dorf in einer angenehmen Entfernung befindlichen Anhöhe ausgesucht hatte. Zum anderen bot sich einem hier die freie Sicht in mehrere Richtungen: hinunter auf den Fluss, auf die Wege entlang des Wassers sowie hinüber zu Dorf und Ebene.

„Bist du etwa hierhergerannt, dass du so schwitzt?", fragte Horfet.

Boritak antwortete erst nach einer kurzen Verzögerung. „Dafür brauchte ich nicht zu rennen. Die Hitze reicht mir auch so."

„Wo warst du eigentlich nach Ab-bunas Leibablösung? Ich habe dich gar nicht mehr gesehen."

„Ich musste allein sein, nachdenken. Was wollen die Frauen tun?"

„Das kann ich dir sagen. Ich war bis eben im Dorf, um mir ihre verunsicherten Gesichter anzusehen. Zuerst trafen sich alle Frauen im Vollmondhaus. Die Weisen Frauen sitzen immer noch dort. Sie haben beschlossen, selbst Onloatwis Stimme zu vernehmen."

„Kaschák, klar, dass er ihnen etwas ganz anderes sagen wird?"

„Wieso sollte er?"

Boritak sah Horfet kopfschüttelnd an. „Frisch geschlüpfter Mannessohn. Onloatwi wird ihnen natürlich das gleiche verkünden wie uns. Aber das werden sie nie und nimmer zugeben. Stattdessen werden sie uns wieder anlügen, weil sie hoffen, dass alle ihnen mehr glauben als uns. Ich habe es so satt."

„Warte es ab. Ich habe nämlich noch eine hervorragende Nachricht. Vorhin, als ich im Dorf war, lockte mich meine Mutter unter einem Vorwand in den Wald und erzählte mir unter viel Geheule – hör gut zu; jedes einzelne Wort lässt mich vor Aufregung beben –, dass sie mich nach ihrem Geliebten nannte und dass ich diesem Mann sehr ähnlich sehe." Horfet fiepte besonders hoch. „Der muss doch mein Patir sein. Stell dir vor, was das bedeutet. Ich habe einen Patir, der so aussieht wie ich. Wenn ich ihn suchen will, weiß ich, wonach ich suchen soll."

Boritak klopfte ihm auf die Schulter. „Das ist toll. Sobald wieder Ruhe eingekehrt ist, solltest du dich auf die Suche nach ihm machen. Ich begleite dich. Weißt du noch? Das habe ich dir damals versprochen."

„Und ob ich mich daran erinnere! Du warst der Allererste, mit dem ich über die Pferde sprach."

„Ich finde es ungeheuerlich, dass Barcha-let dir dieses Geheimnis so lange verschwieg. Siehst du, selbst deine Mutter war nicht ehrlich zu dir. Sie können gar nicht anders. Es liegt ihnen im Blut."

„Ich verzeihe ihr. Sie sagte, sie habe sich schon oft gefragt, ob sie einen Fluch auf mich geladen habe, weil sie sich entgegen der Sitte dafür entschied, mich wie meinen Patir zu nennen. Sie hat sich eben nicht getraut. Sie fürchtete doch, es würde mir schaden, wenn ich es wüsste."

Boritak verzog seinen linken Mundwinkel. „Was ist mit den anderen? Willst du denen etwa auch so großmütig verzeihen?"

Horfet hielt Boritaks Blick stand. „Sie haben meine Vision nicht ernstgenommen. Aber es kommt schließlich nicht alle Tage vor, dass einem Menschen ein neuer Gott erscheint, nicht wahr? Wäre ich an ihrer Stelle gewesen, hätte mich der Zweifel nicht minder heftig gepackt."

„Kaschák. Und ihre Lügen kerbst du mit auf den einen Pfeil und schießt ihn in den Himmel, wie?"

„Nein", in Horfets Augen blitzte es auf, „Lügen nagen am Vertrauen, wie ein Biber an einem Baum. Lauter kleine Bisse, der Baum bleibt stehen. Ein letzter Biss, der Baum fällt. Sieh dir unsere Sippe an! Und dabei wollte ich nur wissen, warum die Fohlen dem Hengst gleichen." Mannessohn schluckte. „Wenigstens fühle ich mich nicht mehr schuld an Krata-buuns Tod. Auch Nal-abu hat keinen Grund mehr, mir böse zu sein. Ich hatte Recht. *Sie* tat *mir* Unrecht. Wie sie mich vorhin, nach dem Treffen der Frauen angesehen hat, hat mich geärgert. Bei dem bloßen Gedanken daran, dass sie sich mit Glenek im Gras wälzt, könnte ich wahnsinnig werden."

„Wie kommst du darauf, dass ausgerechnet Glenek Nal-abu herumgekriegt haben sollte? Sie sagt selten ein nettes Wort zu ihm, aber wenn Toischan in ihrer Nähe ist, lächelt sie viel."

„Keine Ahnung, was sie an Glenek findet. Er selbst hat es mir gesagt." Horfet krallte die Fingernägel in seinen Unterarm. Obwohl die Eifersucht in seinem Volk verpönt war, konnte er dieses bohrende Gefühl in seinem Inneren nicht ignorieren.

Boritak packte Horfets Arme. „Dann tu was dagegen! Was ich gestern am Fluss die Männer lehrte, war nur die Hälfte dessen, was wir von Onloatwis Widdern lernen können. War das Lamm, das du ihm weihtest, nicht ein Böcklein?"

Horfet dachte kurz nach. „Stimmt. Ein kleiner Widder."

„Na also. Wieder ein Zeichen. Von den Widdern kann man viel lernen." Boritak führte seine Hände zum Herzen. „Onloatwi mag bisher nicht zu mir in Worten gesprochen haben, aber seine Gesten sind überaus beredt: Es sind die Widder, die miteinander um die Schafe kämpfen. Nicht die Schafe bestimmen, wem sie sich öffnen, sondern die Widder untereinander legen fest, wer die Schafe decken darf. Genauso wie die Hengste. Sie bäumen sich auf, steigen, drängen sich gegenseitig weg. Einzig der beste darf die ganze Herde besteigen. In Zukunft werden wir allein nach diesem Lied tanzen. Es ist machtvoller als das Btars."

„Wie stellst du dir das vor? Dass wir Männer uns gegenseitig die Köpfe wund schlagen?"

Boritak zuckte verächtlich mit seiner rechten Augenbraue. „Willst du Nal-abu?", fragte er.

Horfet nickte.

„Dann fordere Glenek heraus. Besiegst du ihn, muss er dir Nal-abu überlassen. Denn er ist einer von uns."

„Aber er ist viel stärker als ich."

„Du hartköpfiger Zweifler. Deine Liebe wird deine Kraft verstärken. Außerdem kannst du selbst bestimmen, auf welchem Gebiet du ihn fordern möchtest. Du schießt zum Beispiel besser als er. Und du hast Onloatwi auf deiner Seite."

„Stimmt", brummte Horfet. „Vorausgesetzt, Glenek lässt sich auf einen Schießwettkampf mit mir ein?"

„Probier es! Weigert er sich, werde ich ihn als Feigling vor den Onloatwi-Söhnen bloßstellen. Er hat nicht den Mut zu kneifen."

Horfets Skepsis hielt an. „Aber warum sollte sich Nal-abu daran halten? Der Groll, den sie gegen mich hegt, ist ungebrochen."

„Wir müssen Glenek lediglich dazu bringen, dir sein Ehrenwort zu geben. Vieles mag er locker handhaben, auf sein Ehrenwort allerdings ist Verlass. Viele Männer begehren Nal-abu. Sie entschied sich für Glenek. Wenn der nicht mehr will, steigen zumindest deine Chancen. Es wird sie überdies beeindrucken, wenn du Glenek um ihretwegen herausforderst und ihn besiegst. Immerhin hat sie so die Chance, den Samen eines erfolgreichen Mannes zu bekommen. Ist der nicht verlockender als der eines Verlierers?"

Horfet drückte seine Brust heraus. „Du überraschst mich immer aufs Neue. Ich bin froh, dass du mein Ratgeber bist." Seine Haltung änderte sich abrupt; ein Buckel löste die stolzgeschwellte Brust ab. „In Nal-abus Augen bin ich aber noch nicht einmal ein Mann."

„Ja, das ist einer der Punkte, den es zu bedenken gilt. Wenn die Weisen Frauen von ihrer Visionssuche zurückkehren, müssen wir ihnen entschlossen entgegentreten und unsere Forderungen stellen: Anerkennung Onloatwis, gemeinsames Ritual für ihn und auch deine Anerkennung als Mann. Alles Weitere können wir nicht einfordern. Das müssen wir Männer fortan anders handhaben, als wir es gewohnt sind. Die Zeit des Redens ist vorbei. Durch Taten müssen wir beweisen, dass wir es ernst meinen."

Horfet nickte. Die Forderungen hatte er dutzendmal aus dem Mund seines Freundes gehört. Im Moment beschäftigte ihn dessen Bemerkung über Nal-abus Verhalten gegenüber Toischan viel mehr.

Plötzlich schnellte Boritaks Arm so rasch nach vorne, dass Horfet einen Luftzug verspürte. „Mannessohn, schau mal zum Fluss. Bewegt sich da nicht etwas? Seitdem ich bei euch bin, sehe ich zwar wieder besser, aber so scharf wie deine Augen sind meine lange nicht. Kannst du was erkennen?"

Horfet fokussierte seine Blicke in die gewiesene Richtung. „Ja, ich glaube, wir bekommen Besuch. Ein Mann mit einer sehr schweren Last, die rosa schimmert, so wie die Blüte hier." Er wies mit seinem Zeigefinger auf eine Wildrose.

„Was tut der Mann?", bohrte Boritak weiter.

„Mabee, ich bin mir nicht sicher. Es sieht aus, als ob… ah, er hat sich gedreht. Jetzt sehe ich ihn besser. Die Last muss ein Mensch sein. Wahrscheinlich eine Frau, ja genau, eine Frau in einem rosa Kleid. Elatansch? Er bewegt sich wie Elatansch. Er schöpft Wasser in seinen Lederbeutel. Aber nein. Er spült zuerst den Beutel aus. Elatansch, der Reinliche, das passt zu ihm. Jetzt flösst er ihr Wasser ein, dann trinkt er selbst."

Boritak fing unwillkürlich schneller zu atmen an, so wie es das Stakkato seines Herzschlages erforderte. Elatansch! Dieser Mensch war ihm ebenso verhasst wie der Fünferrat. Alles, was Boritak schaffen wollte, würde Elatansch zunichtemachen, wenn er tatsächlich das Dorf erreichte. Er und die Frau mit dem rosafarbenen Kleid. Boritak kannte nur wenige Frauen, denen diese Art des Färbens gefiel und gelang: Danui-me!

Dass Elatansch sie bis hierher trug, versprach nichts Gutes! An einen Zufall glaubte er nicht. Elatansch hatte also von vornherein das Ziel verfolgt, ihn endgültig zu überführen. Wie es aussah, war er dabei ausgesprochen erfolgreich. Das musste er ändern! Danui-me hatte ihm schon genug Ärger in seinem Leben bereitet. Immerhin schien sie verletzt zu sein. Und Elatansch allein. Leider war der verflucht schnell! Andererseits musste er sehr müde sein, wenn er Danui-me bei dieser Sonnenglut trug.

„Mannessohn, so wie du die Lage beschreibst, braucht Elatansch Hilfe.
Renn du zum Dorf und sag Bescheid, dass Elatansch kommt! Ich gehe
ihm entgegen."

„Soll ich nicht besser mitkommen?"

„Nein, Elatansch muss sehr erschöpft sein, wenn er die Frau bis hier-
her getragen hat. Mir ist es lieber, wenn du noch ein paar Männer mit
Tragefellen dazuholst. Die Strecke bis zum Dorf zieht sich arg in die
Länge, wenn zwei Leute zwei Leute transportieren."

Horfet nickte und rannte los. Boritak zögerte nur einen Augenblick
länger und eilte dann in Richtung Fluss davon.

Als Horfet den von Steppengras und wilden Kräutern beherrschten
Wegesteil hinter sich hatte, wurde er langsamer. Seit wann zeigte Boritak
so viel Hilfsbereitschaft, wenn es um Elatansch ging? Die beiden konnten
sich von Anfang an nicht leiden. Dafür gab es gute Gründe. Elatansch
konnte jeden nerven mit seiner Besserwisserei; aber gegenüber Boritak
hatte er sogar offene Feindseligkeit an den Tag gelegt. Und nach den
Geschehnissen der letzten Tage würde sich sein Hass gewiss noch steigern.

Wahrscheinlich, mutmaßte Horfet, wollte Boritak deshalb zuerst mit
ihm allein sein. Um sich ungestört am Entsetzen seines Widersachers zu
weiden. Schon bedauerte Horfet, dass er sich von Boritak hatte abwim-
meln lassen, und machte kehrt. Dieses Vergnügen gebührte ihm genauso
wie Boritak, wenn nicht sogar noch mehr als ihm. Doch als er ein paar
hundert Schritte zurückgegangen war, kamen ihm solche Gedanken mit
einem Mal schäbig vor.

Elatansch mochte ihn verspottet haben. Aber verdankte er ihm nicht
seinen neuen Namen, der ihn mit umso größerem Stolz erfüllte, seit er
wusste, welch tiefer Sinn in ihm steckte? Außerdem würde der Stamm ihn
viel höher achten, wenn er nun für Elatansch Hilfe holte. Die Genugtuung, die er fühlte, verlieh ihm Kraft genug. Horfet änderteerneut seine
Richtung.

„Romtach, Siatsch, schnell. Dort hinten schleppt sich Elatansch den
Fluss entlang. Boritak ist bereits bei ihm. Er bittet mich, euch als Verstär-
kung zu holen. Denn Elatansch hat eine Frau bei sich, die verletzt ist."

„Elatansch ist zurück", schrie Ilnaf-ba genauso laut wie Horfet. „Btar sei Dank. Hört doch, was Horfet sagt. Mein Sohn braucht Hilfe. Kommt rasch."

Sofort bildete sich um Horfet eine Traube Neugieriger, die ihn mit Fragen bestürmten.

„Wie schwer ist die Frau denn verletzt?", fragte Riwa-quoi ihren Bruder.

„Ich weiß es nicht. Ich weiß ja nicht einmal sicher, ob es wirklich Elatansch ist. Lasst uns einfach gehen. Dann erfahren wir es in Kürze."

Nicht nur ein paar wie angefordert, sondern gleich die Mehrheit der Dorfbewohner setzte sich in Bewegung.

Elatansch gönnte sich ein kurzes Bad im See; dann erfrischte er Danui-me mit dem angenehm kühlen Wasser. Kurz darauf schlief die Westgabbtaranerin zum wiederholten Male an diesem Tag ein. Elatansch sah es mit Freude. Die Glut des Fiebers verschonte sie seit letzter Nacht. Sie atmete leicht und gleichmäßig. Aber der Kampf gegen das Gift hatte ihren Körper bis an seine Grenzen geführt. Kein Wunder, dass er unentwegt nach Schlaf verlangte und sich durch keine noch so wohltuende Erquickung darum betrügen ließ.

Auch er selbst fühlte, wie die Müdigkeit ihn umschlich. Seit fünf Tagen und Nächten hetzte er nach Hause, um die durch Danui-mes Krankheit verlorene Zeit wieder wettzumachen. Kurz nicht aufgepasst und er würde hier, nur etwa tausend Schritte vor seinem Heimatdorf, die Nacht verbringen, die in Kürze ihre orangefarbene Vorbotin an den Himmel schicken würde. Darauf hatte er keine Lust.

Deshalb raffte er sich zum letzten Mal, wie er hoffte, auf, legte Danui-me wieder auf die Tragbahre, die er aus ihrem, von ihm an den Schultern durchlöcherten Kleid und einem Paar Haselnussstangen gebastelt hatte, und setzte sich in Marsch. Aus dem Augenwinkel nahm er im Unterholz eine Bewegung wahr. Ohne nachzudenken, setzte er die Bahre ab, griff an sein Messer am Gürtel. Da er aber nur ein Rascheln vernahm, das sich entfernte, bückte er sich wieder zu den Stangen herab und ging weiter.

Aus der Ferne schallten ihm menschliche Laute entgegen. War es möglich, dass ihm die Dorfleute zufällig entgegenkamen? Dankbare Vorfreude erfüllte ihn. Schon brannten seine Füße weniger heiß, träumten seine Muskeln vom Nachlassen der Verhärtung.

Dann endlich erblickte er sie, und sie ihn. Daboi rannte als erster auf ihn zu. Ihm folgten seine Schwester Nub-je und seine Mutter Ilnaf-ba. Schweigend umarmten sich die Brüder, unter Ausrufen der Freude drückten die Frauen ihr Sippenmitglied an sich. Auch die anderen hießen Elatansch herzlich willkommen, der mit einem Stoßseufzer schließlich in die Knie ging. „Ich kann euch gar nicht sagen, wie müde ich bin."

„Oh Elatansch", sagte Ilnaf-ba, die sich gleich neben ihn auf den Boden setzte. „Mein lieber Sohn. Du siehst sehr erschöpft aus. Als wärest du vor einem bösen Geist geflohen!"

„Was diese Frau mit Namen Danui-me euch zu sagen hat, ist nicht minder schrecklich. Ihre Heimat ist die Küste des Meeres im Westen. Boritak ist wahrscheinlich ihr Bruder und ein *Stirntätowierter*. Seit ich es weiß, hatte ich Angst, dass ich zu spät komme."

Ilnaf-ba lächelte tapfer, obwohl sie bittere Tränen hinunterschluckte. „Das hast du gut gemacht. Noch ist es nicht zu spät. Ruh dich aus. Schlaf. Dann erzählen wir dir, was hier passiert ist, während du weg warst."

Nur den Anfang bekam Elatansch mit. Denn kaum lehnte er sich an seine Mutter, schlief er ein.

Horfet wiederum hatte Elatanschs Worte nicht verstanden, weil er am weitesten von ihm weg stand. Romtach schritt auf ihn zu. „Hast du gehört? Boritak ist doch ein Verstoßener. Die Frau muss es wissen. Sie ist seine Schwester. Hast du wirklich nichts gemerkt? Du warst doch die ganze Zeit mit ihm zusammen, als wäret ihr aneinander festgewachsen!"

Horfet riss seine Augen auf. „Boritak, nicht Boritak, niemals! Er wollte Elatansch helfen. Wo ist er bloß? Er müsste ihn eigentlich vor uns erreicht haben. Die Frau kann gar nicht wissen, ob Boritak ihr Bruder ist. Sie hat ihn ja noch gar nicht gesehen." Horfet verstummte. Ein fürchterlicher Verdacht brandete gegen seine Stirn.

Romtach merkte, dass Horfet bleich wurde. Allein einen Verstoßenen zu beherbergen, brachte demjenigen, der es wagte, großes Unheil in der Körperwelt und verdammte ihn zu einem sehr langen Aufenthalt im Aschme-óch. Was würde wohl mit einem geschehen, der sich einen Stirntätowierten zum Freund auserkor, eine Vision mit ihm teilte und sich mit ihm gegen die Weisen Frauen stellte? Die Auslöschung der ganzen Sippe oder gar des ganzen Stammes? Horfet verdrängte diesen schrecklichen Gedanken schnell und nachdrücklich.

„Was ist?", hakte Romtach nach. „Dein Blut hat dein Gesicht verlassen."

„Ich muss Boritak suchen. Er ist den Hang rasch heruntergelaufen. Vielleicht ist er ausgerutscht und liegt ohne Besinnung. Wäre Boritak ein Verstoßener, hätte Btar ihn nie bis zu uns gelangen lassen." In seinem Kopf ergänzte er den letzten Satz: „Es sei denn, Onloatwi half Boritak schon, bevor er mir erschien."

Romtach packte Horfet an der Schulter und kniff seine Augen zusammen, was er immer tat, wenn er eine Entscheidung treffen sollte. „Halt. Du gehst jetzt nirgendwo hin. Zumindest nicht allein."

„Warum sollte *ich dir* gehorchen?"

„Wende deinen Hals, so gut du kannst. Entdeckst du jemanden, der mich davon abhält, dich mitzunehmen?"

Romtach hatte Recht. Der einzige der Onloatwi-Söhne, der sich nicht hinter anderen Stammesmitgliedern verschanzte, war Kanoch. Doch der machte ebenfalls keine Anstalten, für seinen Butú-tekál Partei zu ergreifen. Mittlerweile lag auch Elatansch auf einem der Tragefelle. Romtach wedelte mit den Armen in der Luft.

„Hört mal alle her! Horfet sagt, dass Boritak dort drüben in dem Wald sein muss. Wenn es stimmt, was Elatansch sagt, sollten wir ihn auf keinen Fall entwischen lassen. Wer begleitet uns?"

Während sich die meisten der Frauen um die beiden Schlafenden kümmerten, machten sich die Männer und einige der Frauen, darunter Riwa-quoi und Nal-abu, auf die Suche.

Fast zur gleichen Zeit riefen die Weisen Frauen im Mondhaus Gab-Btar an und baten sie um erhellende Rauschträume. Sodann gingen sie auf die „Reise" mit Ausnahme von Chanut-pal, die die Seelen ihrer Mitschwestern durch rhythmische Trommelschläge und den Duft verbrannten Lavendels anstachelte, sich furchtlos der „Welt zwischen den Körpern" zu stellen. Felan-ke und Tutak-wa gelang dies nach kurzer Zeit; Rupscha-i und Aruch-me benötigten dazu länger. Aber auch sie schickten ihre Seelen unverkennbar auf die Reise. Chanut-pal trommelte so lange weiter, bis sie sicher war, dass alle wieder den Weg zurückgefunden hatten.

Nacheinander flösste sie den Frauen Wasser in ihren ausgetrockneten Mund.

Besonders Aruch-me wirkte nachdenklich. Rupscha-i bat deshalb sie, zuerst zu sprechen. „Mir erschien Gab-Btar als junge Frau. Sie wand sich mit Bunte Schlange. Und während sie das stöhnend tat, alterte sie. Da brach plötzlich ihre alte Haut auf und sie entstieg ihr in neuer Schönheit. Voll Liebeslust suchte sie erneut Bunte Schlange, konnte ihn aber nirgends finden. Da fing sie an zu weinen, und aus ihren Tränen bildeten sich Ströme, die das Land überschwemmten. Zu uns spülte es zwei Bewusstlose, eine Frau und einen Mann. Btar sah es mit Schrecken, war aber außerstande, ihrem Weinen ein Ende zu setzen."

„Und weiter?" fragte sie Felan-ke bestürzt.

„Ich weiß es nicht. Mehr wurde mir nicht offenbart."

„Meine Vision war erfreulicher", zog Tutak-wa die Aufmerksamkeit auf sich. „Ich sah Gab-Btar mit einem riesigen Bauch. Ischmat und Baranat, Tisron und Avuula umringten sie mit weißen Tüchern aus gleißendem Licht. Btar gebar einen Jungen. Sie nannten ihn den ‚Gehörnten', weil ihm kaum, dass er aus ihrem Schoß geglitten waren, langgedrehte Hörner wuchsen."

„Onloatwi, der Widdergott", entfuhr es Felan-ke.

Tutak-wa zweifelte. „Seine übrige Gestalt war weder die eines Löwen noch die eines Widders, sondern die eines Menschen. Verglichen mit einem von uns war er zwar gewaltig, aber gegenüber Btar hatte er nur die Größe eines Säuglings. Btar nährte ihn mit ihrer Milch aus Honig. Er fing an zu wachsen und wurde zu einem schönen Mann. Bunte Schlange beneidete ihn, weil Btar großen Gefallen an ihm fand. Also umwand er ihn, bis jener seinen letzten Atem aushauchte und verschluckte ihn dann in einem Stück mitsamt den Hörnern auf Schlangenart.

Btar blieb die Untat nicht lange verborgen, weil sich der Leib von Bunte Schlange nach diesem Bissen enorm aufwölbte. Also stellte sie ihn zur Rede und zwang ihn, den Gehörnten wieder auszustoßen. Zischelnd folgte Bunte Schlange dem Geheiß der Göttin; gleich auf beiden Wegen wollte er den Gehörnten wieder ausstoßen. So kam es, dass der Gehörnte mit seinem Oberleib aus dessen Maul trat und mit seinem Unterleib aus dessen Hintern.

Aber da der Weg zum Mund kürzer war als der zum Hintern, passten die beiden Teile am Ende nicht mehr zusammen. Der Oberleib des Mannes war jünger als sein Unterleib. Das focht Gab-Btar nicht an. Sie warf den alten Unterleib weg und machte ihm einen neuen jungen, setzte den Gehörnten wieder zusammen und wand sich mit ihm voller Lust. Zur Strafe durfte Bunte Schlange nur zuschauen."

„Äußerst aufschlussreich, was du da sahest", begeisterte sich Felan-ke.

„Erklär uns, was du meinst", bat Rupscha-i. „Das einzige, was mir erschien, war nämlich ein junger Mann, der sich in ein Löwenfell hüllte, um seine Mutter zu erschrecken. Aber die erkannte ihn sofort an der Stimme und wies ihn zurecht."

Felan-ke tat ihr den Gefallen. „Tutak-was Vision und meine passen wunderbar zusammen. Ich sah eine Schlange, die aus Btars Unterleib heraus- und in den Boden hineinkroch. Btar spielte mit ihr. Sie scheuchte sie vor sich her und verwandelte die Farbe der Erde, durch die sie kroch. Immer wieder schlüpfte die Schlange mit einer anderen Farbe in ihren Schoß, was Btar sehr gefiel. Schwestern, ihr selbst habt mich in die tiefere Bedeutung unseres Schöpfungsliedes eingeweiht. Bunte Schlange, der in der feuchten Luft schillert, ein Sinnbild des Männlichen. Sein Saft ist der Regen. Auch die Göttin verzichtet nicht auf die Lust, die dieser große Penis bringt."

„Und wie hilft uns das weiter?", drängte sie Rupscha-i.

„Mabee, bisher haben wir den Mannessaft als etwas Angenehmes, Bauchnährendes, aber für die Entstehung von Kindern Entbehrliches angesehen. Jetzt wissen sogar unsere Brüder um die große Bedeutung jener Flüssigkeit. Prompt träumen die meisten von uns von einer Schlange. In Aruch-mes Traum ist die Schlange die Göttin selbst, die sich immer wieder häutet und neu aus sich selbst entschlüpft. Auch dies ist ein altes Bild. Nicht umsonst befindet sich in Gab-Btars Bauch eine Schnecke. In meinem Traum hingegen ging es darum, dass Btar den Schlangenpenis stets aufs Neue verwandelte, ehe sie ihn in sich kriechen ließ. Tutak-was Vision ist am schwierigsten: Diesmal hat Gab-Btar zwei Penisse zur Auswahl: Bunte Schlange, mit dem sie sich seit Anbeginn windet, und ein Geschöpf, das erst vor kurzem aus ihr hervorgegangen ist. Btar mag lieber den jungen Penis. Weil Bunte Schlange keinen Rivalen dulden will, versucht er, diesen aus Btars Reichweite zu bringen, indem er ihn verschluckt. „Verschlucken" heißt nichts anderes als „töten". Der junge Penis stirbt also zunächst. Als Btar ihn dann aber von Bunte Schlange zurückfordert, wird er geteilt, wobei seine Teile unterschiedlich schnell altern. Welchen bevorzugt Btar? Den jungen. Denn nicht den älteren Unterleib nimmt sie und fügt einen ebenso alten Oberleib hinzu. Nein, sie entscheidet sich für den jüngeren Oberleib und macht dazu einen gleich jungen Unterleib."

Die anderen Frauen blickten sie ratlos an. „Ja, und wie bringst du das alles zusammen?", fragte sie Rupscha-i.

Felan-ke zog ihren Mund in die Länge, als habe sie auf etwas Saures gebissen. „Ist das nicht das Schicksal, das jeden unserer Männer und auch uns erwartet?", stellte sie die Gegenfrage.

Die Frauen fingen nacheinander an zu nicken. „Freilich ist es so, aber worin besteht dann die neue Botschaft von Onloatwi? Um den ging es doch!", fragte Aruch-me.

„Du sagst es. Ein Gott muss sich selbst erschaffen können, wie es die Göttin tat. Sie erschuf sich aus sich selbst und alles andere dazu. Eine solche Kraft hat Onloatwi uns nicht gezeigt. Er mag sich mit der Göttin winden, er mag ihren Schoß nähren, aber er ist ohne sie hilflos, seinen Tod zu überwinden. Ein Gott ist er also nicht."

„Klar, das wusste ich gleich", freute sich Rupscha-i.

„Dennoch", dämpfte Felan-ke ihren Überschwang. „Dennoch muss Onloatwi ein großer, weiser Geist sein. Vielleicht der Geist aller Penisse und Männer, der jetzt nach so vielen Sonnenwenden Lust bekommen hat, sich zu zeigen, wohlwissend, dass Btars Töchter ihn brauchen, um Leben weiterzugeben."

Sie gestikulierte mit ihren Händen. „In unseren Ritualen vollziehen wir das Leben nach, um seine Ordnung zu bestärken und es besser zu begreifen. Bisher haben wir der Verbindung von Frau und Mann wenig Bedeutung beigemessen. Jetzt, da die Kraft des Mannessaftes kein Geheimnis mehr ist, sollten, ja müssen wir das verbundene Geschlecht durch eine Zeremonie heiligen."

„Aber niemals einer wie auch immer beschaffenen Mannmutterschaft!"

„Sicher nicht, sondern so, als gleiche die Verbindung der Geschlechter dem Wind, der die wilden Samen über die Erde trägt und doch von der Saat nichts mehr sieht!"

Aruch-me flüsterte: „Vergesst nicht, dass dieser Liebeswind manchmal ganz heftig wehen kann. Nie so stetig wie die Liebe einer Mutter zu ihrem Kind oder die einer Schwester zu ihrem Bruder, aber viel Herzblut und Leidenschaft bläst auch in ihr."

„Heiße Liebe, vergängliche Liebe", winkte Rupscha-i ab. „Offenbar nur geschaffen, um die Säfte zu mischen, wozu auch immer. Zugegeben, es ist sinnlos, Onloatwi länger verleugnen zu wollen. Sogar eure Visionen kennen ihn. Seit der Nacht der Fesseln ist die Überlieferung der Ahninnen zu einem Teil der ganzen Wahrheit geschrumpft. Aber sollten wir nicht trotzdem erst eine Arkás ga-asch dazu befragen? Und was werden die anderen Stämme von uns denken?"

In der langen Pause, die entstand, hingen alle ihren Gedanken nach, ihre Augen auf das in ihrer Mitte prasselnde Feuer gerichtet.

Es war schließlich Tutak-wa, die einen neuen Zusammenhang herstellte. „Ich glaube, unsere Arkás ga-asch hat bereits ihre Zustimmung gegeben!"

„Wie kommst du denn darauf?", Chanut-pal klang mehr belustigt denn an einer Antwort interessiert.

Tutak-wa gab sie ihr trotzdem. „Nun, erinnert ihr euch, wie lange Ilnaf-ba über den Stein grübelte, den die Arkás ga-asch unten mit Blut beschmiert und in den Boden gerammt hat, als sie starb?"

„Gewiss. Sie hielt ihn oft in ihrem Schoß."

„Ja, aber obwohl sie ihn mit Lehm verkleidete und in eine Lücke im Steinbusen der Göttin schob, erhielt sie keine Antwort. Jetzt, zusammen mit unseren Visionen glaube ich, steigt die eindeutige Antwort aus ihrer Schale. Ich habe damals den Stein ebenfalls lange betrachtet. Er sieht aus wie ein Penis. Exakt bis zur Höhe der Verfärbung klebten die Erdkrümel daran. Die Arkás ga-asch hat den Stein also nicht zufällig, sondern mit Bedacht so tief in den Boden gerammt, dass das eben von ihr aufgemalte Blut bedeckt war. Blut bedeutet Leben."

Felan-ke wiederholte den Gedanken mit ihren eigenen Worten. „Du meinst, ihr Stein sollte die lebensspendende Kraft des Penis ausdrücken?"

„Ja genau. Die Arkás ga-asch kannte die Zukunft; sie wusste, was wir sie fragen und welchen Rat sie uns geben musste. Nach dem, was wir in unseren Visionen zu sehen bekamen, bedeutet ihr der Stein eindeutig: Tut es. Bekennt euch dazu. Meinen Segen habt ihr. Leugnet die Kraft des Mannes nicht länger!"

„Ja, das könnte tatsächlich sein", überlegte Aruch-me. „Es ist wahr. Oberhalb der Blutmarkierung ragte der Stein in die Luft. Nur die Verbindung von Stein und Erde markierte sie mit dem Lebenszeichen. Ich glaube, Tutak-was Deutung stimmt. Wir brauchen eine heilige Handlung, die diesem von Gab-Btar geschaffenen Zusammenwirken Ausdruck verleiht."

Eine neuerliche Pause dehnte sich in die Länge. Rupscha-i ließ ihren Zeigefinger über ihren Bartflaum gleiten. „Vielleicht habt ihr Recht, vielleicht aber auch nicht. Leider drängen uns die Umstände, die Männer einzubinden, ehe uns das Gewebe samt Webstuhl entgleitet." Sie seufzte. „Was hieltet ihr von einem Ritual mit folgendem Inhalt?"

Verwunderte Blicke ruhten auf ihr. „Erzähl, Butú-tekál."

„Indem wir gebären, werden wir zur Göttin. Machen wir einen Jungen zum Mann, schlüpfen wir ebenso in die Haut der Göttin. Auch jetzt sollten wir den Saft des Mannes als Göttin empfangen. Der saftspritzende Mann ist der große Geist Onloatwi, Sinnbild des Geschaffenen, der seinen Samen verströmen und danach sterben muss, um rechtzeitig vor der nächsten heiligen Verbindung wiedergeboren zu werden. Das Bild vom Getreide, das sie selbst verwenden, verwenden wir auch: bloß vollständig! Denn nur indem das Korn stirbt, bringt es die Ähre mit den Körnern für die Saat des nächsten Jahres. Sehen die Männer in ihrem Saft die Saat, müssen sie bereit sein, das gesamte Schicksal des Korns zu teilen, also auch seinen Tod."

„Ausgezeichnet!" In Felan-kes leuchtenden Augen spiegelten sich Flammenspitzen. „Der Säer stirbt mit seiner Saat; was ihr entspringt, sucht Bruders Rat."

Rupscha-i freute sich über deren schnelle Auffassungsgabe. „Du saugst am Mark des Knochens: Die Männer sollen vor Augen geführt bekommen, wie vergänglich die leibliche Verbindung ist im Gegensatz zu den Banden, die sie als Brüder und Söhne durchs Leben tragen. Die Zeremonie soll sie darin bestärken, der Sitte gemäß ihren Müttern und Schwestern treu zu bleiben."

„Ho íkpiwa lut!", rief Chanut-pal, während sie neue Äste in die eingetiefte Feuerstelle warf. „Der neue Pfad brächte bloß Kummer und Verdruss."

Die anderen wiederholten gemeinsam die Bestärkungsformel.

„Wir könnten für jeden Mondlauf einen anderen Mann nehmen, um herauszustreichen, dass der alte tot ist", schlug Aruch-me vor.

Tutak-wa widersprach: „Jeden Mondlauf? Das wäre wohl zu viel der Ehre. Einmal im Sonnenlauf würde genügen."

„Oder wir unterziehen den gleichen Mann einem symbolischen Tod", spann Rupscha-i Aruch-mes Faden weiter.

Felan-ke nickte. „Auch der richtige Zeitpunkt will bedacht sein. Neun Monde schläft eine Menschenseele im Bauch ihrer Mutter. Im Frühling sieht man am besten, wie Btar die Welt wieder von neuem erschafft. Sollten wir das Fest nicht um die Sommersonnwende herum feiern, neun Monde vor der Tag-und-Nacht-Gleiche im Frühjahr? "

„Ein guter Gedanke. Aber den Stamm bis zum nächsten Ofj-issaúwarten zu lassen, würde Unruhe stiften. Lasst es uns so bald wie möglich abhalten."

„Ungewohnte Vorstellung, dass dann ein Mann wichtiger Bestandteil eines Rituals wird. Noch dazu in einer so heraus*ragenden* Stellung." Aruchme kicherte.

„Wie wird der Mann denn ausgewählt?", fragte Tutak-wa.

„Ja, genau, und wie bestimmen wir die Frau, die die Rolle der Göttin einnimmt?", fragte auch Chanut-pal.

„Am besten fragen wir die Frauen", befand Rupscha-i, „welche ihren Schoß öffnen möchte. Sind es mehrere, losen wir. Und die von der Göttin erwählte, sucht sich dann ihren Geliebten selbst aus. Ist es der gleiche Mann wie im letzten Sonnenlauf, muss er zuvor symbolisch sterben."

Felan-kes „Nein" überraschte ihre Ratsschwestern. Erklärend fuhr sie fort: „Die Göttin bleibt, nur der Mann wechselt. Das heißt: Entweder wir suchen eine Frau aus, die dann sehr lange Zeit die Göttin vertritt, oder wir wählen für jedes Fest die Frau von neuem, dann muss der Mann gleich nach der Verbindung mit ihr seinen sinnbildlichen Tod erleiden."

Nach Felan-kes Worten herrschte für geraume Zeit Stille, in die hinein Aruchmes Stimme flüsternd drang. „Was wir erwägen, wiegt schwer. Ich sehe mich außerstande, über alle Einzelheiten der neuen heiligen Handlung hier und jetzt eine Entscheidung zu treffen. Ich bitte euch! Lasst all die Bilder und Eingebungen, die Gab-Btar uns dazu noch schicken wird, in uns reifen, auf dass kein Zweifel je unser Herz anfechte."

Ihre Ratskolleginnen gaben ihr mit ernsten Mienen Recht und Rupscha-i sagte: „In der Tat öffnet uns dieses neue Ritual eine neue Schleife auf der Schnecke der Zeit. Wir sollten ihr ruhigen Herzens entgegenschreiten. Meines fühlt allerdings bereits große Zuversicht wachsen, weil wir so am ehesten wieder das Vertrauen der gutwilligen Männer gewännen. Fragt sich nur, ob wir damit böswilligen Männern wie Boritak die Pfeile aus dem Köcher nehmen können." Sie fing an zu lächeln. „In einem Punkt jedenfalls lagen wir richtig: Onloatwi spricht gerne mit uns, wenn wir ihm lauschen."

Von zunehmender Verzweiflung gepackt durchstreifte Horfet den Wald. Um ja keinen Winkel auszulassen, suchten die Verfolger getrennt auf Rufweite. Doch niemand meldete sich. Erst als die Dunkelheit ein immer dichteres Netz vor ihren Augen entfaltete, erscholl die Aufforderung, sich zu sammeln. Horfet fügte sich widerwillig. Der Weg von der Pinie zum Fluss war zwar mit dichtestem Gestrüpp bewachsen, aber weder zu lang noch zu weitläufig, als dass zwanzig Personen eine einundzwanzigste nicht entdeckt hätten, wäre sie tatsächlich dort gewesen. Warum Boritak nirgends zu finden war, musste einen anderen Grund haben. Für Horfet kam nur einer in Frage: Ein Tier musste Boritak angegriffen und verschleppt haben!

Am Ausgangspunkt angelangt, traf er zuerst Toischan, der ihm seine Hand auf die Schulter legte. Horfet widerstand der Versuchung, sie wegen Boritaks Andeutung über Nal-abus Lächeln wegzustoßen. Aber seinen Mutterbruder direkt nach einer seiner Geliebten zu fragen, würde ihm außer einer Rüge nichts einbringen. Wollte er mehr erfahren, musste er es geschickter anstellen. Einer nach dem anderen gesellte sich zu Horfet und Toischan.

Romtach machte seiner Wut Luft. „Dieser Drecskerl hat sich unter die Blätter gemischt und zwar unmittelbar, nachdem du ihn auf Elatansch hingewiesen hast! Ich würde ihm am liebsten seine Beinsehne herausschneiden und damit meinen Bogen bespannen, weil er sich so schamlos bei uns eingenistet hat. Und du, Horfet, solltest jedes einzelne seiner Worte aus deinem Gedächtnis streichen. Denn du hast die ganze Zeit mit einem bösen Schatten gesprochen, der am besten niemals mehr geboren werden sollte. Geh in dich und wirf ihn aus deinem Kopf, so wie deinen Gott, dem ich zutraue, dass er Boritak half!" Er spie aus und verfehlte Horfet nur knapp.

Der wurde zornig: „Boritak ist kein Grochpee-ma-kaan, so wenig wie du und ich! Es muss etwas passiert sein. Sonst wäre er hier irgendwo." Er stockte, weil seine Stimme einen weinerlichen Ton angenommen hatte. „Ein Tier muss ihn angefallen haben. Er war es doch, der mich um Hilfe schickte."

Horfet senkte seinen Kopf. Wenn Boritak wirklich tot war, hatte er seinen treuesten und weisesten Freund verloren. Der einzige, der aus vollem Herzen an seinen göttlichen Auftrag glaubte. Unmöglich, dass Onloatwi ihm einen solchen Verlust zufügte! Nicht nach jener Nacht und dem beeindruckenden Triumph über die Weisen Frauen. Aber was war mit Gab-Btar? War sie nicht gezwungen zu handeln, um Horfet an einer Stelle zu treffen, an der er am verwundbarsten war.

„Hágalap, hat einer von euch eine Stelle gefunden, die auf einen Kampf schließen ließe?"

„Nein", sagte Nal-abu, „dort drüben auf einem der Pfade zum Fluss sind ein paar Gräser am Rand geknickt. Mehr nicht."

„Aber direkt am Ufer, warf Makaiot ein, „fand ich einige Fußabdrücke."

Romtach ergriff wieder das Wort. „Dann ist alles klar. Boritak ist abgehauen, weil Elatansch zurückgekommen ist. Der weiß genau, was ihm passiert, wenn wir ihn zu fassen kriegen. Ein Stirntätowierter, der ein ganzes Dorf ins Verderben reißt. Wann hat man je von einer solchen Dreistigkeit gehört? Wir müssen ihn jagen und na, das werden die Weisen Frauen entscheiden. Ich würde ihn töten lassen. Und zwar am liebsten durch deine Hand!"

Romtach zeigte auf Horfet, der in die Ferne starrte: „Wie kann einer tun, was Gab-Btar selbst nicht vermochte? Woher weißt du überhaupt, dass er das Schandmal zu Recht trägt?"

„Dir ist nicht mehr zu helfen!" Romtach drohte Horfet mit der Faust, aber Toischan schob sich zwischen die beiden.

„Dazu wird uns die Frau, die Elatansch mitbrachte, sicher Auskunft geben können. Doch vorher müssen wir Boritak fangen. Makaiot hat Spuren am Ufer gesehen, und Boritak ist ein besonders guter Schwimmer. Der beste Weg für ihn, auch in der Dunkelheit zu fliehen, wäre es, den Fluss hinunterzuschwimmen."

„Dabei braucht er kein Licht, hinterlässt keine Spuren und bleibt wach. Würde ich an seiner Stelle auch tun. Die Mondin ist noch klein. Lasst uns schnell die Boote holen und Fackeln machen. Ich hab Zunderpilz und Pyrit bei mir. Trockenes Schilf gibt es genug. So groß ist sein Vorsprung noch nicht", trieb Romtach zur Eile an.

„Aber was, wenn ihr euch täuscht? Boritak könnte damit gerechnet und einen anderen Weg gewählt haben."

„Richtig, Pelnak. Wir haben sowieso nur zwei Boote im Moment. Deshalb werden nur vier von uns sofort den Fluss hinabfahren. Die anderen sollen morgen früh nach Spuren diesseits und jenseits des Flusses suchen, denn wenn er nicht heruntergeschwommen ist, muss er irgendwo an Land gegangen sein. Ich gehe. Zareis, Siatsch und Horfet kommen mit mir", bestimmte Romtach.

„Ich? Nein! Wieso denn? Ich glaube nicht an Boritaks Schwimmausflug. Ich werde hier bleiben und nach Spuren suchen."

„Dir traue ich nicht mehr. Wer sagt uns denn, dass du Boritak nicht heimlich entkommen lässt, wenn du ihn findest? Nein, mein Junge. Ich selbst will dich im Auge haben. Elatanschs Gewaltmarsch soll nicht umsonst gewesen sein", ließ Romtach nicht locker. Und wie die Gesichtsausdrücke der anderen verrieten, fanden sie sein Misstrauen durchaus angebracht.

Kopfschüttelnd lenkte Horfet ein. „Aber ihr müsst mir versprechen, dass ich noch einmal mit ihm sprechen kann, bevor ihr ihn verjagt oder tö...tet."

Sie versprachen es.

„Los, beeilt euch. Findet ihn schnell. Habt eure Augen überall", wünschte ihnen Nal-abu zum Abschied. Dass Horfet ihren Wunsch umgehend in die Tat umsetzte und ihre über Toischans Arm streifende Hand wahrnahm, obwohl sie sich hinter Dabois Rücken unbeobachtet wähnte, hätte sie sicher nicht gewollt.

Ein weißgepunkteter Nachthimmel empfing die Weisen Frauen, als sie erschöpft das dicke Auerochsenfell des Vollmondhauses zur Seite schoben und nach draußen traten. Ilnaf-ba wartete bereits am Wegesrand auf sie und erzählte aufgeregt von Elatanschs Heimkehr, seiner Botschaft, Boritaks Verschwinden und Romtachs Bootstrupp.

Aruch-me hielt sich an Felan-ke fest. „Mir war schon schlecht, aber jetzt muss ich mich setzen." Ein dumpfes Geräusch zeigte an, dass ihr Hintern den Erdboden berührt hatte. „Wenn Boritak wirklich ein Grochpee-ma-kaan ist..."

Weiter kam sie nicht, weil ihr Rupscha-i ins Wort fiel: „Dann ist er der größte Halbmensch, den Btars Atem je umwehte. Wirft uns vor, ihn zu belügen, und ist selbst der schlimmste Betrüger aller Seelen. Wo ist er jetzt?"

„Anscheinend geflohen."

„Gab-Btar wird uns dafür strafen.", jammerte Aruch-me.

Chanut-pal hob ihre Arme, als wolle sie sich schützen. „Aber wir konnten doch nichts dafür. Boritak hat uns getäuscht. Durch die Rettung Horfets hat er sich bei uns eingeschmeichelt."

„Warum warnten uns unsere Visionen nicht vor ihm?", fragte Tutak-wa und erntete lediglich ratloses Achselzucken.

„Nichts ist in letzter Zeit so gewesen, wie es immer war", sagte Felanke. „Es besteht kein Zweifel mehr: Eine große Schleife auf der Spirale ist an ihrem Ende angelangt."

Rupscha-i hob ihre beiden Zeigefinger. „Umso wichtiger ist es, zwischen falschen und echten Botschaften zu unterscheiden."

Ilnaf-bas Stimme klang brüchig. „Soll das heißen, Onloatwi hat zu euch gesprochen?"

„Ja, btar und Onloatwi, in Einklang miteinander."

Ilnaf-ba dankte der Alles-Mutter überschwänglich. „Dann besteht Hoffnung, dass die Herzen aller wieder zueinanderfinden?", fragte sie.

„Ja, Ilnaf-ba, selbst für Horfet, falls er es lernt, Onloatwis Einflüsterungen von denen Boritaks zu unterscheiden.

Romtach ließ seine Begleiter bis zum Morgengrauen nicht zur Ruhe kommen. Trotzdem fanden sie nicht den kleinsten Hinweis auf Boritaks Anwesenheit.

„Hier ist er nicht. Genau, wie ich euch gesagt habe. Was tun wir hier denn noch? Wenn er nach wie vor im Wasser ist, erkennen wir ihn sowieso nicht mit seiner blauen Haut und den Kiemen." Horfet hatte die ganze Zeit geschwiegen. Umso aufgebrachter klang er jetzt.

„Unterschätze nie die Kräfte eines Mannes auf der Flucht. Er schwimmt um sein Leben. Wahrscheinlich hat er sich einen abgestorbenen Baumstamm genommen, an dem er gemütlich hängt und hinabgleitet. Dann musste er nur wachbleiben und sich treiben lassen. Mit einem abgeschnittenen Schilfrohr als Schnorchel hat er uns jedenfalls nicht ausgetrickst. Dazu haben wir alle zu gründlich angeschaut. Der anbrechende Tag hilft uns. Wir brauchen keine Fackeln mehr auf Wasser oder Schilf zu halten. Unsere sechs Augen sehen sofort, wenn etwas verdächtig ist.

„Vorausgesetzt, sie fallen uns nicht zu."

„Siatsch hat Recht. Je einer von uns sollte schlafen, damit sie dann die anderen wieder ablösen können."

„Gut", entgegnete Romtach auf Zareis' Vorschlag. „Du und Zareis, ihr zwei gönnt euch Ruhe, ich allein passe auf Horfet und Boritak auf. Los, du Widdertreiber, paddle schneller. Ich will euer Boot vor mir sehen, damit du mir keine Dummheiten machst."

Scheinbar ungerührt manövrierte Horfet sein und Siatschs Boot nach vorne. Aber in ihm wallte die Angst vor einer neuerlichen Enttäuschung heftiger als die Wellen rings um sein Paddel. Warum hatten sie keine Spuren eines Kampfes im Wald entdeckt? Wo steckte Boritak wirklich?

Allzu viele Enttäuschungen hatte er während der letzten Monde hinnehmen müssen! War es so leicht, gar spaßig, ihn zu hintergehen, wenn es alle taten? Gab es denn überhaupt jemanden, der ihn nicht entweder belog, betrog oder im Stich ließ? Krata-buun, die Onloatwi-Söhne, Nalabu, Toischan, seine Mutter und Glenek, der es auf die Spitze trieb, indem er sogar mit einem Treuebruch prahlte, den er wahrscheinlich nicht einmal begangen hatte! Wie unsäglich dumm mochte da Horfets Hoffnung sein, dass Boritak trotz allem Anschein nicht vor ihnen auf der Flucht war?

Aber warum lebte Boritak eigentlich noch, wenn er das Mal des Frevlers trug? Und was genau hatte er getan? Vielleicht verjagten andere Stämme ihre Mitglieder schon bei kleineren Verstößen gegen die eigenen Sitten. Die Antwort auf diese Frage wusste wohl nur die fremde Frau im Dorf, falls sie wirklich Boritaks Schwester war. Aber selbst wenn, was hielte sie davon ab, über den Verschollenen Unwahres zu berichten? Neigten Frauen nicht sowieso zur widerlichsten Übertreibung? „Zeig du mir doch, mein Gott, wo Boritak ist, und was ich von seiner Flucht halten soll!", wandte sich Horfet mit einem geflüsterten Gebet an Onloatwi.

Boritak schwamm auf die Art, die er sich selbst als junger Mann angeeignet hatte, um die anderen Mitglieder seines Stammes bei langen Distanzen entlang der Küste zu übertreffen. Und während das Meer mit seinen launischen Strömungen ein zermürbender Gegner sein konnte, kam ihm der jetzige Sog flussabwärts wie eine große hilfreiche Hand vor.

Ausdauer besaß er ja, aber so schnell wie Elatansch würde er niemals sein. Boritak kannte überhaupt niemanden, der sich mit einer solch angsteinflößenden Präzision und Lautlosigkeit bewegte wie Elatansch. Zum wiederholten Male ging Boritak die Momente der Entscheidung durch, als er, ein hohles Schilfrohr im Mund, vorsichtig aus dem Wasser hinter einem Schilfdickicht auftauchte und Elatansch beobachtete. Dort wartete er, bis der Uferwald seinen Widersacher samt Danui-me verschluckte, wo er ihnen nachschlich.

Die beiden töten? Gar nicht so leicht. Das wurde ihm schmerzlich bewusst, als er sah, wie geschwind der erschöpfte Elatansch beim Geraschel eines hochfliegenden Rebhuhns zu seinem Messer griff.

„Selbst wenn ich die zwei getötet und ihre Körper nach Raubtierart zerstückelt hätte, hätte mir keiner geglaubt, dass es Onloatwis Löwe war. Nicht ohne ein paar gut platzierte Fetzen aus dem für In-eikas Tötung bestimmten Löwenfell, das ich ja leider nicht mehr aus dem Dorf holen konnte", versuchte er sich an einer Rechtfertigung, um gleich darauf seine Schwimmzüge aus Ärger über sein Versagen zu beschleunigen.

Er merkte, wie die Kühle des Wassers immer tiefer in sein Blut kroch, sogar bei der Überanstrengung, die er seinen Muskeln zumutete. Dennoch schwamm er weiter. Erst als er hinter einem kleinen Wasserfall eine mondbeschienene Felszunge ausmachte, die wie eine Brücke vom Wasser ins Dickicht führte, ging er an Land, sorgsam darauf bedacht, keinerlei Äste zu knicken oder Abdrücke zu hinterlassen.

Zuvor allerdings drehte er sich um: „Sieh Danui-me, ich, Pätirak, lebe noch immer. Du, Btar, konntest mich nicht töten, weil Onloatwi auf meiner Seite steht. Sicher wirst du mir in deiner Rachsucht die Wiedergeburt verweigern. Aber davor habe ich keine Angst! Denn zum Ausgleich werde ich dieses Leben in vollen Zügen auskosten und führen, wie es mir beliebt. Es gibt viele Stämme, die Onloatwi erst kennenlernen müssen. Ich werde einen Weg finden, meine Stirnnarbe unkenntlich zu machen. Und dann werde ich den neuen Gott verkünden, Gab-Btar. Ernte ich dabei nur Gelächter, werde ich mir meinen eigenen Stamm gründen und es ihnen zeigen, was auch immer ich dafür tun muss!" Er grinste. „Vielleicht ist mir ja eine neue Art von Unsterblichkeit bestimmt, wenn sie an allen Lagerfeuern von meinen Freveltaten erzählen."

„Los, mach schon, fahr schneller, er darf uns nicht entkommen", raunzte Romtach von hinten.

Horfet gehorchte und dachte nach. Romtach hatte noch nie viel von ihm gehalten, wohl schon deshalb, weil er mit Elatansch befreundet war. Aber wie würden ihm die anderen in Zukunft begegnen, falls sie Boritak nicht fänden? Als dem bemitleidenswerten Irren, dem geduldeten Außenseiter, dessen Vision die Weisen Frauen unwidersprochen nach ihrem Gutdünken umdeuteten, wie Boritak vor seinem Aufbruch mutmaßte?

Und war das nicht sogar besonders gnädig gegenüber dem engsten Freund eines Stirntätowierten, der schon längst nicht mehr der Körperwelt angehören dürfte? „Nicht nur mir selbst, auch meiner Sippe würde ich mit meinem Aufbruch ins Unbekannte einen Gefallen tun." Die Erkenntnis überfiel ihn. Er spann sie weiter.

„Ich würde gehen wie Boritak, ohne ein Wort des Abschieds, und ich würde Mutter, die Sippe lange Zeit oder sogar nie mehr wiedersehen!" Diese Vorstellung lenkte ihn derart ab, dass Romtach eine überhängende Weidenrute abbrach und sie neben ihm ins Wasser platschen ließ.

„Pass auf", brüllte er, „da, der spitze Stein! Willst wohl das Boot leckschlagen. Aber nicht mit mir!"

Durch kraftvolle Paddelschläge vermied Horfet den Aufprall. Er brummelte eine Entschuldigung, die im Rauschen des vom Hindernis geteilten Wassers unterging. Bei einem raschen Blick über die Schulter merkte er, dass Siatsch und Zareis eingeschlafen waren.

Sie gelangten zu einem Streckenabschnitt, wo der Ischar-um-schal von Felsungetümen eingezwängt wurde, bisweilen sogar recht hohen, und deshalb zwar tiefer gründete, aber wegen des sanfteren Gefälles überraschend langsam strömte. Je länger Horfet nachsann, desto klarer wurde ihm bewusst, welchen Weg er einschlagen musste.

„Mir bleibt eigentlich gar keine Wahl. Im Dorf werden sie froh sein, durch mich nicht ständig an den verhassten Gott erinnert zu werden. Und ich werde nicht gezwungen sein, Onloatwi abzuschwören. Dafür wird er mich beschützen. Das hat er bisher getan. Verlasse ich seinetwegen sogar mein Dorf, werde ich noch mehr unter seinem besonderen Schutz stehen. Ich muss nur die drei abschütteln. Dann kann ich auf eigene Faust weiterziehen und endlich meinen Patir suchen, so wie es dir, mein Gott, gefällt!", fasste Horfet den weitreichendsten Entschluss seines jungen Lebens.

Wie zur Bestätigung fiel neben ihm ein kleiner Erdklumpen ins Wasser. Erstaunt schaute Horfet hinauf zu den Warten felsgewordener Geistwesen, die ihn aus vielgestaltigen Augenhöhlen belauerten. Momente später hörte er hinter sich das Gepolter aufschlagender Steine. Kam die Unterstützung Onloatwis etwa so prompt? Ungläubig wandte er sich um. Der fußgroße Gesteinsbrocken, den er gerade noch auf Romtach zurasen sah, traf diesen genau am Hinterkopf.

Mit einem Entsetzen, das seine Züge zu einer merkwürdigen Grimasse verzog, sackte Romtach in sich zusammen, ohne dass das Boot umkippte. Zareis und Siatsch wachten nicht auf. Sie fuhren weiter den Fluss hinunter, an dessen rechtsseitigem Ufer Horfet aus dem Wasser stieg, auf dem Weg zu seinem Vater.

Epilog

Anders als bei historischen Romanen, die sich meist um das Leben einiger nachweisbarer Persönlichkeiten ranken, sind sämtliche Figuren aus dieser so weit zurückliegenden, noch dazu schriftlosen Epoche des **Vorkeramischen Neolithikums** (= PrePottery Neolithic, genauer Übergang von PPNA zu PPNB um 7700 v. Chr.) zwangsläufig fiktiv.
Was die zeitlichen und örtlichen Umstände anbelangt, habe ich dagegen auf große Authentizität geachtet. In der beschriebenen Zeitspanne des 8. Jahrtausends v. Chr herrschte tatsächlich eine Zeit des großen Überflusses in den Mittelgebirgs- und Hügellandschaften des heutigen Südanatolien, Nordsyrien, des Nordirak und Westiran. Weil diese Region die innerarabischen Trockengebiete Syriens, Saudi-Arabiens und des Irak wie eine Sichel umschließt, wird sie auch gerne **„Fruchtbarer Halbmond"** genannt.
Damals fielen noch mehr Niederschläge als heute. In den ausgegrabenen Siedlungen finden sich Reste von Gerste, Emmer, Einkorn, Linsen, Erbsen, Feigen, Mandeln, Oliven, Pistazien, Gazellen, Wildschweinen, Ziegen, Schafen, Auerochsen, Hasen und anderes mehr.

Ging man früher davon aus, dass die Menschen aus einer Notlage heraus Ackerbauern wurden (Verknappungstheorie), besteht heute weitgehend Einigkeit, dass die Kombination aus dauernder Sesshaftigkeit und Ackerbau an einem Ort (vorübergehende Sesshaftigkeit gab es schon in der Altsteinzeit) in einer Zeit des Überflusses entstand. Diese Meinung teile ich unbedingt.
Gerade wenn man wie ich versucht, nicht abstrakt darüber nachzudenken, sondern sich in einen konkreten Stamm hineinzuversetzen, wird einem klar: Nur wer satt ist und zudem noch Vorräte besitzt, hat überhaupt die Muße, sich an einem Ort niederzulassen und auf die nächste Ernte zu warten. Der Hungrige zieht schnell weiter, um Essbares zu suchen!

Es müssen also irgendwelche anderen Gründe gewesen sein, warum Menschen plötzlich Lust bekamen, sich an einem Ort einzurichten. Wahrscheinlich waren es viele verschiedene Gründe und oft genug allzu banale. Ich jedenfalls habe sehr lange darüber nachgedacht und mich dann für die frei erfundene Legende von Gach-banee entschieden.

Dass die Menschen den Zusammenhang zwischen Keim und Pflanze erst entdeckt haben sollen, als ihnen mitgeführte Getreidekörner durch eine Unachtsamkeit auszutreiben begannen, halte ich für wenig einleuchtend. Jeder aufmerksame Spaziergänger bemerkt irgendwann einen Keimling. Wie oft stößt erst ein Mensch darauf, der sich bestenfalls zum Schlafen in ein Zelt zurückzieht, aber ansonsten sein ganzes Leben in freier Natur verbringt? Meiner Überzeugung nach wussten bereits die Menschen der Altsteinzeit, dass Getreide aus einem Getreidekorn wächst.

Nach dem alten Glauben der Aborigenes hat der Mensch kein Recht, den Boden aufzureißen. Deshalb betrieben Australiens Ureinwohner niemals Ackerbau. Es waren wohl eher solche Skrupel oder die pure Gewohnheit, warum die Menschen ihren Lebensunterhalt den überwiegenden Teil ihrer Geschichte als Sammlerinnen und Jäger zubrachten. Wenn man sich Dokumentationen über heutige nichtsesshafte Naturvölker zu Gemüte führt, muss man zugeben, dass die Angehörigen solcher Völker nicht unbedingt das schlechteste Los gezogen haben.

Wie in meinem Roman beschrieben, wird sich dieser Lebensweisenwandel von Stamm zu Stamm vollzogen haben. Die Abweichungen in den Archäologenmeinungen über die Zeitspanne zwischen dem Beginn des Ackerbaus und der Tierdomestikation (von fast zeitgleich bis 2000 Jahre) rühren m. E. von den unterschiedlichen Bedingungen an den einzelnen Fundorten her. Genau genommen dauert diese Zeitspanne sogar heute noch an, da es nach wie vor Nomadenvölker gibt.

Die in früheren Jahrzehnten geäußerte Theorie, nach den Sammlergesellschaften seien zuerst die Nomaden (Herdenfolgetheorie) und dann erst die Ackerbauern entstanden, wird heute kaum mehr vertreten.
Es ist übrigens gar nicht so einfach, Schafe und Ziegen zu zähmen. Selbst ihre seit Jahrtausenden domestizierten Artgenossen legen heute noch ein derart schreckhaftes Benehmen an den Tag, dass sicher nur sesshafte Ackerbauern die technischen Möglichkeiten, die Muße und vor allem die Motivation besaßen, Tiere erstmalig(!) zu zähmen.
Die Vorstellung, man brauche doch nur Jungtiere mitzunehmen (Jungtiertheorie), deren Mütter man bei der Jagd erschossen habe, wird in der Realität leider empfindlich gedämpft, wenn man z.B. von Schäfer(inne)n erfährt, wie oft Lämmer, die auch nur eine einzige Woche an den Zitzen

ihrer Mütter tranken, die Nahrungsaufnahme verweigern. Zugegeben, mit sehr viel Geduld kann man ein Lamm auch mit Getreidebällchen zwangsernähren, aber besonders widerstandsfähig wird es dadurch nicht.

Deswegen habe ich mich bei den Schafen ausdrücklich nicht für diese Theorie entschieden, wohl aber bei dem Wolf, den Jalwonk mit sich führt.

Hieß es in alten Schulbüchern oft, der Vordere Orient sei gewissermaßen *die* Wiege der Ackerbauern, sind sich heute die Wissenschaftler einig, dass dieses Gebiet nur eines von mehreren war. Parallele Entwicklungen lassen sich inzwischen für Afrika (der breite Streifen zwischen dem Sudan und Äthiopien), für Nordchina, für das Industal, für Südostasien und Ozeanien, für Meso- und Südamerika nachweisen. Voraussetzung war stets, dass in dem Gebiet von Natur aus Pflanzenarten wuchsen, die sich für den Anbau besonders gut eigneten.

Hinsichtlich Architektur und Kunst orientierte ich mich an konkreten Ergebnissen von Ausgrabungen, die derzeit vor allem in Anatolien vorangebracht werden. Ans Tageslicht kamen dabei beispielsweise die mit Lehm-Gipsmasse überzogenen menschlichen Schädel.

Die Zeichen, die die Weisen Frauen verwenden, sind ebenfalls authentisch. Denn Marija Gimbutas, die der Archäologie wertvolle neue Impulse gab, entdeckte u.a. genau diese Zeichen auf unzähligen Knochen und Tongefäßen des „Alten Europa", wie sie das Gebiet von Portugals Küste bis an den Don, von der Nordsee bis zum Mittelmeer nannte. Zwar sind die meisten dieser Funde später zu datieren. Aber wie Gimbutas m. E. nachvollziehbar darlegt, reichen ihre Ursprünge bis in die Altsteinzeit zurück. Und auch dass die Symbole selbst wiederum dieVorläufer späterer Schriftzeichen gewesen sein könnten, halte ich für sehr plausibel. Freilich erlaubte ich mir, die ausgewählten Zeichen passend zur Romanhandlung zu interpretieren.

Frei erfunden ist das gabbtaranische Volk mit seiner einheitlichen Sprache und Überlieferung. Allerdings habe ich die paar Worte nicht nur für den Roman erfunden. Die gabbtaranische Kunstsprache existiert tatsächlich. Ich arbeite an ihr seit nunmehr 14 Jahren. Sie umfasst über 2000

Wörter, hat eine eigene Grammatik, eigene Sprichwörter und Idiome. Ja, es gibt sogar eine CD mit gabbtaranischen und baranischen Liedern. Ich entwickelte die Sprache, weil ich mich an den Wochenenden, an denen ich mit meinem baranischen Stammesbruder („Baraner", so nennen sich die modernen Wahlnachfahren der Roman-Gabbtaraner) aus Spaß an der Freud und zu Studienzwecken auf Steinzeitart lebte, nicht auf Deutsch unterhalten wollte. Sprache und Bewusstsein hängen nun mal am selben Baum, wie ein gabbtaranisches Sprichwort sagt, und wenn wir baranisch sprachen, fühlten wir uns gleich ein wenig „steinzeitlicher".

Das herausragendste Merkmal der gabbtaranischen Kultur wiederum, die matriarchale Gesellschaftsordnung ist mitnichten nur eine Erfindung. Der wissenschaftliche Beweis, dass es Matriarchate tatsächlich gab, wurde von Frau Dr. Heide Göttner-Abendroth, wie ich finde, überaus schlüssig erbracht. Auch wenn man gewiss darüber streiten kann, wo und wann diese Gesellschaftsform im Einzelnen Realität war, kann man getrost davon ausgehen, dass Matriarchate in all den vergangenen Jahrtausenden der Menschheitsgeschichte weit verbreiteter waren als heute.

Dabei ist es falsch zu glauben, Matriarchate funktionierten wie Patriarchate, nur mit anderen Vorzeichen. Hier einige der wichtigsten Unterschiede (in Anlehnung an eine Gegenüberstellung in „Für Brigida Göttin der Inspiration" von Dr. Heide Göttner-Abendroth):

Patriarchat
Hierarchie und Befehlsgewalt
Familienmitglieder und Familienbesitz Privateigentum des Vaters
Geringschätzung des weiblichen Geschlechts
Abstammung vom Vater wichtiger als die von der Mutter
Ehebruch ist schwere Verfehlung v.a. der Frau
Ehepaar Keimzelle der Gesellschaft
Ausbildung von Klassen
Sieger werden bejubelt
Ein von der Welt abgeschiedener „Himmel"

Matriarchat
Entscheidungen im Konsens
Land und Haus im Sippenbesitz
Männer geachtet als Brüder, Söhne und Liebhaber
biologische Vaterschaft unbedeutend
Ehe unbekannt, Mann nur auf Besuch in der Sippe der Frau
Mütter und ihre Kinder Fundament der Gemeinschaft
Betonung der Gleichheit
Geachtet ist, wer für die anderen sorgt
Konkreter, auf die Sippe bezogener Wiedergeburtsglaube

Insbesondere solange der Zusammenhang zwischen Zeugung und Geburt unbekannt war, dürfte die Fähigkeit der Frauen, Kinder zu gebären, in höchstem Maße als bewunderungswürdig, ja göttlich angesehen worden sein. Und tatsächlich finden wir über einen sehr langen Zeitraum von der Alt- bis zur Jungsteinzeit wesentlich mehr Darstellungen von Frauen als von Männern.

Da zahlreiche dieser Frauendarstellungen die weiblichen Attribute über die Maßen betonen, liegt es nahe anzunehmen, dass sie eine weibliche Gottheit symbolisierten.

Diese Vorstellung gaben die Menschen der Steinzeit an uns, ihre Nachfahren, weiter, wie die Mythen und Märchen vieler Völker beweisen. Daher auch die überbordende Fülle von Namen, die letztlich nur Aspekte der einen Großen Mutter bezeichnen: Neith, Maat, Nut, Urasch, Ereschkigal, Inanna, Ischtar, Astarte, Al Manat, Isis, Lilith, Tara, Kali, Hekate, Gaia, Rhea, Kybele, Hera, Juno, Diana, Danu, Frau Holle u. v. m. Sogar die gewiss nicht matriarchatsverdächtige katholische Kirche wollte und konnte nie auf Maria als Muttergottes verzichten – Muttergottes oder Gottesmutter?

Wann die Menschen erkannten, dass und vor allem unter welchen Voraussetzungen Männer an der Entstehung von Kindern mitwirken, ist eine spannende Frage, die vermutlich nie geklärt werden wird. Wenn man sich aber vor Augen führt, welch kurzer Zeitraum zwischen den sogenannten ersten Hochkulturen und den jungsteinzeitlichen Dörfern liegt, die ich beschreibe, wird klar, dass die Menschen des 8. Jahrtausends gewiss schon alle analytischen Fähigkeiten besaßen, um sich mittels Aufzeichnungen an das Rätsel heranzutasten. Die beginnende Domestizierung von Tieren dürfte der Thematik auf jeden Fall neue Brisanz verliehen haben.

Alle Religionsgründer berufen sich immer auch auf Visionen. Insoweit ist Horfet ein typisches Beispiel. Die Besonderheit bei ihm ist lediglich, dass er durch die ihm heimlich verabreichten Drogen rezidive Spontanhalluzinationen entwickelt – eine Erscheinung, die jedem Suchtberater bestens bekannt ist.

Eines ist sicher: Irgendwann im 8. Jahrtausend v. Chr. muss etwas Einschneidendes passiert sein, denn bereits um das Jahr 7000 v. Chr. weist die ältere keramiklose Siedlung in Jericho eine aus Stein gebaute, 1,75 m breite Umfassungsmauer auf, die ein Gebiet von mehr als 3,6 ha umschlossen haben dürfte. Die Mauer ist an manchen Stellen noch bis zu 3,55 m hoch erhalten. Ist ein solches Bollwerk nicht der beste Beweis dafür, dass die Zeit der Kriege und des Patriarchats begonnen hatte?

Ich lade Sie herzlich ein, meine Website
www.Brüder-Söhne-Liebhaber.de zu besuchen.
Dort finden Sie regelmäßig aktualisierte Hinweise und
Informationen zu den Themen:
• **Steinzeitarchäologie**
• **Matriarchatsforschung**

Danksagung

Zuallererst möchte ich Frau Dr. Heide Göttner-Abendroth ehren. Ohne ihre beeindruckende, jahrzehntelange Forschungsarbeit, ihr von vielen Seiten angefeindetes Werk und die von ihr gegründete Akademie Hagia wüssten wir erheblich weniger über ursprüngliche Matriarchalgesellschaften. Dank ihrer Vorarbeit steht die Sozialstruktur meines Gabbtaran-Volkes auf gesicherten Füßen.

Wertvolle Hilfe leisteten mir ferner meine Ritualschwester Elisabeth und ihr Mann Engelbert, indem sie sich nicht nur als Testleser zur Verfügung stellten, sondern mir auch viele Detailinformationen aus ihrer langjährigen Erfahrung als Schäfer/in zuteil werden ließen.

Der Zuspruch meiner Testleserinnen Sabine Surholt, Andrea Zettel, Margot Mayerle, Helga Pikowski, Maximiliana Engel, Heike Marutzky, Susanne Mayer, Thekla Enzinger, Franz und Rosmarie Weinbuch ermutigte mich sehr.

Testleser *und* Berater in allen praktischen Steinzeitfragen war mir mein baranischer Stammesbruder Wadunatanschi.

Die Augsburger Kripo schickte mir innerhalb von 15 Minuten 10 Seiten Information zum Thema Leichenstarre, um die ich sie gebeten hatte.

In archäologischer Hinsicht unterstützten mich Prof. Dr. Stefan Wirth (Universität Dijon) und Dr. Thomas Zimmermann. Herr Dr. Zimmermann forscht derzeit an der Bilkent University in Ankara und kennt viele Fundorte jener vorkeramischen Zeit aus eigener Grabungstätigkeit.

In kongenialer Weise entwickelte Dirk Ulrich von BBU Design, Schneeferner Str.10, 86163 Augsburg, das Titelbild.

Zu guter Letzt möchte ich meinen beiden Lektoren aus tiefstem Herzen danken. Ohne die Argusaugen sowie die konstruktive Kritik von Allain Carré und Wolfgang Funke wäre die Fehlerquote unerträglich gewesen.

Weiterführende Literatur zum Thema Matriarchat

Gesellschaft in Balance. Dokumentation des
1. Weltkongresses für Matriarchatsforschung 2003 in Luxemburg,
zu beziehen über die
**Internationale Akademie für Moderne Matriarchatsforschung und
Matriarchale Spiritualität
Weghof 2, 94577 Winzer / Deutschland
www.hagia.de
AkademieHagia@aol.com**

Dr. Heide Göttner-Abendroth
Das Matriarchat I. Geschichte seiner Erforschung, *Stuttgart 1988,1995*
Das Matriarchat II,1 Stammesgesellschaften in Ostasien, Indonesien,
Ozeanien, Stuttgart,1999
Das Matriarchat II,2 Stammesgesellschaften in Amerika, Indien, Afrika,
Stuttgart 2000
Matriarchat in Südchina. Eine Forschungsreise zu den Mosuo, *Stuttgart
1998*
Die Göttin und ihr Heros. Die matriarchalen Religionen in Mythen,
Märchen, Dichtung, *München 1980-1997*
Inanna. Gilgamesch. Isis. Rhea. Die Großen Göttinnenmythen Sumers,
Ägyptens und Griechenlands, *Königstein 2005*
Fee Morgaine. Der Heilige Gral. Die großen Göttinnenmythen des
keltischen Raumes, *Königstein 2005*
Frau Holle. Das Feenvolk der Dolomiten. Die großen Göttinnenmythen
Mitteleuropas und der Alpen, *Königstein 2005*

Prof. Dr. Claudia von Werlhof
Frauen, die letzte Kolonie (Werlhof/Mies/Bennholdt-Thomsen), *Reinbek
bei Hamburg 1988*

Veronika Bennholdt-Thomsen
Juchitán Stadt der Frauen. Vom Leben im Matriarchat, *Reinbek bei Hamburg, 1994*

Dr. Carola Meier-Seethaler
Ursprünge und Befreiungen. Eine dissidente Kulturtheorie, *Zürich 1988*

Dr. Riane Eisler
Kelch und Schwert. Weibliches und männliches Prinzip in der Geschichte, *München 1993*

Marija Gimbutas
Die Sprache der Göttin, *Frankfurt 1995*
Die Zivilisation der Göttin, *Frankfurt 1996*

Dr. Gerda Weiler
Das Matriarchat im Alten Israel, *Stuttgart 1989*

Prof. Dr. Annette Kuhn (Hrsg.)
Die Chronik der Frauen, *Dortmund 1992*

Ich lade Sie herzlich ein, meine Website
www.Brüder-Söhne-Liebhaber.de zu besuchen.
Dort finden Sie regelmäßig aktualisierte Hinweise und
Informationen zu den Themen:
• Steinzeitarchäologie
• Matriarchatsforschung